Thomas Meckel / Matthias Pulte (Hg.)

Der Verkündigungsauftrag der Kirche in pluraler und säkularer Umwelt

Kirchenrechtliche und interdisziplinäre Perspektiven

KIRCHEN- UND RELIGIONSRECHT

KRR 37

Herausgegeben von

Thomas Meckel und Matthias Pulte

Bände 1–29

Kirchen- und Staatskirchenrecht (KStKR)

Begründet von

Ilona Riedel-Spangenberger (†)

Thomas Meckel / Matthias Pulte (Hg.)

Der Verkündigungsauftrag der Kirche in pluraler und säkularer Umwelt
Kirchenrechtliche und interdisziplinäre Perspektiven

ASCHENDORFF
WISSENSCHAFT
UND FORSCHUNG

Kirchen- und Religionsrecht ist eine Peer-Review-Reihe, die seit 2020 im Aschendorff Verlag erscheint.

FSC www.fsc.org
MIX
Papier | Fördert gute Waldnutzung
FSC® C089473

Umschlagabbildung: Vincent Jünger

Satz: Astrid Stähr, Solms

1. Auflage 2026

Soester Straße 13
D-48155 Münster
buchverlag@aschendorff-buchverlag.de
www.aschendorff-buchverlag.de

Printed in Germany
ISBN 978-3-402- 23752-6 (Print)
ISBN 978-3-402- 23753-3 (PDF)
ISSN 2701-3774

Inhaltsverzeichnis

VORWORT

Vom 23. bis zum 25. September 2024 fand, an inzwischen schon traditionsreichem Ort, auf Schloss Hirschberg im Altmühltal, eine wissenschaftliche Fachtagung zum Thema des Verkündigungsauftrages der Kirche in pluraler und säkularer Umwelt statt.

Die Verkündigung des Evangeliums in allen ihren Dimensionen und Vollzügen als wesentliche Aufgabe herauszustellen und ihre Förderung allen Gläubigen und kirchlichen Verantwortungsträgern ans Herz zu legen, war ein zentrales Anliegen von Papst Franziskus, das auch die deutschen Bischöfe auf unterschiedliche Weise in aktuelle Prozesse in ihren Bistümern und auf nationaler Ebene eingebracht haben.

Die Tagung und der hier vorliegende Berichtsband nehmen die Kernaufgaben der Verkündigung nicht nur aus kirchenrechtlicher Perspektive in den Blick. Im Dialog mit anderen Disziplinen geht es um einen pluralen Ansatz zu den Möglichkeiten und Grenzen der kirchlichen Verkündigung und die Entwicklung von Vorschlägen de lege ferenda. Hierzu sind grundlegende Themen wie die Religionsfreiheit, der ökumenische Auftrag der Kirche und die Evangelisation, in aktueller Perspektive zu beleuchten. Mit Religionsunterricht, Katechese, Predigtdienst und Hochschulrecht sind ebenso konkrete Tätigkeitsfelder der kirchlichen Verkündigung mit ihren gegenwärtigen Herausforderungen im Blick. Gerade dort bedarf es neuer Gestaltungs- und Handlungsoptionen, die im interdisziplinären Dialog herausgearbeitet werden. Die Referentinnen und Referenten aus den systematischen und praktischen Disziplinen der Theologie, sowie der Rechtswissenschaften haben sich den vielfachen Facetten des Generalthemas aus der je eigenen Perspektive angenommen.

Dazu an dieser Stelle ein kurzer Überblick: Prof. Dr. Heinrich de Wall (Erlangen) und P. Prof. Dr. Markus Graulich SDB (Rom) wendeten sich aus einer grundlegend rechtlichen Perspektive dem Thema der Religionsfreiheit im Kontext des Verkündigungsdienstes der Religionen zu. Sie erschließen den rechtlichen Rahmen in Gemeinsamkeiten und Unterschieden von staatlicher und kirchlicher Rechtsordnung. Die Anerkennung der Religionsfreiheit durch das 2. Vatikanische Konzil stellte und stellt die Kirche vor große ökumenische Herausforderungen. Gegenseitige Verwerfungen sind weder doktrinell noch disziplinär vertretbar. Es geht nun aus konziliarer Perspektive um die Entdeckung und Vertiefung des gemeinsamen christlichen Glaubens von den Fundamenten her und in die Lebenswirklichkeit hinein. Dieser ökumenischen Perspektive haben sich Prof. Dr. Bernhard Knorn (Frankfurt) und Prof. Dr. Andreas Kowatsch (Wien) gewidmet. Mit Blick auf die grundlegende Weitergabe des Glaubens in die Welt hinein haben sich Prof. Dr. Patrick Höring (Trier) und Prof. Dr. Matthias Pulte (Mainz) dem Thema der Evangelisierung als einem Dauerpostulat durch die Pontifikate des 20. und 21. Jahrhunderts gestellt. Eine Fülle von päpstlichen und kurialen Dokumenten befassen sich in unterschiedlichen Zeithorizonten mit diesem Kernauftrag der Kirche. Was hier bisweilen nur auf den ersten Blick pastoral formuliert und der individuellen Erwägung anheimgestellt zu sein scheint, weist auch nicht unerhebliche rechtlich bindende Implikationen auf. Selbstredend ist bei aller Eigenständigkeit auch der Religionsunterricht eine Form des Verkündigungsdienstes der Kirche. Wie kann ein konfessioneller Religionsunterricht der Zukunft aussehen? Prof. Dr. Katja Boehme (Heidelberg) und Prof. Dr. Thomas Meckel (Sankt Georgen) wenden sich den Gegenwartsfragen und Zukunftsanforderungen dieser Aufgabe aus religionspädagogischer und kirchenrechtlicher Sicht zu und leuchten die jeweiligen Erwartungshorizonte aus. Glaubensvermittlung bedarf neben der Wissensvermittlung auch der Einübung. Die Katechese ergänzt hier sinnvoll und grundlegend zugleich, was im deutschsprachigen kulturellen Kontext inzwischen vielfach vom Religionsunterricht basal schon geleistet wird. Prof. Dr. Stefan Altmeyer (Mainz) und Prof. Dr. Christoph Ohly (Köln) arrondieren dieses weite Feld analysierend und perspektivisch auf die Zukunft hin ebenfalls aus religionspädagogischer und kirchenrechtlicher Perspektive. Prof. Dr. Andreas Bieringer (Sankt Georgen) und Prof. Dr. Rüdiger Althaus (Paderborn) widmen sich aus liturgiewissenschaftlicher und kirchenrechtlicher Sicht dem Predigtdienst in der katholischen Kirche, der zuletzt auch auf dem Synodalen Weg lebhaft diskutiert wurde. Gerade die rechtliche Perspektive scheint hier die disziplinären Begrenzungen deutlich hervorzuheben, an die es aus theologischer Sicht diskussionswürdige Anfragen zu stellen gilt. Ein weiterer Brennpunkt akademischer Theologie ist immer wieder die Frage nach dem Verhältnis von kirchlichem Gehorsam und der Freiheit der Wissenschaften. Prof. Dr. Ansgar Hense (Bonn) und Prof. Dr. Martin Rehak (München) leuchten die jeweiligen rechtlichen Grundverständnisse dieses Freiheitsrechts nach Maßgabe der staatlichen und der kirchlichen Rechtsordnung aus. Dabei wird deutlich, dass man die unterschiedliche Rückbindung an das staatliche und kirchliche Vorverständnis und den jeweiligen Regelungskontext stets im Blick zu behalten hat. Mit einem vertieften Blick in das kirchliche und staatliche Hochschulrecht und die sich dementsprechend im föderalen Staat vielfältig ausbildende Realität kommt ein weiteres Thema zu Sprache, das nicht nur im universitären Umfeld debattiert wird. Das öffentliche Interesse an katholischer Theologie an staatlichen und kirchlichen universitären Einrichtungen wird immer wieder in Universitäten, der Politik und den Kirchen durchaus kontrovers diskutiert. Hier war und ist nicht der Platz die Konfliktfelder offenzulegen, sondern den staatlichen und kirchlichen rechtlichen Rahmen in den Blick zu nehmen, der eine Verständigung in dieser res mixta stets eröffnet. Das deutsche religionsrechtliche Modell eröffnet mehr Möglichkeiten zu einvernehmlichen Lösungen von Problemen, als es schier unüberwindliche Grenzen aufrichtet. Prof. Dr. Heribert Hallermann widmet sich in seinem ergänzenden Beitrag dem wichtigen Thema der Glaubensverkündigung in der Familie.

Die Tagung und dieser Berichtsband zeigen, dass der Verkündigungsauftrag der Kirche in pluraler und säkularer Welt alle beteiligten Handlungsträger vor neue Herausforderungen stellt. Die Probleme, die sich durch einen durchaus tiefgreifenden gesellschaftlichen Wandel ergeben, können aber im religionsneutralen Verfassungsstaat, wie es die Bundesrepublik ist und in einer Kirche, die mit dem 2. Vatikanischen Konzil die Türen zum Dialog mit der Welt unumkehrbar aufgestoßen hat, bei gutem Willen immer einvernehmlich gelöst werden. Innovative Konzepte finden dort ausreichend Raum.

Die Redaktion hat sich – soweit dies möglich und vertretbar war – um eine einheitliche Schreib- und Zitationsweise in den verschiedenen Beiträgen bemüht. Dieses Bemühen muss aber dort an Grenzen stoßen, wo der individuell geprägte Schreibstil der einzelnen Autoren tangiert wird. Dies betrifft auch die Verwendung des generischen Maskulins. Die Autoren und Autorinnen zeichnen für den Inhalt ihrer Beiträge verantwortlich.

Die Herausgeber dieses Bandes bedanken sich sehr herzlich bei allen Autorinnen und Autoren für ihre Beteiligung an diesem Tagungs- und Buchprojekt. Ohne das gemeinsame Ringen um die diskutierten Fragen gäbe es keinen Fortschritt in Wissenschaft und Kirche. Das würde aber dem pilgernden Volk Gottes seiner Natur nach nicht entsprechen. Ein ebenso herzlicher Dank geht an die Mitarbeiterinnen und Mitarbeiter der beiden Lehrstühle in Frankfurt und Mainz, Céline Klingel M.Ed., Mag. theol. Lic.iur.can. Julia Adams, M.A., Lara Klinkner, Julius Gutmann, Mag. theol. Dennis Giesa und Ann-Kathrin Weber, die nicht nur die Tagung organisatorisch perfekt vorbereitet und begleitet haben, sondern auch wesentliche Arbeiten bei der Redaktion des Tagungsbandes engagiert und kompetent übernommen haben.

Wir danken folgenden Institutionen für die finanzielle Förderung: der Katholischen Militärseelsorge für die Deutsche Bundeswehr dem Verband der Diözesen Deutschlands, dem Bistum Limburg, dem Erzbistum München und Freising, dem Erzbistum Köln und dem Erzbistum Paderborn. Ihr gemeinsamer Einsatz hat unser Projekt Wirklichkeit werden lassen.

Frankfurt am Main/Mainz im Oktober 2025
Thomas Meckel *Matthias Pulte*

MENSCHENRECHTE – RELIGIONSFREIHEIT IM KONTEXT DES VERKÜNDIGUNGSDIENSTES DER RELIGIONEN

Heinrich de Wall

1. Menschenrechte, Grundrechte, Religionsfreiheit

Aufgabe dieses Beitrags ist es, das Menschenrecht der Religionsfreiheit in den Kontext des Verkündigungsdienstes der Religionen zu stellen. Seine Perspektive ist dabei die des deutschen Verfassungsrechts, also ein juristischer Blickwinkel auf das staatliche Recht. Daher soll hier – umgekehrt zur Themenformulierung – der Verkündigungsdienst der Kirche in den Kontext der Religionsfreiheit gestellt werden. Die Formulierung „im Kontext" ist weit genug, auch diesen Blickwinkel zu tragen. Im Folgenden wird also aus der Perspektive des staatlichen deutschen Verfassungsrechts der Blick darauf gerichtet, wie der Verkündigungsdienst der Kirche grundrechtlich erfasst und umhegt wird. Die umgekehrte Sichtweise, welche Rolle die Menschenrechte in der kirchlichen Verkündigung spielen, ist Gegenstand des folgenden Beitrags.

Dass die Religionsfreiheit zu den Menschenrechten gehört, ist unbestritten. In den Blick des deutschen Verfassungsrechtlers kommt die Religionsfreiheit allerdings in erster Linie in ihrer Ausprägung als *Grund*recht, das als Zusammenfassung der in Art. 4 I, II GG genannten Teilaspekte der Glaubens-, Bekenntnis- und Religionsausübungsfreiheit garantiert wird[1]. Das Grundgesetz selbst stellt die Grundrechte in einen spezifischen Ableitungszusammenhang, in dem es in Art. 1 II GG das Bekenntnis zu den *Menschen*rechten als Konse-

1 Zur Religionsfreiheit des Grundgesetzes allgemein s. z. B. Heinrich de Wall, § 111 Glaubensfreiheit: Das Staatsrecht der Bundesrepublik Deutschland im europäischen Staatenverbund, Bd. 4, hg. v. K. Stern – H. Sodan – M. Möstl, München ²2022, 383-423; Hans Michael Heinig, § 14 Religions- und Weltanschauungsfreiheit: Handbuch des Staatskirchenrechts der Bundesrepublik Deutschland, Bd. 1, hg. v. D. Pirson – W. Rüfner – M. Germann – S. Muckel, Berlin ³2020, 559-613. S. ferner die gängigen Kommentare zum Grundgesetz, insbes. Michael Germann, Art. 4: Beck Online-Kommentar zum Grundgesetz, hg. v. V. Epping – Ch. Hillgruber, 59. Edition [Zugriff: 15.09.2024], zur Einheitlichkeit des Schutzbereichs der Glaubens-, Gewissens und Bekenntnisfreiheit s. dort Rn. 7, 19; grundlegend dazu Entscheidungen des Bundesverfassungsgerichts (BVerfGE) Bd. 24, 236 (245). Zur Verkündigung im Zusammenhang mit dem sog. „Öffentlichkeitsauftrag" der Kirchen und dessen rundrechtlichen Schutz im Rahmen der Religionsfreiheit s.a. Götz Klostermann, Der Öffentlichkeitsauftrag der Kirchen, Tübingen 2000, insbes. S. 38ff., 59ff., 152ff.

quenz der Anerkennung der Menschen*würde* formuliert und dann in Art. 1 III GG anordnet: „Die nachfolgenden *Grund*rechte binden Gesetzgebung, vollziehende Gewalt und Rechtsprechung als unmittelbar geltendes Recht." Die Grundrechte sind in dieser Abfolge die juristische Konsequenz der Menschenrechtsidee und verpflichten den Staat „als unmittelbar geltendes Recht", ohne weiterer Umsetzung oder Konkretisierung durch Gesetz zu bedürfen.

2. Verkündigung und Religionsfreiheit

Betrachten wir durch die Brille des geltenden Verfassungsrechts die Religionsfreiheit als Grundrecht, so kommt der Verkündigungsdienst dort vor allem in einer Hinsicht in den Blick: Als Betätigung menschlicher Freiheit, die vor dem Staat in seinen Erscheinungsformen als Gesetzgebung, vollziehender Gewalt und Rechtsprechung zu schützen ist. Der Staat hat sich der Eingriffe in die Verkündigung zu enthalten, sofern diese als Ausübung der Religionsfreiheit subsumiert werden kann – die Grundrechte sind in erster Linie Eingriffsabwehrrechte. Dass die Verkündigung zur Religionsfreiheit gehört, ist dabei unbestritten und auch vom Bundesverfassungsgericht anerkannt: Die Glaubensfreiheit ist mit den Worten des Bundesverfassungsgerichts

> „mehr als religiöse Toleranz, d. h. bloße Duldung religiöser Bekenntnisse oder irreligiöser Überzeugungen. Denn sie erlaubt nicht nur auszusprechen und auch zu verschweigen, dass und was man glaubt oder nicht glaubt. Dem Sinn dieser im Grundgesetz getroffenen politischen Entscheidung entspricht es vielmehr, die Glaubensfreiheit auch auf die Werbung für den eigenen Glauben wie für die Abwerbung von einem fremden Glauben zu erstrecken" (BVerfGE 12, 1 [3f.]).

Von der Werbung für den eigenen Glauben ist die Verkündigung ohne Weiteres umfasst – was ist das „machet zu Jüngern alle Völker" des Missionsbefehls in Mt 28, 19, wenn nicht das Werben für das Evangelium?

Der Verkündigungsdienst der Religionen ist mit dieser Umschreibung des grundrechtlichen Schutzbereichs der Religionsfreiheit aber noch nicht vollständig erfasst. Diese Perspektive scheint vielmehr wichtige Aspekte auszublenden.

3. Religionsfreiheit und Selbstbestimmungsrecht der Religionsgemeinschaften

Das gilt zum einen im Hinblick auf das Subjekt des Dienstes der Verkündigung. Art. 4 I, II GG formuliert nicht genau, wer Träger des Grundrechts der Religionsfreiheit sein soll. Er umschreibt nur den sachlichen Schutzbereich, ohne ausdrücklich dazu Stellung zu nehmen, ob nur Individuen oder auch Gemeinschaften die Religionsfreiheit geltend machen können. Für den Verkündigungsdienst ist dies nun eine wichtige Frage – denn wichtige Aspekte, die in seinem Zusammenhang angesprochen werden, sind kaum als Tätigkeiten von Individuen, sondern vielmehr als Ausdruck organisierter Religiosität zu verstehen. Es geht um den Verkündigungsdienst „der Religionen". Das ist für eine juristische Betrachtung noch etwas unspezifisch – aber jedenfalls handelt es sich beim Religionsunterricht an den Schulen oder der Theologie an Hochschulen nicht allein um Verkündigung durch Individuen, sondern um die Lehren der betreffenden Religionsgemeinschaft, deren Festlegung, Formulierung und Weitergabe an Schulen und Hochschulen ein organisatorisch komplexer Vorgang ist, bei dem der konkret Verkündende, der Lehrer oder Hochschullehrer, nur am Ende einer langen Reihe von Akteuren mit unterschiedlichen Rollen steht.

Nach einmütiger Auffassung unter den Juristen steht aber die Religionsfreiheit auch den Religionsgemeinschaften selbst als eigenes Recht zu (korporative Religionsfreiheit).[2] Dies ist aus Art. 4 I, II GG selbst, jedenfalls aber aus Art. 19 III GG herzuleiten, wonach die Grundrechte auch für juristische Personen gelten, soweit sie ihrem Wesen nach auf diese anwendbar sind. Zwar haben Vereinigungen selbst keinen Glauben. Gerade die Religion ist aber auf Vergemeinschaftung angelegt, die organisatorische Verfestigung ist ein Wesensmerkmal vieler Religionen. Und viele religiöse Aktivitäten sind auf eine Organisation angewiesen – Gottesdienste und Prozessionen beruhen ja nicht auf spontanen Einfällen der einzelnen daran Beteiligten, sondern setzen voraus, dass Ort, Zeit, Raum, Inhalt, Akteure und ihre Rollen bestimmt – organisiert – werden. Träger der Religionsfreiheit sind im Übrigen nicht nur die Religionsgemeinschaften selbst, sondern auch solche Vereinigungen, die sich lediglich die partielle Pflege des religiösen (oder weltanschaulichen) Lebens ihrer Mitglieder zum Ziel gesetzt haben.[3] Jedenfalls sind die Träger des Verkündigungsdienstes der Kirchen als Subjekte des Grundrechts der Religionsfreiheit durch das Grundgesetz erfasst.

2 Vgl. BVerfGE 19, 129 (132).

3 Vgl. nur BVerfGE 19, 129 (132); 24, 236 (246f.); 46, 73 (84ff.); 137, 273 (306f.).

Die Religionsfreiheit wird im Grundgesetz durch das Selbstbestimmungsrecht der Religionsgemeinschaften ergänzt (Art. 140 GG i. V. m. Art. 137 III WRV).[4] Damit gewährleistet die Verfassung die Freiheit der Organisation, des Ordnens und Verwaltens ihrer Angelegenheiten. Art. 4 GG und Art. 140 GG i. V. m. Art. 137 III WRV garantieren zwei unterschiedliche Bereiche des Lebens und Wirkens von Kirchen und Religionsgemeinschaften, die im Verhältnis notwendiger gegenseitiger Ergänzung stehen. Das BVerfG hat das Verhältnis im Anschluss an *Konrad Hesse* folgendermaßen beschrieben:

> „Die Garantie freier Ordnung und Verwaltung der eigenen Angelegenheiten (Art. 137 III WRV) erweist sich als notwendige, wenngleich rechtlich selbständige Gewährleistung, die der Freiheit des religiösen Lebens und Wirkens der Kirchen und Religionsgemeinschaften die zur Wahrnehmung dieser Aufgaben unerlässliche Freiheit der Bestimmung über Organisation, Normsetzung und Verwaltung [hinzufügt]."[5]

Abgrenzung und Verhältnis der beiden Garantien im Einzelnen werfen nicht unerhebliche Schwierigkeiten auf. Wichtig für das hier zu behandelnde Thema der Verhältnisbestimmung von Verkündigungsdienst und Grund- und Menschenrechten ist aber, dass mit dem Selbstbestimmungsrecht die organisatorischen Rahmenbedingungen und Voraussetzungen der Verkündigung, soweit sie durch die Religionsgemeinschaften zu besorgen sind, ebenfalls vor staatlichen Eingriffen geschützt sind, auch soweit man sie nicht (mehr) der Religionsfreiheit zuordnen kann. Der Freiheitsraum der Religionsgemeinschaften wird durch diese *lex regia* des Staatskirchenrechts, wie man das Selbstbestimmungsrecht bezeichnet hat[6], erweitert. Bereits hier zeigt sich, dass es nicht ausreicht, nur das Grundrecht der Religionsfreiheit zu analysieren, um die Entfaltungsmöglichkeiten der Religionsgemeinschaften und ihres Verkündigungsdienstes in einer bestimmten Verfassungsordnung zu bestimmen. Vielmehr muss man dafür alle religionsbezogenen Regelungen einbeziehen, die die Religionsver-

4 Dazu s. Axel von Campenhausen – Heinrich de Wall, Religionsverfassungsrecht, München [5]2022, 116-141; Stefan Korioth, § 16 Das Selbstbestimmungsrecht der Religionsgemeinschaften: Handbuch des Staats-kirchenrechts der Bundesrepublik Deutschland, Bd. 1 (Anm. 1), 651-705.

5 BVerfGE 53, 366 (401) im Anschluss an Konrad Hesse, Das Selbstbestimmungsrecht der Kirchen und Religionsgemeinschaften: Handbuch des Staatskirchenrechts der Bundesrepublik Deutschland, Bd. 1, hg. v. E. Friesenhahn – U. Scheuner, Berlin [1]1974, 414.

6 Vgl. Johannes Heckel, Melanchthon und das heutige Staatskirchenrecht: Das blinde, undeutliche Wort „Kirche", Gesammelte Aufsätze, hg. v. S. Grundmann, Köln – Graz 1964, 310.

fassung gestalten – auch das sogenannte „institutionelle" Staatskirchenrecht[7], wie häufig die durch Art. 140 GG in das Grundgesetz inkorporierten Regeln der Weimarer Verfassung über das Verhältnis des Staates zu den Religionsgemeinschaften bezeichnet werden.

4. Schutzdimensionen der Grundrechte: Abwehrrechte, Leistungsrechte, Schutzpflichten, Einrichtungsgarantien

Nicht nur mit Blick auf die Frage des Trägers der Religionsfreiheit als Verkündigungsfreiheit, sondern auch in anderer Beziehung sind Themen im Bereich der Verkündigung zu nennen, die wiederum die Hochschullehre und der Religionsunterricht, nicht ohne Weiteres dem Grundrecht auf Religionsfreiheit zuzuordnen ist.

Wie die anderen Freiheitsrechte des Grundgesetzes dient nämlich auch die Religionsfreiheit in erster Linie dem Schutz des Bürgers vor staatlichen Eingriffen und der Abwehr von staatlichen Freiheitsbeeinträchtigungen. Das ist bei dem Religionsunterricht und der Hochschullehre aber nicht das eigentliche Problem. Es geht ja nicht in erster Linie darum, dass ein die Religion verkündender Bürger, Lehrer oder Hochschullehrer, vom Staat an seinem Tun gehindert wird. Sondern es geht um die Fragen, ob und unter welchen Voraussetzungen außerhalb oder innerhalb des staatlichen Bildungswesens religiöser Unterricht stattfindet. Soweit es um kirchliche Bildungseinrichtungen geht, könnte man nun staatliche Interventionen ohne Weiteres mit der Eingriffsdogmatik bewältigen. Sobald man es mit staatlichen Bildungseinrichtungen zu tun hat, hilft diese Perspektive indes nicht. Der Staat hat in Deutschland aber das Bildungswesen weitgehend übernommen. Darüber hinaus formuliert Art. 7 I GG den staatlichen Anspruch auf Aufsicht auch über staatliche Schulen hinaus. Und im Bereich der Wissenschaft hat man lange Zeit sogar von einem staatlichen Hochschulmonopol gesprochen, von dem private wie kirch-

7 Zu diesem Begriff s. Arnd Uhle, § 29 Staatskirchenrecht: Das Staatsrecht der Bundesrepublik Deutschland im europäischen Staatenverbund (Anm. 1), Bd. 1, 1172, Rn. 2; Rn. 128ff. auch zur Diskussion über die Gegenüberstellung von grundrechtlicher Religionsfreiheit und institutionellem Staatskirchenrecht; s.a. Christian Hillgruber, Der öffentlich-rechtliche Körperschaftsstatus nach Art. 137 Abs. 5 WRV: Staatskirchenrecht oder Religionsverfassungsrecht, hg. v. H. M. Heinig – Ch. Walter, Tübingen 2007, 213ff. Sowohl bei Uhle als auch bei Hillgruber ist die Gegenüberstellung grundrechtlicher und institutioneller Regelungen überpointiert. Gegenposition dazu aus der „grundrechtlichen" Sicht bei Michael Germann, § 7 Das System des Staatskirchenrechts in Deutschland: Handbuch des Staatskirchenrechts der Bundesrepublik Deutschland (Anm. 1), Bd. 1, 261-329, Rn. 57 ff.

liche Bildungseinrichtungen als Ausnahme weitgehenden Beschränkungs- und Regelungsvorbehalten unterliegen.[8] Hier sind wir in Bereichen, in denen das Grundrecht auf Religionsfreiheit in der abwehrrechtlichen Perspektive nicht zur Erklärung und Regelung ausreicht. Niemand wird aus der Religionsfreiheit als Abwehrrecht einen Anspruch auf Einrichtung von Religionsunterricht an öffentlichen Schulen oder auf Errichtung von theologischen Hochschuleinrichtungen an staatlichen Hochschulen herleiten können. Auch unterfallen sie als staatliche Veranstaltungen nicht uneingeschränkt dem Selbstbestimmungsrecht der Kirchen über ihre „eigenen Angelegenheiten".

Die Freiheitsrechte vermitteln grundsätzlich keine Rechte auf staatliche Leistungen. Allerdings ist in der allgemeinen Grundrechtsdogmatik auch die Funktion der Grundrechte als Schutzpflichten des Staates herausgearbeitet worden. Der Staat ist nicht nur gehalten, eigene Eingriffe in die Grundrechte zu unterlassen, sondern auch die Grundrechte vor Beeinträchtigungen durch Dritte zu schützen. Dies lässt sich an der körperlichen Unversehrtheit verdeutlichen: das Grundrecht auf körperliche Unversehrtheit schützt in erster Linie davor, dass der Staat den Bürger verletzt. Beispielhaft: Es schützt vor Schlägen durch Polizisten. Aber die Funktion dieses Grundrechts geht noch weiter, indem es den Staat verpflichtet, die Gesundheit seiner Bürger auch vor Eingriffen durch andere Bürger zu schützen, wie er das etwa durch die Vorschriften über die Strafbarkeit von Körperverletzungen oder die Tätigkeit der Polizei tut, indem diese beispielsweise für die körperliche Unversehrtheit Beteiligter oder Dritter auf Großveranstaltungen sorgt. Dieser Gedanke, dass die Freiheitsrechte auch staatliche Schutzpflichten auslösen können, ist in jüngerer Zeit auch im Bereich des Religionsverfassungsrechts aktiviert worden. Das Bundesverfassungsgericht hat nämlich in seinem Urteil zu den Ladenöffnungszeiten in Berlin darauf hingewiesen, dass sich der unmittelbar durch die Verfassung angeordnete Schutz der Sonn- und Feiertage (Art. 140 GG i. V. m. Art. 139 WRV) als Ausdruck einer staatlichen Pflicht zum Schutz der Religionsausübung verstehen lässt.[9] Damit hat das Gericht auch dieses Element des Staatskirchenrechts, Sonn- und Feiertagschutz, in eine enge Beziehung zur Religionsfreiheit gestellt.

Für die hier besonders interessierenden Einrichtungen – Religionsunterricht an öffentlichen Schulen und Theologie an staatlichen Hochschulen – ist darüber hinaus ein Blick auf einen weiteren Aspekt der Grundrechte von Bedeutung: Es gibt Grundrechte, die von vornherein die Aktivität des Gesetz-

8 S. dazu z. B. Renate Penßel, Nichtstaatliche Hochschulen: Hochschulrecht im Freistaat Bayern, hg. v. M.-E. Geis, Heidelberg ²2017, 573ff., insbes. Rn. 1-5.

9 Vgl. BVerfGE 125, 39 (80 ff.). S. dazu auch BVerfGE 138, 296, Rn. 110: „Art. 4 I, II GG gebietet auch im positiven Sinn, den Raum für die aktive Betätigung der Glaubensüberzeugung und die Verwirklichung der autonomen Persönlichkeit auf weltanschaulich-religiösem Gebiet zu sichern."

gebers voraussetzen, indem sie bestimmte rechtliche Institutionen – Einrichtungen – garantieren. Plastische Beispiele dafür sind die grundrechtlichen Garantien auf Eigentum und Erbrecht aus Art. 14 I GG oder der Schutz von Ehe und Familie in Art. 6 I GG: Ohne rechtliche Regelungen zur Beziehung von Menschen zu Sachen gibt es kein Eigentum und ohne rechtliche Regelung über die besonderen Beziehungen von Eheleuten keine Ehe. Solche Einrichtungs- oder Institutsgarantien sind ein Element der Grundrechtsdogmatik, das vor etwa einhundert Jahren entwickelt worden ist.[10]

5. Religionsbezogene Garantien und die Religionsfreiheit

Nun ist aber die Religionsfreiheit als solche keine Einrichtungs- oder Institutsgarantie, sondern garantiert eine natürliche Freiheit, die auch ohne Gesetzgeber existiert. Genauso wie es Meinungen auch ohne rechtliche Regelungen gibt, existieren auch Religionen unabhängig von der Rechtsordnung. Der Schutz solcher natürlichen Freiheiten ist der erste Aspekt der Grund- und Menschenrechte.

Das gilt auch für die Religionsfreiheit. Unter Berufung auf die Religionsfreiheit können staatliche Leistungen zur Unterstützung der Glaubensbetätigung grundsätzlich nicht verlangt werden.[11] Allerdings enthält das Grundgesetz selbst Bestimmungen, durch die die Religionsfreiheit über eine bloße Eingriffsabwehr hinaus unterstützt und gefördert wird. Als Beispiel ist gerade der Religionsunterricht an öffentlichen Schulen zu nennen, der in Art. 7 II, III GG gewährleistet wird – im Grundrechtsteil des Grundgesetzes. Hier geht es gerade nicht nur darum, Eingriffe in die natürliche Freiheit des Verkündigens und Lehrens zu unterlassen, sondern innerhalb der staatlichen Schule den Religionsunterricht als staatliche Einrichtung zu gewährleisten, um so der religiösen Erziehung, die als solche durch die Religionsfreiheit und das Erziehungsrecht der Eltern in Art. 6 II GG umfasst ist, einen Raum in der Schule zu geben. Er dient nicht dazu, dass den Schülern staatlicherseits die richtige Religion eingebläut und damit Loyalität zur christlichen Obrigkeit eingeübt wird, wie dies in früheren Zeiten der Fall gewesen sein mag. Vielmehr soll er einen von vielen Eltern für die Erziehung als einen eminent wichtigen angesehenen Bereich, die Religion den Schülern aus einer Innenperspektive nahebringen.

10 S. dazu Heinrich de Wall, Die Einrichtungsgarantien des Grundgesetzes als Grundlagen subjektiver Rechte: Der Staat 38 (1999), 377-398. Monographisch Ute Mager, Einrichtungsgarantien, Tübingen 2003.

11 Vgl. BVerfGE 93, 1 (16); s. dazu Michael Germann, Beck Online-Kommentar (Anm. 1), Art. 4 Rn. 60-67; Carsten Pagels, Schutz- und förderpflichtrechtliche Aspekte der Religionsfreiheit, 1999, 119ff., 123ff.

Damit vermeidet der Staat in einem Bereich, in dem er als wesentlicher Träger von Erziehung neben die Eltern tritt, einen Widerspruch zu deren Verständnis darüber, was zu einer ganzheitlichen Bildung gehört oder, einfacher ausgedrückt, er vermeidet eine einseitige Stellungnahme gegen die Religion. Der Religionsunterricht ist zu Recht als „Ausdruck wahrgenommener Religionsfreiheit durch die Eltern und Schüler" bezeichnet worden.[12] Weitere Beispiele für solche durch den Staat gewährleistete Einrichtungen bzw. organisatorischen Rahmenbedingungen für die Entfaltung der Religionsfreiheit sind die Anstalts- und Militärseelsorge (Art. 140 GG i. V. m. Art. 141 WRV) oder auch der Sonn- und Feiertagsschutz des Art. 140 GG i. V. m. Art 139 WRV. Entsprechendes gilt für die Theologischen Fakultäten, die zwar nicht im Grundgesetz, wohl aber in einigen Länderverfassungen garantiert sind (z. B. Art. 150 II der Bayerischen Verfassung oder Art. 60 II der Hessischen Verfassung) All diese Garantien haben Bezug zur Religionsausübung und verleihen dem Religionsrecht des Grundgesetzes einen über die Eingriffsabwehr im Rahmen der Religionsfreiheit hinausgehenden Charakter.

Solche Garantien sind zwar nicht unmittelbar aus der Religionsfreiheit deduzierbar. Gleichwohl haben sie aber einen Bezug dazu. Die Theologischen Fakultäten gewährleisten z. B. die Ausbildung von Religionslehrern – ein Aspekt, den das Bundesverfassungsgericht hervorgehoben hat[13]. Damit unterstützen sie auch den Religionsunterricht in seiner religionsfreiheitsfördernden Funktion. Indem sie die Theologie als Wissenschaft in den Kanon der Universität integrieren und die wissenschaftliche Pflege der Theologie auf akademischem Niveau garantieren, haben sie eine weitere, gerade für den Verkündigungsauftrag wichtige Funktion.

Dieser Zusammenhang zwischen Religionsfreiheit und anderen religionsverfassungsrechtlichen Institutionen ließe sich für eine ganze Reihe weiterer Einrichtungen der Religionsverfassung des Grundgesetzes erläutern. So garantieren die Anstalts- und die Militärseelsorge Räume für die Religionsausübung auch dort, wo der Staat einen Lebensbereich vollständig in seine Obhut übernommen hat. Dieser Zusammenhang zwischen Religionsfreiheit und Staatskirchenrecht zeigt bezogen auf das Thema des menschenrechtlichen bzw. religionsfreiheitlichen Kontexts des Verkündigungsdienstes: Wenn man diesen Kontext für eine Rechtsordnung analysieren möchte, reicht es nicht aus, nur auf die Garantie der Religionsfreiheit als „Text" zu blicken. In den „Kon"text gehören vielmehr die Religionsfreiheit unterstützenden, sonstigen Elemente des Religionsrechts. Die Religionsfreiheit ist damit auch nicht un-

12 Jörg Winter, Zur Anwendung des Art. 7 III GG in den neuen Ländern der Bundesrepublik Deutschland: NVwZ 10 (1991), 753-755; 754.

13 Vgl. BVerfGE 89, 122 Rn. 54.

bedingt dort am besten verwirklicht, wo sich eine Verfassungsordnung neben ihrer Garantie anderer flankierender religionsrechtlicher Regeln enthält. Diese können vielmehr wichtige Elemente zur Pflege und Förderung der Religionsausübung sein und damit den religiösen Entfaltungsraum der Individuen, aber auch der Religionsgemeinschaften erweitern. Weil, wie bereits erwähnt, Religion typischerweise auf gemeinsame und organisierte Pflege durch eine Vielzahl von Individuen angelegt ist, ist auch dies von besonderer Bedeutung für die Religionsfreiheit.

6. Religionsfreiheit und „Staatskirchenrecht" bzw. „Religionsverfassungsrecht"

Das zeigt auch: Eine Gegenüberstellung von Religionsfreiheit und „institutionellem" Staatskirchenrecht ist künstlich. Das institutionelle Staatskirchenrecht enthält Regeln und Einrichtungen, die die Verwirklichung der Religionsfreiheit in individueller, kollektiver und korporativer Hinsicht erleichtern und fördern sollen – für alle Religionen und auch Weltanschauungen, die in die Religions- und Weltanschauungsfreiheit einbezogen sind. Dieser religionsfreiheitliche Hintergrund verbietet es, das vom Grundgesetz übernommene Staatskirchenrecht der Weimarer Verfassung als Sonderregelung für die christlichen Kirchen und allenfalls noch die jüdischen Kultusgemeinden zu verstehen.[14] Natürlich sind die religionsdemographische Situation der Weimarer Zeit mit dem vorfindlichen Bestand an Religionsgemeinschaften und das überkommene Religionsrecht der historische Hintergrund dieser Regeln. Aber die Weimarer Verfassung hat versucht, bewusst von diesem Hintergrund zu abstrahieren, etwa indem sie den Begriff der Religionsgesellschaften statt „Kirchen" verwendet und den Körperschaftsstatus nicht nur den etablierten Kirchen vorbehält, sondern ihn allen Religionsgesellschaften und Weltanschauungsgesellschaften zugänglich macht, die nach Verfassung und Zahl der Mitglieder die Gewähr der Dauer bieten (Art. 137 V WRV).

Gerade die Weimarer Reichsverfassung selbst ist in ihrer Systematik ein Beleg der These, dass für die Analyse des Kontextes der Religionsfreiheit und der Verkündigung das gesamte Religionsrecht einzubeziehen ist. Dieser enge Zusammenhang zeigt sich in der WRV darin, dass die näheren religionsverfassungsrechtlichen Regeln der Art. 136ff. WRV im unmittelbaren Zusammenhang mit der Religionsfreiheit des Art. 135 WRV standen, und zwar auch in

14 S. etwa, allerdings vor 25 Jahren, Christian Hillgruber, Der deutsche Kulturstaat und der muslimische Kulturimport: JZ 11 (1999), 538-547; 546.

einem gemeinsamen Abschnitt, wobei der Religionsunterricht in den thematischen Zusammenhang von Schule und Bildung gestellt wurde. Alle befinden sich im Zweiten Hauptteil der Verfassung, den „Grundrechten und Grundpflichten der Deutschen“, der aber eben nicht nur Grundrechte, sondern viele im Zusammenhang mit den Grundrechten stehende „institutionelle“ Regelungen enthält. Wegen der Regelung des geltenden Staatskirchenrechts als Übernahme von Vorschriften der Weimarer Verfassung in Art. 140 GG, der zu den Übergangsvorschriften am Ende des Grundgesetzes gehört, ist dieser Zusammenhang mit der in Art. 4 GG im Grundrechtsteil am Anfang des Grundgesetzes garantierten Religionsfreiheit weniger deutlich. In der Sache besteht er aber weiter und ist auch weitgehend unbestritten.

Es bleibt also dabei. Wenn man den Verkündigungsdienst im Kontext der Religionsfreiheit in einer bestimmten Rechtsordnung analysieren möchte, reicht es nicht aus, nur die Garantie der Religionsfreiheit in den Blick zu nehmen. In den „Kon“text gehören vielmehr auch die Religionsfreiheit unterstützenden sonstigen Elemente des Religionsrechts.

MENSCHENRECHTE – RELIGIONSFREIHEIT IM KONTEXT DES VERKÜNDIGUNGSDIENSTES DER KIRCHE

MARKUS GRAULICH

Kirchenrecht und Menschenrechte. Nur wenige Zeitgenossen werden beide Begriffe spontan miteinander verbinden,[1] aber genau das ist die Absicht dieses Beitrags: zu zeigen, dass und auf welche Weise das Kirchenrecht die Menschenrechte thematisiert und sie zum Gegenstand kirchlicher Verkündigung macht. Ein Kommentar des c. 747 CIC/1983, der als Leitkanon dem III. Buch des Codex, das dem *munus docendi*, dem Verkündigungsdienst der Kirche gewidmet ist, vorangestellt wurde, soll zeigen, dass es zum Verkündigungsauftrag der Kirche gehört, auf ihre Weise und in ihrer Kompetenz für die Förderung und Einhaltung der Menschenrechte einzutreten und dass dieser Auftrag nicht nur allen Trägern des kirchlichen Verkündigungsdienstes aufgegeben ist, sondern auch alle Felder kirchlicher Verkündigung betrifft. Die Tatsache, dass dieser Canon aus dem Projekt der *Lex Ecclesiae Fundamentalis* in den Codex übernommen wurde, zeigt, dass es sich bei dieser Norm nicht um eine marginale Bestimmung der kirchlichen Rechtsordnung handelt.

1. C. 747 CIC/1983 und seine Quellen

Der erste Paragraph von c. 747 CIC/1983 hat seine Quelle zunächst einmal in can. 1322 CIC/1917, welcher den Abschnitt des alten Codex über das kirchliche Lehramt (*de magisterio ecclesiastico*) eröffnete.[2] Dessen eher apologetische Aussagen werden ergänzt durch Elemente aus Texten des Zweiten Vatikani-

1 Die Ambivalenz in der Wahrnehmung des Verhältnisses der Kirche zu den Menschenrechten wird auch noch deutlich in Tamara Bloch, Die Stellungnahmen der römisch-katholischen Amtskirche zur Frage der Menschenrechte seit 1215. Eine historische Untersuchung unter besonderer Berücksichtigung der Gewährleistungen im CIC/1983, Frankfurt 2008 (Schriften zum Staatskirchenrecht 41).

2 Can. 1322 CIC/1917: „§1 Christus Dominus fidei depositum Ecclesiae concredidit, ut ipsa, Spiritu Sancto iugiter assistente, doctrinam revelatam sancte custodiret et fideliter exponeret. §2 Ecclesiae, independenter a qualibet civili protestate, ius est et officium gentes omnes evangelicam doctrinam docenti: hanc vero rite ediscere veramque Dei Ecclesiam amplecti omnes divina lege tenetur."

C. 747 – § 1. Christus der Herr hat der Kirche das Glaubensgut anvertraut, damit sie unter dem Beistand des Heiligen Geistes die geoffenbarte Wahrheit heilig bewahrt, tiefer erforscht und treu verkündigt und auslegt; daher ist es ihre Pflicht und ihr angeborenes Recht, auch unter Einsatz der ihr eigenen sozialen Kommunikationsmittel, unabhängig von jeder menschlichen Gewalt, allen Völkern das Evangelium zu verkündigen.	§ 1 – Ecclesiae, cui Christus Dominus fidei depositum concredidit ut ipsa, Spiritu Sancto assistente, veritatem revelatam sancte custodiret, intimius perscrutaretur, fideliter annuntiaret atque exponeret, officium est et ius nativum, etiam mediis communicationis socialis sibi propriis adhibitis, a qualibet humana potestate independens, omnibus gentibus Evangelium praedicandi.
§ 2. Der Kirche kommt es zu, immer und überall die sittlichen Grundsätze auch über die soziale Ordnung zu verkündigen wie auch über menschliche Dinge jedweder Art zu urteilen, insoweit die Grundrechte der menschlichen Person oder das Heil der Seelen dies erfordern.	§ 2 Ecclesiae competit semper et ubique principia moralia etiam de ordine sociali annuntiare, necnon iudicium ferre de quibuslibet rebus humanis, quatenus personae humanae iura fundamentalia aut animarum salus id exigant.

schen Konzils, besonders durch *Dei Verbum*[3] im Hinblick auf den Zusammenhang von Schrift und Tradition, der vom gegenwärtigen Canon nicht näher thematisiert, aber vorausgesetzt wird, und *Dignitatis humanae*[4] im Hinblick auf das Recht der Kirche zur Verkündigung des Evangeliums. Der Verweis auf das Recht der Kirche zum Gebrauch der sozialen Kommunikationsmittel bei der Verkündigung geht ebenfalls auf ein Dekret des Zweiten Vatikanums zurück.[5]

3 Vgl. Zweites Vatikanisches Konzil, Dogmatische Konstitution Dei Verbum über die göttliche Offenbarung vom 18. November 1965: AAS 58 (1966), 817-835, dt: HThK Bd. 1, Nr. 7-10.

4 Vgl. Zweites Vatikanisches Konzil, Erklärung Dignitatis humanae über die religiöse Freiheit vom 7. Dezember 1965: AAS 58 (1966), 929-946, dt: HThK Bd. 1, Nr. 13: „In der menschlichen Gesellschaft und vor jeder öffentlichen Gewalt beansprucht die Kirche für sich Freiheit als geistliche Autorität, von Christus, dem Herrn, eingesetzt, der aufgrund göttlichen Auftrags die Pflicht obliegt, in die gesamte Welt zu gehen und jedem Geschöpf das Evangelium zu verkünden." Vgl. dazu auch Zweites Vatikanisches Konzil, Dogmatische Konstitution über die Kirche Lumen Gentium vom 21. November 1965: AAS 57 (1965), 5-75, dt: HThK. Bd. 1, Nr. 24f und Zweites Vatikanisches Konzil, Dekret Christus Dominus über das Hirtenamt der Bischöfe vom 28. Oktober 1965: AAS 58 (1966), 673-696, dt: HThK Bd. 1, Nr. 19.

5 Vgl. Zweites Vatikanisches Konzil, Dekret Inter mirifica über die sozialen Kommunikationsmittel vom 25. November 1964: AAS 56 (1964), 145-157, dt: HThK Bd. 1, Nr.13: „Da die katholische Kirche von Christus, dem Herrn, gegründet worden ist, um allen Menschen

Der zweite Paragraph des Canons nimmt fast wörtlich eine Kernaussage aus dem Abschnitt der Pastoralkonstitution über die Kirche in der Welt von heute, in dem es um das Verhältnis der Kirche zur politischen Gemeinschaft geht, auf.[6] Vor dem Hintergrund seiner Entstehungsgeschichte – die hier nicht im Einzelnen nachgezeichnet werden kann – wird deutlich, dass § 1 des c. 747 CIC/1983 eine Fundamentalnorm des Kirchenrechts, genauer gesagt des Verkündigungsrechts, darstellt, welche can. 1322 CIC/1917 im Geist der Konzilstheologie weiterentwickelt. Dementsprechend hat die Kirche den Auftrag, dass ihr vom Herrn anvertraute Glaubensgut unter dem Beistand des Heiligen Geistes

- heilig zu bewahren (*sancte custodire*)
- tiefer zu erforschen (*intimius perscrutare*)
- getreu zu verkünden (*fideliter annuntiare*) und
- getreu auszulegen (*fideliter exponere*).

Das ist Grundlage und Grundauftrag des *munus docendi*, an dem alle Gläubigen – wie c. 204 § 1 CIC/1983[7] sagt – gemäß ihrer je eigenen Stellung (*secundum propriam cuiusque condicionem*) teilhaben.[8] Auch, wenn die Teilhabe am Verkündigungsauftrag der Kirche gestuft ist, überwindet der CIC/1983 in Übereinstimmung mit seinen konziliaren Quellen, vor allem LG 12 und DV 7-10 die Trennung in die *Ecclesia docens* und die *Ecclesia discens* und stellt implizit heraus, dass zunächst einmal alle Glieder des Volkes Gottes Hörer des Wortes und erst dann dessen Verkünder sind; eine Tatsache, die im Magisterium von Papst Franziskus eine große Rolle spielte.

Der Dienst an der Verkündigung des Glaubensgutes wird vom CIC nicht nur als eine Pflicht der Kirche, sondern auch als ihr Recht bezeichnet. Es han-

das Heil zu bringen, und darum von der Notwendigkeit gedrängt wird, das Evangelium zu verkünden, glaubt sie, dass es Teil ihrer Pflicht ist, die Heilsbotschaft auch mit Hilfe der sozialen Kommunikationsmittel zu verkünden und die Menschen über ihren rechten Gebrauch zu belehren."

6 Vgl. Zweites Vatikanisches Konzil, Pastoralkonstitution Gaudium et Spes über die Kirche in der Welt von heute vom 7. Dezember 1965: AAS 58 (1966), 1025-1120, dt: HThK Bd. 1, Nr. 76.

7 C. 204 §1 CIC/1983: „Gläubige sind jene, die durch die Taufe Christus eingegliedert, zum Volke Gottes gemacht und dadurch auf ihre Weise des priesterlichen, prophetischen und königlichen Amtes Christi teilhaftig geworden sind; sie sind gemäß ihrer je eigenen Stellung zur Ausübung der Sendung berufen, die Gott der Kirche zur Erfüllung in der Welt anvertraut hat."

8 Vgl. dazu Markus Graulich, „Wie sollen sie hören, wenn niemand verkündet?" Der Verkündigungsdienst im Recht der Kirche: Gottes Wort in Leben und Sendung der Kirche, hg. v. ders. – Sven van Meegen, Berlin 2007 (Bibel konkret 3), 5-28, bes. 14-28: Teilhabe am Verkündigungsauftrag der Kirche.

delt sich – wie der Canon sagt – um ein *ius nativum*, ein angeborenes, von Jesus selbst übertragenes, originäres, unveräußerliches und unverletzliches Recht der Kirche. Dieses Recht ist Teil der Freiheit, welche die Kirche für sich in Anspruch nimmt, und kann ihr von niemand entzogen werden (*a quilibet humana potestate independens*). Auf dieses Recht kann die Kirche nicht verzichten, ohne sich selbst und ihren Auftrag aufzugeben und die Weisung Jesu zu missachten, allen Völkern das Evangelium zu verkünden (vgl. Mt 28,19).

Um diesen Auftrag, der alle Bereiche des Verkündigungsdienstes (Predigt, Katechese, Mission, Erziehung, Unterricht und Lehre) betrifft, zu erfüllen, darf und soll sich die Kirche aller ihr zur Verfügung stehenden Mittel bedienen, auch der so genannten sozialen Kommunikationsmittel.

Gegenüber den Normen des CIC/1917 stellt der zweite Paragraph des c. 747 CIC/1983 eine Neuheit und zugleich eine Konsequenz aus der engen Verbindung zwischen dem Zweiten Vatikanischen Konzil und dem *Codex Iuris Canonici* dar. Die Kirche – und hier sind wiederum alle Träger des kirchlichen Verkündigungsdienstes gemeint – nimmt für sich das Recht in Anspruch, alles im Licht des Glaubens und des Wortes Gottes zu betrachten und ihre Stimme zu erheben, wenn es um die Grundrechte der Menschen und das Heil der Seelen geht. Zu Recht hat der Codex der katholischen Ostkirchen diesen Canon um den Bezug auf die Würde des Menschen erweitert.[9]

Gegenstand des kirchlichen Verkündigungsauftrages sind also nicht nur das Wort Gottes und das *depositum fidei* im engeren Sinn, sondern auch die aus dem Glauben folgenden sittlichen Grundsätze, wie sie z. B. in der Soziallehre der Kirche zum Ausdruck kommen. Die Kirche versteht sich – wie Artikel 76 von *Gaudium et Spes* (GS), der auch die Quelle dieses Paragraphen darstellt, festhält – als „Zeichen und Schutz der Transzendenz der menschlichen Person." Und das gilt gerade im Hinblick auf das Verhältnis zur politischen Gemeinschaft in nationaler oder internationaler Hinsicht, ohne dass dadurch die Kirche für sich den Anspruch erhebt, sich in weltliche Belange einzumischen. Im Gegenteil, so GS weiter:

> „Die politische Gemeinschaft und die Kirche sind auf je ihrem Gebiet voneinander unabhängig und autonom. Beide aber dienen, wenn auch in verschiedener Begründung, der persönlichen und gesellschaftlichen Berufung der gleichen Menschen. Diesen Dienst können beide zum Wohl aller umso wirksamer leisten, je mehr und besser sie rechtes Zusammenwirken mit-

9 Vgl. can. 595 § 2 CCEO: „Ecclesiae competit semper et ubique principia moralia, etiam ad ordinem socialem spectantia, annuntiare necnon iudicium ferre de quibuslibet rebus humanis, quatenus dignitas personae humanae eiusque iura fundamentalia aut salus animarum id exigunt."

einander pflegen; dabei sind jeweils die Umstände von Ort und Zeit zu berücksichtigen."

Dem in GS umschriebenen Verständnis des Verhältnisses zwischen Staat und Kirche entsprechend, kommt es darauf an, dass Kirche und Staat vor dem Hintergrund ihrer wechselseitigen Autonomie und Unabhängigkeit in *sana cooperatio*, d. h. fair zusammenarbeiten. Das widerspricht nicht dem Auftrag der Kirche, auch die konkreten Auswirkungen der (sittlichen) Botschaft des Evangeliums auf die soziale Ordnung hin zu bedenken und im Hinblick auf Ehe und Familie, Wirtschaft, Staat, Politik und Gesellschaft zu verkünden, vor allem (*quatenus*), wenn die Grundrechte des Menschen oder das Heil der Seelen auf dem Spiel stehen.

Dies geschieht in einer doppelten Form:

- durch die Verkündigung sittlicher Grundsätze und
- die konkrete (moralisch-ethische) Beurteilung von Einzelfällen, wenn es die Menschenrechte und das Heil der Seelen erforderlich machen. Damit ist also keineswegs ein Freibrief zur Einmischung in das politische Alltagsgeschäft gegeben.

Die Kirche hat daher weder konkrete Normen zu liefern noch konkrete politische Lösungen vorzuschlagen und kann das auch nicht.[10] „Es geht vielmehr darum, auf der Suche nach objektiven moralischen Prinzipien zur Reinigung und Erhellung der Vernunftanstrengungen beizutragen."[11] Daher ist ein Dialog zwischen Religion und Gesellschaft, Vernunft und Glaube, zum Wohl des Menschen erforderlich. Durch die Korrekturen, welche die Religion der Vernunft anbietet, wird sie vor dem Abgleiten in die Ideologie bewahrt und die Gewährleistung der vollen Würde des Menschen sichergestellt. Umgekehrt bewahrt die Vernunft die Religion vor dem Sektierertum.

Die christliche „Religion ist [...] für den Gesetzgeber nicht ein Problem, das gelöst werden muss, sondern ein äußerst wichtiger Gesprächspartner im nationalen Diskurs,"[12] weshalb Religion nicht in den Privatbereich gedrängt werden sollte. Es sind Gelegenheiten einen Dialog und Austausch zu suchen und zu schaffen. Mit ihrem Beitrag zum öffentlichen Diskurs[13] will die Kirche

10 Vgl. Benedikt XVI., Enzyklika Spe salvi über die christliche Hoffnung vom 30. November 2007: AAS 99 (2007), 985-1027, dt: VApSt 179, Nr. 9.

11 Benedikt XVI., Ansprache in der Westminster Hall, London vom 17. September 2010, online: https://www.vatican.va/content/benedict-xvi/de/speeches/2010/september/documents/hf_ben-xvi_spe_20100917_societa-civile.html (Zugriff: 24.10.2025).

12 Ebd.

13 Vgl. zum Folgenden: Benedikt XVI., Ansprache an die Teilnehmer eines Kongresses der Europäischen Volkspartei vom 30. März 2006: Insegnamenti II/1 (2006), 756-759.

nicht intolerant sein oder sich einmischen. Auch dann, wenn sie zur Vorsicht mahnt oder bestimmte Prinzipien in Erinnerung ruft, geht es ihr darum, die Gewissen zu erleuchten, um ihnen ein freies und verantwortliches Handeln zu ermöglichen. Es geht dabei z. B. um den Schutz und die Förderung der Würde des Menschen, den Schutz des Lebens und der Familie, sowie die Förderung des elterlichen Erziehungsrechts. Auch, wenn die von der Kirche in die öffentliche Debatte eingebrachten Prinzipien keine Glaubenswahrheiten sind, sondern der Natur des Menschen entsprechen und folglich allen Menschen gemein sind, werden sie doch vom Glauben erleuchtet. Wenn die Kirche daran erinnert oder davor warnt, diese Prinzipien nicht zu vergessen, wird sie zum Anwalt der menschlichen Würde.

2. Auswirkungen des in c. 747 § 2 CIC/1983 postulierten Anspruchs

Der in c. 747 § 2 CIC/1983 postulierte Anspruch hat Konsequenzen, denn die Kirche verkündet ihre sittlichen Grundsätze im Hinblick auf die menschliche Würde und die Menschenrechte zunächst im Rahmen ihres Verhältnisses zur politischen Gemeinschaft.

2.1 Im Hinblick auf das Verhältnis zwischen Staat und Kirche

Die Freiheit der Kirche zur Verkündigung des Glaubensgutes einschließlich seiner sittlichen Botschaft wird von all den Staaten anerkannt, die sich in ihren Verfassungen oder in ihrer Rechtsordnung zur Religionsfreiheit bekennen. Denn Religionsfreiheit umfasst – nach Art. 18 der Allgemeinen Erklärung der Menschenrechte – die „Freiheit, seine Religion oder seine Überzeugung allein oder in Gemeinschaft mit anderen, in der Öffentlichkeit oder privat, durch Lehre, Ausübung, Gottesdienst oder Vollziehung von Riten zu bekunden."

Die Definition der Religionsfreiheit durch die OSZE im Jahre 1989 zählt zur Religionsfreiheit u. a. das „Recht einer jeden Person, religiöse Unterweisung in einer frei gewählten Sprache zu geben und zu erhalten" und postuliert den „Zugang der Religionsgemeinschaften zum gesellschaftlichen Diskurs, auch durch die Medien."

Im Bereich des internationalen Rechts wird der Anspruch der Kirche einerseits dadurch anerkannt, dass sie als Subjekt des internationalen Rechts nicht nur in den Vereinten Nationen und einigen ihrer Organisationen, sondern auch in der KSZE (heute OSZE) mitarbeitet[14] und durch einen Nuntius bei der Europäischen Union vertreten ist. Andererseits beziehen sich die Konkordate, die in den Jahren seit dem Zweiten Vatikanischen Konzil mit dem Heiligen Stuhl geschlossen wurden, immer öfter auf die Menschenrechte, wie die Präambel des Vertrages mit Mecklenburg-Vorpommern als ein Beispiel von vielen möglichen zeigt.[15]

2.2 Im Hinblick auf die Träger des Verkündigungsdienstes

Am Verkündigungsauftrag der Kirche haben - wie gesagt - alle Gläubigen, je nach ihrer Stellung teil; d. h., dass auch die Verkündigung, der aus der Botschaft des Evangeliums folgenden und von der katholischen Soziallehre formulierten sittlichen Grundsätze, von Seiten all derer geschehen kann und soll, welche auf den verschiedenen Ebenen am Verkündigungsauftrag der Kirche beteiligt sind.

2.2.1 Universalkirchliche Ebene: Papst und Bischofskollegium

Im Zuge der Auseinandersetzung mit dem Totalitarismus im 20. Jahrhundert kommt es immer mehr dazu, dass die Kirche sich zum Fürsprecher der Menschenrechte macht. Zunächst steht das Lehramt der Kirche und allen voran die Päpste der Idee der Proklamation von Menschenrechten eher skeptisch

14 Vgl. dazu Paul Wuthe, Für Menschenrechte und Religionsfreiheit in Europa. Die Politik des Heiligen Stuhls in der KSZE/OSZE, Stuttgart 2002 (Theologie und Frieden 22).

15 Vertrag zwischen dem Heiligen Stuhl und dem Land Mecklenburg-Vorpommern (Präambel): „DER HEILIGE STUHL, vertreten durch den Apostolischen Nuntius in Deutschland Erzbischof Dr. Giovanni Lajolo, und DAS LAND MECKLENBURG-VORPOMMERN, vertreten durch den Ministerpräsidenten Dr. Berndt Seite,

- einig in dem Wunsch, die Beziehungen zwischen dem Land Mecklenburg-Vorpommern und der Katholischen Kirche in Recht und Freiheit neu zu ordnen,
- im Bewußtsein der Eigenständigkeit von Staat und Kirche, im gegenseitigen Respekt vor ihrem Selbstbestimmungsrecht und in Bereitschaft zur Zusammenarbeit,
- in Achtung vor der Religionsfreiheit des Einzelnen,
- in dem gemeinsamen Anliegen, die Menschenwürde und die Menschenrechte zu achten und zu schützen,
- in der Einsicht, dass christlicher Glaube, kirchliches Leben und karitatives Wirken einen Beitrag für das Gemeinwohl und den Gemeinsinn der Bürger in einer pluralen Gesellschaft leisten, schließen
- unter Anerkennung der Fortgeltung des Konkordats zwischen dem Heiligen Stuhl und dem Deutschen Reich vom 20. Juli 1933 und unbeschadet einer Fortgeltung des Vertrages des Freistaates Preußen mit dem Heiligen Stuhl vom 14. Juni 1929 diesen Vertrag. Fundstelle: GVOBl. M-V 1994, 1026.

gegenüber. „Im Grunde vollzog die Neuzeit, was das Christentum angebahnt, aber selbst nicht zustande gebracht hatte und in der Neuzeit nicht mehr mitzuvollziehen bereit war.“[16]

Das Lehramt der Päpste greift die Idee der Menschenrechte daher zunächst sehr zögernd auf, da sie vom Liberalismus und Laizismus vorgetragen und zum Teil mit antikirchlichen Ideen verbunden wurde. In den Enzykliken Leo XIII. *Immortale Dei*[17] und *Rerum Novarum*[18], sowie in den Enzykliken *Quadragesimo Anno*[19] und vor allem *Divini Redemptoris*[20] Pius XI. erfolgt dann die Rezeption und zugleich die christliche Verankerung der Idee der Menschenrechte.[21]

So stellt z. B. Papst Pius XI. der Lehre des atheistischen Kommunismus die Haltung und Lehre der Kirche entgegen, die ihren Ausgang von Gott nimmt und von ihm her den Menschen[22] und die Rechte versteht, die aus der Gottebenbildlichkeit des Menschen folgen (Recht auf Leben und Unversehrtheit, Recht, sich auf Gott hin auszurichten, Recht zur Versammlung, Recht auf Eigentum usw.).

Die Gesellschaft – so Pius XI. – steht im Dienst des Menschen und hat ihm bei der Erreichung seiner Ziele behilflich zu sein. Daher hat sie auch die Rechte, welche der Schöpfer den Menschen gegeben hat und wie sie die katholische Soziallehre darlegt, zu achten. Das Christentum hat zuerst die Brüderlichkeit und die Würde der Arbeit proklamiert, und dazu beigetragen, die menschliche Gesellschaft umzuformen. Im Gegensatz zu den Ideologien, die kommen und gehen, hat die Lehre der Kirche ein solideres Fundament.

Auf den Aussagen seines Vorgängers kann Papst Pius XII.[23] aufbauen, wenn er feststellt, dass es zwischen dem wahren Humanismus und dem Christentum keinen Gegensatz geben kann. Zeuge dafür ist wiederum die, auf dem Natur-

16 Arnold Angenendt, Toleranz und Gewalt. Das Christentum zwischen Bibel und Schwert. Münster ²2007, 199.

17 Leo XIII., Enzyklika Immortale Dei, über die christliche Idee des Staates vom 1. November 1885: AAS 18 (1885), 161-180.

18 Leo XIII., Enzyklika Rerum Novarum, über die Arbeiterfrage vom 15. Mai 1891: AAS 11 (1892), 97-144.

19 Pius XI., Enzyklika Quadragesimo Anno über die soziale Ordnung vom 15. Mai 1931: AAS 23 (1931), 177-228.

20 Pius XI., Enzyklika Divini Redemptoris über den atheistischen Kommunismus vom 19. März 1937: AAS 29 (1937), 65-106.

21 Vgl. Wuthe, Menschenrechte (Anm. 14), 47f.

22 Vgl. Pius XI., Enzyklika Divini Redemptoris (Anm. 20) mit Verweis auf Ders., Enzyklika Divini illius Magister über die christliche Erziehung der Jugend vom 31. Dezember 1929: AAS 22 (1930), 49-86.

23 Vgl. Heribert-Franz Köck, Das Naturrecht und die Menschenrechte bei Pius XII.: Pius XII. zum Gedächtnis, hg. v.-H. Schambeck, Berlin 1977, 471-510.

recht aufruhende Soziallehre der Kirche. Die Kirche kämpft um ihre Freiheit, aber diese Kämpfe

> „sind ebenso geführt für die Freiheit und die Grundrechte der Menschen. In ihren Augen sind diese grundlegenden Rechte so verletzlich, dass gegen sie keine Staatsräson, kein Vorwand des Gemeinwohls in die Waagschale geworfen werden kann. [...] Doch wer wird diese bedingungslose Achtung vor den Menschenrechten haben, wenn nicht der, welcher bewusst unter den Augen des persönlichen Gottes handelt.“[24]

Es ist beständige Lehre der Kirche, „dass die unsterbliche Seele des Menschen, erschaffen nach dem Bilde des Schöpfers, ihm eine angeborene Würde und Rechte verleihe, die keine irdische Macht erlaubterweise antasten darf.“[25] Daraus folgt, dass der Mensch unabhängig vom Staate gewisse Freiheiten besitzt,[26] die nur dann geschützt werden können, wenn man auch die dahinter stehende Freiheit und die Wahrheit über den Menschen annimmt, wie sie der christliche Glaube vermittelt. Teil dieser Wahrheit ist es, dass die Freiheit und die Rechte des Menschen untrennbar mit seinen Pflichten verbunden sind und dieses Gleichgewicht nicht gestört werden darf.[27]

Später greift dann Papst Johannes XXIII. das Thema der Menschenrechte in seiner Enzyklika *Pacem in Terris* auf,[28] und über diesen Text werden die Menschenrechte auch vom Zweiten Vatikanischen Konzil rezipiert. Johannes XXIII. betrachtet in seiner Enzyklika die Allgemeine Erklärung der Menschenrechte von Seiten der Vereinten Nationen

> „als Stufe und als Zugang zu der zu schaffenden rechtlichen und politischen Ordnung aller Völker auf der Welt [...]. Denn durch sie wird die Würde der Person für alle Menschen feierlich anerkannt, und es werden jedem Menschen die Rechte zugesprochen, die Wahrheit frei zu suchen, den Normen

24 Pius XII., Ansprache an die Teilnehmer des Internationalen Kongresses für humanistische Studien am 25. September 1949: Aufbau und Entfaltung des gesellschaftlichen Lebens. Soziale Summe Pius‘ XII. hg. v. A. F. Utz und J. F. Groner, 3 Bde., Fribourg 1954-1961, (kurz: Utz-Groner) Bd. I, 356-361.

25 Pius XII., Ansprache an Kongreßmitglieder der USA-Regierung am 4. Dezember 1949: Utz-Groner I (Anm. 24), 362-364.

26 Vgl. Pius XII., Ansprache an Kongreßmitglieder der USA-Regierung am 4. Dezember 1949: Utz-Groner I (Anm. 24), 362-364.

27 Vgl. Pius XII., Brief an den Bischof von Augsburg, Dr. Josef Freundorfer vom 27. Juni 1955: Utz-Groner III (Anm. 24), 5125.

28 Johannes XXIII, Enzyklika Pacem in terris, über den Frieden unter allen Völkern in Wahrheit, Gerechtigkeit, Liebe und Freiheit vom 11. April 1963: AAS 55 (1963), 257-304, dt: VApSt 13, etwa Nr. 11-27.

> der Sittlichkeit zu folgen, die Pflichten der Gerechtigkeit auszuüben, ein menschenwürdiges Dasein zu führen."[29]

Mit Papst Johannes XXIII. beginnt auf diese Weise die Zeit der „kirchlichen Mitwirkung in der Menschenrechtsbewegung."[30] Seither zählt es die Kirche zu ihren Aufgaben, die Achtung der Menschenwürde zu fördern,[31] nicht erstrangig im rechtlichen Bereich, sondern vor allem im Hinblick auf ihre Ausübung.

In dieser Tradition hat das Eintreten der Kirche für die Achtung der Menschenrechte von Seiten der demokratischen Staaten und für die Sicherstellung dieser Rechte durch das staatliche Gesetz seine Wurzeln.[32] Diese Anerkennung und Umsetzung gibt der Demokratie eine glaubwürdige und solide Grundlage, welche sie sich selbst nicht schaffen kann.

> „Unter den vorrangigsten Rechten sind zu erwähnen: das Recht auf Leben, zu dem wesentlich das Recht gehört, nach der Zeugung im Mutterschoß heranzuwachsen; das Recht, in einer geeigneten Familie und in einem sittlichen Milieu zu leben, das für die Entwicklung und Entfaltung der eigenen Persönlichkeit geeignet ist; das Recht, seinen Verstand und seine Freiheit in der Suche und Erkenntnis der Wahrheit zur Reife zu bringen; das Recht, an der Arbeit zur Erschließung der Güter der Erde teilzunehmen und daraus seinen Lebensunterhalt für sich und die Seinen zu gewinnen; das Recht auf freie Gründung einer Familie und auf Empfang und Erziehung durch verantworteten Gebrauch der eigenen Sexualität. Quelle und Synthese dieser Rechte ist in gewissem Sinne die Religionsfreiheit, verstanden als Recht, in der Wahrheit des eigenen Glaubens und in Übereinstimmung mit der transzendenten Würde der Person zu leben."[33]

Die Religionsfreiheit ist allerdings nicht darauf zu beschränken, Garantie der Glaubens- und Gewissensfreiheit des Einzelnen zu sein. Die Anerkennung des Menschenrechts der Religionsfreiheit ist zugleich auch ein Zeichen, dass die freiheitlich-demokratische Gesellschaft und Kultur der Religion bedarf, um sie

29 Ebd., Nr. 144.

30 Wuthe, Menschenrechte (Anm. 14), 49.

31 Vgl. Johannes Paul II., Enzyklika Redemptor Hominis zum Beginn seines päpstlichen Amtes vom 4. März 1979: AAS 71 (1979), 274-286, dt: VApSt 6, Nr. 17.

32 Vgl. Johannes Paul II., Enzyklika Evangelium vitae über die Würde und die Unantastbarkeit des menschlichen Lebens vom 25. März 1995: AAS 87 (1995), 401-552, dt: VApSt Bd. 110, Nr. 71.

33 Johannes Paul II., Enzyklika Centesimus Annus (wie Anm. 18), Nr. 47.

selbst sein zu können, ohne dass dadurch die Unterscheidung zwischen Religion und Staat aufgehoben würde.[34]

> „Der Staat darf die Religion nicht vorschreiben, sondern muss deren Freiheit und den Frieden der Bekenner verschiedener Religionen untereinander gewährleisten; die Kirche als sozialer Ausdruck des christlichen Glaubens hat ihrerseits ihre Unabhängigkeit und lebt aus dem Glauben heraus ihre Gemeinschaftsform, die der Staat achten muss. Beide Sphären sind unterschieden, aber doch aufeinander bezogen."[35]

Die Bezugnahme der Päpste auf die Menschenrechte geschieht demzufolge einerseits, um die Idee der Menschenrechte zu fördern und ihnen zu ihrer Durchsetzung zu verhelfen; andererseits erheben die Päpste in letzter Zeit vermehrt ihre Stimme, um vor Einseitigkeiten und Gefahren im Verständnis und in der Praxis der Menschenrechte zu warnen. Besonders eindringlich äußerte sich zu diesem Thema Papst Johannes Paul II. in seiner Enzyklika *Evangelium vitae*, in der es heißt: In der Politik zeigt sich die Tendenz,

> „Verbrechen gegen das Leben als *legitime Äußerungen der individuellen Freiheit auszulegen, die als wahre und eigene Rechte anerkannt und geschützt werden müssen.* Auf diese Weise gelangt ein langer historischer Prozess an einen Wendepunkt mit tragischen Folgen, ein Prozess, der nach Entdeckung der Idee der ‚Menschenrechte' – als Rechte, die zu jeder Person gehören und jeder Verfassung und Gesetzgebung der Staaten vorausgehen – heute in einen *überraschenden Widerspruch* gerät: gerade in einer Zeit, in der man feierlich die unverletzlichen Rechte der Person verkündet und öffentlich den Wert des Lebens geltend macht, wird dasselbe Recht auf Leben, besonders in den sinnbildhaftesten Augenblicken des Daseins, wie es Geburt und Tod sind, praktisch verweigert und unterdrückt. Auf der einen Seite sprechen die verschiedenen Menschenrechtserklärungen und die vielfältigen Initiativen, die von ihnen inspiriert werden, von der Durchsetzung einer moralischen Sensibilität auf Weltebene, die sorgfältiger darauf achtet, den Wert und die Würde jedes Menschen als solchen anzuerkennen, ohne jede Unterscheidung von Rasse, Nationalität, Religion, politischer Meinung und sozialem Stand. Auf der anderen Seite setzt

34 Vgl. Josef Römelt, Menschenwürde und Freiheit. Rechtsethik und Theologie des Rechts jenseits von Naturrecht und Positivismus, Freiburg 2006 (Quaestiones disputatae 220); vgl. Roland Minnerath, Wider den Verfall des Sozialen. Ethik im Zeitalter der Globalisierung, Freiburg 2007, 90-93.

35 Benedikt XVI., Enzyklika Deus Caritas Est über die christliche Liebe vom 25. Dezember 2005: AAS 98 (2006), 217-252, dt: VApSt Bd. 171, 3-59, Nr. 28 a).

> man diesen edlen Proklamationen leider in den Taten ihre tragische Verneinung entgegen."[36]

In der gleichen Linie argumentiert auch Papst Benedikt XVI., wenn er am 7. September 2007 vor Vertretern des politischen und öffentlichen Lebens, sowie dem Diplomatischen Korps in der Wiener Hofburg erklärt:

> „In Europa ist zuerst der Begriff der Menschenrechte formuliert worden. Das grundlegende Menschenrecht, die Voraussetzung für alle anderen Rechte, ist das Recht auf das Leben selbst. Das gilt für das Leben von der Empfängnis bis zu seinem natürlichen Ende. Abtreibung kann demgemäß kein Menschenrecht sein – sie ist das Gegenteil davon."[37]

Damit weist der Papst zugleich auf die Verwurzelung der Menschenrechte im vorpositiven Bereich, im Naturrecht, hin. Sie, ohne diese Verwurzelung zu betrachten,

> „würde bedeuten ihre Reichweite zu begrenzen und einer relativistischen Auffassung nachzugeben, der zufolge Bedeutung und Interpretation dieser Rechte variieren könnten und der zufolge ihre Universalität im Namen kultureller, politischer, sozialer und sogar religiöser Vorstellungen verneint wird. Die große Vielfalt der Sichtweisen ist kein Grund, um zu vergessen, dass nicht nur die Rechte universal sind, sondern auch die menschliche Person, die das Subjekt dieser Rechte ist."[38]

Gerade die Würde des Menschen verdankt sich nicht der positiv-rechtlichen Setzung, sondern hat ihre Wurzeln in der aus christlicher Tradition stammenden Überzeugung von der Gottebenbildlichkeit des Menschen. Daher ist vor dem Hintergrund heutiger Diskussionen, nicht nur im Bereich der Bioethik und Biopolitik zu fragen,

36 Johannes Paul II., Evangelium vitae (Anm. 32), Nr. 18.

37 Im Hintergrund steht hier die Diskussion um die sogenannten „neuen Menschenrechte" und besonders die Frage, ob ein „Recht auf Abtreibung" postuliert werden dürfe. Vgl. einführend: Alicja Grześkowiak, Art. Recht auf Abtreibung?: Lexikon Familie 1-8; Abelardo Lobato, Art. Neue Menschenrechte: ebd., 526-537; Markus Graulich, I nuovi diritti umani: minaccia alla famiglia: Minori e famiglia. Quali diritti?, hg. v. Ders. – J. P. Doss, Roma 2012 (Saggi e proposte 8), 121-138.

38 Benedikt XVI., Ansprache vor der Vollversammlung der Vereinten Nationen, 18. April 2008.

> „ob ein rein rechtspositives und nicht-metaphysisches Verständnis des Menschenwürdeprinzips die Last tragen kann, ein ‚Reich der Unverfügbarkeit' zu begründen, welches die Freiheitssphäre der Grundrechtsträger wirksam zu schützen vermag."[39]

Menschenrechte sind Ausdruck der Gerechtigkeit und nicht der Gesetzlichkeit oder bloß des Willens der Gesetzgeber.

> „Die Erfahrung lehrt uns, dass sich die Gesetzlichkeit oft der Gerechtigkeit gegenüber durchsetzt, wenn das Beharren auf Rechte diese als ausschließliches Ergebnis legislativer Maßnahmen oder normativer Entscheidungen der Einrichtungen derjenigen erscheinen lässt, die an der Macht sind. Wenn sie bloß in Begriffen der Gesetzlichkeit dargestellt werden, laufen Rechte Gefahr, schwache Aussagen zu werden, die von der ethischen und rationalen Dimension gelöst sind, die ihr Fundament und Ziel ist."[40]

Der spezifische Beitrag der Kirche im Bereich der Förderung und des Schutzes der Menschenrechte liegt also darin, diese Grundlage sicherzustellen, denn „die Kirche versteht sich als Platzhalterin der ‚conditio humana'." Sie erkennt an, dass es verschiedene Wege gibt, um die Grundwerte zu verwirklichen, welche nicht verhandelbar sind. Aber sie stellt den Menschen in den Mittelpunkt, dessen Rechte zu schützen und zu verteidigen sind – von der Empfängnis bis zum natürlichen Ende seines Lebens. Und die Werte, welche die Würde der menschlichen Person schützen und zum Ausdruck bringen, werden nicht durch demokratische Mehrheiten erzeugt, und können daher auch nicht durch Mehrheitsentscheidungen abgeschafft werden; sie werden anerkannt.

Doch dies ist nicht immer der Fall – und hier legt die Kirche den Finger in die Wunde. So beklagt Papst Franziskus in seiner Enzyklika *Fratelli tutti*, dass die Geltung der Menschenrechte nicht universal genug ist, sondern häufig von der sozialen und wirtschaftlichen Entwicklung der verschiedenen Länder abhängt. Dies aber widerspricht der in der Würde des Menschen begründeten Gleichheit der Menschenrechte.[41]

39 Tine Stein, Himmlische Quellen und irdisches Recht. Religiöse Voraussetzungen des freiheitlichen Verfassungsstaates, Frankfurt 2007, 15-16; vgl. Minnerath, Wider den Verfall (Anm. 34), 26-30.

40 Benedikt XVI., Ansprache vor der Vollversammlung der Vereinten Nationen, 18. April 2008. Vgl. zu dieser Rede des Papstes und den rechtsphilosophischen Implikationen Udo Di Fabio, Caput Mundi. Die Frage nach der Gerechtigkeit des Rechts vor der Versammlung der Welt: Eine menschenwürdige Welt für alle. Die Rede vor der UNO, hg. v. Benedikt XVI., Freiburg 2008, 59-81.

41 Klaus Demmer, Angewandte Theologie des Ethischen, Freiburg 2003 (StThE 100), 283.

Doch nicht nur die Päpste setzen sich im Rahmen der Verkündigung der sittlichen Grundsätze mit den Menschenrechten auseinander. Dies gilt auch für die Gemeinschaft der Bischöfe, wie z. B. auf der Bischofssynode. So war die zweite ordentliche Generalversammlung dieser Synode vom 30. September bis 6. November 1971 u. a. dem Thema „Gerechtigkeit in der Welt" gewidmet. Das Schlussdokument der Synode hält fest, dass es im Hinblick auf die Gerechtigkeit in der Welt nicht Aufgabe der Kirche ist, als Religionsgemeinschaft konkrete Lösungen im Bereich des Sozialen, der Wirtschaft und der Politik anzubieten. Ihre Sendung beinhaltet allerdings die Verteidigung und die Förderung der Würde und der grundlegenden Rechte der menschlichen Person.[42]

Während der dritten ordentlichen Vollversammlung der Bischofssynode im Jahr 1974 zum Thema „Die Evangelisierung in der Welt von heute" veröffentlichten die Synodenväter auch eine „Botschaft über Menschenrechte und Versöhnung", in der es u .a. heißt:

> „Die Menschenwürde hat ihre Wurzel darin, dass jeder Mensch Abbild und Widerschein Gottes ist. Daher sind alle Menschen in ihrem Wesen untereinander gleich. Die ganzheitliche und personale Entfaltung ist Manifestation dieses Bildes Gottes in uns. In der Gegenwart ist die Kirche sich dieser Wahrheit stärker bewusstgeworden. Sie ist fest davon überzeugt, dass die Förderung der Menschenrechte eine Forderung des Evangeliums ist und dass sie deswegen in ihrem Dienst eine zentrale Stellung einnehmen muss."[43]

Auch während der in Vorbereitung auf das Heilige Jahr 2000 veranstalteten Kontinentalsynoden, wurde das Thema „Kirche und Menschenrechte" wiederholt angesprochen, um in den Gläubigen das Bewusstsein zu fördern, dass die Verletzung der Menschenrechte eine Herausforderung für die Evangelisierung darstellt, und die Kirche auch durch ihre Verkündigung einen Beitrag zur Förderung der Menschenrechte zu leisten hat.

So stellt das Apostolische Schreiben *Ecclesia in Africa* die Verletzung der Menschenrechte als Herausforderung für die Evangelisierung dar[44] und hält fest, die Bischöfe sollten „die Christengemeinden empfänglich machen für die ihnen aus dem Evangelium erwachsenden Verantwortlichkeiten bezüglich der Verteidigung der Menschenrechte."[45] Im Apostolischen Schreiben *Ecclesia in*

42 Vgl. Franziskus, Enzyklika Fratelli tutti (3. Oktober 2020), Nr. 22.

43 Vgl. Römische Bischofssynode 1971, Der priesterliche Dienst – Gerechtigkeit in der Welt, Trier 1972, 94f.

44 Gemeinsame Botschaft des Papstes und der Weltbischofssynode über Menschenrechte und Versöhnung vom 23. Oktober 1974, in: Herderkorrespondenz 28 (1974), 624.

45 Vgl. Johannes Paul II. Nachsynodales Apostolisches Schreiben Ecclesia in Africa vom 14. September 1995: AAS 88 (1996), 5-82, dt: VApSt Bd. 123, Nr. 51.

America wird die Förderung der Menschenrechte als Aufgabe der Kirche herausgestellt und betont, dass die Menschenrechte ihr Fundament in der Würde haben, welche dem Menschen als Ebenbild Gottes zukommt.[46]

Das Apostolische Schreiben *Ecclesia in Asia* erinnert daran, dass die Synodenväter vor dem Hintergrund der Verletzung der Menschenrechte in Asien darauf hingewiesen haben, dass „sich das gesamte Volk Gottes in Asien der unausweichlichen und unverzichtbaren, mit der Verteidigung der Menschenrechte und der Förderung von Gerechtigkeit und Frieden verbundenen Herausforderung zutiefst bewusst werden müsse."[47] Auch das Apostolische Schreiben *Ecclesia in Oceania* würdigt den Beitrag der Kirche bei der Entwicklung und Förderung der Menschenrechte.[48]

Im Apostolischen Schreiben *Ecclesia in Europa* wird schließlich darauf hingewiesen, dass die Idee der Menschenrechte aus dem christlichen Erbe Europas schöpft:

> „Die Geschichte des europäischen Kontinents ist vom belebenden Einfluss des Evangeliums geprägt. Wenn wir den Blick auf die vergangenen Jahrhunderte richten, können wir nicht umhin, dem Herrn dafür zu danken,

46 Ebd., Nr. 106.

47 Vgl. Johannes Paul II. Nachsynodales Apostolisches Schreiben Ecclesia in America vom 22. Januar 1999: AAS 91 (1999), dt: VApSt Bd. 141, 717-815, Nr. 57: „Man sollte daran erinnern, dass das Fundament, auf dem alle Menschenrechte basieren, die Würde der Person ist. In der Tat ist das größte göttliche Werk, nämlich der Mensch, Abbild und Ebenbild Gottes. Jesus nahm unsere Natur an, nicht jedoch die Sünde; er förderte und verteidigte die Würde einer jeden menschlichen Person ohne Ausnahme; und er starb für die Freiheit aller. Das Evangelium zeigt uns, wie Jesus Christus die zentrale Stellung der menschlichen Person innerhalb der Ordnung der Natur (vgl. Lk 12, 22-29), der Gesellschaft und der Religion sogar in Hinblick auf das Gesetz (vgl. Mt 2, 27) hervorhebt, indem er den Mann und auch die Frau (vgl. Joh 8, 11) und die Kinder (Mt 19, 13-15) verteidigt, die seinerzeit einen zweitrangigen Platz in der Gesellschaft einnahmen. Aus dieser Menschenwürde, insofern der Mensch als Kind Gottes betrachtet wird, gehen die Menschenrechte und auch des Menschen Pflichten hervor. Aus diesem Grunde ist jeglicher Angriff auf die Menschenwürde auch gleichzeitig ein Angriff auf Gott selbst, dessen Abbild der Mensch ist. Diese Würde ist allen Menschen ohne Ausnahme gemein, da alle nach dem Abbild Gottes geschaffen wurden (vgl. Gen 1, 26). Die Antwort Jesu auf die Frage: ‚Und wer ist mein Nächster?' (Lk 10, 29) erfordert von jedem eine Haltung der Achtung der Würde des anderen sowie eine Haltung der Fürsorge für ihn, auch wenn es sich um einen Fremden oder einen Feind handelt (vgl. Lk 10, 30-37). In ganz Amerika hat das Bewusstsein für die Achtung der Menschenrechte in letzter Zeit ständig zugenommen, aber dennoch bleibt vieles zu tun übrig, zieht man die Verletzung der Personenrechte und gesellschaftlicher Gruppen in Betracht, die es immer noch auf diesem Kontinent gibt."

48 Johannes Paul II. Nachsynodales Apostolisches Schreiben Ecclesia in Asia vom 6. November 1999: AAS 92 (2000), 449-528, dt: VApSt Bd. 146, Nr. 33.

dass das Christentum auf unserem Kontinent ein erstrangiger Faktor der Einheit unter den Völkern und den Kulturen und der integralen Förderung des Menschen und seiner Rechte gewesen ist. Gewiss steht außer Zweifel, dass der christliche Glaube tiefgreifend und maßgebend zu den Fundamenten der europäischen Kultur gehört. Das Christentum hat in der Tat Europa dadurch Gestalt gegeben, dass es ihm einige grundlegende Werte einprägte. Selbst die europäische Moderne, die der Welt das demokratische Ideal und die Menschenrechte gegeben hat, schöpft die eigenen Werte aus dem christlichen Erbe."[49]

Im nachsynodalen Apostolischen Schreiben *Verbum Domini* unterstreicht Papst Benedikt XVI. die Tatsache, dass die menschliche Würde durch die Evangelisierung gefördert wird und es durch die Menschenrechte besser gelingt, diese Würde auch konkret anzuerkennen.[50] Auch in den Schreiben *Africae munus*[51] und *Ecclesia in Medio Oriente*,[52] welche die Ergebnisse von zwei Spezialversammlungen der Bischofssynode enthalten, geht er auf die Frage der Würde des Menschen und die Bedeutung der Menschenrechte ein.

Schließlich ist hier das Schreiben *Querida Amazonia* zu erwähnen, das Papst Franziskus nach der so genannten Amazonassynode veröffentlichte. Hier stellt er sehr klar heraus, dass der Einsatz der Kirche für die Ärmsten und Vergessenen geschieht, „weil wir in ihnen Christus erkennen und weil uns bewusst geworden ist, welch große Würde Gott, der Vater, der sie unendlich liebt, ihnen verleiht."[53]

Hinsichtlich des Einsatzes der Kirche für die Menschenrechte darf auf der universalkirchlichen Ebene die Tätigkeit des Dikasteriums für den Dienst zugunsten der ganzheitlichen Entwicklung des Menschen nicht unerwähnt bleiben. Dieses Dikasterium hat die „Aufgabe, die menschliche Person und ihre gottgegebene Würde, die Menschenrechte, die Gesundheit, die Gerechtigkeit und den Frieden zu fördern. Es befasst sich in erster Linie mit Fragen bezüg-

49 Vgl. Johannes Paul II. Nachsynodales Apostolisches Schreiben Ecclesia in Oceania vom 22. November 2001: AAS 94 (2002), dt: VApSt Bd. 157, 361-428, Nr. 26f.

50 Johannes Paul II. Nachsynodales Apostolisches Schreiben Ecclesia in Europa vom 29. Juni 2003: AAS 95 (2003), 649-719, dt: VApSt Bd. 161, Nr. 108.

51 Vgl. Benedikt XVI., Nachsynodales Apostolisches Schreiben Verbum Domini über das Wort Gottes im Leben und in der Sendung der Kirche vom 30. September 2010: AAS 102 (2010), dt: VApSt Bd. 187, 681-787, Nr. 100f.

52 Vgl. Benedikt XVI., Nachsynodales Apostolisches Schreiben Africae munus über die Kirche in Afrika im Dienst der Versöhnung, der Gerechtigkeit und des Friedens vom 19. November 2010: AAS 104 (2012), dt: VApSt Bd. 190, 239-314.

53 Vgl. Benedikt XVI., Nachsynodales Apostolisches Schreiben Ecclesia in Medio Oriente über die Kirche im Nahen Osten, Gemeinschaft und Zeugnis vom 14. September 2012: AAS 104 (2012), 751-798.

lich der Wirtschaft und der Arbeit, der Bewahrung der Schöpfung und der Erde als gemeinsames Haus, der Migration und der humanitären Notsituationen."[54]

Eine sehr bedeutsame Wortmeldung im Hinblick auf die Würde des Menschen und die Menschenrechte kam aus dem Dikasterium für die Glaubenslehre, das 2024 unter dem Titel *Dignitas infinita* eine eigene Erklärung über die Menschliche Würde veröffentlichte.[55] Getragen von der tiefen „Überzeugung, dass der Glaube nicht von der Verteidigung der Menschenwürde, die Evangelisierung nicht von der Förderung eines würdigen Lebens und die Spiritualität nicht vom Einsatz für die Würde des Menschen getrennt werden kann,"[56] wird hier die enge Verbindung des Einsatzes für die Würde des Menschen und seine Rechte mit dem Verkündigungsauftrag der Kirche dargestellt.

Wenn die Kirche in ihrer Verkündigung die Würde des Menschen unabhängig von ihren Lebensumständen vor Augen führt, so deshalb, weil diese Würde in der Gottebenbildlichkeit des Menschen ihren Ursprung hat, diese Würde in der Menschwerdung Gottes offenbart wurde und der Mensch zur ewigen Gemeinschaft mit Gott gerufen ist.[57] „Der Glaube trägt also entscheidend dazu bei, der Vernunft bei der Wahrnehmung der Menschenwürde zu helfen und ihre Wesenszüge anzunehmen, zu verstärken und zu verdeutlichen."[58]

Schwere Verstöße gegen die Menschenwürde sind – nach dieser Erklärung – Armut, Krieg, das Leid der Migranten, der Menschenhandel, sexueller Missbrauch, die Gewalt gegen Frauen, Abtreibung, Leihmutterschaft, Euthanasie und assistierter Suizid, der Ausschluss andersfähiger Menschen, Gender-Theorie, Geschlechtsumwandlung und Gewalt in der digitalen Welt.[59] Mit der Erklärung des Glaubensdikasteriums soll nachdrücklich gefordert werden, „dass die Achtung der Würde der menschlichen Person unabhängig von allen Umständen in den Mittelpunkt des Einsatzes für das Gemeinwohl und jeder Rechtsordnung gestellt wird."[60]

54 Franziskus, Nachsynodales Apostolisches Schreiben Querida Amazonia vom 2. Februar 2020:AAS 112 (2020), 232-273, dt: VApSt Bd. 222, Nr. 63.

55 Papst Franziskus, Apostolische Konstitution Praedicate Evangelium vom 19.03.2022: AAS 114 (2022), 375-455, dt.: VApSt Bd. 236, Art. 163 §1.

56 Vgl. Dikasterium für die Glaubenslehre, Erklärung Dignitas infinita über die menschliche Würde (2. April 2024), online:https://www.vatican.va/roman_curia/congregations/cfaith/documents/rc_ddf_doc_20240402_dignitas-infinita_ge.html (Zugriff: 24.10.2025).

57 Ebd. Präsentation.

58 Vgl. ebd., Nr. 17-20.

59 Ebd., Nr. 22.

60 Vgl. ebd., Nr. 33-62.

2.2.2 Die „Zwischenebene“ der Zusammenschlüsse von Bischofskonferenzen

Hier ist vor allem zu erinnern an den Einsatz des Lateinamerikanischen Bischofsrates (CELAM) für die Förderung der Menschenrechte in Lateinamerika, wie sie in den Konferenzen von Medellin, Puebla und Aparecida und der Option für die Armen zum Ausdruck kommt,[61] aber auch an den Einsatz von CCEE und ComECE für die Menschenrechte in Europa.

Im Schlussdokument der Konferenz von Aparecida wird im 8. Kapitel, das dem Thema „Das Reich Gottes und die Förderung menschlicher Würde“ gewidmet ist, noch einmal deutlich auf den Zusammenhang der Verkündigung des Wortes Gottes und der Förderung der Menschenrechte verwiesen: „Unsere Treue zum Evangelium verlangt von uns mit allen für Leben und Sendung der Kirche zuständigen Stellen, die Wahrheit über den Menschen und die Würde jedes einzelnen Menschen auf allen öffentlichen und privaten Areopagen der heutigen Welt feierlich zu verkünden.“[62]

2.2.3 Teilkirchliche Ebene

Auf der Ebene der Teilkirche ist es zunächst Sache der Bischofskonferenzen, „gewisse pastorale Aufgaben für die Gläubigen ihres Gebietes nach Maßgabe des Rechts gemeinsam aus[zu]üben, um das höhere Gut, das die Kirche den Menschen gewährt, zu fördern, besonders durch Formen und Methoden des Apostolates, die den zeitlichen und örtlichen Umständen in geeigneter Weise angepasst sind.“[63] Hierzu gehört auch der Bereich der Verkündigung und somit der Bereich des Eintretens für die Grundrechte der Menschen.

In diesem Zusammenhang ist als ein herausragendes Beispiel der Sozialverkündigung von Seiten einer Bischofskonferenz an den sogenannten „Dekaloghirtenbrief“ der Deutschen Bischöfe vom 12. September 1943 zu erinnern,[64] in welchem die Bischöfe herausstellen, dass die Menschenrechte im Gottesrecht gründen, und, dass die Achtung für der Würde des Menschen Frucht der Ach-

61 Ebd., 64.

62 Vgl. Die Kirche in der gegenwärtigen Umwandlung Lateinamerikas im Lichte des Konzils. Sämtliche Beschlüsse der II. Generalversammlung des Lateinamerikanischen Episkopates, Medellin 24.8.-6.9.1968; Die Evangelisierung Lateinamerikas in Gegenwart und Zukunft. Dokument der III. Generalkonferenz des Lateinamerikanischen Episkopates, Puebla 26.1.-13.2.1979, Bonn 1979 (Stimmen der Weltkirche 8); Aparecida 2007 – Schlußdokument der 5. Generalversammlung des Episkopats von Lateinamerika und der Karibik 13.-31. Mai 2007, Bonn 2007 (Stimmen der Weltkirche 41).

63 Vgl. ebd., Nr. 390.

64 C. 447 CIC/1983.

tung vor Gott ist. Vor dem Hintergrund des Unrechtsregimes der Naziherrschaft heben sie besonders das Recht der Menschen auf die Unversehrtheit von Leib und Leben hervor und stellen fest: „Tötung ist in sich schlecht, auch wenn sie angeblich im Interesse des Gemeinwohls verübt wird: An schuld- und wehrlosen Geistesschwachen und – kranken, an unheilbar Siechen und tödlich Verletzten, an erblich Belasteten und lebensuntüchtigen Neugeborenen, an unschuldigen Geiseln und entwaffneten Kriegs- und Strafgefangenen, an Menschen fremder Rassen und Abstammung.“[65]

Die Deutschen Bischöfe begründen ihr Eintreten für die Menschenrechte mit ihrem Auftrag zur Verkündigung der unverkürzten Botschaft Gottes:

> „Alles, was wir mit Berufung auf die zehn Gebote Gottes fordern, ist die Wahrung der Gottesrechte und der in ihnen wurzelnden Menschenrechte im Leben der Völker. Das ist die schlichte Erfüllung unserer Amtspflicht, für die wir uns einmal im Gerichte vor Gott verantworten müssen und für die wir uns auch gegenüber unserem Volke verantwortlich wissen.“[66]

Daneben sei erinnert an die Hirtenbriefe verschiedener Bischofskonferenzen zum Thema des Friedens zu Beginn der 80er Jahre des 20. Jahrhunderts[67], sowie in Deutschland an das zusammen mit der evangelischen Kirche veröffentlichte Gemeinsame Wort der Kirchen zur wirtschaftlichen und sozialen Lage „Für eine Zukunft in Solidarität und Gerechtigkeit“ von 1997. In diesem Schreiben heben die Bischöfe hervor, dass es ihnen nicht darum geht, Politik zu machen, sondern durch ihr Wort Einstellungen und Verhaltensweisen zu prägen, sowie zu einer Bewusstseinsbildung beizutragen, welche Politik und demokratische Entscheidungsprozesse erst ermöglicht.

Dazu werden vor dem Hintergrund der Botschaft der Bibel und des Glaubens ethische Grundlagen dargestellt, zu denen auch die Menschenrechte gehören. Im Blick darauf stellen die Bischöfe u. a. fest:

> „Nach christlichem Verständnis sind die Menschenrechte Ausdruck der Würde, die allen Menschen auf Grund ihrer Gottebenbildlichkeit zukommt. Die Anerkennung von Menschenrechten bedeutet gleichzeitig die Anerkennung der Pflicht, auch für das Recht der Mitmenschen einzutreten und

65 Gemeinsamer Hirtenbrief der deutschen Bischöfe über die zehn Gebote als Lebensgesetz der Völker: Akten der deutschen Bischöfe über die Lage der Kirche 1933-1945. VI: 1943-1945, hg. v. L. Volk, Mainz 1985, 197-205. Zur Entstehung des Briefes vgl. Norbert Trippen, Josef Kardinal Frings (1887-1978). Band I Sein Wirken für das Erzbistum Köln und für die Kirche in Deutschland, Paderborn 2003, 95-97.

66 Gemeinsamer Hirtenbrief (Anm. 65), 201.

67 Ebd., 204.

deren Rechte als Grenzen der eigenen Handlungsfreiheit anzuerkennen. Von der Verwirklichung der Menschenrechte kann nur gesprochen werden, wenn die staatliche Rechtsordnung die elementaren Rechte jedes Menschen unabhängig von seinem Geschlecht, seiner Herkunft oder seinen individuellen Merkmalen schützt und diese Ordnung von allen Beteiligten anerkannt wird. Die Pflicht zur Anerkennung und zum Einsatz für die Menschenrechte endet jedoch nicht an den Staatsgrenzen. Eine die Idee der Menschenrechte verwirklichende Gesellschaftsordnung wird erst erreicht sein, wenn diese Rechte weltweit anerkannt und geschützt werden. Davon sind wir noch weit entfernt."[68]

Für den Bereich seiner Diözese soll jeder Bischof Stifter von Gerechtigkeit und Frieden, sowie „Verteidiger der Rechte des nach dem Abbild Gottes und ihm ähnlich geschaffenen Menschen" sein.[69]

> „Er verkündet die Morallehre der Kirche in der Verteidigung des Rechtes auf Leben von der Empfängnis bis zu dessen natürlichem Ende; er verkündet ferner die auf dem Fundament des Evangeliums gegründete Soziallehre der Kirche."[70]

Er macht sich zur „Stimme derer, die keine Stimme haben, um ihren Rechten Geltung zu verschaffen" und ist „Verteidiger und Vater der Armen; er ist in eifriger Sorge um die Gerechtigkeit und die Einhaltung der Menschenrechte bemüht."[71] Dass es bei der Erfüllung dieses Auftrages unter den Bischöfen zu unterschiedlichen Auffassungen im Hinblick auf konkrete Themenstellungen (Lebensschutz, Ehe und Familie usw.) kommen kann, hat die Diskussion in Deutschland in den letzten Jahren gezeigt.[72]

Neben den Bischöfen haben auch die Priester und Diakone „die Bewahrung von Frieden und Eintracht, die auf Gerechtigkeit beruhen, unter den Menschen so weit als möglich zu fördern."[73] Ein besonderer Appell wird in

68 Hirtenworte zu Krieg und Frieden. Die Texte der katholischen Bischöfe der Bundesrepublik Deutschland, der Deutschen Demokratischen Republik, der Niederlande, Österreichs, der Schweiz, Ungarns und der Vereinigten Staaten von Amerika. Köln 1983.

69 Für eine Zukunft in Solidarität und Gerechtigkeit. Wort des Rates der Evangelischen Kirche in Deutschland und der Deutschen Bischofskonferenz zur wirtschaftlichen und sozialen Lage in Deutschland (22. Februar 1997), Nr. 130.

70 Johannes Paul II., Nachsynodales Apostolisches Schreiben Pastores Gregis vom 16. Oktober 2003: AAS 96 (2004), 825-924, dt: VApSt Bd. 163, Nr. 67.

71 Ebd.

72 Ebd.

73 Vgl. Franz Kamphaus, Um Gottes willen – Leben. Einsprüche, Freiburg 2004, bes. 187-227 zur Auseinandersetzung um die Schwangerenkonfliktberatung.

diesem Zusammenhang an die Pfarrer gerichtet, wenn es heißt, sie haben „die Werke zu unterstützen, die den Geist des Evangeliums fördern, auch in Bezug auf die soziale Gerechtigkeit.“[74] Viele Ordensgemeinschaften sind entstanden, um konkreter menschlicher Not abzuhelfen und sich in den verschiedensten Bereichen für die Anerkennung und Förderung der Würde und der Rechte des Menschen und das Entstehen einer gerechten Gesellschaft einzusetzen. Ihr „Dienst an den Armen ist ein Akt der Evangelisierung und zugleich ‚Evangelizitäts‘-Siegel für das geweihte Leben und Ansporn zu ständiger Bekehrung.“[75] In vielen Ländern sind die Ordensleute deshalb in vorderster Front zu finden, wenn es um die Verteidigung der Rechte der Menschen geht. Die Laien, welche

> „wie alle Gläubigen zum Apostolat von Gott durch die Taufe und die Firmung bestimmt sind, haben [...] die allgemeine Pflicht und das Recht, sei es als einzelne oder in Vereinigungen, mitzuhelfen, dass die göttliche Heilsbotschaft von allen Menschen überall auf der Welt erkannt und angenommen wird, diese Verpflichtung ist umso dringlicher unter solchen Umständen, in denen die Menschen nur durch sie das Evangelium hören und Christus kennenlernen können. Sie haben auch die besondere Pflicht, und zwar jeder gemäß seiner eigenen Stellung, die Ordnung der zeitlichen Dinge im Geiste des Evangeliums zu gestalten und zur Vollendung zu bringen und so in besonderer Weise bei der Besorgung dieser Dinge und bei der Ausübung weltlicher Aufgaben Zeugnis für Christus abzulegen.“[76]

Verkündigung fängt mit dem Zeugnis an, das sich auch in den Bereich des Einsatzes für die Verteidigung und Förderung der Menschenrechte erstreckt. Daher sind die Laien aufgefordert, bei ihrem Einsatz in Politik und Gesellschaft aus dem Geist des Evangeliums heraus die Menschenrechte zu fördern und sich für eine Gesetzgebung einzusetzen, welche von der Achtung der grundlegenden Rechte aller Menschen geprägt ist.[77] Dieser Einsatz wiederum setzt eine entsprechende Bildung und Vorbereitung voraus.[78] In diesem Bereich liegen

74 C. 267 §1 CIC/1983.

75 C. 528 §1 CIC/1983.

76 Johannes Paul II., Nachsynodales Apostolisches Schreiben Vita consecrata über das geweihte Leben und seine Sendung in Kirche und Welt vom 25. März 1996: AAS 88 (1996), 377-486, dt: VApSt Bd. 123, Nr. 82.

77 C. 225 CIC/1983.

78 Vgl. Johannes Paul II., Nachsynodales Apostolisches Schreiben Christifideles Laici über die Berufung und Sendung der Laien in Kirche und Welt vom 30. Dezember 1988: AAS 81 (1989), dt: VApSt Bd. 87, 393-521, Nr. 42; Kongregation für die Glaubenslehre, Lehrmäßige Note zu einigen Fragen über den Einsatz und das Verhalten der Katholiken im politischen Leben vom 24. November 2002: AAS 96 (2004), dt: VApSt Bd. 158, 359-370.

derzeit ebenso Defizite und Desiderate, wie im Bereich des gemeinschaftlichen Zeugnisses der Laien im Hinblick auf die Förderung der Menschenrechte.

3. Im Hinblick auf die Bereiche des Verkündigungsdienstes

Wie der Auftrag, die aus der Botschaft Jesu resultierenden sittlichen Grundsätze zu verkünden und entsprechend die Menschenrechte zu fördern, allen Trägern des kirchlichen Verkündigungsdienstes aufgetragen ist, so umfasst er auch alle Bereiche des *munus docendi* der Kirche: die Predigt, die Katechese, die Mission, die Erziehung sowie Unterricht und Lehre.

Zwar haben die „Verkündiger des Wortes Gottes [...] den Gläubigen vor allem darzulegen, was zur Ehre Gottes und zum Heil der Menschen zu glauben und zu tun nötig ist," sie sollen in der Predigt aber

> „den Gläubigen auch die Lehre aufzeigen, die das Lehramt der Kirche vorträgt über die Würde und die Freiheit der menschlichen Person, über die Einheit und Festigkeit der Familie und deren Aufgaben, über die Pflichten, die den Menschen in der Gesellschaft aufgegeben sind, wie auch über die nach der gottgegebenen Ordnung zu regelnden weltlichen Angelegenheiten."[79]

Dabei darf allerdings nicht das Ambo mit einem politischen Rednerpult verwechselt werden.

Auch im Bereich der katechetischen Bildung spielen die Menschenrechte eine Rolle:

> „Auf diesem weiten Feld der Menschenrechte hat das evangelisierende Wirken der Kirche eine unverzichtbare Aufgabe: die unverletzliche Würde jeder menschlichen Person entdecken zu lassen. Dies ist in einem gewissen Sinn die zentrale und umfassende Aufgabe im Rahmen des Dienstes an der Menschheitsfamilie, zu dem die Kirche und in ihr die Laien berufen sind. Die Katechese muß sie auf diese Aufgabe vorbereiten."[80]

Wie das Engagement gerade der Kirche in Lateinamerika für eine gerechte Gesellschaftsordnung zeigt, betrifft der Einsatz für die Förderung der Menschenrechte nicht nur die Katechese, sondern auch die Evangelisierungs- und Missionstätigkeit der Kirche:

79 Vgl. Johannes Paul II., Christifideles Laici (Anm. 78), Nr. 60.

80 C. 768 CIC/1983.

> „Alle Formen der Missionstätigkeit sind gekennzeichnet vom Bewußtsein, die Freiheit des Menschen zu fördern, indem ihm Jesus Christus verkündigt wird. Die Kirche muß Christus treu sein, dessen Leib sie ist und dessen Sendung sie fortsetzt. Sie ‚folge demselben Weg, der von Christus gegangen wurde, dem Weg der Armut, des Gehorsams, des Dienstes und seines Opfers bis zum Tod, aus dem er dann auferstand und als Sieger hervorging'. Die Kirche hat also die Pflicht, alles daranzusetzen, um ihre Sendung in der Welt zu entfalten und alle Völker zu erreichen; und sie hat auch das Recht, das ihr zur Verwirklichung seines Planes von Gott gegeben wurde. Die religiöse Freiheit, manchmal noch begrenzt oder vergewaltigt, ist Voraussetzung und Garantie für alle Freiheiten, die das Gemeinwohl der Menschen und der Völker sichern. Es bleibt zu hoffen, dass die wahre religiöse Freiheit allen und überall gewährt wird. Die Kirche setzt sich für dieses Ziel in verschiedenen Ländern ein, vor allem in Ländern mit katholischer Mehrheit, wo sie einen größeren Einfluß hat. Es handelt sich dabei jedoch nicht um ein Problem der Mehrheits- oder Minderheitsreligion, sondern vielmehr um ein unverrückbares Recht jedes Menschen."[81]

Dabei vertraut die Kirche nicht auf politische Macht und Einfluss, sondern auf die Kraft des Evangeliums.

> „Mit der Botschaft des Evangeliums bietet die Kirche eine befreiende Kraft und fördert die Entwicklung, gerade weil sie zu einer Bekehrung von Herz und Sinn führt. Sie hilft, die Würde jeder Person zu erkennen, befähigt zur Solidarität, zum Engagement und zum Dienst an den Brüdern. Sie führt den Menschen in den Plan Gottes ein, der die Errichtung jenes Reiches der Gerechtigkeit und des Friedens vorsieht, das schon in diesem Leben seinen Anfang nimmt. Die biblische Sicht der ‚neuen Himmel' und der ‚neuen Erde' (vgl. *Jes* 65,17; 2 *Petr* 3,13; *Apg* 21,1) hat in die Geschichte Ansporn und Ziel für das Voranschreiten der Menschheit eingefügt. Die Entwicklung des Menschen kommt von Gott –im Vorbild Jesu, des Gott-Menschen– und sie muß zu Gott führen. Deshalb besteht eine enge Verbindung zwischen der Verkündigung des Evangeliums und der Förderung des Menschen."[82]

Auch das Engagement der Kirche im Bereich von Erziehung, Unterricht und Lehre umfasst den Einsatz für die Menschenrechte insofern, als

81 Kongregation für den Klerus, Allgemeines Direktorium für die Katechese vom 15. August 1997: AAS 89 (1997), 819-821, Nr. 19. In der Neuauflage des Direktoriums findet sich kein Verweis mehr auf die Menschenrechte.

82 Ebd., Nr. 59.

> „wahre Erziehung [...] die umfassende Bildung der menschlichen Person in Hinordnung auf ihr letztes Ziel und zugleich auf das Gemeinwohl der Gesellschaft anstreben [muss]; daher sind die Kinder und die Jugendlichen so zu bilden, dass sie ihre körperlichen, moralischen und geistigen Anlagen harmonisch zu entfalten vermögen, tieferes Verantwortungsbewusstsein und den rechten Gebrauch der Freiheit erwerben und befähigt werden, am sozialen Leben aktiv teilzunehmen.“[83]

In diesem Bereich werden die Grundlagen für den Einsatz zur Förderung der Rechte aller Menschen gelegt.

4. Schlussbemerkung

Kirchenrecht und Menschenrechte – Menschenrechte als Gegenstand kirchlicher Verkündigung. Ein Blick auf c. 747 CIC hat gezeigt, dass es die Kirche durchaus als ihren Auftrag betrachtet, im Licht und aus dem Geist des Evangeliums für den Schutz, die Förderung und das rechte Verständnis der Menschenrechte einzutreten. Als sich im Rahmen der Aufklärung und in Folge der Französischen Revolution die Idee der Menschenrechte Bahn gebrochen hat und die ersten Aufstellungen der Menschenrechte erschienen, hat sich die Kirche schwergetan, zu erkennen, dass die Einforderung der Menschenrechte eine Konsequenz aus der Botschaft des Evangeliums und der Gottebenbildlichkeit des Menschen ist. Im Laufe eines Jahrhunderts ist diese Erkenntnis gewachsen und hat sich seither vertieft. Heute ist der Einsatz der Kirche für die Menschenrechte ein anerkannter Beitrag zum Gemeinwohl, ein Teil der *sana cooperatio*, der fairen Zusammenarbeit zwischen Kirche und Staat und zugleich ein Beitrag zur Reinigung der Vernunft, damit „das, was recht ist, jetzt und hier erkannt und auch durchgeführt werden kann.“[84]

83 C. 795 CIC/1983.

84 Benedikt XVI., Enzyklika Deus Caritas Est (Anm. 35), Nr. 28.

DIE ÖKUMENE ALS AUFTRAG DER KIRCHE – ENTWICKLUNGEN SEIT DEM ÖKUMENISCHEN DIREKTORIUM VON 1993

Bernhard Knorn SJ

„Der Eifer, den die Kirche für den Ökumenismus aufbringen muss“[1], gehört zu den zentralen Elementen, die das wahre Bild der katholischen Kirche zum Ausdruck bringen. Diese Aussage der Apostolischen Konstitution *Sacrae disciplinae leges* zur Promulgation des *Codex iuris canonici* (CIC) von 1983 sollte als Leitlinie für die Gestaltung und Interpretation von Normen dienen, welche die ökumenischen Beziehungen betreffen. Auch im CIC selbst heißt es, die „ökumenische Bewegung […] zu fördern, ist die Kirche kraft des Willens Christi gehalten“ (c. 755 CIC/1983). Während mit diesen Worten zum Abschluss der Grundnormen zum Verkündigungsdienst (Buch III, cc. 747-755 CIC/1983) der ökumenische Auftrag der Kirche nur knapp umrissen ist, findet sich im Kirchenrecht der katholischen Ostkirchen ein eigener Titel, in dem die Förderung der Einheit der Christen ausführlicher behandelt wird (Titel XVIII, cc. 902-908 CCEO). In beiden Codices regeln weitere Normen an anderen Stellen ökumenisch relevante Bereiche des kirchlichen Lebens. Der Auftrag zur Förderung der Einheit der Kirchen wurde in beide Gesetzbücher gemäß den Vorgaben im Ökumenismusdekret des Zweiten Vatikanischen Konzils eingefügt. In der Praxis ergeben sich freilich immer wieder Spannungen zwischen diesen zur Ökumene verpflichtenden Grundnormen und einzelnen Canones, die in konkreten Fällen eine ökumenische Gemeinschaft verbieten (z. B. c. 844 CIC/1983; c. 671 CCEO).[2]

Im vorliegenden Beitrag werden nicht jene Einzelnormen zum Vorgehen in ökumenisch relevanten Feldern kirchlichen Handelns kommentiert. Vielmehr geht es um den ökumenischen Auftrag der Kirche insgesamt: Welche Akteure sollen ihn auf welche Weise erfüllen? Welche Aktivitäten stehen aktuell im Vordergrund? Was ist das Ziel des ökumenischen Engagements? – Diese Fragen werden im vorliegenden Beitrag aus der Perspektive eines katholischen systematischen Theologen beantwortet, der ökumenische Beziehungen und Prozesse

1 Papst Johannes Paul II., Apostolische Konstitution *Sacrae disciplinae leges*: Codex iuris canonici. Codex des kanonischen Rechtes. Lateinisch-deutsche Ausgabe mit Sachverzeichnis, Kevelaer [10]2021, XXI.

2 Vgl. Eva Synek, Art. Ökumene – Katholisch: LKRR Bd. 3, 388; Heribert Hallermann, Art. Ökumene und Kirchenrecht – Katholisch: LKRR Bd. 3, 393-395, 394.

im Hinblick auf deren dogmatische, insbesondere ekklesiologische Bedeutung beobachtet. Hier nun werden vor allem solche Entwicklungen in den Blick genommen, die den rechtlichen Rahmen ökumenischen Engagements betreffen. Dazu zählen auch neue lehramtliche Dokumente, die dem ökumenischen Auftrag der Kirche eine Orientierung und teilweise neue Richtlinien geben.

Als zeitlicher Rahmen wurden die letzten drei Jahrzehnte gewählt, seit dem Erscheinen des *Ökumenischen Direktoriums*[3] von 1993. Zehn bzw. drei Jahre nach dem Inkrafttreten der genannten Codices hatte der Päpstliche Rat zur Förderung der Einheit der Christen diese Ausführungsbestimmungen veröffentlicht. Sie spiegeln bereits den ökumenischen Fortschritt wider, der sich in den dreißig Jahren seit dem Konzil eingestellt hat.[4] Heute, wiederum mehr als dreißig Jahre später, sind die neueren Entwicklungen aufzunehmen. Dies kann Anstöße geben für die weitere Gestaltung und Interpretation ökumenisch relevanter Normen im Kirchenrecht, ja vielleicht sogar für eine überarbeitete Neuauflage des *Ökumenischen Direktoriums*.

1. Die Träger/innen des ökumenischen Verkündigungsauftrags

Bereits die Einordnung der Grundnormen zum ökumenischen Auftrag der Kirche im CIC (c. 755 CIC/1983) wirft Fragen auf, wenn man vor dem Hintergrund gegenwärtiger ökumenischer Theologie und aktueller ökumenischer Entwicklungen darauf blickt. Das ökumenische Engagement wird dort dem Verkündigungsauftrag der Bischöfe zugeordnet, und die Canones unmittelbar davor fordern den Gehorsam gegenüber der kirchlichen Lehre (cc. 749-754). Im Anschluss daran folgen Einzelbestimmungen zu den Personengruppen, die das Wort Gottes verkündigen. Die Aufforderung zum ökumenischen Engagement würde man eher unter den allgemeinen Pflichten der Gläubigen bzw. der Amtsträger erwarten oder bei Normen zum Verhältnis zu nichtkatholischen Christen und kirchlichen Gemeinschaften. Der aktuelle Kontext von c. 755 suggeriert, ökumenisches Engagement bestehe primär im Verkündigen des Wortes Gottes und gehe mit Gehorsamskonflikten einher. Im vorliegenden Kapitel wird demgegenüber im Blick auf jüngere ökumenische Entwicklungen betont, dass nicht nur die Bischöfe, sondern alle Gläubigen Träger/innen dieses Auftrags sind und dieser nicht mit dem Verkündigen, sondern mit dem Hören auf das jeweilige Gegenüber beginnt.

3 Päpstlicher Rat zur Förderung der Einheit der Christen, Direktorium zur Ausführung der Prinzipien und Normen über den Ökumenismus (1993), Bonn ^{6}2012 (VApS 110).

4 Vgl. ebd., Nrn. 182; 3.

Die Zuordnung zum Verkündigungsdienst entspricht dennoch durchaus der ursprünglichen Motivation der ökumenischen Bewegung.[5] Anfang des 20. Jahrhunderts waren die ersten Ökumeniker davon überzeugt, dass die Mission und das christliche Zeugnis nur dann glaubwürdig seien, wenn die verschiedenen Kirchen mit einer Stimme sprechen. Von vornherein dachte man dabei nicht nur an die Predigt, sondern auch an das Lebenszeugnis aller Christinnen und Christen. Die Fragen des praktischen Christseins („life and work") stehen seit dem 1938 formulierten Plan für den Ökumenischen Rat der Kirchen (ÖRK) gleichberechtigt neben den Fragen von Lehre und Kirchenverfassung („faith and order"). Wer aber sind die verantwortlichen und aktiven Träger dieses Engagements?

1.1 Alle Christen: vom Verkündigen zum Lernen von den Anderen

Die Normadressaten der Grundnorm zum ökumenischen Auftrag im CIC sind die Bischöfe und der Apostolische Stuhl. Diese sollen die ökumenische Bewegung „bei den Katholiken pflegen und leiten" (c. 755 § 1 CIC/1983) und ggf. praktische Normen erlassen (§ 2). Im weiteren Sinne ist also die gesamte Kirche angesprochen: Diese Bewegung „zu fördern, ist die Kirche kraft des Willens Christi gehalten" (§ 1). Im CCEO von 1990 stellt sich die Problematik des unpassend scheinenden Kontextes nicht. Die sieben Canones in einem separaten Titel umschreiben die Ziele und Aufgaben der Ökumene (cc. 902-908 CCEO). Die Normadressaten sind hier von vornherein alle Christgläubigen. Im Westen dagegen bleiben bis in die jüngste Zeit die Bischöfe die Erstadressaten, so etwa im *Ökumenischen Vademecum* von 2020.[6] In der Tat spielen sie eine zentrale Rolle, wenn es um die Förderung und Koordination, manchmal auch um die Verhinderung ökumenischer Initiativen geht.

Blickt man auf die Durchführung des Auftrags, kommen weitere Akteure ins Spiel. So ist im genannten *Vademecum* bereits an einem kleinen Beispiel eine wichtige Entwicklung festzustellen: Die Bischöfe werden aufgefordert, auf die ‚kirchenverbindenden' Eheleute zu hören und sie in ökumenische Aktivi-

5 Vgl. Ted A. Campbell – Gary B. MacDonald, Laying the Foundations. 1910-1948: The Oxford Handbook of Ecumenical Studies, hg. v. G. Wainwright – P. McPartlan, Oxford 2021, 15-26.

6 Päpstlicher Rat zur Förderung der Einheit der Christen, The Bishop and Christian Unity. An Ecumenical Vademecum, Vatikanstadt 2020. Im Folgenden abgekürzt zitiert: ÖV mit Absatznummer. Eine deutsche Übersetzung liegt noch nicht vor.

täten einzubinden (ÖV 35). Das *Direktorium* sprach 1993 noch von „bekenntnisverschiedenen Ehen" (ÖD 143). Im *Vademecum* von 2020 heißen diese nun „interchurch marriages".[7] Nicht mehr die Schwierigkeiten solcher Ehen werden betont, sondern sie werden als ökumenische Chance und Lernfeld vorgestellt. Außerdem wird die große Vielfalt lokaler Praxis in Ehefragen anerkannt; so werden die Bischöfe zu lokalen Regelungen ermutigt. Dies zeugt geradezu von einer Umkehr des Auftrags: vom Verkündigen hin zum Hören, das allem Lehren in ökumenischen Dingen vorangehen sollte. Unterschiede werden zudem nicht als Problem, sondern als spannende Herausforderung zu gegenseitigem Lernen angesehen.

Die Rolle der nicht-ordinierten Gläubigen wird auch deshalb wichtiger, weil man in den letzten Jahren die Ökumene wieder konkreter im Leben der Kirchen umzusetzen sucht.[8] Die Bedeutung der theoretisch-theologischen Ökumene nimmt dagegen ab. Dies geht freilich nicht so sehr auf einen bewusst und aktiv herbeigeführten Paradigmenwechsel zurück.

Vielmehr ergibt es sich dadurch, dass einerseits die klassischen theologischen Dialoge an Grenzen stoßen[9], andererseits viele Christinnen und Christen ganz selbstverständlich in konfessionell gemischten Familien und Lebenskontexten zuhause sind. Je mehr in manchen Ländern Europas die bisherigen Volkskirchen zu Minderheiten werden und die Zahl von Theologinnen und Theologen abnimmt, desto stärker ändert sich auch das ökumenische Miteinander.

Die Gläubigen werden immer mehr zu Trägerinnen und Trägern des ökumenischen Auftrags und müssten daher stärker in den Normen angesprochen werden. Hierbei müssten auch die Rezeptionsprozesse zwischen Leben und Lehre noch deutlicher thematisiert werden.

7 Vgl. Ruth Reardon, A Guide to Help Catholic Bishops to Promote Christian Unity. Is Anything New from an Interchurch Family Perspective?: OiC 55 (2021), 22-41.

8 Eine entschieden praktisch-geistliche Ausrichtung fordert z. B. auch Walter Kasper, Wegweiser Ökumene und Spiritualität, Freiburg 2007. Für einen allgemeinen Überblick zur Situation in weltweiter, interkonfessioneller Perspektive vgl. Thomas F. Best, Consolidation and Challenge. 1990-Present: The Oxford Handbook of Ecumenical Studies, hg. v. G. Wainwright – P. McPartlan, Oxford 2021, 51-63.

9 Vgl. Johanna Rahner, 50 Jahre internationaler evangelisch-lutherisch/römisch-katholischer Dialog. Neue Herausforderungen, neue Themen, neue Perspektiven: Auf dem Weg zur Gemeinschaft. 50 Jahre internationaler evangelisch-lutherisch/römisch-katholischer Dialog (FS Theodor Dieter), hg. v. A. Birmelé – W. Thönissen, Paderborn 2018, 335-351; Bernd Oberdorfer, Auf dem Weg – wohin? Ökumenische Perspektiven: Eine lutherische Sicht: Ebd., 352-368.

1.2 Das pastorale Personal: von der ökumenischen Bildung zum Receptive Ecumenism

Damit das ökumenische Handeln aller Gläubigen theologisch tragfähig ist, bedarf es breiter ökumenischer Bildung. Eine besondere Rolle als Multiplikator spielt dabei das pastorale Personal in den Gemeinden. Darauf hat bereits das *Direktorium* hingewiesen. Im Jahre 1997 veröffentlichte der Päpstliche Rat zur Förderung der Einheit der Christen zudem das Studiendokument *Die ökumenische Dimension in der Ausbildung/Bildung derer, die in der Pastoral tätig sind.*[10] Diese Personen sollen nicht nur verpflichtend einen spezifisch der Ökumene gewidmeten Kurs absolvieren, zu dem ein umfangreicher Lehrplan vorgegeben wird (ÖDA 22-26). Überhaupt solle die gesamte Ausbildung von einer ökumenischen Ausrichtung geprägt sein, welche die Hierarchie der Wahrheiten und die Früchte des interkonfessionellen Dialogs beachtet (ÖDA 9-14). Die Studierenden sollten Ökumene auch ganz praktisch erfahren: durch Lehrpersonal aus anderen Konfessionen, durch konfessionsübergreifendes Gebet, Kirchenbesuche und vieles andere mehr (ÖDA 20; 28).

Würde man heute so einen Lehrplan konzipieren, würde der Ansatz beim „Receptive Ecumenism“[11] noch stärker im Vordergrund stehen müssen. Dieser neue wissenschaftliche Ansatz spiegelt sich in entsprechenden Aussagen von Papst Johannes Paul II. und Papst Franziskus[12], die betonen, der „Dialog der Wahrheit“ sei ein „Austausch von Gaben.“[13] Auch die katholische Seite müsse „potential areas of learning from the other which address our own ecclesial needs“ (ÖV 27) identifizieren. Ökumene heißt immer mehr, interkulturell von anderen Traditionen zu lernen. Auch in Deutschland ist in den Ausbildungsgängen noch nicht alles in diesem Sinne vorbildlich umgesetzt.

10 Päpstlicher Rat zur Förderung der Einheit der Christen, Die ökumenische Dimension in der Ausbildung/Bildung derer, die in der Pastoral tätig sind [1997], Bonn 1998 (VApS 134). Im Folgenden abgekürzt zitiert: ÖDA mit Absatznummer.

11 Paul D. Murray u. a. (Hg.), Receptive Ecumenism as Transformative Ecclesial Learning. Walking the Way to a Church Re-formed, Oxford 2022.

12 Vgl. Papst Franziskus, Apostolisches Schreiben Evangelii Gaudium, Bonn 2013 (VApS 194), Nr. 246.

13 Papst Johannes Paul II., Enzyklika Ut unum sint über den Einsatz für die Ökumene, Nr. 60. Apostolisches Schreiben Orientale Lumen, Bonn 1995 (VApS 121), 5-80, Nr. 28. Im Folgenden abgekürzt zitiert: UUS mit Absatznummer.

1.3 Das Petrusamt: vom Jurisdiktionsprimat zum Einheitsdienst

Trotz der beschriebenen Ausweitung der Träger/innen des ökumenischen Auftrags spielen weiterhin der Papst und seine Kurie eine zentrale Rolle in der Gestaltung dieses Auftrags. Doch auch deren Aufgabe hat sich verändert. So wurden alle bisher genannten Ausführungsbestimmungen vom Päpstlichen Rat zur Förderung der Einheit der Christen veröffentlicht, dessen Aufgaben in der Apostolischen Konstitution *Praedicate Evangelium* von 2022 neu umschrieben wurden.[14] Mit ihr wurde die bisherige Unterscheidung von Kongregationen und Räten aufgehoben, wodurch der Päpstliche Rat zur Förderung der Einheit der Christen zu einem entsprechend bezeichneten Dikasterium wurde. Es kann nun eigenständiger in Bezug auf andere Dikasterien arbeiten. Das Einheitsdikasterium soll die ökumenischen Initiativen anderer kurialer Einrichtungen koordinieren (PE 143 § 4). Eine der wichtigsten Aufgaben *ad extra* bleibt freilich die Koordination der Dialogkommissionen mit anderen Kirchen. Als in den letzten zwei Jahrzehnten die Dialoge mit verschiedenen Gemeinschaften schwieriger wurden, zeigte sich, wie konsequent die katholische Kirche weiterhin den Dialog gesucht hat. Ein kleines Detail unterstreicht diese Suche nach guten Beziehungen: Das Dikasterium solle ökumenische Beobachter zu Synoden und anderen Versammlungen einladen, darunter nun auch explizit die „brüderlichen Delegierten“ aus anderen Kirchen (PE 144 § 2), die seit 1991 zur Römischen Bischofssynode eingeladen werden.[15]

Seit den 1990er-Jahren wurde verstärkt diskutiert, welche Rolle das Petrusamt in der Ökumene spielen könnte. Bereits vor der Enzyklika *Ut unum sint* von 1995, der bislang einzigen Ökumene-Enzyklika[16], war in ökumenischen Dialogen mit anderen Kirchen die Forderung laut geworden, nach neuen, ökumenisch akzeptablen Formen der Primatsausübung zu suchen. Johannes Paul II. ließ in der Enzyklika das Bewusstsein erkennen, dass der universale päpstliche Jurisdiktionsprimat ein großes Hindernis für die Einheit mit anderen Kirchen darstellt. Er schlug vor, den Dienst des Bischofs von Rom als

14 Papst Franziskus, Apostolische Konstitution Praedicate evangelium über die Römische Kurie und ihren Dienst für die Kirche in der Welt, Bonn 2022 (VApS 236), Nr. 142-146. Im Folgenden abgekürzt zitiert: PE mit Absatznummer.

15 Vgl. Segreteria Generale del Sinodo dei Vescovi, Sinodo dei Vescovi. Materiale informativo (2007): https://www.vatican.va/roman_curia/synod/documents/rc_synod_20050309_documentation-profile_it.html [Zugriff: 18.11.2024], Kap. V, 12. Die „delegati fraterni“ wurden 2006 im *Ordo synodi episcoporum*, Art. 7,3 umschrieben, der sich auf derselben Internetseite findet.

16 Vgl. Andrzej Choromański, Quanta est nobis via? Re-reading Ut Unum Sint 25 years later: Ecumeny and Law 10 (2022), 7-31; Olav Fykse Tveit, Ut Unum Sint. Between Winter and Spring, Reality and Prophecy, 1995-2020: ER 72 (2020), 490-497.

einen Dienst an der Einheit der Kirche theologisch zu umschreiben und entsprechend weiterzuentwickeln (UUS 88-94). So kam es zu zahlreichen Reaktionen aus anderen Kirchen und Gemeinschaften sowie zu bilateralen Gesprächen, auch in den offiziellen Dialogen mit der orthodoxen, der anglikanischen und der altkatholischen Kirche. Das Einheitsdikasterium hat im Dokument *Der Bischof von Rom* von 2024 diesen Prozess ausgewertet. Konkrete Entscheidungen zur Umsetzung stehen noch aus, aber aus den Dialogen ergibt sich ein klares Ziel:[17] eine *communio* von Kirchen, in der eine Gemeinschaft *cum Petro*, nicht notwendigerweise *sub Petro* besteht. Außerdem müsse man etwa von den orthodoxen Kirchen nicht mehr verlangen als das, was im ersten Jahrtausend hinsichtlich des päpstlichen Primats gelehrt und praktiziert wurde. Dabei sei klar zwischen den Aufgaben des Papstes als Oberhaupt der römisch-katholischen Kirche und seiner Rolle in der Förderung und Bewahrung der Einheit darüber hinaus zu unterscheiden. Sowohl *ad intra* als auch *ad extra* solle die primatiale Form der Kirchenleitung durch eine kollegiale bzw. synodale Praxis ergänzt werden.

Eine entsprechend neue Gestalt des Papstamtes lässt sich nicht durch kanonistische Reformen erreichen. Nötig ist vielmehr eine Rezeption der genannten Dialogergebnisse etwa auf einem Ökumenischen Konzil, weil dabei die Lehre der beiden Vatikanischen Konzile zum Papstamt modifiziert oder wenigstens auf eine entsprechende Deutung festgelegt werden müsste. Trotzdem gibt es bereits Selbstbeschränkungen der päpstlichen Autorität, die rechtlich verankert sind und an die eine weitere Entwicklung anknüpfen könnte. So wurden bereits vom II. Vaticanum die Kirchen der Orthodoxie als eigenständige Kirchen anerkannt, die sich nach eigenen Gesetzen regieren (UR 16). Implizit gilt letzteres auch für andere nichtkatholische Gemeinschaften, deren Gesetze die katholische Kirche formal anerkennt und beispielsweise im Eherecht anwendet.[18] Dadurch ist der päpstliche Jurisdiktionsprimat auf die in der katholischen Kirche Getauften beschränkt (c. 11 CIC/1983), während er in can. 12 CIC/1917 noch über alle Getauften beansprucht worden war.[19] Eine weitere Selbstbe-

17 Vgl. Dikasterium zur Förderung der Einheit der Christen, Der Bischof von Rom. Primat und Synodalität in den ökumenischen Dialogen und in den Antworten auf die Enzyklika Ut unum sint. Ein Studiendokument (13.06.2024), Bonn 2025 (VApS 7), 120-135.

18 Vgl. Burkhard Josef Berkmann, Die Ehen von/mit Nichtkatholiken vor der lateinischen Kirche. Das neue Ehe-Kollisionsrecht in Dignitas Connubii, Frankfurt am Main 2008 (AIC 44), 157-161.

19 Zu den katholisch Getauften gehören nach kanonistischer Auffassung bleibend auch die ‚abgefallenen' Katholiken, weil das Kirchenrecht keine Konversion kennt. Die oben genannte Selbstbeschränkung gilt nur für Christen, die in nichtkatholischen Gemeinschaften getauft worden sind. Vgl. Heinrich J.F. Reinhardt, Der päpstliche Jurisdiktionsprimat im ökumenischen Dialog. Kirchenrechtliche Reflexionen [2011]: Kirchenrecht in Wissen-

schränkung des universalen Jurisdiktionsprimats gegenüber den katholischen Ostkirchen erfolgte 1990 mit der Einführung des CCEO: Während früher ein Patriarch vom Papst bestätigt werden musste, bevor er gültige Rechtsakte setzen konnte, muss er seitdem nur noch um die *ecclesiastica communio* bitten, bevor er Bischöfe weihen oder eine Synode einberufen darf (c. 76 § 2 CCEO; vgl. OE 5f.). Dies ist außerdem keine Gültigkeitsvoraussetzung mehr.[20] Papst Franziskus schließlich förderte die Umsetzung der Synodalität, was bei entsprechender, jedoch noch ausstehender rechtlicher Festlegung ebenfalls zu einer Selbstbeschränkung der primatialen Autorität führen könnte.[21]

2. Umbrüche in der Weise des ökumenischen Vorangehens

Der genannte Verständigungsprozess über die Rolle des Papstes war im Grunde eine klassische Serie theologischer Dialoge, in denen Vertreter/innen aus den verschiedenen Kirchen darüber diskutierten, inwiefern einzelne Punkte der jeweiligen Lehre zur Übereinstimmung gebracht werden können. Nimmt man allerdings eine weltweite Perspektive ein, kommt dieses Vorgehen aktuell deutlich aus der Mode. Das hat verschiedene Gründe, nicht nur die Frustration über die fehlende kirchliche Rezeption.

2.1 Neue Dialogpartner

In Deutschland etwa treten streng theologische Dialoge in den Hintergrund, seitdem die evangelischen Dialogpartner oft nicht mehr eine spezifische Konfession vertreten, also entweder lutherisch oder reformiert sind, sondern sich

schaft und Praxis. Heinrich J.F. Reinhardt: Ausgewählte Schriften, hg. v. R. Althaus – K. Lüdicke, Essen 2021 (MKCIC.B 79), 545-557; 548-550.

20 Vgl. Heinrich J.F. Reinhardt, Zur Frage der (Selbst-)Beschränkung des päpstlichen Jurisdiktionsprimats im Hinblick auf die nichtkatholischen Christen. Kanonistische Erwägungen [1997]: Ebd., 535-544; 543f.

21 Erste Reformansätze: Papst Franziskus, Episcopalis communio. Apostolische Konstitution über die Bischofssynode (15.09.2018): https://www.vatican.va/content/francesco/de/apost_constitutions/documents/papa-francesco_costituzione-ap_20180915_episcopalis-communio.html [Zugriff: 18.11.2024]; vgl. darüber hinaus Myriam Wijlens, Die Reformation, das Petrusamt und die Gemeinschaft der Kirchen. Betrachtungen zur Studie der Gruppe von Farfa Sabina: Auf dem Weg zur Gemeinschaft. 50 Jahre internationaler evangelisch-lutherisch/römisch-katholischer Dialog, hg. v. A. Birmelé – W. Thönissen, Paderborn 2018 (FS Theodor Dieter), 311-331; 330f.

zunehmend als Glieder einer gemeinsamen Kirche verstehen. Immer mehr wird die EKD anstelle eines der konfessionellen Bünde zur Dialogpartnerin der DBK. Auch auf europäischer Ebene hat nach einer fünfjährigen Konsultationsphase 2022 ein Dialog des päpstlichen Einheitsdikasteriums mit der Gemeinschaft Evangelischer Kirchen in Europa (GEKE) begonnen.[22] Die Basis der GEKE ist die Leuenberger Konkordie. Damit wird eine in sich bekenntnisplurale Kirchengemeinschaft zur Dialogpartnerin der katholischen Kirche, und es hat sich ergeben, dass auch in dieser Konstellation ein theologischer Dialog z. B. über ekklesiologische und amtstheologische Fragen möglich ist. Insgesamt ist es in multilateralen Settings jedoch schwieriger, die klassisch-konfessionellen Kontroversfragen der Lehre zu behandeln. Stattdessen rücken insbesondere im ÖRK soziale, ethische und kulturelle Themen in den Vordergrund.

Diese Spannung aufgrund bekenntnis-pluraler oder sogar -indifferenter Dialogpartner wird in jüngeren ökumenischen Dokumenten etwa zum Abendmahl offenkundig. Ein Beispiel ist die Orientierungshilfe *Mit Christus gehen – Der Einheit auf der Spur*[23] der deutschen katholischen Bischöfe von 2018, die einen Weg skizziert, das Sakrament der Eucharistie an evangelische Ehepartner von Katholiken zu spenden. Damit dürften in der Regel Christen aus Mitgliedskirchen der EKD gemeint sein, die entweder lutherischen, reformierten oder unierten Bekenntnisses sind. Die theologische Begründung geht allerdings allein von lutherisch-katholischen und anglikanisch-katholischen Dialogergebnissen aus.[24] Das spezifisch reformierte Abendmahlsverständnis wird an keiner Stelle erwähnt, obwohl es in diesem Thema traditionell starke innerevangelische theologische Differenzen gibt. Im Votum *Gemeinsam am Tisch des Herrn* des Ökumenischen Arbeitskreises evangelischer und katho-

22 Vgl. Friederike Nüssel, Grund, Gestalt und Bestimmung der Kirche. Potenziale eines ökumenischen Lernprozesses in der Ekklesiologie: Cath(M) 76 (2022), 117-132; 118-122; zur internationalen Situation vgl. Susan K. Wood, The Shifting Ecumenical Landscape at the 2017 Reformation Centenary: TS 78 (2017), 573-595; 588-590.

23 Mit Christus gehen – Der Einheit auf der Spur. Konfessionsverbindende Ehen und gemeinsame Teilnahme an der Eucharistie. Orientierungshilfe: Deutsche Bischofskonferenz (20.02.2018): https://www.dbk.de/fileadmin/redaktion/diverse_downloads/dossiers_2018/08-Orientierungshilfe-Kommunion.pdf [Zugriff: 18.11.2024]. In dieser Online-Publikation auf der Internetseite der Deutschen Bischofskonferenz ist diese allerdings nicht als Herausgeberin des Dokuments genannt, weil dies vom Heiligen Vater untersagt worden war. Zur Art und Weise der Übernahme der Orientierungshilfe in den einzelnen deutschen Diözesen vgl. Andrea G. Röllin, Can. 844 § 4 CIC/83 und Can. 671 § 4 CCEO im Licht des Kommunionstreits der deutschen Bischöfe, Zürich 2023, 39 60.

24 Vgl. Mit Christus gehen (Anm. 23), Nr. 8, Anm. 7. Ähnlich beziehen sich die Hinweise auf Papst Franziskus (Nr. 5 mit Anm. 5) und die US-amerikanische „Declaration on the Way“ (Nr. 53, Anm. 20), die im Dokument zur Unterstützung herangezogen werden, allein auf den lutherisch-katholischen Dialog.

lischer Theologen (ÖAK) von 2019 wird die innerevangelische Differenzierung und Annäherung präziser wiedergegeben, vor allem mit Verweis auf die Leuenberger Konkordie sowie weitere, die anglikanische Seite einbeziehende Erklärungen von Abendmahlsgemeinschaft.[25] Doch obwohl sich die theologische Begründung vor allem auf die westliche Ökumene der europäischen Großkirchen bezieht, wird die Konsensaussage auf „Katholiken, Orthodoxe, Lutheraner, Reformierte, Anglikaner, Baptisten, Methodisten“[26] ausgeweitet. Das Votum für die Ermöglichung einer „wechselseitigen Teilnahme an den Feiern von Abendmahl/Eucharistie in Achtung der je anderen liturgischen Traditionen“ bezieht sich sogar ganz allgemein auf „im Namen Jesu Christi Getaufte anderer Konfessionen.“[27]

Möchte man die veränderte Weise des ökumenischen Vorangehens bildlich beschreiben, könnte man sagen: An die Stelle der ökumenischen Archäologie ist die Ökumene des großen Zeltdachs getreten. Die genannten Papiere zur Eucharistie dokumentieren nicht mehr kleinteilige Dialogarbeit konfessionell klar definierter Gemeinschaften zu spezifischen Kontroversfragen, die oft mit einer archäologischen Grabung in die Theologie- und Konfliktgeschichte vergleichbar ist. Die neue Absicht besteht vielmehr darin, ein weites Zelt aufzuspannen, unter dem möglichst viele Gemeinschaften in großer Pluralität Platz finden. Ein wichtiges Paradigma für eine solche Pluralität sind die zahlreichen Kirchengemeinschaften, die auf protestantischer Seite in den letzten Jahrzehnten in Europa entstanden sind.

Auf anderen Kontinenten ändert sich die kirchliche Landschaft noch viel schneller und tiefgreifender, jedoch auf andere Weise.[28] Dort sind die neuen Dialogpartner weniger in sich bekenntnis-plurale Gemeinschaften. Vielmehr müssen ökumenische Beziehungen mit neuen Gemeinschaften aufgebaut werden, mit denen ein Dialog mitunter schwierig ist – nicht nur mangels entsprechend ausgebildeter Theologinnen und Theologen, sondern auch weil manche Gemeinschaften aus dem evangelikalen oder pentekostalen Spektrum alles andere als ökumenisch aufgeschlossen sind, zumindest was die bisherigen Methoden des Dialogs betrifft. Doch entstehen in diesem Zuge auch neue Weisen ökumenischer Annäherung, auf die weiter unten einzugehen ist (siehe Kap. 2.3).

25 Vgl. Volker Leppin – Dorothea Sattler (Hgg.), Gemeinsam am Tisch des Herrn. Ein Votum des Ökumenischen Arbeitskreises evangelischer und katholischer Theologen, Freiburg 2020 (DiKi 17), Nr. 5.2.

26 Ebd., Nr. 5.4.1.

27 Ebd., Nr. 8.1.

28 Vgl. Christine Lienemann-Perrin, Metamorphosen des Weltchristentums. Ökumenische Theologie in globaler Perspektive, Stuttgart 2023, 216-227.

2.2 Neue Versuche der praktischen Rezeption von Lehrkonsensen

Die beiden in Deutschland entstandenen Papiere zum Kommunionempfang zeigen außerdem, dass sich Ökumenikerinnen und Ökumeniker nicht mehr mit theologischen Dialogen allein zufriedengeben. Nicht nur an der Basis der Gemeinden, sondern zunehmend auch unter Theologen, ja mittlerweile sogar in der kirchlichen Hierarchie, sprechen sich viele Vertreter für eine pragmatische Rezeption von Lehrkonsensen aus. So schreibt etwa der ÖAK:

> „In der ökumenischen Hermeneutik hat vor einigen Jahren die Epoche der Ernte der Früchte der bisherigen ökumenischen Dialoge begonnen. Dieses Anliegen verbindet sich mit der Entschiedenheit, die in der Sache erreichten, theologischen Verständigungen mit verbindlich zu vereinbarenden Folgen auf der Handlungsebene zu versehen."[29]

Manche Pfarrer/innen und Gemeinden möchten nun tatsächlich Schritte aufeinander zugehen, Ökumene konkret in die Praxis umsetzen und z. B. Kirchen gemeinsam nutzen, Gottesdienste, ja sogar Sakramente gemeinsam feiern. Der ÖAK und die Mehrheit der Bischöfe in der DBK vertreten dagegen eine mittlere Position. Sie möchten die bestehenden konfessionellen und liturgischen Traditionen wertschätzen und erhalten, aber die Lehre für die ökumenischen Partner verständlich auslegen. Sie möchten die Liturgie so weiterentwickeln, dass einzelne Gläubige aus anderen Traditionen gastweise daran teilnehmen können, wenn sie dies aus geistlich-theologischer Überzeugung wünschen.[30]

Auf offizieller Ebene gibt es bei der Taufe bereits eine praktische Konsequenz aus dem gemeinsamen evangelisch-katholischen Verständnis von der Rechtfertigung, das 1999 offiziell festgestellt worden war.[31] Multilateral war schon 1982 in der Erklärung von Lima zu *Taufe, Eucharistie und Amt* eine Konvergenz im Verständnis der Taufe festgehalten worden. Auf dieser Grundlage vereinbarten elf Konfessionen in Magdeburg 2007 die wechselseitige

29 Leppin – Sattler (Hgg.), Gemeinsam am Tisch des Herrn (Anm. 25), Nr. 1.2. Ähnliches wird gefordert von: Evangelical Lutheran Church in America – United States Conference of Catholic Bishops, Declaration on the Way. Church, Ministry, and Eucharist, Minneapolis 2015, 119; Evangelical Lutheran Church of Finland – Catholic Church in Finland, Communion in Growth. Declaration on the Church, Eucharist, and Ministry, Helsinki 2017, Nr. 357-366 (in kleinen Schritten).

30 Vgl. Leppin – Sattler (Hgg.), Gemeinsam am Tisch des Herrn (Anm. 25), Nr. 8.1 und 8.4.

31 Gemeinsame offizielle Feststellung des Lutherischen Weltbundes und der Katholischen Kirche, Nr. 1: Lutherischer Weltbund – Römisch-katholische Kirche, Gemeinsame Erklärung zur Rechtfertigungslehre, Genf 2020 (Jubiläumsausgabe), 31. Im Folgenden abgekürzt zitiert: GER mit Absatznummer.

Anerkennung der Taufe für den Bereich von Deutschland.[32] Sie umfasst die in Deutschland vertretenen großen Kirchen der orthodoxen, (alt-)katholischen, evangelischen, methodistischen und anglikanischen Tradition. Die kirchlichen Gemeinschaften der täuferischen Tradition (u. a. Mennoniten und Baptisten) sowie die koptisch- und syrisch-orthodoxen Kirchen stimmten aus theologischen Gründen der Vereinbarung nicht zu. Von lutherischer Seite wurden daraufhin Dialoge mit Gemeinschaften geführt, welche die Säuglingstaufe ablehnen. Sie führten zu partiellen Annäherungen im Grundverständnis der Taufe und in der praktischen Frage, ob die Säuglingstaufe bei einem Übertritt in eine Gemeinschaft der täuferischen Tradition anerkannt wird. Zwischen der VELKD und der Altkatholischen Kirche in Deutschland wurde 2015 darüber hinaus die gegenseitige Zulassung zum Patenamt und die gegenseitige Anerkennung von Konfirmation bzw. Firmung vereinbart.[33]

Eine offene Frage bleibt jedoch, ob der Konsens in der Rechtfertigungslehre noch weitergehende Konsequenzen haben muss. Für die lutherische Seite ist diese Frage drängender, weil nach ihrer Auffassung die Rechtfertigungslehre als *articulus stantis et cadentis ecclesiae* nicht ohne ekklesiologische Auswirkungen bleiben darf: Besteht ein Konsens in der Rechtfertigungslehre, kann kein grundsätzlicher Dissens in der Auffassung von der Kirche bestehen.[34] Auf katholischer Seite hat die Rechtfertigungslehre nicht dieselbe kriteriologische Bedeutung (vgl. GER 1f.; 18). Etwa den Fragen von Amt und Sakrament wird hier ein eigenes theologisches Gewicht zuerkannt. Sie gelten daher mit dem Konsens in der Rechtfertigungslehre nicht unmittelbar als gelöst. Auch die in beiden Konfessionen unterschiedliche Verhältnisbestimmung von sichtbarer und unsichtbarer Kirche führt zu unterschiedlichen Auffassungen über die nötigen Konsequenzen aus dem Lehrkonsens.

2.3 Neue Schwerpunkte ökumenischer Kooperation

In anderen Ländern und bei anderen Themen verlagert sich das ökumenische Engagement vom Dialog in der Lehre noch stärker zur Praxis des Glaubens. Gerade außerhalb Europas sind ethische, gesellschaftliche und interreligiöse Auseinandersetzungen oft drängender als der differenzierte Dialog über theologische Fragen. Ökumenische Gruppen spielen oft eine wichtige Rolle in der Friedens- und Versöhnungsarbeit. Eine konkrete konstruktive Entwicklung in

32 Erklärung über die Taufanerkennung christlicher Kirchen in Deutschland: ÖARR 54 (2007), 523-525.

33 Vgl. Oliver Schuegraf, Taufe – Band der Einheit?: MdKI 67 (2016), 45f.

34 Vgl. Birgitta Kleinschwärzer-Meister, In allem auf Christus hin. Zur theologischen Funktion der Rechtfertigungslehre, Freiburg 2007, 94-100.

diesem Kontext, die auch in Europa in den letzten beiden Jahrzehnten sichtbare Früchte trug, ist die Durchführung ökumenischer Projekte, bei denen geschichtliche Traumata und Vorurteile aufgearbeitet werden. Das sogenannte Heilen der Erinnerung auf dem Weg zur Versöhnung hatte bereits Johannes Paul II. 1995 in der Enzyklika *Ut unum sint* (UUS 33-35) gefordert.[35]

Ein wichtiges Beispiel ist die geschichtliche Aufarbeitung der Konfliktgeschichte und der Verwerfungen zwischen Lutheranern und Mennoniten. Im Jahr 2010 kam es zu einer öffentlichen Vergebungsbitte des Lutherischen Weltbunds sowie zu einer Verpflichtung beider Gemeinschaften zu sichtbaren Schritten der Versöhnung.[36] Auch zwischen der katholischen und evangelischen Kirche in Deutschland wurden im Vorfeld des Reformationsgedenkens im Jahr 2017 die unterschiedlichen Sichtweisen auf das Geschehen der Reformation thematisiert und geklärt, wie das Jubiläumsjahr begangen werden kann, ohne die Gräben zu vertiefen.[37]

Diese neue Betonung der praktischen Ökumene spiegelt sich in der neuen Aufgabenbeschreibung des Einheitsdikasteriums in der Apostolischen Konstitution *Praedicate Evangelium* wider. Neben dem theologischen Dialog sind nun auch explizit „ökumenische Initiativen auf geistlicher, pastoraler und kultureller Ebene“ zu fördern (PE 144 § 3). Auch im neuen *Ökumenischen Vademecum* wird die Wichtigkeit praktischer Erfahrung im Entdecken des gemeinsamen Glaubensfundaments betont, u. a. durch konfessionsübergreifendes Pilgern zu den Heiligen Stätten der Bibel oder Wallfahrten zu Gedenkorten von gemeinsam verehrten Heiligen (ÖV 20, 22). Außerdem wird deutlicher als zuvor das Heilen des Gedächtnisses von historischen Traumata und Vorurteilen empfohlen (ÖV 24). Dazu gehöre auch, die anderen Konfessionskulturen durch akademischen wie kulturellen Austausch besser zu verstehen. Dieser Punkt wird unter dem Titel „Cultural ecumenism“ nun eigens hervorgehoben (ÖV 41).

Die Auseinandersetzung zu Fragen der Lehre bleibt freilich wichtig, denn im Hintergrund drängen sie weiterhin. Wenn man sie nicht klärt, wird es wieder zu Konflikten in der Praxis kommen. Eine dieser großen Fragen im Hintergrund ist diejenige nach der Zielvorstellung kirchlicher Einheit.

35 Für Beispiele in internationaler Perspektive vgl. Dieter Brandes, Heilende Erinnerung. Die Initiative „Healing of Memories (HoM)“ weltweit: MdKI 64 (2013), 92-94; zur theologischen Vertiefung vgl. Bernhard Knorn, Reconciliation in Ecumenical Relations. The Priority of Grace: Ecclesiology 14 (2018), 147-163.

36 Vgl. Lutheran World Federation – Mennonite World Conference (Hgg.), Healing Memories. Implications of the Reconciliation between Lutherans and Mennonites, Leipzig 2016 (LWF.S 2016/2).

37 Vgl. Deutsche Bischofskonferenz – Evangelische Kirche in Deutschland (Hgg.), Erinnerung heilen – Jesus Christus bezeugen. Ein gemeinsames Wort zum Jahr 2017, Hannover 2016 (GeTe 24).

3. Debatten über die Zielvorstellung kirchlicher Einheit

3.1 Eine neue Rückkehr-Ökumene?

Als Papst Benedikt XVI. 2009 die Apostolische Konstitution *Anglicanorum coetibus* veröffentlicht hatte, vermuteten manche Beobachter, alte Zielvorstellungen und Methoden kirchlicher Einheit (‚Rückkehr-Ökumene' bzw. ‚Uniatismus') würden in der katholischen Kirche wieder gefördert werden. Jene nicht auf bilaterale Vereinbarungen zurückgehende, sondern allein vom Papst erlassene Konstitution ermöglicht es, für Gruppen von Anglikanern, die um Aufnahme in die katholische Kirche ansuchen, Personalordinariate einzurichten.[38] Diese können als personal umschriebene Teilkirchen verstanden werden, die über das Kriterium eines gemeinsamen anderen Ritus bestimmt sind.[39] Dazu gehört nicht nur die Möglichkeit zum Gebrauch eigener liturgischer Bücher, sondern auch die Pflege eigener Formen der Frömmigkeit und Pastoral nach anglikanischen Traditionen (AC III). Anders als bei den katholischen Ostkirchen handelt es sich aber nicht um Rituskirchen *sui iuris*, weil nicht vorgesehen ist, eigene, anglikanisch geprägte rechtliche Strukturen für diese Ordinariate zu schaffen.[40] In diesem Fall wäre es möglich, in jenen Teilkirchen Ämter nach anglikanischem Vorbild oder Synoden mit umfassender Beteiligung von Laien einzurichten. Trotzdem gibt es etwa bei der Errichtung bzw. Auflösung einer Personalpfarrei, bei der Zulassung zur Priesterweihe und bei der Bestellung des Ordinarius stärkere Mitspracherechte des „Leitungsrats" (ACEN 12), als dies nach dem CIC/1983 für den Priesterrat bzw. das Konsultorenkollegium in regulären Diözesen vorgesehen ist.[41] Außerdem ist die Zölibatsverpflichtung gelockert (AC VI § 2). In den Ergänzenden Normen zu *Anglicanorum coetibus* finden sich zahlreiche Bestimmungen zur Übernahme von anglikanischen Klerikern in die katholische Kirche, zur Ausbildung des Klerus sowie zum Verhältnis zur lokalen Bischofskonferenz und Diözese.

38 Papst Benedikt XVI., Apostolische Konstitution Anglicanorum coetibus (04.11.2009): https://www.vatican.va/content/benedict-xvi/de/apost_constitutions/documents/hf_ben-xvi_apc_20091104_anglicanorum-coetibus.html [Zugriff: 18.11.2024]; Kongregation für die Glaubenslehre, Ergänzende Normen zur Apostolischen Konstitution Anglicanorum coetibus (04.11.2009): https://www.vatican.va/roman_curia/congregations/cfaith/documents/rc_con_cfaith_doc_20091104_norme-anglicanorum-coetibus_ge.html [Zugriff: 18.11.2024].

39 Vgl. Christian Wirz, Das eigene Erbe wahren. Anglicanorum coetibus als kirchenrechtliches Modell für Einheit in Vielfalt?, Essen 2012 (MKCIC.B 63), 218f.

40 Vgl. Gianfranco Ghirlanda, The Canonical Questions Raised by the Apostolic Constitution Anglicanorum coetibus: A Treasure to Be Shared. Understanding Anglicanorum coetibus, hg. v. W. Oxley – U. Rhode, Washington, D.C. 2022, 19-88; 75-80.

41 Vgl. Wirz, Das eigene Erbe (Anm. 39), 97.

Diese Regelungen können helfen, die katholisch-anglikanischen Beziehungen nicht weiter zu belasten. Obwohl im Vorwort der Konstitution von der Einheit der Kirche durch Überwindung der Spaltung die Rede ist, stellt das ermöglichte Verfahren explizit kein Mittel auf dem Weg zur Kirchengemeinschaft dar. Trotz anfänglicher Irritationen zeugen die Fortsetzung des offiziellen Dialogs und zahlreiche Begegnungen zwischen dem römischen Papst und dem Erzbischof von Canterbury von nicht grundsätzlich erschütterten ökumenischen Beziehungen.[42]

Offenbar auch aufgrund von Kritik an *Anglicanorum coetibus* geht das *Ökumenische Vademecum* anders als das *Direktorium* auf Konversionen ein (ÖV 37): Konversion sei nicht das Ziel ökumenischer Aktivität, und jeglicher Triumphalismus sei auszuschließen. Die katholische Kirche reagiere aber positiv auf den Wunsch von Christen zum Übertritt. Selbst das Verlassen der katholischen Kirche wird als Ausdruck einer persönlichen Gewissensentscheidung anerkannt, doch sollen diese Personen auf die Konsequenzen einer solchen Entscheidung aufmerksam gemacht werden. Vor allem für den Übertritt von Klerikern sei ein „Code of Conduct" mit anderen kirchlichen Gemeinschaften zu vereinbaren, um die guten ökumenischen Beziehungen nicht zu gefährden. Auch diese Vorgaben unterstreichen, dass man sich den Weg zur kirchlichen Einheit nicht so vorstellen darf, als müssten nichtkatholische Christen und Kirchen zur katholischen Kirche zurückkehren.

3.2 Neue lehramtliche Vorgaben: ‚Subsistit in' und Schwesterkirchen

Anglicanorum coetibus sollte die Verpflichtung der katholischen Kirche zum ökumenischen Engagement und die Unumkehrbarkeit der ökumenischen Fortschritte, die das *Ökumenische Direktorium* und die Enzyklika *Ut unum sint* bekräftigt hatten, nicht zunichtemachen. Auch hatte die katholische Kirche in einem Dokument von 2007 noch einmal explizit Proselytismus bei ihren missionarischen und evangelisierenden Aktivitäten abgelehnt: Diese müssten in ökumenischem Geist erfolgen.[43] Wäre es für die katholische Kirche aber auch möglich, z. B. mit den Kirchen der anglikanischen oder evangelischen Tradition eine sichtbare ‚Einheit der Kirchen in versöhnter Verschiedenheit' einzugehen? Seit geraumer Zeit steht in der westlichen Ökumene die Frage im Raum, ob sich die katholische Lehre von der Kirche so ändern könnte, dass diese Ziel-

42 Vgl. Martin Bräuer, „Unierte Anglikaner?" Ein Blick auf die Apostolische Konstitution „Anglicanorum Coetibus" und die von ihr ausgelösten Entwicklungen: US 72 (2017), 70-79; Ghirlanda, Canonical Questions (Anm. 40), 77.

43 Vgl. Kongregation für die Glaubenslehre, Lehrmäßige Note zu einigen Aspekten der Evangelisierung [2007], Bonn ^{2}2011 (VApS 180), Nr. 12.

vorstellung für sie möglich wird. Ein Hindernis ist dabei das sogenannte „subsistit in" in der Kirchenkonstitution des II. Vaticanums. Zwar deutet die Formulierung „unica Christi Ecclesia [...] subsistit in Ecclesia catholica" (LG 8) eine Differenzierung gegenüber einem identifizierenden „est" an, doch blieb die genaue Bestimmung dieses Verhältnisses von der einen Kirche Christi und der konkreten katholischen Kirche umstritten. So veröffentlichte die Kongregation für die Glaubenslehre im Jahr 2000 zwei Dokumente, die zur Klärung beitragen sollten. Sie erreichte allerdings das Gegenteil: die Debatte und die mitunter harsche Kritik an der römischen Position wurden weiter angefacht.[44]

Die *Note über den Ausdruck ‚Schwesterkirchen'* von 2000 sollte die Frage klären, ob sich Kirchen verschiedener Traditionen als „Schwesterkirchen" verstehen dürfen. Die Glaubenskongregation betonte, diese Bezeichnung habe ihren rechtmäßigen Ort im katholisch-orthodoxen Verhältnis, nicht aber darüber hinaus.[45] Nur bischöfliche Ortskirchen könnten sich gegenseitig als Schwesterkirchen anerkennen; die gesamte katholische Kirche dagegen dürfe nicht als solche verstanden werden, und schon gar nicht so, als bilde sie nur zusammen mit nichtkatholischen Schwesterkirchen die eine Kirche. Denn man dürfe nicht „unterstellen, dass es einen Plural nicht nur auf der Ebene der Teilkirchen, sondern auch auf der Ebene der im Credo bekannten einen, heiligen, katholischen und apostolischen Kirche gibt."[46]

Dieser letzte Satz deutet bereits die zentrale ekklesiologische Aussage der fünf Wochen später veröffentlichten Erklärung *Dominus Iesus* an.[47] In ihr formulierte die Glaubenskongregation eine deutliche Absage an eine ökumenisch-plurale Vorstellung von der Kirche. Dennoch betont sie weiterhin: „Die Kirchen, die zwar nicht in vollkommener Gemeinschaft mit der katholischen Kirche stehen, aber durch engste Bande, wie die apostolische Sukzession und

44 Vgl. Karim Schelkens, Lumen Gentium's „Subsistit in" Revisited. The Catholic Church and Christian Unity after Vatican II: TS 69 (2008), 875-893; Michael J. Rainer (Hg.), „Dominus Iesus". Anstößige Wahrheit oder anstößige Kirche? Dokumente, Hintergründe, Standpunkte und Folgerungen, Münster 2001 (Wissenschaftliche Paperbacks 9); Gerhard Ludwig Müller (Hg.), Die Heilsuniversalität Christi und der Kirche. Originaltexte und Studien der römischen Glaubenskongregation zur Erklärung „Dominus Jesus", Würzburg 2003.

45 Kongregation für die Glaubenslehre, Note über den Ausdruck „Schwesterkirchen" (30.06.2000): https://www.vatican.va/roman_curia/congregations/cfaith/documents/rc_con_cfaith_doc_20000630_chiese-sorelle_ge.html [Zugriff: 18.11.2024], Nrn. 1-8; vgl. UUS 56, 60.

46 Ebd., Nr. 11.

47 Kongregation für die Glaubenslehre, Erklärung Dominus Iesus über die Einzigkeit und die Heilsuniversalität Jesu Christi und der Kirche [2000]: Erklärung Dominus Iesus über die Einzigkeit und die Heilsuniversalität Jesu Christi und der Kirche. Antworten auf Fragen zu einigen Aspekten bezüglich der Lehre über die Kirche, Bonn ^{4}2007 (VApS 148), 5-45. Im Folgenden abgekürzt zitiert: DI mit Absatznummer.

die gültige Eucharistie, mit ihr verbunden bleiben, sind echte Teilkirchen" (DI 17). Dann aber heißt es: „Die kirchlichen Gemeinschaften hingegen, die den gültigen Episkopat und die ursprüngliche und vollständige Wirklichkeit des eucharistischen Mysteriums nicht bewahrt haben, sind nicht Kirchen im eigentlichen Sinn" (DI 17). Obwohl dies in der Sache der ekklesiologischen Lehre des II. Vaticanums (LG 8; UR 3f. u. a.) entspricht, kommt durch solch negative Aussagen der Eindruck des Exklusivismus auf. Auch wird streng betont, man müsse an die Einzigkeit und Einheit der Kirche glauben (DI 16). Dennoch wird die bestehende, wenn auch unvollkommene Gemeinschaft etwa mit den protestantischen Christen aufgrund der Taufe anerkannt (DI 17).

Angesichts heftiger Debatten veröffentlichte die Kongregation für die Glaubenslehre im Jahr 2007 ein Responsum *auf Fragen zu einigen Aspekten bezüglich der Lehre über die Kirche.*[48] Bezüglich der Formulierung „subsistit in" (LG 8) wird nun präzisiert, „Subsistenz [meine] jene immerwährende historische Kontinuität und Fortdauer aller von Christus in der katholischen Kirche eingesetzten Elemente, in der die Kirche Christi konkret in dieser Welt anzutreffen ist" (AFK 2). Durch die Verlagerung der Kontinuitätsaussage von der Kirche selbst auf jene „Elemente" wird die ekklesiale Würde anderer Gemeinschaften wieder stärker anerkannt. Zwar gehören diese Elemente zur katholischen Kirche und führen zu ihr hin, doch seien sie auch in getrennten Gemeinschaften wirklich präsent. Obwohl das Responsum im Ausdruck „subsistit in" auch „die vollständige Identität der Kirche Christi mit der katholischen Kirche" bezeichnet sieht, haben andere Kirchen und christliche Gemeinschaften eben aufgrund jener zur Einheit hinführenden Elemente eine Bedeutung „als Mittel des Heils" (AFK 3). Außerdem wird eingeräumt, die katholische Universalität sei in der Geschichte noch nicht voll verwirklicht (AFK 4). Durch diese differenzierte Argumentation wurde die ökumenische Offenheit der katholischen Kirche wieder deutlicher erkennbar.

3.3 Neue pragmatische Konvergenz: Einheit in zu versöhnender Verschiedenheit?

Für viele Zeitgenossen sind diese theologischen Differenzierungen unverständlich, ja sie erscheinen als völlig unnötig. Warum betreibt man überhaupt einen solchen Aufwand für die Einheit der Kirche? Pluralität sei doch ein positiver Wert. Die Vielfalt, die auch ein Ergebnis langer geschichtlicher Inkulturations-

48 Kongregation für die Glaubenslehre, Antworten auf Fragen zu einigen Aspekten bezüglich der Lehre über die Kirche: Erklärung Dominus Iesus (Anm. 47), 46-54. Im Folgenden abgekürzt zitiert: AFK mit Nummer der Frage.

prozesse ist, erscheint für viele Christinnen und Christen als nicht reduzierbar. – Geht man von dieser Haltung aus, werden Differenzen in ökumenischen Dialogen entweder schnell übergangen oder zu Identitätsmarkern hochstilisiert. Wenn sich aber eine bestimmte Tradition nicht mehr ändern muss, kann oder will, dann verliert der Dialog seine konfessionskritische Spitze.[49] So scheinen Pluralität und Profilschärfung am globalisierten Markt des Religiösen das Gebot der Stunde zu sein – nicht der irenische Dialog, die nüchterne Differenzierung, die rational-konstruktive Klärung tatsächlicher oder scheinbarer Differenzen. Dadurch verliert der Dialog aber sein bisheriges Ziel: die verschiedenen kirchlichen Gemeinschaften einander anzunähern auf dem Weg zur sichtbaren Einheit. Was ist also das neue Ziel?

Für die katholische Seite war lange Zeit die sichtbare Einheit das Ziel des ökumenischen Engagements, ohne sich auf ein konkretes Modell festzulegen. Heute präferieren Vertreter/innen des ökumenischen Dialogs zunehmend das Modell einer Einheit in versöhnter bzw. zu versöhnender Verschiedenheit. Diese ursprünglich Ende der 1970er-Jahre vom Lutherischen Weltbund vorgeschlagene Zielvorstellung erfährt seit einiger Zeit konfessionsübergreifende Zustimmung.[50] Zwar lehnen einige katholische Theologen eine Kirchengemeinschaft nach dem Vorbild der Leuenberger Konkordie ab. Denn auf katholischer Seite ist eine Einheit ohne gemeinsames Bekenntnis schwer vorstellbar.[51] Die Grundintention dürfte aber weithin unstrittig sein: Die Einheit auf Erden wird nicht anders als in einer Gemeinschaft von Kirchen mit einer legitimen Vielfalt zu erreichen sein, zu der auch eine Hierarchie der Wahrheiten gehört.[52]

Insofern besteht eine Konvergenz in der Zielvorstellung, wenn es um die Pragmatik ökumenischen Vorangehens unter den realen Bedingungen der Gegenwart geht. Die zuvor angesprochenen theologischen Fragen nach dem Vorgehen und Ziel ökumenischer Verständigung, ja nach der Vision von Kirchengemeinschaft und kirchlicher Einheit, werden dadurch nicht entwertet. Sie müssen parallel dazu diskutiert werden. Diese Seite des ökumenischen Auftrags der Kirche korrespondiert nicht unmittelbar mit kirchenrechtlichen

49 Vgl. Rahner, 50 Jahre (Anm. 9), 340-344.

50 Vgl. Harding Meyer, „Einheit in versöhnter Verschiedenheit". Eine ökumenische Zielvorstellung. Ihre Absicht, Entstehung und Bedeutung: KuD 61 (2015), 83-106.

51 Vgl. Barbara Hallensleben, Die Leuenberger Kondordie/die GEKE als ökumenisches Modell? Eine katholische Perspektive: MdKI 74 (2023), 151-155.

52 So z. B. jüngst in: Dikasterium zur Förderung der Einheit der Christen, Bischof von Rom (Anm. 17), 130-132; in Verbindung mit der Methode des differenzierten Konsenses vgl. Peter De Mey, Die Hermeneutik des differenzierten/differenzierenden Konsenses. Einmaliges Zugeständnis oder breit einsetzbare ökumenische Methode für die römisch-katholische Kirche?, übers. v. S. Tautz: Auf dem Weg zur Gemeinschaft. 50 Jahre internationaler evangelisch-lutherisch/römisch-katholischer Dialog (FS Theodor Dieter), hg. v. A. Birmelé – W. Thönissen, Paderborn 2018, 385-403.

Fragen. Trotzdem wäre auch im Hinblick auf Methode und Zielvorstellung zu prüfen, ob die Normen den neueren Entwicklungen entsprechen oder ob sie nicht implizit von überholten Vorstellungen der Ökumene geprägt sind. Die pragmatische Arbeit an einer Einheit, welche die legitime Verschiedenheit der konfessionellen Traditionen berücksichtigt, hat jedoch unmittelbare kirchenrechtliche Bedeutung: bei Normen, die das Verhältnis von Christen aus unterschiedlichen Kirchen und kirchlichen Gemeinschaften untereinander betreffen, so etwa bei Themen des Religionsunterrichts, bei Konversionen bzw. Aufnahmen in die katholische Kirche, im Eherecht bei konfessionsverbindenden Paaren – überall dort, wo interkonfessionelles Recht entsteht, und nicht zuletzt im Staatskirchenrecht. Hier gilt es, die Entwicklungen im ökumenischen Bewusstsein, aus der entsprechenden Praxis sowie theologische und rechtliche Klärungen aus jüngerer Zeit entschieden aufzunehmen.

DER ÖKUMENISCHE AUFTRAG DER KIRCHE: RECHTLICHE ENTWICKLUNGEN

ANDREAS KOWATSCH

1. Rechtliche Grundlagen für die Darstellung aktueller Rechtsentwicklungen im Bereich des ökumenischen Auftrags der Kirche

1.1 Vorüberlegungen

Auf den folgenden Seiten[1] werden einige rechtliche Entwicklungen[2] im Bereich des ökumenischen Auftrags der Kirche beleuchtet. Die Überlegungen stehen im Kontext des Generalthemas dieses Bandes über den Verkündigungsauftrag der Kirche in pluraler und säkularer Umwelt. Sie konzentrieren sich daher auf verkündigungsrechtliche Fragen. Gleichwohl muss betont werden, dass Fragen eines „ökumenischen Kirchenrechts" sich nicht auf die Verkündigung im Sinn einer Weitergabe und Vertiefung des Glaubens beschränken. Nimmt man den ökumenischen Auftrag der Kirche ernst, so umspannt dieser die ganze kirchliche Sendung. Die kirchlichen Grundvollzüge der Verkündigung, der Liturgie und der Diakonie lassen sich zwar unterscheiden, nicht aber voneinander trennen. Aus dem inneren Zusammenhang aller Aspekte der kirchlichen Sen-

1 Diesem Beitrag liegt mein Vortrag auf der „Kirchenrechtlichen Tagung", die vom 23.09.-25.09.2024 auf Schloss Hirschberg unter dem Generalthema „Verkündigungsauftrag der Kirche in pluraler und säkularer Umwelt" stattfand, zugrunde. Für die erweiterte schriftliche Ausarbeitung wurde der Vortragsstil teilweise beibehalten.

2 Vgl. zur Ökumene im katholischen Kirchenrecht neben anderen: Thomas A. Amann, Der ökumenische Auftrag: HdbkathKR³ (§ 65), 944-963; Heribert Hallermann, Ökumene und Kirchenrecht – Bausteine oder Stolpersteine?, Mainz 2000; Helmuth Pree, Kirchenrecht in der Ökumene: Dienst an Glaube und Recht (FS Georg May), hg. v. A. Egler, Berlin 2006 (KStT 52), 527539; Wilhelm Rees, Taufe, Ökumene, Kirchenrecht: von den Ansätzen des Zweiten Vatikanischen Konzils hin zu neueren Texten und Aussagen: Communio in ecclesiae mysterio (FS Winfried Aymans), hg. v. K.-Th. Geringer, St. Ottilien 2001, 481-502; Wilhelm Rees (Hg.), Ökumene. Kirchenrechtliche Aspekte, Wien – Berlin – Münster 2004 (Kirchenrechtliche Bibliothek 13); Ilona Riedel-Spangenberger, Kirchenrecht und ökumenische Entwicklung am Beispiel des Verhältnisses zwischen Eucharistie und Kirche: Die Glaubwürdigkeit christlicher Kirchen auf dem Weg ins 3. Jahrtausend (FS Lothar Lies SJ), hg. v. S. Hell, Innsbruck – Wien 2000, 191-208.

dung, die ihren Fluchtpunkt in der vergegenwärtigenden Repräsentation des auferstandenen Christus haben, ergibt sich, dass nicht nur die Wortverkündigung, der Religionsunterricht, die Katechese oder die theologische Lehre dem Glaubenszeugnis dienen, sondern auch der Heiligungsdienst und die Caritas „verkünden".

Liturgie ist ihrem Wesen nach die Vergegenwärtigung des verkündeten Heilsereignisses. In und durch die liturgische Verkündigung ereignet sich das sakramentale Geschehen. Die liebende Hinwendung zu den Armen verkündet den Glauben an das universale Heilswirken Christi und bezeugt die Gegenwart Gottes im Nächsten. Sie erschöpft sich nicht nur in der Linderung materieller Not und im Kampf für gerechtere Strukturen, sondern möchte die Frage nach der gläubigen Motivation des Handelns wecken.

Rechtliche Fragen der Sakramentengemeinschaft und Fragen im Zusammenhang mit den konfessionsverschiedenen, bzw. – verbindenden Ehen sind die häufigsten Fragen, die unter dem Stichwort „ökumenisches Kirchenrecht" verhandelt werden.[3] Dies ist nicht verwunderlich, sind doch Hindernisse für die *communio in sacris* und die bis in den ehelichen Intimbereich wirkende Trennung der Christenheit besonders schmerzhafte Folgen der noch nicht vollständig wiedergefundenen Einheit der Kirche. Der vorliegende Beitrag klammert sowohl eherechtliche Fragen als auch die nicht wenigen Probleme im Zusammenhang mit c. 844 CIC aus, um den verkündigungsrechtlichen Fokus der Themenstellung zu wahren.

Da die Ökumene, rechtlich betrachtet, eine Querschnittsmaterie ist und als ekklesiologischer Grundauftrag die gesamte kirchliche Sendung umfassen soll, sind Überschneidungen mit den anderen Beiträgen dieses Bandes nicht nur unvermeidbar, sondern in ihrer Vielfalt auch gewollt. Dass die Herausgeber das Thema an den Beginn des Bandes stellen, zeigt, dass das Gelingen des kirchlichen Verkündigungsauftrages in der säkularen Gesellschaft auch von der Fähigkeit aller Kirchen und kirchlichen Gemeinschaften abhängt, gemeinsam für das Zentrum des Evangeliums, das rechtfertigende und heilschaffende Tun Gottes in Jesus Christus, Zeugnis zu geben.

3 Vgl. für viele: Judith Hahn, Die konfessionsverschiedene Ehe: HdbKathKR³ (§ 89), 1361-1367; Dies., Partikularkirchliche Überlegungen zum Kommunionempfang konfessionsverbindender Paare. Ein weltkirchlicher Vergleich: Eucharistie – Kirche – Ökumene. Aspekte und Hintergründe des Kommunionstreits, hg. v. Th. Söding – W. Thönissen, Freiburg im Breisgau 2019 (QD 298), 400-432; Wilhelm Rees, Kirchenrecht und Eucharistiegemeinschaft: kirchenrechtliche Vorgaben für ein ökumenisches Anliegen: Taufe und Eucharistiegemeinschaft: ökumenische Perspektiven und Probleme, hg. v. S. Hell – L. Lies, Innsbruck – Wien 2002, 87-108.

1.2 Rechtshermeneutische Bedeutung des ökumenischen Auftrags der Kirche

„Die Einheit aller Christen wiederherstellen zu helfen ist eine der Hauptaufgaben des […] Zweiten Vatikanischen Konzils.“ Diese programmatische Aussage von UR 1 gibt nicht nur den Sinn und Zweck des Dekrets über den Ökumenismus an, sondern ist eine interpretative Maxime für alle Texte des Konzils und somit auch eine lehrmäßige Richtschnur für die nachfolgende Rezeption der Konzilsdokumente. Einen wesentlichen Teil dieser Rezeption bildete die Transformation der konziliaren Ekklesiologie in das erneuerte kirchliche Recht. Auch wenn an dieser Stelle kein Raum für eine vertiefte Auseinandersetzung mit der für die Kanonistik entscheidenden hermeneutischen Frage der Wechselwirkung von Lehre und positivem Rechtstext ist,[4] besteht kein Zweifel daran, dass die Rechtstexte und die Ekklesiologie des Konzils nicht nebeneinander positionierte erratische Textblöcke sind. Das Recht ist ein Instrument dafür, den Glauben in Freiheit und Treue einzeln und in Gemeinschaft leben und bezeugen zu können. Auch wenn Aussagen des Lehramts und kirchliche Rechtsnormen unterschiedlichen Sprechgattungen angehören und dementsprechend auch nach den ihnen eigenen semantischen Logiken interpretiert werden müssen, besteht doch ein Primat der Lehre über die positive Norm. Der Codex versteht sich gemäß der Aussage des Gesetzgebers als Übersetzung der Ekklesiologie in das Recht der Kirche.[5] Somit sind theologische Lehraussagen nicht nur in einzelnen Normen auffindbar, sondern bilden den interpretativen Rahmen für die richtige Erfassung des gesamten Normbestandes. Das Kirchenrecht ist Recht in der Kirche, nicht über oder neben ihr. Methodisch führt diese Sicht nicht zu einer theologischen Überfrachtung des Kirchenrechts, welche diesem letztlich die Anschlussfähigkeit an die Rechtswissenschaften verschließen würde. Hermeneutischer Ausgangspunkt einer mit den Methoden der Rechtsdogmatik arbeitenden Erforschung des geltenden Rechts ist der Text der positiven Rechtsnorm. Die Lehre, welche die Kirche auf die Suche nach der Einheit der Christen verpflichtet, begründet aber die Notwendigkeit einer ökumenischen Interpretation des Rechts.[6] Das bedeutet, dass im Fall mehrerer Auslegungsmöglichkeiten die Vermutung der Richtigkeit jener zukommt, welche der Kirche besser hilft, auf dem ökumenischen Weg voranzuschreiten.

4 Vgl. Heribert Hallermann, Rechtliche Grundlagen des ökumenischen Miteinanders. Ein Blick auf offizielle Texte und Verlautbarungen: Ökumene (Anm. 2), 83-87.

5 Vgl. SDL XVIII; Andreas Kowatsch, Der Codex Iuris Canonici als letztes Konzilsdokument? Das rechtliche Erbe Papst Johannes Pauls II.: Communio 49 (2020), 650-660.

6 Vgl. Hallermann, Rechtliche Grundlagen (Anm. 4), 84-91.

Auch wenn „Ökumene“ nur in wenigen Normen dem Begriff nach[7] auftaucht,[8] bedeutet dies im Kontext des Gesagten nicht, dass nur diese Rechtsnormen für die Frage nach der Ökumene im Recht einschlägig zu untersuchen wären. Da das Streben nach der Einheit der Christen die ganze kirchliche Sendung angeht[9] und „einer der notwendigen Grundsätze einer jeden theologischen Disziplin“ ist,[10] ist die Ökumene im katholischen Kirchenrecht viel präsenter, als es die wenigen Normen, welche unmittelbar die Sorge um die Einheit der Kirche oder die Sakramentengemeinschaft betreffen, vermuten lassen.[11] Bevor nachfolgend das Recht der Ökumene zumindest überblicksmäßig dargelegt werden kann, muss daher zuerst der Anker ins Verfassungsrecht geworfen werden, um eine – um im Bild zu bleiben – fest verankerte Ausgangsposition für die weitere Untersuchung zu gewinnen.

1.3 Verfassungsrechtliche Grundlagen des Rechts der Ökumene

Im Umfeld der Moderne mit ihren institutionskritischen Vorbehalten und dem postmodernen Fundamentalismusverdacht gegenüber dem religiösen Wahrheitsanspruch erscheinen die kirchentrennenden Fragen vielen Zeitgenossen als nicht mehr nachvollziehbar. Auch innerhalb der Gemeinden hat

7 Der Begriff „Ökumene“ ist – jedenfalls im Blick auf die kodikarische Rechtssprache – ungenau. Der CIC verwendet die Begriffe „Ökumenismus“ und „ökumenische Bewegung“ bzw. das Adjektiv ökumenisch. Der Sache nach mit dem Anliegen der Ökumene verbunden, rechtlich, aber klar davon zu unterscheiden ist die Handlungsweise des Bischofskollegiums als „Ökumenisches“ Konzil.

8 Es sind dies im CIC die cc. 256 § 2, 383 § 3 und 755 § 1 CIC; im CCEO sind es die cc. 350 § 4, 352 § 2, 625, 904 § 2. Im Gegensatz zum CIC widmet der CCEO einen eigenständigen Titel dem Ökumenismus: Titulus XVIII: De oecumenismo seu de christianorum unitate fovenda.

9 Vgl. Amann, Ökumene (Anm. 2), 950: „Die ekklesiologischen und rechtlichen Grundlagen der communio non plena zu festigen und auf die communio plena hin zu vervollständigen ist die Grundstruktur der Ökumene und als solche die der Kirche Jesu Christi.“

10 So explizit c. 350 § 4 CCEO: „Solange die von Christus für seine Kirche gewollte Einheit nicht vollständig verwirklicht ist, soll der Ökumenismus einer der notwendigen Grundsätze einer jeden theologischen Disziplin sein.“

11 Ähnlich drückte es bereits Aymans aus, der festhielt, dass sich erst aus dem Blick auf das Ganze die Perspektive für das richtige Verständnis von Einzelfragen erhellt. Vgl. Winfried Aymans, Ökumenische Aspekte des neuen Gesetzbuches der lateinischen Kirche: AfkKR 151 (1982), 479-489, 479. Hallermann greift diesen Gedanken auf und ergänzt, dass zur Erfüllung der Aufgabe, die rechtlichen Grundlagen des ökumenischen Miteinanders zu erheben, es nicht ausreiche, „das Inhaltsverzeichnis der kirchlichen Gesetzbücher oder einschlägige Wortindizes zu Rate zu ziehen oder lediglich die relevanten Einzelbestimmungen zu konsultieren“: Hallermann, Rechtliche Grundlagen (Anm. 4), 67.

sich vielerorts die Praxis gegenüber der Lehre durchgesetzt.[12] Ökumenisches Verkündigungsrecht steht damit in der Spannung, die Suche nach der Einheit im Bekenntnis nicht vergessen zu lassen und zugleich Wege, vielleicht auch neue Wege zu eröffnen, dass das Zeugnis für das Evangelium in der säkularen Gesellschaft nicht durch konfessionelle Einzelfragen gedämpft wird. Der Ausgangspunkt einer kanonistischen Annäherung an das Thema muss die bereits vorhandene Gemeinschaft aller Christen in der einen Taufe sein. Diese löscht die Unterschiede im Bekenntnis nicht aus, bildet aber die sakramentale Basis für das gemeinsame Zeugnis und die rechtliche Ermöglichung vielfältiger Formen des gemeinsamen Wirkens. Das exklusive Kirchenbild der nachtridentinischen Apologetik, welche außerhalb der mit der Kirche Christi identifizierten Katholischen Kirche nur als häretisch und schismatisch qualifizierte Einzelpersonen, nicht aber kirchliche Gemeinschaften wahrnehmen konnte, ist im CIC ebenso überwunden wie der damals durchaus innovative Zugang des Codex von 1917, alle Getauften als Katholiken zu vereinnahmen, unter denen aber die getrennten Christen durch eine Sperre an der Ausübung ihrer (katholischen) Gliedschaftsrechte gehindert waren.[13]

C. 96 CIC[14], eine in die Allgemeinen Normen verirrte Fundamentalnorm des kirchlichen Verfassungsrechts, enthält nun in knapper Formulierung die konziliare Lehre über die gestufte Kirchengliedschaft.[15] Gemäß c. 96 1. HS CIC gehören alle Getauften zur Kirche Jesu Christi: „Durch die Taufe wird der Mensch der Kirche Christi eingegliedert und wird in ihr zur Person mit den Pflichten und Rechten, die den Christen unter Beachtung ihrer jeweiligen Stellung eigen sind." Der zweite Halbsatz führt dann eine Relativierung im Blick auf die Rechte und Pflichten ein. Die *persona in Ecclesia* verfügt über diese, soweit (*quatenus*) sie sich in der kirchlichen Gemeinschaft befindet. Da alle Getauften der Kirche eingegliedert sind, ist es ausgeschlossen, dass es Getaufte gibt, deren Maß an kirchlicher Gemeinschaft auf null reduziert ist. Es gibt dementsprechend nur eine größere oder kleinere Nähe und Distanz zur Communio, welche in der *communio plena* ihre rechtlich fassbare Verdichtung erfährt.

Eben dies greifen am Beginn des zweiten Buches des CIC die cc. 204 und 205 auf. Alle Getauften sind Glieder des Volkes Gottes und haben auf ihre Weise Anteil am dreifachen Amt Christi, auch am prophetischen Amt der Ver-

12 Vgl. dazu den Beitrag von Bernhard Knorn in diesem Band.

13 Vgl. can. 87 CIC/1917: „Baptismate homo constituitur in Ecelesia Christi persona cum omnibus christianorum iuribus et officiis, nisi, ad iura quod attinet, obstet obex, ecclesiasticae communionis vinculum impediens, vel lata ab Ecclesia censura."

14 Vgl. c. 7 § 1 CCEO.

15 Vgl. LG 14f.; UR 3.

kündigung. C. 211 CIC führt dies näher aus, indem dort das Grundrecht und die ebensolche Pflicht aller Gläubigen statuiert wird, „dazu beizutragen, dass die göttliche Heilsbotschaft immer mehr zu allen Menschen aller Zeiten auf der ganzen Welt gelangt." Nicht alle Getauften stehen jedoch in der vollen Gemeinschaft der Katholischen Kirche in dieser Welt. Dies trifft nach c. 205 CIC nur auf jene zu, die im sichtbaren Verband der Katholischen Kirche mit Christus verbunden sind. Als Kriterien für diese Sichtbarkeit rezipiert der CIC das Bild der *tria vincula*, der Bande des Glaubensbekenntnisses, der Sakramente und der kirchlichen Leitung.

Die Sendung, „die Gott der Kirche zur Erfüllung in der Welt anvertraut hat" ist, so c. 204 § 1 CIC, allen Gläubigen anvertraut, die „auf ihre Weise des priesterlichen, prophetischen und königlichen Amtes Christi teilhaft geworden sind." Die aus dem Kreis der Gläubigen bestellten und durch die sakramentale Weihe ordinierten *ministri sacri* (vgl. c. 207 § 1 CIC) haben in besonderer Weise an dieser Sendung Anteil. Den Bischöfen und Priestern ist gem. c. 1009 § 3 CIC „die Sendung und die Vollmacht" gegeben, „in der Person Christi, des Hauptes, zu handeln." Die Diakonenweihe verleiht „hingegen die Kraft, dem Volk Gottes in der Diakonie der Liturgie, des Wortes und der Liebe zu dienen." Unter den geistlichen Amtsträgern besonders hervorgehoben und für die Verwirklichung der Sendung und des Aufbaus der Kirche unverzichtbar ist die Berufung der Bischöfe, die nach c. 375 § 1 CIC als Nachfolger der Apostel und Träger der Fülle des Weihesakramentes die „Lehrer des Glaubens, Priester des heiligen Gottesdienstes und Diener in der Leitung" sind.

Bevor c. 206 CIC die Katechumenen in den Blick nimmt und diese bereits in einer besonderen Weise mit der Kirche verbunden sieht, wäre *de lege ferenda* ein eigenständiger Canon möglich, der explizit die Stellung der getrennten Christen und ihrer Kirchen erwähnen könnte. Inhaltlich wäre eine solche Norm eine theologische Leitnorm und könnte die ökumenische Verpflichtung[16] aller Gläubigen ausdrücken. Die grundsätzliche Beschränkung der Verpflichtungskraft rein kirchlicher Gesetze auf Katholiken gem. c. 11 CIC wäre dadurch nicht relativiert. Eine zweite Möglichkeit, die Suche nach der Einheit als Verpflichtung und Ansporn aus der Taufe heraus deutlicher zu normieren, wäre eine Einfügung einer allgemeinen Christenpflicht in den Katalog der Pflichten und Rechte aller Gläubigen. Hier böte sich eine Ergänzung des c. 209 § 1 CIC an, der alle Gläubigen zur Wahrung der kirchlichen Gemeinschaft verpflichtet.[17]

16 Vgl. zur Selbstverpflichtung der Katholischen Kirche zur Ökumene: Hallermann, Rechtliche Grundlagen (Anm. 4), 78-82.

17 Vgl. Thomas A. Amann, Der ökumenische Auftrag als Gemeinpflicht aller Gläubigen: Theologie der Gegenwart 46 (2003), 170-183.

1.4 Der ökumenische Auftrag der Kirche im CCEO

Der orientalische Codex enthält im Gegensatz zu seinem lateinischen Pendant einen eigenständigen Titel 18 über den Ökumenismus. Dies mag mit Fortschritten in der Ökumene in den Jahren seit der Promulgation des CIC oder auch mit der besonderen kirchenverbindenden Stellung der katholischen Ostkirchen[18] zu tun haben. Wie auch immer, es handelt sich dabei um einen auffälligen legistischen Unterschied zwischen beiden großen kirchlichen Gesetzbüchern.

Eine direkte Anwendung der orientalischen Normen für die Lateinische Kirche scheitert an c. 1 CCEO. Dabei ist allerdings zu bedenken, dass der ökumenische Auftrag kein orientalisches Sondergut bildet. Auch der Gesetzgeber des CCEO ist kein anderer als der des CIC. Beide Codices wurden als primatialer Akt promulgiert.[19] Soweit die einzelnen Normen nicht die besonderen Verfassungsstrukturen der orientalischen Kirchen betreffen und Ausdruck orientalischer Traditionen sind, können diese daher helfen, die Normen des CIC zu erhellen, soweit diese eine vergleichbare Materie betreffen.

Titel 18 ist systematisch nach den Canones platziert, die sich den nichtkatholisch Getauften, welche zur vollen Gemeinschaft mit der Katholischen Kirche gelangen, widmen. Damit enthält der CCEO, anders als der CIC, nicht nur eine eigenständige normative Ordnung[20] der oft als Konversion bezeichneten Aufnahme in die *plena communio*. Das Gesetzbuch für die orientalischen Kirchen macht auch deutlich, dass Konversion und die Bemühungen um die Ein-

18 Eine besondere Aufgabe kommt dabei aufgrund ihrer besonderen Stellung in der weltumspannenden Ökumene den katholischen Ostkirchen zu. Auf diese Eigenart verweist c. 903 CCEO: „Den katholischen Ostkirchen kommt die besondere Aufgabe zu, unter allen orientalischen Kirchen die Einheit zu fördern." Soweit diese Kirchen jeweils ein getrenntes ekklesiales Gegenüber unter den orthodoxen bzw. altorientalischen Kirchen haben, steht ihre rechtliche Eigenständigkeit sogar unter einem ökumenischen Vorbehalt.

19 Dies betont Johannes Paul II. ausdrücklich in der Apostolischen Konstitution Sacrae Disciplinae Leges: „Wenn ich also heute den Kodex promulgiere, bin ich mir voll bewusst, dass dieser Akt Ausdruck meiner päpstlichen Autorität und Vollmacht ist und darum sozusagen Primatscharakter hat. Ich bin mir jedoch ebenso bewusst, dass dieser Kodex, was seinen Inhalt betrifft, die kollegiale Sorge aller meiner Brüder im Bischofsamt um die Kirche widerspiegelt; ja, aufgrund einer gewissen Ähnlichkeit mit dem Konzil muss dieser Kodex als Frucht der kollegialen Zusammenarbeit angesehen werden, die aus dem Zusammenfluss der in der ganzen Kirche verstreuten Kräfte von Experten und Spezialinstituten entstanden ist."

20 Der lateinische Codex nimmt zwar auf die Aufnahme in die volle Gemeinschaft mit der Katholischen Kirche mehrmals Bezug bzw. setzt diese voraus. Einen eigenen Abschnitt zur „Konversion" enthält er aber nicht. Im Zusammenhang mit der Ökumene bedeutsam ist die Forderung von c. 896 CCEO, der zufolge den Aufnahmewilligen, seien es einzelne oder ganze Gruppen, „keine Belastung über das hinaus auferlegt werden was notwendig ist."

heit der Kirche zwar miteinander verbundene, aber dennoch deutlich unterschiedene Sachverhalte berühren.[21] Aus katholischer Sicht bleibt das Ziel der Ökumene die korporativ-institutionelle Einheit der Kirche, mag deren konkrete Rechtsgestalt auch noch nicht gefunden sein.[22]

C. 902 CCEO bezeichnet die Sorge um die Einheit als ein Werk, das von der Gnade des Heiligen Geistes erweckt wurde („Spiritus Sancti gratia suscitato"). Damit wird in pneumatologischer Sprache ausgedrückt, dass die Sorge um die Einheit kein gelegentlicher Akt der Höflichkeit ist, sondern die Kirche, selbst Tempel des Heiligen Geistes, unmittelbar verpflichtet. In der Sprache traditioneller Kanonistik ausgedrückt: die Sorge um die Einheit verpflichtet kraft positiven göttlichen Rechts alle Glieder der Kirche. C. 905 CCEO empfiehlt dazu einen offenen und vertrauenswürdigen Dialog sowie die Förderung von gemeinsamen Vorhaben mit den anderen Christen, warnt aber zugleich vor drei Gefahren: falscher Friedfertigkeit, Indifferentismus und unmäßigem Eifer. Um diesen Gefahren vorzubeugen, kommt der Katechese eine wichtige Aufgabe zu. Den Gläubigen, so c. 906 CCEO, soll bekannt sein, „was wirklich von der katholischen Kirche und den anderen Kirchen oder kirchlichen Gemeinschaften gelehrt und überliefert wird." Daher „sollen sich besonders die Prediger des Wortes Gottes Mühen geben, und diejenigen, die über die sozialen Kommunikationsmittel verfügen, sowie alle, die entweder als Lehrer oder als Leiter in katholischen Schulen, besonders aber in höheren Studieneinrichtungen arbeiten."[23]

Besondere ökumenische Herausforderungen bestehen im Zusammenhang mit Schulen, Krankenhäusern, Pflegeeinrichtungen und anderen Anstalten in kirchlicher Trägerschaft. Einerseits sind diese Instrumente der kirchlichen Sen-

21 Vgl. in diesem Zusammenhang die ablehnende Haltung Papst Franziskus´ gegenüber dem Proselytismus in: Franziskus, Botschaft zum Weltmissionssonntag 2022: https://www.vatican.va/content/francesco/de/messages/missions/documents/20220106-giornata-missionaria.html [Zugriff: 16.01.2025].

22 Dass dies keine bloße „Rückkehr-Ökumene" bedeuten kann, dürfte theologischer Konsens sein. Vgl. für viele Kurt Koch, Kirchengemeinschaft oder Einheit der Kirche? Zum Ringen um eine angemessene Zielvorstellung der Ökumene: Kirche in ökumenischer Perspektive (FS Walter Kasper), Freiburg – Basel – Wien 2003, 135-162.

23 Die am Ende einschlussweise angesprochenen Lehrer der Theologie haben in diesem Zusammenhang eine besondere Verantwortung, da diese den Bischöfen helfen, ihre Hirtensorge auszuüben. Dies normiert die ebenfalls nur im orientalischen Recht enthaltene Norm des c. 602 CCEO: Alle Träger kirchlicher Hirtensorge, also vor allem die Diözesanbischöfe, sollen die Grundsätze der theologischen Wissenschaften sowie die Erkenntnisse anderer Wissenschaften anerkennen und so anwenden, dass die Christgläubigen zu einem bewussteren und überlegten Glaubensleben geführt werden. Man geht nicht fehl, darin auch einen Hinweis auf die Förderung des Ökumenismus zu erkennen.

dung, was auch staatskirchenrechtlich anerkannt ist.[24] Sie dienen der Verkündigung der kirchlichen Botschaft, indem diese praktisch erfahrbar wird in der christlichen, den ganzen Menschen adressierenden Bildung und in der Hinwendung zu den Kranken, Alten und besonders Hilfsbedürftigen. Diese Einrichtungen stehen nicht nur aus Gründen staatlicher Finanzierungsvorgaben, sondern auch aufgrund des kirchlichen Selbstverständnisses (abgesehen von besonderen Fällen[25]) für gewöhnlich auch Nichtkatholiken offen. Auch ihnen gilt die Verkündigung, welche direkt oder vermittelt über den Auftrag der jeweiligen Einrichtung geschieht. Dabei ist aber nicht nur die Religionsfreiheit dieser Menschen zu beachten, sondern c. 907 CCEO verpflichtet die Leiter dieser Einrichtungen dafür Sorge zu tragen, „dass andere Christen, die diese besuchen bzw. sich dort aufhalten, von den eigenen Amtsträgern geistliche Betreuung erhalten und die Sakramente empfangen können."[26]

Ausdrücklicher als der CIC spricht c. 902 CCEO alle Gläubigen als Träger der Ökumene an

> „Da die Sorge aller Christgläubigen um die Erneuerung der Einheit die ganze Kirche angeht, müssen alle Christgläubigen, besonders aber die Hirten der Kirche, für die vom Herrn gewünschte Fülle der Einheit der Kirche beten und durch tatkräftige Teilnahme am ökumenischen Werk mitarbeiten."

C. 904 CCEO behält zwar dem Apostolischen Stuhl für die katholische Gesamtkirche die Leitung der ökumenischen Bewegung vor. Die Ökumene soll aber einen besonderen Platz im Eigenrecht der jeweiligen *Ecclesia sui iuris* haben. Greifbar wird dies in der rechtlichen Empfehlung einer Sachverständigenkommission für Ökumene auf Ebene der Rituskirche (c. 904 § 2 CCEO) und eines Rates zur Förderung der ökumenischen Bewegung in der Eparchie bzw. für mehrere Eparchien gemeinsam.

Eine besonders ökumenefreundliche Norm ist c. 908 CCEO: Die Gläubigen sollen immer dann, wenn eine Zusammenarbeit mit anderen Christen möglich ist, die entsprechenden Vorhaben auch gemeinsam durchführen. Exemplarisch genannt werden Werke der Caritas und der sozialen Gerechtigkeit, die

24 Vgl. für das dt. Staatskirchenrecht die stRsp des BVerfG, die schon in BVerfGE 19, 129 (133); 24, 236 (247) zum Ausdruck brachte, dass jene Einrichtungen, die unabhängig von ihrer Rechtsform „ein Stück des Auftrags der Kirche in der Welt" wahrnehmen, Träger des kirchlichen Selbstbestimmungsrechts sind.

25 So ist ein Priesterseminar ex natura rei eine Einrichtung, die nur (männlichen) katholischen Gläubigen offensteht.

26 Je nach Situation kann dies auch die Zulassung nichtchristlicher Seelsorger umfassen, auch wenn sich dies nicht aus c. 907 CCEO, sondern aus religionsrechtlichen Vorgaben ergibt. Kirchenrechtlich rezipiert werden diese durch die Anerkennung der Religionsfreiheit.

Verteidigung der Würde der menschlichen Person und ihrer Grundrechte, die Förderung des Friedens, Gedenktage für das Vaterland und nationale Feiertage. Die Normen über die Sakramentengemeinschaft bleiben davon zwar ausdrücklich unberührt. Soweit für eine kirchliche Handlung nicht ausdrücklich die volle Gemeinschaft mit der Kirche vorausgesetzt ist, ist das gemeinsame Zeugnis aber dem konfessionell getrennten Zeugnis vorzuziehen. Kaum eine andere Norm des Kirchenrechts nimmt die Sorge für die Einheit so ernst, ohne die kirchentrennenden Unterschiede zu verwischen.

1.5 Ökumenische Verantwortungen im CIC

1.5.1 Ökumenische Verantwortung in der *communio fidelium et hierarchica*

C. 755 § 1 CIC beschreibt als Ziel der ökumenischen Bewegung die Wiederherstellung der Einheit unter allen Christen: „Die Kirche ist kraft des Willens Christi gehalten", diese Bewegung zu fördern. Damit wird zwar nicht die geschichtlich gewachsene ökumenische Bewegung als solche im positiven göttlichen Recht und damit in der Offenbarung verankert, wohl aber das Ziel des Ökumenismus. Die Verpflichtung, die Einheit der Kirche zu fördern, trifft die ganze Communio.[27]

Auch wenn c. 755 CIC am Beginn des dritten Buches platziert ist und damit scheinbar eine lediglich verkündigungsrechtliche Norm darstellt, greift diese Formulierung notwendigerweise auch auf die Grundlagen des Verfassungsrechts aus. Die Teilhabe aller Getauften gemäß ihrer je eigenen Stellung an der kirchlichen Sendung gem. c. 204 § 1 CIC verbietet es, die Ökumene vom Gesamten der Sendung loszulösen und ausschließlich in der Autorität oder in von dieser errichteten oder beauftragen Kommission[28] als Träger der Ökumene zu sehen. Gleichwohl ist aufgrund der hierarchischen Verfassung der Kirche auch die Ökumene auf katholischer Seite in einer besonderen Weise den Trägern der kirchlichen Leitungsgewalt anvertraut. C. 755 § 1 CIC hebt den Aposto-

27 Vgl. c. 902 CCEO: „Da die Sorge aller Christgläubigen um die Erneuerung der Einheit die ganze Kirche angeht, müssen alle Christgläubigen [...] für die vom Herrn gewünschte Fülle der Einheit der Kirche beten und durch tatkräftige Teilnahme am ökumenischen Werk mitarbeiten."

28 Dass es solche Einrichtungen braucht, greift der CCEO in c. 904 § 2 affirmativ auf: „Zu diesem Zweck soll, nach gemeinsamer Beratung mit den Patriarchen und Eparchialbischöfen anderer Kirchen, die in demselben Gebiet ihre Vollmacht ausüben in jeder eigenberechtigten Kirche, eine Ökumenekommission von Sachverständigen eingerichtet werden, wenn es die Umstände anraten."

lischen Stuhl in besonderer Weise hervor und stellt diesen neben das ganze[29] Bischofskollegium. Beide Institutionen haben die Aufgabe, die ökumenische Bewegung bei den Katholiken zu pflegen und zu leiten („*fovere et dirigere*").[30] C. 755 § 2 CIC erweitert die auf gesamtkirchlicher Ebene (§ 1) bestehende Verantwortung der Autorität auf die Ebene der Bischofskonferenzen und der Partikularkirchen. Ebenso („*item*") wie das Bischofskollegium und der Apostolische Stuhl haben die Bischöfe die Aufgabe, die Einheit zu fördern.[31] Der Bischofskonferenz wird diese Aufgabe jedoch nur „nach Maßgabe des Rechts", zuge-

29 Die Formulierung totius Collegii Episcoporum ist pleonastisch, da bereits die Großschreibung das Kollegium als solches bezeichnet. Auch gibt es zwar einzelne Mitglieder des Kollegiums, rechtlich aber kein „nicht ganzes" Kollegium. Das halbe Bischofskollegium ist kein Bischofskollegium, sondern nur die Hälfte der Gesamtanzahl an Mitgliedern desselben. Sprachlich betont die Formulierung daher nur, dass § 1 die Verantwortlichkeiten auf gesamtkirchlicher Ebene normiert.

30 Pflege und Leitung erfolgen „bei", d. h. gegenüber den katholischen Gläubigen. Dies ist aufgrund von c. 11 CIC selbstverständlich, soweit darunter hoheitliche oder auch faktische Leitungshandlungen zu subsummieren sind. Die Pflege der Ökumene beschränkt sich ihrer Natur aber nicht auf Initiativen, Kontakte, Gespräche, etc. mit den eigenen Gläubigen. Soweit unter „fovere" ein von „dirigere" abgrenzbares Tun zu verstehen ist, umfasst dieses auch Kontakte zu nichtkatholischen Christen und auch das eigenständige Wahrnehmen solcher Initiativen durch den Apostolischen Stuhl.

31 Die Nennung der hierarchischen Autoritäten unterscheidet c. 755 CIC, mit dem die einleitenden Bestimmungen des dritten Buches über den kirchlichen Verkündigungsdienst beschlossen werden, von c. 747 CIC, der dieses Buch eröffnet. In c. 747 § 1 CIC heißt es nur, dass Christus der Kirche das Glaubensgut anvertraut hat. Sie, die ganze Kirche, hat die Pflicht und das ihr angeborene Recht, allen Völkern das Evangelium zu verkündigen. Die Ökumene wird in diesen Kontext gestellt und kann daher nicht Aufgabe nur einzelner, wenn auch herausgehobener Teile des Gottesvolkes sein. Während Lüdecke im Gesamtduktus seiner Studie zum „Lehrrecht" (Norbert Lüdecke, Die Grundnormen des katholischen Lehrrechts in den päpstlichen Gesetzbüchern und neueren Äußerungen in päpstlicher Autorität, Würzburg 1997) in c. 747 CIC allein das Lehramt angesprochen sieht, erkennt die wohl herrschende Doktrin das ganze Gottesvolk als Träger der Verkündigung. UR 5 lässt wohl auch keine andere Deutung zu: „Die Sorge um die Wiederherstellung der Einheit ist Sache der ganzen Kirche, sowohl der Gläubigen wie auch der Hirten, und geht einen jeden an, je nach seiner Fähigkeit, sowohl in seinem täglichen christlichen Leben wie auch bei theologischen und historischen Untersuchungen." Im Kontext der Aussagen über das Lehramt und die Verbindlichkeitsstufen authentischer Lehre ist aber eine gewisse Zuspitzung auf die amtliche Lehrverkündigung unvermeidbar. Mussinghoff überschreibt seinen Kommentar von c. 755 CIC sogar mit „Ökumenische Dimension des Lehramts der Kirche." Vgl. Heinrich Mussinghoff, MKCIC, c. 755 (5. Erg.-Lfg. 1987). Eine Einengung der ökumenischen Verantwortung auf die authentischen Lehrer wird in c. 755 CIC auch dadurch bewirkt, dass die ökumenische Verpflichtung aller Gläubigen in den hierarchischen Kontext gestellt wird.

sprochen.[32] Aufgabe der partikularen Gesetzgeber ist es auch, so weiter c. 755 § 2 CIC, „je nach Notwendigkeit oder Lage der Dinge, unter Beachtung der Vorschriften der höchsten Autorität der Kirche, praktische Normen zu erlassen." Innerhalb der Bischofskonferenzen können Ökumene-Kommissionen,[33] die von einem zuständigen Referatsbischof im Namen der Konferenz geleitet werden, errichtet werden.[34]

Die Nennung aller Bischöfe unabhängig von einem kirchlichen Amt verbindet sich mit den Grundnormen des Verkündigungsrechts über die Träger des authentischen Lehramtes, auf die c. 755 CIC systematisch folgt. Soweit es um eine besondere Amtsverantwortung geht, die Ökumene zu fördern, kommt den Diözesanbischöfen und den ihnen rechtlich gleichgestellten Teilkirchenvorstehern eine herausgehobene Verantwortung zu. Die Förderung des Ökumenismus „wie er von der Kirche verstanden wird", ist nach c. 383 § 3 CIC ein integraler und indispensabler Teil der diözesanbischöflichen Hirtensorge. Gegenüber den Brüdern (und Schwestern), die nicht in der vollen Gemeinschaft mit der katholischen Kirche stehen, hat der Bischof Freundlichkeit und Liebe walten zu lassen.[35]

Der in c. 755 CIC genannte *motus oecumenicus* ist sprachlich von der Wiederherstellung der Einheit der Kirche unterschieden und hat diese zum Ziel. C. 755 § 1 CIC spricht von der Einheit unter allen Christen. Dass hier nicht von der Einheit der Kirche die Rede ist, mag damit zusammenhängen, dass die Einheit der Kirche als solche im Kern unzerstörbar bereits vorhanden ge-

32 Dass die Bischofskonferenz nur „nach Maßgabe des Rechts" verbindliche Normen erlassen kann, ergibt sich schon aus c. 455 § 1 CIC. Eine Einschränkung der Kompetenz der Bischofskonferenz, die Ökumene auch nur nach Maßgabe des Rechts zu fördern, ist jedoch überschießend.

33 Vgl. c. 451 CIC.

34 Innerhalb der Österreichischen Bischofskonferenz sind dem Thema der Ökumene zwei Kommissionen zugeordnet, deren Leitung einem Bischof anvertraut sind. Neben der Ökumene-Kommission (vgl. Statut der Ökumene-Kommission der Österreichischen Bischofskonferenz: ABl. ÖBK, Nr. 19 vom 20. Dezember 1996, II. 2) besteht eine „Gemisc ht-Katholisch-Evangelische Kommission" (vgl. Grundsätze für die Arbeit der Gemischt-Katholisch-Evangelischen Kommission: ABl. ÖBK, Nr. 5, 30. April 1991, II. 4). Den Kontakt zum Ökumenischen Rat der Kirchen in Österreich hält der für die Ökumene zuständige Bischof (Stand Januar 2025 war dies jeweils der Diözesanbischof von Linz). Keine Einrichtung der Bischofskonferenz, sondern eine nach can. 1489 CIC/1917 errichtete Stiftung der Erzdiözese Wien ist PRO ORIENTE. Diese Stiftung mit Sitz in Wien ist zusammen mit dem am Stiftungssitz errichteten Verein „PRO ORIENTE – Gesellschaft zur wissenschaftlichen Erforschung der ökumenischen Beziehungen" für die Ökumene in Österreich und Mittel-Ost-Europa von herausragender Bedeutung.

35 Die lateinische Originalfassung ist gegenüber der als Rechtspflicht formulierten Version der deutschen Übersetzung etwas zurückhaltender: „erga fratres [...] cum humanitate et caritate se gerat."

glaubt wird. Die *Ecclesia Una* des Glaubensbekenntnisses und die verlorene Einheit unter den Christen werden auf diese Weise ekklesiologisch zueinander in Beziehung gesetzt. Freilich darf dies nicht darüber hinwegtäuschen, dass die Einheit unter den Christen, die *unitas inter universos christianos*, auch eine Vollendung und Wiederherstellung der auf der Erde verletzten Einheit der Kirche ist. Sie wiederherzustellen, wird von c. 755 § 1 CIC als unmittelbare Pflicht des positiven göttlichen Rechts qualifiziert: Kraft des Willens Christi ist die Kirche, und nicht etwa nur die hierarchische Autorität, zur Förderung der Einheit gehalten. Diese Verpflichtung wäre besser in einem eigenständigen ersten Absatz des c. 755 CIC aufgehoben. Dadurch wäre klarer ausgedrückt, dass die ökumenische Sorge allen Getauften aufgetragen ist.

1.5.2 Die Verantwortung des Apostolischen Stuhles im Speziellen

Auch wenn in c. 755 § 1 CIC das „ganze Bischofskollegium" zuerst angesprochen ist, trifft die ökumenische Verantwortung für die Gesamtkirche in der täglichen Praxis den Papst. Die Sorge um die Einheit ist der Kern des Dienstes des römischen Bischofs. Der Papst verkörpert in seiner Person die Einheit der Kirche, insofern die Bischöfe und die von ihnen repräsentierten Teilkirchen mit ihm in Gemeinschaft stehen. Die umfassende Vollmacht des Papstes steht unter dem theologischen, rechtlich freilich schwer regulierbaren Vorbehalt der Notwendigkeit des Handelns für die Einheit der Kirche.

Das päpstliche Amt ist auf der einen Seite nach katholischer Grundüberzeugung Teil des unverfügbaren Bauplans der Kirche, andererseits steht gerade das Petrusamt der sichtbaren Einheit der Kirche in besonderer Weise im Weg. Dies zeigt auch das Studienpapier des Dikasteriums für die Förderung der Einheit der Christen über den Primat des Bischofs von Rom aus dem Jahr 2024.[36] Bereits Papst Paul VI. hatte befürchtet, dass das Petrusamt in seiner nach den beiden letzten Konzilien konkret verfassten Form das größte Hindernis auf dem ökumenischen Weg bildet.[37] Papst Johannes Paul II. lud dann in der Enzyklika *Ut unum sint*[38] dazu ein, gemeinsam darüber nachzudenken,

36 Dikasterium für die Förderung der Einheit der Christen, The Bishop of Rome. Primacy and Synodality in Ecumenical Dialogues and Responses to the Encyclical Ut unum sint. A Study Document: https://www.christianunity.va/content/unitacristiani/en/news/2024/2024-06-13-il-vescovo-di-roma-nuovo-documento-dpuc.html [Zugriff: 10.01.2025].

37 Vgl. Paul VI., Ansprache vor dem Sekretariat für die Einheit der Christen, 28. April 1967, zit. nach Louis Weil, The Papacy: An Obstacle or a Sign for Christian Unity?: International Journal for the Study of the Christian Church 4 (2004), 4.

38 Johannes Paul II., Enzyklika Ut unum sint über den Einsatz für die Ökumene, 25.05.1995: AAS 87 (1995), 745-774.

welche Form der Primatsausübung sich der gegenwärtigen Situation öffnet.[39] Diese Einladung wurde von Papst Benedikt XVI. mehrmals wiederholt[40] und von Papst Franziskus aufgegriffen. Dieser musste aber in Nr. 32 seines Programmschreibens *Evangelii Gaudium*[41] nüchtern feststellen, dass seit der Einladung durch seinen Vor-Vorgänger erst wenige Fortschritte erzielt wurden. Es bleibt daher abzuwarten, ob aus den Empfehlungen, welche das Dikasterium für die Förderung der Einheit der Christen im jüngsten Studiendokument über den Römischen Bischof ausgesprochen hat, rechtliche Maßnahmen seitens des Gesetzgebers erwachsen, auch das päpstliche Amt synodal einzubergen. Maximalauslegungen des Jurisdiktionsprimates in Lehre und die konkrete Praxis lassen das zum jetzigen Zeitpunkt einerseits als wenig wahrscheinlich erscheinen. Andererseits enthält das von Papst Franziskus approbierte Schlussdokument der XVI. Ordentlichen Generalversammlung der Bischofssynode zum Thema „Für eine synodale Kirche: Gemeinschaft, Teilhabe und Sendung" 2024[42] Ansätze einer neuen synodalen Verortung des Petrusdienstes. Vorsichtig wird dort auch angeregt, dass eine „Evaluierung in einer synodalen und missionarischen Perspektive" der Arbeit der Römischen Kurie und der Päpstlichen Gesandten nach den für den Dienst der Bischöfe formulierten Grund-

39 Vgl. ebd., Nr. 95f.

40 Vgl. The Bishop of Rome (Anm. 36), Nr. 4.

41 Franziskus, Apostolisches Schreiben Evangelii Gaudium über die Verkündigung des Evangeliums in der Welt von heute, 24.11.2013: AAS 105 (2013), 1019-1137.

42 Franziskus, XVI. Ordentliche Generalversammlung der Bischofssynode. Für eine synodale Kirche: Gemeinschaft, Teilhabe und Sendung. Schlussdokument, dt. abrufbar unter: https://www.dbk.de/fileadmin/redaktion/diverse_downloads/dossiers_2024/Weltsynode-Abschlussdokument.pdf. [Zugriff: 16.01.2025] Das Schlussdokument einer Bischofssynode ist das formale Votum, mit dem die Synode als Beratungsgremium des Papstes diesen berät. Eine selbständige Rechtquelle bildet es nicht. Der Papst machte sich jedoch das Dokument unmittelbar nach dem Abschluss der Synode zu eigen und kündigte an, auf ein eigenständiges nachsynodales Apostolisches Schreiben zu verzichten. Die dadurch entstandene Rechtsunsicherheit wurde durch die nachträgliche Approbation am 24.11.2024 behoben. Das Abschlussdokument ist nunmehr mit derselben lehramtlichen Verbindlichkeit ausgestattet wie ein Päpstliches Schreiben. Schwierigkeiten bereitet allerdings die Frage, ob den Anordnungen, welche im Schlussdokument enthalten sind, Verbindlichkeit als universalkirchliche Gesetze zukommen. Eine mit Art. 30 Praedicate Evangelium vergleichbare Regelung über die Approbation in forma specifica enthält die Apostolische Konstitution Episcopalis Communio über die Bischofssynode, 15.09.2018: AAS 110 (2018), 1359-1378, nicht. Die Approbation wurde veröffentlicht als: Nota di accompagnamento del Documento finale della XVI Assemblea Generale Ordinaria del Sinodo dei Vescovi del Santo Padre Francesco: Bolletino des Pressesaals des Heiligen Stuhls, 25.11.2024, Nr. 0934, abrufbar unter https://press.vatican.va/content/salastampa/it/bollettino/pubblico/2024/11/25/0934/01866.html. Eine Übersetzung ist der dt. Fassung des Schlussdokuments vorangestellt [16.01.2025].

sätzen der Transparenz und der Rechenschaftspflicht[43] möglicherweise ins Auge gefasst werden könnte.[44]

Der Papst übt seine Verantwortung im Bereich der Ökumene in vielfältigen persönlichen Begegnungen mit Amtsträgern der getrennten Kirchen aus. Soweit es um die Förderung der Ökumene in den Teilkirchen geht, bedient sich der Papst auch seines Gesandten. C. 363 6° CIC verpflichtet die Apostolischen Gesandten mit den Bischöfen vor Ort auch dafür zusammenzuarbeiten, dass „günstige Beziehungen zwischen der katholischen Kirche und den anderen Kirchen und kirchlichen Gemeinschaften, aber auch den nichtchristlichen Religionen unterstützt werden."

Innerhalb der Römischen Kurie bestehen unterschiedliche Zuständigkeiten im Bereich der Ökumene, unter denen jene des Dikasteriums für die Förderung der Einheit der Christen[45] herausragt. Auch wenn die Zuständigkeiten dieses Dikasteriums durch die Apostolische Konstitution über die Römische Kurie *Praedicate Evangelium*[46] schärfer konturiert wurden, bildet die Systematik der Konstitution die ekklesiologische Bedeutung der Ökumene nicht in rechter Weise ab. *Praedicate Evangelium* schließt hier an die Systematik der Apostolischen Konstitution *Pastor Bonus*[47] an. Diese hatte im Anschluss an die Normen über die einzelnen Kongregationen und die Gerichtshöfe die einzelnen Päpstlichen Räte normiert. Zwar regelt *Praedicate Evangelium* die Organe der Gerichtsbarkeit nunmehr im Anschluss an die einzelnen Dikasterien. Deren Reihenfolge lehnt sich aber noch stark an der alten Unterscheidung von Kongregationen und Päpstlichen Räten an. Das Dikasterium zur Förderung der Einheit der Christen (Art. 142-146 PE) wird als elftes von insgesamt 16 Dikasterien normiert. Angesichts der symbolischen Erstplatzierung des Dikasteriums für die Evangelisierung lässt sich aus der Nennung des Einheitsdikasteriums erst an der elften Stelle kein theologiepolitischer Aussageinhalt entnehmen. Es muss freilich konzediert werden, dass dieser Beobachtung keine normative Bedeutung zukommt.

Hatte Art. 135 PB die Aufgabe des damaligen Päpstlichen Rates noch ganz allgemein damit umschrieben, dass dieser „sich mit geeigneten Maßnahmen und Aktivitäten der ökumenischen Aufgabe zu widmen" habe, präzisiert Art. 142 PE nunmehr, dass sich das Dikasterium zur Förderung der Einheit

43 Schlussdokument Bischofssynode 2024 (Anm. 42), Nr. 80.

44 Vgl. ebd., Nr. 135.

45 Vgl. bereits Johannes XXIII., Motu proprio Superno Dei nutu vom 05.06.1990: AAS 52 (1960), 433-437.

46 Franziskus, Apostolische Konstitution Praedicate Evangelium über die Römische Kurie, 19.03.2022: AAS 114 (2022), 375-455; dt.: VApSt 236; hier abgek.: PE.

47 Johannes Paul II., Apostolische Konstitution Pastor Bonus über die Römische Kurie, 28.06.1988: AAS 80 (1988), 841-930; hier abgek.: PB.

der Christen durch Initiativen und Aktivitäten im Einsatz für die Ökumene sowohl innerhalb der katholischen Kirche als auch in den Beziehungen zu anderen Kirchen und kirchlichen Gemeinschaften einbringen solle. Die Ökumene wird damit deutlicher als bisher nicht nur als eine interekklesiale Aufgabe, sondern ebenso als innerkatholische Verpflichtung umschrieben. Die vikarielle Vollmacht des Dikasteriums[48] wird in Art. 143 §§ 1 und 2 PE deutlicher umschrieben als in der Vorgängerbestimmung des Art. 136 § 1 PB. Das Dikasterium hat die Aufgabe, die Lehren des Zweiten Vatikanischen Konzils und des nachkonziliaren Lehramtes über die Ökumene umzusetzen (§ 1). Ebenso ist es verantwortlich für die rechte Auslegung und treue Anwendung der ökumenischen Prinzipien und der Richtlinien, die zur Anleitung, Koordinierung und Entwicklung der ökumenischen Aktivitäten aufgestellt wurden. Intrakurial kommt dem Dikasterium die Aufgabe der Koordination aller ökumenischen Initiativen zu. Wie bisher kommt die besondere Aufgabe des Papstes in der Sorge um die Einheit der Kirche auch darin zum Ausdruck, dass das Dikasterium vor jeder neuen Initiative, welche die Beziehungen zu anderen Kirchen betreffen, den Papst persönlich zu befassen hat.

Soweit Fragen der Ökumene auch Fragen des Glaubens berühren, muss das Dikasterium stets das Einvernehmen mit dem Dikasterium für die Glaubenslehre suchen, dem insofern ebenfalls eine wichtige ökumenische Rolle zukommt. In besonderer Weise gilt dies für die geplante Veröffentlichung von Dokumenten bzw. Stellungnahmen (vgl. Art. 145 PE). Neben dem Dikasterium für die Glaubenslehre nennt Art. 145 § 2 PE als weitere Verantwortliche in ökumenischen Fragen noch das Dikasterium für die orientalischen Kirchen[49] sowie das Staatssekretariat. Mit diesen beiden Einrichtungen muss das Dikasterium für die Förderung der Einheit der Christen zusammenarbeiten, soweit es um Angelegenheiten geht, welche die Beziehungen zwischen den katholischen Ostkirchen und den orthodoxen oder orientalisch- orthodoxen Kirchen betreffen.

1.5.3 Ökumene und bischöfliche Hirtensorge

Die Spaltung unter den Christen wird auf lokaler Ebene intensiver erfahren als auf der Ebene der Gesamtkirche, da die Ortskirche bzw. die in ihr konstituierten Gemeinschaften der Raum des konkreten christlichen Lebens sind. Die schmerzhafte Erfahrung der Trennung vereinigt sich auf örtlicher Ebene mit dem wachsenden Unverständnis unter vielen Gläubigen, warum die Unter-

48 Vgl. Nr. 5 der Grundsätze und Kriterien für den Dienst an der Römischen Kurie, die dem Normtext von Praedicate Evangelium vorangestellt sind.

49 Gem. Art. 83 § 1 PE ist der Präfekt des Dikasteriums zur Förderung der Einheit der Christen ex officio Mitglied des Dikasteriums für die orientalischen Kirchen.

schiede im Bekenntnis bislang nicht überwunden werden konnten. Ökumenische Initiativen verlagern sich vom Bereich des Bekenntnisses in den Bereich der Ethik.[50] Die Aufgabe des Bischofs in Ausübung der ihm anvertrauten Episkopé ist die Förderung, Unterscheidung und, wenn nötig, auch die Grenzziehung gegenüber ökumenischen Initiativen unter den Gläubigen.

C. 755 § 2 CIC konkretisiert die bereits in c. 383 § 3 CIC normierte Amtspflicht des Diözesanbischofs und der ihm rechtlich Gleichgestellten. C. 383 steht an der Spitze des Pflichtenkatalogs, welcher den bischöflichen Vorsteherdienst umschreibt. In konzentrischen Kreisen weiten vier Paragraphen die Reichweite der bischöflichen Hirtensorge. Zuerst gilt die Hirtensorge den katholischen Gläubigen, die dem Bischof anvertraut sind. C. 383 § 1 CIC ist ein Ausdruck der in c. 208 CIC normierten fundamentalen Gleichheit aller Gläubigen. Die Sorge des Bischofs gilt allen in der vollen Gemeinschaft stehenden Getauften, auch jenen, „die von der religiösen Praxis abständig geworden sind."[51]

C. 11 CIC rezipiert die Lehre über die gestufte Kirchengliedschaft und enthält im Kleid einer allgemeinen Norm über den Geltungsanspruch des rein menschlichen Kirchenrechts hinaus auch eine Fundamentalaussage über die Ökumene. Wenn der Anspruch der Katholischen Kirche, verbindlich Recht zu setzen, an der Grenze der *communio plena* Halt macht, folgt daraus im Umkehrschluss die Anerkennung einer wie auch immer nach dem jeweiligen Selbstverständnis nichtkatholischer Kirchen und kirchlicher Gemeinschaften ausgeübten Eigenrechtsmacht in Relation auf die eigenen Gläubigen. C. 383 § 3 CIC erweitert daher die bischöfliche Hirtensorge nicht im Sinn eines Jurisdiktionsanspruchs gegenüber den getrennten Christen, sondern im Sinn einer Verpflichtung des Diözesanbischofs, diese Personen und ihrer Gemein-

50 Vgl. dazu den Beitrag von Bernhard Knorn über die lehrmäßigen Entwicklungen im Bereich der Ökumene in diesem Band.

51 In einem engen Zusammenhang mit c. 383 § 1 steht die Weitung, die in § 2 vorgenommen wird. Der Bischof ist verpflichtet, sich um die geistlichen Erfordernisse der Gläubigen anderer Riten zu kümmern. Dies gilt insbesondere dann, wenn diese keinen eigenen Hierarchen haben. Sofern nicht spezielle Strukturen für die orientalischen Gläubigen errichtet sind, ist der lateinische Diözesanbischof gem. c. 916 § 5 CCEO der „eigene Hierarch" dieser Christgläubigen. Mögliche eigene Strukturen sind vor allem ein Exarchat, aber auch ein „lateinisches" Ordinariat, wie es in Österreich für die Angehörigen aller orientalischen Kirchen errichtet ist. Zu dieser Form einer an die jeweilige Situation angepassten teilkirchlichen Gemeinschaft siehe Andreas Kowatsch, Personale teilkirchliche Gemeinschaften. „Ecclesia particularis" als Rechtsbegriff und seine Bedeutung für die Anwendung personaler Kriterien in der Umschreibung von Teilkirchen, St. Ottilien 2019 (MThSt III, 77), 465-523, 491-496; tlw. a. A. zur Qualifikation als Partikularkirche im Rechtssinn ist Helmuth Pree, Das Ordinariat für die Gläubigen der katholischen Ostkirchen in Österreich: Rechtskultur und Rechtspflege in der Kirche (FS Wilhelm Rees), hg. v. Chr. Ohly – St. Haering – L. Müller, Berlin 2020, 765-779.

schaften als Adressaten seiner „Freundlichkeit und Liebe" anzusehen. Diesen Gedanken greift auch das Ökumenische Direktorium auf.[52] „Letztendlich", so OekDir 164, „steht es dem Diözesanbischof zu, unter Berücksichtigung dessen, was auf regionaler und nationaler Ebene entschieden wurde, über die Opportunität und Geeignetheit aller Arten örtlicher und ökumenischer Aktionen zu urteilen."

Das OekDir greift in den Nrn. 41-47 die im CCEO für die orientalischen Kirchen kodikarisch angeordnete Ernennung eines diözesanen Ökumenebeauftragten bzw. von Ökumenekommissionen auf diözesaner und regionaler Ebene auf und regt diese auch für die Lateinische Kirche an. Die konkreten Zuständigkeiten der so errichteten Ämter müssen in partikularen Gesetzen und Statuten geregelt werden. Auch die Ernennung eines Bischofsvikars ist möglich, dessen vikarielle Vollmacht im Ernennungsdekret genauer umschrieben werden sollte.[53]

Während das OekDir einen umfassenden Leitfaden für das ökumenische Handeln der Katholischen Kirche darstellt, handelt es sich beim „Ökumenischen Vademecum" mit dem Titel „Der Bischof und die Einheit der Christen"[54] um ein vergleichsweise kurzes Dokument.[55] Mit diesem wollte der damalige Päpstliche Rat für die Förderung der Einheit der Christen den Diözesan- bzw.

52 Päpstlicher Rat zur Förderung der Einheit der Christen, Direktorium zur Ausübung der Prinzipien und Normen über den Ökumenismus, 25.03.1993, Nr. 164: AAS 85 (1993), 1039-1119 (1097); dt.: VApSt 110; hier abgek. OekDir. Vgl. Bruno Primetshofer, Das neue Ökumenische Direktorium: Ars boni et aequi. Gesammelte Schriften von Bruno Primetshofer, hg. v. J. Kremsmair, Berlin 1997, 225-229; Eva Maria Synek, Das neue ökumenische Direktorium: ÖAKR 42 (1993) 449-467. Das OekDir geht ursprünglich auf eine Forderung zurück, die auf dem Zweiten Vatikanischen Konzil laut erhoben worden war. Die erste Umsetzung erfolgte in zwei Teilen in den Jahren 1967 bzw. 1970. Nach einer gründlichen Überarbeitung, die nicht nur wegen der inzwischen erzielten Fortschritte in den ökumenischen Bemühungen, sondern vor allem wegen der Überarbeitung des kanonischen Rechts erforderlich geworden war, erschien die bis heute geltende Fassung im Jahr 1993. Vgl. OekDir 1.

53 Vgl. dazu Ludger Müller, Ökumenische Einrichtungen auf ortskirchlicher Ebene: Ökumene. Kirchenrechtliche Aspekte (Anm. 2), 149-156.

54 Päpstlicher Rat zur Förderung der Einheit der Christen, Il Vescovo e l'Unità dei Cristiani: Vademecum ecumenico, 05.06.2020: http://www.christianunity.va/content/unitacristiani/it/news/2020/2020-12-04-vademecum-online.html [Zugriff: 16.01.2025]. Warum trotz der deutsch-schweizerischen Herkunft des Präfekten und der Bedeutung der Ökumene in den deutschsprachigen Ländern ausgerechnet eine offizielle deutsche Version fehlt, entzieht sich der Kenntnis des Verfassers. Besonders erstaunlich ist, dass auch die Deutsche Bischofskonferenz, die in ökumenischen Angelegenheiten stets besonders sensibel ist, keine Übersetzung vorgelegt hat.

55 Vgl. Roland Juchem, „Pflicht, nicht Kür". Vatikan veröffentlicht Ökumene-Leitfaden für Bischöfe: KNA – Ökumenische Information 50 (2020), 3f.

Eparchialbischöfen „Anleitung und Hilfe“[56] geben und sie in ihrer ökumenischen Verantwortung stärken. Auch wenn das Vademecum in erster Linie die Rolle des Bischofs beschreibt,[57] richtet es sich „darüber hinaus auch an alle Katholiken, denen die Ökumene ein Anliegen ist.“[58] Bereits das OekDir hatte sich in einem eigenen Kapitel (Nr. 55-91) ausführlich der Frage der ökumenischen Bildung nicht nur aller in der Pastoral Tätigen, sondern überhaupt aller Gläubigen gewidmet.[59] Dies wird im Vademecum aufgegriffen und um einige praktische Empfehlungen ergänzt. OekVad 13 schlägt eine ökumenische Herangehensweise bei der Verwendung der sozialen Kommunikationsmittel vor. Eine besondere Aufmerksamkeit richtet sich auf die Kommunikationsmöglichkeiten, die durch das Internet ermöglicht wurden. Diese eröffneten auch eine neue Dimension des kirchlichen Lebens. Auf der Diözesanhomepage sollen daher die ökumenischen Gremien und ökumenische Initiativen leicht auffindbar und verlinkt sein.[60]

1.5.4 Synodale Ökumene?

Eine wichtige Möglichkeit ökumenischer Zusammenarbeit auf allen Ebenen der Kirchenverfassung besteht im Rahmen synodaler Beratungsprozesse.

56 So der Präfekt des nunmehrigen Dikasteriums für die Förderung der Einheit der Christen anlässlich der Vorstellung des Ökumenischen Vademecum. Vgl. Mario Galgano, Vatikan: Ökumenerat stellt Leitlinien für Bischöfe vor (vatican news, 04.12.2020), https://www.vaticannews.va/de/vatikan/news/2020-12/vatikan-vademecum-kardinal-koch-pk-oekumene-bischoefe-jubilaeum.html [Zugriff: 16.01.2025].

57 Das Verb „beschreiben“ ist hier bewusst gewählt, da der rechtliche Charakter des Vademecum nicht leicht zu bestimmen ist. Soweit dieses bestehende Gesetze erklärt oder Vorgehensweisen entfaltet und bestimmt, die bei deren Ausführung zu beachten sind, könnte es sich um eine Instruktion i. S. d. c. 34 CIC handeln. Bereits die Bezeichnung als Vademecum deutet aber darauf, dass das Dikasterium nicht in erster Linie von seiner stellvertretenden Verwaltungsvollmacht Gebrauch machen, sondern aus dem Schatz der über Jahrzehnte gesammelten Expertise Hilfestellungen und Ratschläge anbieten wollte. Vgl. die entsprechende Formulierung im Vorwort: „Il presente documento, […], è offerto come un supporto ai vescovi diocesani ed eparchiali per aiutarli a comprendere e ad attuare meglio la loro responsabilità ecumenica.“ Die Veröffentlichung erfolgte nicht aufgrund einer Approbation, sondern „con la benedizione“ des Papstes.

58 Päpstlicher Rat zur Förderung der Einheit der Christen, Il Vescovo e l'Unità dei Cristiani (Anm. 54)

59 Vgl. Wilhelm Rees, Ökumenische Zusammenarbeit im Bereich von Katechese, Religionsunterricht und Universitäten und gottesdienstliche Gemeinschaft (communicatio in sacris) im Ökumenischen Direktorium: Von Barmherzigkeit und Recht will ich singen (FS Andreas Weiß), hg. v. B. S. Anuth – B. Dennemarck – St. Ihli Regensburg 2020 (Eichstätter Studien 84), 453-492.

60 Vgl. OekVad 14.

Angesichts der hohen Aktualität der „Synodalität" durch die Bischofssynode 2021-2024 „Für eine synodale Kirche: Gemeinschaft, Teilhabe und Sendung", die mit der zweiten Sitzung der XVI. Ordentlichen Generalversammlung vom 2. bis 27. Oktober 2024 abgeschlossen wurde, ist es eine Aufgabe der Kirchenrechtswissenschaft darauf hinzuweisen, dass synodale Strukturen nicht erst geschaffen werden müssen, sondern im geltenden Recht bereits mannigfach vorgesehen sind.[61] Angesichts der Konkurrenz mancher Bischöfe, sich zur Synodalität bei jeder sich bietenden Gelegenheit zu bekennen, wundert es ein wenig, dass die Diözesansynode als das historisch ehrwürdigste synodale Gremium auf ortskirchlicher Ebene in der Rechtspraxis kaum jemals vorkommt.

Die wichtigste Aufgabe der Diözesansynode ist es, so c. 460 CIC, „zum Wohl der ganzen Diözesangemeinschaft dem Diözesanbischof [...] hilfreiche Unterstützung (zu) gewähren." Da auch die ökumenische Verantwortung zu den Amtsaufgaben des Diözesanbischofs gehört, erstreckt sich die Aufgabe der Diözesansynode auch auf Hilfestellungen in diesem Bereich. C. 463 § 3 CIC sieht daher die Möglichkeit vor, dass der Diözesanbischof Amtsträger oder Mitglieder von Kirchen oder kirchlichen Gemeinschaften, die nicht in der vollen Gemeinschaft mit der Katholischen Kirche stehen, als Beobachter zur Diözesansynode einlädt. Diese Möglichkeit wird vom *Direktorium über den Hirtendienst der Bischöfe*[62] aufgegriffen. Nach ApostSucc 170 kann durch die Einladung getrennter Christen die Sorge für die Ökumene in der diözesanen Pastoral präsent gemacht werden. Ob der Bischof eine solche Einladung ausspricht, obliegt jedoch seinem Ermessen. Wenn sie erfolgt, wird die „Anwesenheit der Beobachter [...] die gegenseitige Kenntnis ebenso wachsen lassen wie die gegenseitige Liebe und, möglicherweise, die brüderliche Zusammenarbeit."[63] Auch wenn die getrennten Christen aufgrund der noch nicht wiedergefundenen *plena communio* kein Stimmrecht im Rechtssinn haben, folgt aus dem Status eines „Beobachters" entgegen dem Eindruck, den diese Bezeichnung vermittelt, kein Verbot sich zu Wort zu melden bzw. um die Erläuterung der Perspektive der betreffenden nichtkatholischen Gemeinschaft gebeten zu werden.

61 Diese sollen und können freilich einer stetigen Evaluierung und, wenn notwendig, auch einer Reform unterzogen werden.

62 Kongregation für die Bischöfe, Direktorium Apostolorum Successores über den Hirtendienst der Bischöfe, 22.02.2004: dt. VApSt 173.

63 Ebd., Nr. 170. Im Einklang mit der Kongregation für die Bischöfe und der Kongregation für die Evangelisierung der Völker, Instruktion über die Diözesansynoden, II, 6: OR (dt.) 27 (1997) 8-12, verweist ApostSucc 170 auch auf notwendige Absprachen mit den Leitungsorganen der betreffenden Gemeinschaft. Es wird „für gewöhnlich sinnvoll sein, im Einvernehmen mit den Leitern dieser Kirchen oder kirchlichen Gemeinschaften vorzugehen, die diejenigen Personen benennen werden, die am besten geeignet sind, um sie zu vertreten."

Eine ähnliche Möglichkeit, wenn auch in einer sehr allgemeinen Formulierung verborgen, eröffnet c. 443 § 6 CIC für die Teilnahme an Plenar- und Provinzialkonzilien: „Zu den Partikularkonzilien können auch andere als Gäste eingeladen werden, wenn es nach dem Urteil der Bischofskonferenz hinsichtlich des Plenarkonzils bzw. des Metropoliten zusammen mit den Suffraganbischöfen hinsichtlich des Provinzialkonzils angebracht scheint." Dass diese „anderen" in voller Kirchengemeinschaft stehen müssten, ist dem Gesetz nicht zu entnehmen. Das Gesetz differenziert zwischen den bischöflichen Mitgliedern, denen allein beschließendes Stimmrecht zukommt und Eingeladenen mit beratendem Stimmrecht. Christen aus der Ökumene können als Gäste eingeladen werden. Damit ist ein Stimmrecht ausgeschlossen, nicht aber eine aktive Beteiligung durch Abgabe von Stellungnahmen.

Während die ökumenische Verpflichtung des Papstes und des Diözesanbischofs sich in konkreten rechtlichen Normen bzw. helfenden Organen ausdrückt, fällt eine Analyse der universalrechtlichen Normen zur Ökumene auf Ebene der Pfarrei ernüchternd aus. Die Sorge um die Ökumene oder die Aufgabe, den Kontakt mit Amtsträgern anderer Kirchen auf Pfarreiebene zu pflegen, fehlen im kodikarischen Amtsprofil des Pfarrers. Allenfalls könnte man die Verpflichtung des Pfarrers, Werke der Gläubigen, die deren Gemeinschaft mit der Gesamtkirche fördern, zu unterstützen, weit interpretieren und darunter auch ökumenische Initiativen subsummieren. Der Wortlaut von c. 529 § 2 CIC gibt dies aber eigentlich nicht her. Durch das Partikularrecht kann aber die Einladung von Mitgliedern anderer Kirchen zu den Sitzungen des pfarrlichen Pastoralrates bzw. des Pfarrgemeinderates zu einem geschwisterlichen Austausch eingeladen werden. Stimmrecht kommt diesen dann jedoch keines zu.

Bereits das Studiendokument *The Bishop of Rome* schlägt für den weiteren Weg der Ökumene den Ausbau von als *„conciliar fellowship"* bezeichneten regelmäßigen Treffen der Kirchenführer auf allen Ebenen vor. Regelmäßige Konsultationen, gemeinsame Aktionen und ein gemeinsames Zeugnis sollen die bereits vorhandene Einheit bezeugen und helfen, sie zu vertiefen.[64] Dieser Gedanke wird im Schlussdokument der Bischofssynode 2021-2024 aufgegriffen und erweitert.[65] Hintergrund der v. a. in Nr. 138 enthaltenen Ausführungen ist die Erfahrung „der Teilnahme von ökumenischen Delegierten aus anderen Kirchen und christlichen Gemeinschaften an der Synodenversammlung." Das vom Papst unmittelbar als (nach)synodales apostolisches Schreiben approbier-

64 Vgl. The Bishop of Rome (Anm. 36), Nr. 181.

65 Vgl. auch die Leitlinien, welche die Charta Oecumenica, die 2001 von der Konferenz Europäischer Kirchen (KEK) und dem Rat der Bischofskonferenzen Europas (CCEE) unterzeichnet wurde, entwirft. Vgl. dazu Barbara Hallensleben, 20 Jahre Charta Oecumenica. Auf dem Weg zu ökumenischer Synodalität?: KNA – Ökumenische Information 16 (2021), 3-5.

te Dokument[66] erkennt dem ökumenischen Dialog grundlegende Bedeutung für die Entwicklung eines Verständnisses der Synodalität und der Einheit der Kirche zu. In diesem Zusammenhang erfolgt nicht nur die Aufforderung, „authentisch ökumenische synodale Praktiken zu entwickeln." Schlussdokument Nr. 138 geht weit darüber hinaus und regt nicht nur die Schaffung von „Formen der Konsultation und des Diskurses über Fragen von gemeinsamem und dringendem Interesse" an, sondern auch die „Feier einer ökumenischen Synode zur Evangelisierung." Wie eine solche „ökumenische Synode" aussehen könnte und welche Verbindlichkeit ihre Ergebnisse hätten, ist ungewiss. Die Tatsache, dass der Papst dieser Anregung höchstformell durch die Aufnahme des Schlussdokuments ins päpstliche Lehramt folgt, ist bereits für sich genommen eine bemerkenswerte aktuelle Entwicklung.

Im anschließenden Teil dieses Beitrags werden einige aktuelle Entwicklungen, welche spezielle Bereiche im Recht der Ökumene betreffen, angesprochen. Die gewählten Beispiele dienen der Veranschaulichung eines dynamischen Felds des Rechts. Die einzelnen Punkte können und wollen aber weder eine abschließende Darstellung dessen sein, was sich an aktuellen Prozessen beobachten lässt, noch ist eine jeweils der Komplexität der einzelnen Bereiche angemessene Ausführlichkeit in der Darstellung möglich. Die Beispiele 3 und 4 beschränken sich darüber hinaus großenteils auf das österreichische (Partikular-)Recht. Soweit es den kirchlichen Verkündigungsdienst betrifft, sei auf die anderen Beiträge in diesem Sammelband verwiesen.

2. Einzelne Beispiele aktueller Rechtsentwicklung

2.1 Übersetzung der Heiligen Schrift

Auch wenn zwischen der Katholischen Kirche und den Kirchen, die aus der Reformation hervorgegangen sind, nach wie vor kirchentrennende Unterschiede über die rechte Auffassung des Verhältnisses zwischen der Heiligen Schrift und der Kirche bestehen und auch der biblische Kanon nicht deckungsgleich anerkannt wird, eint die Christenheit neben der einen Taufe die Hochschätzung der Bibel als geschriebenes, inspiriertes Wort Gottes und normierende Leitschnur des Glaubensbekenntnisses. Umso schmerzlicher ist, dass ausgerechnet eine kirchenrechtliche Entwicklung für die Evangelische Kirche in Deutschland (EKD) der Anlass war, sich aus der gemeinsamen Neuübersetzung der Psalmen und des Neuen Testaments für die revidierte Einheitsübersetzung zurückzuziehen. Zusammen mit den *United Bible Societies*, dem

66 Franziskus, XVI. Ordentliche Generalversammlung der Bischofssynode (Anm. 42).

größten internationalen und interkonfessionellen Dachverband lokaler Bibelgesellschaften,[67] hatte das Sekretariat für die Förderung der Einheit der Christen 1987 *Guidelines for the interconfessional cooperation in translating the Bible*[68] veröffentlicht. Einige der in den Guidelines enthaltenen Aussagen wurden seitens des Apostolischen Stuhles aber später für die Katholische Kirche rechtsverbindlich modifiziert. Die Instruktion *Liturgiam Authenticam*[69] aus dem Jahr 2001 enthält neben grundlegenden Prinzipien für die Übersetzung sämtlicher in der Liturgie verwendeter Texte[70] auch Anweisungen für die Übersetzung der Heiligen Schrift.[71] Da die EKD diese Vorgaben nicht mittragen konnte, erfolgte 2005 der Ausstieg aus dem Projekt der 2016 erschienenen Revidierten Einheitsübersetzung.[72]

2.2 Predigtdienst

Im Blick auf die Predigt, d. h. die verkündigende Auslegung des Wortes Gottes innerhalb liturgischer Feiern, welche aufgrund zumindest einer kirchlichen Erlaubnis erfolgt, ist der ökumenische Befund erfreulicher. Nicht nur im Rahmen ökumenischer Wort-Gottes-Feiern,[73] sondern auch in katholischen Gottesdiensten ist die Zulassung von nichtkatholischen Christen zum Predigtdienst möglich. C. 766 CIC spricht von der Möglichkeit, nach Maßgabe der Vorschrif-

67 Vgl. die Selbstdarstellung auf: https://unitedbiblesocieties.org/.

68 Sekretariat für die Förderung der Einheit der Christen, Guidelines for the interconfessional cooperation in translating the Bible, 16.11.1987: http://www.christianunity.va/content/unitacristiani/en/documenti/altri-testi/en.html [Zugriff: 16.01.2025].

69 Kongregation für den Gottesdienst und die Sakramentenordnung, Fünfte Instruktion „zur ordnungsgemäßen Ausführung der Konstitution des Zweiten Vatikanischen Konzils über die heilige Liturgie" (zu Art. 36 der Konstitution): Der Gebrauch der Volkssprachen bei der Herausgabe der Bücher der römischen Liturgie, Liturgiam authenticam, 28.03.2001: AAS 93 (2001), 685-726; dt.: VApS 154.

70 Vgl. ebd., Nrn. 19-33.

71 Vgl. ebd., Nrn. 34-44.

72 Vgl. Pressestelle der EKD, 08.09.2005, Evangelische Beteiligung an der „Einheitsübersetzung" der Bibel nicht mehr möglich. Rat der EKD bedauert Entwicklung: https://www.ekd.de/pm163_2005_einheitsuebersetzung.htm [Zugriff: 16.01.2025]. Atmosphärisch mag auch die ökumenische Verstimmung nach der Erklärung Dominus Iesus 2000 ein Grund für diesen ökumenisch folgenschweren Schritt gewesen sein. Vgl. Walter Kirchschläger, Der schwierige Weg zur Übersetzungsrevision: Bibel und Kirche 72 (2017), 105-111.

73 Vgl. für Österreich: Richtlinien für Ökumenische Gottesdienste. Erarbeitet von der Gemischt Katholisch-Evangelischen Kommission und approbiert durch die Österreichische Bischofskonferenz am 25. Juni 2003 und Beschluss des Evangelischen Oberkirchenrates A. und H.B. vom 19.8.2003: https://evang.at/wp-content/uploads/2015/07/richtlinien-oekum-gottesdienste_01.pdf [Zugriff: 16.01.2025].

ten der Bischofskonferenz[74] „Laien" zur Predigt zuzulassen, „wenn das unter bestimmten Umständen notwendig oder in Einzelfällen als nützlich angeraten" ist.[75] Der Begriff Laie ist im Vergleich mit dem Rechtsbegriff *christifidelis*, der mit Ausnahme von c. 204 CIC stets den katholischen Gläubigen meint, der weitere Begriff. Rein semantisch[76] bezeichnet Laie jene Gläubigen, die das Weihesakrament nicht empfangen haben. Zwar ergibt sich aus c. 11 CIC, dass die von der Norm adressierten Laien katholische Gläubige sind. Im Sinn einer ökumenischen Interpretation ist eine Ausdehnung auf nichtkatholische Getaufte aber dort möglich, wo die volle Kirchengemeinschaft nicht zwingend für die Übernahme eines Dienstes erforderlich ist. Es spricht vom Wortlaut und der Systematik des Gesetzes daher nichts dagegen, als „Laie" hier jeden Getauften zu erkennen, was auch der eigentlichen Wortbedeutung der Zugehörigkeit zum Volk Gottes entspricht.[77]

Allerdings ist kirchenrechtlich ein „Kanzeltausch" bzw. eine „Predigtgastfreundschaft" in der Eucharistiefeier nicht möglich, da die Homilie gem. c. 767 § 1 CIC den Klerikern vorbehalten ist, worin der Apostolische Stuhl ein nicht dispensables Wesenselement der Homilie sieht[78] und daran auch wiederholt erinnert hat.[79] Dieser Vorbehalt bleibt aber in der Theologie und Kanonistik umstritten[80] und wird in der Praxis auf vielfältige Weise missachtet.

74 Vgl. für Österreich: Österreichische Bischofskonferenz, Decretum Generale „über die Ordnung des Predigtdienstes von Laien": ABl. ÖBK Nr. 33/2002, 4f.

75 Vgl. Heribert Hallermann, » … dass nur öffentlich predige, wer gesandt ist. « Kanonistische Nachfragen und Perspektiven zum Verbot der »Laienpredigt«, Paderborn 2017 (Kirchen- und Staatskirchenrecht 26).

76 Vgl. c. 18 CIC.

77 OekDir 118 spricht lediglich von der Möglichkeit, dass Katholiken, sofern sie dazu eingeladen sind, in Gottesdiensten anderer Kirchen die Lesung vortragen oder predigen dürfen.

78 Vgl. Päpstliche Kommission für die authentische Interpretation des Codex Iuris Canonici, Authentische Interpretation zu c. 767 § 1 CIC, 26.05.1987: AAS 79 (1987), 1249. Vgl. dazu Heribert Schmitz, Erwägungen zur authentischen Interpretation von c. 767 § 1 CIC: Recht als Heilsdienst (FS Matthäus Kaiser), hg. v. W. Schulz, Paderborn 1989, 127-143. Zuletzt erteilte der Präfekt des Dikasteriums für den Gottesdienst und die Sakramentenordnung in einem Brief an die Deutsche Bischofskonferenz im Nachgang des Ad-Limina-Besuchs 2023 einer Novellierung von c. 767 § 1 CIC eine Absage. Vgl. „Synodaler Weg: Vatikan erteilt Taufe und Predigt durch Laien Absage": katholisch.de (30.03.2023), https://www.katholisch.de/artikel/44342-synodaler-weg-vatikan-erteilt-taufe-und-predigt-durch-laien-absage [Zugriff: 16.01.2025].

79 Vgl. Kongregation für den Klerus und andere, Instruktion Ecclesiae de Mysterio zu einigen Fragen über die Mitarbeit der Laien am Dienst des Priesters, 15.08.1997: AAS 89 (1997), 852-877; dt.: VApSt 129;

80 Vgl. Christian Bauer – Wilhelm Rees (Hgg.), Laienpredigt – neue pastorale Chancen, Freiburg – Basel – Wien 2021; Der „Synodale Weg" hat am 10.03.2023 mit großer Mehrheit (169 Ja-Stimmen – 17 Nein-Stimmen) den Handlungstext „Verkündigung des Evangeliums

Da c. 767 § 1 CIC von Priestern und Diakonen spricht, stellt sich die Frage, ob in der katholischen Eucharistiefeier nichtkatholische Diakone und Priester predigen dürfen. Das OekDir setzt keinen Vorbehalt für Diakone und Priester der katholischen Kirche.[81] Ob daher Diakone und Priester einer nichtkatholischen Kirche zumindest ausnahmsweise die Homilie in der katholischen Eucharistiefeier übernehmen dürfen, hängt, abgesehen von der Anerkennung der Gültigkeit des Weihesakraments in der betreffenden Kirche durch die Katholische Kirche, davon ab, wie der Homilie-Vorbehalt zugunsten der Kleriker begründet wird. Das gängige Argument verknüpft die Homilie mit dem Vorsteherdienst. Diesem ist der Dienst des Diakons unmittelbar sakramental zugeordnet. Nicht erklären kann dieses Argument jedoch die Möglichkeit der Homilie durch einen Priester, der nicht als Konzelebrant an der Feier mitwirkt oder einen Kleriker, der selbst nicht einmal die Feier als ganze mitvollzieht. Beides entspricht zwar nicht dem liturgischen Ideal, widerspricht aber nicht c. 767 § 1 CIC. Damit verknüpft das geltende Recht die Homilie ausschließlich mit der Tatsache des Empfangs zumindest der Diakonenweihe. Interpretiert man den Vorbehalt im ökumenisch weiten Sinn, sprechen keine zwingenden Gründe für den Ausschluss nichtkatholischer Diakone und Priester.

2.3 Religionsunterricht

Die wohl wichtigste aktuelle Entwicklung der Ökumene im Bereich der Verkündigung betrifft die Möglichkeit und Grenzen ökumenischer[82] Koopera-

durch beauftragte Getaufte und Gefirmte in Wort und Sakrament“: https://www.synodalerweg.de/fileadmin/Synodalerweg/Dokumente_Reden_Beitraege/beschluesse-broschueren/SW12-Handlungstext_Verkuendigung_des_Evangeliums_durch_beauftragte_Getaufte_NEU.pdf [Zugriff: 16.01.2025] angenommen, der die Forderung nach Legalisierung einer bereits vielfach geübten Praxis enthält. Vgl. ebd., 7: „Die Homilie ist integraler Bestandteil der Messfeier und hat eine sakramentale Dimension. Das schließt jedoch nicht aus, dass neben Priestern und Diakonen auch weitere hauptamtlich Tätige und entsprechend geschulte Personen den Verkündigungsdienst in der Messfeier übernehmen können. Die Bischöfe beauftragen die pastoralen Mitarbeiter*innen zur Predigt in der Eucharistiefeier zusammen mit ihrer kirchlichen Sendung (Missio canonica), damit diese ihren Predigtdienst amtlich und im Namen der Kirche vollziehen können.“

81 Vgl. OekDir 134.

82 Davon zu unterscheiden sind noch aktuellere Entwicklungen in der Frage eines interkonfessionellen Religionsunterrichts. Diese Fragen überschreiten aber den Horizont eines „ökumenischen“ Verkündigungsrechts. Vgl. Andreas Grassmann, Interreligiöser Religionsunterricht: (un-)möglich?: die Implementierung eines interreligiösen Religionsunterrichts im öffentlichen Schulwesen Österreichs aus Perspektive des Kanonischen Rechts und des Religionsrechts, Berlin 2023 (KStT 80).

tion im Religionsunterricht.[83] Sowohl in Österreich als auch in der Bundesrepublik Deutschland findet der Religionsunterricht in der öffentlichen Schule auf verfassungsrechtlicher Grundlage als konfessioneller Unterricht statt.[84] Im lateinischen[85] Kirchenrecht und in den partikularrechtlichen Ordnungen in Deutschland und in Österreich[86] ist der Religionsunterricht nicht als Katechese, sondern als spezifische Form kirchenamtlicher Verkündigung im Kontext und unter den Bedingungen der Schule normiert. Diese fügt sich nicht nur in den öffentlichen Schulen in das staatliche Bildungssystem ein, sondern auch in den katholischen Privatschulen, denen durch das jeweilige Staatskirchenrecht das Öffentlichkeitsrecht[87] bzw. die Genehmigung als private Ersatzschule

83 Auch zu diesem Punkt sind hier kaum mehr als Andeutungen möglich. Zum Religionsunterricht vgl. den Beitrag von Thomas Meckel in diesem Band. Zur ökumenischen Kooperation vgl. Andreas Grassmann, Konfessionell-kooperativer Religionsunterricht als Zukunftsperspektive? Kanonistische Anmerkungen zur Stellungnahme der Österreichischen Bischofskonferenz vom 21. Juni 2023 zur Zukunft des Religionsunterrichts in Österreich: NomoK@non (2023), https://doi.org/10.5282/nomokanon/240 [Zugriff: 16.01.2025]; Wilhelm Rees, Rechtliche Rahmenbedingungen für einen konfessionell-kooperativen Religionsunterricht in den öffentlichen Schulen Österreichs: ÖRF – Österreichisches religionspädagogisches Forum 26 (2018), 47-68; verfügbar unter: https://oerf-journal.eu/index.php/oerf/article/view/49 [Zugriff: 16.01.2025].

84 Für Dtl.: Art. 7 (3) GG; vgl. dazu umfassend: Thomas Meckel, Religionsunterricht im Recht. Perspektiven des katholischen Kirchenrechts und des deutschen Staatskirchenrechts, Paderborn – München – Wien – Zürich 2011 (KStKR 14); für Österr.: Art. 17 StGG; vgl. Herbert Kalb, Verfassungsrechtliche und einfachgesetzliche Verankerung des Religionsunterrichts: Historische und rechtliche Aspekte des Religionsunterrichts, hg. v. A. Rinnerthaler, Frankfurt am Main u. a. 2004, 209-239; Katharina Pabel, Verfassungsrechtliche Rahmenbedingungen des Religionsunterrichts in Österreich: öarr 59 (2012), 64-86; Wilhelm Rees, Die kirchenrechtlichen Rahmenbedingungen für den katholischen Religionsunterricht: Religionsunterricht in der religiös pluralen Gesellschaft, hg. v. B. Kämper – K. Pfeffer, Münster 2016 (Essener Gespräche zum Thema Staat und Kirche 49), 75-106.

85 C. 636 CCEO sieht den Religionsunterricht hingegen als „katechetische Unterweisung".

86 Der größte systemische Unterschied beider Rechtordnungen ist die Frage, wer den Religionsunterricht verantwortet. In der Republik Österreich ist der Religionsunterricht in das staatliche Unterrichtswesen integriert und findet wie jeder anderer Unterricht unter der „obersten Leitung und Aufsicht des Staates" (Art. 17 StGG) statt. Gegenüber den bekenntnisgebundenen Schülern erfüllt der Religionsunterricht auch ein staatliches Bildungsziel. Soweit keine rechtmäßige Abmeldung vom Unterricht erfolgt ist, ist der Religionsunterricht ein Pflichtgegenstand. Dennoch ist nicht der Staat Veranstalter, sondern die betreffende Kirche oder Religionsgesellschaft hat für den Unterricht „Sorge zu tragen" (Art. 17 StGG). Im Gegensatz dazu ist der Religionsunterricht in Deutschland auf der Grundlage von Art. 7 (3) GG als ordentliches Lehrfach eine staatliche Veranstaltung. Der religiös-weltanschaulich neutrale Staat überlässt die Bestimmung der Grundsätze dabei aber den Religionsgemeinschaften.

87 Vgl. §§ 13f. Privatschulgesetz (StF: BGBl. Nr. 244/1962 i. d. g. F.).

i. S. d. Art. 7 GG (und der jeweiligen Landesverfassungen) verliehen ist.[88] Die Konfessionalität des Religionsunterrichts bezieht sich auf den zu vermittelnden Inhalt und auf die Lehrperson und – zumindest grundsätzlich – auch auf die unterrichtete Gruppe.[89] Den Bekenntnischarakter will das geltende Recht durch die Zugehörigkeit der Lehrperson zur Katholischen Kirche sichern.[90] Die Lehrperson muss zudem gem. c. 805 CIC kirchenamtlich beauftragt und gesendet bzw. approbiert sein, Religionsunterricht in *nomine Ecclesiae* zu erteilen. Darüber hinaus muss die Lehrperson den Anforderungen der konfessionell gedachten Rechtgläubigkeit genügen und die Bereitschaft zum persönlichen Zeugnis aufbringen. Dieses erstreckt sich prinzipiell auch auf den Bereich der privaten Lebensführung.[91] Als Mindestmaß gilt ein authentisches Zeugnis

88 Zur Wechselwirkung von kirchlichem Verständnis und staatlichen Anforderungen an den Religionsunterricht vgl. Brigitte Schinkele, Religionsunterricht – ein Privileg der Kirchen und Religionsgesellschaften?: Historische und rechtliche Aspekte des Religionsunterrichts, hg. v. A. Rinnerthaler, (Anm. 84),191-208.

89 Die cc. 804 und 805 CIC schweigen zur Frage der Teilnahme von Schülern anderer Konfessionen.

90 Vgl. Andreas Grassmann, Lehrpersonen eines interreligiösen Religionsunterrichts im österreichischen Schulwesen: öarr 70 (2023), 225-265.

91 Vgl. aber den Zugang in der neuen Musterordnung zur Missio Canonica des Ständigen Rats der Deutschen Bischofskonferenz: „Rechtgläubigkeit im Sinne von can. 804 § 2 CIC schließt theologisch begründete Kritik und Zweifel nicht aus. Gleichzeitig bedarf es innerhalb der weltanschaulich pluralen Gesellschaft einer glaubwürdigen Positionierung der eigenen Religiosität in dem Bewusstsein, dass es sich hierbei immer um eine lebenslange Aufgabe handelt. Katholische Religionslehrkräfte sind als katholische Lehrkräfte gerade auch dann erkennbar, wenn sie konfessionsbewusst und differenzsensibel katholischen Religionsunterricht kooperativ in ökumenischem Geist erteilen.“: Ständiger Rat der Deutschen Bischofskonferenz, Musterordnung der katholischen (Erz-)Diözesen Deutschlands für die Erteilung der Missio canonica und der vorläufigen kirchlichen Bevollmächtigung an Lehrkräfte für den katholischen Religionsunterricht, 07.03.2023, 10 mit Verweis auf: Sekretariat der Deutschen Bischofskonferenz (Hg.), Die Zukunft des konfessionellen Religionsunterrichts. Empfehlungen für die Kooperation des katholischen mit dem evangelischen Religionsunterricht. Die deutschen Bischöfe Nr. 103 (Bonn 2016), 33. In der Frage der persönlichen Lebensführung setzt die neue Musterordnung weitgehend den mit der Novellierung der Grundordnung für den kirchlichen Dienst eingeschlagenen Perspektivenwechsel von der privaten Loyalität zu einer institutionellen Sicht des kirchlichen Profils fort und verzichtet in Opposition zum universalen Recht auf eine rechtliche Beurteilung des Privatlebens. Als unvereinbar mit einem authentischen Glaubenszeugnis werden dort in Anm. 16 beispielsweise genannt: das öffentliche Eintreten gegen tragende Grundsätze der katholischen Kirche (z. B. die Propagierung von Abtreibung oder von Fremdenhass), die Herabwürdigung von katholischen Glaubensinhalten, Riten oder Gebräuchen, die Propagierung von religiösen und weltanschaulichen Überzeugungen, die im Widerspruch zu katholischen Glaubensinhalten stehen, insbesondere die Werbung für andere Religions- oder Weltanschauungsgemeinschaften. Zur nicht immer gleichförmigen Umsetzung der Musterordnung in den deutschen Diözesen vgl. Matthias Pulte, Rechtlicher Rahmen

im beruflichen Kontext.[92] Durch diese Anforderungen soll sichergestellt werden, dass der Unterricht „nicht nur in der Beobachterperspektive über den Glauben“ erfolgt, sondern „auch in der Teilnehmerperspektive vom Glauben“ handeln kann.[93] Die konfessionell gebundenen Lehrkräfte „vermitteln Schülerinnen und Schülern schon in den Grundschulen nicht nur einen Zugang zu ihren eigenen Wurzeln, sondern stehen inzwischen oftmals für die Erstbegegnung mit der eigenen Konfessionalität. In den weiterführenden Schulen bilden sie mit ihrem Bekenntnis Orientierung, aber auch Reibungsflächen, um in der Auseinandersetzung mit ihnen zu einer eigenen Wahrheit zu gelangen.“[94]

Die Vereinbarkeit der Konfessionalität des Religionsunterrichts mit ökumenischer Kooperation loten seit längerer Zeit verschiedene Modelle eines konfessionell-kooperativen Religionsunterrichts aus.[95] Diese wurden als Ant-

religiösen Lehrens im Lichte der neuen „Missio-Ordnungen“ in den deutschen Diözesen: NomoK@non (2024): https://doi.org/10.5282/nomokanon/26 [Zugriff: 16.01.2025].

92 Vgl. Österreichische Bischofskonferenz, Rahmenordnung für Religionslehrer der österreichischen Diözesen (c. 804 CIC): ABl. ÖBK, Nr. 22, 20.05.1998, II. 3, Nr. 1.2: „Mit der missio canonica übernehmen RL die Verpflichtung, den Unterricht in Übereinstimmung mit dem Glauben und der Lehre der Kirche und gemäß den Religionsunterricht betreffenden kirchlichen Vorschriften zu erteilen und ihr Leben am Evangelium zu orientieren.“ Nr. 1.3 lautet: „Durch die Beauftragung (missio canonica) werden RL verbindlich für befähigt und ermächtigt erklärt, am amtlichen Verkündigungsdienst der Kirche teilzuhaben. Diese Befähigung und Ermächtigung ist zugleich Grundlage ihrer besonderen dienstrechtlichen Stellung, die dadurch charakterisiert ist, dass die Kirche eine besondere Fürsorgepflicht, der beauftragte RL jedoch im Sinne der Sendung der Kirche eine besondere Loyalitätspflicht übernimmt.“ Ein Entzug der missio canonica kann u. a. erfolgen, „[w]enn seine Lebensführung trotz nachweislicher Mahnung durch sein Verschulden in offenkundigem Widerspruch zu tragenden Grundsätzen christlicher Lebensgestaltung und/oder Handlungsorientierung steht“ (Nr. 7.2.4).

93 Vgl. Musterordnung Missio Canonica DBK, 11, mit Verweis auf: Der Religionsunterricht vor neuen Herausforderungen (Die deutschen Bischöfe Nr. 80), hg. v. Sekretariat der Deutschen Bischofskonferenz, Bonn ^{6}2017, 38.

94 So das nordrhein-westfälische Ministerium für Schule und Bildung, Gute Praxis – Konfessionelle Kooperation als ein Zukunftsmodell des Religionsunterrichts: https://www.schulministerium.nrw/gute-praxis-konfessionelle-kooperation-als-ein-zukunftsmodell-des-religionsunterrichts [Zugriff: 16.01.2025].

95 Nicht im Blick sind hier Möglichkeiten der Kooperation von Kirchen, die miteinander in Kirchengemeinschaft stehen, aber als selbständige anerkannte Kirchen bzw. Religionsgesellschaft bestehen bleiben wollen. In Österreich nehmen – in Abweichung des Prinzips der ausschließlichen Teilnahme am Unterricht der eigenen anerkannten Kirche – methodistische Schüler am evangelischen Religionsunterricht teil. Zur Frage eines „gemein-evangelischen“ Religionsunterrichts in Deutschland vgl. Martin Heckel, Neue Formen des Religionsunterrichts? Konfessionell – unkonfessionell – interreligiös – bikonfessionell – „für alle“ – konfessionell-kooperativ?: Gesammelte Schriften. Staat, Kirche, Recht, Geschichte, Bd. 6, hg. v. M. Heckel, Tübingen 2013 (Ius ecclesiasticum 100), 379-418.

wort auf die gesamtgesellschaftlichen religiösen Transformationen entwickelt. Die Schule ist nicht nur ein lebendiges Abbild der religiös plural gewordenen Gesellschaft, sondern verweist auch in ihre Zukunft.
Religionsrechtlich[96] ist dabei festzuhalten, dass der Religionsunterricht von den Kirchen „veranstaltet" (Art. 17 StGG) wird. Seine inhaltliche Ausgestaltung erfolgt im Rahmen der Bildungsziele der österreichischen Schule und in Übereinstimmung mit den Grundsätzen der Rechtsordnung als innere Angelegenheit i. S. d. Art. 15 StGG. Es ist daher an den beteiligten Kirchen, darüber zu befinden, ob und gegebenenfalls welche Formen der Kooperation ihrem religiösen Selbstverständnis entsprechen. Sofern eine Kirche „den konfessionell-kooperativen Religionsunterricht [...] zum eigenen Religionsunterricht im Sinn der staatlichen Vorgaben"[97] erklärt, haben die staatlichen Organe dies zur Kenntnis zu nehmen. Sie dürfen keine Religionspolitik betreiben, welche den Kirchen vorschreibt, welchen Religionsunterricht sie als den jeweils eigenen ansehen.

Während sich die Deutsche Bischofskonferenz nach Jahren der Zurückhaltung[98] ausführlich mit kooperativen Formen des Religionsunterrichts auseinandergesetzt hat,[99] erließ die Österreichische Bischofskonferenz bislang keine rechtsverbindlichen Anordnungen,[100] welche unmittelbar auf den konfessionell-kooperativen Religionsunterricht („KoKoRu") anzuwenden wären. In Österreich bestehen heute aber in allen neun Diözesen Modelle eines solchen KoKoRu.[101] Dieses Modell ist jedoch kein ökumenischer Religionsunterricht in dem Sinn, dass das konfessionsübergreifende Tun die rechtlich vorgesehene Konfessionalität überspringen würde. Der KoKoRu bleibt konfessioneller Unterricht, der sich in mehrere Richtungen ökumenisch öffnet. KoKoRu sieht

96 Zur verfassungsrechtlichen Zulässigkeit im deutschen Recht siehe den Beitrag von Thomas Meckel in diesem Band.

97 Kalb, Verfassungsrechtliche und einfachgesetzliche Verankerung des Religionsunterrichts (Anm. 84), 226 und vgl. Rees, Rechtliche Rahmenbedingungen (Anm. 83), 62-64.

98 Vgl. noch die gemeinsame Erklärung „Zur Kooperation von Evangelischem und Katholischem Religionsunterricht" 1998, hg. v. Kirchenamt der EKD und dem Sekretariat der Deutschen Bischofskonferenz, Hannover – Bonn 1998.

99 Vgl. Die Zukunft des konfessionellen Religionsunterrichts. Empfehlungen für die Kooperation des katholischen mit dem evangelischen Religionsunterricht, hg. v. Sekretariat der Deutschen Bischofskonferenz, Bonn 2016 (Die deutschen Bischöfe 103). Vgl. zum „Selbstversuch" der Berliner Bischöfe: Gregor Krumpholz, Neues „Reli"-Modell im Praxistest. Berliner Bischöfe Dröge und Koch geben kooperativen Unterricht: KNA – Ökumenische Information 41 (2017), 8. Demgegenüber fällt auf, dass Ökumene kein Stichwort ist in: Die Perspektive des Glaubens anbieten. Der Religionsunterricht in der Grundschule, hg. v. Sekretariat der Deutschen Bischofskonferenz, Bonn 2022 (Die deutschen Bischöfe 111).

100 In mehreren Stellungnahmen hat sich die Bischofskonferenz jedoch dazu bekannt, die ökumenisch-kooperativen Elemente auszubauen. Vgl. Rees, Rechtliche Rahmenbedingungen (Anm. 83), 61; Grassmann, Konfessionell-kooperativer Religionsunterricht (Anm. 83), 2.

101 Zur Entwicklung siehe Rees, Rahmenbedingungen (Anm. 84), 55-58.

einen Fachlehrerwechsel vor. Eine Beauftragung eines nichtkatholischen Lehrenden zur gänzlichen Übernahme des katholischen Religionsunterrichts ist nicht möglich. Dies kann durch den gemeinsamen Unterricht von katholischen und nichtkatholischen Schülern durch Lehrpersonen aller beteiligten Konfessionen geschehen. Auch eine alternierende Übernahme des Unterrichts aller betroffenen Schüler durch jeweils nur eine Lehrperson ist möglich. In diesem Fall ist aber darauf zu achten, dass jene Inhalte, die nach dem jeweiligen Selbstverständnis der Kirchen konfessionelles „Sondergut" bilden, von den eigenen Lehrkräften unterrichtet werden. Eine Grenze des KoKoRu bildet in Österreich die offizielle Lesart des Rechts jeder gesetzlich anerkannten Kirche und Religionsgesellschaft, den Religionsunterricht „ihren Mitgliedern gegenüber" zu erteilen, seitens des Bundesministeriums für Unterricht. Aus der Konfessionalität folge das Verbot, dass Schüler den Unterricht einer Kirche oder Religionsgesellschaft, der sie nicht angehören, als ihren eigenen Religionsunterricht besuchen.[102] Auch eine Teilnahme im Rahmen eines Freifaches ist nicht möglich.[103] Dies gilt jedoch nicht für konfessionslose Schüler und Angehörige einer staatlich eingetragenen religiösen Bekenntnisgemeinschaft. Diese Gruppen dürfen die an ihrer Schule angebotenen Religionsunterrichte als Freifach besuchen.[104]

2.4 Ökumenische Streiflichter im Hochschulrecht

Der letzte Punkt zu aktuellen Fragen der Ökumene im Kontext des Verkündigungsrechts betrifft zwei Besonderheiten kirchlichen Hochschulrechts in Österreich. In beiden Fällen bilden katholische Hochschuleinrichtungen den rechtlichen Mantel für die Ausbildung von Angehörigen anderer Kirchen und Religionsgesellschaften. Die „Kirchlich-Pädagogische Hochschule Wien/Krems" bildet neben katholischen Religionslehrern auch die Lehrer für den evangelischen, freikirchlichen, jüdischen, alevitischen, buddhistischen und islamischen Religionsunterricht in der Primar- und Sekundarstufe aus. Die Katholisch-Theologische Fakultät Wien hat nicht nur einen orthodoxen Professor ins Fakultätskollegium aufgenommen und bietet einen Studiengang in „Ortho-

102 Zur Ausnahme der methodistischen Schüler siehe Anm. 95.

103 Vgl. Durchführungsrichtlinien zum Religions- sowie zum Ethikunterricht – Neuverlautbarung, Rundschreiben-Nr. 23/2023, 30.11.2023, Nr. 3.1.1: „Die Teilnahme von Schülerinnen und Schülern, die einer gesetzlich anerkannten Kirche oder Religionsgesellschaft […] angehören, an einem Religionsunterricht, welcher von einer anderen als der dem eigenen Bekenntnis entsprechenden Kirche oder Religionsgesellschaft eingerichtet wurde, ist weder im Rahmen eines Pflichtgegenstandes noch im Rahmen eines Freigegenstandes zulässig."

104 Für die Zulassung ist neben dem Antrag des Schülers auch die Zustimmung der Eltern des nicht religionsmündigen Kindes und auch der katholischen Lehrperson notwendig.

doxer Religionspädagogik“ an. Seit dem Studienjahr 2024/25 ist auch das nach dem IslamG 2015 errichtete „Institut für Islamisch-Theologische Studien“ der Katholisch-Theologischen Fakultät angeschlossen.

2.4.1 Die Kirchlich-Pädagogische Hochschule Wien/ Krems: ökumenisch und interreligiös

Neben den einzelnen konfessionell-kooperativen Unterrichtsversuchen besteht auch im Bereich Ausbildung eine wichtige, vielleicht sogar einzigartige Form ökumenischer (und interreligiöser) Kooperation in Form der „Kirchlich-Pädagogischen Hochschule Wien/Krems.“[105] Diese wurde von der „Hochschulstiftung der Erzdiözese“, deren Protektor der Wiener Erzbischof ist, errichtet.[106] Die Erhaltung erfolgt nicht nur in Kooperation mit der Diözese St. Pölten, sondern gemeinsam mit mehreren nichtkatholischen Kirchen. Es sind dies die Altkatholische Kirche, die Evangelische Kirche A.B. und H.B., die Griechisch-Orientalischen Kirchen[107] und die Orientalisch-Orthodoxen Kirchen.[108] Eine Aufnahme der Freikirchen[109] besteht seit dem laufenden Studienjahr (2024/25). Grundlage für die Kooperation in der Trägerschaft ist ein zwischen den beteiligten Diözesen und den ökumenischen Partnern abgeschlossenes Kooperations-Übereinkommen, auf das § 2 des Statuts der KPH[110]

105 Als Pädagogische Hochschule bietet sie in erster Linie das Studium des Lehramts für die Primarstufe und die Sekundarstufe I an. Für die Sekundarstufe II (ab dem 9. bzw. 10. Schuljahr) bestehen Kooperationen mit unterschiedlichen Universitäten.

106 Vgl. Birgit Moser-Zoundjiekpon, Ökumene im Bildungsbereich – die Kirchliche Pädagogische Hochschule Wien/Krems: öarr 56 (2009), 433-446; Dies., „PädagogInnenbildung NEU“ interreligiös betrachtet: die Kirchliche Pädagogische Hochschule Wien/Krems: öarr 62 (2015), 276-291.

107 Die KPH Wien/Niederösterreich wird von folgenden nach dem „Orthodoxengesetz 1967“ (BGBl. Nr. 229/1967 i. d. g. F.) anerkannten orthodoxen Kirchen miterhalten: Bulgarisch-Orthodoxe Kirche, Griechisch-Orthodoxe Kirche, Rumänisch-Orthodoxe Kirche, Russisch-Orthodoxe Kirche und Serbisch-Orthodoxe Kirche.

108 Es sind die drei „altorientalischen“ Kirchen: Armenisch-apostolische Kirche, Syrisch-orthodoxe Kirche und Koptisch-orthodoxe Kirche. Die Regelung ihrer „äußeren Rechtsverhältnisse“ wurde durch das „Orientalisch-orthodoxe Kirchengesetz“ (StF: BGBl. I Nr. 20/2003 i. d. g. F.) 2003 neu geordnet.

109 Die staatlich anerkannte Kirche „Freikirchen in Österreich“ vereinigt unter einem Dach nicht alle konfessionskundlich als „Freikirche“ einordbaren Gemeinden. Allerdings sind mit den Bünden der Baptisten, der ELAIA-Christengemeinden, der Evangelikalen, der Freien Christengemeinde und der Mennoniten die wichtigsten Gemeinden anerkannt. Die Anerkennung erfolgte am 26.08.2013 durch Verordnung der Bundesministerin für Unterricht, Kunst und Kultur, BGBl. II Nummer 250/2013.

110 Vgl. Statut der Kirchlich-Pädagogischen Hochschule Wien Krems, Diözesanblatt Wien, Jahrgang 162, Nr. 5 Mai 2024, 47-64.

Bezug nimmt. Die „Kooperation mit Partnerkirchen in der Erhaltung und Führung der Pädagogischen Hochschule“ wird in der Präambel des Statuts als „wesentlicher Teil des von den Kirchen geleisteten Engagements im Bereich von Bildung im Sinne der *Charta Oecumenica* (II/3) realisiert.“[111]

Formal ist die Hochschulstiftung der Erzdiözese Wien eine Rechtsperson der Katholischen Kirche. Sie ist, so § 2 (2) des Statuts, „eine Katholische Hochschuleinrichtung im Sinne der cc. 807 – 814 CIC und der Apostolischen Konstitution ‚Ex Corde Ecclesiae‘ vom 15. August 1990. Sie ist zugleich eine anerkannte postsekundäre Bildungseinrichtung im Sinne der §§ 4 bis 7 sowie § 35 Z 1 Hochschulgesetz 2005.“ Rechtspersönlichkeit für den staatlichen Bereich erlangte sie aufgrund von Art. XV § 7 Abs. 1 des Konkordats zwischen der Republik Österreich und dem Heiligen Stuhl.[112] Die kirchliche Stiftung ist aber durch die Mitgliedschaft von Vertretern der beteiligten Kirchen im Stiftungsrat selbst ökumenisch strukturiert. Diese werden durch die eigene Kirche nominiert. Die Ernennung bestätigt der Erzbischof von Wien als Protektor der Stiftung.[113]

Was die KPH Wien/Krems wahrscheinlich von allen anderen vergleichbaren tertiären Bildungseinrichtungen in Europa unterscheidet, ist nicht nur die ökumenische Kooperation innerhalb einer kanonischen Rechtsperson, sondern auch die offizielle Kooperation mit vier nichtchristlichen staatlich anerkannten Religionsgesellschaften. Die KPH kooperiert mit der Islamischen Glaubensgemeinschaft in Österreich (IGGÖ), der (Islamisch-)Alevitischen Glaubensgemeinschaft (ALEVI), der Israelitischen Religionsgesellschaft, sowie der Buddhistischen Religionsgesellschaft. Im Rahmen dieser Kooperationen bildet die KPH Lehrer für den Religionsunterricht, den diese Religionsgesellschaften veranstalten, aus.

2.4.2 Entwicklungen im Bereich der Katholisch-Theologischen Fakultäten

Unter den hohen Erwartungen, welche die Kirche gem. GE 11 an die theologischen Fakultäten richtet, findet sich auch der Auftrag zum Gespräch mit den getrennten Brüdern und Nichtchristen. Auch nach OekDir 87 spielen „die kirchlichen Fakultäten und die anderen höheren Studieneinrichtungen eine be-

111 Ebd., 64.

112 Konkordat zwischen dem Heiligen Stuhle und der Republik Österreich samt Zusatzprotokoll. StF: BGBl. II Nr. 2/1934, geändert durch BGBl. Nr. 195/1960. Eine geraffte Übersicht über die Entstehungsgeschichte, den religionsrechtlichen Modellcharakter und aktuelle Fragen des Konkordats bietet Richard Potz, Das Konkordat 1933/34 und seine allgemeine Bedeutung für das österreichische Religionsrecht: NomoK@non (2024): https://doi.org/10.5282/nomokanon/288.

113 Vgl. die Darstellung auf https://kphvie.ac.at/organisation/stiftungsrat.html [Zugriff: 16.01.2025].

sonders wichtige Rolle [...] in der Vorbereitung des ökumenischen Dialogs, für seinen Verlauf und für den Fortschritt in der Einheit der Christen, dem dieser Dialog dient.“ Die Fakultäten sind aufgerufen, ihre besondere Verantwortung in der ökumenischen Bildung zu übernehmen und zum Angebot von weiterbildenden Kursen zu ermuntern.[114]

Die Apostolische Konstitution *Veritatis Gaudium*[115] verlangt eine ökumenische Ausbildung im Einklang mit den kirchlichen Vorschriften und verweist dazu auf das OekDir.[116] Die Verortung der Ökumene im Theologiestudium erfolgt im Rahmen der Fundamentaltheologie. Fragen der Ökumene sind damit notwendige Fragen eines theologischen Pflichtfaches. Angesichts der Bedeutung der Ökumene für die kirchliche Sendung wäre es aber vielleicht angemessener, ökumenische Fragen einem jeden theologischen Fach verpflichtend einzuschreiben.[117] Die Verortung in der Fundamentaltheologie hätte dann ihren Sinn, wenn die Sensibilität für die ekklesiologische Bedeutung und die methodische Relevanz dieser Fragen für alle Fächer geweckt wird.

Bereits OekDir 192 weist auf den Grundsatz hin, dass „die Professoren für Kurse in Lehrfragen katholisch sein“ sollen und setzt damit die von c. 818 i. V. m cc. 810 und 812 CIC geforderten Kriterien für die Teilhabe am amtlichen Verkündigungsdienst als Theologiedozent um. Auch ökumenische Fragen sollen daher zuerst von katholischen Dozenten und getreu der katholischen Sicht auf die Ökumene vorgetragen werden. Sofern die Studierenden und Dozenten, so OekDir 192 weiter, die „fundamentalen Interessen der Kirche“ kennen und bejahen, „können die Studierenden und die Professoren katholischer Seminare und theologischer Fakultäten an ökumenischer Zusammenarbeit verschiedener Art teilnehmen.“In OekDir 193-194 werden darüber hinaus behutsam. verschiedene Formen der Zusammenarbeit und Teilnahme von katholischen Studierenden an Kursen nichtkatholischer Dozenten differenziert: „Je mehr sich die Vorlesungen oder Kurse auf Lehrfragen beziehen, desto sorgfältiger ist die Zweckmäßigkeit einer Teilnahme der Studenten zu prüfen. Die Ausbildung der Studenten und die Entwicklung ihres ökumenischen Bewusstseins müssen stufenweise zur Reife gebracht werden.“[118] Ab dem zweiten Zyklus (nach

114 Vgl. OekDir 91c.

115 Franziskus, Apostolische Konstitution Veritatis Gaudium über die kirchlichen Universitäten und Fakultäten, 08.12.2017, AAS 110 (2018), 1-34; dt.: VApSt 211.

116 Vgl. ebd., Art. 72 § 1: „Die ökumenischen Fragen müssen sorgfältig nach den von der zuständigen kirchlichen Autorität erlassenen Richtlinien behandelt werden.“ Als Referenzdokument wird auf das OekDir verwiesen.

117 Dies normiert explizit c. 350 § 4 CCEO: „Solange die von Christus für seine Kirche gewollte Einheit nicht vollständig verwirklicht ist, soll der Ökumenismus einer der notwendigen Grundsätze einer jeden theologischen Disziplin sein.“

118 OekDir 194 am Schluss.

der römischen Studienordnung[119]) können Professoren anderer Kirchen und kirchlicher Gemeinschaften zu Vorlesungen eingeladen werden, die Lehrauffassungen ihrer jeweiligen Kirchen und kirchlichen Gemeinschaften vorzutragen, um so die ökumenische Bildung zu ergänzen.[120] Art. 20 § 2 VG greift diese Prinzipien unverändert auf: „Die Dozenten der anderen Kirchen und kirchlichen Gemeinschaften können im Grundzyklus keine theologischen Kurse lehren. Im zweiten Studienzyklus können sie als Gastdozenten eingeladen werden." Soweit nichtkatholische Dozenten selbständig an kirchlichen Fakultäten lehren sollen, verlangt Art. 20 § 1 VG die Lehrbefugnis, welche ihnen der Großkanzler erteilt. Alle Fragen der Zusammenarbeit mit nichtkatholischen Dozenten in der theologischen Ausbildung sollen durch die Bischofskonferenz entsprechend der ökumenischen Situation im jeweiligen Land näher geregelt werden.[121] Während das kirchliche Hochschulrecht im Bereich der theologischen Lehre versucht, zwischen der Bekenntnisgebundenheit der Theologie und dem ökumenischen Auftrag der Kirche sorgsam auszutarieren, ist im postgradualen Bildungsbereich und in der Forschung ein „sehr weites Feld ökumenischer Zusammenarbeit eröffnet."[122] Bei allen Formen der Zusammenarbeit ist darauf zu achten, „die eigene Identität sorgfältig zu bewahren."[123]

Ein Blick auf den hohen Stellenwert, den die universalrechtlichen Dokumente der ökumenischen Ausbildung im Theologiestudium beimessen, zeigt, dass auch im deutschen Sprachraum noch „Luft nach oben" ist, wenn es gilt, die Studienpläne zu reformieren. An dieser Stelle soll jedoch nicht auf curriculare Desiderate geblickt werden, sondern die Situation an der Katholisch-Theologischen Fakultät Wien als abschließendes Beispiel rechtlicher Entwicklungen im Bereich der Ökumene angesprochen werden.[124]

119 Vgl. Heinz Kasparovsky, Studienvergleich Katholische Theologie Päpstliche Hochschulen – Österreich: Neue Hochschulzeitung 8 (2020),10-12.

120 Vgl. OekDir 195. Ebenso ist es möglich, dass nichtkatholische Dozenten nichttheologische Fächer vortragen. OekDir 195 spricht von „Kursen technischer Art" und nennt veranschaulichend Sprachkurse, Kurse über soziale Kommunikation und Religionssoziologie.

121 Das OekDir gibt eine Reihe von Hinweisen für die konkreten Regelungen.

122 OekDir 196; vgl. aber auch die folgenden Nummern des OekDir bis 203. Ausdrücklich wird dort auch zur Gründung von ökumenischen Instituten gemeinsam mit anderen Kirchen ermuntert. Im deutschen Sprachraum arbeitet auf dieser Grundlage beispielsweise das „Johann-Adam-Möhler-Institut für Ökumenik" in Paderborn als ein Lehr- und Forschungsinstitut mit weit überregionaler Bedeutung.

123 So Art. 52 § 2 VG im Blick auf die Zusammenarbeit mit nichtkatholischen theologischen Fakultäten. Über diesen Bereich hinaus ist hier jedoch ein Grundsatz des ökumenischen Tuns für alle Beteiligten formuliert.

124 In Wien besteht, abgesichert durch § 15 ProtG 1961 (BGBl. Nr. 182/1961 i. d. g. F.) neben der Katholisch-Theologischen Fakultät auch eine Evangelisch-Theologische Fakultät. Diese ist bereits in sich ökumenisch strukturiert, da sie sowohl das Augsburgische als auch das

Was das Studium der Volltheologie betrifft, so finden die oben dargelegten Normen des OekDir und Art. 20 VG Anwendung. Neben dem Diplomstudium der Fachtheologie gibt es an der KTF Wien die Besonderheit, dass dort seit 2022 ein Bachelorstudium in Orthodoxer Religionspädagogik eingerichtet ist. Im Masterstudium Religionspädagogik besteht schon seit Längerem die Möglichkeit der Wahl unterschiedlicher Schwerpunkte. So ist neben der Ausbildung in katholischer Religionspädagogik auch ein Studium der Religionspädagogik mit Schwerpunkt Orthodoxe Religionspädagogik möglich. Ein orthodoxer Professor ist als „assoziierter Professor" Vollmitglied der Fakultät und der Professorenkurie.

Religionsrechtlich ist dies zumindest bemerkenswert. Art. V § 3 Österr. Konkordat normiert, dass „die Ernennung oder Zulassung der Professoren oder Dozenten an den vom Staate erhaltenen katholisch-theologischen Fakultäten [...] nur nach erfolgter Zustimmung der zuständigen kirchlichen Behörde" erfolgen darf. Diese Bestimmung verpflichtet völkerrechtlich die Republik Österreich, nicht aber unmittelbar die Universitäten. Allerdings ist das Konkordat nach dem österreichischen Verfassungsrecht innerstaatlich als einfaches Bundesgesetz transformiert. Die Autonomie der Universitäten, die in der ersten Dekade dieses Jahrhunderts voll ausgebaut wurde, bewegt sich gem. Art. 81c B-VG[125] „im Rahmen der Gesetze." 2002 wurde mit dem Universitätsgesetz[126] eine umfassende Reform des Studien- und Universitätsorganisationsrechts beschlossen, welche erhebliche Auswirkungen auf die innere Struktur der österreichischen Universitäten hatte.[127] Die mögliche Frage, ob

Helvetische Bekenntnis abbilden muss. Jeweils eine „Lehrkanzel" ist für die Systematische Theologie im jeweiligen Bekenntnis reserviert. Freilich stehen beide Bekenntnisse nicht nur in der Kirchengemeinschaft der Leuenberger Konkordie, sondern sind religionsrechtlich in Österreich neben der selbstständigen Anerkennung als Evangelische Kirche A.B. bzw. Evangelische Kirche H.B. auch als Evangelische Kirche A.B. und H.B. anerkannt. Gem. § 15 (2) ProtG müssen zumindest die dauerhaften Mitglieder des Lehrkörpers der Evangelischen Kirche angehören. Gastdozenten und befristet angestellte wissenschaftliche Mitarbeiter dürfen gem. § 15 (3) ProtG auch „anderen Kirchen oder Religionsgesellschaften" angehören. Vom Wortlaut des Gesetzes her nicht möglich ist die Anstellung von Dozenten, die keiner Religionsgesellschaft angehören. Im Gegensatz zu sehr weitgehenden Mitwirkungsrechten, die Art. V des Konkordats den katholischen Autoritäten bei der Besetzung von Stellen an den Katholisch-Theologischen Fakultäten einräumt, hat „das Professorenkollegium der Evangelisch-theologischen Fakultät, bevor es seinen Antrag an das Bundesministerium für Unterricht stellt, mit der Evangelischen Kirchenleitung in Fühlungnahme über die in Aussicht genommenen Personen zu treten" (Abs. 5 leg. cit.).

125 B-VG = Bundes-Verfassungsgesetz der Republik Österreich.

126 Bundesgesetz über die Organisation der Universitäten und ihre Studien (Universitätsgesetz 2002 – UG) StF: BGBl. I Nr. 120/2002 i. d. g. F.

127 Die de facto Entmachtung der universitären Kollegialorgane unterhalb der Ebene der Gesamtuniversität und die erhebliche Stärkung der Kompetenzen des Dekans und vor allem

den konkordatären Bestimmungen innerstaatlich durch das zeitlich spätere UG 2002 derogiert worden sei, beantwortet § 38 (1) UG 2002 zwar nicht direkt, wohl aber durch die alle entscheidungsbefugten Universitätsorgane bindende Anordnung, Art. V Österr. Konkordat zu beachten. Der nach dem UG 2002 nunmehr anstelle der Fakultät zuständige Rektor wäre daher verpflichtet gewesen, in Anwendung des Art V § 3 Österr. Konkordat die Zustimmung der „zuständigen kirchlichen Behörde" einzuholen. Formalrechtlich ist dadurch der Erzbischof von Wien, der aufgrund des Akkomodationsdekrets[128] die Aufgaben des *Magnus Cancellarius* der Katholisch-Theologischen Fakultät wahrnimmt, berechtigt, seine Zustimmung zu erteilen oder – religionsrechtlich und universitätspolitisch heikler – nicht zu erteilen. Da mangels verfassungsrechtlicher Grundlage zwischen der Republik Österreich und der Orthodoxen Kirche bzw. den orthodoxen Kirchen kein dem Konkordat nachgebildeter völkerrechtlicher Vertrag geschlossen wurde,[129] und auch das Orthodoxengesetz[130] keine entsprechenden Normen enthält, fehlen Mitspracherechte der orthodoxen kirchlichen Hierarchie. Andererseits benötigen aber auch die im Rahmen der genannten Studien ausgebildeten Personen für die Erteilung des orthodoxen Religionsunterrichts gem. § 4 (2) RUG[131] die Erklärung ihrer Kirche, dass sie für die Erteilung des Religionsunterrichts „befähigt und ermächtigt" sind. Vor der Entfristung des Arbeitsvertrages ist die zuständige kirchliche Behörde zu hören. Um sicherzustellen, dass das Angebot eines Studiums in orthodoxer Religionspädagogik nicht als Übergriff in innerorthodoxe Angelegenheiten durch die Katholische Kirche verstanden werden kann, schlossen der Erzbischof von Wien und der Metropolit von Austria und Vorsitzende der Ortho-

des Rektorats brachte eine vom kirchlichen Hochschulrecht abweichende Struktur der theologischen Fakultäten. Siehe dazu meine Ausführungen im Tagungsband: 100 Jahre Bayerisches Konkordat, hg. v. Y. Kingata u. a. Der Band ist zum Zeitpunkt der Fertigstellung dieses Beitrags noch nicht erschienen.

128 Kongregation für das Katholische Bildungswesen, Dekret De Facultatibus Theologicis Catholicis in studiorum Universitatibus civilibus in ambitu Conferentiae Episcoporum Austriae sitis, quo praescripta Const. Ap. „Sapientia Christiana" atque adnexarum „Ordinationum" eisdem rite accommodantur et applicantur vom 1. November 1983 (Prot. N. 95/80): AAS 76 (1984), 616-621; dt.: ABl. ÖBK, Nr. 2, 01.06.1984, 22-24.

129 Die österreichische Bundesverfassung sieht keine Möglichkeit öffentlich-rechtlicher Verträge mit Religionsgesellschaften vor. Lediglich der Bund und die Länder sind gem. Art. 15a B-VG berechtigt, Vereinbarungen über Angelegenheiten ihres jeweiligen Wirkungsbereiches zu schließen.

130 Bundesgesetz vom 23. Juni 1967 über äußere Rechtsverhältnisse der griechisch-orientalischen Kirche in Österreich, StF. BGBl. Nr. 229/1967, zuletzt geändert durch BGBl. I Nr. 68/2011.

131 Bundesgesetz vom 13. Juli 1949 betreffend den Religionsunterricht in der Schule (Religionsunterrichtsgesetz – RUG), StF BGBl. Nr. 190/1949, mehrfach abgeändert; zuletzt BGBl. I Nr. 138/2017.

doxen Bischofskonferenz in Österreich 2015 eine Vereinbarung, in welcher der katholische Erzbischof seine konkordatären Zustimmungsrechte im Rahmen des Anstellungsverfahrens eines Dozenten erst dann ausübt, wenn der Metropolit von Austria dem Erzbischof von Wien gegenüber schriftlich erklärt, dass aus orthodoxer Sicht der Berufung nichts im Wege steht und eine „*missio canonica*" nach innerorthodoxen Normen erteilt wurde.

Da das Konkordat zwischen dem Heiligen Stuhl und der Republik geschlossen wurde, hat eine kirchliche Autorität, der das Konkordat Rechte und Zuständigkeiten verleiht, nicht die Kompetenz, auf diese zu verzichten. Im hier vereinbarten Verfahren behält der Erzbischof von Wien jedoch seine konkordatären Rechte und übt sie weiter aus. Die Selbstbindung an die Erklärung des orthodoxen Ordinarius schränkt auch die Rechte der Republik bzw. der Universität nicht ein. Die nicht erfolgte Zustimmung hätte zwar negative Auswirkungen auf ein Anstellungsverfahren, da davon auszugehen ist, dass der Erzbischof von Wien sich an die zwischenkirchliche Vereinbarung, die er selbst bzw. einer seiner Vorgänger eingegangen ist, auch hält. Dies verändert die staatliche Rechtsposition aber nicht, da auch im Anstellungsverfahren katholischer Dozenten konkordatär keine näheren Bedingungen angegeben sind, wann die kirchliche Behörde ihre Zustimmung verweigern darf. Innerkirchlich gelten die Normen des kirchlichen Hochschulrechts, sodass eine Nichterteilung nur aus Gründen der Lehre und eines Lebenswandels, der mit Grundsätzen des Evangeliums nicht vereinbar ist, infrage kommt. Die Beurteilung, ob diese Kriterien erfüllt sind, kann ein katholischer Ordinarius nicht verbindlich für eine nichtkatholische Kirche treffen. Der katholische Erzbischof überlässt daher die doktrinäre und persönliche Beurteilung der Schwesterkirche. Übrig bleibt die offene Frage, welche Rechtsschutzmöglichkeiten ein Dozent hat, für den der Erzbischof von Wien aufgrund dieses Verfahrens die Zustimmung nicht erteilt. In diesem Fall ist auch ein nichtkatholischer Gläubiger berechtigt, sich im hierarchischen Rekurs gem. cc. 1733-1739 CIC gegen die Nichterteilung zur Wehr zu setzen. Da das dann zuständige Dikasterium für die Kultur und Bildung das negative Dekret nach allen Seiten überprüfen kann und die Vereinbarung den Apostolischen Stuhl nicht bindet, könnte eine Zustimmung auch gegen den Willen des orthodoxen Metropoliten erklärt werden. Es ist aber offensichtlich, dass dadurch nicht nur neue ökumenische Probleme entstünden, sondern der Rechtsschutzsuchende auch Gefahr läuft, sich gegen eine negative Entscheidung aus sachfremden Gründen trotz kanonischer Rechtsschutzmöglichkeiten nicht wehren zu können.

Ähnliche, wenngleich in der Sache noch komplexere religions- und kirchenrechtliche Fragen ergeben sich durch die „Angliederung" – so die universitätsinterne Sprechregelung – des Instituts für Islamisch-Theologische Studien (IITS) an die Katholisch-Theologische Fakultät zum 01.10.2024.

§ 24 IslamG 2015 (BGBl. I Nr. 39/2015 i. d. g. F.) garantiert den beiden nach dem IslamG 2015 anerkannten Religionsgesellschaften (IGGÖ und ALEVI) „zum Zwecke der theologischen Forschung und Lehre und für die wissenschaftliche Heranbildung des geistlichen Nachwuchses islamischer Religionsgesellschaften" einen Mindestbestand universitärer Ausbildungsstrukturen. Ähnlich wie es § 15 (4) ProtG 1961 für die Wiener Evangelisch-Theologische Fakultät normiert, ist hier vor der Besetzung der sechs vorgesehenen Professuren „mit den Religionsgesellschaften in Fühlungnahme über die in Aussicht genommene Person zu treten, wobei im theologischen Kernbereich darauf Bedacht zu nehmen ist, dass es sich um Anhänger der in der jeweiligen nach diesem Bundesgesetz anerkannten Religionsgesellschaft vertretenen Glaubenslehre (Rechtsschule, Glaubensströmung) handelt" (§ 24 [4] IslamG 2015). In Umsetzung dieser Garantien wurde neben Innsbruck auch in Wien die universitäre Ausbildung in islamischer und alevitischer Theologie errichtet. Das IslamG 2015 sieht im Gegensatz zum Konkordat und zum ProtG 1961 keine Islamisch-Theologischen Fakultäten vor und überlässt es damit den betreffenden Universitäten, den organisationsrechtlichen Status dieser Einrichtungen zu klären. Ob eine – relativ – selbständige „Organisationseinheit" gem. § 20 (4) UG 2002, worunter die klassischen Fakultäten fallen, errichtet wird, die Eingliederung in eine vorhandene Organisationseinheit/Fakultät erfolgt oder eine sonstige plausible strukturelle Lösung gefunden wird, entscheiden die Universitäten innerhalb ihrer Autonomie. Die Errichtung einer Islamisch-Theologischen Fakultät ist somit zwar nicht gesetzlich vorgeschrieben, wohl aber universitätsrechtlich möglich.[132] In Wien erfolgte jedenfalls „nur" die Errichtung als Subeinheit in Form des „Instituts für Islamisch-Theologische Studien" (IITS). Nach verschiedenen, für alle Beteiligten nicht immer glücklichen institutionellen Lösungen erfolgte mit dem Studienjahr 2024/25 die Aufnahme des IITS als achtes Institut der Katholisch-Theologischen Fakultät. Ähnlich wie die KPH Wien/Krems dürfte dies eine wohl einzigartige institutionelle Lösung für die Integration islamischer Theologie innerhalb eines universitären Organisationsplans sein.

Auch diesem Vorgang liegt eine Vereinbarung zugrunde, welche der Erzbischof von Wien mit dem Präsidenten der Islamischen Glaubensgemeinschaft in Österreich geschlossen hat. Für diese Vereinbarung gelten dieselben Vorbehalte wie für die oben erwähnte Vereinbarung mit der Orthodoxen Kirche. Die Angelegenheit ist durch die notwendige Einbindung auch der Alevitischen Glaubensgemeinschaft ALEVI allerdings um einiges komplexer. Die Anglie-

132 Die gesetzliche Ungleichbehandlung vor allem mit der Evangelischen Fakultät lässt sich wohl nicht mit der religionsrechtlichen Parität vereinbaren und dürfte daher verfassungswidrig sein. Dies zu sanieren ist aber nicht Aufgabe der Universitäten.

derung ist zwar mit dem 1. Oktober 2024 erfolgt, jedoch hat sich die Universitätsleitung verpflichtet, den Prozess der Eingliederung über einen Zeitraum von fünf Jahren zu evaluieren und ergebnisoffen zu halten. Kirchenrechtlich zeigt dieses nicht mehr ökumenische, sondern interreligiöse Beispiel die notwendige Flexibilität an der Schnittstelle von Staat und Kirche auf. Ob die Eingliederung schlussendlich von Dauer sein kann, wird davon abhängen, ob die Katholisch-Theologische Fakultät ihren bekenntnisgebundenen Charakter bewahren kann. Zugleich müssen praktische Lösungen gefunden werden, dass sich die Islamische Theologie auch innerhalb einer katholisch-theologischen Fakultät ungehindert entfalten kann.[133]

Die dargestellten Entwicklungen[134] veranschaulichen, dass neue religionsrechtliche Fragen nicht immer in die alten religionsrechtlichen Schläuche passgenau eingefüllt werden können. Gerade im Universitätsrecht begegnen einander eine Vielzahl unterschiedlicher Interessen, Ansprüche, Freiheiten und Institutionskulturen. Kreative Lösungen, die die verschiedenen, teilweise auch grundrechtlich geschützten Interessen möglichst schonend ausgleichen[135], sind in solchen Fällen für alle Beteiligten sinnvoller, als ein Problem nicht zu lösen. Dies freilich verlangt eine gesteigerte Sensibilität der beteiligten Institutionen nicht nur füreinander, sondern auch für Fragen des Rechtsschutzes.

3. Schlussbemerkung

Die Berufung der Getauften zur Teilhabe am prophetischen Amt Christi, den Glauben zu verkünden, macht nicht an den sichtbaren Grenzen der vollen Kirchengemeinschaft Halt. Sie ist eine wahrhaft christliche, ökumenische Verpflichtung und ein ebensolches Recht aller *christifideles*. Auch der „Weg der Synodalität, den die katholische Kirche beschreitet, ist und muss ökumenisch

133 Positiv bewertet Potz die Entwicklung: „Dass sowohl die orthodoxe Theologie als auch die islamische bzw. alevitische Theologie ihren Platz an der Katholisch-Theologischen Fakultät gefunden haben, ist ein bemerkenswertes Signal sowohl für das Funktionieren der Zusammenarbeit anderer KuR mit der Katholischen Kirche im Allgemeinen und für das Zusammenwirken auf akademischem Boden im Besonderen“: Potz, Das Konkordat 1933/34 (Anm. 112), 18.

134 Erwähnt werden können in diesem Zusammenhang noch die ökumenisch, interreligiös und interfakultär verantwortete Zusammenarbeit auf Doktoratsstudienebene. Gemeinsam mit der Evangelisch-Theologischen Fakultät wird ab dem Studienjahr 2025/26 das englischsprachige Masterstudium „Religion in Europe“ angeboten.

135 So im Blick auf das unruhige Fahrwasser, in das sich der Staat bei der Normierung theologischer Studien begibt auch Richard Potz – Brigitte Schinkele, Grundriss Religionsrecht, Wien 2024, 311.

sein, so wie der ökumenische Weg synodal ist."[136] Wenn c. 204 § 1 CIC mit diesem Begriff daher an dieser Stelle alle Getauften anspricht, ist damit die Grundlage aller ökumenischen Bemühungen im Bereich der Verkündigung angesprochen. Es handelt sich um eine gemeinsame Aufgabe von nichtkatholischen und katholischen Christen. Der darin ausgedrückte Anspruch geht über das rein menschliche Recht hinaus und verpflichtet alle Gläubigen. Er verpflichtet aber auch kraft positiven göttlichen Rechts alle Kirchen und kirchlichen Gemeinschaften, auf dem Weg der Förderung der Einheit der Christen, welche sich nach katholischem Verständnis nicht von der Suche nach der Einheit der Kirche trennen lässt, voranzuschreiten. Die Verkündigung des Glaubens in ökumenischer Verantwortung darf zwar nicht zu einem der Wahrheit fremden Irenismus oder gar Indifferentismus führen. Sie verlangt aber von allen Beteiligten, den Kern des Kerygmas hervorzuheben. Im Sinn der Hierarchie der Wahrheiten ist eine solche Konzentration auch gegenüber der säkularen Welt geboten, da diese die Botschaft des Evangeliums umso leichter überhören wird, je dissonanter die Christen ihren Glauben bezeugen. Das Kirchenrecht hat die Aufgabe, Zuständigkeiten zuzuweisen und Instrumente vorzuhalten, welche das *depositum fidei* schützen. Gleichwohl sind es nicht nur „kirchenrechtliche Mauern"[137], die der Einheit im Weg stehen.[138] Die Verpflichtungen, welche das katholische Kirchenrecht den hierarchisch Verantwortlichen aufbürdet, sind ein unverzichtbares Instrument auf dem ökumenischen Weg. Im Sinne der vom Schlussdokument der Bischofssynode 2021-2024 geforderten Evaluierungen der bischöflichen Amtsführung können sie auch eine wertvolle Unterstützung für die Förderung der Ökumene sein, deren Notwendigkeit und Nöte gerade auch in der überstandenen Pandemie besonders deutlich geworden sind.[139]

136 Franziskus, Ansprache an Seine Heiligkeit Mar Awa III., 19. November 2022., zitiert in Nr. 23 Schlussdokument Bischofssynode 2024 (Anm. 42).

137 Vgl. Norbert Zonker, „Selbstkritik ist kein Thema". Bischof Feige bemängelt Hochziehen „kirchenrechtlicher Mauern": KNA – Ökumenische Information 44 (2020), 3f.

138 Vgl. die verschiedenen Beiträge zum Thema „Versöhnung. Unterwegs zur Zweiten Europäischen Ökumenischen Versammlung" (Graz, 23. – 29. Juni 1997): Ökumenisches Forum 19 (1996), 157-286.

139 2022 veröffentlichte der damalige Päpstliche Rat zur Förderung der Einheit der Christen das „working paper" Ecumenism in a Time of Pandemic: From Crisis to Opportunity: http://www.christianunity.va/content/dam/unitacristiani/Altri/Ecumenismo_in_tempo_di_pandemia/EN%20PCPCU%20Working%20Paper%20Ecumenism%20in%20a%20Time%20of%20Pandemic.pdf [Zugriff: 16.01.2025]. Der Text thematisiert nicht nur die negativen Auswirkungen der Pandemie auf die ökumenischen Bemühungen, sondern analysiert auch die Chancen, die die Pandemie für die Beziehungen zwischen den Christen bietet. Er benennt eine Reihe von Herausforderungen, vor denen die ökumenische Bewegung in einer Welt nach der Pandemie steht.

Blickt man auf kirchenrechtliche Entwicklungen im Bereich der Ökumene, so lassen sich zusammenfassend Thesen formulieren, die zu weiterführenden Gedanken anregen mögen:

1. Die Sorge um die Einheit der Christen ist kraft positiv göttlichen Rechts allen Gliedern der Kirche aufgetragen. Das kirchliche Recht ist daher immer auch unter dem Vorzeichen der Ermöglichung von kirchlicher Einheit zu interpretieren, soweit dies Konvergenzen in der Lehre zulassen.
2. Soweit partikularrechtliche Ordnungen in ökumenischen Fragen dem universalen Recht widersprechen, ist in der Beurteilung, ob diese aufgrund von c. 135 CIC ungültig sind, immer auch eine proökumenische Interpretation in Anschlag zu bringen. Nicht jede Divergenz zwischen universalem und partikularem Recht ist ein irritierender Widerspruch.
3. Kirchenrechtliche Entwicklungen im Bereich der Ökumene sind auf universaler Ebene („The Bishop of Rome“ 2024) angeregt. Das Schlussdokument der Synode 2021-24 erweitert diesen Anstoß auf alle Bereiche des kirchlichen Lebens und provoziert eine Reaktion der partikularen Gesetzgeber.
4. Wo mit einzelnen Kirchenämtern keine hoheitlichen Kompetenzen verbunden sind, könnte überprüft werden, ob die von c. 149 CIC verlangte Voraussetzung „*in communione Ecclesiae*“ für die gültige Übertragung eines Kirchenamtes in jedem Fall die *plena communio* voraussetzt. Es sollte angesichts des weiten Amtsbegriffes vielmehr nach den konkreten Aufgaben und Ämtern unterschieden werden.

EVANGELISIERUNG: EIN DAUERPOSTULAT DER PÄPSTE UND EIN (UN)ERFÜLLTER ANSPRUCH IN DEN DEUTSCHSPRACHIGEN DIÖZESEN? – PRAKTISCH-THEOLOGISCHE ASPEKTE

Patrik C. Höring

Evangelisierung – kein einfacher Begriff. Dies zeigen allein die beiden Varianten, in denen der Begriff im Deutschen verwendet wird: Evangelisation (eher im evangelischen Bereich[1]) und Evangelisierung (eher im katholischen Bereich). Mitunter ist auch von Neu- oder Re-Evangelisierung die Rede.[2] Mal kennzeichnet der Begriff kampagnenartige Missionierungsbestrebungen, mal eher das stille Zeugnis christlicher Nächstenliebe. Im Folgenden soll versucht werden, die Debatte um den Begriff in Deutschland nachzuzeichnen und den derzeitigen Diskussionsstand in der Praktischen Theologie wiederzugeben.

1. Evangelisierung: Desiderat? Postulat? „Stopfgans"? – Das Ringen um eine neue Perspektive

Der Begriff Evangelisierung hat, nach seiner Konturierung durch Papst Paul VI. in seinem Schreiben *Evangelii nuntiandi* 1975[3], im deutschsprachigen

1 Vgl. grundlegend aus evangelischer Sicht Michael Herbst u. a., Evangelisation. Theologische Grundlagen, Zugänge und Perspektiven, Leipzig 2024; Friedmann Eißler – Kai Funkschmidt (Hgg.), Missionsverzicht? Mission, interreligiöser Dialog und gesellschaftlicher Frieden, Berlin ²2017 (EZW-Texte 248).

2 Erstmals von einer „neuen Evangelisierung" sprechen 1979 die lateinamerikanischen Bischöfe auf ihrer Versammlung in Puebla und Papst Johannes Paul II. in einer Predigt am 09.06.1979 im polnischen Nowa Huta. Vgl. Die Evangelisierung Lateinamerikas in Gegenwart und Zukunft. Dokument der III. Generalkonferenz des Lateinamerikanischen Episkopates Puebla 26.1-13.2.1979: Die Kirche Lateinamerikas. Dokumente der II. und III. Generalversammlung des Lateinamerikanischen Episkopates in Medellin und Puebla. 6. September 1968 / 13. Februar 1979 (Stimmen der Weltkirche 8), hg. v. Sekretariat der Deutschen Bischofskonferenz, Bonn o. J., 135-355, hier Nr. 366; ebd., 213; Rino Fisichella, Was ist Neuevangelisierung, Augsburg 2012, 30. Vgl. auch die Ansprache Johannes Paul II. an die Teilnehmer des VI. Symposiums der europäischen Bischöfe am 11.10.1985: Die katholische Kirche und das neue Europa. Dokumente 1980-1995, Teil 1, hg. v. Jürgen Schwarz, Mainz 1996, 202-214, hier 203; zur Diskussion vgl. auch u. a. Christoph Böttigheimer, Europa und die Neuevangelisierung: StZ 217 (1999), 683-695; Ottmar Fuchs, Was ist Neuevangelisierung?: StZ 210 (1992), 465-472; Wilhelm Zauner, Evangelisierung und Neu-Evangelisierung: ThPQ 138 (1990), 49-56.

3 Vgl. Apostolisches Schreiben Evangelii nuntiandi Seiner Heiligkeit Papst Pauls VI. an den Episkopat, den Klerus und alle Gläubigen der Katholischen Kirche über die Evangeli-

Raum – so zumindest meine Beobachtung – erst mit einigen Jahren Verzögerung Aufmerksamkeit gefunden. Ein Grund mag darin liegen, dass das Schreiben just in die Zeit der nachkonziliaren (Pastoral-)Synoden und deren Umsetzung fiel, wie bspw. der Würzburger Synode (1972-75) in Deutschland oder der Synode 72 in der Schweiz. Ein anderer Grund mag jedoch darin liegen, dass der Begriff für viele, insbesondere für theologisch nicht ausgebildete Laien in der Kirche, sperrig war (und bis heute ist). Zu sehr klang und klingt er vielen nach Missionierung oder gar kirchlicher Rekrutierung, der man gerade durch eine diakonische Akzentuierung der Pastoral im Anschluss an die Pastoralkonstitution des Konzils *Gaudium et spes* Einhalt gebieten wollte, z. B. durch den markanten Ansatz einer kirchlichen Jugendarbeit unter dem Vorzeichen der „gesellschaftlichen Diakonie“, wie im entsprechenden Würzburger Synodenbeschluss beschrieben.[4]

So nimmt die Idee zunächst einen Umweg über Lateinamerika. Die dortigen Diözesen ordnen das Konzept von *Evangelii nuntiandi* ein in ihre gesellschaftspolitisch orientierte, einer Option für die Armen folgenden Pastoral.[5] Dies wiederum erscheint auch hierzulande manchen eine glaubhafte Umsetzung des päpstlichen Schreibens, auch weil es den häufig diskutierten Antagonismus ‚Verkündigung oder Diakonie?‘ aufzulösen vermag. So findet der Gedanke der Evangelisierung Mitte der 1980er Jahre Eingang in jugendpastorale Handlungskonzepte[6] und entsprechende pastoraltheologische Arbeiten[7].

sierung in der Welt von heute (1975): Texte zu Katechese und Religionsunterricht, hg. v. Sekretariat der Deutschen Bischofskonferenz, Bonn 1998 (Arbeitshilfen 66), 7-77.

4 Vgl. Ziele und Aufgaben kirchlicher Jugendarbeit. Beschluß, in: Ludwig Bertsch, u. a. (Hg.), Gemeinsame Synode der Bistümer in der Bundesrepublik Deutschland. Beschlüsse der Vollversammlung, Offizielle Gesamtausgabe I, Freiburg i. Br. 1976, 288-311, hier 290.

5 Vgl. Sekretariat der Deutschen Bischofskonferenz (Hg.), Die Kirche Lateinamerikas (Anm. 2).

6 Vgl. bspw. Arbeitsstelle für Jugendseelsorge der Deutschen Bischofskonferenz, Pastoralkonzept kirchlicher Jugendarbeit (1987): „Zur Auseinandersetzung einladen“, hg. v. Jugendhaus Düsseldorf e. V.; Dokumentation zum „Pastoralkonzept kirchlicher Jugendarbeit“ der Arbeitsstelle für Jugendseelsorge der Deutschen Bischofskonferenz, Düsseldorf 1992 (Schriftenreihe des Jugendhaus Düsseldorf e. V. 49), 45-105; inspiriert durch: Lateinamerikanischer Bischofsrat -Sachbereich Jugend-, Jugend, Kirche und Veränderung. Ein pastoraler Entwurf zum Aufbau der Zivilisation der Liebe, Bogotá August 1984, hg. v. Adveniat-Geschäftsstelle (Dokumente/Projekte 30), Essen ^{3}1988; Abteilung Jugendseelsorge (Hg.), Pastorales Rahmenkonzept für die kirchliche Jugendarbeit und Jugendsozialarbeit im Erzbistum Köln, Köln 1999.

7 Vgl. Martin Lechner, Pastoraltheologie der Jugend. Geschichtliche, theologische und kairologische Bestimmung der Jugendpastoral einer evangelisierenden Kirche, München 1992 (Studien zur Jugendpastoral 1).

Allerdings warnen Skeptiker, der Begriff sei eine „theologische Stopfgans“[8] und könne sich als trojanisches Pferd entpuppen – eine lebhafte Diskussion, vor allem innerhalb der kirchlichen Jugendarbeit bzw. der Jugendpastoral, entbrennt.[9] Hier werden Begriff und Konzept intensiv diskutiert, weil er die kirchliche Jugendarbeit und ihre diakonische Grundorientierung womöglich am stärksten herausfordert.

2. Evangelisierung – Neu-Evangelisierung – Re-Evangelisierung? – Katholikale Verengungen während des Pontifikates Johannes Pauls II.

Den Hintergrund der intensiven Debatte und den Grund für anfängliche Skepsis gegenüber dem Konzept bildet die damalige kirchenpolitische Lage. Debatten und Konflikte entzünden sich weniger am päpstlichen Schreiben selbst als an seiner Rezeption in der Folgezeit. Denn mit der Amtszeit von Johannes Paul II. (1978-2005) und unter dem Eindruck fortschreitender Entkirchlichung entwickelt sich bei vielen doch immer stärker der Verdacht, unter Evangelisierung werde weniger ein weltoffenes, dialogisches, interkulturelles Handeln, sondern eher ein Programm zur Umkehrung gesellschaftlicher Entwicklungen verstanden, wie es auch der Begriff Re-Evangelisierung auslösen mag. Verbirgt sich hinter der Rede von der Evangelisierung etwa der Versuch der Re-Katholisierung verloren geglaubter Gebiete? Entsprechende Hinweise auf eine neue, konturierte Formation des Katholizismus mag man hinter der Wiederbelebung zwischenzeitlich aufgegebener Frömmigkeitsformen, wie der eucharistischen Anbetung, oder dem Hervorholen des Katechismus als Instrument der Glaubensbildung (angefangen beim Weltkatechismus 1992 über dessen Kompendium 2005 bis hin zum Youcat 2011) entdecken. In diesem Zuge kommt es nicht selten auch zu einer Fokussierung auf die Katechese, die oftmals mit Evangelisierung gleichgesetzt wird, gleichwohl sie nur eine „Etappe der Evangelisierung“ darstellt, die „nicht aus dem Gesamtzusammenhang der seelsorglichen und missionarischen Tätigkeit der Kirche gelöst werden“ darf, wie Johannes Paul II. in *Catechesi Tradendae* (1979) schreibt.[10]

8 Roman Bleistein, Jugend und Zukunft. Zum Beschluß der Rottenburger Synode zur kirchlichen Jugendarbeit: KatBl 111 (1986), 850-855, hier 855, Anm. 15; dazu: Ottmar Fuchs, Ist der Begriff „Evangelisierung“ eine „Stopfgans“?: KatBl 112 (1987), 498-514.

9 Ausführlich dargestellt ist diese in Patrik C. Höring, Jugendlichen begegnen. Arbeitsbuch Jugendarbeit, Stuttgart 2017, 186-214.

10 Apostolisches Schreiben Catechesi Tradendae Seiner Heiligkeit Papst Johannes Paul II. über die Katechese in unserer Zeit, 18: Texte zu Katechese und Religionsunterricht, hg. v. Sekretariat der Deutschen Bischofskonferenz, Bonn 1998 (Arbeitshilfen 66), 79-143.

Insgesamt aber nimmt während des Pontifikats von Johannes Paul II. ein mitunter ängstlich anmutendes Bemühen zu, vor allem im Blick auf die Feier der Liturgie mittels stärkerer Disziplin den Fortbestand der Kirche zu sichern (ein Anliegen, das auch sein vormaliger enger Berater und späterer Nachfolger Joseph Ratzinger/Benedikt XVI. teilt).

- 1997 erscheint die „Instruktion zu einigen Fragen über die Mitarbeit der Laien am Dienst der Priester",[11]
- 2004 die Instruktion „*Redemptionis Sacramentum* – über einige Dinge bezüglich der heiligsten Eucharistie, die einzuhalten und zu vermeiden sind."[12]

Klarheit und Strenge als Mittel gegen Diffusion und Bedeutungsverlust einerseits, Erinnerung an unterscheidende Elemente *katholischer* Frömmigkeit andererseits. In diesem Zuge erscheint die starke Betonung der Eucharistie wie ein Versuch, den Markenkern des Katholizismus wieder herauszustellen:

- Die letzte Enzyklika Papst Johannes Paul II. 2003 trägt den Titel: „*Ecclesia de eucharistia* – über die Eucharistie in ihrem Verhältnis zur Kirche."[13]
- 2004/2005 wird ein Eucharistisches Jahr mit dem Eucharistischen Weltkongress im Oktober 2004 in Mexiko durchgeführt.[14]
- Die Bischofssynode 2005 befasst sich auch noch einmal mit dem Thema „Die Eucharistie: Quelle und Höhepunkt des Lebens und der Sendung der Kirche."[15]

11 Instruktion zu einigen Fragen über die Mitarbeit der Laien am Dienst der Priester, hg. v. Sekretariat der Deutschen Bischofskonferenz, Bonn 1997 (VAp 129); vgl. auch Die deutschen Bischöfe, Zum gemeinsamen Dienst berufen – die Leitung gottesdienstlicher Feiern. Rahmenordnung für die Zusammenarbeit von Priestern, Diakonen und Laien im Bereich der Liturgie, Bonn 1999.

12 Instruktion Redemptionis Sacramentum über einige Dinge bezüglich der heiligsten Eucharistie, die einzuhalten und zu vermeiden sind, hg. v. Sekretariat der Deutschen Bischofskonferenz, Bonn 2004 (VAp 164).

13 Papst Johannes Paul II., Enzyklika Ecclesia de eucharistia – über die Eucharistie in ihrem Verhältnis zur Kirche, hg. v. Sekretariat der Deutschen Bischofskonferenz, Bonn 2003 (VAp 159).

14 Vgl. Papst Johannes Paul II., Apostolisches Schreiben Mane Nobiscum Domine zum Jahr der Eucharistie Oktober 2004 – Oktober 2005, hg. v. Sekretariat der Deutschen Bischofskonferenz, Bonn 2004 (VAp 167).

15 Vgl. Nachsynodales Apostolisches Schreiben Sacramentum Caritatis Seiner Heiligkeit Papst Benedikt XVI. an die Bischöfe, den Klerus, die Personen gottgeweihten Lebens und an die christgläubigen Laien über die Eucharistie, Quelle und Höhepunkt von Leben und Sendung der Kirche, hg. v. Sekretariat der Deutschen Bischofskonferenz, Bonn [2]2007 (VAp 177).

- Auf Betreiben des Kölner Erzbischofs, Joachim Kardinal Meisner, findet ein Nationaler Eucharistischer Kongress 2013 in Köln statt.[16]

3. Zwischenbilanz

Blicken wir aus heutiger Sicht zurück: Die ersten Diskussionen über Begriff und Konzept von Evangelisierung liegen fast fünfzig Jahre zurück. Evangelisierung drohte damals zum Kampfbegriff zu werden – und war es mitunter auch bzw. ist es heute noch. Doch großmehrheitlich hat sich die Aufregung gelegt – auch aufgrund einer kaum umkehrbaren Entkirchlichung und einer damit verbundenen Homogenisierung des katholischen Milieus, wie sie die Lebensweltforschung, bspw. die des SINUS-Instituts, belegt.[17] Die Idee der Evangelisierung ist in viele pastorale Konzepte von Pfarreien und Diözesen, Verbänden und Einrichtungen eingeflossen – mitunter aus Opportunismus, mitunter aber auch aufgrund der Überzeugung, dass sich im Rahmen des Evangelisierungsansatzes diakonisches Handeln (in Feldern der Caritas, der Jugendsozialarbeit, der Offenen Kinder- und Jugendarbeit) im Kontext der Gesamtpastoral gut begründen und rechtfertigen lässt.

Darüber hinaus bilden neue geistliche Gemeinschaften und Bewegungen, die sich die Evangelisierung auf ihre Fahnen geschrieben haben, Gruppen wie Nightfever u.ä., inzwischen eine natürliche Facette in der Kirche und hinterlassen ihre Spuren in der Pastoral, auch personal. Denn inzwischen kommen viele Priesteramtskandidaten und – in geringerer Anzahl – angehende Laien im pastoralen Dienst aus diesen Gruppen. Ob im Studium, in der Ausbildung oder im späteren Einsatz: Ihr Einfluss ist spürbar. Und selbst zu Beginn äußerst kritisch diskutierte Events, welche sich als Element oder Instrument der Evangelisierung verstehen, wie die Weltjugendtage, anfangs noch als vatikanische Jubelveranstaltung umstritten, gehören seit Anfang der 2000er Jahre selbstverständlich zum Programm vieler Diözesen, und zwar sogar unter Beteiligung der kirchlichen Jugendverbände. Mit großem finanziellem Einsatz wurde ein solcher 2005 sogar in Deutschland durchgeführt. Doch die Kritiker wurden inzwischen müde; den Eucharistischen Kongress 2013 in Köln stellte kaum noch jemand in Frage. Vielmehr folgte auf ihn inzwischen ein ähnliches,

16 Zur Bilanz vgl. Otto, Andreas, Ein Stück Neuland: https://www.katholisch.de/artikel/1672-ein-stueck-neuland [Zugriff: 27.02.2024].

17 Vgl. hierzu u. a. Katholische Arbeitsstelle für missionarische Pastoral (Hg.), Milieus fordern heraus. Pastoraltheologische Deutungen zum MDG-Milieuhandbuch „Religiöse und kirchliche Orientierungen in den Sinus-Milieus® 2013“, Erfurt 2013.

offensichtlich auf Dauer angelegtes „Glaubensfest“ im Erzbistum Köln[18], wie auch andernorts „Glaubensfestivals“[19] – von Anlage und Erscheinung freikirchlichen Veranstaltungen nicht unähnlich[20] – zu einem festen Bestandteil des Katholizismus geworden sind.

4. Die Renaissance des Missionsbegriffs

Seit der Jahrtausendwende hat noch ein anderer, inhaltlich verwandter, eigentlich vergessener und noch viel problematischerer Begriff Hochkonjunktur: der Begriff der Mission. Vor dem Hintergrund der Wiedervereinigung und der Konfrontation mit der radikalen Diasporasituation in den neuen Bundesländern sowie sich intensivierender Entkirchlichung in den alten Bundesländern wird die Berechtigung bzw. die Notwendigkeit missionarischen Handelns neu wahrgenommen. Die Bischöfe setzen das Thema auf die Tagesordnung:

- 2000 erscheint ihre Erklärung: „‚Zeit zur Aussaat‘ – Missionarisch Kirche sein.“[21]

Diesem Schreiben folgen in kurzer Zeit:

- 2001 die Arbeitshilfe: „Auf der Spur – Berichte und Beispiele missionarischer Seelsorge“,[22]
- 2003 das Schreiben: „Missionarisch Kirche sein – Offene Kirchen, brennende Kerzen, deutende Worte“[23]
- und 2004 das Schreiben: „Allen Völkern sein Heil – Die Mission der Weltkirche.“[24]

18 Erzbistum Köln, Großes Glaubensfest „Kommt und seht“ in Köln: https://www.erzbistum-koeln.de/news/Grosses-Glaubensfest-Kommt-und-seht-in-Koeln/ [Zugriff: 02.10.2025]; vgl. Erzbistum Köln, Kommt und seht: https://www.kommtundseht.com/ [Zugriff: 02.10.2025].

19 Vgl. Gebetshaus e.V., MEHR. The Sound of Joy: https://glaubensfestival.org/ [Zugriff: 02.10.2025].

20 Vgl. bspw. Christival e.V., Christival: https://www.christival.de/ [Zugriff: 02.10.2025].

21 „Zeit zur Aussaat“. Missionarisch Kirche sein, hg. v. Sekretariat der Deutschen Bischofskonferenz, Bonn 2000 (Die deutschen Bischöfe 68).

22 Auf der Spur – Berichte und Beispiele missionarischer Seelsorge, hg. v. Sekretariat der Deutschen Bischofskonferenz, Bonn 2001 (Arbeitshilfen 159).

23 Missionarisch Kirche sein – Offene Kirchen, brennende Kerzen, deutende Worte, hg. v. Sekretariat der Deutschen Bischofskonferenz, Bonn 2003 (Die deutschen Bischöfe 72).

24 Allen Völkern sein Heil – Die Mission der Weltkirche, hg. v. Sekretariat der Deutschen Bischofskonferenz, Bonn 2004 (Die deutschen Bischöfe 76).

- Auch das Schreiben „Katechese in veränderter Zeit“ aus dem Jahr 2004 stellt das Glauben-Lernen in den Kontext missionarisch-evangelisierenden Handelns.[25]
- Und schließlich gründet die Deutsche Bischofskonferenz 2010 die *Katholische Arbeitsstelle für Missionarische Pastoral (KAMP)* in Erfurt, die aus der aufgelösten *Katholischen Sozialethischen Arbeitsstelle* in Hamm bzw. der *Katholischen Glaubensinformation (kgi)* in Frankfurt / Main hervorgeht.[26]

Auch auf weltkirchlicher Ebene tut sich etwas mit der

- Gründung eines *Päpstlichen Rates zur Förderung der Neuevangelisierung* [sic!] durch Papst Benedikt XVI. 2010 (2022 aufgegangen im neuen *Dikasterium für die Evangelisierung*[27])
- und der Einberufung der Bischofssynode vom 7. bis 28. Oktober 2012 zum Thema: „Die neue Evangelisierung zur Weitergabe des christlichen Glaubens.“
- Am deutlichsten aber tritt das Thema mit dem ersten Apostolischen Schreiben von Papst Franziskus *Evangelii Gaudium*[28] 2013 in den Vordergrund. Denn seine Idee von einer „missionarischen Umgestaltung der Kirche“ wird fortan zum Cantus firmus all seiner Bemühungen, angefangen von der oben bereits erwähnten Umgestaltung der Kurie bis hin zu den vatikanischen Dokumenten seines Pontifikates, vom Homiletischen Direktorium (2014) bis zum Direktorium für die Katechese (2020).

Der Begriff der Mission beginnt damit wieder zu einem geläufigen Bestandteil kirchlichen Vokabulars zu werden.[29] Mission – ein Begriff, den man im

25 Katechese in veränderter Zeit, hg. v. Sekretariat der Deutschen Bischofskonferenz, Bonn 2004 (Die deutschen Bischöfe 75), hier bes. 11-13 auch 3; 7; 41.

26 Vgl. Pressemeldung der DBK vom 03.04.2009: https://www.dbk.de/presse/aktuelles/meldung/deutsche-bischofskonferenz-gruendet-arbeitsstelle-fuer-missionarische-pastoral-in-ostdeutschland [Zugriff: 27.02.2024]; Katholische Arbeitsstelle für missionarische Pastoral der Deutschen Bischofskonferenz in Erfurt: Jahresbericht 2010 (Kurzfassung): https://kamp-erfurt.de/fileadmin/user_upload/jahresberichte/KAMP_Jahresbericht_2010.pdf [Zugriff: 28.02.2024].

27 Vgl. Apostolische Konstitution von Papst Franziskus über die Römische Kurie und ihren Dienst für die Kirche in der Welt Praedicate Evangelium v. 19.03.2022, hg. v. Sekretariat der Deutschen Bischofskonferenz, Bonn 2022 (VAp 236), Art. 53-68; ebd., 43-50.

28 Apostolisches Schreiben Evangelii Gaudium des Heiligen Vaters Franziskus […] über die Verkündigung des Evangeliums in der Welt von heute, hg. v. Sekretariat der Deutschen Bischofskonferenz, Bonn 2013 (VAp 194).

29 Vgl. auch Matthias Sellmann (Hg.), Deutschland – Missionsland? Zur Überwindung eines pastoralen Tabus, Freiburg i. Brsg. 2004 (QD 206); im Blick auf die Jugendarbeit Patrik C. Höring (Hg.), Jugendarbeit zwischen Diakonie und Mission, Freiburg i. Brsg. 2017.

deutschsprachigen Raum seit den 1970er Jahren eher vermied oder allenfalls für die kirchlichen Hilfswerke und das Handeln in fernen Ländern gelten ließ. Mission – das klang zu sehr nach Rekrutierung, nach kultureller Überformung, nach Kolonisierung und kirchlichem Imperialismus.

Diesen Klang hat der Begriff auch unmittelbar nach dem Zweiten Weltkrieg, als Deutschland schon einmal als Missionsland charakterisiert wurde, und zwar vom Jesuiten Ivo Zeiger, der, freilich vor dem Hintergrund der NS-Herrschaft und des Zweiten Weltkriegs, „moralischen Zerfall", „sittlich-geistige Verrohung", „Säkularisierung" oder „konfessionelle Vermischung" beobachtet hatte.[30] So entwickelt sich im Deutschland der 1950er Jahre eine „missionarische Pastoral", die ihre Vorläufer in Frankreich hat.[31] In ihr übernimmt auch die katholische Jugend – durchaus als ein Ausdruck des Laienapostolates – eine wichtige Rolle. Dies gilt vor allem für die Jugendverbände, aber auch für die sogenannte Heimstatt-Bewegung mit ihren Jugendwohnheimen und ihren berufsbildenden Angeboten.[32] Mission wird in dieser Zeit verstanden als ein Prozess der Re-Katholisierung.[33] Es geht um die Rückkehr zu einem katholischen Milieu, wie es im Laufe des 19. Jahrhunderts entstanden war und das nun – für eine kurze Weile – wieder entsteht. In einer Phase der Restauration und angetrieben durch eine Sehnsucht nach Geborgenheit und Halt (wie auch am in dieser Zeit noch einmal populären Genre des Heimatfilms sichtbar) gelingt dies im Schulterschluss mit der Politik der Adenauer-Ära, bis gesellschaftliche Umbrüche und politische Neuanfänge in den späten 1960er Jahren Kirche und Gesellschaft, den schon weitaus früher einsetzenden Entwicklungen in anderen europäischen Ländern folgend, grundlegend verändern.

Die Situation heute ist eine andere und auch das Missionsverständnis ein anderes. Es hat sich gewandelt, nicht zuletzt dank einer Missionstheologie, die dem Kirchenverständnis des Konzils Rechnung trägt und die Europa aus Lateinamerika, Asien und Afrika erreicht hat.[34] Mission, das ist keine Einbahnstraße mehr, das ist Dialog, das ist Gespräch und Kommunikation, basierend

30 Vgl. Ivo Zeiger, Die religiös-sittliche Lage und die Aufgabe der deutschen Katholiken: HerKorr 3 (1948/49), 2-7.

31 Vgl. Alfons Fischer, Pastoral in Deutschland nach 1945. Band I: Die „Missionarische Bewegung" 1945-1962, Würzburg 1985.

32 Vgl. Heinrich Janssen, Der Missionsgedanke in der katholischen Jugend. Geschichtlicher Rückblick: KatBl 88 (1963), 263-270; Karl Hugo Breuer, Anfänge der Heimstatt im rheinischen Raum. Eine Dokumentation Köln 1968 (Schriftenreihe der „Heimstatt" 16), 214-234; Martin Lechner, Pastoraltheologie der Jugend, München 1992, 117-121.

33 Vgl. dazu Wolfgang Löhr, Rechristianisierungsvorstellungen im deutschen Katholizismus 1945-1948: Kirchen im Nachkriegsdeutschland, hg. v. Jochen-Christoph Kaiser –Anselm Doering-Manteuffel, Stuttgart u. a. 1990 (KoGe 2), 25-41.

34 Vgl. u. a. Martin Üffing (Hg.), Mission seit dem Konzil, Sankt Augustin 2013 (Studia Instituti Missiologici Societatis Verbi Divini 98).

auf einer gehörigen Portion Neugier auf die Lebensentwürfe unserer Zeitgenossen.[35] So spricht nichts mehr dagegen, in einer Situation der radikalen Diaspora, die ja nicht nur in den ostdeutschen Bistümern oder in Norddeutschland vorliegt, sondern inzwischen auch in den einstmals katholisch geprägten Landstrichen Westdeutschlands Realität ist, diesen Missionsbegriff auf das pastorale Handeln im eigenen Land anzuwenden. Aber Mission kann nicht mehr verstanden werden als Restauration. Und die aktuellen kirchlichen Dokumente tun dies auch nicht. Mission ist Einladung und Angebot, am prägnantesten formuliert im Schreiben der französischen Bischöfe an die dortigen Katholiken aus dem Jahr 1996, die dazu einladen, den Glauben in der heutigen Gesellschaft „anzubieten": „proposer la foi" – den Glauben anbieten, den Glauben vorschlagen.[36]

Der Begriff der Mission tritt damit gleichberechtigt neben den Begriff der Evangelisierung, was eine begriffliche Differenzierung erforderlich macht.

5. Begriffliche Differenzierung: Evangelisierung – Mission – Inkulturation

Wie verhalten sich Evangelisierung und Mission zueinander? Kurzgefasst: Während Mission den Auftrag der Kirche und die ihm innewohnende Dynamik hin zu den Menschen bezeichnet, konkretisiert Evangelisierung den inhaltlichen Kern dieser Bewegung. Evangelisierung meint eine tiefgreifende Durchdringung der Gegenwartskultur(en) durch das Evangelium (vgl. EN 18-20). Aus der Inspiration des christlichen Glaubens heraus können sich Einstellungen, Werte und Lebensgewohnheiten verändern, menschlicher werden, gerechter werden, sorgsamer gegenüber Mit- und Umwelt, weil sie gleichermaßen als Gottes Schöpfung wahrgenommen und anerkannt werden. Auf die Spitze gebracht: Es ist das Geschehen der Königsherrschaft Gottes, wie

35 Vgl. das eigene Verständnis des Autors dargelegt in Patrik C. Höring, Gott zur Sprache bringen – unter jungen Menschen? Vom Verkündigungsauftrag in der Jugendpastoral: Missionarslinguistik – Missionarische Linguistik. Sich im Glauben verständlich machen, hg. v. ders., (Jahrbuch der Phil.-Theol. Hochschule SVD St. Augustin, Vol. 7 [2019]), 91-105; ders.: Evangelisierung, katholisch (Mission, Apostolat): WiReLex (2018): https://doi.org/10.23768/wirelex.Evangelisierung_katholisch.200355 [Zugriff: 02.10.2025].

36 Den Glauben anbieten in der heutigen Gesellschaft. Brief an die Katholiken Frankreichs von 1996, hg. v. Sekretariat der Deutschen Bischofskonferenz, Bonn 2000 (Stimmen der Weltkirche 37).

es Christus verkörpert hat, auf das die Christusgläubigen hinweisen und als Lebensstil[37] anbieten bzw. vorschlagen (proposer).

Dies ist die „eigentliche Aufgabe der Kirche" (EN 14) und damit eine Aufgabe aller Christgläubigen, die theologisch als Apostolat bezeichnet wird, ein Recht und eine Pflicht, die einem jeden nicht aufgrund einer Delegation durch das Amt, sondern aufgrund von Taufe und Firmung durch Christus zukommt (vgl. AA 3; LG 31; c. 225 § 1 CIC/1983). Während Apostolat eine formale Bestimmung ist, die das Tun der Glieder der Kirche aus der Teilhabe an Jesus Christus selbst und an der Sendung der Kirche ableitet, bezeichnet Evangelisierung den materialen Gehalt dieses Tuns und markiert zugleich, dass es nicht um Gefolgschaft und um die Kirche, sondern zunächst und vor allem um die Person und die Botschaft Jesu Christi geht (vgl. EN 25-39), d. h. „um die Durchdringung und Vervollkommnung der zeitlichen Ordnung mit dem Geist des Evangeliums"(AA 2).

Der Begriff Mission akzentuiert deutlicher die mit der Evangelisierung verbundene Dynamik. Deutlich wird dies etwa in *Evangelii Gaudium*: „‚Wir können nicht passiv abwartend in unseren Kirchenräumen sitzen bleiben'" (EG 15, unter Bezugnahme auf die V. Generalversammlung der Bischöfe von Lateinamerika und der Karibik in Aparecida 2007). Mission meint ein Hinausgehen aus dem Vertrauten (und auch ganz praktisch aus den eigenen Kirchenräumen) und die Suche nach Begegnung mit den kulturellen Bewegungen der GegenwArt. Warum? Kirche kann gar nicht anders. Sie ist „ihrem Wesen nach ‚missionarisch' (d. h. als Gesandte unterwegs), da sie selbst ihren Ursprung aus der Sendung des Sohnes und der Sendung des Heiligen Geistes herleitet" (AG 2).

Dieses Hinausgehen hat das Handeln der Kirche von Anfang gekennzeichnet: Angefangen von der Hinwendung zu den Heiden (vgl. Apg 13,46), beim Übergang nach Kleinasien, in das Zentrum des Hellenismus, auf den Areopag, in die Hauptstadt des römischen Imperiums bis zur Mission in fernen Ländern jenseits von Europa. Die damit verbundenen Schattenseiten gründeten nicht selten in fehlendem Respekt vor dem Anderen, seiner Kultur und der Wahrung seiner Freiheit. Hier stellt die Erklärung zur Religionsfreiheit des Konzils *Dignitatis humanae* einen wahren Wendepunkt und ein wichtiges Kriterium auch für die Missionstheologie dar.

Respekt ist ein zentrales Kriterium des missionarischen Handelns heute.[38] Kirche respektiert und anerkennt auch in den anderen Religionen und Lebensformen ehrlich gemeinte Suchbewegungen nach dem Sinn als bereits erkenn-

37 Vgl. dazu etwa Rudolf Englert – Ursula Frost – Bernd Lutz (Hgg.), Christlicher Glaube als Lebensstil (FS Gottfried Bitter), Stuttgart 1996; Christian Grethlein, Christsein als Lebensform, Eine Studie zur Grundlegung der Praktischen Theologie, Leipzig 2018.

38 Vgl. Ökumenischer Rat der Kirchen/Päpstlicher Rat für den Interreligiösen Dialog/Weltweite Evangelische Allianz, Christliches Zeugnis in einer multireligiösen Welt. Empfeh-

bare Spuren des Heiligen an (vgl. bes. NA 2). Dahinter steht die Überzeugung, die zugleich das eigene Handeln relativiert und entlastet, dass Gott der eigentliche Handelnde ist und „früher kommt als der Missionar" (Leonardo Boff).[39] Dies wird deutlich im missionstheologischen Konzept der „Missio Dei" [40]: Gott ist der eigentliche Missionar (vgl. auch EG 12), die Kirche sein Werkzeug (vgl. ähnlich auch LG 1). Damit verbieten sich imperialistische und hegemoniale Übertreibungen.

Dialog auf Augenhöhe bedeutet aber nicht auf Kritik zu verzichten, wenn die Lebensbedingungen der Menschen und die als Schöpfung verstandene Welt bedroht sind. Die Steyler Missionare haben dies in den Begriff des „prophetischen Dialogs" gefasst.[41] Evangelisierung bedeutet auch Eintreten für Gerechtigkeit, Frieden und Bewahrung der Schöpfung. Dies ist genau der Beginn der Inkulturation des Evangeliums, die tiefgreifende, innere Erneuerung der menschlichen Kulturen, die eine „neue Synthese des Evangeliums mit der Kultur […] hervorruft" (EG 129). Kritisch zu reflektieren ist dabei jedoch, dass es eine kulturunabhängige Verkündigung des Evangeliums nicht gibt. Es geht immer um Formen von Interkulturation, weil ein von einer bestimmten Kultur geprägtes Evangelium in eine Wechselbeziehung zu anderen Kulturen eintritt, die auch das Evangelium und vor allem seinen Botschafter bzw. seine Botschafterin durch die Begegnung mit der fremden Kultur nicht unverändert zurücklässt.[42] Wer dem Geschehen der Evangelisierung auf die Spur kommen will, ist gut beraten, bei den Missionaren selbst in die Lehre zu gehen.

6. City-Pastoral, Jugendkirchen, Missionarische Pastoral, Fresh Expressions – Entwicklungen in den Niederungen der Praxis

Welche konkrete Resonanz haben diese Entwicklungen nun in der Praxis gefunden? Erste Momente wurden schon in der Zwischenbilanz erwähnt. Was

lungen für einen Verhaltenskodex, o.O. 2011: https://missionrespekt.de/fix/files/Material-Dokument-S_6-4.pdf [Zugriff: 28.02.2024].

39 Leonardo Boff, Gott kommt früher als der Missionar. Neuevangelisierung für eine Kultur des Lebens und der Freiheit, Düsseldorf ²1992.

40 Vgl. David J. Bosch, Mission im Wandel. Paradigmenwechsel in der Missionstheologie, Gießen 2012, 457-461.

41 Vgl. Generalat SVD: Dokumente des 15. Generalkapitels SVD 2000, Im Dialog mit dem Wort 1, Rom 2000, 52-71; Stephen B. Bevans – Roger P. Schroeder, Prophetic dialogue. Reflections on Christian mission today, New York 2011.

42 Vgl. dazu Francis X. D'Sa, Können Kulturen evangelisiert werden? Ein Diskussions-Beitrag aus einer indisch-theologischen Perspektive: Evangelium und Kultur. Begegnungen und Brüche, hg. v. Mariano Delgado – Hans Waldenfels, Fribourg –Stuttgart 2010, 34-46.

ist noch zu beobachten? Die weitgehend ‚von oben' in Gang gesetzte Bewegung trifft auf eine Vielzahl konvergierender lokaler Entwicklungen, also auf Bewegungen ‚von unten':

- Ab den 1990er Jahren entsteht in den deutschen Großstädten eine City-Pastoral, die mit einer Mischung aus Information, Kulturangeboten und Bildung neue Adressaten im Stadtmilieu erreichen will.[43]
- In der gleichen Zeit, vor allem aber nach der Jahrtausendwende, werden zahlreiche Jugendkirchen in Ober- und Mittelzentren gegründet, die sich an durch Ortsgemeinden nicht erreichte Milieus und Lebenswelten zu richten versuchen.[44]
- Kirchengemeinden eröffnen Cafés oder richten mobile Angebote der Kontaktaufnahme ein, bieten Gesprächsmöglichkeiten in der Fußgängerzone, auf Friedhöfen, in Kneipen[45] und beteiligen sich am Kulturleben einer Stadt oder Region. Oft kommen in diesem Zuge aufgegebene oder nicht mehr regelmäßig für die Liturgie genutzte Kirchen als Veranstaltungsorte eigener Art zu einer neuen Nutzung.[46]
- Katholische Bildungseinrichtungen, Kindertagesstätten und Familienzentren, (katholische) Schulen werden als kirchliche Orte wahrgenommen mit dem Potential, in die Gesellschaft hinein missionarisch wirksam zu sein.[47] Hiervon auszunehmen ist der schulische Religionsunterricht, der kein Ort und kein Instrument der *Missionstätigkeit* der Kirche ist, wohl aber Ausdruck ihrer diakonisch begründeten Mitverantwortung für die Gesellschaft

43 Vgl. u. a. Netzwerk Citykirchenprojekte e.V., Citykirchenprojekte: https://www.citykirchenprojekte.de/ [Zugriff: 28.02.2024].

44 Vgl. Patrik C. Höring, Jugendkirchen – Antwort auf die Entfremdung von Gemeinde und Jugend?: Jugendarbeit zwischen Diakonie und Mission, hg. v. ders., Freiburg i. Brsg. 2017, 104-132.

45 Vgl. zum geistesgeschichtlichen und theologischen Hintergrund: Bauer, Christian, Gott am Kneipentresen: https://christian-bauer.blog/mission-am-kneipentresen/?fbclid=IwAR2f-SusqT_Vl1W-ywSgRdKLFScToEAqyqNZiEvGjQqbd3-87tU_j2VBqjBE [Zugriff: 28.02.2024].

46 Vgl. Albert Gerhards (Hg.), Kirche im Wandel. Erfahrungen und Perspektiven, Münster 2022; ders. – Martin Struck (Hgg.), Umbruch – Abbruch – Aufbruch? Nutzen und Zukunft unserer Kirchengebäude, Regensburg 2008; Baukultur Nordrhein-Westfalen, Themenheft Nr. 3: Kirchenumbau (2022): https://baukultur.nrw/site/assets/files/10511/bknw_magazin_nr_3_kirchenumbau.pdf [Zugriff: 30.08.2024]; Baukultur Nordrhein-Westfalen, Kirchengebäude erhalten, anpassen, umnutzen: https://www.zukunft-kirchen-raeume.de/ [Zugriff: 30.08.2024].

47 Vgl. Patrik C. Höring, Religiöses Lernen zwischen Missionsbefehl und Bildungsanspruch: Mission – Evangelisierung – Inkulturation, hg. v. ders. u. a., (Jahrbuch der Phil.-Theol. Hochschule SVD St. Augustin, Vol. 5 [2017]), 37-52.

als Teil ihrer *Mission* und u. U. eine missionarische Wirkung entfalten kann, wenn Lehrpersonen das Evangelium glaubwürdig verkörpern.[48]

- Selbst früher für den freikirchlichen Bereich kennzeichnende Formen von Straßenmission/Straßenevangelisation finden im katholischen Raum Verbreitung.[49]
- Damit verbunden bzw. oft dafür verantwortlich sind neu entstandene geistliche Gemeinschaften bzw. Bewegungen, wie die *Gemeinschaft Emmanuel* oder die *Loretto Gemeinschaft* (letztere vor allem in Österreich und im süddeutschen Raum). Gleichwohl keine geistliche Gemeinschaft im strengen Sinne, muss hier auch das *Gebetshaus Augsburg* mit seinen *Mehr-Konferenzen* erwähnt werden, die – inhaltlich durchaus umstritten – eine große mediale Aufmerksamkeit und eine große Teilnehmendenzahl erzielt.
- Nicht unerwähnt bleiben soll jener Bereich, der sich „Evangelisation 4.0“ oder „digitale Evangelisation“ nennt: christliche Influencer und Influencerinnen, die auf den einschlägigen Plattformen Menschen an ihrem Leben (und Glauben) teilhaben lassen.[50]

Als besonders folgenreich hat sich die in der Church of England entstandene und wesentlich über die Evangelische Landeskirche Hannover und das Bistum Hildesheim nach Deutschland getragene Idee der *Fresh Expressions of Church* erwiesen.[51] Diese sucht nach neuen Ausdrucksformen von Kirche, insbesondere für Menschen, die noch keinen Kontakt (oder keinen Kontakt mehr) zu Kirche haben. Nach dem Kongress *Kirche hoch zwei* im Jahr 2013[52] vervielfachten sich entsprechende Initiativen in den beiden christlichen Großkirchen. Bis heute entstehen immer wieder neue Angebotsformen in bestehenden, es gründen sich aber auch tatsächlich neue Gemeinden: in sozialen Brennpunkten, für Familien, in speziellen kulturellen Szenen, in Dörfern und Stadtvier-

48 Gemäß dem nach wie vor gültigen Satz des Synodenbeschlusses zur Jugendarbeit: „Ideen und Programme gelten ihm (dem jungen Menschen; P.H.) in der Regel so viel wie die Personen, die sie verkörpern“ (Ziele und Aufgaben kirchlicher Jugendarbeit, 298f.); vgl. auch Patrik C. Höring, Missionarische Präsenz im schulischen Religionsunterricht. Eine heikle Angelegenheit: Anzeiger für die Seelsorge Nr. 5/2026 (im Erscheinen).

49 Vgl. Jugendmission, Straßenevangelisation: https://www.jugendmission.at/mission-apostolat/stra%C3%9Fenevangelisation/ [Zugriff: 30.08.2024].

50 Vgl. dazu Patrick Todjeras – Maike Ritzer – Sabrina Müller, Partizipative Citizen-Science am Beispiel von digitaler Evangelisation. Ein Beitrag für innovatives praktisch-theologisches Forschen: https://doi.org/10.5167/uzh-259527 [Zugriff: 18.09.2024].

51 Zum Stichwort vgl. Patrik C. Höring – Felix Eiffler, Fresh Expressions of Church: WiReLex (2021) https://doi.org/10.23768/wirelex.Fresh_Expressions_of_Church.200887 [Zugriff: 02.10.2025].

52 Vgl. Philipp Elhaus – Christian Hennecke – Dirk Stelter – Dagmar Stoltmann-Lukas (Hgg.), Kirche². Eine ökumenische Vision, Würzburg 2013.

teln, an aufgelassenen Kirchen oder in öffentlichen Einrichtungen. Mit speziellen Trainingskursen werden Engagierte unterstützt, seit 2017 durch ein ökumenisches deutsches Netzwerk.[53] Und die Idee findet inzwischen Widerhall bis in die kirchliche Jugendarbeit.[54] Hier verbinden sich Leidenschaft für das Evangelium, das Interesse an den Menschen und an der Gesellschaft bzw. ihrer Inspiration durch das Evangelium, also Evangelisierung im eigentlichen Sinne, mit Kirchenentwicklung, wie sie andernorts in ganz ähnlicher Weise (u. a. bei den Innovations- und Gründertrainings im Bistum Aachen[55], der Beratungsarbeit von Hahmann & Dessoy[56], den Forschungen des ZAP in Bochum[57]) gedacht und angeregt wird.[58]

7. Resümee: Evangelisierung – Desiderat oder doch Kampfbegriff?

Ist Evangelisierung nun ein Dauerpostulat? Ein unerfüllter Wunsch? Einerseits: Nein. Wie gezeigt, durchdringt das Thema inzwischen alle Bereiche kirchlichen Lebens. Andererseits: Ja, wenn man bedenkt, dass Bischöfe im deutschsprachigen Raum (zumeist immer dieselben) und bestimmte Kreise von Gläubigen folgendes Narrativ ständig bedienen: ‚Wir müssen mehr evangelisieren, d. h. wir müssen offenherziger, missionarischer, kerygmatischer werden.' Ein solcher Aufruf erscheint manchmal wie der Satz: ‚Nun sei doch mal spontan.' Kann Evangelisierung eingefordert werden? So als wäre es instrumentelles Handeln, das sich optimieren und *quantitativ* steigern ließe? Es hat mitunter diesen Anschein, wenn etwa eine „Katholische Wochenzeitung" ihre Rubrik „Evangelisation und Evangelisierung" mit der Erläuterung versieht:

53 Vgl. Fresh X-Netzwerk e.V., Fresh X-Netzwerk: https://freshexpressions.de/ [Zugriff: 12.09.2024].

54 Vgl. Patrik C. Höring, Fridays for Future. Sundays for Church. Always for God. Wie viel Gemeinde braucht die Jugend?, Berlin 2021 (Jugend – Kirche – Pastoral. Beiträge des Instituts für Kinder- und Jugendpastoral im Erzbistum Köln „Religio Altenberg" 1).

55 Vgl. u. a., Florian Sobetzko – Matthias Sellmann, Gründerhandbuch für pastorale Start-ups und Innovationsprojekte, Würzburg ³2019.

56 Vgl. XIQIT GmbH, Hahmann & Dessoy.: https://www.hahmann-dessoy.de/ [Zugriff: 09.10.2024].

57 Vgl. Ruhruniversität Bochum. Katholisch-theologische Fakultät. Lehrstuhl für Pastoraltheologie, Zentrum für angewandte Pastoralforschung: https://www.zap-bochum.de/ [Zugriff: 09.10.2024].

58 Vgl. dazu auch Patrik C. Höring, Unterwegs zu neuen Kirchenstrukturen? Gemeindeentwicklung im Diskurs der beiden großen christlichen Konfessionen: Mission – Evangelisierung – Inkulturation, hg. v. ders. u. a., (Jahrbuch der Phil.-Theol. Hochschule SVD St. Augustin, Vol. 5 [2017]), 11-23.

> „*Evangelisation* ist der Akt, das Evangelium oder die frohe Botschaft des Christentums zu verbreiten. Dies geschieht durch Predigt, Mission, Verkündigung und den Versuch, Menschen zum christlichen Glauben zu bekehren."[59]

Noch aufschlussreicher ist ein sogenanntes „Mission Manifest", das von „Thesen für das Comeback *der Kirche*" spricht.[60] Und auch eine Initiative des Erzbistums Köln, bei der seit kurzem versucht wird, mit betriebswirtschaftlichen Instrumenten Erfolg und Misserfolg zu quantifizieren[61], weckt den Eindruck, es gehe doch mehr um Zahlen, vor allem um steigende Zahlen, als um den einzelnen Menschen und das Evangelium. Sinkende Mitgliederzahlen und – damit verbunden – sinkende Kirchensteuermittel, gepaart mit der Angst vor gesellschaftlichem Bedeutungsverlust („*Präambel* – Nach menschlichem Ermessen wird die Kirche in Deutschland, Österreich und der Schweiz in wenigen Jahren kaum mehr eine gesellschaftlich wahrnehmbare Rolle spielen" [62]) scheinen oft ein stärkeres Motiv zu sein, als die positive Leidenschaft für das Evangelium und das Vertrauen auf die Kraft des Heiligen Geistes.

Formate und Methoden, die für Erweckungsbewegungen kennzeichnend und in freikirchlichen, charismatischen und evangelikalen Kirchen und Gruppen zu finden waren (konservativer Kern bei gleichzeitig modern und zeitgemäß anmutender Gestalt) – und die bei Katholiken bislang eher Gänsehaut verursachten, – dringen nun in die Mitte des Katholizismus.[63] Und so

59 Die Tagespost, Evangelisierung und Evangelisation: https://www.die-tagespost.de/schlagwort/evangelisierung-und-evangelisation/ [Zugriff: 06.12.2023].

60 https://www.missionmanifest.online/ [Zugriff: 06.12.2023]; (eigene Hervorhebung; P.H.).

61 Vgl. https://www.ksta.de/koeln/erzbistum-koeln-woelki-erfasst-output-und-impact-mit-bwl-fragebogen-857081 [Zugriff: 10.09.2024], dazu https://www.rundschau-online.de/politik/erzbistum-koeln-strategiechef-simon-schmidbaur-im-interview-861031 [Zugriff: 12.09.2024]; https://www.zap-bochum.de/kommentar-evaluation-kann-kirche-helfen-wenn-sie-gut-gemacht-ist/?fbclid=IwY2xjawFX3lBleHRuA2FlbQIxMQABHV1mQ7SrbcIZ72uBLvJ1ThO3tMOFPXpFI__EmV9xpeKmc_x5iYFI8zZCmQ_aem_AFESPmVEUWnlB1wxbi8Fyg [Zugriff: 18.09.2024].

62 Missio – Päpstliche Missionswerke in Österreich, Mission Manifest: https://www.missionmanifest.online/ [Zugriff: 06.12.2023].

63 Vgl. Johannes Grössl, Wie viel „Mehr" braucht die Kirche? Charismatische Katholiken und Freikirchen nähern sich an: HerKorr 71 (2017), H. 3, 29-31; vgl. auch die Kritik am bereits erwähnten Mission Manifest. Vgl. Katholisch.de, „Das ‚Mission Manifest' bedeutet eine Versektung der Kirche": https://www.katholisch.de/artikel/19168-das-mission-manifest-bedeutet-eine-versektung-der-kirche [Zugriff: 06.12.2023]; Ursula Nothelle-Wildfeuer – Magnus Striet (Hgg.), Einfach nur Jesus? Eine Kritik am „Mission Manifest", Freiburg i. Brsg. 2018; die Replik: Kath.net, „Mich verblüfft der geradezu aggressive Tonfall des Interviews", https://kath.net/news/65484 [Zugriff: 06.12.2023]; auch Patrik C Höring, Rez. zu Mission Manifest: Pastoralblatt 70 (2018), 253f.

ähnelt manche katholische Initiative inzwischen den Evangelisationskampagnen eines Billy Graham (1918-2018), die seinerzeit ebenfalls Skepsis wie Bewunderung auslösten.

Die Verwendung des Begriffs Evangelisierung (statt Evangelisation oder Neu- bzw. Re-Evangelisierung), wie in den einschlägigen katholischen Dokumenten, könnte im Deutschen eine erste Abgrenzung erleichtern. Vor allem aber muss er in den Kontext eines missionarischen Handelns gestellt werden, das sich den Maßgaben einer zeitgemäßen Missionstheologie, etwa des Konzilsdokumentes *Ad gentes*, verpflichtet weiß und sich einer plumpen Proselytenmacherei entgegenstellt. Dass das Evangelium die Mitte einer Neuausrichtung einer Pastoral bilden muss, steht außer Zweifel. Das Evangelium bildet aber das entscheidende Kriterium für Inhalt wie Methode! Evangelisierung bzw. Mission darf nicht mit ‚Sheep Stealing', erneuter Verkirchlichung und Rekatholisierung verwechselt werden.

Schließlich ist davor zu warnen, das Thema Evangelisierung gegen offene kircheninterne Anfragen auszuspielen, etwa wenn der Forderung nach mehr Synodalität, verbunden mit einem Umbau der Entscheidungsgremien in der Kirche, die Forderung nach mehr Evangelisierung entgegengehalten wird oder wenn die Frage nach den Zugangsbedingungen für die Ordination (Lebensform und Geschlecht) als nachrangig gegenüber dem Bemühen um Evangelisierung ausgegeben wird.[64] Weder suspendiert das eine vom anderen, noch geht das eine Thema im anderen auf.

64 Vgl. dazu KNA, Voderholzer und Woelki mit Alternative für „synodalen Weg": https://www.kirche-und-leben.de/artikel/voderholzer-und-woelki-mit-alternative-fuer-synodalen-weg [Zugriff: 27.05.2024]; Diözese Regensburg KDÖR Synodale Beiträge, Alternativer Satzungsentwurf „Synodaler Weg hin zum ´Primat der Neuevangelisierung´": https://www.synodale-beitraege.de/de/satzung/alternativer-satzungsentwurf-synodaler-weg-hin-zum-primat-der-neuevangelisierung [Zugriff: 27.05.2024].

EVANGELISIERUNG EIN DAUERPOSTULAT DER PÄPSTE – EIN (UN)ERFÜLLTER ANSPRUCH IN DEN DEUTSCHSPRACHIGEN DIÖZESEN? – KIRCHENRECHTLICHE AKZENTE

MATTHIAS PULTE

1. Einleitung – Begriffliche Klärungen

Evangelisation oder Evangelisierung, das ist nicht nur ein sperriges Wort, sondern auch ein vieldeutiger Begriff, der in den kirchlichen Verlautbarungen seit dem II. Vatikanischen Konzil an Häufigkeit zunimmt.[1] Er umfasst die innere und äußere Mission ebenso, wie die Selbst-, Neu- und Reevangelisierung in umfassender Dimension.[2] Offensichtlich geht es in vielen Dokumenten darum, den eher altfränkisch daherkommenden Begriff der Mission zu ersetzen, der im CIC/1917 noch begrifflich zwischen innerer und äußerer Mission, modern gesprochen: zwischen Neu-, Re- und Erst-Evangelisierung unterschieden hatte. Der Beitrag von Patrik Höring hat deutlich gemacht, dass auch der Begriffswechsel nicht gerade zu einem Aufbruch und einer Verlebendigung in der Verkündigung des Evangeliums und der Glaubensweitergabe, zumindest in der deutschsprachigen Welt, geführt hat.[3] Hierzulande scheint sich im Zuge der Würzburger Synode und in seiner Folge durch die Akzentuierung einer „diakonischen Pastoral" geradezu ein Gegenmodell etabliert zu haben. Dabei muss man diakonische Pastoral nicht zwingend als Gegenentwurf zu einer evangelisierenden Pastoral auffassen. Dennoch gibt es mit Blick auf die Methoden und Zielgruppen deutliche Unterschiede, auf die auch aus einer kirchenrechtlichen Perspektive hingewiesen werden muss. Mit Blick auf die Beschlüsse der Würzburger Synode und mancher theologischer Reflexionen wird man feststellen können, dass der diakonischen Pastoral vor allem ein institutioneller

1 Vgl. Andreas E. Grassmann, Art. Evangelisierung: LKRR Bd. 1: https://doi.org/10.30965/9783506786371_0712 [Zugriff: 20.08.2024].

2 Vgl. Christoph Ohly, Der Verkündigungsdienst der Kirche nach altem und neuem Recht. Gemeinsamkeiten – Unterschiede – Perspektiven: Der Codex Iuris Canonici im Wandel. Entwicklungslinien vom CIC/1917 bis heute, hg. v. B. Krämer – P. Thull, Würzburg 2021, 101-106, 101.

3 Vgl. Patrik Höring, Evangelisierung: ein Dauerpostulat der Päpste und ein (un)erfüllter Anspruch in den deutschsprachigen Diözesen? – Praktisch-theologische Aspekte, in diesem Band.

Fokus eignet, der darauf gerichtet ist, Menschen zu unterstützen, die in ihrer Lebensgestaltung auf irgendeine Weise eingeschränkt sind.[4] Das schließt die Verkündigung des Evangeliums nicht aus, scheint dabei aber nicht das „Kerngeschäft" kirchlicher Handlungsträger zu sein. Und dennoch bleibt der Auftrag zur Evangelisierung virulent, weil er das Wesen der Kirche ausmacht, wie es Julia Knop einmal zutreffend formuliert hat.[5] Daher schließt sich an die theologische Perspektive eine rechtliche Betrachtung darüber an, wie verbindlich aus dieser Perspektive die vielen Verlautbarungen des Apostolischen Stuhls für die Ortskirchen (gewesen) sind und welcher Auftrag sich aus dieser Perspektive für eine passende und zeitgerechte Umsetzung ergibt bzw. ergeben könnte oder vielleicht auch sollte oder müsste.

2. Ein Blick in den geltenden Codex Iuris Canonici

Zunächst ist mit Blick in den geltenden Codex festzuhalten, dass dort nicht von Neu- und Re-Evangelisierung die Rede ist, sondern dass der Gesetzgeber in Buch III Titel II des CIC/1983 schlicht von der *actio ecclesiae missionalis* spricht, einer Aufgabe und Handlungsweise, um nicht gleich von Seinsweise der Kirche zu sprechen, die genau aus diesem Grund gem. c. 781 eine „grundlegende Aufgabe des Volkes Gottes" und damit aller Gläubigen ist.[6] Damit löst sich das kirchliche Gesetzbuch von der Vorstellung, dass die Frage der (inneren) Mission bzw. der Verkündigung des Glaubens i.w.S. ausschließlich dem Klerus als Amtsaufgabe zugewiesen sei, wie das noch aus cann. 1349-1351 CIC/1917 herauszulesen gewesen ist. Insofern trifft die Einschätzung von Johannes Schelhas aus dem Jahr 2016, dass nur der Klerus „im Joch der Evangelisierung geeint" sei, wenigstens seit 1983 aus rechtlichem Blickwinkel nicht mehr so absolut zu, wie es nach dieser Formel erscheint.[7] Dafür spricht nicht zuletzt das Dekret des II. Vatikanischen Konzils über die Missionstätigkeit der Kirche *Ad gentes*, bekanntlich das letzte beschlossene Dokument dieser Kir-

4 Vgl. Rainer Krockauer, Diakonische Pastoral 3.0: https://www.feinschwarz.net/diakonische-pastoral-3-0/ [Zugriff: 14.08.2024]; Julia Knop, Freude und Hoffnung, Trauer und Angst der Menschen von heute. Erfahrungen diakonische Pastoral in der Diaspora: IKZ Communio (2018), 247-249.

5 Vgl. Knop, Freude und Hoffnung (Anm. 4), 248.

6 Die evangelisierende Perspektive der katholischen Ostkirchen bleibt hier unbeachtet. Damit befasst sich ausführlicher: Sunny Thomas Kokkaravalayil, The Eastern Catholic Churches in Evangelisation: Commentary on CCEO c. 585: Ius Missionale 5 (2011), 29-60.

7 Vgl. Johannes Schelhas, Bischof, Priester, Diakon: im Joch der Evangelisierung geeint: ThGl 106 (2016), 70-80.

chenversammlung. Schon hier wird in AG 35 der später in c. 781 CIC/1983[8] abgebildete Perspektivwechsel doktrinell gefasst. Wie an vielen Stellen erweist sich auch hier, was Johannes Paul II. in der Apostolischen Konstitution SDL formuliert hatte, dass nämlich mit diesem Gesetzbuch die konziliare Ekklesiologie in die kanonistische Sprache übersetzt ist.[9] Daher muss eine gegenwartsbezogene Kanonistik hermeneutisch stets in den Texten dieses letzten Konzils gründen.

Und noch ein weiterer Blick in diese Konstitution lohnt sich, weil dort die inhaltliche Begründung dafür geliefert wird, warum Mission oder Evangelisierung eine Aufgabe des ganzen Volkes Gottes ist, weil nämlich jede getaufte Person auf seine oder ihre Weise am dreifachen Amt Christi teilhat, weshalb alle Gläubigen gem. c. 211, gleichsam als ein christenrechtliches Grundrecht[10], das Recht und die Pflicht haben, die Frohe Botschaft bis in die letzten Winkel dieser Welt zu tragen. Dabei können im 21. Jahrhundert diese letzten Winkel nicht einfach auf die Teile der Welt reduziert werden, in denen es um eine *plantatio et implantatio Ecclesiae* geht, sondern auch in jene Teile und an jene Orte, wo – bildlich gesprochen – das Licht des Glaubens über kurz oder lang wieder erloschen ist. Mit Antonio Rouco Varela lässt sich resümieren, dass das evangelisierende Glaubenszeugnis fortwährend Gabe und Aufgabe der ganzen Kirche und ihrer Glieder ist.[11] Und Christoph Ohly sieht darin eine drängende Aufgabe unserer Zeit.[12]

Von diesem verfassungsrechtlichen Grundauftrag, der im aktiven Leben in den Ortskirchen bisweilen doch eher unbekannt zu sein scheint, geht der Gesetzgeber den Weg weiter zur Beschreibung von Zuständigkeiten und Verantwortlichkeiten. Hier finden wir im geltenden Gesetzbuch erwartungsgemäß und überwiegend traditionelle Vorschriften im Sinne der kirchlichen Ämterhierarchie. An erster Stelle benennt c. 782 § 1 die Verantwortlichkeiten von Papst und Bischofskollegium und in § 2 derselben Norm die der ortskirchlichen Oberhirten. Das Konzil hatte diese Präzedenz der Verantwortung der Träger des Weiheamts in AG 38 damit begründet, dass diese, insbesondere Papst und Bischöfe, ihre Weihe für das Heil der ganzen Welt empfangen

8 Canones ohne weitere nähere Bezeichnung sind solche des CIC/1983.

9 Vgl. Johannes Paul II., Apostolische Konstitution Sacrae Disciplinae Leges: AAS 75 (1983) Pars II, VII-XIV; dt. Übersetzung: Codex Iuris Canonici, lateinisch-deutsche Ausgabe, Kevelaer [11]2025, XII-XXV; XXI.

10 Vgl. Heinrich J. F. Reinhardt, Menschenrechte/Christenrechte in der Kirche: Was ist der Mensch? Aktuelle Fragen der theologischen Anthropologie (Theologie im Kontext 1), hg. v. G. Lange, Bochum 1993, 93-113.

11 Vgl. Antonio M. Rouco Varela, Theologische Grundlegung des Kirchenrechts – Neue Perspektiven: AfkKR 172 (2003), 23-37; 37.

12 Vgl. Ohly, Verkündigungsdienst (Anm. 2), 116.

hätten. Dem liegt das erneuerte und zugleich deutlicher funktional orientierte Weiheverständnis des Konzils zugrunde, das in PO 2 zum Ausdruck kommt. Während nach dem Codex Papst und Bischofskollegium die zentrale Leitung und Koordinierung zusteht, ist es Sache der Ortsbischöfe konkrete Vorhaben anzuregen, zu pflegen und zu erhalten. Sodann nimmt c. 783 die Ordensleute nach Maßgabe „der Eigenart ihres Instituts" in die Pflicht, sich missionarisch zu engagieren. Im Unterschied zur bisher geltenden ämterrechtlichen Tradition des can. 145 CIC/1917 formuliert c. 784 CIC/1983 dass nicht nur Priester, sondern auch Laien zu Missionaren bestellt bzw. ausgewählt werden können (*elegi possunt*).[13] Mit Blick auf das durch das II. Vatikanische Konzil (LG 31 I) erneuerte Ämterrecht des CIC erscheint dies als ein in den hiesigen Breiten jedoch weitgehend unbeachteter Fortschritt in der doktrinellen und rechtlichen Entwicklung und wenigstens teilweise ein Abschied von einer allzu einseitigen Klerikerzentrierung mit Blick auf die Teilhabemöglichkeiten aller Getauften an der kirchlichen Sendung. Daran ändert sich auch nicht viel, wenn Papst Franziskus in *Evangelii gaudium*[14] (EG 120) betont, dass alle Getauften missionarische Jünger sind und auf ihre je eigene Weise teilhaben an der Evangelisierung. An dieser Stelle schließt sich der Kreis zu der in c. 781 formulierten Verantwortung des ganzen Volkes Gottes für die Evangelisierung, indem ein ämterrechtlicher Rahmen eröffnet wird, der allen kirchlichen Ständen nicht nur abstrakt, sondern ganz konkret Wege der Wahrnehmung dieser Verantwortung eröffnet. Freilich bleiben diese dürren rahmenrechtlichen Ermöglichungs- und Zuständigkeitsbestimmungen weitgehend Makulatur, wenn sie nicht weiter konkretisiert werden.

3. Zur rechtlichen Bedeutung kirchlicher Verlautbarungen im Kontext von Evangelisierung und Mission

Im Beitrag von Patrik Höring wurden schon eine Reihe kirchenamtlicher Dokumente angesprochen, die an dieser Stelle zunächst hinsichtlich ihrer rechtlichen Verbindlichkeit und ihres Adressatenkreises eingeordnet werden sollen.

13 Vgl. Heinrich Mussinghoff: MKCIC c. 781, Rn. 2; Matthias Pulte, Das Missionsrecht ein Vorreiter des universalen Kirchenrechts. Rechtliche Einflüsse aus den Missionen auf die konziliare und nachkonziliare Gesetzgebung der lateinischen Kirche, Nettetal 2006 (SIM SVD 87), 232-234; 414.

14 Franziskus, Apostolisches Schreiben Evangelii gaudium v. 24. November 2013: AAS 105 (2013), 1019-1137, dt. Übersetzung: VAS 1994, Bonn 2013.

3.1 Päpstliche Dokumente

An erster Stelle stehen hier die Apostolischen Schreiben der Päpste Paul VI. bis Franziskus, die sich den Themen der Evangelisierung aus unterschiedlichen Perspektiven zuwenden. An erster Stelle ist hier wieder darauf hinzuweisen, dass bis zum Pontifikat von Papst Franziskus die lateinische Sprache als die Referenzsprache für die verbindliche Veröffentlichung päpstlicher Dokumente gegolten hat. 1975 richtete Papst Paul VI. die *Adhortatio Apostolica Evangelii nuntiandi* an die ehrwürdigen Brüder (im Bischofsamt) und die geliebten (nicht näher umrissenen) Brüder, wohl im kirchlichen Weiheamt, sonst hätten auch noch die Schwestern erwähnt werden müssen, wenn das ganze Volk Gottes gemeint gewesen wäre. Diese Hinzufügung findet sich nur in der deutschen und englischen Übersetzung auf der Internetseite des Vatikans.[15] Ausschließlich auf der deutschen Seite ist auch die Klassifikation des Schreibens als Exhortatio rechtssprachlich eher unzureichend geglättet mit dem Begriff „Schreiben" bezeichnet worden. Demgegenüber bezeichnet der lateinische Begriff *exhortatio* eine Ermahnung oder, etwas abgeschwächt nach dem Sinnzusammenhang, eine Auf- oder Ermunterung.[16] Die Zielrichtung des Schreibens ist also auf eine Veränderung der bisherigen Praxis in der Kirche gerichtet. Demnach wird man sagen dürfen, dass eine Exhortatio also wenigstens insoweit doktrinelle Verbindlichkeit verlangt, als dass die Adressaten aufgefordert werden, sich an das Verlautbarte zu halten. Die einfache Nichtbeachtung könnte im Lichte des c. 212 § 1 als eine freilich sanktionslose Pflichtenverletzung gedeutet werden.

In der kirchlichen Verlautbarungspraxis ist von der Exhortatio sprachlich und begrifflich die Adhortatio zu unterscheiden. Der Begriff wird zutreffend mit Aufmunterung oder Mahnung übersetzt[17] und ist damit disziplinär etwas unschärfer als der der Exhortatio. Auch in diesem Fall mangelt es der deutschen Übersetzung an Eindeutigkeit, weil wieder der allgemeine Begriff des Schreibens verwendet wird.[18] In der Literatur werden *Adhortationes Apostolicae* etwas neutral als „Theorieschreiben zur Praxisgestaltung" identifiziert.[19] Die

15 Vgl. Paul VI., Exhortatio Apostolica Evangelii nuntiandi v. 12. August 1975, mehrsprachig: https://www.vatican.va/content/paul-vi/de/apost_exhortations/documents/hf_p-vi_exh_19751208_evangelii-nuntiandi.html [Zugriff: 20.08.2024].

16 Vgl. Pons, Wörterbuch Schule und Studium Latein-Deutsch, Stuttgart [3]2003, 320.

17 Vgl. ebd., 18.

18 Vgl. z.B. Paul VI. Adhortatio Apostolica Gaudete in Domino v. 9. Mai 1975, mehrsprachig: https://www.vatican.va/content/paul-vi/la/apost_exhortations/documents/hf_p-vi_exh_19750509_gaudete-in-domino.html [Zugriff: 20.08.2024].

19 Vgl. Heiner Grote, Was verlautbart Rom wie? Eine Dokumentenkunde für die Praxis: Bensberger Hefte 76 (1995), 61.

kirchliche Praxis soll sich also an dem Verlautbarten orientieren und dies als Unterstützung und Ermunterung im Glauben auffassen. Der lehrhaft verbindliche Charakter des Schreibens ist hier deutlich niedriger anzusetzen.

In der *Exhortatio Evangelii nuntiandi* identifiziert Paul VI. die Aufgabe der Evangelisierung als die eigentliche Aufgabe der Kirche:

> „Evangelisieren ist in der Tat die Gnade und eigentliche Berufung der Kirche, ihre tiefste Identität. Sie ist da, um zu evangelisieren, d.h. um zu predigen und zu unterweisen, Mittlerin des Geschenkes der Gnade zu sein, die Sünder mit Gott zu versöhnen, das Opfer Christi in der heiligen Messe immer gegenwärtig zu setzen, welche die Gedächtnisfeier seines Todes und seiner glorreichen Auferstehung ist." (EN 14)

Ferner betont der Papst, dass die Elemente der Evangelisierung vielschichtig sind. Sie reichen vom gelebten Zeugnis des Glaubens (EN 21) über die aktive Verkündigung in allen Lebensbereichen (EN 22) bis zum Einsatz im Apostolat (EN 24). Inhaltlich geht es um die Frohe Botschaft für das Leben in allen individuellen, kirchlichen und gesellschaftlichen Zusammenhängen. Paul VI. entwickelt hier auf der Grundlage der Bischofssynode von 1974 einen ganz großen Rahmen für die Evangelisierung, die für alle Teile der Welt spezifisch anzupassen ist. Wie das in Deutschland aufgenommen wurde, hat Patrik Höring skizziert. Hier ging es weniger um die Verkündigung des Glaubens als um Strukturdebatten, die im kirchlichen Verbandskatholizismus geführt wurden. Die Reform der Strukturen der Kirche mit einem deutlichen Ausbau der Kompetenzen der Laien schien hier die Lösung der fortschreitenden und seit den 1970er Jahren immer deutlicher spürbaren Entkirchlichung zu sein. Dabei handelt es sich um einen Topos der auch heute bei manchen Protagonisten kirchlicher Reformen als *conditio sine qua non* für die Ermöglichung der Glaubensverkündigung angesehen wird. Das gilt es hier aber nicht zu bewerten. Bemerkenswert ist hingegen, dass die Reihe der kirchlichen Mahnschreiben zur Evangelisierung seit 1975 nicht abgerissen ist. Sie sind im Beitrag von Patrik Höring schon benannt und inhaltlich umrissen worden.

Für Deutschland kulminieren sie aktuell im *Schreiben von Papst Franziskus an das pilgernde Volk Gottes in Deutschland* (2019), in dem er einerseits den Einsatz der katholischen Kirche für die Unterstützung der Evangelisierung in der Weltkirche lobt, andererseits aber auch zu einer Besinnung über die Notwendigkeit der Evangelisierung in den eigenen Ortskirchen auffordert.[20] Evangelisierung müsse das „Leitkriterium" schlechthin sein, weil dieses „die

20 Vgl. Franziskus, An das pilgernde Volk Gottes in Deutschland: VAS 220, Bonn 2019 Nrn. 1 und 5.

eigentliche und wesentliche Sendung der Kirche bildet."[21] Es geht ihm um einen Primat der Evangelisierung, der als Weg der Jüngerschaft die Freude am Christsein wieder erwachen lassen möge.[22] Evangelisierung und Synodalität gehören zur DNA der Kirche.[23] Sie sind nicht voneinander zu trennen. Wenn der Evangelisierung auch in der Kirche in Deutschland ein Primat zukommt – so kann man die Aussagen des Papstes lesen – muss das Bemühen um Synodalität auf dem Fundament der Evangelisierung geschehen und nicht umgekehrt. Die Resonanz auf dieses Schreiben war unterschiedlich. Eine Minderheitengruppe legte einen Satzungsentwurf für den Synodalen Weg vor, der das Thema der Evangelisierung in einem eignen Forum rechtlich verankert und behandelt wissen wollte.[24] Dieser wurde mehrheitlich im Ständigen Rat der DBK und auch vom ZdK nicht angenommen und somit auch beim Synodalen Weg nicht weiterverfolgt. Insofern blieb dem Brief des Papstes eine direkte Rezeption durch den Synodalen Weg (weitgehend) versagt. In kirchenrechtlicher Hinsicht stellt dies kein Problem dar, weil man den Brief des Papstes auf der Ebene einer Adhortatio einordnen kann, aus der sich aber keine strikte Gehorsamsverpflichtung im Sinne des c. 752 ergibt, die Evangelisierung auf die Tagesordnung des Synodalen Weges zu setzen, weil es sich eben nur um ein „Theorieschreiben zur Praxisgestaltung"[25] handelt, das man auf die eine oder andere Weise erwägen kann.

Hier präsentieren wir eine Übersicht dieser Dokumente und ihre doktrinell-kirchenrechtliche Einordnung:

Autor	Titel (Datum)	Klassifikation	Rechtsnatur
Paul VI.	Evangelii nuntiandi … über die Evangelisierung in der Welt von heute (8. Dezember 1975)	Exhortatio Apostolica	Lehrschreiben
Johannes Paul II.	Predigt in Nowa Huta (9. Juni 1979)	Predigt	–

21 Ebd., Nr. 6.

22 Vgl. ebd., Nr. 7.

23 Vgl. ebd., Nr. 11.

24 Vgl. Rainer M. Woelki – Rudolf Voderholzer, Alternativer Satzungsentwurf „Synodaler Weg hin zum ´Primat der Neuevangelisierung´" v. 26. Juli 2019: https://synodale-beitraege.de/de/satzung/alternativer-satzungsentwurf-synodaler-weg-hin-zum-primat-der-neuevangelisierung [Zugriff: 20.08.2024].

25 Grote, Rom (Anm. 20), 61.

Autor	Titel (Datum)	Klassifikation	Rechtsnatur
Johannes Paul II.	Catechesi tradendae … über die Katechese in unserer Zeit (16. Oktober 1979)	Esortatione Apostolica	Lehrschreiben
Johannes Paul II.	Christfideles laici … über die Berufung und Sendung der Laien in Kirche und Welt (30. Dezember 1988)	Adhortatio Apostolica post-synodalis	lehramtlich, disziplinär
Johannes Paul II.	Ecclesia de eucharistia … über die Eucharistie in ihrer Beziehung zur Kirche (17. April 2003)	Enzyklika	lehramtliches Schreiben i.S.d. c. 331 i.V.m. c. 750 §§ 1+2
Benedikt XVI.	Sacramentum Caritatis … die Eucharistie Quel-le und Höhepunkt von Leben und Sendung der Kirche (22. Februar 2007)	Adhortatio Apostolica post-synodalis	Lehrschreiben
Benedikt XVI.	Ubicumque et semper zur Errichtung des Rates zur Förderung der Neuevangelisierung (21. September 2010)	Motu Proprio	Gesetz
Benedikt XVI.	Verbum Domini … über das Wort Gottes im Leben und in der Sendung der Kirche (30. September 2010)	Esortatione Apostolica post-sinodale	lehramtlich
Benedikt XVI.	Africae munus … über die Kirche in Afrika Dienst der Versöhnung, der Gerechtigkeit und des Friedens (19. November 2011)	Esortatione Apostolica post-sinodale	Lehramtlich, disziplinär
Franziskus	Evangelii Gaudium … über die Verkündigung des Evangeliums in der Welt von heute (24. November 2013)	Esortatione Apostolica	pastoral

Autor	Titel (Datum)	Klassifikation	Rechtsnatur
Franziskus	Amoris laetitia ... über die Liebe in der Familie (19. März 2016)	Adhortatio Apostolica post-synodalis	lehramtlich – pastoral
Franziskus	Christus vivit ... an die Jugend und das ganze Volk Gottes (25. März 2019)	Esortatione Apostolica post-sinodale	pastoral
Franziskus	Brief an das pilgernde Volk Gottes in Deutschland (29. Juni 2019)	Adhortatio	pastoral

Die Übersicht zeigt, dass die meisten Schreiben der Päpste, die im Lichte der Aufgabe der Evangelisierung nicht mehr nur an die Hierarchie, sondern das ganze Volk Gottes gerichtet sind, hauptsächlich appellativen Charakter haben. Zwar handelt es sich dabei vielfach um Dokumente, die den Päpsten als Ausübung ihres authentischen Lehramtes im Sinne des c. 752 zugeordnet werden können, jedoch sind die darin enthaltenen Formulierungen zumeist so auslegungsfähig und -bedürftig formuliert, dass man daraus keine wirklich konkreten Handlungsanweisungen ableiten kann, aus denen sich dann ein konkret zu fordernder Gehorsamsakt i.S.d. c. 752 ableiten ließe.

Für Deutschland hat das insofern mehr oder minder mahnende und meist rechtlich nicht wirklich verbindliche Dauerpostulat der Evangelisierung seine letzte ebenso rechtlich nicht verpflichtende Zuspitzung im Brief von Papst Franziskus an die Kirche in Deutschland (29. Juni 2019) erhalten. Es wiederholt die Mahnungen und Wünsche der Päpste der letzten gut 50 Jahre, die Verkündigung des Glaubens mit allen Mitteln, die auch im Codex in Buch III aufgeführt werden, stärker Gestalt werden zu lassen. Folglich stellt Franziskus unter Bezugnahme auf EN 15 fest:

> „Deshalb ist es, wie Eure Bischöfe bereits betont haben, notwendig, den Primat der Evangelisierung zurückzugewinnen, um die Zukunft mit Vertrauen und Hoffnung in den Blick zu nehmen, [...].“[26]

Demnach ist den deutschen Bischöfen der Auftrag zur Evangelisierung wohl bewusst. Sie folgen aber zumindest auf dem Synodalen Weg satzungsrechtlich nicht den päpstlichen Hinweisen. Die Leitung, Weitergabe, Motivation und Durchsetzung des Primats der Evangelisierung auf allen kirchlichen Ebenen ist allem Anschein nach auch sonst bisher von wenig sichtbaren Erfolgen

26 Franziskus, An das pilgernde Volk Gottes (Anm. 21), Nr. 10.

gekennzeichnet. Der Glaube verdunstet weiter. Die gewachsenen kirchlichen Strukturen erodieren. Neue bilden sich kaum sichtbar. Die gesellschaftspolitische Prägekraft christlicher Werte nähert sich dem Nullpunkt.

Eine Frage, die sich aufgrund dieser Lage und in diesem Zusammenhang stellt, ist, welche Verbindlichkeit der Brief des Papstes unterhalb von c. 752 für alle Rechtsträger in der Kirche in Deutschland hat. Schließlich macht es einem das Genus dieses Schreibens als Adhortatio nicht leicht. Kann also jeder aus dem Brief das herauslesen, was ihm beliebt? Aus dem Inhalt des Schreibens erschließt sich die Zielrichtung einer päpstlichen Ermahnung an das Volk Gottes in Deutschland. Insofern ist der Adressatenkreis klar umrissen, mit Blick auf die konkrete Frage der Weisung an eine bestimmte Gruppe von Entscheidungsträgern aber wohl zugleich nicht hinreichend präzisiert. Das Volk Gottes ist tatsächlich nicht der Veranstalter des Synodalen Weges. Dafür zeichnen sich nur organisierte Teile des Volkes Gottes in Gestalt des ZdK und der DBK verantwortlich. Beide können aber im rechtlichen Sinne nicht als die vertretungsberechtigten Institutionen des Volkes Gottes in Deutschland verstanden werden. Allenfalls kann man gem. c. 381 § 1 die Diözesanbischöfe als die amtlichen Repräsentanten des ihnen anvertrauten teilkirchlichen Gottesvolkes verstehen. Damit wären sie institutionell angesprochen, die Mahnung des Papstes zur Evangelisierung aufzunehmen und angemessen umzusetzen. Manche von ihnen sehen dieses Anliegen mit dem Synodalen Weg hinreichend aufgenommen.[27] Andere sind anderer Ansicht.[28] Das ist aus der Perspektive des Kirchenrechts nicht zu bewerten, sondern allenfalls, ob der Brief des Papstes konkrete

27 Vgl. stellvertretend: Der Vorsitzende der Deutschen Bischofskonferenz, Reinhard Kardinal Marx und der Vorsitzende des ZdK Prof. Dr. Thomas Sternberg, DBK-Pressemeldung vom 29.06.2019 (Nr. 108): „Der Brief von Papst Franziskus an das ‚pilgernde Volk Gottes in Deutschland' ist ein Zeichen der Wertschätzung des kirchlichen Lebens in unserem Land und aller katholischen Gläubigen. Wir danken dem Heiligen Vater für seine orientierenden und ermutigenden Worte und sehen uns als Bischöfe und Laienvertreter eingeladen, den angestoßenen Prozess in diesem Sinn weiter zu gehen. Papst Franziskus möchte die Kirche in Deutschland in ihrer Suche nach Antworten auf die uns alle bewegenden Fragen für eine zukunftsfähige Gestalt der Kirche unterstützen. Wir werden diesen Brief zur Orientierung unseres gemeinsamen Handelns aufgreifen und ihn auf dem Synodalen Weg intensiv bedenken.“: https://www.dbk.de/presse/aktuelles/meldung/papst-franziskus-schreibt-brief-an-das-pilgernde-volk-gottes-in-deutschland [Zugriff: 20.08.2024]

28 Vgl. stellvertretend: Bischof Dr. Rudolf Voderholzer: „Ich kritisiere die konkrete Gestaltung, nicht den Weg als solchen. Papst Franziskus hat uns in seinem Schreiben vom 29. Juni ausdrücklich zu diesem Weg ermutigt. Er hat freilich sehr deutlich auch die Leitplanken aufgerichtet, die einem solchen Synodalen Weg die Richtung geben und ihn davor bewahren, in den Straßengraben der Spaltung abzurutschen: Primat der Neuevangelisierung; Beachtung des ‚sensus ecclesiae'; Rücksicht auf die Einheit mit der Weltkirche.“: https://bistum-regensburg.de/news/synodaler-weg-alternativer-satzungsentwurf-von-bischof-voderholzer-und-kardinal-woelki-6946 [Zugriff: 20.08.2024].

Weisungen an die Durchführung des Synodalen Weges enthält. Papst Franziskus erwähnt aber den Begriff „Der Synodale Weg" an keiner Stelle. Insofern enthält der Brief keine konkrete Weisung, sondern nur allgemeine theologische Erwägungen, die man durchaus als Ausdruck des authentischen Lehramts des Papstes i.S.d. c. 752 ansehen kann. Es gibt in dem Brief jedoch keinerlei Hinweise auf etwas, was das Volk Gottes zu meiden hätte. Daher ergibt sich aus dem Schreiben keine strikte Verpflichtung für das Volk Gottes, also die Gläubigen insgesamt und als Einzelne. Es ergibt sich auch keine Rechtspflicht der Diözesanbischofe aus c. 392 den Primat der Evangelisierung so umzusetzen, wie es der Papst beschreibt, da der Synodale Weg nicht als eine Gefährdung für die Einheit der Gesamtkirche i.S.d. § 1, sondern eher als das Gegenteil, nämlich als deren Förderung durch Diversifizierung gedeutet wird. Der Synodale Weg soll auch nicht etwa Missbräuchen nach § 2 Tür und Tor öffnen, sondern nach der Idee der Verantwortlichen zu einer zeitgemäßen Gestaltung des katholischen kirchlichen Lebens beitragen.

3.2 Dokumente der Römischen Kurie

Wenigstens drei Instruktionen der Römischen Kurie thematisieren in unterschiedlichen Zusammenhängen und mit entsprechenden Akzenten die Frage der Glaubensweitergabe. Gemeinsam ist ihnen, dass sie den Zweck haben, ein regelbasiertes Handeln auf den Weg zu bringen oder aber bestehende Aktivitäten zu regulieren. Insofern sind sie für die Frage, wie Evangelisierung in der lateinischen Kirche stattfinden soll, von Bedeutung.

Autor	Titel (Datum)	Klassifikation	Rechtsnatur
Kongregation für den Klerus, Kongregation für die Glaubenslehre, Kongregation für den Gottesdienst und die Sakramentenordnung, Kongregation für die Bischöfe, Kongregation für die Evangelisierung der Völker, Kongregation für die Institute des geweihten Lebens und für die Gesellschaften des apostolischen Lebens, Päpstlicher Rat für die Interpretation von Gesetzestexten, Päpstlicher Rat für die Laien	Instruktion zu einigen Fragen über die Mitarbeit der Laien am Dienst der Priester (15. August 1997)	Instruktion	Verbindliche Rechtsauslegung c. 34 § 1

Autor	**Titel (Datum)**	**Klassifikation**	**Rechtsnatur**
Kongregation für den Gottesdienst und die Sakramentenordnung	Instruktion Redemptionis Sacramentum (25. März 2004)	Instruktion	Verbindliche Rechtsauslegung c. 34 § 1
Kongregation für den Klerus	Die pastorale Umkehr der Pfarrgemeinde im Dienst an der missionarischen Sendung der Kirche (29. Juni 2020)	Instruktion	Verbindliche Rechtsauslegung c. 34 § 1

Diese Instruktionen der Römischen Kurie sind i.S.d. c. 34 § 1 als Ausführungsbestimmungen zum bestehenden universalen kirchlichen Gesetzesrecht der lateinischen Kirche zu identifizieren. Sie verpflichten die gesetzesunterworfene Gemeinschaft und insbesondere die in den Instruktionen identifizierten Adressaten, bei der Ausführung der gesetzlichen Bestimmungen die Handlungsanweisungen zu beachten. Das entbindet nicht von eigenverantwortlicher Würdigung der Rechts- und Tatsachenlage, die in begründeten Fällen auch ein Abweichen von den Direktiven einer Instruktion geboten erscheinen lässt. Es kommt hier aber darauf an, dass der Rechtsanwender sein abweichendes Handeln begründet bzw. rechtfertigt.

Das wird insbesondere an den Formulierungen der Pfarreieninstruktion vom 29. Juni 2020 deutlich. Schon die Überschrift macht erkenntlich, dass sich diese Instruktion als Wegweiser für die missionarische Sendung der Kirche versteht. Der Topos der pastoralen Umkehr wird sodann einleitend als ein grundlegendes Thema der „neuen Phase der Evangelisierung" identifiziert.[29] Die Instruktion geht in den beiden Teilen jedoch sehr unterschiedliche Wege. Der doktrinelle erste Teil erschient eher als ein Angebot an die Ortskirchen, wenn die Kongregation dieses Dokument beschreibt als:

> „eine Einladung an die Pfarrgemeinden, sich zu öffnen und Instrumente für eine auch strukturelle Reform anzubieten, die sich an einem neuen Gemeinschaftsstil, an einem neuen Stil der Zusammenarbeit, der Begeg-

29 Kongregation für den Klerus, Instruktion Die pastorale Umkehr der Pfarrgemeinde im Dienst an der missionarischen Sendung der Kirche v. 20. Juni 2020: VAS 226, hg. v. Sekretariat der Deutschen Bischofskonferenz, Bonn 2020, Nr. 2.

nung, der Nähe, der Barmherzigkeit und der Sorge für die Verkündigung des Evangeliums orientiert."[30]

Im analytischen Teil zur Lage der Pfarreien im Zeichen des gesellschaftlichen Wandels wird eine Lösung der bestehenden Probleme vor allem in der inneren Erneuerung durch Evangelisierung gesehen[31], ohne dass allerdings deutlich wird, von wem diese zu leisten und zu verantworten ist. Im Kern gehe es darum, „‚die traditionellen' pfarrlichen Strukturen unter missionarischem Gesichtspunkt zu erneuern."[32] So könne die Pfarrei zum „pulsierenden Zentrum der Evangelisierung" werden.[33]

Der zweite Teil (Kap. VII-XI) mit seinen dezidierten rechtlichen Anordnungen verliert allerdings schnell diesen Angebotscharakter. Bisweilen mutiert die Instruktion zum Gesetz, wenn z. B. die Schließung und Profanierung von Kirchen nur unter sehr engen Voraussetzungen als zulässig betrachtet wird.[34] Auch wenn an dieser Stelle nicht in die grundsätzliche Entscheidungsvollmacht des Diözesanbischofs eingegriffen wird, so wird sein Ermessenspielraum doch durch Vorgabe abschließend formulierter Kriterien stark eingeschränkt. Schließlich verpflichtet die Instruktion deutlich zur Einhaltung der Bestimmungen:

> „Über die Betonung der Dringlichkeit einer [...] Erneuerung hinaus, legt [...] das vorliegende Dokument eine Anwendungsweise der kanonischen Normen vor, die die Möglichkeiten, die Grenzen, die Rechte und die Pflichten der Hirten und der Laien festlegt, damit die Pfarrei sich selbst wieder als grundlegenden Ort der Verkündigung des Evangeliums, der Feier der Eucharistie, als Raum der Geschwisterlichkeit und der Caritas entdeckt, von dem aus das Zeugnis des christlichen Glaubens in die Welt ausstrahlt."[35]

Evangelisierung wird mit dieser Instruktion in das Korsett der Bewahrung überkommener ortskirchlicher Strukturen gezwängt, die die befreiende Botschaft des Evangeliums in einer pluralen und säkularen Umwelt nicht notwendig unterstützen. Das ist aber keine kirchenrechtliche Wertungsfrage.

Daneben scheinen neue kirchliche Gemeinschaften den Topos der Evangelisierung für sich entdeckt zu haben.[36] Das stößt bisweilen auf Misstrauen.

30 Ebd.
31 Vgl. ebd., Nr. 18.
32 Ebd., Nr. 20.
33 Ebd., Nr. 41.
34 Vgl. Ebd., Nr. 51 Abs. 2.
35 Ebd., Nr. 123.
36 Vgl. Klaus M. Becker, Eine Evangelisierung mit Zukunft: die Personalprälaturen als reale Chance: Forum Katholische Theologie 18 (2002), 266-286.

Gleichwohl hat der Gesetzgeber in den cc. 294-297 dafür z. B. das Instrument der Personalprälaturen als Gemeinschaften von Laien und Klerikern geschaffen, die sich der apostolischen Arbeit widmen. Freilich gibt es bisher keine solche Institution, die den gesetzlichen Anforderungen vollständig entspricht. Daran hat auch die jüngste Gesetzesänderung zu den cc. 295 und 296 nichts geändert, weil sich diese ausschließlich auf die Fragen der Leitung und inneren Struktur der Personalprälaturen richtet.[37] Am in c. 294 zum Ausdruck gebrachten Sendungsauftrag ändert sich nichts.

3.3 Dokumente der Deutschen Bischöfe

In c. 447 werden die Aufgaben und Zuständigkeiten der Bischofskonferenzen beschrieben. Ihnen steht es zu, „gewisse pastorale Aufgaben" gemeinsam auszuüben. Darunter sind solche zu fassen, die der Sache nach ein koordiniertes gemeinsames Handeln erfordern oder wenigstens geboten erscheinen lassen, freilich unter Beachtung der eigenständigen Jurisdiktion eines jeden Ortsbischofs gem. c. 381. In diesen Bereich könnte auch die Aufgabe der Evangelisierung fallen. Dazu haben die Deutschen Bischöfe mehrere Dokumente veröffentlicht, deren kirchenrechtliche Bedeutung hier angesprochen werden soll.

Autor	Titel (Datum)	Klassifikation	Rechtsnatur
Würzburger Synode	Ziele und Aufgaben kirchlicher Jugendarbeit (1975)	Beschluss	nicht approbiert
Die Deutschen Bischöfe	„Zeit zur Aussaat". Missionarisch Kirche sein (2000)	Verlautbarung der DBK	pastoral
Die Deutschen Bischöfe	Missionarisch Kirche sein – Offene Kirchen, brennende Kerzen, deutende Worte (2003)	Dto.	pastoral
Die Deutschen Bischöfe	„Allen Völkern sein Heil – Die Mission der Weltkirche" (2004)	Dto.	pastoral
Die Deutschen Bischöfe	„Katechese in veränderter Zeit" (Erstauflage 2004; dritte korrigierte Auflage 2016)	Dto.	pastoral

37 Franziskus, Lettera Apostolica in forma di «Motu Proprio» con la quale vengono modificati i cann. 295-296 relativi alle Prelature personali, 8 agosto 2023: https://www.vatican.va/content/francesco/it/motu_proprio/documents/20230808-motu-proprio-prelature-personali.html. [Zugriff: 20.08.2024].

Die Würzburger Synode fiel bekanntlich in die Zeit zwischen dem Konzil und dem neuen Codex. Das hat, weil das Konzil durch seine Beschlüsse Teile des CIC/1917 aufgehoben hatte, für rechtliche Freiräume gesorgt, die z.B. Synoden ermöglicht haben, die nicht nur Bischofsversammlungen sind.[38] Die Gemeinsame Synode der Bistümer in der Bundesrepublik Deutschland erhielt 1970 die Zustimmung des Apostolischen Stuhls. Darauf verweist Papst Paul VI. in seinem Grußtelegramm zur Eröffnung der Synode am 3. Januar 1971.[39] Die Statuten wurden am 14. Februar 1970 vom Apostolischen Stuhl approbiert.[40] Die Beschlüsse der Synode wurden nach Abschluss der Synode dem Apostolischen Stuhl zur Recognitio übersandt. Diese steht bis heute aus. Das schadet nur in Teilen, wie z. B. bei der VerwGO. Insbesondere für die Predigterlaubnis von Laien ist ein gesondertes Reskript des Apostolischen Stuhls bereits am 22. Februar 1973 eingeholt worden, das am 20. November desselben Jahres *ad experimentum* für vier Jahre erlassen wurde.[41] So blieb dieser Beschluss, der wesentlich auf den theologischen Einfluss von Karl Lehmann zurückging bis heute der einzige von Rom unter Vorbehalt angenommene Beschluss dieser Synode.[42] Er blieb in Kraft, bis auf Betreiben von Joseph Ratzinger, in seiner Eigenschaft als Präfekt der Kongregation für die Glaubenslehre, vermittels einer entsprechenden Instruktion 1997 die weitere Verlängerung der bewährten Praxis versagte und stattdessen die Einhaltung von c. 767 § 1 einschärfte.[43] Bei anderen Beschlüssen genügte die von Rom rekognoszierte Selbstverpflichtung der Bischöfe aus Art. 14 Abs. 2 SynStat, um diese nach den Beschlüssen zu deren Umsetzung rechtlich zu verpflichten.

Im Unterschied zu den weiteren Verlautbarungen der Deutschen Bischöfe, ist es den lateinamerikanischen Bischöfen in der Zeit zwischen den beiden Codices gelungen, mit der *Erklärung von Puebla* ein vom Apostolischen Stuhl

38 Vgl. Sabine Demel, Die Würzburger Synode – ein unübertroffenes Vorbild für dialogische Strukturen in der katholischen Kirche: Handbuch Kirchenrecht. Grundbegriffe für Studium und Praxis, hg. v. dies. Freiburg 2010, 240f.

39 Vgl. Ludwig Bertsch u. a. (Hgg.), Gemeinsame Synode der Bistümer in der Bunderepublik Deutschland. Beschlüsse der Vollversammlung. Offizielle Gesamtausgabe I, Freiburg – Basel – Wien 1976, 9.

40 Vgl. ebd., 850; 861f.

41 Vgl. ebd., 182-185.

42 Vgl. Heinrich Mussinghoff / Hermann Kahler, in: MKCIC can. 767, Rn. 3; aber: PCI, Responsiones ad proposita dubia, Keine Dispensvollmacht der Bischöfe von der Homiliereservation v. 17.5.1986, AAS 79 (1987), 1249.

43 Vgl. Kongregation für den Klerus, Interdikasterielle Instruktion zu einigen Fragen über die Mitarbeit der Laien am Dienst der Priester v. 13. August 1997, insbes. Art. 3, online: https://www.vatican.va/roman_curia/congregations/cclergy/documents/rc_con_interdic_doc_15081997_ge.html [Zugriff: 6.10.2025].

approbiertes Dokument zu erlangen, das für ganz Lateinamerika Verbindlichkeit hat.[44]

Autor	Titel (Datum)	Klassifikation	Rechtsnatur
Lateinamerikanische Bischofsversammlung III (Puebla) Kontinentalsynode	Die Evangelisierung Lateinamerikas in Gegenwart und Zukunft. (13. Februar 1979)	Beschlüsse	am 23.3.1979 durch Papst Paul VI. approbiert. Theologisch, pastoral, disziplinär (mit Selbstverpflichtungen der Bischöfe und Orientierungen für alle Kleriker und Laien)

Allerdings reicht die Verbindlichkeit dieses Dokuments in rechtlicher Hinsicht, aufgrund seiner Sprache und Struktur, auch nicht über die Selbstverpflichtungserklärungen der Bischöfe hinaus, weil es im Unterschied z. B. zur Lateinamerikasynode von 1899[45] an rechtsverbindlichen Beschlüssen zur Schaffung von Teilkirchenrecht mangelt. Diese sind nämlich von Papst Leo XIII. am 1. Januar 1900 promulgiert und zur Veröffentlichung angeordnet und damit als universales Teilkirchenrecht in Kraft gesetzt worden.[46]

4. Einige Schlussfolgerungen

Der von Papst Franziskus, ebenso wie von seinen Vorgängern im Amt, immer wieder theologisch pointierte Primat der Evangelisierung im kirchlichen Handeln bleibt weitgehend rechtlich unverbindlich und daher mit den Mitteln des Kirchenrechts nicht erzwingbar. Ist das zu bedauern oder zu loben?

Aus kirchenrechtlicher, missionsrechtlicher und kirchenrechtsgeschichtlicher Perspektive muss man sich für keine der beiden Alternativen entscheiden. Die katholische Kirche im Zeitalter der Globalisierung gewinnt gerade dort an Boden, wo die Inkulturation des christlichen Glaubens in die Traditionen der Völker gelingt. Genauso ist es auch schon immer in der Missionsgeschichte der Kirche gewesen. Die jüdische Urgemeinde transformierte sich

44 Vgl. Lateinamerikanische Bischofskonferenz, Die Evangelisierung Lateinamerikas in Gegenwart und Zukunft v. 13.2.1979, bes. Ziff. 937, 930, 931, 965, 994, online: https://www.iupax.at/dl/ulktJmoJOKnJqx4KJKJmMJmNMn/1979-celam-puebla-die-evangelisierung-lateinamerikas-in-gegenwart-und-zukunft_pdf [Zugriff: 06.10.2025].

45 Acta et Decreta Concilii Plenarii Americae Latinae in Urbe celebrati MDCCCXCIX, Romae Typis Vaticanis 1900.

46 Vgl. ebd., VII-IX.

zu einer mediterranen Glaubensgemeinschaft in der Welt des Imperium Romanum. Von dort aus adaptierte das Christentum die Gebräuche Nord-West Europas und verfestigte diesen kulturellen Mix in Theologie und Kirchenrecht über etwa 1500 Jahre. Das II. Vatikanische Konzil öffnete mit *Ad gentes* endgültig den Weg, die Mission und Evangelisierung der Völker durch Inkulturation voranzubringen. Daher wäre es auch nur folgerichtig, wenn sich das kirchliche Recht und die kirchliche Disziplin auf dem Fundament existentieller Grundlagen unter Achtung der Unterschiede der Traditionen der Völker und Kulturen in Diversität weiterentwickeln können, damit Katholizität noch mehr als Einheit in der Vielfalt gelebt werden kann. Dazu braucht es nicht mehr Recht, sondern ein spezifisches, an die jeweiligen Adressaten orientiertes Kirchenrecht. Insofern zeigt sich an dieser Stelle erneut, dass die Idee der *Lex Ecclesiae Fundamentalis* und der Partikularität kirchlicher Rechtsordnungen für eine katholische Weltkirche wiedererweckt werden sollte, damit Evangelisierung nicht an den Grenzen der Einförmigkeit zum Erliegen kommt. Das setzt freilich eine innere Haltung der Offenheit voraus, wie sie schon über Jahrzehnte im ökumenischen Dialog eingeübt wird, nur mit dem Unterschied, dass wir diese Haltung auch innerkatholisch, innerlateinisch lernen und gestalten müssen. Das gilt für die Doktrin ebenso wie für die Disziplin. Instrumente wie die Instruktion *Die pastorale Umkehr der Pfarrgemeinde im Dienst an der missionarischen Sendung der Kirche* erscheinen vom Titel her gewinnend, vom Inhalt her jedoch wenig überzeugend, weil sie die Freiheit der Ortskirchen, ihren eigenen Weg der missionarischen Sendung im 21. Jahrhundert zu finden, an ein zu enges Regelkorsett bindet.

Ein Blick auf die Verlautbarungen der deutschen Bischöfe zu Fragen von Evangelisierung und Verkündigung hat aus rechtlicher Perspektive gezeigt, dass diese Dokumente theologischen Erwägungscharakter haben. Ein verbindliches Programm, das ggf. in einheitliche Regelungen zur Evangelisierung auf dem Gebiet der DBK führen könnte, lässt sich aus diesen Papieren nicht ableiten. Es bleibt bei wohlmeinenden Appellen. Ob diese aber allein ausreichen, die Evangelisierung in Kirche und Gesellschaft voranzubringen, die weitgehend säkularisiert sind, mag dahinstehen. Empirische Studien[47] weisen immer wieder darauf hin, dass es ein Potenzial für das Religiöse gibt, wenn die Angebote sich an den Bedarfen der Menschen orientieren. Ob die theologischen und disziplinären Rezepte der Vergangenheit für die Lösung der Zukunftsfragen ausreichen, erscheint mehr als fraglich.

47 Vgl. Bertelsmann Stiftung, Religionsmonitor 2013; Zur Entwicklung der religiösen Kultur. Eine Sekundäranalyse von Daten des Allensbacher Archivs, 2000.

RELIGIONSUNTERRICHT HEUTE FÜR DIE ZUKUNFT – AUS RELIGIONSPÄDAGOGISCHER PERSPEKTIVE

Katja Boehme

Im Unterschied zum Kirchenrecht, das den Religionsunterricht aus „kirchenrechtlicher und religionsrechtlicher Perspektive“[1] betrachtet, versucht die moderne Religionspädagogik die Subjektorientierung in den Fokus ihrer Bemühungen zu stellen und den Religionsunterricht vor allem aus der Perspektive der Subjekte zu betrachten, die den Religionsunterricht besuchen. Doch wie denken Schülerinnen und Schüler eigentlich über den Religionsunterricht?

1. Forderungen der Schülerinnen und Schüler an einen Religionsunterricht der Zukunft

Eine Perspektive der Adressaten des Religionsunterrichts kann beispielhaft anhand des Aufrufs der Landesschüler- und Schülerinnenvertretung (LSV) Rheinland-Pfalz verdeutlicht werden, der vor fünf Jahren über Rheinland-Pfalz hinaus einen großen Widerhall in der Presse fand und daher als Beispiel einer allgemeinen Schülermeinung über den Religionsunterricht von heute herangezogen werden kann. So forderte im Oktober 2019 „die Landesschüler*innenvertretung Rheinland-Pfalz die Abschaffung des konfessionellen Religionsunterrichts und seinen Ersatz durch einen konfessionsunabhängigen, philosophischen Unterricht für alle Schülerinnen und Schüler“[2] mit der Begründung, dass der „konfessionelle Religionsunterricht nicht die Verbundenheit der Schüler*innen untereinander [fördere], da sie im Religionsunterricht getrennt voneinander unterrichtet werden. Sinnvoller erscheint der LSV deshalb die Einführung eines kombinierten Religions- und Ethikunterrichts für alle Schüler*innen und Schüler, in dem über verschiedene Religionen und Weltanschauungen informiert und auch Kritik an ihnen thematisiert werde.“[3]

1 Vgl. den Beitrag von Thomas Meckel, Religionsunterricht heute für die Zukunft, 159-194, in diesem Band.

2 Michaela Wakonigg, Wenn staatliche Schulen die Religionsfreiheit verletzen: https://hpd.de/artikel/wenn-staatliche-schulen-religionsfreiheit-verletzen-17415 [Zugriff: 10.01.2025].

3 Ebd., Hervorhebungen von der Verf.

Nach Auffassung der Schülervertreter böte diese Form des Unterrichts „Jugendlichen, fundierte, aber auch reflektierte Möglichkeiten der eigenen Glaubensfindung'".[4]

Bedauerlicherweise haben sich die Kirchen gegen diese Forderung der LSV ausgesprochen ohne die genannten Argumente, den Religionsunterricht abzuschaffen, einer genauen Betrachtung zu unterziehen. Denn im Kern entspricht die Argumentation der LSV nicht nur einem begrüßenswerten Interesse von Schülerinnen und Schülern an religiöser Bildung, sondern auch den Argumenten, die die Deutsche Bischofskonferenz (DBK) und die Evangelische Kirche in Deutschland (EKD) in ihren jüngsten Veröffentlichungen zum Religionsunterricht zur Begründung seiner Zukunftsfähigkeit heranziehen.

1.1 Verbundenheit fördern und Dialog anregen

Die Forderungen der LSV lauten dahingehend, dass der Religionsunterricht die Verbundenheit der Schülerinnen und Schüler fördern und sie zu einem echten Dialog anregen solle. Für die DBK ist genau dies ein zentraler Bestandteil des Religionsunterricht, denn „in diesem Sinne versucht der katholische Religionsunterricht, den Glauben im Dialog [...] mit den Positionen anderer Konfessionen, Religionen und Weltanschauungen zu erschließen."[5] Ebenso unterstreicht auch die EKD die hohe Bedeutung von Dialogkompetenzen in einer pluralen Gesellschaft und betont: „Pluralität ist eine Herausforderung und macht den Dialog zwischen den Religionen und Weltanschauungen zur ständigen Aufgabe."[6]

1.2 Kooperation mit dem Ethikunterricht

Diesen Dialog wünscht sich die LSV so, dass alle Schülerinnen und Schüler einbezogen werden, unabhängig von ihrer religiösen oder weltanschaulichen Orientierung. Daher plädiert die LSV für eine enge Zusammenarbeit oder gar eine Integration von Religions- und Ethikunterricht, um Themen wie Werte, Moral und Weltanschauungen gemeinsam mit allen Schülerinnen und Schülern zu behandeln. Mit den gleichen Zielen hatte die EKD bereits im Jahr 1994 in ihrer Denkschrift „Identität und Verständigung" vorgeschlagen, dass es „im

4 Ebd., Hervorhebungen von der Verf.

5 Sekretariat der Deutschen Bischofskonferenz, Der Religionsunterricht vor neuen Herausforderungen (Die deutschen Bischöfe 80), Bonn 2005, 29.

6 Evangelische Kirche in Deutschland, Konfessionell-kooperativ erteilter Religionsunterricht. Grundlagen, Standards und Zielsetzungen (EKD-Texte), Hannover 2018, 11.

Sinne des schulischen Bildungs- und Erziehungsauftrages [...] kein unverbundenes Nebeneinander dieser Fächer geben [sollte], denn ihnen allen ist die Aufgabe gemeinsam, die Verständigungsbereitschaft und -fähigkeit der jungen Generation in besonderer Weise zu fördern."[7] Zusammen mit anderen Fächern des bekenntnisorientierten Religionsunterrichts, wie z. B. „orthodoxe[m], jüdische[m] und islamische[m] Religionsunterricht"[8], sei es gerechtfertigt, diese Fächer „als eigenständige Fächergruppe anzusehen, für die der Staat Verantwortung trägt, im Falle des Religionsunterrichts laut Grundgesetz unter Mitwirkung der Religionsgemeinschaften, im Falle des Ethik- bzw. Philosophieunterrichts gemäß den jeweils erlassenen Schulgesetzen."[9] Begründet wird dieser Vorschlag stärkerer „fachlicher Kooperation"[10] der EKD mit dem Argument, durch eine eigene Fächergruppe „eine bessere institutionelle Voraussetzung für die in Zukunft noch zunehmende Aufgabe interreligiösen Lernens"[11] zu schaffen.

In diesem Sinne spricht sich auch die DBK für die Zusammenarbeit zwischen den Fächern des bekenntnisorientierten Religionsunterrichts aus, insbesondere zwischen dem katholischen und evangelischen Religionsunterricht, aber ebenso auch mit anderen Religionsfächern. Sie spricht sogar von einer „wünschenswerte[n] Zusammenarbeit mit dem jüdischen oder dem islamischen Religionsunterricht zu bestimmten Themen [...]".[12]

1.3 Ein relevantes Fach für alle Schülerinnen und Schüler

Die LSV erhebt an den Religionsunterricht den berechtigen Anspruch, dass er ein relevantes Fach für alle Schülerinnen und Schüler sein muss, unabhängig von ihrer Konfession oder Weltanschauung. Diese Argumentation entspricht ebenso den beiden Kirchen: Denn auch die DBK hebt hervor, dass zentrale Kompetenzen wie „einander aufmerksam zuhören, den anderen respektieren, Argumente zusammenstellen und gewichten, Übereinstimmungen und Dis-

7 Evangelische Kirche in Deutschland, Identität und Verständigung. Standort und Perspektiven des Religionsunterrichts in der Pluralität. Eine Denkschrift der Evangelischen Kirche in Deutschland, Gütersloh 1994, 90.

8 Ebd.

9 Ebd.

10 Ebd.

11 Ebd.

12 Sekretariat der Deutschen Bischofskonferenz (Hg.), Die Zukunft des konfessionellen Religionsunterrichts. Empfehlungen für die Kooperation des katholischen mit dem evangelischen Religionsunterricht (Die deutschen Bischöfe 103), Bonn 22. November 2016, 30.

sense feststellen und die eigene Meinung argumentativ überprüfen"[13] für alle Schulformen und Schulstufen wichtig sind. Ebenso bezeichnet die EKD in ähnlicher Weise einen konfessionell-kooperativen Religionsunterricht als ein „verantwortliche[s] Miteinander [...] von Schülerinnen und Schülern unterschiedlicher Religionen, Konfessionen und Weltanschauungen an einer Schule."[14]

1.4 Über verschiedene Religionen und Weltanschauungen informieren

Die LSV fordert, dass den Adressaten des Religionsunterrichts fundiertes Wissen über verschiedene Religionen und Weltanschauungen vermittelt werden soll, dies allerdings ohne eine spezifische Bekenntnisbindung. Die DBK sieht dies, wenn auch aus einer konfessionellen Position heraus, ebenfalls als wichtige Aufgabe des Religionsunterrichts an, denn zu diesem „gehört auch die Vermittlung von Grundwissen über den christlichen Glauben und andere Religionen."[15] Die EKD hebt in diesem Zusammenhang den Vorteil eines konfessionell erteilten Religionsunterrichts hervor, da dieser seine Haltung und Perspektive transparent macht und den Unterricht nicht von einer vermeintlich neutralen Position erteilt. Daher betont die EKD, dass im Religionsunterricht „die unterschiedlichen Wertvorstellungen, Wahrheitsansprüche und religiösen Praxen angemessen in ihrer Unterschiedlichkeit von einer bekenntnis- und weltanschaulich transparenten Position her [...] vermittelt"[16] werden.

1.5 Kritische Rationalität und Reflexivität ermöglichen

Ein zentrales Anliegen der LSV ist die Förderung von kritischer Rationalität und Reflexion. Diese Fähigkeiten sieht auch die DBK als wesentliche Bestandteile des Religionsunterrichts an, denn „Argumente zusammenstellen und gewichten, Übereinstimmungen und Dissense feststellen und die eigene Meinung argumentativ überprüfen, sind grundlegende Fähigkeiten, die in allen Schul-

13 Sekretariat der Deutschen Bischofskonferenz, Der Religionsunterricht vor neuen Herausforderungen, (Anm. 5), 30.

14 Evangelische Kirche in Deutschland, Konfessionell-kooperativ erteilter Religionsunterricht (Anm. 6), 17.

15 Sekretariat der Deutschen Bischofskonferenz, Die Zukunft des konfessionellen Religionsunterrichts (Anm. 12), 13.

16 Evangelische Kirche in Deutschland, Konfessionell-kooperativ erteilter Religionsunterricht (Anm. 6), 11.

formen und Schulstufen eingeübt werden müssen."[17] Die EKD betont ebenfalls, dass „Pluralitätsfähigkeit [...] nicht mit Anpassungsbereitschaft zu verwechseln"[18] sei und dass die „Regeln oder Prinzipien, auf denen sie beruhen soll, [...] immer auch eine kritische religiöse Urteilsfähigkeit"[19] begründen müssen.

1.6 Identitätsbildung und Positionalität

Die Förderung der individuellen Glaubensfindung und Identitätsbildung wird von der LSV als wichtig angesehen. Sie wünscht sich dies allerdings ohne einen Religionsunterricht, der an eine Religionsgemeinschaft angebunden ist. Im Unterschied hierzu sieht die DBK den bekenntnisorientierten Religionsunterricht als entscheidend an: „Der Religionsunterricht trägt damit entscheidend zur Entwicklung einer ‚gesprächsfähigen Identität' bei".[20] Ebenso unterstreicht die EKD, dass der Religionsunterricht die „Unterstützung von religiöser Identitätsbildung und von Pluralitätsfähigkeit" verbinden müsse, damit „Identität und Verständigung [...] als Zusammenhang wahrgenommen werden"[21] könne.

1.7 Zusammenschau

Zusammenfassend lässt sich also festhalten, dass die Argumente, die von der LSV für den Religionsunterricht vorgebracht werden, um seine konfessionellen Schranken zugunsten eines überkonfessionellen Modells aufzuheben, keine anderen sind als diejenigen, die den bekenntnisorientierten Religionsunterricht in der Schule plausibilisieren. Die LSV möchte zentrale Ziele wie Dialog, Wissensvermittlung und Identitätsbildung ohne konfessionelle Bindung realisieren – ein Ansatz, der den Religionsunterricht als vermeintlich neutrales Angebot für alle Schülerinnen und Schüler als einen allein vom Staat verantworteten Unterricht umgestalten würde.

17 Vgl. Sekretariat der Deutschen Bischofskonferenz, Der Religionsunterricht vor neuen Herausforderungen (Anm. 5), 30.

18 Evangelische Kirche in Deutschland (Hg.), Religiöse Orientierung gewinnen. Evangelischer Religionsunterricht als Beitrag zu einer pluralitätsfähigen Schule. Eine Denkschrift des Rates der Evangelischen Kirche in Deutschland (EKD), Gütersloh ²2014, 68.

19 Ebd.

20 Sekretariat der Deutschen Bischofskonferenz, Der Religionsunterricht vor neuen Herausforderungen (Anm. 5), 30.

21 Evangelische Kirche in Deutschland, Religiöse Orientierung gewinnen (Anm. 18), 70.

In Anbetracht der gewinnenden Argumente der DBK und EKD ist allerdings zu fragen, ob diese zentralen Ziele nicht besser über einen bekenntnisorientierten Religionsunterricht und seine Parallelfächer erreicht werden können. Konfessionalität könnte so „das Dialogprinzip eines Religionsunterrichts für die Zukunft [sein], der den rechtlichen Rahmen beachtet und zugleich dessen Spielräume nutzt.“[22]

2. Zur Entwicklung des Religionsunterrichts in den Bundesländern

Seit den 1990er Jahren sind in mehreren Bundesländern verstärkt Bemühungen festzustellen, die Frage nach der Zukunft des Religionsunterrichts eher im Sinne der LSV von Rheinland-Pfalz zu beantworten. So hat Bremen, der Ausnahmeregelung des Art. 141 GG folgend, v. a. in der Sekundarstufe II den religionskundlichen Religionsunterricht ausgebaut. Auf die multikulturelle Situation der Großstadt Hamburg reagiert seit 1995 die evangelische Landeskirche mit einem von ihr verantworteten „Religionsunterricht für alle“, der seit dem Staatsvertrag der Stadt Hamburg mit islamischen Verbänden vom August 2012 und mit der Jüdischen Gemeinde Hamburg (2014) sowie seit 2022 auch unter Beteiligung des Erzbistums Hamburg seine Erteilung durch Lehrkräfte auch anderer Bekenntnisse und Religionen vorsieht.[23] Brandenburg hat seit dem Schuljahr 1996/97 (zunächst probeweise, dann verpflichtend) das Fach Lebensgestaltung-Ethik-Religionskunde als ordentliches Schulfach zur Wertevermittlung für eine Schülerschaft eingerichtet,[24] die inzwischen über 80 % nicht mehr christlich geprägt ist. Und Berlin hat sich mit einem für alle Schülerinnen und Schüler verpflichtenden Ethikunterricht seit dem Schuljahr 2006/07 gegen die Einrichtung des Religionsunterrichts als ordentliches Fach in der Schule entschieden.[25]

22 Thomas Meckel, Religionsunterricht für alle? (Rechtliche) Erwartungen und Möglichkeiten: zur debatte 45 (2015), 13-16; 16.

23 Vgl. zur Bewertung des Hamburger ‚Religionsunterrichts für alle‘ aus theologischer Perspektive: Wilfried Härle, Religionsunterricht unter pluralistischen Bedingungen. Eine kritische Sichtung des Hamburger Modells, Leipzig 2019, XI, und aus rechtlicher Perspektive den Beitrag von Thomas Meckel in diesem Band.

24 Ob LER ein Ausnahmefall zu Art. 141 GG ist, bleibt rechtlich umstritten. Das ist nie gerichtlich geklärt worden, auch wenn durch das Brandenburger Konkordat 2003 eine Einigung in der Sache nach dem Vergleichsvorschlag des BVerfG erreicht wurde. Vgl. Thomas Meckel, Art. LER. Staatlich: LKRR Bd. 3 (2020), 94-97.

25 Vgl. zu diesen Bundesländern das Sammelwerk von Martin Rothgangel – Bernd Schröder (Hgg.), Evangelischer Religionsunterricht in den Ländern der Bundesrepublik Deutschland. Empirische Daten – Kontexte – Entwicklungen, Leipzig 2009, sowie Katja Boehme,

2.1 Der Religionsunterricht nach Art. 7 Abs. 3 GG

Durch diese Entwicklungen kann leicht vergessen werden, dass der bekenntnisorientierte Religionsunterricht ursprünglich im großen Interesse der Mütter und Väter des Grundgesetzes lag. Denn bei der Ausarbeitung des Grundgesetzes in den Nachkriegsjahren stand diesen der Missbrauch und die Missachtung des Rechts während der NS-Zeit noch deutlich vor Augen.[26] In diesem Kontext wurde der Art. 149 WRV, der den Religionsunterricht garantiert, nicht lediglich übernommen, sondern durch seine Einbettung in den Kernbestand der Grundrechte (Art. 7 Abs. 3 GG) unter den Schutz des sogenannten Ewigkeitsrechts gestellt. Dies zeigt, dass die junge Bundesrepublik Deutschland gezielt den Religionsunterricht als ein Schulfach etablieren wollte, das ein staats- und gesellschaftskritisches Potenzial besitzt, da seine Inhalte nicht staatlich, sondern durch die Kirchen bzw. Religionsgemeinschaften bestimmt werden.[27] Den Verfassungsgebern war bewusst, dass ein rein staatlich verantwortetes religionskundliches Fach dieses kritische Potenzial nicht entfalten könnte, da es an der notwendigen Unabhängigkeit fehlen würde, um „Politik und Gesellschaft kritisch zu begleiten und vor allen Tendenzen zu Totalitarismus und Selbstvergötzung zu bewahren."[28] Selbst die Ausnahmeregelung des Art. 141 GG, die sogenannte „Bremer Klausel", bestätigt das weite Verständnis von Religionsfreiheit in der Bundesrepublik, das sich sowohl von der französischen Laizität als auch von der englischen Staatskirche deutlich unterscheidet.

Erstaunlicherweise scheint heute jedoch in der öffentlichen Wahrnehmung sowohl das staatskritische Potenzial des Religionsunterrichts gemäß Art. 7 Abs. 3 GG als auch die positive Religionsfreiheit, wie sie durch Art. 4 GG gewährleistet wird, an Bedeutung zu verlieren. Die Diskussion um den Religionsunterricht zeigt, dass zunehmend dem Staat anstelle der Kirchen und Religionsgemeinschaften die Aufgabe zugeschrieben wird, religiöse und ethische Werte zu vermitteln. Sollte dies Realität werden, würde der Staat nicht nur seine weltanschauliche Neutralität aufgeben, sondern auch die positive Religionsfreiheit, wie sie durch Art. 4 Abs. 1 GG garantiert ist, infrage stellen. Ein staatlich gelenkter Unterricht würde die Eigenständigkeit des bekenntnisorien-

Interreligiöses Begegnungslernen. Grundlegung einer fächerkooperierenden Didaktik von Weltsichten, Freiburg 2023, 338-365.

26 Wolfgang Heyde (Hg.), Grundgesetz für die Bundesrepublik Deutschland. Vom 23. Mai 1949, Stuttgart [1995]1997 (Universal-Bibliothek 7785), 5.

27 Vgl. zu diesem Abschnitt Katja Boehme, Fächergruppe Religionsunterricht in interreligiöser Kooperation: Religionsunterricht – wohin? Modelle seiner Organisation und didaktischen Struktur, hg. v. B. Schröder, Neukirchen-Vluyn, 2014, 31-44.

28 Bernhard Bosold, Gemeinsamkeiten stärken – Unterschieden gerecht werden. Eine Zwischenbilanz zum Thema „Konfessionelle Kooperation": Notizblock 32 (2002), 57-59; 59.

tierten Religionsunterrichts aufheben und damit die in der Verfassung verankerte Förderung der religiösen Bildung konterkarieren.[29]

Mit anderen Worten: Die Debatte um den konfessionellen Religionsunterricht betrifft letztlich die Zukunft der positiven Religionsfreiheit im schulischen Raum. Daher ist für einen Religionsunterricht heute nach Wegen zu suchen, wie er in Zukunft so realisiert werden kann, dass er den Forderungen seiner Subjekte, den Schülerinnen und Schülern, entsprechen kann, ohne dass auf den konfessionellen Religionsunterricht verzichtet wird und mit ihm die positive Religionsfreiheit als demokratisches Recht geschützt bleiben kann. Zu schulischen Realisierungsmöglichkeiten in diese Richtung gibt es bereits seit den 1960er Jahren Vorschläge, die im Folgenden kurz vorgestellt werden sollen.

2.2 Geschichte und Entwicklung der ‚Kooperierenden Fächergruppe'

Bereits 1969 schlug unter der Leitung von Karl Ernst Nipkow das Comenius-Institut ein Modell vor, das sowohl die positive Religionsfreiheit als auch die Förderung interreligiöser Dialogfähigkeiten in den Fokus stellt.[30] Dieses Konzept sah vor, die Fächer des Religionsunterrichts verschiedener Konfessionen mit dem Alternativfach Ethik/Philosophie in einer Fächergruppe zu organisieren, innerhalb derer zeitlich begrenzte Kooperationsphasen stattfinden. Ziel war es, differenziertes und integratives Lernen zu verbinden.

Die EKD hatte, wie oben bereits aufgezeigt, schon in ihrer Denkschrift „Identität und Verständigung" (1994) dieses Modell empfohlen.[31] Die EKD beschrieb es als einen „Lernbereich in Form einer Fächergruppe [...], in dem die Fächer evangelische Religion, katholische Religion, Ethik (bzw. Philosophie oder Werte und Normen) und – je nach den regionalen Gegebenheiten – auch orthodoxer, jüdischer und gegebenenfalls islamischer Religionsunterricht in eine bestimmte, geregelte Beziehung zueinander treten" [32]. Die rechtliche Stellung und Zuordnung der einzelnen Fächer sollten dabei unberührt bleiben. Doch wurde dieses Modell nur in einzelnen Leuchtturmprojekten um-

29 Vgl. Thomas Meckel, Religionsunterricht im Recht. Perspektiven des katholischen Kirchenrechts und des deutschen Staatskirchenrechts, Paderborn – München – Wien – Zürich 2011 (KStKR 14), 268.

30 Vgl. die Darstellung bei Christoph Th. Scheilke, Von Religion lernen heute. Befunde und Perspektiven in Schule, Gemeinde und Kirche Münster 2003 (Schriften aus dem Comenius-Institut 6).

31 Vgl. Evangelische Kirche in Deutschland., Identität und Verständigung (Anm. 7), 91f.

32 Evangelische Kirche in Deutschland, Religiöse Bildung in der Schule. Beschluss zum Religionsunterricht der 9. Synode der EKD (23.-25. Mai 1997, Friedrichroda) 1997.

gesetzt[33], sodass die EKD zwanzig Jahre nach ihrer Denkschrift „Identität und Verständigung" bedauerte, dass die Kooperation zwischen den Fächern des Religionsunterrichts und des Ethikunterrichts noch immer zu selten stattfindet.[34]

2.2.1 Organisation der Kooperierenden Fächergruppe

Im Jahre 1998 griffen das Erzbischöfliche Ordinariat Berlin und das Konsistorium der Evangelischen Kirche in Berlin-Brandenburg diesen Vorschlag der EKD auf.[35] Ihr Konzept sah für ein- bis zweimal im Schuljahr die Kooperation in der Fächergruppe vor. Diese sollte mit einer Differenzierungsphase beginnen, in der die Schülerinnen und Schüler zunächst getrennt in den Fächern Katholische Religion, Evangelische Religion, Ethik/Philosophie, Lebenskunde und gegebenenfalls Islamische Religion zu einem vorher gemeinsam vereinbarten Thema unterrichtet werden.[36] Daran sollen sich zwei Kooperationsphasen anschließen: zunächst die Präsentation der Ergebnisse in einem Forum aller Schülerinnen und Schüler, gefolgt von Diskussionen in gemischten Kleingruppen über das Thema aus den unterschiedlichen Perspektiven der teilnehmenden Weltsichten. Abschließend war geplant, eine Reflexion in der jeweiligen Fachgruppe stattfinden zu lassen.[37] Dieses Modell, das Nipkow als „neues Paradigma" [38] bezeichnete, sollte für alle Schularten gelten und idea-

33 Vgl. Beispiele in: Matthias Hahn, Evangelische Religion im schulischen Wahlpflichtbereich Religion - Ethik. Studien zur Einführung des evangelischen Religionsunterrichts in Mitteldeutschland, Münster 2009, 184-206; sowie in: Boehme, Interreligiöses Begegnungslernen, 344, 472-474.

34 Vgl. Evangelische Kirche in Deutschland, Religiöse Orientierung gewinnen (Anm. 18), 89.

35 Vgl. dazu die Konzeptionen für einen Religionsunterricht in Berlin: Konsistorium der EKD Berlin-Brandenburg - Erzbischöfliches Ordinariat Berlin, Eine Fächergruppe religiöser, philosophisch-ethischer und weltanschaulicher Bildung: Religiöse Bildung und religionskundliches Lernen in ostdeutschen Schulen. Dokumente konfessioneller Kooperation (Religionspädagogische Kontexte und Konzepte), hg. v. M. Hahn - C. Hartmann - D. Kahl - U. J. Plaga, Münster 2000, 189-193; Rolf Lüpke, Der Berliner Weg zum Konzept einer Fächergruppe: Religions- und Ethikunterricht in der Schule mit Zukunft, hg. v. M. Domsgen - M. Hahn - G. Raupach-Strey, Bad Heilbrunn/Obb. 2003, 167-182.

36 Das Fach Lebenskunde der Humanistischen Union stellt eine Besonderheit des Bildungsangebots in Berlin dar, während der Jüdische Religionsunterricht als wichtiger Partner im Konzept hier unerwähnt blieb.

37 Nipkow unterscheidet drei Phasen der Kooperation in der Fächergruppe; vgl. z. B. Karl Ernst Nipkow, Der Weg der Fächergruppe mit einem dialogorientierten, mehrseitig kooperierenden evangelischen Religionsunterricht: Wahrheit und Dialog. Theologische Grundlagen und Impulse gegenwärtiger Religionspädagogik, hg. v. W. Weiße - F. Doedens, Münster 2002 (Religionspädagogik in einer multikulturellen Gesellschaft 4), 89-106; 100.

38 Nipkow, Der Weg der Fächergruppe mit einem dialogorientierten, mehrseitig kooperierenden evangelischen Religionsunterricht (Anm. 37), 89.

lerweise ab der Religionsmündigkeit der Schülerinnen und Schüler realisiert werden. Die Berliner Kirchen präzisierten den Vorschlag durch eine Mindestverpflichtung von etwa einem Viertel der jährlichen Unterrichtszeit für kooperative Themen und Arbeitsphasen.[39]

2.2.2 Praxis der Kooperierenden Fächergruppe in ausgewählten Bundesländern

In Mecklenburg-Vorpommern, Sachsen-Anhalt und Schleswig-Holstein wurde das Konzept weiter gefördert. So ermöglicht das Schulgesetz Mecklenburg-Vorpommerns seit 1996 eine stärkere Kooperation zwischen den Fächern Evangelische Religion, Katholische Religion und Philosophie.[40] Ähnliche Ansätze finden sich in Sachsen-Anhalt, wo eine wissenschaftliche Arbeitsgruppe 1998 eine Expertise zur Zukunft ethischer und religiöser Bildung erstellte, die den –wie es dort heißt– „Grundgedanken“[41] einer kooperierenden Fächergruppe aufgreift.[42] In Schleswig-Holstein wurde 1997 ein Erlass verabschiedet, der die enge Zusammenarbeit dieser Fächer ebenfalls betont, indem es diese Fächer „einer Fächergruppe zugeordnet [hat], die sich mit den Grundlagen, Bedingungen und Möglichkeiten menschlicher Existenz beschäftigt.“[43]

Mit diesen schulrechtlichen Vorgaben einer Kooperation von evangelischem und katholischem Religionsunterricht und Ethik- bzw. Philosophieunterricht sind die drei Bundesländer Mecklenburg-Vorpommern, Schleswig-Holstein und Sachsen-Anhalt schon weit vorangeschritten. Allerdings ist in diesen Bundesländern bislang keine Erweiterung der Kooperation auf weitere Religionsgemeinschaften vorgesehen. Dennoch haben diese Regionen durch ihre schulrechtlichen Vorgaben einen bedeutenden Schritt hin zu einem –auch

39 Vgl. zur Fächerkooperation in diesen Bundesländern: Boehme, Interreligiöses Begegnungslernen (Anm. 25), 338-365.

40 „Innerhalb dieser Fächergruppe sollen die einzelnen Fächer unter Wahrung ihrer Eigenständigkeit und ihrer Besonderheiten und der Rechte der Schülerinnen, Schüler und Erziehungsberechtigten in kooperativer Form unterrichtet werden.“ Schulgesetz für das Land Mecklenburg-Vorpommern (Schulgesetz – SchulG M-V), § 8 (3).

41 Kultusministerium des Landes Sachsen-Anhalt, Ethik- und Religionsunterricht in der Schule mit Zukunft. Expertise einer Arbeitsgruppe zur Zukunft ethischer und religiöser Bildung an den Schulen des Landes Sachsen-Anhalt: Religions- und Ethikunterricht in der Schule mit Zukunft, M. Domsgen – M. Hahn – G. Raupach-Strey, Bad Heilbrunn/Obb. 2003, 15-76, hier: 53.

42 Vgl. ebd.

43 Ministerium für Bildung / Wissenschaft / Forschung und Kultur des Landes Schleswig-Holstein, Kooperation in der Fächergruppe Evangelische Religion, Katholische Religion und Philosophie. Runderlass vom 7. Mai 1997 – III 310-343.30-1- 7.5.1997, 261.

mit dem Fach Ethik- bzw. Philosophieunterricht– kooperierenden Religionsunterricht gemacht, der, wie das Bundesland Thüringen zeigt, mit Online-Plattformen (wie z. B. KathReliOnline)[44] erweitert werden und so auch den aktuellen Anforderungen digitalen Lernens entsprechen könnte.

3. Von der „Kooperierenden Fächergruppe" zum „Interreligiösen Begegnungslernen von Weltsichten"

Der didaktische Vorschlag der Berliner Kirchen wurde erstmals im Schuljahr 2002/03 in Freiburg an einer Gesamtschule mit den Fächern Katholische Religion, Evangelische Religion und Ethik umgesetzt, jedoch ohne das Fach Lebenskunde. Den muslimischen Schülerinnen und Schülern ermöglichte hingegen das Projekt einen islamischen Religionsunterricht zu besuchen, noch bevor dieser in Baden-Württemberg regulär eingeführt wurde.

Zehn Jahre später wurde das Modell an der Pädagogischen Hochschule Heidelberg weiterentwickelt und im Schuljahr 2012/13 mit Schülerinnen und Schülern der 5. Klassenstufe aus drei Schulen im Raum Mannheim umgesetzt. Neu war die Einbindung des inzwischen etablierten islamischen, sowie eines jüdischen Religionsunterrichts. Dieses Projekt führte zur Weiterentwicklung des Berliner 4-Phasen-Modells in einem weiteren Projekt im Schuljahr 2014/15, das nun als fächerkooperierendes „Interreligiöses Begegnungslernen" bekannt wurde.[45]

Im Schuljahr 2018/19 implementierte das Gymnasium Bammental in Kooperation mit einer Werkrealschule in Sinsheim das Konzept in den Fächern Evangelische und Katholische Religion, Ethik und islamischer Religionsunterricht. Die positiven Erfahrungen führten zur Verstetigung des Projekts am Gymnasium Bammental.[46]

44 KathReliOnline, Religionsunterricht 4.0. Neues wagen mit KathReliOnline: www.kathrelionline.de [Zugriff: 20.01.2025].

45 Zur Auflistung der Projekte vgl. Boehme, Interreligiöses Begegnungslernen (Anm. 25), 472-474. Vgl. zu den Schulprojekten einer 5. und 8. Klassenstufe 2013 und 2015 im Jüdischen Gemeindezentrum Mannheim: avzatphheidelberg, Interreligiöses Begegnungslernen 2015: https://www.youtube.com/watch?v=sZXeTaqfWLw [Zugriff: 20.01.2025]; avzatphheidelberg, 3. Interreligiöses Begegnungslernen nach dem Konzept der Kooperierenden Fächergruppe in der Schule: https://www.youtube.com/watch?v=6V42wyft0mk [Zugriff: 20.01.2025].

46 Vgl. Katja Boehme – Robin Horst, „Die erzählen von ihrer Religion wie ich von meinem Fußballspiel…". Zur Auswertung eines Projekts zum fächerkooperierenden interreligiösen Begegnungslernen am Gymnasium Bammental, Baden-Württemberg: Interreligiöse Öffnung durch Begegnung. Grundlagen – Erfahrungen – Perspektiven im Kontext des christ-

3.1 Das 4-Phasen-Modell des „Interreligiösen Begegnungslernens“

Diese Praxiserfahrungen führten zu einer Revision der theoretischen Grundlagen des 4-phasigen Konzepts, wie es, wie bereits oben erwähnt, von den Berliner Kirchen in den Jahren 1998 und 2000 entwickelt worden war.[47] Und da die didaktische Konkretion ein wesentlicher Faktor zum Gelingen von pädagogischen Konzepten ist, werden hier die vier Phasen in ihrer revidierten Form erläutert:

1. Phase: Vorbereitung des Themas

Der von den beiden Kirchen Berlins vorgelegte Entwurf lässt in einer ersten Phase die Schülerinnen und Schüler in den an einer Schule vorhandenen Fächern der religiösen und philosophisch-ethischen Bildung ein zuvor gemeinsam festgelegtes Thema für die Dauer einer Unterrichtseinheit und aus der Perspektive ihres Fachs getrennt erarbeiten. Je nachdem, welche dieser Fächer an der Schule angeboten oder auch regional schulübergreifend erreichbar sind, können der katholische, evangelische, ggf. auch der jüdische oder islamische oder ein anderer bekenntnisorientierter Religionsunterricht einschließlich des Ethik- bzw. Philosophieunterrichts eine Fächergruppe bilden, in die auch –je nach gewähltem Thema– weitere Schulfächer zur Kooperation eingeladen werden können. Fächerkooperierendes Begegnungslernen unter der Leitung des Religionsunterrichts setzt aber keinesfalls voraus, dass jedes dieser Fächer an einer Schule vorhanden sein muss. Die gesellschaftsrelevanten Kompetenzen der Perspektivenübernahme und Ambiguitätstoleranz lassen sich beispielsweise auch in der Kooperation des Religionsunterrichts mit dem Biologieunterricht (z. B. zu Evolution-Schöpfung) anbahnen.

2. und 3. Phase: Präsentation und Austausch

Auf die Differenzierungsphase des getrennten Fachunterrichts über das vereinbarte Einzelthema folgen die eigentlichen beiden Kooperationsphasen, die an einem gemeinsamen Begegnungstag (alternativ ca. zwei-drei Doppelstunden) stattfinden, zu dem die Schülerinnen und Schüler der beteiligten Fächer zusammenkommen: die Phase der gegenseitigen Präsentation (Phase 2) und die Phase des Austauschs (bzw. der Diskussion) in kleinen, fächergemischten Gruppen (Phase 3). Wie die bisher durchgeführten Schulprojekte zeigten, hat die Praxiserfahrung gelehrt, dass Schülerinnen und Schüler den Austausch miteinander umso effektiver gestalten, je mehr diese beiden Begegnungspha-

lich-islamischen Dialogs, hg. v. C. Espelage – H. Mohagheghi – M. Schober, Hildesheim 2021, 279-300.

47 Vgl. Boehme, Interreligiöses Begegnungslernen (Anm. 25), 355-366.

sen zu einer Phase didaktisch miteinander verschränkt werden. Daher hat sich bisher als beste Methode Stationsarbeit in fächergemischten Kleingruppen bewährt, die an Stationen, die von den Lerngruppen jeweils selbst vorbereitet werden, Schülerinnen und Schüler unterschiedlicher religiöser und weltanschaulicher Orientierungen themenzentriert arbeiten lässt.

4. Phase: Reflexion

Die in Freiburg 2002/03 und seit 2011 im Raum Heidelberg/Mannheim durchgeführten Schul- und Hochschulprojekte haben zudem gezeigt, dass besonders der, an die Begegnungsphasen anschließenden, Reflexionsphase (4. Phase) viel Raum eingeräumt werden sollte. Es empfiehlt sich, zum eigentlichen Fachunterricht zurückzukehren und dort die Schülerinnen und Schüler sowohl individuell als auch gemeinschaftlich dazu anzuhalten, sich die Inhalte und das Verhalten in der Begegnung bewusst zu machen. Wie an hochschuldidaktischen Projekten in der Lehrerausbildung (s. u.), die nach demselben fächerkooperierenden Konzept des „Interreligiösen Begegnungslernens“ an der Pädagogische Hochschule Heidelberg durchgeführt wurden, gezeigt werden konnte, führen diese einerseits zu einer Selbstvergewisserung der eigenen (religiösen) Identität[48] und andererseits zur Revision des autochthonen und allochthonen Selbst- und Fremdbildes.[49] Über ähnliche Ergebnisse berichten Hochschulprojekte des „Interreligiösen Begegnungslernens“ an der Kirchlichen Pädagogischen Hochschule Wien/Krems.[50]

48 Katja Boehme – Sarah Brodhäcker, „Das Beste war, dass wir ins Gespräch gekommen sind…“. Zu den Ergebnissen einer Evaluation der Kooperierenden Fächergruppe in der Lehrerausbildung: „Wer ist der Mensch?“. Anthropologie im interreligiösen Lernen und Lehren (Religionspädagogische Gespräche zwischen Juden, Christen und Muslimen), hg. v. K. Boehme, Berlin 2013, 255-275; Katja Boehme – Sarah Brodhäcker, „Im Gespräch ist es mir nochmal deutlich geworden, was wichtig für die Sichtweise meiner Religion ist…“. Interreligiöses Begegnungslernen in der Lehrerausbildung. Konzept und Evaluationsergebnisse: Hoffnung über den Tod hinaus? Eschatologie im interreligiösen Lernen und Lehren. Impulse aus der Hochschuldidaktik, hg. v. K. Boehme, Heidelberg 2015, 133-150.

49 Vgl. Christian Ratzke, Hochschuldidaktisches Interreligiöses Begegnungslernen. Eine empirisch-explorative Studie zum Potenzial interreligiöser Kompetenzentwicklung in der Ausbildung von Ethik- und Religionslehrer:innen, Münster 2021 (Internationale Hochschulschriften 686).

50 Vgl. z. B. Alfred Garcia Sobreira-Majer – Karsten Lehmann – Dilek Bozkaya – Irina Dura-Nitu – Karin Ertl, Interreligiöses Begegnungslernen an Schulen. Empirisches Forschungsprojekt zum Interreligiösen Begegnungstag an einem Wiener Gymnasium: Konfessionell – kooperativ – interreligiös. Liegt die Zukunft des Religionsunterrichts im Miteinander? , hg. v. T. Krobath – A. Taschl-Erber, Wien 2023 (Schriften der Kirchlichen Pädagogischen Hochschule Wien/Niederösterreich 26), 329-358; Karsten Lehmann, Ethics Education in the Context of an Interreligious Encounter Day (IED). Empirical Research Results from Austria: Religions 15 (2024), 389.

Konzeptionell ist zu beachten, dass die Reihenfolge der differenzierten und integrativen Phasen keinesfalls unwichtig ist oder diese wie Bausteine beliebig miteinander kombinierbar sind.[51] Ein für einen Projekttag organisiertes „Interreligiöses Begegnungslernen“ setzt voraus, dass sich die Schülerinnen und Schüler bzw. Studierende den Inhalt der themenzentrierten Begegnung aus der Perspektive ihres (Studien-)Fachs und eine diesem Inhalt angemessene Sprachkompetenz angeeignet haben, was aufgrund der ausdrücklichen Begrenzung des Austauschs auf ein gemeinsam vereinbartes Thema auch nicht religiös sozialisierten Teilnehmerinnen und Teilnehmern möglich ist.

3.2 „Interreligiöses Begegnungslernen“ von Weltsichten in der Lehrkräfteausbildung

Auch in der Lehrkräfteausbildung wurde das Konzept implementiert. So wurde das 4-phasige Konzept im Jahr 2011 an der Pädagogischen Hochschule Heidelberg im Institut für Philosophie und Theologie eingeführt und dort seit 2013 als Zusatzqualifikation angeboten. Ebenso realisiert das Institut der Theologien der Pädagogischen Hochschule Freiburg seit 2018 das Konzept.

Als die Corona-Epidemie zum Online-Learning zwang, wurde dies zum Anlass genommen, das Konzept in der Schule und in der Hochschule zu digitalisieren und zu internationalisieren. Das führte 2021 bis 2024 zur Durchführung eines Erasmus+Projektes Sharing Worldviews: Learning in Encounter for common Values in Diversity, das zum Ziel hatte, Schülerinnen und Schüler, aber auch Lehramtsstudierende kulturell, national und fachlich übergreifend über konkrete Themen ihrer Weltsichten in einen konstruktiven und respektvollen Dialog zu bringen, um so in der konkreten Begegnung vor Ort ebenso wie in Videokonferenzräumen internationaler Begegnung, die Bildung diversitätsbezogener und pluralitätsfähiger (inter)personaler Kompetenzen nachhaltig anzubahnen. Professorinnen, Dozenten und Lehrkräfte aus acht europäischen Hochschulen/Universitäten und assoziierten Schulen aus Deutschland, Griechenland, Österreich und der Türkei erstellten eine in ihren Hochschulen anerkannte Zusatzqualifikation für angehende Lehrkräfte in europäischer Kooperation.[52]

51 So noch Andrea Biernath, Religionsunterricht für das neue Jahrhundert – Modell einer Fächergruppe: …unterm Himmel über Berlin. Glauben in der Stadt, hg. v. A. Herzig – B. Sauermost, Berlin 2001, 106-108; 107.

52 Katja Boehme, ‚Sharing Worldviews: Learning in Encounter for Common Values in Diversity‘ in School and Teacher Education – Contexts in Germany and Europe: Religions 2024, 15 (9), 1077: https://doi.org/10.3390/rel15091077 [Zugriff: 20.01.2025].

Dabei waren alle Partner des Erasmus+Projekts davon überzeugt, dass sich jene Fächer in der Schule für das Konzept des Begegnungslernens besonders gut eignen, die sich mit existentiellen Fragen beschäftigen, wie die Fächer des Religionsunterrichts, der Ethik und der Philosophie. Denn diese haben qua Bildungsplan den Auftrag, nachhaltig zu einer besseren Gesprächskultur, Offenheit für Vielfalt, Verständnis füreinander, Wissen über die Entstehung und Lösung von Konflikten und damit zu Anerkennung und Toleranz gegenüber anderen Weltsichten beizutragen. Das Projekt hatte zum Ziel, „zu digitalen Fertigkeiten und Kompetenzen und zu einer digitalen Kommunikationskultur in Toleranz und Anerkennung in Schulen und Hochschulen und von dort aus in der Gesellschaft beizutragen, Studierenden und Schülern Teilhabe an einer internationalen, digitalen Gesprächskultur und somit gesellschaftliche Teilhabe zu ermöglichen, sowie einen Beitrag zur Europäisierung, Internationalisierung und Digitalisierung von (Lehrer)Bildung und Forschung zu leisten.“[53]

Alle Projekte wurden wissenschaftlich begleitet und evaluiert. Die Reflexion der praktischen Erfahrungen führte zu didaktischen Modifikationen des Berliner Modells, die für die erfolgreiche Kompetenzanbahnung inhaltlicher, sozialer und nicht zuletzt demokratischer Basiskompetenzen im „Interreligiösen Begegnungslernen“ entscheidend waren.

4. Religionsunterricht heute für die Zukunft

Im bisher Gesagten wurde deutlich, dass das Konzept des „Interreligiösen Begegnungslernens“ sowohl den Forderungen der Adressaten des Religionsunterrichts– beispielhaft an der Landesschülervertretung Rheinland-Pfalz–, als auch den Ansprüchen der Deutschen Bischofskonferenz und der Evangelischen Kirche Deutschlands an einen Religionsunterricht für die Zukunft voll entsprechen kann.

Es fördert, wie es die Landesschülervertretung von Rheinland-Pfalz verlangt, „die Verbundenheit“[54] der Schülerinnen und Schüler, weil durch das Konzept ein Begegnungslernen didaktisch initiiert wird, dass Schülerinnen und Schüler zu existentiellen Themen zusammenbringt und dazu motiviert, sich über ihre jeweilige kollektive und individuelle Weltsicht auszutauschen. Damit lässt das Konzept die Heranwachsenden ihre Sprach- und Ausdrucksfähigkeit in einem eigenen Fach vertiefen, bahnt ihre Fähigkeit an, differenziert

53 Katja Boehme – Dorothee Schlenke, Sharing Worldviews. Transnationales Begegnungslernen/ Weltsichten im Dialog: https://www.ph-heidelberg.de/fileadmin/ms-presse-oeffentlichkeit/presse/Daktylos/PHHD_daktylos2022_BildungsraumEuropa.pdf [Zugriff: 20.01.2025].

54 Daniela Wakonigg (Anm. 2).

wahrnehmen zu können und stärkt in den Begegnungsphasen ihre Dialogfähigkeit. Respekt und Wertschätzung des anderen werden durch gegenseitiges gastfreundliches Verhalten eingeübt und im Anschluss an die Begegnung reflektiert.

Das Konzept „kombiniert den Religions- und Ethikunterricht"[55] zwar nicht im Sinne einer Zusammenlegung zu einem Fach, wie es die LSV wünscht, sondern in der phasenweisen fächerverbindenden Kooperation derjenigen Fächer, die sich mit existenziellen Fragen und bestimmten Weltdeutungen befassen. Auf diese Weise belässt das Konzept den beteiligten Fächern des Religionsunterrichts und des Ethik- bzw. Philosophieunterrichts die eigene Fachwissenschaft und Fachdidaktik und respektiert somit umfassend die Wissenschaftsfreiheit. Auch stellt das Konzept den Regelunterricht dieser Fächer nicht infrage. Denn außerhalb der projektweisen Kooperation, die für ein- bis zweimal im Schuljahr vorgesehen ist und zudem ein bildungsplanrelevantes Thema behandeln sollte, verläuft der jeweilige Fachunterricht regulär.

Als regelmäßiges, einmal im Schuljahr durchgeführtes Projekt, ermöglicht „Interreligiöses Begegnungslernen" eine Zusammenarbeit der Unterrichtsfächer, durch die ihre je spezifischen Fachperspektiven zur Grundlage werden, Diskursfähigkeit bei den Schülerinnen und Schüler zu stärken. Durch ein solches fächerverbindendes Lernen werden die Heranwachsenden in die Lage versetzt, nicht nur durch intellektuelle Reflexion, sondern auch durch performatives Handeln eine wertschätzende Haltung zu unterschiedlichen kulturellen und religiösen Weltsichten zu gewinnen. Indem sie gastfreundliches Verhalten erproben, einüben und weiterentwickeln,[56] werden sie zu Perspektivenwechsel, Empathie, Respekt und Ambiguitätstoleranz motiviert und lässt sie diese Kompetenzen direkt in einem entsprechenden Verhalten einüben.[57] Wird das Konzept auch nur einmal im Schuljahr ab Ende der Grundschulzeit spiralcurricular in jeder Klassenstufe als Projekt umgesetzt, werden Schülerinnen und Schüler in entwicklungspsychologischer Passung über ihre Schulzeit hinweg in jedem Schuljahr dazu motiviert, Pluralitäts- und Kommunikationsfähigkeiten zu entwickeln, anzuwenden und zu vertiefen.[58]

Dieser Ansatz ist für alle Schülerinnen und Schüler ab der Grundschulzeit konzipiert und trägt somit zur Demokratiefähigkeit bei, indem er von den

55 Daniela Wakonigg (Anm. 2).

56 Zur ‚Mutual Hospitality' als grundlegendes Paradigma der Gastfreundschaft im Interreligiösen Begegnungslernen vgl. Boehme, Interreligiöses Begegnungslernen (Anm. 25), 296-229.

57 Zu didaktischen Möglichkeiten der Habitusänderung bei Schülerinnen und Schülern vgl. ebd.

58 Zur Anbahnung von prozessbezogenen, interreligiösen Kompetenzen und demokratischen Basiskompetenzen durch dieses Konzept vgl. ebd.

Prinzipien der Gleichrangigkeit, der Transparenz, des Respekts, der Authentizität und der Bereitschaft zur Selbstkritik aller Beteiligten ausgeht.[59] Gleichzeitig informieren sich die Schülerinnen und Schüler mittels ihrer vorbereiteten Präsentationen und des anschließenden Austauschs über das vereinbarte Thema gegenseitig und somit schülerorientiert über verschiedene Religionen, Weltanschauungen oder philosophische Weltinterpretationen. Auch darin entspricht das Konzept den Wünschen der Landesschülervertretung.

Darüber hinaus wird in diesem Unterrichtsansatz auch Kritik an kollektiven oder individuellen Weltsichten thematisiert und trägt dadurch nicht zuletzt zur Ideologiekritik bei, wodurch die kritische Reflexionsfähigkeit der Lernenden auch gegenüber fundamentalistischem und rassistischem Gedankengut gestärkt wird. Schließlich bietet ein solches Konzept Jugendlichen „fundierte, aber auch reflektierte Möglichkeiten der eigenen Glaubensfindung".[60] Durch didaktisch angeleitetes Begegnungslernen werden die Schülerinnen und Schüler dazu befähigt, eine eigene Überzeugung (Positionalität) auszubilden und sich ihrer eigenen Werte und Überzeugungen bewusst zu werden.[61]

Für einen Religionsunterricht der Zukunft ist auch der Leiter des Kirchenrechtlichen Instituts der EKD Hans Michael Heinig überzeugt, dass „eine optimierte Zweckerfüllung unter veränderten religionssoziologischen Verhältnissen [...] gerade durch intelligente Mischung aus Elementen des klassischen konfessionellen Religionsunterrichts sowie projektbezogener interreligiöser Kooperation unter Einschluss eines Ersatzfaches Ethik/Religionskunde zu erreichen sein"[62] dürfte.

Das Konzept entspricht, wird es regelmäßig ein- bis zweimal im Schuljahr als Projekt durchgeführt, ebenso den Vorgaben der Verfassung (Art. 7, 3 GG) und der Schulgesetze der Bundesländer und ermöglicht positive und negative Religionsfreiheit selbst denjenigen Schülerinnen und Schülern, die den Religionsunterricht abgewählt haben. Weil ein solches Begegnungskonzept genau die Kompetenzen einüben lässt, die eine weltanschaulich plurale Gesellschaft

59 So die Prinzipien des Fächergruppenmodells, das bereits 1998 von der Evangelischen Kirche Berlin-Brandenburg und dem Erzbistum Berlin vorgeschlagen wurde.

60 So die Landesschüler- und Schülerinnenvertretung (LSV) Rheinland-Pfalz, zit. nach Daniela Wakonigg [Anm. 2].

61 So auch die Ergebnisse der Evaluationen, vgl. Boehme – Brodhäcker, „Das Beste war, dass wir ins Gespräch gekommen sind..." (Anm. 48); vgl. Boehme – Brodhäcker, „Im Gespräch ist es mir nochmal deutlich geworden, was wichtig für die Sichtweise meiner Religion ist..." (Anm. 48).

62 Hans Michael Heinig, Religionsunterricht nach Art. 7.3 des Grundgesetzes. Rechtslage und Spielräume: Religionsunterricht – wohin? Modelle seiner Organisation und didaktischen Struktur, hg. v. B. Schröder, Neukirchen-Vluyn 2014, 141-154; 152.

für eine friedvolle Konvivenz benötigt, sollte die projektweise Fächerkooperation für jedes Schuljahr verbindlich Eingang in die Bildungspläne finden.

In Deutschland wird die Pluralität von Weltsichten in den verschiedenen Denominationen des bekenntnisorientierten Religionsunterrichts und in den Alternativfächern Ethik- bzw. Philosophieunterricht auch in der öffentlichen Schule abgebildet. Diese Pluralität der Weltsichten, die in der staatlichen Schule zu Recht ihren Platz erhalten, zeigen, „dass Art. 7, 3 GG kein Privileg der Kirchen darstellt und dass der konfessionelle Religionsunterricht Zukunft hat. Die Konfessionalität ist daher das Dialogprinzip eines Religionsunterrichts für die Zukunft, der den rechtlichen Rahmen beachtet und zugleich dessen Spielräume nutzt."[63]

63 Vgl. Meckel, Religionsunterricht für alle? (Anm. 22), 16, sowie den Beitrag von Thomas Meckel in diesem Band.

RELIGIONSUNTERRICHT HEUTE FÜR DIE ZUKUNFT – AUS KIRCHEN- UND RELIGIONSRECHTLICHER PERSPEKTIVE

THOMAS MECKEL

Der Religionsunterricht wird im Folgenden in kirchenrechtlicher und religionsrechtlicher Perspektive untersucht. Dabei ist insbesondere die Frage leitend, was die jeweilige Rechtsordnung von einem Religionsunterricht erwartet. Dies erfolgt eingedenk der Tatsache, dass der Religionsunterricht in seiner Gestalt *de facto* von der Gestalt *de iure* zu unterscheiden ist.[1] Das gilt auch und gerade bei konfessionellen Kooperationen, die sehr unterschiedlich sein können, sodass *de facto* ein gemeinsamer Religionsunterricht erteilt wird, es *de iure* aber eigentlich getrennte konfessionelle Religionsunterrichte sind.[2] Zugleich gibt es auch eine *de facto* religionskundliche Unterrichtswirklichkeit eines *de iure* eigentlichen konfessionellen Religionsunterrichts. Widersprüche zwischen Normanspruch und deren Verwirklichung relativieren aber nicht den jeweiligen Anspruch der Rechtsordnungen, dass etwas umgesetzt werden muss oder soll. Manches an dieser Diastase ist nach Gerd Neuhaus, der Jahrzehnte auch als Religionslehrer gearbeitet hat, nicht ganz überraschend. Er zitiert[3] den Beschluss der Würzburger Synode zum Religionsunterricht[4]: „Der Glaube soll im Kontext des Lebens vollziehbar, und das Leben soll im Licht des Glaubens verstehbar werden".[5] Er betont eine Fehlentwicklung den Religionsunterricht nahezu nur an der lebensweltlichen Orientierung der Schülerinnen und Schüler ausgerichtet zu haben. „Immer weniger wurde jedoch in seiner verbreiteten Gestalt das ‚Licht des Glaubens' erkennbar."[6] Die Beheimatung der Schülerin-

1 Vgl. Bernhard Dressler, Was ist religiöse Bildung und wozu soll sie dienen? Gegen die Trivialisierung: HK Spezial 2021, 26.

2 Vgl. Georg Manten, Konfessioneller Religionsunterricht an öffentlichen Schulen vor, während und nach „Corona": ein Plädoyer für Verfassungskonformität und Interdisziplinarität: ZevKR 66 (2021), 418.

3 Vgl. Gerd Neuhaus, Wie die Lebensweltorientierung falsch verstanden wurde. Die Entwicklung zum Laberfach: HK Spezial 2021, 30.

4 Gemeinsame Synode der Bistümer in der Bundesrepublik Deutschland, Der Religionsunterricht in der Schule. Ein Beschluss der Gemeinsamen Synode der Bistümer in der Bundesrepublik Deutschland: Gemeinsame Synode der Bistümer in der Bundesrepublik Deutschland. Offizielle Gesamtausgabe Bd. 1, hg. v. L. Bertsch u. a., Freiburg 1976, 123-152.

5 Ebd., 2.4.2.

6 Neuhaus, Lebensweltorientierung (Anm. 3), 30.

nen und Schüler in der Religion war nicht immer im Blick.[7] Die Kultusministerkonferenz hat folgende Zahlen bereitgestellt:[8]

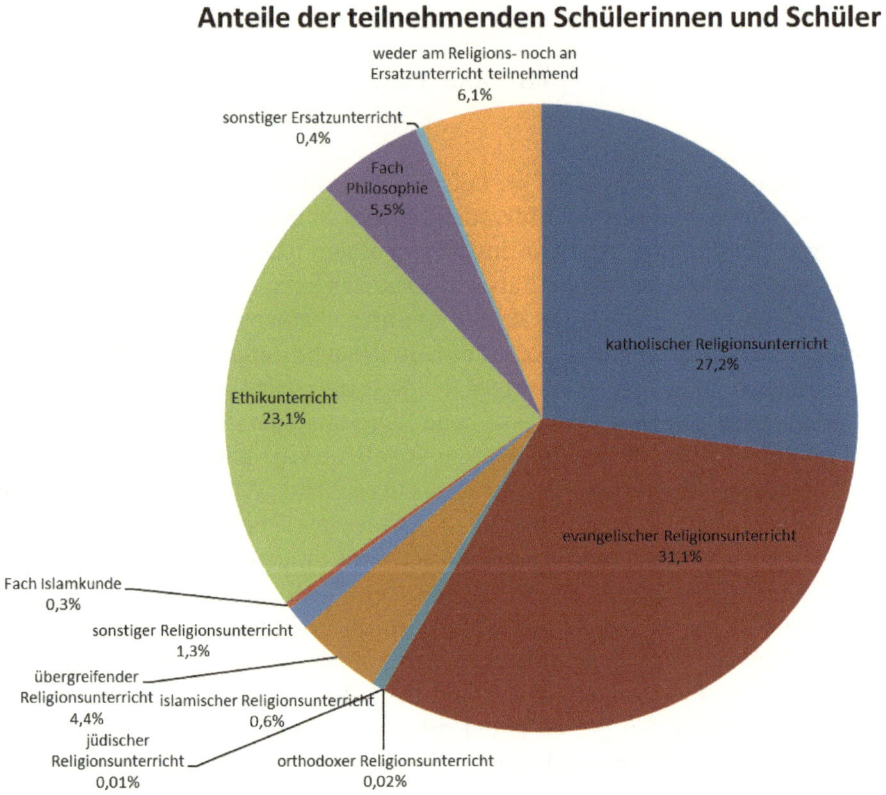

7 Vgl. zu dieser Diskussion Jochen Bauer, Konfessionelle Kooperation und Religionsunterricht für alle 2.0. Eine Verhältnisbestimmung: RpB 45 (2022), 54f. Vgl. Hans Michael Heinig, Religionsunterricht nach Art. 7, 3 des Grundgesetzes – Rechtslage und Spielräume: Zur Zukunft des Religionsunterrichts aus einer evangelisch-kirchlichen Perspektive: Religionsunterricht – wohin? Modelle seiner Organisation und didaktischen Struktur, hg. v. B. Schröder, Neukirchen-Vluyn 2014, 149: „Art. 7,3 GG setzt die Offenheit des säkularen Staates für die Religionen seiner Bürgerinnen und Bürger voraus und schützt in dieser Offenheit das jeweilige Selbstverständnis vor religiöser Fremdbestimmung durch den Staat oder eine religiöse Gemeinschaft, der die jeweiligen Schülerinnen und Schüler nicht angehören. Zugleich dient Religionsunterricht jedenfalls immer auch der Beheimatung in der eigenen religiösen Tradition. Deshalb räumt Art. 7, 3 GG den Religionsgemeinschaften nicht das Recht ein, ihren Religionsunterricht in Religionskunde für alle umzuwandeln."

8 https://www.kmk.org/dokumentation-statistik/statistik/schulstatistik/religionsunterricht.html [Zugriff: 03.01.2025].

Hier zeigt sich eine andere Diastase in der Wahrnehmung und in der Debatte des Religionsunterrichts. Der konfessionelle Religionsunterricht ist mit insgesamt 58, 3 % nach den Zahlen die Regelform und er steht damit in dieser Statistik nicht schlecht da.[9]

Der Herausforderungen sind dennoch genug. Es sind zweierlei Entwicklungen zu betrachten: die zunehmende Säkularisierung der Gesellschaft und die Pluralisierung der Religionen. Auf beides gilt es eine Antwort zu geben.[10] Interreligiöses Lernen gewinnt an Bedeutung und auf die Pluralität mit einem pluralitätsfähigen Religionsrecht und entsprechend pluralitätswilligen Lösungen zu antworten, stärkt Religion gesellschaftlich wie auch im Staat, da der säkulare Staat sich der Bedeutung der Religion zugleich gewiss wird.[11]

Die Zahl der Schülerinnen und Schüler wird in den christlichen Konfessionen voraussichtlich sinken, es gibt eine große Zahl Konfessionsloser[12] und zugleich wächst die Zahl bzw. Größe der nichtchristlichen Religionsgemeinschaften und deren Verankerung mit eigenem Religionsunterricht oder ihrem Bedürfnis danach, diesen einzurichten.[13] Aus Sicht der Schulleitungen ist der Aufwand konfessioneller Lerngruppen naturgemäß höher als für den Regelunterricht, der im Klassenverband verbleibt.[14] Es gibt nach Rudolf Englert Entwicklungstendenzen von der objektiven Religion zur subjektiven Religion, von der Innensicht zur Außensicht auf Religion – viele Schülerinnen und Schüler sind nicht mehr in der Teilnehmerinnen- bzw. Teilnehmerperspektive präsent – und von der Wahrheits- zur Wirkungsfrage, sodass feste sanktionsbewährte Glaubenssätze nach Rudolf Englert selbst „auch von religiös sensiblen Menschen nicht mehr als hilfreich betrachtet“[15] werden.

9 Vgl. auch Henrik Simojoki – Konstantin Lindner – Ansgar Hense – Hans Michael Heinig, Einleitung, Christlicher Religionsunterricht (CRU). Rechtswissenschaftliche und theologisch-religionspädagogische Perspektiven auf ein Reformmodell in Niedersachsen, hg. v. H. M. Heinig – A. Hense – K. Lindner – H. Simojoki, Tübingen 2024, 2f.

10 Vgl. Mirjam Schambeck, Von Zerrbildern in der Diskussion über den multireligiösen Religionsunterricht. Königsweg oder Sackgasse?: HK Spezial 2021, 51.

11 Vgl. Hans Joachim Höhn, Konfessioneller Religionsunterricht in einer liberalen Demokratie. Wer braucht eigentlich wen?: HK Spezial 2021, 18.

12 Vgl. dazu Konfessionslosigkeit als Normalfall. Religions- und Ethikunterricht in säkularen Kontexten, hg. v. U. Kropač – M. Schambeck, Freiburg – Basel – Wien 2022.

13 Vgl. Johann Hafner, Zur Zukunft des Religionsunterrichts. Freundliche Distanz: HK 11 (2021), 47. Vgl. zum islamischen Religionsunterricht ausführlich David Faßbender, Religionsunterricht aus dem Ausland. Eine völker- und verfassungsrechtliche Analyse zur Beeinflussung des Religionsunterrichts an deutschen Schulen durch ausländische Staaten, Tübingen 2022 (Jus Ecclesiasticum 125), 96-201.

14 Vgl. Stefan Mückl, Religionsunterricht bikonfessionell, ökumenisch, multireligiös: ZevKR 64 (2019), 232.

15 Rudolf Englert, Was will der Religionsunterricht? Von Religion lernen: HK Spezial 2021, 9.

Es scheinen vor diesem Hintergrund unterschiedliche Strategien auf, um auf die Herausforderungen des Religionsunterrichts zu antworten[16]: Mit einem rein religionskundlichen Unterricht jenseits des Art. 7, 3 GG, einem verpflichtenden Ethikunterricht oder einer Kombination aus beidem wie das Fach LER (Lebensgestaltung – Ehtik – Religionskunde) in Brandenburg gezeigt hat.[17] Es gab Überlegungen das Fach LER eigentlich „Gott und die Welt“ nennen zu wollen.[18] Es gibt das Hamburger Modell eines multireligiösen Religionsunterrichts in zwei Entwicklungsphasen.[19] Neuerdings wird in Niedersachsen das Modell eines Christlichen Religionsunterrichts (CRU) entwickelt.[20] Es gibt Modelle konfessionell-kooperativen Religionsunterrichts und den konfessionellen Religionsunterricht.[21] Konfessionellem Religionsunterricht ist ökumenische und interreligiöse Kooperation nicht fremd, sondern inhärent und kann beiderlei sein, „konfessionell und interreligiös“.[22] Es sei darauf hingewiesen, dass auch „normaler“ konfessioneller Religionsunterricht dialogfähig und pluralitätsfähig ist.[23] Es stellt sich demnach die Frage, ob der konfessionelle Religionsunterricht gerade nicht oder gerade doch eine Zukunft hat und wenn ja, in welcher Form dieser zukunftsträchtig ist.

Das Kirchenrecht sowie das Religionsrecht spannen einen Freiheitsrahmen auf, in dem sich Perspektiven und Gestaltungsspielräume finden lassen.

16 Vgl. auch Hendrik Munsonius, Religionsunterricht nach Art. 7 Abs. 3 GG – historisch bewährt, aber überlebt?: Neuvermessung des Religionsunterrichts nach Art. 7 Abs. 3 GG. Zur Zukunft religiöser Bildung, hg. v. A. Kubik – S. Klinger – C. Saglam, Osnabrück 2022 (Veröffentlichungen des Instituts für Islamische Theologie der Universität Osnabrück 11), 41f.

17 Vgl. Thomas Meckel, Art. LER. Staatlich: LKRR Bd. 3, 94-97.

18 Vgl. Eva Maria Kenngott, Lebensgestaltung – Ehtik – Religionskunde in Brandenburg: Religionsunterricht – wohin? Modelle seiner Organisation und didaktischen Struktur, hg. v. B. Schröder, Neukirchen-Vluyn 2014, 58.

19 Vgl. insbesondere zur ersten Phase Hans-Ulrich Keßler, Religionsunterricht für alle in evangelischer Verantwortung – der Hamburger Weg: Religionsunterricht – wohin? Modelle seiner Organisation und didaktischen Struktur, hg. v. B. Schröder, Neukirchen-Vluyn 2014, 45-56.

20 Vgl. Christlicher Religionsunterricht (CRU). Rechtswissenschaftliche und theologisch-religionspädagogische Perspektiven auf ein Reformmodell in Niedersachsen, hg. v. H. M. Heinig – A. Hense – K. Lindner – H. Simojoki, Tübingen 2024.

21 Vgl. hierzu und zu anderen benannten Modellen Thomas Meckel, Religionsunterricht im Recht. Perspektiven des katholischen Kirchenrechts und des deutschen Staatskirchenrechts, Paderborn – München – Wien – Zürich 2011 (KStKR 14), 255-365.

22 Katja Boehme, Religiöse Bildung der Zukunft – konfessionell oder interreligiös?: Bildung – Religion – Säkularität, hg. v. M. Hailer – H.-B. Petermann – H. Stettberger, Heidelberg 2013, 302.

23 Vgl. Georg Manten, Konfessioneller Religionsunterricht in öffentlichen Schulen unter den Bedingungen des 21. Jahrhunderts: Rechtskultur und Rechtspflege in der Kirche (FS Rees), hg. v. C. Ohly – S. Haering – L. Müller, Berlin 2020 (KST 71), 1065f.

Zugleich aber begrenzt Recht auch Möglichkeiten, spannt demnach einen Begrenzungsrahmen auf, der aber variantenreich gefüllt werden kann und soll. Bei Zukunftsmodellen sollte selbstverständlich direkt auch die rechtliche Dimension mitbedacht werden, die nicht nur Grenzen setzt, sondern auch Ermöglichungsräume eröffnet, die indes nicht unbegrenzt sind. Es ist wichtig, nicht nur die Grenzen, sondern auch die Möglichkeiten, die die Rechtsordnung bietet, aufzuzeigen und diese bei Planungen von Anfang an in den Blick zu nehmen und nicht erst a posteriori danach zu fragen, ob faktisch Geschaffenes nun auch rechtlich möglich sei.[24] Daher sollte man vermeiden, rechtliche Fragen erst hinterher zu behandeln, da dann sowohl das Kirchenrecht als auch das Religionsrecht in die Lage versetzt werden, nicht produktiv einen Entwicklungsprozess zu begleiten, sondern vielmehr am Ende von Überlegungen entweder Grenzen aufzuzeigen oder rechtliche Fragen mit politischen Fragen zu vermischen. In der Tat sollen juristische Diskurse religionspädagogische Entwicklungen zur Kenntnis nehmen und diskutieren und zugleich, so die Herausgeber des letztens erschienenen Bandes zum Christlichen Religionsunterrichts (CRU), „fallen religionspädagogische Beiträge auf, die sich um verfassungs-, schul- und religionsrechtliche Rahmenbedingungen des Religionsunterrichts nicht weiter kümmern. Sie präsentieren Reformüberlegungen quasi im rechtsfreien Raum".[25]

Vor dem Hintergrund der vielen Möglichkeiten und Modelle für den Religionsunterricht sei darauf hingewiesen, dass der rechtliche Rahmen der Anwendung in ganz unterschiedlichen lokalen Kontexten mit unterschiedlichen Modellen dient. Daher ist es wichtig, dass man sich nicht auf nur ein einheitliches flächendeckendes Modell versteift, sondern je nach der jeweiligen Situation die geeigneten rechtlich konformen Möglichkeiten ergreift. In der Regel sind regional adäquate Lösungen besser als landeseinheitliche.[26]

1. Die religionsrechtliche Normierung des Religionsunterrichts in Deutschland

Die Konfessionalität des Religionsunterrichts ist nicht nur eine rein binnenkirchliche Erwartung wie sie im Kirchenrecht zu Recht vermutet wird und dort

24 Vgl. Manten, Konfessioneller Religionsunterricht (Anm. 2), 412f.

25 Simojoki –Lindner – Hense – Heinig, Einleitung (Anm. 9), 7.

26 Vgl. Bernd Schröder, Was heißt Konfessionalität des Religionsunterrichts heute? Eine evangelische Stimme: Religionsunterricht – wohin? Modelle seiner Organisation und didaktischen Struktur, hg. v. B. Schröder, Neukirchen-Vluyn 2014, 175.

auch verortet ist,[27] sondern eine genuine Verfassungserwartung des säkularen Staates gemäß Art. 7, 3 GG. So hat das Bundesverfassungsgericht in seiner Leitentscheidung zu Art. 7, 3 GG den Verfassungsrechtsbegriff "Religionsunterricht" näher definiert: Der Religionsunterricht ist

> „in konfessioneller Positivität und Gebundenheit zu erteilen [...]. Er ist keine überkonfessionelle vergleichende Betrachtung religiöser Lehren, nicht bloße Morallehre, Sittenunterricht, historisierende und relativierende Religionskunde, Religions- oder Bibelgeschichte. Sein Gegenstand ist vielmehr der Bekenntnisinhalt, nämlich die Glaubenssätze der jeweiligen Religionsgemeinschaft. Diese als bestehende Wahrheiten zu vermitteln ist seine Aufgabe."[28]

Die Konfessionalität des Religionsunterrichts ist demnach eine genuine Verfassungserwartung des säkularen Staates. Die Konfessionalität ist wiederum Voraussetzung für einen fruchtbaren Dialog mit anderen Religionsgemeinschaften.[29] Daher hat

> „[d]er Staat [...] vor dem Hintergrund des [...] Verfassungsrechtsbegriffs des Religionsunterrichts, der deutlich macht, dass der Staat keine neutrale Religionskunde, sondern einen bekenntnisgebundenen Religionsunterricht wünscht, ein genuin eigenes Interesse an religiöser Bildung und ermöglicht damit die Befähigung zur Ausübung der in Art. 4, 1 GG verbürgten positiven Religionsfreiheit."[30]

Art. 7, 3 GG normiert mit der Einrichtung des Religionsunterrichts als ordentliches Lehrfach an öffentlichen Schulen nicht nur eine institutionelle Garantie, sondern zugleich ein Grundrecht auf Religionsunterricht, das den Schülerinnen und Schülern zur Entfaltung ihrer in Art. 4 GG verbürgten individuellen Religionsfreiheit, den Eltern aufgrund von Art. 6, 2 GG iVm Art. 4, 1 GG und den Religionsgemeinschaften aufgrund ihrer korporativen Religionsfreiheit nach Art. 4 GG zukommt. Die Bundesrepublik Deutschland ist kein neutralistischer Staat, sondern sie ist ein neutraler Staat und damit religiös enthaltsam und möchte Religion im öffentlichen Raum nicht eliminieren oder unterbinden, sondern spannt indes den Rahmen der Religionsfreiheit auf, um deren religiöse Entfaltung und Vielfalt zu ermöglichen.[31] Gerade aufgrund seiner Neutralität hat der Staat gemäß Art. 7, 3 GG ein genuines Interesse an einem

27 Vgl. dazu unten das zweite Kapitel.
28 BVerfGE 74 (1987), 252.
29 Vgl. Schambeck, Diskussion (Anm. 10), 52.
30 Meckel, Religionsunterricht (Anm. 21), 268.
31 Vgl. ebd., 265-267.

standpunktgebundenen Religionsunterricht, der vom religiösen Bekenntnis einer konkreten Religionsgemeinschaft ausgeht.[32] Für den neutralen Staat, der religiös enthaltsam, aber zugleich religiös offen ist, erfüllt der konfessionelle Religionsunterricht somit eine wichtige kulturstaatliche Funktion.[33] Gerade vor dem Hintergrund des vielzitierten Böckenförde Axioms[34], dreht Hans Joachim Höhn die Pointe des Böckenförde-Axioms angesichts der wachsenden Pluralität der Religionsgemeinschaften um:

> „In weithin säkularisierten Gesellschaften leben Religionen von Voraussetzungen, die selbst nicht sichern können. Diese Angewiesenheit resultiert nicht aus religionsinternen Schwächen, die religionsextern zu kompensieren sind. Vielmehr sorgt bereits das Faktum einer größeren religiösen Pluralität sowie die Diversität säkularer und religiöser Lebensstile für staatlichen Regelungsbedarf."[35]

Angesichts der in Art. 7, 3 GG verankerten Konfessionalität des Religionsunterrichts ist darauf zu verweisen, dass diese weder für den Staat noch für die Religionsgemeinschaften zur Disposition steht.[36] Hinnerk Wißmann betont, dass über die Konfessionalität des Religionsunterrichts weder der neutrale Staat verfügt „zugleich auch nicht die Religionspädagogik bzw. die einzelne Lehrkraft (und im letzten nicht einmal die Religionsgemeinschaft selbst)".[37]

Vor dem Hintergrund dieses staatlichen Eigeninteresses an der Konfessionalität des konfessionellen Religionsunterrichts und angesichts des kooperativen Verhältnisses von Staat und Religion ist der Religionsunterricht kein Privileg der Kirchen bzw. der Religionsgemeinschaften, sondern eine gemeinsame Angelegenheit von Staat und Religion. Beide treten, bei bleibender Unterscheidung, diesbezüglich in Beziehung. Insofern der Staat Veranstalter und Unternehmer des Religionsunterrichts ist und die jeweilige Religionsgemeinschaft aufgrund des Übereinstimmungsgebots für die inhaltliche Gestaltung des Religionsunterrichts verantwortlich ist, kann auch angesichts der bleiben-

32 Vgl. kritisch und den Plural „Religionsgemeinschaften" betonend Hinnerk Wißmann, Religionsunterricht für alle? Zum Beitrag des Religionsverfassungsrechts für die pluralistische Gesellschaft, Tübingen 2019, 67.

33 Vgl. Meckel, Religionsunterricht (Anm. 21), 267.

34 Vgl. ebd., 268.

35 Höhn, Religionsunterricht (Anm. 11), 16.

36 Vgl. Heinig, Religionsunterricht (Anm. 7), 148.

37 Hinnerk Wißmann, Konfession und Kooperation. Anmerkungen zur Rechtsentwicklung des Religionsunterrichts: Christlicher Religionsunterricht (CRU). Rechtswissenschaftliche und theologisch-religionspädagogische Perspektiven auf ein Reformmodell in Niedersachsen, hg. v. H. M. Heinig – A. Hense – K. Lindner – H. Simojoki, Tübingen 2024, 61.

den Unterscheidung von Staat und Religion bei der res mixta des Religionsunterrichts nicht von einem Durchbrechen staatlicher Neutralität die Rede sein.[38] Konfessionalität bezieht sich, da Art. 7, 3 GG auch kein Privileg allein für die Kirchen normiert, auf alle Religionen und nicht nur auf christliche Konfessionen. Kern ist ein Unterricht, der die religiöse Position vertritt und vermittelt – im Unterschied zu einem rein religionskundlichen deskriptiven Unterricht.[39] Der Religionsunterricht unterscheidet sich von der Religionskunde derart, dass er nicht nur über die Antworten verschiedener Religionen rein deskriptiv referiert, sondern diese Antworten aus der Perspektive eines eigenen bekenntnisgebundenen Standpunkts wertet und für diesen überzeugend eintritt.[40] Der Verfassungsrechtsbegriff "Religionsunterricht" als konfessioneller Religionsunterricht schließt religionskundliche Elemente nicht aus, indes darf der Religionsunterricht nicht insgesamt religionskundlichen Charakter haben.[41] Religionsunterricht trägt mitunter dazu bei, dass der Staat kein absolutes Bildungsmonopol hat bzw. religiöse Bildung auch Teil des allgemeinen Bildungsauftrags ist[42] und auch ein „gesellschafts- und staatskritisches Potential enthält".[43] Der Religionsunterricht nach Art. 7, 3 GG zielt auf und garantiert „Identifikation mit Religion und schafft Formen religiöser Identitätsbildung".[44] So zielt der Religionsunterricht auf „[d]ie Erziehung der Schülerinnen

38 Vgl. Meckel, Religionsunterricht (Anm. 21), 266f.

39 Vgl. Heinrich De Wall, Religionsunterricht für alle, KoKoRU, Islamischer Unterricht – neue Formen religionsübergreifenden und religionsneutralen Unterrichts. Ein Kommentar aus juristischer Perspektive: Religionsunterricht im Plausibilisierungsstress, hg. v. M. Domsgen – U. Witten, Bielefeld 2022, 118.

40 Vgl. Stefan Mückl, Konfessionalität des Religionsunterrichts im Wandel?: Nach geltendem Verfassungsrecht (FS Steiner), hg. v. G. Manssen – M. Jachmann – C. Gröpl, Stuttgart 2009, 546f.

41 Vgl. Rolf Poscher, Zur Verfassungsmäßigkeit eines gemeinsam verantworteten christlichen Religionsunterrichts: Christlicher Religionsunterricht (CRU). Rechtswissenschaftliche und theologisch-religionspädagogische Perspektiven auf ein Reformmodell in Niedersachsen, hg. v. H. M. Heinig – A. Hense – K. Lindner – H. Simojoki, Tübingen 2024, 27. Kerstin Gäfgen-Track, Zur Zukunft des Religionsunterrichts aus einer evangelisch-kirchlichen Perspektive: Religionsunterricht – wohin? Modelle seiner Organisation und didaktischen Struktur, hg. v. B. Schröder, Neukirchen-Vluyn 2014, 129 weist auf die Problematik hin, dass die Lehrkraft, wenngleich sie aufgrund des deskriptiven Charakters der Religionskunde keine Position vermittelt, indirekt dennoch aus ihrer Position heraus Religionen vorstellt.

42 Vgl. auch Uwe Kai Jacobs, Religionsunterricht aus juristischer Sicht. Der verkannte Verfassungsauftrag: HK Spezial 2021, 20 sowie Boehme, Bildung (Anm. 22), 293.

43 Boehme, Bildung (Anm. 22), 295.

44 Michael Droege, Rechtliche Rahmenbedingungen interreligiöser Kooperation im Religionsunterricht: Interreligiöse Kooperation im Religionsunterricht, hg. R. Boschki – F. Schweitzer – F. Ulfat, Köln 2023, 46.

und Schüler zu mündigen Bürgerinnen und Bürgern, die beurteilungs- und entscheidungsfähig sind, auch in religiösen Fragen".[45]

Nach Art. 7, 3 GG ist der Religionsunterricht als ordentliches Lehrfach ein wissenschaftliches Fach, das am schulischen Bildungsauftrag teilhat, diesen mit erfüllt, und sich von ihm her begründet. Schon die Rechtsprechung des Bundesverwaltungsgerichts im Jahr 1973 hat dem Konzept einer Katechese in der Schule eine Absage erteilt.[46] Der Religionsunterricht ist Pflichtfach mit der Möglichkeit der Abmeldung nach Art. 7, 2 GG. Diese Abmeldungsmöglichkeit macht ihn nicht zu einem Wahlfach. Eine Ausgestaltung als Wahlpflichtfach tangiert seinen Charakter als Pflichtfach nicht und ist daher mit Art. 7, 3 GG vereinbar.[47] Als ordentliches Lehrfach ist er benotungsfähig und kann versetzungserheblich sein, da er ein wissenschaftlich fundiertes Fach ist, das mit anderen Fächern auf Augenhöhe rangiert. Gegenstand der Bewertung ist nicht die Gläubigkeit der Schülerin bzw. des Schülers. Alle Stufen der differenzierten Notenskala gelten aber auch für den Religionsunterricht, wenn er als ordentliches Lehrfach ernst genommen werden will und auch die Aussage- und Abbildungskraft von Noten für die Schülerinnen und Schüler ernst nimmt. Als ordentliches Lehrfach ist der Religionsunterricht integraler Bestandteil der Lehrpläne und ist anderen ordentlichen Lehrfächern restlos gleichgestellt. Es ist ihm eine angemessene Anzahl von Unterrichtsstunden innerhalb der regulären Unterrichtszeit zuzuweisen, die nicht generell in Eck- oder Randstunden liegen dürfen. Die Einrichtung von MindestschülerInnenzahlen gefährdet nicht die in Art. 7, 3 GG normierte institutionelle Garantie. Als Veranstalter trägt der Staat die Personal- und die Sachkosten und muss für geeignete Ausbildungsstätten für Religionslehrerinnen und -lehrer Sorge tragen. Die Lehrkräfte des Religionsunterrichts haben Sitz und Stimme in der Lehrerkonferenz, unabhängig davon, ob sie haupt- oder nebenamtlich tätig sind oder Beschäftigte der Religionsgemeinschaften oder staatliche Bedienstete sind.[48] Der Religionsunterricht unterliegt der staatlichen Schulaufsicht nach Art. 7, 3 iVm Art. 7, 1 GG. Die staatliche Schulaufsicht umfasst neben der Fach-, Dienst- und Rechtsaufsicht ein aktives Gestaltungsrecht im Bereich des Schulwesens. Unbeschadet dieses Aufsichtsrechts gewährleistet das Übereinstimmungsgebot des Art. 7, 3 GG der konkreten Religionsgemeinschaft das Recht zur Bestimmung der Inhalte des von ihr verantworteten konfessionellen Religionsunterrichts. Durch das Übereinstimmungsgebot wird die Neutralität des Staates gewahrt und nicht unter der Hand eine Art geistliche Schulaufsicht einge-

45 Jacobs, Religionsunterricht (Anm. 42), 21.

46 Vgl. BVerwGE 42 (1974), 350.

47 Vgl. Meckel, Religionsunterricht (Anm. 21), 286-288.

48 Vgl. ebd., 265-273.

führt. Trotz dieser Kompetenz der Religionsgemeinschaften zur Bestimmung der Inhalte des Religionsunterrichts hat der Staat darauf zu achten, dass der Religionsunterricht als wissenschaftliches und ordentliches Lehrfach die mit anderen ordentlichen Lehrfächern vergleichbaren didaktischen und methodischen Standards wahrt. Daher werden Lehrpläne und Lehrbücher im gegenseitigen Einvernehmen erstellt. Aus dem Übereinstimmungsgebot folgt auch die Kompetenz der Religionsgemeinschaften, bezüglich der Religionslehrerin bzw. des Religionslehrers deren bzw. dessen Übereinstimmung mit den Grundsätzen der jeweiligen Religionsgemeinschaft gegenüber dem Staat, für den katholischen Religionsunterricht etwa in Form der Missio Canonica, zu erklären. Ferner folgt aus dem Übereinstimmungsgebot das Einsichtsrecht der Religionsgemeinschaften, um sich von der Übereinstimmung des Religionsunterrichts mit ihren Grundsätzen zu überzeugen.[49]

Um als Religionsgemeinschaft im Sinne des Art. 7, 3 GG zu gelten, bedarf es als Mindestanforderung, dass sie als Verband, der der allseitigen Erfüllung eines Glaubensbekenntnisses dient, eine rechtliche Gestalt hat und am allgemeinen Rechtsverkehr teilnimmt. Dies ist nicht an eine bestimmte Rechtsform, beispielsweise an die der Körperschaft des öffentlichen Rechts, gebunden und auch nicht den christlichen Kirchen und kirchlichen Gemeinschaften vorbehalten. De facto werden aber die diesbezüglichen, in Art. 140 GG iVm Art. 137,5 WRV genannten, Kriterien der Gewähr der Dauer bezüglich der Verfassung und der Mitgliederzahl angelegt. Ferner ist die Verfassungstreue der Religionsgemeinschaft ausschlaggebend, und es ist notwendig, dass die Religionsgemeinschaft eine legitimierte Instanz aufweist, die als verbindlicher Ansprechpartner die Grundsätze der Religionsgemeinschaft gegenüber dem Staat vertreten kann. Dies kann auch im Hinblick auf islamischen Religionsunterricht durch die Form eines Dachverbandes geschehen, der für alle Mitglieder verbindlich sprechen kann und eine klare Mitgliedschaftsregelung aufweist.[50]

Vor dem Hintergrund der grundsätzlichen Regelungen des Art. 7, 3 GG ist zu fragen, welche Spielräume für verschiedene Situationen hier bestehen. Der Verfassungsrechtsbegriff des Religionsunterrichts geht von der konfessionellen Homogenität der Lehrkräfte aus, die das jeweilige Bekenntnis auch authentisch vertreten können und dazu von ihrer Religionsgemeinschaft bevollmächtigt wurden.[51] Der Verfassungsrechtsbegriff "Religionsunterricht" geht in der Regel von einer konfessionell homogenen Gruppe von Schülerinnen und Schülern aus, setzt diese aber nicht zwingend voraus. Die Entschei-

49 Vgl. Meckel, Religionsunterricht (Anm. 21), 273-278.

50 Vgl. ebd., 278-286.

51 Vgl. Poscher, Verfassungsmäßigkeit (Anm. 41), 32.

dung über die Teilnahme konfessionsfremder Schülerinnen und Schüler fällt in den Bereich des Selbstbestimmungsrechts der Religionsgemeinschaften. Die Entscheidung des Bundesverfassungsgerichts von 1987 spricht von einer verfassungsrechtlichen Unbedenklichkeit einer „geordnete[n] Teilnahme von Schülern einer anderen Konfession am Religionsunterricht [...], solange der Unterricht dadurch nicht seine besondere Prägung als konfessionell gebundene Veranstaltung verliert“.[52] Die konfessionelle Homogenität der Schülerinnen und Schüler des Religionsunterrichts lässt sich aus dem Verfassungsrechtsbegriff “Religionsunterricht“ in Art. 7, 3 GG somit nicht ableiten. Diese oder deren Öffnung zu entscheiden, liegt im Selbstbestimmungsrecht der Religionsgemeinschaften.[53] Hier gibt es demnach eine große Regelungsfreiheit der Religionsgemeinschaften und eine etwaige “Überfremdung“ wird fast nicht mit klaren Kriterien festzustellen sein.[54] Gemischt-konfessionellen Lerngruppen steht Art. 7, 3 GG nicht entgegen. Dennoch ist darauf zu achten, dass die Schülerinnen und Schüler bzw. die Eltern einen Anspruch auf Religionsunterricht ihres Bekenntnisses haben[55], sodass dies auch erkennbar sein muss. Sehr häufige Wechsel der Lehrpersonen z. B. lassen schwer erkennen, wann und ob Religionsunterricht des jeweiligen Bekenntnisses erteilt wird.[56]

Der Verfassungsrechtsbegriff “Religionsunterricht“ ist nach Aussage des Bundesverfassungsgerichts neben seinem unveränderbaren Kern der Bekenntnisgebundenheit[57] „nicht in jeder Hinsicht festgelegt [...], sondern wie der übrige Inhalt der Verfassung ‚in die Zeit hinein offen‘, [...] um die Lösung von zeitbezogenen und damit wandelbaren Problemen zu gewährleisten“[58] Die Bestimmung der Grundsätze für den Religionsunterricht fällt allein in den Bereich des Selbstbestimmungsrechts der Religionsgemeinschaften. So sind sie auch durchaus wandelbar, solange sie gemäß dem Urteil des BVerfG von 1987 den Kern der Konfessionalität des Religionsunterrichts wahren.[59] Wenn die Kirchen ihr Verständnis der Grundsätze z. B. für den Religionsunterricht modifizieren, muss der Staat dies aufgrund seiner Neutralität zur Kenntnis nehmen. Dies fällt aber in das Selbstbestimmungsrecht der Religionsgemeinschaften. Eine vom Staat initiierte Ökumene aus Gründen der Ökonomie würde die staatliche Neutralität verletzen.[60] Es gibt zu denken, dass bei der Evaluation des

52 BVerfGE 74 (1987), 254.
53 Vgl. Poscher, Verfassungsmäßigkeit (Anm. 41), 32.
54 Vgl. Manten, Religionsunterricht (Anm. 23), 1048f.
55 Vgl. dazu Droege, Rahmenbedingungen (Anm. 44), 48.
56 Vgl. Manten, Religionsunterricht (Anm. 23), 1048-1055.
57 Vgl. dazu kritisch Droege, Rahmenbedingungen (Anm. 44), 47.
58 BVerfGE 74 (1987), 252f.
59 Vgl. Mückl, Religionsunterricht (Anm. 14), 230; 233.
60 Vgl. Meckel, Religionsunterricht (Anm. 21), 281-285.

konfessionell-kooperativen Religionsunterrichts in Nordrhein-Westfalen zum Vorschein kam, dass die staatliche Schulverwaltung die Schulleitungen zu konfessionell-kooperativen Religionsunterricht gedrängt habe.[61] Eine allgemeine christliche Konfessionskunde würde den Verfassungsrechtsbegriff „Religionsunterricht" nicht erfüllen, da hier die konkrete konfessionelle Bindung von Lehre und Lehrerin bzw. Lehrer fehlen würde. Wenn verschiedene Konfessionen ihre theologischen Unterschiede für überwindbar halten und sich auf der Grundlage eines gemeinsamen Bekenntnisses auf gemeinsame Inhalte eines Religionsunterrichts verständigen könnten, hätte der neutrale Staat dies hinzunehmen. Damit wäre der Kern der unabdingbaren Konfessionalität des Verfassungsrechtsbegriffs "Religionsunterricht" gewahrt.[62] Es gehört dem Bundesverfassungsgericht zufolge zum unverzichtbaren verfassungsrechtlichen Kern des Religionsunterrichts[63], dass der Inhalt des jeweiligen Bekenntnisses, „nämlich die Glaubenssätze der jeweiligen Religionsgemeinschaft" Inhalt und Ausgangspunkt des Religionsunterrichts sind, die er „als bestehende Wahrheiten zu vermitteln" hat.[64] Zugleich werden die Religionsgemeinschaften durch das Selbstbestimmungsrecht und seiner Konkretisierung im Übereinstimmungsgebot des Art. 7, 3 GG

> „in der Formulierung ihrer Grundsätze für den Religionsunterricht verfassungsrechtlich vor der Preisgabe ihres Propriums geschützt. Die Garantie lässt den Etikettenschwindel nicht zu, Religionsunterricht kann nicht in allgemeine Formen der Religionskunde oder der Präsenz des Religiösen überhaupt im Schulwesen diffundieren."[65]

Die Grundsätze nach Art. 7, 3 GG haben auch nach dem Urteil des BVerfG von 1987 einen Bezug zu den Glaubenssätzen der Religionsgemeinschaften, sie sind aber von diesen zu unterscheiden. Die Grundsätze nach Art. 7, 3 GG „sind nicht identisch mit der Gesamtheit des Bekenntnisses der Religionsgemeinschaften. Erforderlich ist vielmehr lediglich, dass die Grundsätze, die im Religionsunterricht gelehrt werden, von den Religionsgemeinschaften auch vertreten werden."[66] Das Bundesverwaltungsgericht hat 2005 geurteilt, dass mehrere Religionsgemeinschaften auch sich bei einem gemeinsamen Bekennt-

61 Vgl. Ulrich Riegel, Organisatorische Aspekte der Einführung von konfessionell-kooperativem Religions-unterricht in Nordrhein-Westfalen (NRW): Theo-WE. Zeitschrift für Religionspädagogik 20 (2021), 201.

62 Vgl. Meckel, Religionsunterricht (Anm. 21), 281-285.

63 Ebd.

64 BVerfGE 74 (1987), 252.

65 Droege, Rahmenbedingungen (Anm. 44), 46.

66 Poscher, Verfassungsmäßigkeit (Anm. 41), 28.

nis oder verwandter Bekenntnisse auf Grundsätze einigen können, die dann einem gemeinsamen Religionsunterricht zu Grunde liegen.[67]

> „Das Begehren nach Einführung eines von den Klägern gemeinsam verantworteten […] Religionsunterrichts begegnet als solches mit Rücksicht auf die maßgeblichen Regelungen in Art. 7 Abs. 1, Abs. 3 Sätze 1 und 2 GG keinen Bedenken. Die dort vorgesehene Arbeitsteilung zwischen Staat und Religionsgemeinschaften, insbesondere die Wahrung der öffentlichen Interessen durch den Staat wird nicht beeinträchtigt, wenn sich zwei Religionsgemeinschaften *auf der Grundlage eines gemeinsamen Bekenntnisses oder mehrerer verwandter Bekenntnisse auf gemeinsame Inhalte für den Religionsunterricht verständigen*. Andererseits hat der Staat eine derartige Verständigung zu respektieren, die als Wahrnehmung positiver Religionsfreiheit zu verstehen ist […].“[68]

Es bedarf demnach „eine[r] hinreichende[n] Homogenität der Bekenntnisse [… und] aus diesen Bekenntnissen abgeleitete[n] kongruente[n] Grundsätze[n]“.[69] Dies referiert auch das Urteil des Bundesverwaltungsgerichts vom 20.12.2018.[70] Die höchsten Gerichte zeigen „zur Homogenität und der Quelle der Grundsätze für den Religionsunterricht als auch diejenige des Bundesverfassungsgerichts zur Eigenart des Religionsunterrichts eine erhebliche Beweglichkeit in den verfassungsrechtlichen Garantien des Religionsunterrichts“.[71] Die Verwandtschaft der Bekenntnisse wird betont und das ist zugleich ein Problem des Religionsunterrichts für alle – auch in seiner Form als Religionsunterricht für alle 2.0.[72] Denn die evangelischen, jüdischen, islamischen, alevitischen, buddhistischen und nun auch katholischen Bekenntnisse haben anders als die christlichen Konfessionen „keine allen gemeinsamen Glaubensinhalte“.[73] Zudem ist es herausfordernd Lehrerinnen und Lehrer zu stellen und zu koordinieren, die diese Bekenntnisse auch authentisch vertreten können.[74] Denn eine rein oder überwiegend religionskundliche Darstellung der Religionen unterfällt nicht mehr Art. 7, 3 GG. Denn der Religionsunterricht gemäß Grundge-

67 BVerwG, Urteil vom 23.02.2005 – 6 C 2.04 – [ECLI:DE:BVerwG:2005:230205U6C2.04.0].

68 Ebd, II.7. [Hervorhebung vom Verf.]

69 Manten, Konfessioneller Religionsunterricht (Anm. 2), 417.

70 BVerwG, Beschluss vom 20.12.2018 – 6 B 94.18 – [ECLI:DE:BVerwG:2018:201218B 6B94.18.0]. Hier bereits im dritten Leitsatz.

71 Droege, Rahmenbedingungen (Anm. 44), 44.

72 Vgl. das Gutachten von Wilfried Härle, Religionsunterricht unter pluralistischen Bedingungen. Eine kritische Sichtung des Hamburger Modells, Leipzig 2019.

73 Poscher, Verfassungsmäßigkeit (Anm. 41), 35.

74 Vgl. ebd., 35.

setz zielt „auf die Vermittlung eines Bekenntnisses und einer Glaubenswahrheit. Das schließt Binnendifferenzierungen nicht aus. Doch muss er auf die Vermittlung einer Glaubenswahrheit zielen und diese Vermittlung muss den Unterricht prägen“.[75] Es unterfiele auch nicht mehr Art. 7, 3 GG, wenn es dem Religionsunterricht für alle gelänge, viele verschiedene Glaubenswahrheiten additiv nebeneinander zu stellen, denn dann wäre nicht mehr gewährleistet, dass „eine von ihnen eine den Unterricht prägende Rolle einnähme“.[76] Nach Georg Manten

> „setzt ein von mehreren Religionsgemeinschaften gemeinsam mitverantworteter Religionsunterricht aus staatskirchenrechtlicher Sicht weder eine vollständige Homogenität oder gar Identität der jeweiligen Bekenntnisse voraus noch eine ‚Kircheneinheit‘ oder ‚Kirchengemeinschaft‘ im theologischen oder juristischen Sinne. Es genügt, wenn die fraglichen Religionsgemeinschaften zu der Einschätzung gelangen, ihre jeweiligen Bekenntnisse seien derart verwandt, dass die hieraus jeweils abgeleiteten Grundsätze für den Religionsunterricht übereinstimmen und ein gemeinsamer Religionsunterricht möglich erscheint.“[77]

Die erklärte Kongruenz mit den Grundsätzen muss auch mit der Lehre der, diese Kongruenz erklärenden, Religionsgemeinschaft übereinstimmen[78] und „[k]eine Religionsgemeinschaft kann eine Mitverantwortung für Lehrpositionen übernehmen, die nicht die eigenen sind“.[79] Die geforderte Kongruenz setzt aber keine konfessionelle Homogenität voraus.[80] Zwischen der evangelischen Kirche und der katholischen Kirche gibt es Differenzen, z. B. in der Verhältnisbestimmung von Schrift und Tradition, der Sakramentenlehre, des Amtsverständnisses, der Stellung des Papstes und anderen Fragen der Ekklesiologie, wie der Unterscheidung von Laien und Klerikern.[81] Die Grundsätze müssen dann gemeinsam vor dem Staat, z. B. durch eine von den Religionsgemeinschaften legitimierte Instanz, vertreten werden. Die Religionslehrerinnen und

75 Ebd., 36.
76 Ebd.
77 Manten, Religionsunterricht (Anm. 23), 1059.
78 Vgl. auch Poscher, Verfassungsmäßigkeit (Anm. 41), 28.
79 Hendrik Munsonius, Zur Übereinstimmung eines christlichen Religionsunterrichts mit den Grundsätzen der evangelischen Kirche: Christlicher Religionsunterricht (CRU). Rechtswissenschaftliche und theologisch-religionspädagogische Perspektiven auf ein Reformmodell in Niedersachsen, hg. v. H. M. Heinig – A. Hense – K. Lindner – H. Simojoki, Tübingen 2024, 95.
80 Vgl. Poscher, Verfassungsmäßigkeit (Anm. 41), 31.
81 Vgl. Munsonius, Übereinstimmung (Anm. 79), 95f.

-lehrer bedürfen einer Bevollmächtigung ihrer Religionsgemeinschaft.[82] Nach Georg Manten würde es

> „im Ermessen der beteiligten Religionsgemeinschaften [... liegen], ob sie die durch die jeweiligen Autoritäten der Religionsgemeinschaften erteilten Bevollmächtigungen wechselseitig anerkennen oder ob eine durch ein gemeinsames Gremium aller beteiligten Religionsgemeinschaften verliehene Bevollmächtigung an deren Stelle tritt".[83]

Es kann auch nur eine partielle Kongruenz der Grundsätze mehrerer Religionsgemeinschaften vorliegen, sodass ein gemeinsamer Religionsunterricht nur in bestimmten Schularten oder Klassenstufen als sinnvoll und möglich erscheint, z. B. in der Primarstufe oder in Berufsschulen etc.[84] Wenn Religionsgemeinschaften gemeinsam einen Religionsunterricht verantworten, ist er Pflichtfach für die jeweilig ihnen angehörenden Schülerinnen und Schüler, die dann insgesamt und nicht differenziert die MindestschülerInnenzahl erfüllen können.[85] Natürlich kann weder eine Religionsgemeinschaft noch der Staat eine andere Religionsgemeinschaft zu einer Kooperation verpflichten. Zudem kann der Staat eine behauptete Verwandtheit von Bekenntnissen einer Plausibilitätsprüfung unterziehen.[86] Es gibt verschiedene Formen des konfessionell-kooperativen Religionsunterrichts. Konfessionell-kooperativer Religionsunterricht muss immer im Einzelfall genau anhand von Art. 7, 3 GG geprüft werden.[87] Ein Modell ist die von staatlicher Seite ermöglichte Öffnung eines konfessionellen Religionsunterrichts für anderskonfessionelle Schülerinnen und Schüler, sodass es zu gemischt-konfessionellen Gruppen kommt, wie nach der bisherigen Erlasslage in Hessen und Niedersachsen. Der Religionsunterricht folgt dem Curriculum der gastgebenden Konfession und in der Regel unterrichtet deren Lehrkraft oder die Lehrkräfte der Konfessionen wechseln sich ab.[88] Zum anderen kann im konfessionell-kooperativen Religionsunterricht die Initiative bei den Konfessionen gelegen haben, wie in Baden-Württemberg und Nordrhein-Westfalen.

Solange Religionsgemeinschaften separaten konfessionellen Religionsunterricht und entsprechende Grundsätze gegenüber dem Staat vertreten, können verschiedene Religionsunterrichte zwar auch miteinander kooperie-

82 Vgl. Manten, Religionsunterricht (Anm. 23), 1060.

83 Ebd.

84 Vgl. ebd., 1062f.

85 Vgl. ebd., 1060.

86 Vgl. ebd., 1061f.

87 Vgl. ebd., 1057.

88 Vgl. Mückl, Religionsunterricht (Anm. 14), 237-239.

ren, bleiben aber voneinander geschieden, ohne zu fusionieren. Nach Urteil des Bundesverfassungsgerichts von 1987 ist ein überkonfessioneller Religionsunterricht bei nicht übereinstimmenden Grundsätzen auch nicht mit Art. 7, 3 GG vereinbar. Auch bei Kooperationen ist die Konfession der Lehrkraft dann bestimmend für die Konfessionalität des Religionsunterrichts. Bei regelmäßigem Wechsel der Lehrkraft ist dann zwar die Konfessionalität feststellbar, aber es besteht ein Perspektivwechsel, dass dann nicht mehr „die Konfessionalität im Sinne der Bindung an die Grundsätze einer bestimmten Religionsgemeinschaft, sondern der Wechsel der konfessionellen Prägung das maßgebliche Strukturprinzip darstellt".[89] Georg Manten weist zu Recht auf die Problematik hin, dass es bei einem Wechsel der Lehrkräfte stets verschiedene konfessionelle Religionsunterrichte bleiben und der konfessionelle Religionsunterricht einer Konfession für Schülerinnen und Schüler der vom Lehrer oder der Lehrerin differenten Konfession kein konfessioneller Religionsunterricht für diese Schülerinnen und Schüler ist und zugleich auch für diese nicht als religionskundlicher Unterricht erteilt wird, da dieser in der Perspektive der anderen Konfession erteilt wird. Schulcurricula müssen klar den Grundsätzen der jeweiligen Religionsgemeinschaften entsprechen und bei Kooperationen muss „erkennbar sein, welche Ausführungen sich auf den evangelischen und welche sich auf den katholischen Religionsunterricht beziehen".[90] Beim Modell des konfessionell-kooperativen Religionsunterrichts in Baden-Württemberg weist Stefan Mückl zu Recht darauf hin, dass anfangs die Konfessionalität des Religionsunterrichts nach der jeweiligen Konfession des Schülers oder der Schülerin im Zeugnis eingetragen wurde. Dies wurde später dann modifiziert, sodass die Konfession des Religionslehrers den Konfessionseintrag des Religionsunterrichts im Zeugnis bestimmt. Mückl unterstreicht, dass eine Missio Canonica für einen katholischen Religionslehrer bzw. eine Religionslehrerin nur befähigt und beauftragt katholischen Religionsunterricht zu erteilen.[91]

Konfessionell-kooperativer Religionsunterricht im engeren Sinn bedeutet, dass Konfession der Lehrkraft die Konfessionalität bestimmt. Verstanden in einem weiteren Sinn gibt es interkonfessionell erarbeitete Lehrpläne unabhängig von Konfession der jeweiligen Lehrkraft. Die Konfessionalität verschiebt sich dann auf die inhaltliche und didaktische Ebene.[92] Bislang war die Kon-

89 Georg Manten, Verfassungsrechtliche Grenzen und Möglichkeiten der Kooperation beim Religionsunterricht: Christlicher Religionsunterricht (CRU). Rechtswissenschaftliche und theologisch-religionspädagogische Perspektiven auf ein Reformmodell in Niedersachsen, hg. v. H. M. Heinig – A. Hense – K. Lindner – H. Simojoki, Tübingen 2024, 77.

90 Manten, Religionsunterricht (Anm. 23), 1056.

91 Vgl. Mückl, Religionsunterricht (Anm. 14), 241f.

92 Vgl. Bauer, Jochen, Konfessionelle Kooperation und Religionsunterricht für alle 2.0. Eine Verhältnis-bestimmung: RpB 45 (2022), 49f.

fessionalität beim konfessionell-kooperativen Religionsunterricht immer klar von der Konfessionalität der Lehrkraft her bestimmt.[93]

Aufgrund der Bindung des Religionsunterrichts an seine konfessionelle Erteilung gemäß Art. 7, 3 GG fällt ein nicht bekenntnisgebundener ökumenischer oder interreligiöser Religionsunterricht ohne den Ausgangspunkt eines konkreten Bekenntnisses nicht unter Art. 7, 3 GG, da die Verfassung keinen Religionsunterricht aus einer vermeintlichen metatheoretischen Vogelperspektive heraus vorsieht. Dies schließt ökumenisches und interreligiöses Lernen im Kontext eines bekenntnisgebundenen Religionsunterrichts selbstverständlich nicht aus, sondern vielmehr ein.[94] Wichtig erscheint, dass nicht eine Art „Schulreligion" entsteht, die außerhalb der Schule keine Entsprechung hat.[95] Der Religionsunterricht kann keine Ökumene in der Schule voraussetzen oder vorwegnehmen, die es dann in der außerschulischen Realität nicht gibt. Das spricht nicht gegen ökumenische Zusammenarbeit. Dafür sind Lehrerinnen und Lehrer der jeweiligen Konfession notwendig.[96] Ein bekenntnisgebundener ökumenischer Religionsunterricht ist nach Heinrich de Wall so lange unter Art. 7, 3 GG möglich, als dass sichergestellt ist, dass der Religionsunterricht an eine gemeinsame Grundlage des Bekenntnisses gebunden ist und dieses vermittelt wird. Dies festzustellen ist Sache der Religionsgemeinschaften im Rahmen ihres Selbstbestimmungsrechtes. Es darf sich um keinen religionskundlichen Religionsunterricht handeln. Ein multireligiöser Religionsunterricht, der die gemeinsame Bekenntnisgrundlage viel schwerer sicherstellen kann als ein ökumenischer, steht viel schneller in der Gefahr nicht unter Art. 7, 3 GG zu fallen.[97]

Das Hamburger Modell eines Religionsunterrichts für alle kollidiert mit den Anforderungen des Art. 7, 3 GG. Stefan Mückl sieht im Religionsunterricht für alle letztlich eine interreligiöse Religionskunde und hält das Modell nicht von Art. 7, 3 GG gedeckt.[98] Religionsunterricht für alle 2.0 geht nicht mehr von einer pluralistischen Religionstheologie aus, sondern die jeweiligen Theologien der jeweiligen Religionen stehen nebeneinander.[99] Es ist darauf hinzuweisen, dass mit dem Fach Philosophie bzw. Ethik keine Kooperation besteht, was aber

93 Vgl. Gäfgen-Track, Zukunft (Anm. 41), 132.

94 Vgl. Meckel, Religionsunterricht (Anm. 21), 258f.; 281-284.

95 Vgl. Wißmann, Konfession (Anm. 37), 70.

96 Vgl. Joachim Weinhardt, Konfessionell-kooperativer Religionsunterricht in Baden-Württemberg: Religions-unterricht – wohin? Modelle seiner Organisation und didaktischen Struktur, hg. v. B. Schröder, Neukirchen-Vluyn 2014, 29f.

97 Vgl. De Wall, Religionsunterricht (Anm. 39), 118f.

98 Vgl. Mückl, Religionsunterricht (Anm. 14), 249-253.

99 Vgl. Jochen Bauer, Konfessionelle Kooperation und Religionsunterricht für alle 2.0. Eine Verhältnis-bestimmung: RpB 45 (2022), 52.

angesichts der Fächergruppe eine verpasste Chance darstellt.[100] Auch in seiner Fassung 2.0 steht der Hamburger Religionsunterricht für alle in Spannung zu Art. 7, 3 GG, da diese Religionsgemeinschaften weder ein verwandtes Bekenntnis teilen noch in der Überzeugung auf der Wahrheitsebene übereinkommen können. Es bräuchte für jeden positionellen Teil eine Lehrkraft mit entsprechender Bevollmächtigung dieser Religionsgemeinschaft. Hinnerk Wißmann sieht hier ein komplexes Modell, in dem die Hauptverantwortung bei den Lehrerinnen und Lehrern liegt.[101] Janbernd Oebbecke ist zuzustimmen: „Wie soll es möglich sein, einem 11-jährigen gleichzeitig als Glaubenswahrheit beizubringen, Christus sei auferstanden und das sei nicht der Fall – egal wie man Auferstehung versteht?“[102] Es ist zudem mehr Bescheidenheit geboten. In der Schule kann man interreligiös kooperieren, indes aber keinen interreligiösen Dialog führen, da weder die Schülerinnen und Schüler noch die Lehrerinnen und Lehrer hinreichend beheimatet oder kompetent dazu sein können.[103]

Das Positionspapier der Schulreferentinnen und Schulreferenten der evangelischen Kirchen und katholischen Bistümer in Niedersachsen „Gemeinsam verantworteter christlicher Religionsunterricht“ (CRU) vom Mai 2021 unterstreicht die positiven Erfahrungen mit dem konfessionell-kooperativen Religionsunterricht seit 1998[104] „und die gewachsene ökumenische Einsicht“ als Motiv, „den konfessionellen Religionsunterricht weiterzuentwickeln und auszugestalten“.[105] Es ist Ziel, den konfessionellen Religionsunterricht und auch den konfessionell-kooperativen Unterricht durch einen von den evangelischen Kirchen und der katholischen Kirche gemeinsam verantworteten Religionsunterricht zu substituieren, der unter Art. 7, 3 GG fallen soll. Es handelt sich demnach nicht um ein ergänzendes Modell, das hier vorgeschlagen wird. Die nach wie vor bestehenden ökumenischen Differenzen werden zwar gesehen, indes aber nicht als hinderlich gesehen, Grundsätze eines christlichen Religionsunterrichts gemeinsam zu verantworten. Hierzu werden sowohl der Stand

100 Vgl. Katja Boehme, Mehrperspektivität durch fächerkooperierenden Unterricht: Österreichisches Religions-pädagogisches Forum 30 (2022) Heft 1, 206f.

101 Vgl. Wißmann, Religionsunterricht für alle? (Anm. 32), 80.

102 Janbernd Oebbecke, Art. 7 Abs. 3 GG und die Weiterentwicklung des Religionsunterrichts: Neuvermessung des Religionsunterrichts nach Art. 7 Abs. 3 GG. Zur Zukunft religiöser Bildung, hg. v. A. Kubik – S. Klinger – C. Saglam, Osnabrück 2022 (Veröffentlichungen des Instituts für Islamische Theologie der Universität Osnabrück 11), 79.

103 Vgl. Boehme, Mehrperspektivität (Anm. 100), 210f.

104 Vgl. dazu Meckel, Religionsunterricht (Anm. 21), 220-226.

105 Gemeinsam verantworteter Christlicher Religionsunterricht. Ein Positionspapier der Schulreferentinnen und Schulreferenten der evangelischen Kirchen und katholischen Bistümer in Niedersachsen, Hannover 2021: https://assets-raphael.max-e.info/damfiles/default/religionsunterricht_in_niedersachsen/Downloads/2021/Positionspapier-CRU.pdf-305bd68e2be2c4b5d7f23a7602ea84f7.pdf [Zugriff: 03.01.2025].

ökumenischer Gespräche, die Heilige Schrift, systematisch-theologische als auch religionspädagogische Reflexion angeführt.[106] Im Rahmen der Überlegungen zum CRU wird betont, dass die Konfessionalität des Religionsunterrichts nach Art. 7, 3 GG nicht auf die Erteilungsmöglichkeit durch eine Konfession zielt, „sondern darauf, dass es sich um einen bekennenden Unterricht handelt".[107] Beim CRU wird bezüglich der gemeinsamen Grundsätze auf die Bibel, die Taufe und deren wechselseitige Anerkennung, die altkirchlichen Glaubensbekenntnisse und die Fortschritte des ökumenischen Dialogs verwiesen.[108] Eine genaue Formulierung aller gemeinsamen Grundsätze ist derzeit nicht zu finden. CRU spricht in der Regel von christlicher Religion.[109] Die orthodoxen Konfessionskirchen sind aber in der Regel nicht im Blick. CRU ist ein bekenntnisorientierter gemeinsamer

> „Religionsunterricht in koordinierter Verantwortung [... d. h.] Religionsunterricht mit drei unterschiedlich zuzuordnenden Bekenntnisinhalten: den zwischen den beteiligten evangelischen und katholischen Kirchen geteilten, den konfessionsspezifisch evangelischen und den konfessionsspezifischen katholischen".[110]

Der CRU steht neben anderen Religionsunterrichten anderer Religionen oder Konfessionen und befindet sich mit diesen und dem Fach Werte und Normen in einer Fächergruppe.[111] Der CRU unterscheidet sich vom konfessionell-kooperativen Religionsunterricht insofern, als

> „[d]ie beteiligten evangelischen Kirchen und katholischen Bistümer [...] die Verantwortung für einen Bekenntnisunterricht übernehmen, der die von ihnen vertretenen Bekenntnisse als Ausdruck eines gemeinsamen Christentums versteht, das in seiner konfessionellen Differenziertheit Gegenstand des gemeinsamen Unterrichts ist. Die konfessionelle Differenziertheit soll im gemeinsam verantworteten christlichen Religionsunterricht nach Möglichkeit auch durch einen Wechsel der Lehrkräfte aus beiden Konfessionen unterstrichen werden."[112]

106 Vgl. ebd., 3f.
107 Poscher, Verfassungsmäßigkeit (Anm. 41), 31.
108 Vgl. Positionspapier (Anm. 105), 29-31.
109 Vgl. ebd., 11.
110 Poscher, Verfassungsmäßigkeit (Anm. 41), 49.
111 Vgl. Positionspapier (Anm. 105), 42f.
112 Poscher, Verfassungsmäßigkeit (Anm. 41), 22f.

Der konfessionsspezifische Teil wird demnach integriert in einen Religionsunterricht, der von gemeinsamen Grundsätzen her gemeinsam verantwortet wird. Hier ist zu fragen, ob der CRU damit auch das Recht auf katholische Erziehung gemäß cc. 226 iVm 793 und 804 erfüllt und wie der CRU mit kirchentrennenden Differenzen umzugehen vermag.[113] Hans Michael Heinig stellte vor Entwicklung des CRUs noch fest:

> „Die in der Norm erwähnten Grundsätze sollen die Entfaltung und Erfahrung des spezifischen Bekenntnisses schützen. Die Ausbildung gemeinsamer Religionsunterrichts-Grundsätze bekenntnisverschiedener Religionsgemeinschaften genügt diesen Anforderungen nicht. Folglich bietet Art. 7, 3 GG auch keinen Raum für einen echten ‚ökumenischen' Religionsunterricht, solange die theologischen Differenzen zwischen der römisch-katholischen Kirche und den Gliedkirchen der EKD als kirchentrennend beschrieben werden."[114]

Der CRU folgt gemeinsamen Grundsätzen und die konfessionellen Unterschiede werden „adäquat im Sinne einer Binnendifferenzierung im Unterricht behandelt", denn diese werden für die Schülerinnen und Schüler, die „der gleichen Konfession wie die unterrichtende Lehrkraft angehören, bekenntnisgebunden unterrichtet..., für die anderen bekenntnisfremd."[115] Es kann aber vorkommen, dass Schülerinnen und Schüler einer Konfession von einer Lehrkraft der anderen Konfession ihre konfessionsspezifischen Inhalte unterrichtet bekommen, sodass diese Schülerinnen und Schüler „aber de facto religionskundlichen Unterricht erhalten, weil die unterrichtende Lehrkraft diese konfessionsspezifischen Grundsätze nicht teilt.[116] Die

> „[...] Sicherstellung von spezifischen Wahrheitsinhalten der je eigenen Konfession ist gegeben und wird gerade durch einen Wechsel der Lehrkräfte, die entweder evangelisch oder katholisch sind, zusätzlich abgesichert, weil dann die ‚differenten' Wahrheitssätze jeweils in besonderer Weise authentisch und positionell vertreten werden können und damit dem Recht der Schüler*innen auf religiöse Erziehung in der eigenen Konfession einschließlich ihrer spezifischen Wahrheitssätze und damit ihrer Religionsfreiheit Sorge getragen wird."[117]

113 Vgl. Munsonius, Übereinstimmung (Anm. 79), 99-102; 107.
114 Heinig, Religionsunterricht (Anm. 7), 149.
115 Positionspapier (Anm. 105), 29.
116 Ebd., 28f.
117 Ebd., 29.

Für den CRU „[...] ist die wechselseitige Akzeptanz der Konfession der jeweiligen Lehrkräfte und der ihnen verliehenen Missio canonica bzw. Vokation erforderlich."[118] Es wäre problematisch, dass im CRU die Lehrkraft ihre konfessionsspezifischen Inhalte gegenüber den anderskonfessionellen Schülerinnen und Schülern nur religionskundlich lehrt, wenn der Wechsel der Lehrkräfte nicht regelmäßig erfolgt.[119] Poscher sieht hier, dass

> „soweit die beteiligten Kirchen es nach ihrem Selbstverständnis für wichtiger erachten, dass ihre Schülerinnen und Schüler gemeinsamen Unterricht in den gemeinsamen christlichen Grundlagen erhalten, dem die konfessionsspezifischen Inhalte lediglich ergänzend zugeordnet sind, hat das Verfassungsrecht dies zu akzeptieren. Es ist jedenfalls nicht unplausibel, wenn die beteiligten Kirchen es für ausreichend erachteten, dass jedenfalls ein Teil ihrer Schülerinnen und Schüler manche konfessionsspezifischen Inhalte in der Schule lediglich in religionskundlicher Form vermittelt bekommt und die Erfahrung konfessioneller Differenz höher bewerten".[120]

Hierzu ist zweierlei einzuwenden: Konfessionelle Differenz ist für Schülerinnen und Schüler nur bewertbar, wenn sie auch ihre eigene Konfession kennen. Zudem steht dies in Spannung zu den Vorgaben des katholischen Kirchenrechts zum Religionsunterricht, der gemäß der cc. 804 und 805 von der katholischen Konfessionalität der Lehre ausgeht und in der Darstellung der konfessionsspezifischen katholischen Lehre auch von der katholischen Konfessionalität der Lehrerinnen und Lehrer.[121]

Im Unterschied zum konfessionell-kooperativen Religionsunterricht, bei dem zwei rechtlich selbständige Religionsunterrichte kooperieren und die Bevollmächtigung der Lehrerinnen und Lehrer für die jeweils eigene Konfession erfolgt, werden für „den gemeinsam verantworteten christlichen Religionsunterricht [...] die beteiligten Religionsgemeinschaften hingegen wechselseitig Vocatio und Missio canonica anerkennen und insoweit auch eine gemeinsame Verantwortung für die personelle Seite des Religionsunterrichts übernehmen".[122] Beim CRU wird für die Vokationsordnungen der

> „Personenkreis [der Lehrerinnen und Lehrer ...] erweitert und es kommen Entscheidungsinstanzen der anderen beteiligten Kirchen ins Spiel. Dabei

118 Ebd.

119 Poscher sieht keine notwendigen Regelungen zum Lehrerwechsel vgl. Poscher, Verfassungsmäßigkeit (Anm. 41), 52.

120 Ebd., 48.

121 Vgl. weiter unten das zweite Kapitel.

122 Poscher, Verfassungsmäßigkeit (Anm. 41), 34.

> wäre zu bedenken, ob Vokation und missio canonica generell wechselseitig anerkannt werden oder kumulativ erteilt werden, ob dafür bestimmte Kriterien gelten und wie zu verfahren ist, wenn eine Kirche gegen eine Lehrkraft der anderen Bedenken geltend macht".[123]

Auf die Frage der Missio Canonica wird im folgenden Kapitel noch eingegangen, wobei bereits hier klargestellt sei, dass nach kanonischem Recht nur eine katholische Person Empfänger einer Missio Canonica nach c. 805 sein kann.[124]

Die Deutsche Bischofskonferenz sieht im Jahre 2016 in ihrem letzten großen Dokument zum Religionsunterricht „Die Zukunft des konfessionellen Religionsunterrichts. Empfehlungen für die Kooperation des katholischen mit dem evangelischen Religionsunterricht"[125], dass „[a]ufgrund [der] ekklesiologischen Differenzen [...] ein von beiden Kirchen gemeinsam verantworteter christlicher Religionsunterricht auch angesichts der religionsdemographischen Entwicklung noch nicht möglich" ist, plädiert aber für die jenseits dessen bereits möglichen Kooperationen.[126]

2. Die kirchenrechtliche Normierung des Religionsunterrichts

Nun stellt sich die Frage, welche Leitlinien für den Religionsunterricht und welche Erwartungen an den Religionsunterricht der kirchlichen Rechtsordnung zu entnehmen sind.

Der CIC/1917 ging implizit und selbstverständlich von einem konfessionellen Religionsunterricht aus. Die Bestimmungen zur religiösen und katechetischen Unterweisung sind innerhalb des dritten Buchs des Sachenrechts eingebettet in die Regelungen über das Lehramt der Kirche („De magisterio ecclesiastico" cann. 1322-1408). Die „educatio christiana" soll neben der Pflicht der Eltern zur christlichen Erziehung durch die institutionell organisierte „institutio religiosa ac moralis" sichergestellt werden, die eine Teilaufgabe des kirchlichen Lehramts ist.[127]

123 Munsonius, Übereinstimmung (Anm. 79), 106.

124 Vgl. dazu unten ausführlich im zweiten Kapitel.

125 Deutsche Bischofskonferenz, Die Zukunft des konfessionellen Religionsunterrichts. Empfehlungen für die Kooperation des katholischen mit dem evangelischen Religionsunterricht, hrsg. v. Sekretariat der deutschen Bischofskonferenz, Bonn 2016 (Die deutschen Bischöfe 103).

126 Vgl. ebd., 29.

127 Vgl. mit entsprechenden Nachweisen Meckel, Religionsunterricht (Anm. 21), 31-49.

Das II. Vatikanische Konzil spricht im Dekret über den Hirtendienst der Bischöfe Christus Dominus[128] in Art. 13 explizit von der Darlegung der Lehre in Schulen, der „propositio doctrinae in scholis“ und geht damit ebenso von einem konfessionellen Unterricht aus:[129]

> „Sie sollen sich darum bemühen, für die Verkündigung der christlichen Lehre die vielfältigen Mittel anzuwenden, die in der heutigen Zeit zur Verfügung stehen, und zwar vor allem die Predigt und die katechetische Unterweisung, die ja immer den ersten Rang innehaben, aber auch die Darlegung der Lehre in Schulen [Original: propositio doctrinae in scholis], in Akademien, Konferenzen und Versammlungen aller Art [...]“[130]

Dies wird in c. 761 rezipiert. Nach dem II. Vatikanischen Konzil äußern sich zahlreiche Dokumente zum schulischen Religionsunterricht, die hier nicht im Einzelnen behandelt werden.[131]

Der CIC/1983 unterscheidet als geltendes Gesetzbuch, wie auch andere Dokumente bereits vor seinem Erscheinen[132], klar Religionsunterricht und Katechese. Dies zeigt die Eingruppierung der Normen an einem eigenen gesetzessystematischen Ort innerhalb des dritten Buchs über den Verkündigungsdienst der Kirche. Der Codex macht aber deutlich, dass der Religionsunterricht im Unterschied zur Katechese am Ort und unter den Bedingungen der Schule stattfindet. Diese Verortung innerhalb der Regelungen zur Schule und die Verortung im Rahmen des Verkündigungsdienstes der Kirche steht einer Begründung des Religionsunterrichts vom schulischen Bildungsauftrag her nicht entgegen, sondern legt eine solche Begründung vielmehr nahe. Religionsunterricht und Katechese sind Vollzüge des Dienstes am Wort Gottes. Der CIC/1983 nimmt begrifflich und konzeptionell eine klare Unterscheidung von Katechese und Religionsunterricht vor. Beide sind unvermischt auf den Verkündigungsdienst der Kirche bezogen, in dessen Dienst sie stehen. Religionsunterricht ist ein Mittel katholischer Erziehung und erfüllt somit unter anderem das Recht auf christliche Erziehung, dass der Codex im Grundrechtekatalog der Gläubigen in c. 217 CIC/1983 normiert. Dies ist auch ein Grund seiner notwendigen Konfessionalität. Die Standpunktgebundenheit und damit die Konfessionalität des Religionsunterrichts wird damit implicite vom kirch-

128 Concilium Vaticanum II, Decretum de pastorali Episcoporum munere in Ecclesia Christus Dominus: AAS 58 (1966), 673-696; dt. Übersetzung: HThK Bd. 1, 242-283.

129 Vgl. zu weiteren Implikationen der Dokumente des II. Vatikanischen Konzils für den Religionsunterricht Meckel, Religionsunterricht (Anm. 21), 68-87.

130 Vat II CD 13.

131 Vgl. dazu Meckel, Religionsunterricht (Anm. 21), 88-104.

132 Vgl. dazu ebd., 88-105.

lichen Gesetzgeber vorausgesetzt. Alle Gläubigen haben nach c. 217 ein Recht auf eine christliche Erziehung. Religionsunterricht ist ein Mittel katholischer Erziehung, für die den Eltern nach cc. 226, 793 und 1136 ein primäres Recht und eine primäre Pflicht zukommt. Bei der Erfüllung dieser Pflicht verhalten sich das Erziehungsrecht und die Erziehungspflicht des Staats subsidiär zur Elternpflicht und zum Elternrecht, indem sie den Eltern verschiedene Erziehungsmittel zur Auswahl stellen. Der kirchliche Gesetzgeber wünscht in c. 799, dass der Staat die religiöse und sittliche Erziehung der Kinder in seinen diesbezüglichen Gesetzen beachtet. Die Kirche bietet als Erziehungsmittel neben dem Religionsunterricht katholische Schulen, katholische Hochschuleinrichtungen, soziale Kommunikationsmittel, ihre pfarrliche Seelsorge sowie Seelsorge für bestimmte Gruppen, die sogenannte kategoriale Seelsorge, an. Der CIC/1983 lässt den Eltern nach c. 798 freie Schulwahl, wie er sie in c. 797 auch vom Staat zu gewährleisten einfordert. So werden Eltern nicht auf die Wahl katholischer Schulen verpflichtet, wenn sie auch ein Mittel katholischer Erziehung darstellen, das die Kirche anbietet. Als Auswahlkriterium gilt nach c. 798, dass in den entsprechenden Einrichtungen die katholische Erziehung der Kinder möglichst gewährleistet ist. In c. 761 CIC/1983 spricht der Gesetzgeber wie Christus Dominus Art. 13 von der „propositio doctrinae in scholis". Der gesetzessystematische Kontext zeigt, dass der Gesetzgeber den Religionsunterricht als Teil des Dienstes am Wort Gottes versteht und dieser sich daher inhaltlich an c. 760 CIC/1983 ausrichten muss. Dort wird bestimmt, dass der Dienst am Wort „sich auf die Heilige Schrift, Überlieferung, Liturgie, Lehramt und Leben der Kirche zu stützen hat". Ferner weist c. 760 CIC/1983 darauf hin, dass das „Geheimnis Christi vollständig und getreu vorzulegen" ist. C. 804 CIC/1983 spricht von der „institutio et educatio religiosa catholica [...] in quibuslibet scholis", der religiösen Unterweisung und Erziehung in Schulen jedweder Art, die der kirchlichen Autorität unterstellt wird. In der Rechtssprache des CIC/1983 ist schulischer Religionsunterricht als Teil des kirchlichen Verkündigungsdienstes katholische religiöse Unterweisung am Ort der Schule und unter den Bedingungen der Schule. So ist er ein Mittel zur Verwirklichung der katholischen Erziehung und untersteht der kirchlichen Autorität.[133]

Die in c. 804 § 1 erwähnte „institutio et educatio religiosa catholica" untersteht der kirchlichen Autorität. Aufgabe der Bischofskonferenz ist es, für dieses Tätigkeitsfeld allgemeine Normen aufzustellen, beispielsweise zur Regelung der Vergabe der spezifischen Sendung für Religionslehrerinnen und -lehrer, die

133 Vgl. ebd., 105-144 sowie Wilhelm Rees, Die kirchenrechtlichen Rahmenbedingungen für den katholischen Religionsunterricht, in: Religionsunterricht in der religiös pluralen Gesellschaft, hg. v. B. Kämper – K. Pfeffer (Essener Gespräche zum Thema Staat und Kirche 49), Münster 2016, 83-89.

in Kontinuität zur damals geltenden Rechtsordnung des CIC/1917 gemeinhin als „Missio Canonica“ bezeichnet wird, obwohl der CIC/1983 diesen Begriff nicht mehr verwendet.[134]

Es ist auffällig, dass der CIC/1983 zwar Bestimmungen über die Religionslehrerinnen und Religionslehrer vorsieht, aber keinerlei Aussage zu den Schülerinnen und Schülern des Religionsunterrichts trifft.[135] In c. 804 § 1 CIC/1983 betont der Gesetzgeber mit dem Zusatz „catholica“, der von den Vätern des CIC bewusst gewählt wurde, um die konfessionelle Prägung und Bindung dieses katholischen Religionsunterrichts klarzustellen, die Konfessionalität der „institutio religiosa catholica in quibuslibet scholis“.[136] Mit Diekmann ist davon auszugehen, dass der CIC/1983 „es offenbar als selbstverständlich [... voraussetzt], dass katholische Schüler am Religionsunterricht ihres Bekenntnisses teilnehmen“.[137] Dies begründet sich zudem mit der in c. 209 § 1 CIC/1983 normierten Pflicht aller Christgläubigen zur Wahrung der Gemeinschaft mit der Kirche und der in c. 748 § 1 CIC/1983 formulierten Bestimmung, in Fragen über Gott und die Kirche die Wahrheit zu suchen und zu bewahren.[138] Aus dieser stillschweigenden Voraussetzung des CIC/1983 kann man aber kein generelles Verbot der Teilnahme konfessionsloser oder konfessionsfremder Schülerinnen bzw. Schüler herleiten.[139]

Der Diözesanbischof hat für die “institutio et educatio religiosa catholica“ das Regelungs- und Überwachungsrecht. Sein Regelungsrecht nimmt er als Ortsordinarius durch die Bestellung, Ernennung, Approbierung und Abberufung nach den in cc. 804 § 2 und 805 genannten Kriterien zur sog. Missio Canonica wahr. Ferner können die Bischofskonferenz oder der Diözesanbischof nach c. 827 § 2 Schulbücher herausgeben oder im Nachhinein genehmigen. Seine Überwachungsaufgabe nimmt der Diözesanbischof vornehmlich als

134 Vgl. Meckel, Religionsunterricht (Anm. 21), 136; 142f.

135 Vgl. Kerstin Schmitz-Stuhlträger, Das Recht auf christliche Erziehung im Kontext der Katholischen Schule. Eine kanonistische Untersuchung unter Berücksichtigung der weltlichen Rechtslage (Kirchenrechtliche Bibliothek 12), Berlin 2009, 434f. in Analogie zu den fehlenden Aussagen des CIC zu Schülerinnen und Schüler der katholischen Schulen.

136 Vgl. Communicationes 20 (1988), 179. Ansgar Hense, Anmerkungen zu einem christlichen Religionsunterricht aus der Perspektive des katholischen Kirchenrechts: Christlicher Religionsunterricht (CRU). Rechtswissenschaftliche und theologisch-religionspädagogische Perspektiven auf ein Reformmodell in Niedersachsen, hg. v. H. M. Heinig – A. Hense – K. Lindner – H. Simojoki, Tübingen 2024, 117; 124. referiert hier auf eine Offenheit, die er in der diskutierten Begriffsbestimmung des Katholischen jenseits des CIC findet.

137 Hans D. Diekmann, Religion und Konfession. Zur Konfessionalitat des katholischen Religionsunterrichts, Hildesheim 1994, 103.

138 Vgl. ebd.

139 Vgl. Meckel, Religionsunterricht (Anm. 21), 139 sowie Rees, Rahmenbedingungen (Anm. 133), 90.

Beschwerdeinstanz wahr. Das Visitationsrecht steht ihm c. 806 § 1 zufolge nur in den katholischen Schulen seines Territoriums zu.[140]

Priester und Bischöfe sind gemäß c. 1009 § 3[141] aufgrund ihrer Weihe zur Ausübung des Verkündigungsdienstes in der Person Christi des Hauptes bestimmt. Diakone üben den Verkündigungsdienst im Namen der Kirche aus. Die Kleriker bedürfen daher für eine Tätigkeit als Religionslehrer keiner zusätzlichen spezifischen Sendung bzw. "Missio Canonica". Laien können nach den cc. 759, 228 § 1, 804 § 2, 805 durch die Erteilung der spezifischen Sendung als Religionslehrer zum offiziellen Handeln im Namen der Kirche beauftragt werden. Zum Dienst des Religionslehrers können folglich neben den Klerikern männliche und weibliche Laien bestellt werden, wenn sie sich nach c. 804 § 1 durch rechte Lehre, eine christliche Lebensführung und pädagogisches Geschick auszeichnen. Wenn eines der ersten beiden genannten Kriterien nicht mehr erfüllt werden, kann die spezifische Sendung als Religionslehrerin bzw. Religionslehrer nach c. 805 vom Ortsordinarius nicht erteilt bzw. entzogen werden. An Schulen in kirchlicher Trägerschaft werden die Religionslehrerinnen und -lehrer vom Ortsordinarius ernannt und haben ein Kirchenamt nach c. 145 inne. Im Fall des Entzugs der spezifischen Sendung als Religionslehrerin bzw. Religionslehrer wird die Lehrkraft vom Ortsordinarius abberufen. An staatlichen Schulen werden die Religionslehrerinnen und Religionslehrer vom Ortsordinarius approbiert, üben ein "munus" nach c. 228 § 1 aus, bekleiden aber ein staatliches Amt. Im Fall des Entzugs der spezifischen Sendung als Religionslehrkraft fordert der Ortsordinarius gegenüber dem Staat die Abberufung der betreffenden Religionslehrerin bzw. des Religionslehrers. Der CIC/1983 trifft keine direkten Aussagen zur Schülerschaft des Religionsunterrichts, setzt ihre katholische Konfession anscheinend voraus und setzt der Teilnahme konfessionsloser oder konfessionsfremder Schülerinnen und Schülern nichts entgegen.[142]

Andreas Graßmann hebt in seiner Monografie zum interreligiösen Religionsunterricht insbesondere Nr. 74 des KatDir/1997[143] hervor, wo in Ausnah-

140 Vgl. Meckel, Religionsunterricht (Anm. 21), 132-144.

141 Vgl. ebd., 139.

142 Vgl. ebd., 139-147.

143 Congregatio pro Clericis, Directorium generale Pro Catechesi, Città del Vaticano 1997; dt. Übersetzung: Kongregation für den Klerus, Allgemeines Direktorium für die Katechese vom 15. August 1997, hg. v. Sekretariat der Deutschen Bischofskonferenz, Bonn 1997 (Verlautbarungen des Apostolischen Stuhls 130). KatDir/1997 „74. Der Religionsunterricht in den Schulen entfaltet sich in unterschiedlichen schulischen Rahmenbedingungen, was bewirkt, daß er, trotz Beibehaltung seiner spezifischen Eigenart, verschiedene Akzentsetzungen erhält. Diese hängen von den rechtlichen und organisatorischen Verhältnissen, von der didaktischen Konzeption, von den persönlichen Voraussetzungen der Lehrer und der Schüler und von der Verbindung zwischen dem Religionsunterricht in der Schule

mesituationen an öffentlichen staatlichen und nichtkonfessionellen Schulen auch ein Religionsunterricht mit Teilnahme nichtkatholischer Schülerinnen und Schüler möglich ist. Hier sind auch interreligiöse Fragen mitzubedenken. Er weist darauf hin, dass im Ausnahmefall eines interreligiösen Religionsunterrichts kirchenrechtlich stets ein konfessionell-katholischer Unterrichtsteil unabdingbar ist, für den Religionslehrerinnen und -lehrer auch der Missio Canonica bedürfen, während für anthropologische oder religionsphilosophische Lehranteile diese nicht notwendig ist. Dazu kann in engerem Sinn nur zu diesem katholisch-konfessionellen Teil verpflichtet werden.[144] Analog sieht das Ökumenische Direktorium von 1993[145] in Nr. 189 vor, dass, wenn Formen „gemeinsamer christlicher Unterweisung für Katholiken und andere Christen vom Staat angeordnet oder durch besondere Umstände auferlegt werden, [...] den katholischen Kindern eine spezifisch katholische Katechese anzubieten" ist. Für den schulischen Religionsunterricht hebt Nr. 190 ÖkDir/1993 her-

und der Katechese in Familie und Pfarrei ab. Es ist unmöglich, sämtliche Modelle des Religionsunterrichts in der Schule, die sich historisch im Zuge der Vereinbarungen mit den Staaten und der Beschlüsse der einzelnen Bischofskonferenzen entwickelt haben, auf eine einzige Form zurückführen. Man muß sich jedoch unbedingt darum bemühen, daß entsprechend den jeweiligen Voraussetzungen der Religionsunterricht an den Schulen seinen besonderen Zielsetzungen und Wesensmerkmalen entspricht. Die Schüler haben ‚ein Recht darauf, ihre Religion wahrheitsgemäß und zuverlässig kennenzulernen. Dieses ihr Recht, die Person Christi und das unverkürzte Ganze der von ihm gebrachten Heilsbotschaft gründlicher kennenzulernen, darf nicht mißachtet werden. Der konfessionelle Charakter des Religionsunterrichts, wie ihn die Kirche nach den in den einzelnen Ländern festgelegten Weisen und Formen erteilt, ist daher eine unverzichtbare Garantie für die Familien und die Schüler, die sich für diesen Unterricht entscheiden'. Für die katholischen Schulen ist der so qualifizierte und durch andere Formen des Dienstes am Wort (Katechese, Predigt, Gottesdienste usw.) ergänzte Religionsunterricht unersetzlicher Bestandteil ihrer pädagogischen Aufgabe und Grundlage ihrer Existenz. Der Religionsunterricht an der staatlichen und nichtkonfessionellen Schule, wo die staatlichen Behörden oder andere Umstände einen gemeinsamen Religionsunterricht für katholische und nichtkatholische Schüler fordern, wird einen mehr ökumenischen Charakter und interreligiöses Bewußtsein haben. In anderen Fällen wird der Religionsunterricht in der Schule einen eher kulturellen Charakter haben können, der auf die Kenntnis der Religionen ausgerichtet ist, dabei auch der Darstellung der katholischen Religion einen gebührenden Platz einräumt. Auch in diesem Fall bewahrt der Religionsunterricht an der Schule, vor allem wenn er von einer Lehrperson erteilt wird, die einen aufrichtigen Respekt vor der christlichen Religion hat, eine Dimension echter ‚Vorbereitung für das Evangelium'."

144 Vgl. Andreas E. Graßmann, Interreligiöser Religionsunterricht: (un)möglich?. Die Implementierung eines interreligiösen Religionsunterrichts im öffentlichen Schulwesen Österreichs aus Perspektive des Kanonischen Rechts und des Religionsrechts, Berlin 2023 (KST 80), 443f.; 470; 495.

145 Päpstlicher Rat zur Förderung der Einheit der Christen, Direktorium zur Ausführung der Prinzipien und Normen über den Ökumenismus vom 25. März 1993: VApSt 110.

vor, dass „die bereits unter den Christen in fundamentalen Fragen bestehende Glaubenseinheit hervorgehoben und gleichzeitig ihre Trennungen erklärt werden, wie auch die Schritte, die zu deren Überwindung unternommen werden." Das KatDir/2020[146] Nr. 316 weist auf die Gestaltungskompetenz der Bischofskonferenzen hin, die schauen müssen,

> „dass entsprechend den jeweiligen Voraussetzungen der Religionsunterricht an den Schulen seinen besonderen Zielsetzungen und Wesensmerkmalen entspricht. Unter Berücksichtigung der örtlichen Gegebenheiten werden die Bischofskonferenzen (und in besonderen Fällen die Diözesanbischöfe) in der Lage sein, die verschiedenen Ausrichtungen zu unterscheiden, um den katholischen Religionsunterricht zu aktualisieren."[147]

Wenn es einen Religionsunterricht für mehrere christliche Konfessionen gibt, spricht das KatDir/2020 Nr. 317 diesem „auf jeden Fall einen ökumenischen Wert [zu], wenn die christliche Lehre authentisch präsentiert wird".

Es ist klar darauf zu verweisen, dass die Missio Canonica nur Katholiken erhalten können und damit nur Katholiken befähigt werden können, im Namen der Kirche zu handeln.[148] Im CRU müssten daher die konfessionellen Teile klar strukturiert und von, entsprechend von dieser betreffenden Konfession bevollmächtigten, Lehrerinnen und Lehrern unterrichtet werden.[149] Dem müssen alle Entwicklungen Sorge tragen, da Religionslehrerinnen und -lehrer nicht einfachhin von beiden Konfessionen eine jeweilige Bevollmächtigung erhalten können, sondern nur von ihrer Konfession. Eine Bevollmächtigung kann daher auch nicht gemeinsam von den Konfessionen erteilt werden. Dies ist ungeachtet der Frage, ob und wie die Bevollmächtigung einer Religionslehrerin oder eines Religionslehrers anerkannt werden kann.[150]

Zusammenfassend lässt sich sagen, dass Religionsunterricht als Teil des kirchlichen Verkündigungsdienstes katholische religiöse Unterweisung am Ort der Schule, sowie unter den Bedingungen der Schule darstellt, die ein Mittel zur Verwirklichung der katholischen Erziehung ist und der kirchlichen Autorität untersteht. Der CIC/1983 geht beim Religionsunterricht von der Konfessionalität und Katholizität der Lehre und der Religionslehrerin bzw. des Reli-

146 Päpstlicher Rat zur Förderung der Neuevangelisierung, Direktorium für die Katechese vom 23. März 2020, – Arbeitsübersetzung aus dem Italienischen ins Deutsche des Sekretariats der Deutschen Bischofskonferenz, hg. v. Sekretariat der Deutschen Bischofskonferenz, Bonn 2020 (Verlautbarungen des Apostolischen Stuhls 224).

147 Vgl. Poscher, Verfassungsmäßigkeit (Anm. 41), 127.

148 Vgl. Graßmann, Interreligiöser Religionsunterricht (Anm. 144), 493-496.

149 Vgl. Hense, Anmerkungen (Anm. 136), 138.

150 Vgl. Positionspapier (Anm. 105), 33f. zu den noch offenen Fragen diesbezüglich.

gionslehrers aus.[151] Er trifft allerdings keine direkte Aussage zur Schülerschaft des katholischen Religionsunterrichts; er geht stillschweigend von katholischen Schülerinnen und Schülern aus. Aus dieser stillschweigenden Voraussetzung des CIC/1983 kann aber kein generelles Verbot der Teilnahme konfessionsloser oder konfessionsfremder Schülerinnen und Schüler hergeleitet werden.

Die Bemühungen um Ökumene fallen unzweideutig in das Selbstbestimmungsrecht der Kirchen und werden nach Maßgabe der jeweiligen Kirche betrieben. In der katholischen Kirche richtet sich das ökumenische Bemühen um die Einheit aller Christen, zu dem die Kirche nicht aufgrund eines eigenen Beschlusses, sondern gemäß c. 755 aufgrund „des Willens Christi gehalten" ist, nach klaren ekklesiologischen und rechtlichen Vorgaben.[152] Die Kirche hat sich gemäß der Apostolischen Konstitution *Sacrae Disciplinae Leges*[153] zu mühen um den „Eifer, den [sie] für den Ökumenismus aufbringen muss".[154] Die Leitung und die maßgebliche Vertretung der Ökumene nach außen liegt für die katholische Kirche nach Maßgabe des c. 755 § 1 beim Apostolischen Stuhl und beim Bischofskollegium. C. 383 §3 hält fest: „Gegenüber den Brüdern, die nicht in der vollen Gemeinschaft mit der katholischen Kirche stehen, hat er Freundlichkeit und Liebe, walten zu lassen und den Ökumenismus zu fördern, wie er von der Kirche verstanden wird." Ein einzelner Diözesanbischof ist nicht in der Lage für die Gesamtkirche eine ökumenische Übereinstimmung allein festzustellen.

Daher ist evident, „dass der weltanschaulich neutrale Staat hinsichtlich der Grundsätze an das Verständnis der Religionsgemeinschaften verwiesen ist, nicht aber an ein solches [...] der religionspädagogischen Theorie."[155] Ebenso wenig liegt die Kompetenz, in ökumenischen Fragen verbindlich zu sprechen oder via facti zu handeln, bei einzelnen Religionslehrerinnen und -lehrern oder Schulleitern.[156] Es gibt vor dem Hintergrund beider Rechtsordnungen

151 Vgl. Munsonius, Übereinstimmung (Anm. 79), 98.

152 Vgl. dazu umfassend Hallermann, Heribert (Hg.), Ökumene und Kirchenrecht – Bausteine oder Stolpersteine?, Mainz 2000 sowie Rees, Wilhelm (Hg.), Ökumene. Kirchenrechtliche Aspekte, Münster u. a. 2014 (KRB 13).

153 Johannes Paul II., Apostolische Konstitution Sacrae Disciplinae Leges: AAS 75 (1983) Pars II, VII-XIV; dt. Übersetzung: Codex Iuris Canonici, lateinisch-deutsche Ausgabe, Kevelaer [10]2021, XII-XXV.

154 Ebd., XXI.

155 Christoph Link, § 54 Religionsunterricht: HbStKR[2] Bd. 2, 490.

156 Vgl. Karl-Hermann Kästner, Religiöse Bildung und Erziehung in der öffentlichen Schule – Grundlagen und Tragweite der Verfassungsgarantie staatlichen Religionsunterrichts: Essener Gespräche zum Thema Staat und Kirche, Bd. 14, begr. v. J. Krautscheidt – H. Marré, hg. v. H. Marré – D. Schümmelfeder – B. Kämper, Münster 1998, 72f.

die Möglichkeit der konfessionellen Kooperation.[157] Die institutionelle Garantie des Art. 7, 3 GG greift schließlich nur bei der Erfüllung des Kerns des Verfassungsrechtsbegriffs „Religionsunterricht", der konfessionellen Bindung.[158] Allerdings ist verfassungsrechtlich nicht die Trias von Lehre, Lehrer und Schüler nötig, sondern die konfessionelle Bindung der Lehre und der Lehrer sichert vonseiten des Verfassungsrechts die notwendige Konfessionalität des Religionsunterrichts.[159] Mit dem Fortgang ökumenischer Bemühungen geht die Fortentwicklung des Religionsunterrichts diesbezüglich einher.

In den bisherigen Dokumenten der Deutschen Bischofskonferenz wird die Konfessionalität des Religionsunterrichts durch die Trias von katholischer Lehre, katholischer Lehrkraft und in der Regel katholischer Schülerschaft definiert.[160] Unter Wahrung des Konfessionalitätsprinzips sieht die Vereinbarung der Deutschen Bischofskonferenz und der Evangelischen Kirche in Deutschland von 1998[161] Formen möglicher Kooperation von evangelischem und katholischem Religionsunterricht vor.

Die Deutsche Bischofskonferenz hat am 22. November 2016 das Dokument „Die Zukunft des konfessionellen Religionsunterrichts. Empfehlungen für die Kooperation des katholischen mit dem evangelischen Religionsunterricht" veröffentlicht.[162] Die letzte Erklärung der Deutschen Bischofskonferenz zur Zukunft des konfessionellen Religionsunterrichts baut auf den vorhandenen Erklärungen der deutschen Bischöfe zum Religionsunterricht auf und ergänzt diese. Das Dokument möchte nicht ein Modell konfessioneller Kooperation als präferiertes Modell vorstellen, sondern angesichts der immer geringer werdenden Zahl getaufter Schülerinnen und Schüler Empfehlungen vorlegen, insbesondere wenn aufgrund der geringen Schülerzahl in manchen Regionen keine parallelen katholischen und evangelischen Lerngruppen eingerichtet werden können, die die MindestschülerInnenzahlen erfüllen könnten.[163]

Hier liegt aber der entscheidende Argumentationspunkt bzw. Wendepunkt in der Entwicklung der Äußerungen der Deutschen Bischofskonferenz zur

157 Vgl. Diekmann, Konfessionalität (Anm. 137), 363.

158 Vgl. Karl-Hermann Kästner, Die Konfessionalität des Religionsunterrichts an öffentlichen Schulen zwischen Religionspädagogik und Jurisprudenz: Bürgerliche Freiheit und Verantwortung (FS Link), hg. v. H. de Wall - M. Germann, Tübingen 2003, 310.

159 Vgl. zur Öffnung von Kursen der Oberstufe für Schüler anderer Konfession umfassend Diekmann, Konfessionalität (Anm. 137), 292-314.

160 Vgl. Meckel, Religionsunterricht (Anm. 21), 160-254.

161 Vgl. Die Deutsche Bischofskonferenz und die Evangelische Kirche in Deutschland (EKD), Zur Kooperation von Evangelischem und Katholischem Religionsunterricht: Religionsunterricht und Konfessionen, hg. v. R. Frieling - C. Th. Scheilke, Göttingen 1999 (Bensheimer Hefte 88), 124-127.

162 Vgl. DBK, Zukunft (Anm. 125).

163 Vgl. ebd., 8f.

Konfessionalität. Im Anschluss an die Kritik am außerschulischen schulübergreifenden und jahrgangsübergreifenden Religionsunterricht wird formuliert: „Daher ist zu fragen, ob die bestehenden Vorgaben zur Aufnahme anderskonfessioneller Schülerinnen und Schüler am katholischen Religionsunterricht nicht erweitert werden müssen.“[164] Dies ist die entscheidende Frage bzw. Aussage des Dokuments; denn sie befragt die bisher von der Deutschen Bischofskonferenz vertretene Trias zur Konfessionalität des Religionsunterrichts: Die Konfessionalität der Lehre, der Lehrerkraft und in der Regel der Schülerinnen und Schüler. Die Konfessionalität der Lehre und der Lehrerin bzw. des Lehrers steht außer Frage. Auf der Seite der Konfessionszugehörigkeit der Schülerinnen und Schüler des Religionsunterrichts wird die Frage der Weiterentwicklung formuliert.

Dem Dokument geht es nicht um eine flächendeckende Einführung gemischt-konfessioneller Gruppen, sondern um die möglichst situationsadäquate Möglichkeit zur Bildung derselben.[165]

Vor den rechtlichen Rahmendaten äußert es sich zum Stand des ökumenischen Dialogs aus der Perspektive der systematischen Theologie und sieht bei allen Gemeinsamkeiten in Taufe, Glaubensbekenntnis und Christusbekenntnis und der fortschreitenden ökumenischen Kooperation Annäherungen, aber auch verbleibende Differenzen in der Frage der Eucharistie, des Amtes und der Ekklesiologie, die einen von beiden Konfessionen verantworteten Religionsunterricht nicht ermöglichen. Die Gemeinsamkeiten würden aber als theologische Grundlage einer Erweiterung der Kooperation dienen. Von dieser Kooperation auf einer theologischen Grundlage des gemeinsamen Christusbekenntnisses ist die zeitweilige Zusammenarbeit mit dem jüdischen oder islamischen Religionsunterricht zu unterscheiden.

Ferner grenzt das Dokument die Kooperation von evangelischem und katholischem Religionsunterricht auch klar von Formen des multireligiösen Religionsunterrichts oder Formen religionskundlichen Unterrichts ab. Zugleich unterscheidet sich diese Kooperation auch von sonstigen Formen des fächerverbindenden Lernens.[166] Hier hätte das Dokument allerdings auf die Kooperationsmöglichkeit im Rahmen einer Fächergruppe hinweisen können, wie es beispielsweise in Mecklenburg-Vorpommern möglich ist.[167] Art. 8, 3 des

164 Ebd., 18.

165 Vgl. ebd., 25f.

166 Vgl. ebd., 26-30.

167 Vgl. Katja Boehme, Fächergruppe Religionsunterricht in interreligiöser Kooperation: Religionsunterricht – wohin? Modelle seiner Organisation und didaktischen Struktur, hg. v. B. Schröder, Neukirchen-Vluyn 2014, 31-44.

Schulgesetzes von Mecklenburg-Vorpommern[168] eröffnet die Möglichkeit eine Fächergruppe von evangelischem und katholischem Religionsunterricht sowie dem Fach Philosophieren mit Kindern einzurichten:

> „Die Unterrichtsfächer evangelische Religion, katholische Religion und Philosophieren mit Kindern oder Philosophie können zeitweilig auch als Fächergruppe angeboten werden. Innerhalb dieser Fächergruppe sollen die einzelnen Fächer unter Wahrung ihrer Eigenständigkeit und ihrer Besonderheiten und der Rechte der Schüler und Erziehungsberechtigten in kooperativer Form unterrichtet werden.“[169]

Hier treten die jeweiligen Religionsunterrichte im Sinne des Interreligiösen Begegnungslernens[170] in Kooperation, ohne zu fusionieren und ihre Selbständigkeit zu verlieren.[171]

Die Konfessionalität ist nicht nur eine rein binnenkirchliche Erwartung, sondern eine genuine Verfassungserwartung des säkularen Staates. Für den neutralen Staat, der religiös enthaltsam, zugleich aber religiös offen ist, erfüllt der konfessionelle Religionsunterricht eine wichtige kulturstaatliche Funktion, da er dazu beiträgt, die positive Religionsfreiheit der Schülerinnen und Schüler bzw. das Elternrecht zur religiösen Erziehung sowie die korporative Religionsfreiheit der Religionsgemeinschaften zu verwirklichen. Der religiös neutrale Staat hat daher ein genuines Eigeninteresse an einem konfessionellen Religionsunterricht.

168 Schulgesetz für das Land Mecklenburg-Vorpommern (Schulgesetz – SchulG M-V) in der Fassung der Bekanntmachung vom 10. September 2010 in der Fassung vom 18.12.2023: https://www.landesrecht-mv.de/bsmv/document/jlr-SchulGMV2010V23IVZ [Zugriff: 03.01.2025].

169 Ebd.

170 Vgl. Katja Boehme, Das Konzept des fächerkooperierenden Interreligiösen Begegnungslernens in Schule und Hochschule: Interreligiöse Öffnung durch Begegnung. Grundlagen – Erfahrungen – Perspektiven. Hildesheim 2021 (Hildesheimer Universitätsschriften 43), 219-236; dies., Interreligiöses Begegnungslernen: Das Wissenschaftlich-Religionspädagogische Lexikon. (WiReLEx): www.bibelwissenschaft.de/stichwort/200343/; dies., Interreligiöses Begegnungslernen in der Lehrerbildung. Zum Konzept der Kooperierenden Fächergruppe in der Hochschuldidaktik: „Wer ist der Mensch?“ Anthropologie im interreligiösen Lernen und Lehren, hg. v. K. Boehme, Berlin 2013 (Religionspädagogische Gespräche zwischen Juden, Christen und Muslimen 4), 233-253 sowie dies., Interreligiöses Begegnungslernen. Grundlegung einer fächerkooperierenden Didaktik von Weltsichten, Freiburg 2023.

171 Vgl. Katja Boehme, Interreligiöses Begegnungslernen in der Ausbildung von Religionslehrkräften in Heidelberg und Wien: Zeitschrift für Pädagogik und Theologie 72 (2020), 184.

Die Konfessionalität bzw. die Standpunktgebundenheit gehört bei aller Möglichkeit der Modifikation nach der Rechtsprechung des Bundesverfassungsgerichts zum unaufgebbaren Kern des Verfassungsrechtsbegriffs „Religionsunterricht" nach Art. 7, 3 GG, da der neutrale Staat ein genuines Interesse an diesem standpunktgebundenen Unterricht hat, den er selbst nicht leisten kann. Der Verfassungsrechtsbegriff „Religionsunterricht" ist abgesehen von diesem konfessionellen Kern in die Zeit hinein offen, es ist dem neutralen Staat aber verwehrt, etwa aus ökonomischen Gründen, Ökumene zu betreiben bzw. einen ökumenischen oder interreligiösen Religionsunterricht zu urgieren. Die Ökumene unterfällt dem Selbstbestimmungsrecht der Religionsgemeinschaften. Sollten diese ihre Lehrunterschiede für überwindbar halten bzw. auf der Grundlage eines gemeinsamen Bekenntnisses Religionsunterricht verantworten, müsste der neutrale Staat dies hinnehmen.[172] Da diese Übereinstimmung so nicht gegeben ist, geht auch das Dokument zur Zukunft des konfessionellen Religionsunterricht nicht von einem überkonfessionellen, sondern von einem konfessionellen Religionsunterricht aus, der in manchen Regionen aber auch in gemischt-konfessionellen Gruppen oder anderen Formen der konfessionellen Kooperation erteilt werden kann. Die konfessionelle Homogenität der Schülerinnen und Schüler lässt sich aus dem Verfassungsrechtsbegriff Religionsunterricht nicht als zwingend herleiten. Vom deutschen Verfassungsrecht her ist für die Konfessionalität nicht die Trias von Lehre, Lehrerinnen und Lehrer und Schülerinnen und Schüler nötig, sondern die konfessionelle Bindung der Lehre und der Lehrkräfte sichert die notwendige Konfessionalität des Religionsunterrichts.

Die Teilnahme von Schülerinnen und Schülern, die nicht der, den Religionsunterricht erteilenden, Konfession angehören ist möglich, solange dessen konfessionelle Prägung dadurch nicht beeinträchtigt wird. Konfessionell-kooperativer Religionsunterricht ist aufgrund seiner, in der Wurzel konfessionellen, Erteilung mit dem Konfessionalitätsprinzip des Art. 7, 3 GG vereinbar. Die kirchliche Rechtsordnung steht einer solchen Teilnahme nicht entgegen, sondern geht implicite von der konfessionellen Homogenität der Schülerinnen und Schüler aus. Sie verbietet demnach die Teilnahme anderer nicht, gebietet sie aber auch nicht, sondern ermöglicht die Zulassung dieser Schüler.

Vor dem Hintergrund, dass sich das neue Dokument der Deutschen Bischofskonferenz zum Religionsunterricht von 2016 als Ergänzung und nicht als Ersetzung aller bisherigen Dokumente der Deutschen Bischofskonferenz zum Religionsunterricht versteht, werden in Regionen, in denen konfessionell homogene Schülergruppen gebildet werden können, diese Gruppen die Regel bleiben können und auch sollen. Dies schließt aber konfessionelle Koopera-

172 Vgl. Meckel, Religionsunterricht (Anm. 21), 281-285.

tion sowie interreligiöses Lernen nicht aus, sondern ein. Auch diese Regelform des Religionsunterrichts soll demnach die Chancen der Formen konfessioneller Kooperation in ihren Möglichkeiten nutzen, wie sie die Vereinbarung der Deutschen Bischofskonferenz und der Evangelischen Kirche in Deutschland von 1998 vorsieht.[173]

Das Dokument hält klar an der Konfessionalität der Lehre und der Lehrerinnen und Lehrer fest. Die Konfessionalität der Schülerinnen und Schüler als drittes Element der Trias wird implicite ebenso vorausgesetzt. Allerdings sieht das Dokument hier eine notwendige Flexibilität, um verschiedenen Situationen in der Diaspora oder im Berufs- und Förderschulbereich bzw. bei Problemen, die MindestschülerInnenzahlen zu erfüllen, adäquat gerecht zu werden. So kann ein Handeln im rechtlichen Graubereich vermieden werden. Dies zeigt sich in der Möglichkeit gemischt-konfessioneller Gruppen. Hier lässt das Dokument auch die Teilnahme katholischer Schülerinnen und Schüler am konfessionellen evangelischen Religionsunterricht zu.

Es ist das Verdienst des Dokuments, keine Form der Kooperation zu präferieren, sondern für unterschiedliche Situationen unterschiedliche Lösungen vorsehen zu können. Eine flächendeckende Einrichtung konfessionell-gemischter Gruppen unabhängig von einer situativen Notwendigkeit würde dem aktuellen Stand der Ökumene auch nicht entsprechen und eine Übereinstimmung in den Grundsätzen gegenüber dem Staat signalisieren, die so nicht gegeben ist. Hier bestünde auch die Gefahr, nur aus schulorganisatorischen Gründen die Regelform des konfessionellen Religionsunterrichts auszuhöhlen. Dies würde dem Staat ökonomische Sparpotentiale signalisieren, die ökumenisch so nicht gegeben und rechtlich im Sinne eines überkonfessionellen Religionsunterrichts nicht möglich sind.

Im Gegenteil kann ein konfessionell-kooperativer Unterricht etwa bei Teamteaching etc. sogar kostenintensiver sein. Hier ist auch auf der Ebene der Lehrerbildung noch ein hohes Entwicklungs- und Ausbaupotential zu heben, wie das Dokument zu Recht in Erinnerung ruft. Es geht bei konfessionell-kooperativem Religionsunterricht nicht um die Fusion der beiden Fächer, die einen Dialog überflüssig machen würde. Der konfessionell-kooperative Religionsunterricht trägt dazu bei, das Profil der eigenen Konfession bewusst zu machen und zu schärfen und die Positionen anderer Konfessionen wahrnehmen und verstehen zu können. Insofern ist Vorsicht vor vorschnellen oder unterkomplexen Urteilen geboten.

173 Vgl. Thomas Meckel, „Die Zukunft des konfessionellen Religionsunterrichts" – Die Konfessionalität des Religionsunterrichts aus der Sicht des Kirchenrechts und des Religionsrechts: Theologia Iuris Canonici (FS Müller), hg. v. L. Gerosa – Ch. Ohly – W. Rees, Berlin 2017 (KST 67), 842-845.

Die Möglichkeit in manchen Situationen gemischt-konfessionelle Gruppen einzurichten, sichert, dass Religionsunterricht stattfindet und nicht entfällt. Dass dieser Religionsunterricht aber nicht nur bestimmte Klassenstufen, sondern auch die ganze Schullaufbahn einer Schülerin oder eines Schülers prägen könnte und er oder sie dann keine Lehrkraft der eigenen Konfession erlebt hätte, ist aus der Perspektive des Kirchen- und Religionsrecht weder ein Idealfall noch ein Regelfall, sondern steht in Spannung zu den rechtlichen Vorgaben.

Denn der Religionsunterricht dient aufseiten des Religionsrechts der Verwirklichung der positiven Religionsfreiheit der Schülerinnen und Schüler bzw. des elterlichen Rechts auf religiöse Erziehung. Vonseiten des kirchlichen Rechts ist der Religionsunterricht ebenso ein Mittel der katholischen Erziehung. Das kirchliche Recht begründet den Religionsunterricht vom Ort der Schule und vom schulischen Bildungsauftrag her, den der Religionsunterricht mitzuerfüllen sucht. Er ist vor diesem Hintergrund ein Mittel des Verkündigungsdienstes der Kirche, das von der Katechese in aller Klarheit zu unterscheiden ist. Vor diesem Hintergrund, dass eine Schülerin oder ein Schüler in seiner gesamten Schullaufbahn nie Religionsunterricht seiner Konfession erleben würde, ist aus rechtlicher Sicht evtl. die Bildung eines schul- bzw. jahrgangsübergreifenden konfessionellen Religionsunterrichts geboten. Das Dokument sieht diesen kritisch, wenn er etwa im Pfarrhaus erteilt wird. Es muss aber darauf hingewiesen werden, dass dieser zum einen auch im Raum einer Schule erteilt werden kann und selbst, wenn er außerschulisch erteilt wird, Religionsunterricht nach Art. 7, 3 GG darstellt.

Konfessionalität ist nicht mit Konfessionalismus zu verwechseln. Konfessionellem Religionsunterricht ist eine ökumenische und interreligiöse Dimension inhärent. Dennoch ist „ein authentischer und fruchtbarer Dialog und Perspektivenwechsel [...] nur von einem eigenen klaren Standpunkt und nicht von einer metatheoretischen Vogelperspektive aus möglich."[174] Die fortschreitende Einführung von islamischem Religionsunterricht zeigt, dass Art. 7, 3 GG kein Privileg der Kirchen darstellt und dass der konfessionelle Religionsunterricht Zukunft hat.

Die Konfessionalität ist daher das Dialogprinzip eines Religionsunterrichts für die Zukunft. Die Forderungen aber auch die Erwartungen des kirchlichen Rechts sowie des Staatskirchenrechts bzw. Religionsrechts der Bundesrepublik Deutschland zum Religionsunterricht wollen einen verbindlichen Rahmen abstecken und damit aber zugleich Gestaltungsräume eröffnen. Die Erkenntnisse dieser kirchenrechtlichen und religionsrechtlichen Perspektive wollen einen Beitrag leisten für die Gestaltung eines Religionsunterrichts, die den Rahmen des Rechts beachtet und zugleich dessen Spielräume ausgiebig nutzt, um einen

174 Meckel, Religionsunterricht (Anm. 21), 367.

der jeweiligen Situation angemessenen Religionsunterricht zu bieten; für einen Religionsunterricht, der zu seinem Recht kommt und einen Religionsunterricht, der an der Zeit ist, der die Zukunft prägt und diese trägt.

WAS SOLL WERDEN? GENERATIVE BILDER FÜR EINE KATECHESE IN DER KRISE

Stefan Altmeyer

Die Katechese zählt zu den kirchlichen Handlungsfeldern, die sich seit mindestens drei Jahrzehnten dauerhaft „im Umbruch“[1] befinden – und das, obwohl (oder gerade weil) es sich hierbei um „eine elementare Aufgabe der Kirche“[2] und deren „erstes“ Hilfsmittel bei „der Erfüllung ihrer Erziehungsaufgabe“ (GE 4) handelt. Jedenfalls werden lehramtliche Texte auf den verschiedenen Ebenen nicht müde, diese besondere Bedeutung als „herausgehobene Etappe des Evangelisierungsprozesses“[3] zu unterstreichen und die Einlösung der „großen Sendung“[4] anzumahnen. Wie so oft erscheint allerdings auf der (Hoch-) Ebene der Normen manches klarer und zielgerichteter als im Dickicht der konkreten Praxis. Während hier in aller gebotenen Klarheit formuliert werden kann, was werden *soll* und welche Rechte und Pflichten sich demnach mit dem Verkündigungsdienst in der Katechese verbinden,[5] stellt sich dort angesichts zahlreicher Herausforderungen und mancher struktureller Dysfunktionalitäten die mitunter resignative Frage, was überhaupt *noch werden* soll.[6] Was soll

1 Vgl. Franz-Peter Tebartz-van Elst (Hg.), Katechese im Umbruch. Positionen und Perspektiven (FS D. Emeis), Freiburg 1998; Peter Scheuchenpflug, Katechese im Kontext von Modernisierung und Evangelisierung. Pastoralsoziologische und pastoraltheologische Analysen ihres Umbruchs in Deutschland vom Ende des Zweiten Weltkrieges bis zur Gegenwart, Würzburg 2003 (Studien zur Theologie und Praxis der Seelsorge 57).

2 Sekretariat der DBK (Hg.), Katechese in veränderter Zeit, Bonn ^{3}2016 (Die Deutschen Bischöfe 75), 13.

3 Sekretariat der DBK (Hg.), Päpstlicher Rat zur Förderung der Neuevangelisierung: Direktorium für die Katechese, Bonn 2020 (Verlautbarungen des Apostolischen Stuhls 224), Nr. 56.

4 Ebd., Geleitwort, 15.

5 Vgl. Wilhelm Rees, Der Verkündigungsdienst in der Pfarrgemeinde mit besonderem Blick auf die Verantwortung des Pfarrers: Der Pfarrer – ein herausgeforderter Amtsträger. Aufgaben, Rechte, Pflichten und Perspektiven eines kirchlichen Berufs, hg. v. A. E. Graßmann – W. Rees, Regensburg 2023, 149-194, hier 163-177; Christoph Ohly, Die Verkündigung in Predigt und Katechese: Handbuch des katholischen Kirchenrechts, hg. v. S. Haering – W. Rees – H. Schmitz, Regensburg ^{3}2015, 922-934.

6 Vgl. zur Mehrdeutigkeit der Titelfrage des vorliegenden Beitrags bereits: Gottfried Bitter, Was soll werden? Marginale Wünsche an die Praktische Theologie: Praktische Theologie. Bestandsaufnahme und Zukunftsperspektiven (FS O. Fuchs), hg. v. D. Nauer – R. Bucher – F. Weber, Stuttgart 2005 (Praktische Theologie heute 74), 35-43.

also werden mit der Katechese als „Lehr-Lernprozess des christlichen Weges?[7] Anhand zweier persönlicher Schlüsselerlebnisse möchte ich einleitend verdeutlichen, worin in diesem Beitrag meine religionspädagogische Perspektive als Antwort auf diese Frage liegen wird.

1. Katechese im Krisenmodus: zwei Schlüsselerlebnisse

Mein erstes katechetisches Schlüsselerlebnis geht zurück auf einen Tag im Frühjahr 2016.[8] Eine stattliche Anzahl von Verantwortlichen für die Katechese aus allen Bistümern Deutschlands ist zu einem Studientag zusammengekommen. Der Raum ist bis auf den letzten Platz gefüllt und es herrscht eine erwartungsvolle Spannung. Schließlich geht es um Merkmale einer Katechese der Zukunft. Schon in den kurzen Gesprächen beim Stehkaffee ist deutlich spürbar, dass diese Frage alle bewegt und viele mit Anliegen und Fragen, aber auch mit Ideen und Innovationslust gekommen sind. Eine Viertelstunde später ist die Stimmung allerdings irgendwie im Eimer. Die Gesichter wirken plötzlich müde, alle Energie scheint schlagartig verschwunden. – Was ist passiert? Klar hat das auch mit dem Vortrags- und Tagungsformat zu tun. Dennoch scheint mir hier noch etwas anderes vorzuliegen, ein Phänomen, wie es mir gerade in kirchlichen Kontexten öfter begegnet: Es ist die lähmende Wirkung des ständigen Redens von der *Krise*. Die Situation des Glaubens, die Lage der Kirche und natürlich auch die Praxis der Katechese in unserer Gesellschaft und unserer Zeit werden dominant als Krise wahrgenommen – so auch auf der besagten Tagung. Schon in den ersten fünf Minuten sind (ich habe mitgeschrieben) eine ganze Reihe Wörter gefallen wie „am Ende", „Unfruchtbarkeit", „Krankheit", „verloren", „weniger" und eben auch und ausdrücklich „Krise". Was aber geschieht, wenn ein Prozess des Nachdenkens über die Zukunft der Katechese mit einer Krisendiagnose beginnt?

Das zweite Schlüsselerlebnis stammt bereits aus meiner Zeit als wissenschaftlicher Mitarbeiter, während derer ich an einer großen deutschlandweiten Studie mitarbeiten konnte, die zum ersten Mal empirisch verlässliche Daten über die Wirksamkeit der Erstkommunionkatechese erhoben hat.[9] Mit der Veröffentlichung der ersten Daten um 2014 beginnt für mich eine Art Tournee durch die Bistümer Deutschlands, um die mit Spannung erwarteten Ergebnisse

7 Monika Scheidler, Art. Katechese/Katechetik (2015): https://doi.org/10.23768/wirelex.KatecheseKatechetik. 100103 [Zugriff: 28.01.2025].

8 Dieses Beispiel findet sich bereits dargestellt in: Stefan Altmeyer, Woran sich MitarbeiterInnen in der Katechese orientieren: KatBl 143 (2018), 226-221.

9 Vgl. Forschungsgruppe Religion und Gesellschaft, Werte – Religion – Glaubenskommunikation. Eine Evaluationsstudie zur Erstkommunionkatechese, Wiesbaden 2015.

vorzustellen. Ich spreche vor Verantwortlichen aus den Zentralen, aber auch vor Engagierten von der Basis. Die Titel meiner Vorträge variieren, auch wenn meist die gleichen Dinge vorzustellen sind: „Was bringt die Erstkommunionkatechese?“, oder nüchterner „Erstkommunionkatechese evaluiert“, auch mal flapsig „Der Erstkommunionkatechese auf den Zahn gefühlt“. – Bei wirklich jeder der zahlreichen Veranstaltungen kommt es zu einem erstaunlichen, immer gleichen Moment. Nachdem ich präsentiert habe, woran wir den Erfolg der Katechese gemessen („Zielgröße“) und wie wir das empirisch umgesetzt („Operationalisierung“) haben, stelle ich stets die Frage: „Das ist es also, was wir mit der Katechese erreichen wollen. Was denken Sie, worin ist sie erfolgreich?“ Nach einer Phase der Mutmaßungen dann die Auflösung: In allen Dimensionen von Religiosität hat die Studie positive Effekte nachweisen können, die teilweise auch noch ein Jahr später messbar sind. Und die Reaktion der Teilnehmenden? Statt Begeisterung oder Erleichterung schlägt mir ungläubiges Erstaunen entgegen: „Stimmt das? Ist das wirklich unsere, so oft als folgenlos empfundene Erstkommunionkatechese? Sprechen wir über dasselbe Thema? Das kann doch nicht wahr sein?“

Beide Erlebnisse waren für mich gleichermaßen aufschlussreich wie irritierend. Wie konnte dieser skeptische bis negative Blick auf das eigene Handeln entstehen, auf eine Praxis, die Jahr für Jahr mit so viel persönlichem Engagement und Ressourceneinsatz aufrechterhalten wird? In beiden Beispielen scheint mir der katechetische Krisenmodus aktiviert: Ein dominierendes Krisenframing überlagert das Vertrauen in die eigene Selbstwirksamkeit, und es ist ungemein schwierig, diese Wahrnehmung zu durchbrechen – selbst dann, wenn die Fakten (einmal) etwas anderes belegen und eben doch nicht ‚alles für die Katz‘[10] zu sein scheint.

Natürlich ist es nicht zu leugnen, dass es zahlreiche Gründe gibt, die Praxis und erst recht die Zukunft der Katechese (auch) als Krise wahrzunehmen.[11] Zugleich zeigt sich aber, dass die immerwährende oder gar ausschließliche Rahmung der Katechese als Krise und deren reflektierende Begleitung als Krisenwissenschaft einen lähmenden Effekt erzeugt, wie er in den beschriebenen Schlüsselerlebnissen sichtbar wird. Was soll da noch werden? Gerade an dieser Spannung setzt der vorliegende Beitrag an: Er bietet eine Zusammenschau der Ergebnisse der von mir vor einigen Jahren initiierten empirischen Studie „Kate-

10 Patrik C. Höring, Alles für die Katz‘? Über die Wirkungen von Firmkatechese: KatBl 147 (2022), 73-78.

11 Vgl. z. B. Monika Jakobs, Katechese mit Jugendlichen und jungen Erwachsenen: ZPTh 42 (2022), 59-71; Stefan Altmeyer – Gottfried Bitter – Reinhold Boschki (Hgg.), Christliche Katechese unter den Bedingungen der „flüchtigen Moderne“, Stuttgart 2016 (Praktische Theologie heute 142); Stephan Leimgruber, Veränderungen im Bedingungsgefüge der Katechese: Handbuch der Katechese: Für Studium und Praxis, hg. v. A. Kaupp – S. Leimgruber – M. Scheidler, Freiburg 2011 (Grundlagen Theologie), 39-52.

chese 2025", die das Ziel hatte, Engagierte in der Katechese zu ihren Zukunftsbildern zu befragen.[12] Die Studie nimmt damit eine kontrastive Perspektive ein, die bewusst jenseits des vorherrschenden Krisendiskurses liegt. Ihr Anliegen ist es, die in der Praxis engagierten Menschen selbst als Trägerinnen und Träger von positiven Visionen für die Katechese ernst zu nehmen. Diese Zukunftsbilder gilt es sichtbar zu machen, als Ansatzpunkte für eine zukunftsorientierte Praxis weiterzudenken und darin deren theologischen Eigenwert anzuerkennen.

2. Von der Zukunft her gedacht: Ergebnisse einer Studie zu Visionen der Katechese

Was wird also sichtbar, wenn Engagierte in der Katechese von einer avisierten katechetischen Welt von morgen zurück auf die Gegenwart schauen? Die im Jahr 2016 durchgeführte Online-Befragung richtete sich an haupt- und ehrenamtlich in der Katechese Tätige in Deutschland. Über das Netzwerk der Katecheseverantwortlichen der deutschen Bistümer und den Deutschen Katecheten-Verein (DKV) konnten 482 Personen erreicht werden (davon 61 % weiblich und 27 % ehrenamtlich tätig). Eine zentrale Aufgabe der Befragten bestand darin, ihre persönliche Vision einer zukunftsfähigen Katechese in einem Freitext zu formulieren. So entstand ein beeindruckendes Korpus von 482 Texten, die durchschnittlich 84 Wörter umfassen und insgesamt 40.667 Wörter ergeben – genug, um ein Buch von 120 Seiten zu füllen. Neben den Freitexten wurden weitere quantitative Daten erhoben, die eine differenzierte Beschreibung der Stichprobe ermöglichen. Die qualitative Auswertung des Textmaterials erfolgte mithilfe des thematischen Kodierens, ergänzt durch korpuslinguistische Analysen zur Identifikation charakteristischer Schlüsselwörter.[13] Die Ergebnisse werden im Folgenden in drei Hinsichten dargestellt.

- *Katechetische Orientierungen* – hier geht es darum, was die Texte der katechetisch Engagierten darüber zu erkennen geben, wohin es mit der Katechese gehen soll,

12 Vgl. Stefan Altmeyer, Katechese 2025: KatBl 143 (2018), 219-225; ders., Haupt- und Ehrenamt in der Katechese in Deutschland. Ein mitunter kritisches Verhältnis: IJPT 22 (2018), 253-272; ders., Woran sich (Anm. 8); ders., Utopisches Denken für die Katechese: Partizipativ, prozesshaft, hoffnungsvoll. Katechese in Gegenwart (FS J. Theis), hg. v. F. Kunz – M. Lörsch – A. Wuckelt, Trier 2023, 11-20.

13 Zum thematischen Kodieren vgl. Uwe Flick, Qualitative Sozialforschung. Eine Einführung, Reinbek bei Hamburg [7]2016, hier 402-409; zur Schlüsselwortanalyse Stefan Altmeyer, Art. Korpusanalyse (2019): https://doi.org/10.23768/wirelex.Korpusanalyse.200609 [Zugriff 28.01.2025]; ausführlich zu Sample und Methoden vgl. meine Beiträge in Anm. 12.

- *Katechetische Herausforderungen* – es wird gefragt, wovon bei der gegenwärtigen und zukünftigen Gestaltung von Katechese auszugehen ist,
- *Generative katechetische Zukunftsbilder* – hier steht im Mittelpunkt, wie Katechese (trotz aller Herausforderungen) zukünftig gelingen könnte.

2.1 Wohin es gehen soll: Katechetische Orientierungen

Die Ergebnisse der Freitextanalysen zeigen vier zentrale Orientierungslinien, die die Visionen der Befragten für eine zukunftsfähige Katechese prägen. Diese Linien lassen sich durch generative Metaphern beschreiben – sprachliche Bilder, die abstrakte Konzepte in konkrete Vorstellungen überführen und so die Richtung der Texte bestimmen.[14] Obwohl die Metaphern in den Texten oft nur implizit anklingen, strukturieren sie deren Aussagen und geben die dominante katechetische Denkrichtung vor.

Erstes Bild – Weg. Hier soll sich Katechese an den Lebenswegen der Menschen orientieren und als individuelle Begleitung verstanden werden. Damit steht die Entwicklung des Einzelnen im Mittelpunkt, im Gegensatz zu Katechese in Form von standardisierten Kursen. Anstatt sich auf vorgegebene Anlässe zu stützen, entstehen produktive katechetische Anlässe auf natürliche Weise entlang der Biografie aus individuellen Erfahrungen und Lebenssituationen. Der Weg dient so als generative Metapher, die den fortwährenden und individuellen Entwicklungsprozess veranschaulicht, den die Katechese begleitet. Das Bild gewinnt noch einmal entscheidend an Kontur, wenn betrachtet wird, welche Praktiken typischerweise mit der generativen Metapher verbunden werden (vgl. Tabelle 1). Einfach gefragt: Was geschieht entlang, auf oder während einer Katechese als Weg? In entsprechenden Texten typischerweise gebrauchte Verben verweisen auf die Etappen des katechetischen Weges: es beginnt mit der Annäherung (*zugehen, abholen, ansprechen*) und führt über die Unterstützung und Integration von Erfahrungen (*begleiten, mitbringen, einbringen*) in die Selbstständigkeit (*befähigen*).

Zweites Bild – Raum. Mit diesem Bild wird betont, dass der Zugang zum Glauben über das Erleben, nicht über Lehren und Lernen erfolgen soll. Katechese wird als „Raum für eigene Erfahrungen" (359Hw[15]) verstanden. Didaktische Überlegungen treten dabei in den Hintergrund zugunsten der Vorstellung, Räume zu schaffen, in denen durch Erleben, Begegnung und

14 Das in der Metaphernanalyse verwendete Konzept geht zurück auf: Donald A. Schön, Generative Metaphor: A Perspective on Problem-Setting in Social Policy: Metaphor and Thought, hg. v. A. Ortony, Cambridge ²1993, 137-163.

15 Zitate aus der Studie werden folgendermaßen belegt: XXXYz mit X = Textnummer, Y = H (Hauptamt) oder E (Ehrenamt), z = w (weiblich) oder m (männlich).

Austausch Entwicklung ermöglicht wird. Somit dient der Raum als generative Metapher, die diese Aspekte von Katechese zusammenführt. Dementsprechend lauten auch die generativen Praktiken, die diese Vorstellung ausgestalten. Räume sind zugänglich zu machen (*öffnen, einladen*), damit Möglichkeiten entstehen (*ermöglichen*), wo Menschen den Glauben *erleben, erfahren*, auf einer tieferen Ebene *erspüren* und diese Erfahrungen *reflektieren* können.

Drittes Bild – Vermittlung. Wird die inhaltliche Dimension (die ‚Sache') betont, erscheint Katechese als Weitergabe des Glaubens im Sinne der als Lehr-Lernprozess gedachten Glaubensvermittlung. Im Zentrum steht die Frage, wie die Inhalte der Katechese zeit- und personengerecht vermittelt werden können. Gebündelt wird diese Vorstellung durch die generative Metapher der Vermittlung. Das Bild transportiert die Vorstellung einer Übersetzung bzw. Überbrückung zwischen Sender und Empfänger, bei der eine Verbindung zwischen der Sache und den Subjekten des Lernens hergestellt wird. Dazu passen die generativen Praktiken: Diese deuten auf den Ansatzpunkt (*ansetzen, anbieten, deuten*) und das ideale Ziel (*begeistern*), die mit der Vermittlung (*vermitteln, weitergeben*) verbunden sind.

Viertes Bild – Suche. Dies steht für ein Katecheseverständnis, das sich stärker an Lernprozessen als an reinen Lehrprozessen und damit primär an den Lernenden orientiert. Katechese wird als alltagsnahe Aneignung verstanden, d. h., im Blick sind die vielfältigen Fragen, Interessen und Sinnkonstruktionen der Menschen, von denen ausgehend zu erkunden ist, wie ein Lernprozess in Sachen Glauben gestaltet werden kann Das zentrale Anliegen bündelt sich in der generativen Metapher der gemeinsamen Suche. Katechese bietet keine fertigen Antworten, sondern sucht nach individuellen Zugängen für eine methodisch, inhaltlich und didaktisch differenzierte Gestaltung. Dies konkretisiert sich in generativen Praktiken, die aufeinanderfolgende Schritte eines individualisierten Lernprozesses aufzeigen: beginnend in der Lebenswelt (*orientieren*) und dort verorteter Themen und Fragen (*aufgreifen*) geht es zum entdeckenden Lernen (*entdecken, lernen*).

Betrachtet man schließlich die vier katechetischen Orientierungen noch einmal als Ganzes, so lässt sich eine übergeordnete Struktur erkennen (Abb. 1). Diese wird deutlich, wenn die Orientierungen entlang zweier Achsen angeordnet werden: Die eine Achse erstreckt sich zwischen Subjekt und Sache (Materialobjekt), die andere zwischen der Deutung als Lehr-/Lernprozess und als Entwicklungsgeschehen (Formalobjekt). Die Struktur zeigt, dass sich die Orientierungen je nach Schwerpunkt unterschiedlich gewichten lassen, entweder mit stärkerem Fokus auf die katechetischen Inhalte (Sache) oder auf die beteiligten Personen (Subjekte). Ebenso können katechetische Prozesse, einer religionsdidaktischen Logik folgend, als Lehr-/Lernprozesse verstanden oder eher als begleitete Entwicklungsprozesse und damit religionspädagogisch gelesen werden. Diese Anordnung verdeutlicht zugleich, dass die vier Richtungen keine starren Gegensätze darstellen, sondern als Schwerpunktsetzungen verstanden werden können, die sich gegenseitig ergänzen und überlagern.

Tabelle 1: Generative Metaphern katechetischer Orientierungen und damit verbundene Praktiken

Generative Metapher	**Praktiken (Beispielzitate)**
Weg	• „Katechese muss auf die Menschen *zugehen* und nicht darauf warten, dass die Menschen zu ihr ‚kommen'" (006Hw). • „Die Katechese soll die Menschen dort *abholen*, wo sie sind, ihnen nicht irgendetwas überstülpen." (083Hw) • „Menschen, die *begleiten*, wodurch Beziehungen aufgebaut werden" (144Hw) • „Zuerst werden die Teilnehmer mit den Erfahrungen, die sie *mitbringen*, GEHÖRT und wahrgenommen." (051Hw) • „Jeder lernt die eigenen Stärken kennen und schätzen und kann sich auf dieser Basis *einbringen*." (290Ew) • „zu eigenen Schritten zu *befähigen*" (199Hm)
Raum	• „Wir müssen Räume *eröffnen*, in denen Menschen miteinander Leben und Glaube gestalten" (338Hw). • „Sie *einladen* zu spüren und zu erkennen, dass auch sie gemeint sind und dass jede und jeder Einzelne von Gott und Jesus erzählen kann." (268Hw) • „Begegnungen *ermöglichen*, wo der Glaube ‚Hand und Fuß' hat, wo sie *erleben*, dass der Glaube im Alltag seine Wurzeln schlägt" (339Hw) • „Meine Vision wäre, Glaube lernen, wo der Glaube gelebt wird. Im Alltag, im Beruf und in der Freizeit den Glauben entdecken, *erspüren* und deuten." (339Hw) • „Katechese wird erlebnisbetont sein und Erfahrungen vermitteln und *reflektieren*." (439Hw)
Vermittlung	• „Katechese sollte im konkreten Erleben der Menschen *ansetzen* [...] und dazu *Deutungs*möglichkeiten aus dem Glauben *anbieten* in einer Sprache, die mein Gegenüber versteht." (327Hw) • „[G]laubwürdige Menschen *vermitteln*, was ihnen am Glauben am Herzen liegt" (465Hw).

Generative Metapher	Praktiken (Beispielzitate)
	• „Die Botschaft vom Reich Gottes zeitgemäß *weitergeben*" (081Hm). • „Und ich als Katechet muss *begeistern* und eine gute Nachfolgerin Jesu sein" (362Hw).
Suche	• „Zukunftsfähige Katechese muss sich an der Lebenswirklichkeit der Menschen *orientieren*" (094Ew). • „Katechese muss inhaltlich die Themen der Menschen *aufgreifen.*" (398Hw) • „miteinander [...] lernen und Antworten *suchen* und neue Fragen stellen" (349o.A.) • „dabei hilft, die je eigene Form des Glaubens zu *entdecken*" (216Hw)

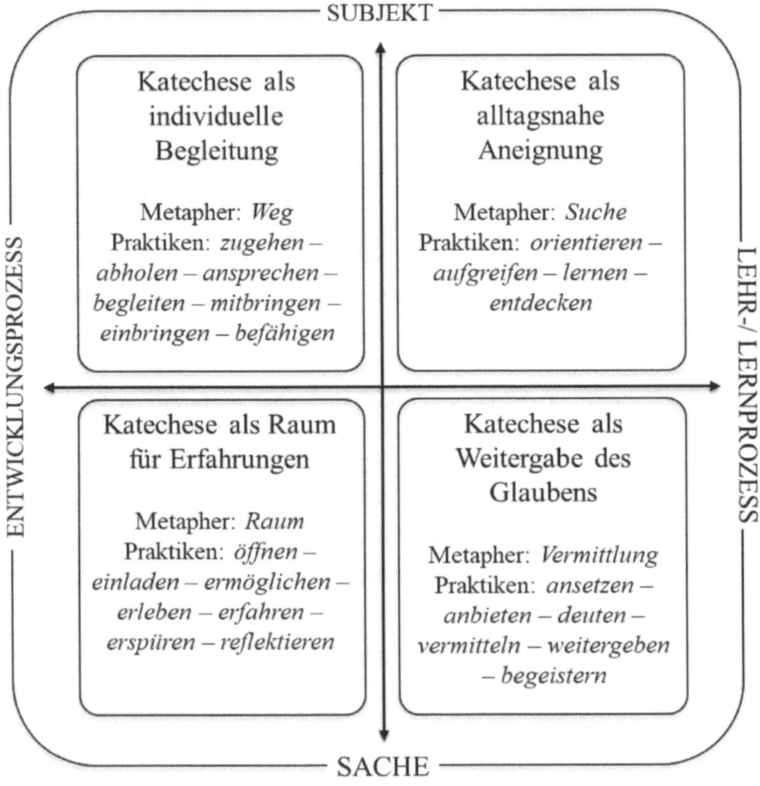

Abbildung 1: Katechetische Orientierung in den Koordinaten Sache/Subjekt und Didaktik/Pädagogik

2.2 Wovon auszugehen ist: Herausforderungen der Katechese

Natürlich sehen die Texte auch die Realitäten von Katechese im Kontrast zu den Visionen, die sie skizzieren. Viele erleben Katechese tatsächlich „in einer Krise“ (465Hw), als eine Situation, in der „gerade vieles gegen die Wand [fährt und man] irgendwie nur zusehen“ (451Ew) kann. Die hierfür benannten Herausforderungen lassen sich auf vier Kernthemen verdichten, die jeweils zahlreiche Einzelaspekte zusammenfassen. In folgendem Beispieltext werden alle diese Themen angesprochen und exemplarisch vorgestellt.

> „Ich erlebe seit Jahren die Reduzierung kirchlicher Planstellen, größer werdende Seelsorgeräume und Abnahme persönlicher Kontakte [Thema A]. Ich erlebe den zunehmenden Verdienstdruck in Familien und zunehmenden Ausbildungs-Zeitdruck [B][...], so dass immer weniger freie Zeit und ‚seelischer Freiraum‘ zur ehrenamtlichen Mitarbeit [C] in den Pfarrgemeinden verfügbar ist. Die Menschen suchen punktuell möglichst persönlichen ‚Seelsorgeservice‘ bei minimalem persönlichen/zeitlichen Engagement [B]. D. h. Katechesen werden zukünftig immer weniger kontinuierlich von Ehrenamtlichen übernommen [D] und verdichten sich auf einzelne Wochenenden mit vielen Teilnehmern. Die Herausforderung besteht zukünftig darin, Glaubensinhalte in einzelnen ‚coolen Wochenendevents‘ [C] zu vermitteln. Dies kommt dem Zeitgeist unserer Gesellschaft entgegen, schreckt aber die wenigen Familien, die ein kontinuierliches Gemeindeleben suchen [B], eher ab.“ (068Hm)

Der Text beginnt gleich mit dem ersten Thema (A), das viele Engagierte in der Katechese bewegt: die allgegenwärtigen *kirchlichen Veränderungen*. Diese zeigen sich in Form von Personal- und Ressourcenknappheit, größere Seelsorgeräume und „Nachwuchsproblemen“ (016Ew) im katechetischen Ehrenamt. Zugleich steht die Frage im Raum, ob „die ‚Institution‘ Kirche, so wie sie heute zu erleben ist, noch eine Zukunft“ (011Ew) hat. Mindestens die „jahrgangsweise katechetische Unterweisung“ (003Hw) wirft erhebliche funktionale und inhaltliche Fragen auf. Bemerkenswert ist, dass, obwohl die Texte aus dem Jahr 2016 stammen, nur ein einziger Text auf sexuellen Missbrauch zu sprechen kommt. Den kirchlich-institutionellen Herausforderungen korrespondieren *religionssoziologische Veränderungen* (B), die die Katechese unter Druck setzen. Herausgehoben wird die „zunehmend[e] Säkularisierung“ (258Ew), erkennbar am Rückgang religiöser Erziehung und der abnehmenden Bindungskraft von Religion, besonders bei jüngeren Generationen, deren Glaubenswissen und -praxis „dramatisch schwindet“ (010Hw). Hinzu kommen geänderte Familienstrukturen und der steigende Leistungsdruck durch Schule und Beruf, die die religiöse Sozialisation weiter erschweren. „Wenn der Glaube nicht durch die Generationen weitergegeben wird, haben wir es wirklich schwer“ (037Ew), so die katechetische Grunderfahrung.

Eine unmittelbare Folge aus den genannten Bedingungen ist die wachsende *Anforderung an Katechetinnen und Katecheten* (Thema C). Eine Katechetin, ein Katechet „sollte engagiert und authentisch sein“ (378Hw) und „das Begeisternde und Bereichernde ihres Glaubens auszudrücken und damit anzustecken“ (238Hw) vermögen. Nur gibt es „immer weniger Menschen [, die] sich ehrenamtlich dafür stark machen“ (465Hw).

Hohe Erwartungen gehen also mit einem als dramatisch wahrgenommenen Rückgang an ehrenamtlichem Engagement einher und einem hohen Bedarf an Qualifizierungsprogrammen, der kaum schon als eingelöst wahrgenommen wird. Relativ naheliegend ist vor diesem Hintergrund, dass als viertes virulentes Thema (D) *Konflikte zwischen Haupt- und Ehrenamtlichen* zutage tritt – insbesondere im Hinblick auf gegenseitige Unterstützung, Wertschätzung und die Klärung von Rollen, die vielerorts noch im Wandel begriffen sind. Während Ehrenamtliche häufig mangelnde Begleitung und Anerkennung artikulieren, sehen Hauptamtliche das Risiko einer Überlastung durch immer neue Anforderungen und zunehmendes Einzelkämpfertum.[16]

2.3 Wie es werden könnte: Generative Bilder einer erneuerten Katechesepraxis

Wie verhalten sich nun die katechetischen Orientierungen (2.1), die mittels generativer Metaphern vier katechetische Zielperspektiven eröffnen, und die erkannten krisenhaften Herausforderungen (2.2) zueinander? Betrachtet man die Gesamtheit der Texte, ist diese Frage nicht eindeutig zu beantworten. Denn einige betrachten Katechese durch die Linse der Krise und formulieren fast dystopische Szenarien, andere entwerfen utopische Zukunftsbilder, bei dritten wiederum verbinden sich beide Perspektiven miteinander. Diese Spannbreite zeigt, wie stark die Wahrnehmung von der gewählten Rahmung abhängt. Erst der Rahmen macht das Bild, so könnte man es im Sinne etwa von Erving Goffmans Frame-Analyse ausdrücken.[17] Es macht also einen Unterschied, ob der Blick auf die Herausforderungen gelegt wird und damit ein Krisenrahmen

16 Erwartungen von beiden Seiten – Haupt- und Ehrenamt – bleiben oft unausgesprochen, bergen allerdings erhebliches Konfliktpotenzial, wie ich an anderer Stelle im Detail herausgearbeitet habe; vgl. Altmeyer, Ehrenamt (Anm. 12).

17 Vgl. Erving Goffman, Frame Analysis. An Essay on the Organization of Experience, New York 1974.

dominiert, oder ob bewusst ein ‚Kairos-Rahmen'[18] gewählt wird, der die positiven Potenziale zukunftsweisender Katechesepraxis in den Mittelpunkt rückt.

Mit diesem Fokus auf das „Wie es werden könnte", richtet sich nun im letzten Schritt der Blick auf die generativen Attribute, die in den Texten zu allen vier Zielorientierungen anklingen. Sie geben Merkmale an die Hand, die als Ausgangspunkt für eine zukunftsgerichtete Katechesepraxis gelesen werden können. Diese werden im Folgenden dargestellt und an Beispieltexten illustriert – sortiert nach den o.g. vier Polen (Abb. 1).

(1) Entwicklungsgeschehen

Drei generative Attribute verdeutlichen, was als Zukunftsmerkmale einer entwicklungsbegleitenden Katechese angesehen werden. Diese ist *biografisch* verortet und wirkt *befähigend* durch eine *ganzheitliche* Begleitung „zu einem gelingenden Leben aus Blickrichtung des Glaubens" (381Hw). An einem Beispieltext lässt sich exemplarisch zeigen, was hier intendiert ist.

> „Katechese soll sich am einzelnen Menschen orientieren, an seiner konkreten Lebenssituation, an seiner Lebensphase. Sie soll die Fragen, Sehnsüchte, Hoffnungen, Ängste, Erwartungen aufgreifen und sie im Licht des Glaubens betrachten. Sie sollte ‚den Himmel öffnen', also Menschen sensibel machen für das Mehr, für das Größere, für das Andere, das Unsichtbare, das Transzendente, das, was eigentlich unser Leben ausmacht. [...] Katechese soll zu mündigen Entscheidungen und zur Übernahme von Verantwortung führen auf der Grundlage von Wissen und Erfahrung. Sie soll Freude machen, kreativ sein, Möglichkeiten bieten, sich selbst auszudrücken in Gebet, Tanz, Gesang, Spiel." (276Hw)

Ausgangspunkt für die Katechese ist weder ein vorgegebener Anlass noch ein Glaubensinhalt, sondern eine konkrete „Lebenssituation" und „Lebensphase", wie es im Text heißt. Von dort aus versucht Katechese eine „biographisch[e] Begleitung und Deutung von Lebens- und Glaubensthemen" (009Hm). Ziel dieser Begleitung ist es, erkennen zu können, „was eigentlich unser Leben ausmacht", um auf dieser Basis „mündige Entscheidungen" treffen und „Verantwortung" übernehmen zu können. In diesem Sinne beschreibt das Attribut ‚befähigend' eine Katechesepraxis, die den Glauben als „eine wirkliche Lebenshilfe" (335Hw) entdecken und entwickeln hilft, sich also als Identitätsbildung versteht, die auf ein mündiges und verantwortliches Christsein ausgerichtet

18 Zum Verhältnis beider Rahmungen im religionspädagogischen Diskurs vgl. Stefan Altmeyer, Abschied von der Krise. Für einen neuen religionspädagogischen Blick auf die Gegenwart: RpB 77/2017, 91-102.

ist. Die Gestaltung dieser Bildungsprozesse soll ‚ganzheitlich' sein, soll also „Freude machen, kreativ sein, Möglichkeiten bieten, sich selbst auszudrücken".

(2) Subjekt

Im Blick auf die Subjekte finden sich Zukunftsmerkmale, welche die sozialisatorischen Herausforderungen aufnehmen. Katechese sollte versuchen, *offen, dialogisch* und *beziehungsorientiert* zu sein, so wie es in den folgenden beiden kurzen Beispielen exemplarisch zum Ausdruck kommt.

> „Eine zukunftsfähige Katechese sollte sich denen annehmen, die derzeit im pastoralen Vakuum leben. Sie sollte sich vor allem auch Anders- oder Nichtgläubigen gegenüber weiter öffnen." (015Ew) Sie „setzt bei den Menschen an, bei dem, was sie mitbringen. Sie ist überzeugt davon, dass alle Menschen Gottes Geist in sich tragen (Ebenbild Gottes sind). Katechese ist dabei ein Miteinander, ein Austausch und kein Belehren eines Wissenden zu einem Nicht-Wissenden. Sie ist gemeinsames Suchen und Fragen." (224Hw)

Das Merkmal der Offenheit erscheint zentral, um Menschen heute katechetisch anzusprechen. Es wird in verschiedener Hinsicht geäußert: Es umfasst wie im Beispiel das Anliegen, sowohl kirchennahe als auch -ferne Menschen anzusprechen. Sie zeigt sich ebenso in der „Freiwilligkeit" (123Ew) der katechetischen Angebote als auch in der Bereitschaft „für kritische Nachfragen" (393Hm). Katechese „darf kein ‚muss' sein, sondern die Möglichkeit ‚Mehrwert' i.S. von geglücktem Leben zu erfahren." (429Em) Dem entspricht auch das Attribut der Dialogizität, das sich im Wunsch nach „Miteinander" und „Austausch" sowie dem Zurückweisen eines belehrenden Habitus artikuliert. Dafür sprechen schon theologische, keinesfalls nur pädagogische Gründe, wie der Beispieltext betont.

Katechese ist dann gleichgestelltes und gemeinsames Suchen und entwickelt sich „von der ‚Antwort-Katechese' zur ‚Dialog-Katechese'" (465Hw). Entsprechend spielen zwischenmenschliche Begegnungen und Beziehungen eine Schlüsselrolle: „Katechese geht über Beziehungen" (482Em).

(3) Sache

Im Blick auf die Sache der Katechese treten als generative Merkmale das Bemühen um eine *verständliche* Glaubenskommunikation, um *elementares* Wissen und Praxis hervor sowie schließlich ein *partizipatives* Anliegen.

> „Ich glaube eine Katechese, die darauf angelegt ist, auf die Sakramente vorzubereiten, wie dies bisher praktiziert wurde, erreicht nurmehr die kirchlich sozialisierten Christen. Eine Kirche, die die gute Nachricht an alle weiter-

> geben möchte, muss [...] Aktivitäten bieten, die gelebtes Christentum darstellen. [...] Die Kenntnis der christlichen Grundlagen ist vielfach so gering, dass es einprägsamer Impulse und am besten Erfahrungen bedarf, die das Interesse, die spirituelle Sehnsucht, die großen Fragen und schließlich die Suche nach orientierender Gemeinschaft und religiöser Bildung erst wecken. Ich stelle mir eine Katechese vor, die aus der engagierten Praxis erwächst, im Gegensatz zur gelehrten christlichen Theorie, die zu einem christlichen Bewusstsein führen sollte.“ (232Ew)

Hier steht die lebensweltlich orientierte Kommunikation von Glauben im Mittelpunkt. Es geht um die Frage, wie „gelebtes Christentum“ im Hinblick auf eine jeweilige Zielgruppe verständlich vermittelt werden kann. Ein realistischer Blick auf vorhandenes Glaubenswissen und Glaubenserfahrungen wird ebenso eingefordert wie „Demut in Bezug auf die Fülle der Inhalte und ‚Glaubensvermittlung‘“ (199Hm). Sehr deutlich geht es um mehr als „die reine Wissensvermittlung“ (042Hm), sondern um elementares Glaubenswissen, das partizipativ erschlossen wird. In den Worten des Beispieltextes: gesucht sind „einprägsame Impulse und Erfahrungen“, die auf eine vorhandene „spirituelle Sehnsucht“ antworten. Zu finden sind sie weniger in der „gelehrten christlichen Theorie“ als vielmehr in der „engagierten Praxis“.

(4) Lehr-/Lernprozess

Mit dem Letztgenannten sind bereits auch schon die Lehr-/Lernprozesse im Blick. Wenn ausdrücklich auf diese geschaut wird, tritt als generatives Merkmal vor allem die *Subjektorientierung* hervor, die wiederum mit *differenzierten* Zugängen und einem *realistischen* Alltagsbezug einhergeht. In den Worten eines pointierten Beispieltextes:

> „Sie erreicht den Menschen.
> Ich sehe, was er wie braucht an Input.
> Sie begleitet den Menschen auf seinem Weg der Erkenntnisfindung.
> Sie ist offen vom Ergebnis.
> Der Mensch bleibt Subjekt seiner Katechese.
> Sie hat keine Erwartungen für die Zeit ‚danach‘.
> Sie lässt Spielraum für den Heiligen Geist.“ (435Hw)

Der Mensch wird zum „Subjekt seiner Katechese“ und bleibt es. Katechese bezieht sich „maßgeschneidert auf die Bedürfnisse der Menschen“ (186Hm) und soll von ihren Fragen und Themen ausgehen. „Sie stülpt keine Inhalte über“ (087Hm). In Abgrenzung zu stark mit Vorgaben arbeitenden Modellen „nach dem Konzept der Gießkanne“ (195Hw) ist es dieser Vorstellung zufolge von

Bedeutung, individuelle Zugänge zu schaffen und Katechese methodisch, inhaltlich und didaktisch differenzierend vorzubereiten. Statt einer Katechese in „starren Formen und Idealen“ (233Hw) werden realistische Alltagsbezüge von zentraler Bedeutung. Die Vorstellung ist, dass Katechese im Einklang mit den Lebensrhythmen und Zeitressourcen der Menschen steht, um als Bereicherung und nicht als Belastung empfunden zu werden. Dementsprechend werden „Erwartungen für die ‚Zeit danach'“ zurückgefahren, sodass „Spielraum“ entsteht, wie es der Text auch im theologischen Sinn betont. Insgesamt zeigt sich – in den Worten eines weiteren Textes: „Eine zukunftsfähige Katechese ist sich nicht selbst genug“ (087Hm) – sie bleibt offen für die Lebensrealitäten der Menschen und sucht ihre Relevanz in der Verbindung zu deren Alltag und Fragen.

3. Fazit: von der Defizitorientierung zur theologischen Anerkennung

Nach diesem detaillierten Blick auf katechetische Zukunftsvisionen aus der Perspektive von fast 500 Menschen, die in diesem kirchlichen Handlungsfeld in Deutschland engagiert sind, stellt sich die Frage: Was trägt die gewählte empirische Perspektive in die breite, fächerübergreifende theologische Auseinandersetzung um den Verkündigungsauftrag der Kirche ein?

Sicher wird es dabei nicht um wohlfeile Rezepte gehen, mit denen sich die Katechese unmittelbar aus ihrer Krise führen ließe. Eher schon könnten die Zukunftsbilder als begründete Einladung verstanden werden, bewusst nach Alternativen zum Denken in der Krisenlogik Ausschau zu halten und die Denkrichtung umzukehren. Denn ein zentrales Problem des Krisendenkens liegt darin, dass die Gegenwart stets an einem Ideal gemessen wird: sei es an einem vergangenen Zustand, den man gerne wiederherstellen möchte, oder an einer Norm, die man erfüllt sehen will. Dabei wird die Abweichung von diesem Ideal zum Fokus, während das Potenzial der gegenwärtigen Praxis oft übersehen wird.[19] Nimmt man wie im vorliegenden Beitrag eine Perspektive ‚von unten' ein, also der Menschen, die sich in der Regel freiwillig und oft mit erheblichem Einsatz zeitlicher und motivationaler Ressourcen an der katechetischen Basis engagieren, so wird deutlich, wie eine ostentativ ‚von oben' vorgetragene Krisendiagnostik mitunter als verweigerte Anerkennung wahrgenommen werden kann. Denn wer von einer „Krise der Katechese“[20] spricht, bricht eben schon rein sprachlich fast zwangsläufig auch den Stab über diejenigen, die für diese

19 Vgl. Stefan Altmeyer – Andreas Menne, Functions of Crisis in Religious Education Research Since 1975. A Critical Corpus-Assisted Analysis: BJRE 46 (2024), 97-108.

20 Joseph Ratzinger, Glaubensvermittlung und Glaubensquellen (1983): Gesammelte Schriften, hg. v. G. L. Müller, Freiburg – Basel – Wien 2016 Bd. 9/2, 929-950, hier 929.

Katechese konkret einstehen. Nicht umsonst schwingt sprachlich im Begriff der ‚Krise' noch das Erbe des antiken griechischen *krísis* mit, das Gericht und Urteil impliziert.[21] In der *krísis* wird zwischen zwei scharf getrennten Alternativen unterschieden – entweder zwischen Recht und Unrecht im Urteilsspruch eines menschlichen Richters, oder zwischen Heil und Unheil, wenn theologisch das Jüngste Gericht und der göttliche Richter gemeint sind.[22] Die Krise einer Praxis zu diagnostizieren, heißt damit bis heute auch, ein Urteil über die Handelnden zu fällen; je höher in der Hierarchie, desto deutlicher.

Demgegenüber hat die hier vorgestellte Studie versucht, deutlich zu machen, dass es theologisch möglich ist, die Perspektive zu wechseln: weg von der Defizitorientierung hin zu einer Praxisreflexion, die das Bestehende wertschätzt und vorhandenes Engagement anerkennt. Aus einer solchen Perspektive betrachtet wird deutlich, dass Engagierte in der Katechese trotz aller Krisenbewusstheit doch oft von einer positiven Vision angetrieben werden. Ihre Motivation liegt allerdings nicht in der Erfüllung abstrakter Normen, sondern im Glauben an die transformative Kraft von Begegnungen, von Erfahrungen und von einem Glauben, der im Alltag Relevanz entfaltet und Gestalt findet. Interessant allerdings ist, dass die von den katechetisch Engagierten artikulierten Zukunftsbilder sich nicht besonders deutlich von dem unterscheiden, was auch in lehramtlichen Dokumenten als Qualitätsmerkmale von Katechese benannt wird. So möchten etwa die Deutschen Bischöfe ein „ganzheitliches Profil von Katechese"[23] fördern, das sich an Standards wie Erfahrungs- und Lebensweltbezug, Personalität, Prozesshaftigkeit und Partizipativität ausrichtet und sich ähnlich auch in den pädagogischen Merkmalen wiederfindet, wie sie im katechetischen Direktorium empfohlen werden.[24] Umgekehrt fällt auf, dass die katechetischen Visionen der Engagierten und deren generative Bilder häufig selbst eine normative Sprache sprechen. Auch sie schauen kritisch (und also ebenfalls im sprachlichen Erbe der *krísis*) auf die erlebte Praxis, um von diesem Urteil ausgehend zu skizzieren, wie Katechese sein *sollte* oder *müsste* bzw. – dann normativ schwächer – sein *könnte*.

Dreht sich damit alles im Kreis und kommt die empirisch-religionspädagogische Perspektive nach langen Umwegen wieder dort an, wo die normativ-theologische schon vorher war? Ich denke nein. Der Unterschied besteht darin, dass in der hier gewählten Perspektive die katechetisch Engagierten selbst zu Wort kommen. Es wird nicht über sie gesprochen, sondern mit ihnen. Ihre

21 Vgl. Annika Goeze – Korinna Strobel, Art. Krisenrhetorik (2012): Historisches Wörterbuch der Rhetorik Bd. 10, 511-530, hier 511f.

22 Vgl. Reinhart Koselleck, Art. Krise (1982): Geschichtliche Grundbegriffe. Historisches Lexikon zur politisch-sozialen Sprache in Deutschland Bd. 3, 617; 626f.

23 Sekretariat der DBK, Katechese in veränderter Zeit (Anm. 2), 25.

24 Vgl. KatDir2020 (Anm. 3), Nr. 194-223; Rees, Verkündigungsdienst (Anm. 5), 171-173.

Stimmen werden nicht nur gehört, sondern als theologisch relevante Beiträge anerkannt, die ihren Platz im theologischen und kirchlichen Nachdenken über den Verkündigungsauftrag der Kirche verdienen. Vielleicht enthalten die 482 an der katechetischen Basis formulierten Visionen keine völlig neuen Gedanken. Doch, dass sie überhaupt geschrieben wurden und vor allem, wie sie formuliert sind, bringt nachdrücklich ein berechtigtes Anliegen zum Ausdruck: gehört und theologisch ernst genommen zu werden, im Sinne einer gelebten Theologie des katechetischen Engagements[25], die der gelehrten auf Augenhöhe begegnen kann.

25 Zum empirisch-theologischen Programm ‚gelebter Theologie' vgl. Sabrina Müller, Gelebte Theologie. Impulse für eine Pastoraltheologie des Empowerments, Zürich 2019; Pete Ward, Introducing Practical Theology. Mission, Ministry, and the Life of the Church, Grand Rapids 2017.

KATECHESE – AKTUELLE HERAUSFORDERUNGEN UND KIRCHENRECHTLICHE ANFORDERUNGEN

CHRISTOPH OHLY

Der Begriff „Katechese" bringt es sicher nicht auf den ersten Platz der aktuellen kirchlichen „No-Go"-Worte. Aber es kann nicht geleugnet werden, dass er heute zum Bereich jener Begriffe gehört, die man an der ein oder anderen Stelle lieber verschweigt als betont. Katechese als vielfältig gestaltete Unterweisung im Glauben scheint für nicht wenige Gläubige, aber auch für Fern- und Außenstehende, im Kontext der Kirche und ihrer Sendung wie aus der Zeit gefallen. Katechese und Unterweisung werden hier oft als Stichworte eines veralteten Kirchenverständnisses deklariert, welches das Objektive des Glaubensinhaltes (Orthodoxie) gegenüber der praktischen Dimension seiner gelebten Verwirklichung (Orthopraxie) zu verabsolutieren scheint. Zugleich aber wird die Krise einer entsprechenden Vertiefung in die Sinn- und Sachzusammenhänge des Glaubens immer und überall da spürbar, wo es um die Vermittlung des Glaubens und seiner Inhalte, sowie um die Positionierung aus dem Glauben heraus, beispielsweise in gesellschaftspolitischen, ethischen und ökonomischen Fragen, geht. Die Begründung eines spezifischen Denkens und Handelns aus dem Glauben bedarf seiner Kenntnis und seiner Durchdringung, die ohne eine tiefgreifende Begegnung mit dem Glauben der Kirche und seiner systematischen Erfassung nicht möglich ist.

Die Krise der Katechese und das Unbehagen gegenüber der Katechese als Grundvollzug der kirchlichen Sendung mögen verschiedene Gründe haben. Auf sie hier einzugehen, kann nicht Aufgabe der folgenden kanonistischen Überlegungen sein.[1] Doch in den Diskurs theologischer Disziplinen zur Wirklichkeit der Katechese in Leben und Sendung der Kirche fügt das Kirchenrecht einen eigenen und, vom Wesen der Kanonistik als theologischer Disziplin, „die gemäß den Bedingungen ihrer theologischen Erkenntnisse mit juristi-

1 Vgl. dazu lediglich exemplarisch Joseph Ratzinger, Kommunikation und Kultur. Neue Wege der Evangelisierung im dritten Jahrtausend: Joseph Ratzinger Gesammelte Schriften, hg. v. G. L. Müller, Freiburg – Basel – Wien 2010 (JRGS 8/2), 1255-1262; ders., Gedanken zur Krise der Verkündigung: Joseph Ratzinger Gesammelte Schriften, hg. v. G. L. Müller, Freiburg – Basel – Wien 2016 (JRGS 9/2), 854-868; ders., Glaubensvermittlung und Glaubensquellen: ebd., 929-950; ders., Evangelisierung, Katechese und Katechismus: ebd., 1024-1048; Clauß Peter Sajak – Michael Langer (Hgg.), Kirche ohne Jugend: ist die Glaubensweitergabe am Ende?, Freiburg – Basel – Wien 2018.

scher Methode arbeitet“[2], geprägten, Beitrag hinzu. Dieser vermag von sich aus Hinweise und Hilfestellungen zu den aktuellen Herausforderungen und Anforderungen der kirchlichen Verkündigung generell, in besonderer Weise für den Bereich der Katechese zu bieten.[3] Einige zentrale kanonistische Bausteine zur Katechese sollen daher im Folgenden entwickelt und möglichst zu einem Gesamtbild zusammengefügt werden.

1. Kirchenrechtliche Schärfung des Begriffs

Was versteht das Kirchenrecht grundsätzlich unter „Katechese“? Welche Auskunft vermögen die einschlägigen rechtlichen Normen über ihr Wesen und ihre Charakteristik zu geben?[4] Die Katechese zählt im Licht der Aussagen des II. Vatikanischen Konzils und der geltenden kirchlichen Gesetzbücher neben der Predigt zu den beiden herausragenden Rechtsformen der kirchlichen Verkündigung. So heben die Konzilsväter für den Dienst der Bischöfe hervor: „Bei der Verkündigung der christlichen Lehre seien sie bemüht, die verschiedenen Mittel anzuwenden, die in der heutigen Zeit zur Verfügung stehen, und zwar zunächst die Predigt und die katechetische Unterweisung, die ja immer den ersten Platz einnehmen“ (CD 13.3).[5] Diese Überzeugung, dass Predigt und Katechese gegenüber allen Formen der Verkündigung einen Vorrang einnehmen, ihnen sozusagen ein „Primat“ in Bezug auf weitere notwendige Formen der Vermittlung des Glaubens zukommt, ist vom universalkirchlichen Gesetzgeber inhaltlich und gesetzessystematisch übernommen worden. Beide werden

2 Winfried Aymans – Klaus Mörsdorf, Kanonisches Recht, Lehrbuch aufgrund des Codex Iuris Canonici Bd. I, Paderborn u. a. [13]1991, 71.

3 Vgl. dazu jüngst Christoph Ohly – Nina Jungblut – Sebastian Marx (Hgg.), Zeit zur Profilierung? Das Verkündigungsrecht im Licht des Evangelisierungsauftrags, Münster 2024 (KiBi 21). Hier vornehmlich in Bezug auf die Katechese Christoph Ohly, Evangelisierung und Verkündigungsrecht. Anliegen und Herausforderungen eines profilierten Vorzeichens: Zeit zur Profilierung? Das Verkündigungsrecht im Licht des Evangelisierungsauftrags, hg. v. C. Ohly – N. Jungblut – S. Marx, Münster 2024 (KiBi 21), 3-21 sowie Gabriela Eisenring, Die Katechese im Licht des Evangelisierungsauftrags: ebd., 125-135. Vgl. auch Markus Graulich (Hg.), Katechese und die Herausforderungen heute, Kißlegg 2021. Daraus insbesondere in kanonistischer Perspektive Willem Jacobus Kardinal Eijk, Katechese in einem säkularisierten Land: Katechese und die Herausforderungen heute, hg. v. M. Graulich, Kißlegg 2021, 75-90 sowie Markus Graulich SDB, Die Eltern – erste Katecheten ihrer Eltern: ebd., 131-148.

4 Ausführlich dazu Christoph Ohly, Der Dienst am Wort Gottes. Eine rechtssystematische Studie zur Gestalt von Predigt und Katechese im Kanonischen Recht, St. Ottilien 2008 (MThSt.III Bd. 63), 675-771. Dazu auch ders., Die Verkündigung in Predigt und Katechese (§ 63): HdbkathKR[3], 922-934.

5 Vgl. dazu auch DV 24, UR 6, OT 2 und AG 39.

unter dem Titel *De Divini Verbo Ministerio* (vgl. cc. 756-780 CIC; cc. 607-626 CCEO) mit dem „Dienst am Wort Gottes“ gleichgesetzt. Inhaltlich bekennt sich c. 761 CIC zur Vorrangstellung von Predigt und Katechese[6], während c. 760 CIC betont, dass der mit Predigt und Katechese sich vollziehende Dienst am Wort Gottes aus Schrift und Überlieferung, Liturgie, Lehramt und Leben der Kirche schöpft und auf die vollständige und getreue Darlegung des Geheimnisses Christi im Sinne seiner heilbringenden Sichtbarwerdung ausgerichtet ist.

Die herausragende Stellung der Katechese wird durch ein doppeltes Bekenntnis des Gesetzgebers zu einem Recht auf Katechese flankiert. Zum einen manifestiert sich mit der Aussage des c. 748 § 1 CIC, dass alle Menschen gehalten sind, „in den Fragen, die Gott und seine Kirche betreffen, die Wahrheit zu suchen“, ein Recht auf Unterweisung im Glauben, das an dieser Stelle als *Menschenrecht* im Sinne einer begleiteten Suche nach Wahrheit tituliert werden kann. Der Mensch, der nach der Wahrheit des Lebens in seinem Ursprung, seiner Verwirklichung und seiner Zukunft sucht, besitzt aufgrund seiner Würde als Mensch das damit verbundene fundamentale Recht auf Begegnung mit dem Glauben, der ihm in der Verkündigung der Kirche als Glaube der ganzen Kirche entgegenkommt. Mit diesem Gedanken verbindet sich die Verortung von Katechese vornehmlich im außerkirchlichen Bereich, wenn es dabei um die ersten „katechumenalen“ Begegnungen mit dem Glauben und einem basalen Zugang zum Glauben im Zeugnis kirchlicher Verkündigung geht. Zum anderen ist das Recht auf Katechese als *Christenrecht* zu charakterisieren, das im Empfang der Taufe gründet und auf die innerkirchliche Weiterentwicklung sowie Vertiefung des Glaubens abzielt: „Die Seelsorger und die übrigen Gläubigen haben jeweils gemäß ihrer eigenen kirchlichen Aufgabe die Pflicht, dafür zu sorgen, dass jene, die Sakramente erbitten, auf ihren Empfang durch die erforderliche Verkündigung und katechetische Unterweisung [...] vorbereitet werden“ (c. 843 § 2 CIC). Dem Christenrecht entspricht folglich die *Kirchenpflicht* zur Verkündigung vor allem durch eine geordnete, regelmäßige und adressatenorientierte Katechese.

Aus diesen kirchenrechtlichen Hinweisen lässt sich für die Schärfung des Begriffs „Katechese“ eine zweidimensionale definitorische Umschreibung ableiten. Katechese steht in einem *weiten*, d. h. umfassenden Sinn für eine grundlegende Einweisung und Einübung der Suchenden *(institutio, tirocinium)* bzw. in Folge einer ersten Entscheidung, sich in eine „Schule des Glaubens“ zu begeben, für den Katechumenat (vgl. c. 788 CIC; c. 587 CCEO), in dem Alexander

6 Die Norm des c. 607 CCEO betont hingegen den besonderen Platz der liturgischen Homilie unter den Formen von Predigt, Katechese und jedweder christlicher Unterweisung.

Saberschinsky das „Modell aller Katechese"[7] sieht. Innerhalb des Katechumenats kommt den Taufbewerbern (Katechumenen[8]) eine rechtliche Sonderstellung zu.[9] Die Katechese verhilft ihnen, sich gemäß c. 865 CIC (c. 682 CCEO) auf den Empfang der Taufe und die Eingliederung in die Kirche vorzubereiten. In einem daraus abgeleiteten *engeren* Sinne bezeichnet Katechese gemäß c. 773 CIC (c. 617 CCEO) die fortlaufende und beständige Unterweisung *(institutio)* der Gläubigen in Lehre *(doctrina)* und praktischer Erfahrung *(experientia)* christlichen Lebens, durch die der Glaube lebendig werden, sich entfalten und zu Taten führen soll.[10]

Mit dieser bipolaren Umschreibung der Katechese ist eine Unterscheidung (nicht als absolute Trennung) von anderen Verkündigungskontexten vorzunehmen. Ist die Katechese im weiten und engen Sinn von der Darlegung des Glaubens und seiner Einübung im Leben geprägt, für die es verantwortlicher Personen bedarf, die darin Anteil an der amtlichen Lehrverkündigung haben (neben Bischof, Priester und Diakon vor allem der Katechet und der Katechist), ist die Katechese vom Religionsunterricht (vgl. cc. 804 und 805 CIC; cc. 636 und 637 CCEO) ebenso wie von der Familienkatechese (vgl. cc. 774 § 2 und 776 CIC; c. 618 CCEO) abzugrenzen. Der Religionsunterricht dient vornehmlich der pluriformen Durchdringung des Glaubens im schulischen Kontext[11], während die Familienkatechese konstitutiv in Recht und Pflicht der Eltern und Paten gründet, die als „erste Künder und Erzieher des Glaubens" (AA 11.1) in der Familie als „Hauskirche" (LG 11.2) wirken.[12]

Zugleich ist aus Sicht der rechtlichen Bestimmungen zur Katechese bei aller notwendigen Differenzierung der einschlägigen Kontexte der Katechese auf die tragende Verbindung der drei klassischen Lernorte des Glaubens zu verweisen, die aktuell nicht selten auseinanderfallen: die Familie, die Pfarrei, die Schule.[13] Die innere Verbindung der drei *loci annuntiandi* wird kodikarisch in singulärer, aber nicht taxativer Weise durch die Verpflichtung des Pfarrers betont, die

7 Alexander Saberschinsky, Modell aller Katechese. Der Erwachsenen-Katechumenat als Inspiration für die Katechese heute: Gd 39 (2005), 49-51.

8 Vgl. zum Einstieg Sabine Demel, Katechumene – Katholisch: LKRR Bd. 2, 760-761.

9 Vgl. dazu cc. 206, 1170, 1183 CIC; cc. 9, 875 CCEO.

10 Als Quelle der Norm dient Johannes Paul II., Apostolisches Schreiben Catechesi Tradendae vom 16.10.1979: AAS 71 (1979), 1277-1340; dt.: VApSt Bd. 12, hier Nr. 22+25.

11 Vgl. kanonistisch dazu grundlegend Wilhelm Rees, Der Religionsunterricht und die katechetische Unterweisung in der kirchlichen und staatlichen Rechtsordnung, Regensburg 1986; Thomas Meckel, Religionsunterricht im Recht. Perspektiven des katholischen Kirchenrechts und des deutschen Staatskirchenrechts, Würzburg 2011. Aus genuin staatskirchenrechtlicher Perspektive Markus Ogorek, Religionsunterricht: Handbuch des Staatskirchenrechts der Bundesrepublik Deutschland, Bd. 2, 1799-1862.

12 Vgl. Graulich, Eltern (Anm. 3), 131-148.

13 So Andreas Wollbold, Handbuch der Gemeindepastoral, Regensburg 2004, 278-284, hier 281.

Eltern bei der Katechese in der Familie (c. 776 CIC; c. 624 CCEO) zu unterstützen und die verantwortliche Mitwirkung der Laien in Katechese und Religionsunterricht zu fördern (c. 529 § 2 CIC; c. 289 § 1 CCEO).

2. Verfassungsrechtlich begründete Organisation

Ein zweiter zentraler kanonistischer Baustein betrifft die Organisation der Katechese, die im Rechtsgefüge der Kirche ekklesiologisch und verfassungsrechtlich begründet wird. Die einschlägigen Normen nehmen dafür jene kirchlichen Autoritäten in den Blick, die auf universal- und partikularkirchlicher Ebene Verantwortung für die Organisation und Durchführung der Katechese tragen. Damit ist die Einsicht verbunden, dass es für die inhaltliche Systematisierung der Katechese einer organisatorischen Strukturierung auf den verschiedenen Ebenen der Kirche bedarf.

Visualisiert man die einschlägigen kodikarischen Bestimmungen, erhalten die Träger der Kompetenz zur Organisation der Katechese ein konkretes Gesicht. So bestimmt c. 775 § 1 CIC den umfassenden Verantwortungsbereich des Apostolischen Stuhls für die Katechese im Gefüge der Universalkirche. Mit der Kurienkonstitution *Praedicate Evangelium* ist diese Kompetenz dem Dikasterium für die Evangelisierung zugewiesen worden.[14] In ihr wurden die bisherige Kongregation für die Evangelisierung der Völker und der von Papst Benedikt XVI. im Jahr 2010 gegründete Päpstliche Rat zur Förderung der Neuevangelisierung zusammengeführt. Es ist vielsagend, dass Papst Franziskus (ab dem 08.05.2025 Papst Leo XIV.) als Präfekt fungiert und in den beiden Sektionen des Dikasteriums durch jeweils einen Pro-Präfekten vertreten wird. Die erste Sektion (Art. 55-60) ist für die grundlegenden Fragen der Evangelisierung in der Welt zuständig, während die zweite Sektion (Art. 61-68) Verantwortung für die Erstevangelisierung und die neuen Teilkirchen trägt. Die besondere Verantwortung für die Katechese trägt der mit der Aufgabe eines „Delegaten" des Dikasteriums betraute Bischof Franz-Peter Tebartz-van Elst. Die Aufgabe des Dikasteriums zur universalkirchlichen Organisation der Katechese zeigt sich unter anderem in der Vorbereitung einschlägiger päpstlicher Lehrschreiben, in der Publikation katechetischer Direktorien[15] und Katechismen[16] sowie in der

14 Papst Franziskus, Apostolische Konstitution Praedicate Evangelium vom 19.03.2022: AAS 114 (2022), 375-455, dt.: VApSt Bd. 236, hier Art. 53-68.

15 Päpstlicher Rat zur Förderung der Neuevangelisierung, Direktorium für die Katechese vom 23.03.2020: VApSt Bd. 224. Als Vorgänger: Directorium Generale pro Catechesi vom 15.08.1997, Città del Vaticano 1997, dt.: VApSt Bd. 130.

16 Beispielsweise Katechismus der Katholischen Kirche. Editio typica latina, Città del Vaticano – München 2003; Benedikt XVI., Motu proprio Vor zwanzig Jahren zur Approbation

Durchführung weltkirchlicher Kongresse. Die Dokumente bilden auf unterschiedliche Weise den universalen Rahmen für die partikulare Konkretisierung auf den Ebenen der Bischofskonferenzen und Diözesen.

Nach c. 775 § 2 CIC (c. 621 § 3 CCEO) kommt der Bischofskonferenz die Kompetenz zur Organisation der Katechese für ihr Territorium zu. So vermag sie gemäß c. 775 § 2 CIC (c. 621 § 3 CCEO), Katechismen nach vorheriger Bestätigung *(praevia confirmatione)* durch den Apostolischen Stuhl herauszugeben.[17] Sowohl die Deutsche Bischofskonferenz als auch die Österreichische Bischofskonferenz haben davon Gebrauch gemacht.[18] Ebenso kann die Bischofskonferenz gemäß c. 775 § 3 CIC (c. 622 § 2 CCEO) ein katechetisches Amt zur Koordination und Hilfestellung für die einzelnen Diözesen einrichten. Dieses Amt ist aktuell in der Regel den der Bischofskonferenz zugehörigen Sachkommissionen zugewiesen.

In Anbindung an die weltkirchlichen Vorgaben und unter Einbindung in die betreffende Bischofskonferenz vermag der einzelne Diözesanbischof nach c. 775 § 1 CIC (c. 623 § 1 CCEO) eigene Normen zur Ordnung der Katechese in der Diözese zu erlassen. Diese umfassen vor allem die Bestimmungen für eine gebührende Vorbereitung, Ausbildung und beständige Fortbildung der Katecheten bzw. der mit der Katechese beauftragten Laien, aber ebenso konkrete Regelungen zu geeigneten Hilfsmitteln für die Katechese bis hin zur Möglichkeit, einen eigenen Katechismus herauszugeben und gesonderte katechetische Vorhaben zu fördern.

3. Ekklesiologisch orientierte Verantwortung

Die Bestimmungen zur Organisation der Katechese werden durch den dritten kanonistischen Baustein maßgeblich erweitert, der eine gestufte Verantwortungsverpflichtung zur Ausübung der Katechese im Leben der Kirche kennzeichnet. Herrschender Grundgedanke ist dabei die vom II. Vatikanischen Konzil deklarierte Lehre, dass *alle Glieder* der Kirche durch Taufe und Firmung Anteil am prophetischen Amt Christi besitzen[19] und ihnen somit die Sorge um die Katechese anvertraut ist. Die Verwirklichung setzen sie gemäß

und Veröffentlichung des Kompendiums des Katechismus der Katholischen Kirche vom 28.06.2005: ORdt 35 (2005), Nr. 26, 7.

17 Vgl. Papst Franziskus, Motu Proprio Competentias quasdam decernere vom 11.02.2022: Comm 54 (2022), 90-95; dt.: AfkKR 190 (2023), 180-185.

18 Vgl. Katholischer Erwachsenen-Katechismus, Bd. 1: Das Glaubensbekenntnis der Kirche (1984), Kevelaer u. a. [4]1989; Katholischer Erwachsenen-Katechismus, Bd. 2: Leben aus dem Glauben (1995), Kevelaer u. a. 1995.

19 Vgl. dazu lediglich exemplarisch LG 33, 35 und AG 41.

c. 774 § 1 CIC (c. 619 CCEO) „je zu ihrem Teil" *(pro sua cuiusque parte)* um. Vor aller ekklesiologisch orientierten Unterscheidung wird somit der Grundsatz formuliert, dass alle Gläubigen – wenngleich auf ihre Weise und gemäß ihrer jeweiligen Stellung – im Organismus der Kirche zum (katechetischen) Zeugnis in Wort und Tat verpflichtet sind. Einmal mehr wird damit die Katechese als Auftrag und Handeln der ganzen Kirche proklamiert.

Die gemeinsame Verantwortung aller Gläubigen wird kodikarisch mit Blick auf die verschiedenen verfassungsrechtlich relevanten Gruppen konsequent entfaltet, wenn das Gesetzbuch eigens konkrete Personengruppen nennt: Eltern und Paten als Erstverkündiger (vgl. c. 774 § 2 CIC; c. 618 CCEO), Gläubige generell (vgl. 776 CIC; c. 624 § 3 CCEO), geistliche Amtsträger (vgl. cc. 775-778 CIC; cc. 621-624 CCEO) sowie mit dem Katechisten-Dienst beauftragte Laien (vgl. c. 785 CIC). Eine aus der jeweiligen amtlichen Aufgabe erwachsene spezifische Verpflichtung zur Katechese erwächst nach c. 773 CIC allen „Seelsorgern" *(officium pastorum)*. Unabhängig von der Frage, wer unter diesen Begriff inklusiv oder exklusiv zu zählen ist[20], benennt c. 775 CIC (c. 617 CCEO) vor allem den *Diözesanbischof* als Erstverantwortlichen für die Förderung, Koordination und Überwachung der Katechese in seiner Teilkirche. Dazu gehören die Kompetenz und die Verpflichtung, Normen in Fragen der Katechese zu erlassen, geeignete Hilfsmittel (z. B. einen Katechismus und katechetisches Material) zur Verfügung zu stellen und spezielle katechetische Vorhaben zu koordinieren.

In der Struktur der Diözese kommt in Folge von c. 515 § 1 CIC der Pfarrei und dem Pfarrer eine herausgehobene Rolle für die Realisierung der Katechese zu. Trotz oder gerade wegen der vielfältigen Verfahren diözesaner Pfarreireformen ist eine Aussage von Papst Johannes Paul II. in Erinnerung zu halten, der in der Pfarrei den „Motor und bevorzugten Ort der Katechese"[21] sieht und der daher in Kongruenz zu c. 776 i. V. m. c. 528 § 1 CIC (c. 624 CCEO) beim *Pfarrer* kraft seines Amtes die umfassende Verpflichtung zur Sorge um die katechetische Bildung verortet. In Kongruenz zur Normaussage in c. 519 CIC (c. 281 § 1 CCEO) soll das katechetische Wirken des Pfarrers darauf abzielen, die Mitarbeit der seiner Pfarrei zugewiesenen Priester und Diakone ebenso wie die der mit der bischöflichen *missio canonica* ausgestatteten pastoralen Mitarbeiter und jener Laien, die als Katecheten ohne speziellen bischöflichen Auftrag in der Katechese mitwirken, sowie der Angehörigen der kanonischen Lebensverbände zu fördern.

20 Die Übersetzung von pastor mit „Seelsorger" erscheint insofern hinterfragbar, als nicht klar wird, ob es sich hierbei im Sinne der mens legislatoris allein um Kleriker oder auch um zur pastoralen Mitarbeit bestellte Laien handelt.

21 Johannes Paul II., Catechesi Tradendae *(Anm. 10)*, Nr. 67 b u. Nr. 64-66.

4. Vielfalt der Formen

Ein vierter kanonistischer Baustein zur Katechese ist in der normativ abgesicherten Vielfalt der Formen von Katechese auszumachen. Die Ausrichtung der Katechese erfordert sowohl in ihrem engen als auch in ihrem weiten Verständnis mit Blick auf die Verschiedenartigkeit ihrer Adressaten eine inhaltlich und methodisch geprägte Vielfalt von Formen. Offensichtlich ist sich der Gesetzgeber dieser im kirchlichen Leben gegebenen Herausforderung bewusst gewesen, da er für das universalkirchliche Gesetzbuch eine (nicht vollständige) Reihe von spezifischen Katecheseformen benennt. Gemäß c. 777 CIC zählen dazu die grundlegende Sakramentenkatechese, die den Erfordernissen in c. 842 §§ 1 und 2 CIC entspricht (n. 1), die Kinderkatechese zur Vorbereitung auf die Erstbeichte, Erstkommunion und Firmung (n. 2), die weiterführende (auch mystagogische) Katechese für Jugendliche und junge Erwachsene zur Glaubensvertiefung (z. B. als regelmäßige Tauf- und Firmerneuerung) (n. 3), die Katechese für Menschen mit körperlichen oder geistigen Einschränkungen (n. 4), sowie die allgemeine Glaubenskatechese für Jugendliche und Erwachsene in verschiedenen Formen und Vorhaben (n. 5).

Insbesondere diese letzte Formulierung lässt eindeutig erkennen, dass der Gesetzgeber mit dieser Aufzählung lediglich einen prinzipiellen rechtlichen Rahmen gesetzt hat, der zugleich die kreative Freiheit für neue Formen der Katechese ermöglicht. Zu denken ist hier beispielsweise an die von Michaela Hastetter entwickelten Überlegungen zu einem sog. „pränatalen Katechumenat", der sich an Eltern richtet, die ein Kind erwarten.[22] Ebenso sind aber auch bereits auf Ebene der Universalkirche entwickelte Formate zu schauen, die sowohl Notwendigkeit als auch Nachfrage für eine Katechese bezeugen. Exemplarisch ist hier zu denken an die Weltjugendtage mit ihrer liturgisch-katechetischen Ausrichtung, Neue Geistliche Bewegungen, Nightfever, Exerzitien, Prayer-Festivals und Glaubensschulen (Jüngerschulen).

5. Inhalt und Methode

Schließlich lässt sich ein fünfter kanonistischer Baustein mit Blick auf die Katechese ausmachen. Inhalt und Methode stehen nicht selten in einem spannungsreichen Verhältnis. Die Waage ihres gleichgewichtigen Bezugs zuein-

22 Michaela C. Hastetter, Pneumatologische Bildpastoral. Neue Zugänge zur Seelsorge mit Heilig-Geist-Bildern, Regensburg 2011, hier bes. 529-536, zum postnatalen Katechumenat bes. 536-538. Dazu auch Wollbold, Gemeindepastoral (Anm. 13), 454.

ander schlägt da Richtung „Inhalt“ aus, wo Katechese allein als (rationale) Vermittlung von Glaubensüberzeugungen und -inhalten verstanden wird. Es besteht die Gefahr, dass der singuläre Blick auf den Inhalt die Frage nach Art und Weise seiner Vermittlung verdeckt. Umgekehrt kann die häufig kreative Suche nach einer neuen Methode den Blick auf das Ziel der Katechese – Vermittlung, Unterweisung, Einübung – so verdunkeln, dass die Methodenfrage nahezu um ihrer selbst willen behandelt wird.

Die rechtlichen Bestimmungen zu Inhalt, Methode und Ziel der Katechese sind im besten Sinne deckungsgleich. Katechese will mit den ihr gemäßen Mitteln „das Geheimnis Christi vollständig und getreu“ vorlegen (c. 760 CIC), um so die Lehre möglichst umfassend kennenzulernen und in die Praxis eines persönlichen und kirchlichen Glaubenslebens besser umzusetzen. Es fällt auf, dass der Gesetzgeber der Methodenvielfalt tatsächlich keine Grenze setzt. Lediglich wird Wert daraufgelegt, dass alle didaktischen Hilfen und sozialen Kommunikationsmittel sich als „besonders wirksam“ erweisen (c. 779 CIC). Damit ist die Erinnerung daran verbunden, dass Mittel und Methodik nicht im Mittelpunkt stehen. Es gilt vielmehr der Grundsatz, dass das Zentrum der Katechese (in Anlehnung an c. 760 CIC ist dies Jesus Christus als menschgewordenes Wort Gottes) sowohl Inhalt als auch Methodik bestimmt. Katechese ist damit Begegnung mit einer Person. Katechese ist personale Begegnung und Vollzug einer Glaubensbeziehung. Nicht zuletzt deswegen bedient sich die Katechese neben den Katechismen und Direktorien auch jener sozialen Kommunikationsmittel audiovisueller, elektronischer und digitaler Art, die der Glaubensverkündigung auf wirksame Weise zu helfen vermögen. Doch bleibt die Begegnung mit Jesus Christus in Wort und Sakrament der wohl eindrücklichste Ort einer personal bestimmten Katechese im Sinne einer beständigen Lebensaufgabe und -verpflichtung.

Wenn Inhalt und Zentrum der Katechese eine Person – Jesus Christus – ist, wird einsichtig, dass das beste Medium der Katechese folgerichtig im authentischen Zeugnis des Katecheten liegt: *Verba docent, exempla trahunt – Worte belehren, Beispiele reißen mit!* Deshalb betont beispielsweise c. 787 § 1 CIC (c. 592 § 2 CCEO) mit Blick auf den Missionar die Bedeutung des Lebenszeugnisses in Wort und Tat für den aufrichtigen Dialog, der sich zwischen ihm und dem suchenden Menschen entwickeln soll. Der Beitrag ist darauf ausgerichtet, dass dem Menschen in einer seiner „Eigenart und Kultur entsprechenden Weise die Wege zur Erkenntnis der Botschaft des Evangeliums geöffnet werden“, und dieser schließlich frei um die Zulassung zum Taufempfang bitten kann. Der ehrliche Dialog ist daher sowohl von der Achtung der religiösen Freiheit (vgl. c. 748 § 2 CIC; c. 586 CCEO) als auch von der Glaubenssehnsucht des Missionars geprägt, den ungetauften Menschen zur Einheit mit Christus und zur Aufnahme in die Kirche zu führen.[23] Papst Franziskus drückt dies in seinem Schreiben *Evangelii gaudium* wie folgt aus:

> „Der erste Beweggrund, das Evangelium zu verkündigen, ist die Liebe Jesu, die wir empfangen haben; die Erfahrung, dass wir von ihm gerettet sind, der uns dazu bewegt, ihn immer mehr zu lieben [...] Um aus tiefster Seele Verkündiger des Evangeliums zu sein, ist es auch nötig, ein geistliches Wohlgefallen daran zu finden, nahe am Leben der Menschen zu sein, bis zu dem Punkt, dass man entdeckt, dass dies eine Quelle höherer Freude ist". [24]

6. Zwischenfazit

Fügt man die kanonistischen Bausteine zur Katechese in einem Zwischenfazit zusammen, lassen sich folgende normativ entfaltete Stichworte festhalten:

- Die Katechese ist – zusammen mit der Predigt – im kirchlichen Verkündigungsrecht als vorrangiges Mittel in das Gesamtgeschehen der Verkündigung und der Evangelisierung integriert.
- Die Katechese ist auf das „Geheimnis Christi" in Wort, Sakrament und Caritas hin ausgerichtet und von ihm getragen. Sie soll verhelfen, eine personale Beziehung zu Jesus Christus zu vermitteln, zu errichten und zu vertiefen, die auch die geistliche Dimension christlicher Existenz miteinschließt.
- Die Katechese ist im besten Fall systematisch strukturiert und bringt im Blick auf die Vollständigkeit des Geheimnisses Christi alle wesentlichen Fundamente des Glaubens unter Verwendung aller dem Evangelium gemäßen methodischen Mitteln zur Sprache.
- Die Katechese umfasst – im engen und weiten Verständnis – verschiedene Bereiche der kirchlichen Verkündigung: die Erstverkündigung, die missionarische Tätigkeit, die systematische Vertiefung des Glaubens in seinem Inhalt sowie die beständige Einübung seines Vollzugs in der Praxis, der persönliche Glaubensvollzug ebenso wie die kirchliche Einbindung in Pfarrei oder Neue Geistliche Gemeinschaften und Bewegungen (NGGB) sowie die lebenslange Weiterbildung im Glauben.
- Die Katechese ist nicht eindimensional, sondern richtet sich an den ganzen Menschen mit seinen intellektuellen, emotionalen und handlungsorientierten Dimensionen.

23 Vgl. Joh 1,35-51, bes. 1,42.

24 Papst Franziskus, Apostolisches Schreiben Evangelii Gaudium vom 24.11.2013: AAS 105 (2013), 1019-1137, dt.: VApSt Bd. 194, hier Nr. 264 und 268.

- Die Katechese ist situations- und adressatenbezogen und folglich auf die jeweilige Situation (z. B. Sakramentenvorbereitung) und auf die Adressatengruppe (z. B. Jugendliche) ausgerichtet. In zunehmendem Maß spielt dabei der sozio-kulturelle Kontext von Situationen und Adressaten eine prägende Rolle.
- Die Katechese lebt von ihrem vollständigen Inhalt ebenso wie von der Vielfalt ihrer methodischen Ansätze, die allesamt auf das Zentrum der Katechese zielen müssen (z. B. im Ausgehen von den konkreten Fragen des Menschen her oder von der biblischen Offenbarung oder von der kirchlichen Tradition her). Die Ansätze dürfen nicht in einem Gegeneinander stehen und somit gegeneinander ausgespielt werden.[25]

7. Aktuelle kirchenrechtliche Impulse

Vor dem Hintergrund dieses kanonistischen Bildes zentraler Bausteine der normativen Erfassung von Katechese lassen sich in der jüngeren lehramtlichen wie kirchenrechtlichen Entwicklung zwei Schwerpunkte erkennen, die an dieser Stelle als kirchenrechtliche Einforderungen im Kontext der aktuellen Situation formuliert werden können.

7.1 Inhaltliche Schwerpunktsetzung

Als erster Schwerpunkt kann eine inhaltliche Einforderung benannt werden. Insbesondere Papst Johannes Paul II. und Papst Benedikt XVI., aber ebenso Papst Franziskus und Papst Leo XIV., betonen auf vielfältige Weise die Ganzheitlichkeit der Katechese, wie sie von c. 760 CIC im Blick auf die Vollständigkeit und Treue gegenüber dem Geheimnis Christi rechtlich bestimmt wird. Gegen die „Fragmentierung" kirchlicher Glaubensaussagen wird hierbei auf die systematische Vollständigkeit einer Bezeugung und richtungsweisenden Darlegung des Glaubens in seinem Inhalt wertgelegt. Stichwort: Katechismus. Sowohl mit dem Weltkatechismus als auch mit den von Bischofskonferenzen publizierten Katechismen sind Instrumentarien an die Hand gegeben, die eine umfassende und verlässliche Hin- und Einführung in den Inhalt des Glaubens gewährleisten sollen. Die Herausgabe stärker adressatenbezogener Katechismen in jüngerer Zeit (z. B. YOUCAT, YOUCAT for Kids, YOUCAT Glaubenskurs, YOUCAT Erstkommunion) belegen Legitimität und Nachfrage dieser Einforderung. Hinter ihrer Erstellung steht der Wunsch, dem Suchenden eben-

25 Vgl. dazu auch die hilfreichen Ausführungen unter www.katechese.at [Zugriff: 02.09.2025].

so wie dem Getauften eine erste und systematische Richtschnur im Glauben an die Hand zu geben, die eine Begegnung mit den Inhalten des Glaubens als *fides quae* im Einzelnen und im Gesamten ermöglicht, bestenfalls gewährleistet.[26] In diesem Sinne ermöglicht der Katechismus die Katechese, und umgekehrt, die Katechese lebt (nicht allein, aber unersetzbar) vom Katechismus.[27]

Im Hintergrund der normativen Aussage einer verlässlichen Vollständigkeit der Katechese steht eine genuin theologische Überzeugung, die in einem wegweisenden Verständnis des kirchlichen Glaubensbekenntnisses gründet. Glaubensbekenntnisse sind im dritten Jahrhundert in der römischen Taufliturgie zur Erfragung des Glaubens entstanden und immer weiter entfaltet worden. Heute wird das zentrale Glaubensbekenntnis (Credo) des vierten Jahrhunderts als „Apostolisches Glaubensbekenntnis" bezeichnet und verwendet. Die darin formulierte christliche Lehre existiert jedoch nicht „in Form von atomisierbaren Lehrsätzen, sondern in der Einheit des Symbolums"[28]. Was bedeutet das? *Symbolum* (σύμβολον) kommt von *symballein* (*συμβάλλειν*), „zusammenfallen, zusammenwerfen". Den Hintergrund dafür bildet der antike Brauch, dass zwei zusammenfügbare Teile eines Ringes oder eines Stabes als Erkennungszeichen für Gastfreunde, Boten oder Vertragspartner galten. Das Pendantstück zu besitzen, berechtigte zum Empfang einer Sache oder einfach Gastfreundschaft. *Symbolum* ist also das Stück, „das auf die Ergänzung im andern weist und damit gegenseitiges Erkennen und Einheit schafft".[29]

In der Bezeichnung des Glaubensbekenntnisses als *Symbolum* liegt somit eine tiefe geistliche Bedeutung verborgen, die rechtlich erfasst und als Maßgabe vorgegeben wird. Das einzelne Element (der einzelne Glaubensartikel) ist „nicht für sich und in sich isoliert stehende Lehre"[30], sondern nur im gemeinsamen Bekennen und Zusammenfügen Ausdruck der Einheit im Glauben. Das heißt: Der Mensch hat den Glauben nur als *Symbolum*, als gebrochenes Stück in Händen, „das seine Einheit und Ganzheit nur finden kann im Zusammenlegen mit den anderen"[31], mit der ganzen Kirche.

26 Vgl. die Anmerkungen bei Andreas Wollbold, Notwendig, nicht hinreichend: der Katechismus der katholischen Kirche: PBl 47 (1995), 147-153.

27 Vgl. insbesondere bezüglich des Weltkatechismus: Joseph Ratzinger, Katechismus für die Weltkirche: Joseph Ratzinger Gesammelte Schriften, hg. v. G. L. Müller, Freiburg - Basel - Wien 2016 (JRGS 9/2), 965-978; ders., Wozu ein Katechismus der katholischen Kirche: ebd., 988-996.

28 Joseph Ratzinger, Einführung ins Christentum. Vorlesungen über das Glaubensbekenntnis: Joseph Ratzinger Gesammelte Schriften, hg. v. G. L. Müller, Freiburg - Basel - Wien 2014 (JRGS 4), 29-322, bes. 97-105, hier 102.

29 Ebd., 102

30 Ebd., 103.

31 Ebd.

7.2 Personale Schwerpunktsetzung

Eine zweite Schwerpunktsetzung ist – ausgehend von der Norm des c. 774 § 1 CIC – in der personalen Betonung der Katechese, vornehmlich in der Herausstellung der Person des Katecheten zu sehen, ohne damit jedoch die inhaltliche Ganzheitlichkeit zu verdecken. Begründet ist dies mit dem griechischen Ursprung des Begriffs „Katechese" (*katḗchēsis: κατήχησις*). Das Verb *katēcheín* (κατηχεῖν) bedeutet so viel wie „mündlich unterweisen" (vgl. Lk 1,4; Apg 18,25; Gal 6,6) und lenkt somit den Fokus der katechetischen Tätigkeit von sich auf das personale Zeugnis dessen, der die Katechese durchführt.

Papst Franziskus hatte offensichtlich diese Notwendigkeit vor Augen, als er am 10. Mai 2021 das Motu Proprio *Antiquum Ministerium* promulgierte und darin den laikalen Dienst des „Katecheten" (in Differenzierung zum missionsrechtlich bestimmten Dienst des „Katechisten") einführte. Die herausfordernde Aufgabe von Evangelisierung und Katechese legt er damit nachdrücklich in die Hände der Gläubigen, insbesondere aber der Laien.[32] Hierzu hat Nina Jungblut mit ihrer Dissertationsschrift eine umfangreiche Publikation vorgelegt, die sich eingehend mit dieser Thematik befasst und weitreichende Impulse aufweist.[33] Darauf kann an dieser Stelle nur verwiesen werden. Kanonistisch prägnant erscheint darin u. a. die Betonung der Bischofskonferenzen, denen durch das päpstliche Gesetz die Kompetenz zugewiesen wird, die Umsetzung „in angemessene Formen für den Dienst" vorzunehmen.[34] Die teilkirchliche Kompetenz zur Umsetzung des universalkirchlichen Gesetzes ist zu würdigen. Nach dem Urteil von Jungblut fehlt es dem Motu Proprio jedoch an präzisen und Missverständnisse vermeidenden rechtlichen Bestimmungen, die eine solche Realisierung wirksam unterstützen würden.[35] Sie schlägt daher eine kodikarische Reform des in Frage stehenden c. 780 CIC vor und unterbreitet dafür einen hilfreichen Formulierungsvorschlag.[36]

32 Papst Franziskus, Motu Proprio Antiquum Ministerium: AAS 113 (2021), 527-533; dt.: AfkKR 189 (2022), 166-172.

33 Nina Jungblut, Servitium catechetae. Eine rechtliche Einordnung des laikalen Dienstes des Katecheten im Licht des Motu Proprio „Antiquum Ministerium", Berlin 2024 (KST 81).

34 Franziskus, Antiquum Ministerium (Anm. 32), Nr. 9: „Ich lade die Bischofskonferenzen ein, den Dienst des Katecheten in die Praxis umzusetzen, indem sie den notwendigen Ausbildungsweg sowie Normen und Kriterien für den Zugang zu diesem Dienst festlegen. Dabei sollen sie dem im vorliegenden Apostolischen Schreiben Gesagten entsprechend angemessene Formen für den Dienst finden, zu dessen Erfüllung der Katechet berufen ist".

35 Jungblut, Servitium catechetae (Anm. 33), 250-259.

36 Ebd., 255-259.

7.3 Schlussfazit

Bei aller objektiven Normativität erweist sich das kodikarische Recht im Blick auf eine Vitalisierung der Katechese innerhalb der Grundvollzüge der Kirche als Motor und Motivator. Es bleibt dabei die schlichte Erkenntnis, dass es für eine Belebung der Katechese – neben einer verstärkten inhaltlichen Ausrichtung – immer des konkreten Menschen bedarf, der als Getaufter zum Katecheten und damit zum Glaubensbegleiter und -vorbild für andere wird. Kurzum: die Normen zur Katechese werden nur da lebendig, wo sie durch den Rechtsträger tatsächlich konkret gelebt werden. Daher kann am Ende dieser kanonistischen Ausführungen letztlich nur eine Aufforderung stehen: „*Auf geht's! – Avanti!*"

ENTWICKLUNGEN IM PREDIGTDIENST

Geschichte, Vorgaben und nicht nur teilkirchliche Anfragen

Rüdiger Althaus

Die Kanzeluhr in alten protestantischen Kirchen nötigte den Pastor zu einer ausführlichen Predigt, denn die Hörer hatten einen Anspruch, das Wort Gottes gebührend lange erklärt zu bekommen, jedoch nicht zu ausufernd, um sie von produktiver Arbeit nicht zu lange fernzuhalten. Die Uhr der Tagungsleiter signalisiert mir, dass mein Anspruch auf ihr Gehör streng limitiert ist. Sonst halten sie mir als einem kirchenrechtlichen Wanderprediger eine Gardinen-Predigt. Der Begriff *Wanderprediger* erinnert an umherziehende Prediger in früheren Zeiten. Die sprichwörtliche *Gardinen-Predigt* lässt vergessen, dass eine Predigt nicht als eine zünftige Standpauke über die Laster und den Unglauben der Zuhörer handelt – so etwas war bei Fasten- oder Bußpredigten sowie zur Volksmission verbreitet –, sondern allgemein das Wort Gottes verkünden soll, sich auf Schrift und Überlieferung, auf Liturgie, Lehramt und Leben der Kirche stützend (vgl. cc. 760, 768 CIC), als Homilie sich auf Anlass, Festgeheimnis bzw. geprägte Zeiten und liturgische Texte (Perikopen, Gebete) beziehend (vgl. c. 767 § 1 CIC). In meinem wissenschaftlichen Vortrag (nicht Predigt) möchte ich zunächst einen Blick in die Geschichte werfen, dann auf das II. Vatikanische Konzil und dessen Rezeption eingehen, um mich anschließend der heutigen Rechtslage zuzuwenden. Dabei soll gerade der sog. *Laienpredigt* Aufmerksamkeit gelten.

1. Historische Schlaglichter[1]

In den ersten christlichen Jahrhunderten zählte die Auslegung der Hl. Schrift und der Glaubenswahrheiten zu den zentralen Elementen des Gottesdienstes und dürfte regelmäßig dessen Vorsteher (Bischof, Priester) zugekommen sein.[2]

1 Vgl. Walter Brandmüller, Laien auf der Kanzel. Ein Gegenwartsproblem im Licht der Kirchengeschichte: Theologie und Glaube 63 (1973) 321-342; Yves Congar, Der Laie. Entwurf einer Theologie des Laientums, Stuttgart ³1964; Rolf Zerfaß, Der Streit um die Laienpredigt. Eine pastoralgeschichtliche Untersuchung zum Verständnis des Predigtamtes und zu seiner Entwicklung im 12. und 13. Jahrhundert, Freiburg 1974.

2 Brandmüller (Laien auf der Kanzel (Anm. 1), 324-326) sieht in der Zeit des Origines die Lehr- und Predigttätigkeit der Priester als den Normallfall: „Sollte er [Origines] selbst

Hinzu traten weitere katechetische Unterweisungen und Mystagogien, um den Glauben zu vertiefen oder auch erstmals bekannt zu machen. Dies wandelte sich in der Spätantike, da der christliche Glaube allgemein etabliert und die Feier des Gottesdienstes mit der Missionstätigkeit der Kirche im germanischen Kulturkreis in einem für die Gläubigen fremdsprachigen, d. h. lateinischen Ritual erstarrt war. Weil eine volkssprachige Predigt wie eine Unterbrechung der Liturgie erschien, lagerte man sie aus und hielt sie vor oder nach der Messe. Allerdings ließ die religiös-theologische Bildung der Priester seit dem frühen Mittelalter zunehmend zu wünschen übrig, da sie doch in der Regel nur von ihren Vorgängern in rituell-technischer Hinsicht angelernt worden waren. Und so „predigten" sie über das, was sie verstanden, über „Ackerzucht und Viehbau". Für die geistliche Bildung des Volkes setzten sich seit dem Mittelalter verschiedene Ordensgemeinschaften ein, so die Dominikaner und Franziskaner, seit dem 16. Jh. auch die Jesuiten.

Wenn bereits Mitte des 5. Jhs. Papst Leo I. (440-461) sich empörte, Mönche und Laien erdreisteten sich zu predigen[3], ging es nicht um die gottesdienstliche Ordnung, sondern um die Verbreitung von Häresien (damals eines Nestorius oder eines Eutyches) durch umherziehende Prediger. In einer ähnlichen Situation wandte sich ein gutes halbes Jahrtausend später Papst Innozenz III. (1198-1216) gegen die Laienpredigt: Damals hielten die Waldenser geheime Zusammenkünfte ab und Laien verspotteten die ungebildeten Priester. Der Papst lobte in einem Brief an den Bischof von Metz zwar das Verlangen der Laien, die Heiligen Schriften zu kennen und sich gegenseitig im Sinne einer *exhortatio* zu ermahnen, missbilligte aber, sich dem kirchlichen Lehramt zu entziehen, denn diesem komme aufgrund göttlicher Sendung die Verantwortung für die Verkündigung zu.[4] Für die öffentliche Predigt eines Laien verlangt er eine oberhirtliche Erlaubnis und damit eine Billigung durch das Lehramt[5], wodurch der Predigtdienst eine jurisdiktionelle Dimension erhielt. Die Predigt eines Laien in einem Gottesdienst stand dabei gar nicht im Blick.[6] Wenige Jahre

jemals als Laie in der Eucharistiefeier gepredigt haben, würde es sich um eine in des Origines überragender Persönlichkeit begründete und eben damit die Regel bestätigende Ausnahme handeln." Ähnlich Congar, Der Laie (Anm. 1), 486-487.

3 Vgl. c. 16, q. 1, c. 19: Friedberg I, 765. – Papst Leo I. befasste sich im Jahr 453 gleich in drei Briefen mit der Predigt von Laien (vgl. Brandmüller, Laien auf der Kanzel (Anm. 1), 326-327; Zerfaß, Laienpredigt (Anm. 1), 88-89).

4 Vgl. X, V, 7 De haereticis, c. 12: Friedberg II, 785; DenzH 770-771. Zu diesem Brief vgl. Zerfaß, Laienpredigt (Anm. 1), 51-59.

5 Vgl. Brandmüller, Laien auf der Kanzel (Anm. 1), 333-335; Congar, Der Laie (Anm. 1), 491-494; Zerfaß, Laienpredigt (Anm. 1), 191-253.

6 Zerfaß (Laienpredigt (Anm. 1), 362) äußert: „Die moderne Frage nach der Möglichkeit gottesdienstlicher Laienpredigt ist im Mittelalter nicht gestellt und deshalb auch nicht entschieden worden." Brandmüller (Laien auf der Kanzel (Anm. 1), 342) resümiert: „Die

später verbot Papst Gregor IX. (1227-1241) Laien grundsätzlich das Predigen und untersagte den Bischöfen, dies zu erlauben: Denn dies widerspreche der göttlichen Ordnung.[7] Das Konzil zu Konstanz (1414-1418) setzte das Verbot der Laienpredigt voraus.[8] Blickt man auf die Zeit vor dem II. Vatikanischen Konzil, so lässt sich festhalten:

1. Die Predigt als amtliche Verkündigung ist kein Bestandteil der Liturgie.[9]
2. Es gibt eigene Predigtgottesdienste (v. a. zur Fastenzeit oder Volksmission).
3. Die Predigt ist dem Priester oder Diakon vorbehalten, der hierzu (ähnlich der Beichtvollmacht) einer *facultas concionandi* bedurfte.[10]
4. Allen Laien und selbst Ordensleuten, die nicht Kleriker sind, bleibt die Predigt in Kirchen verboten (can. 1342 CIC/1917).[11]

2. Das II. Vatikanische Konzil und dessen schwierige Rezeption

Das II. Vatikanische Konzil verpflichtet in seiner Konstitution *Lumen gentium* grundlegend alle Gläubigen, als wahre Zeugen Christi den Glauben in

Predigt aber, die wirklich von Laien ausgeübt wurde, ist theologisch entweder als brüderliche geistliche Ermahnung oder als charismatisch-prophetische Rede zu bezeichnen. Mehr ist von Laien nirgendwo bezeugt, vor allem nicht die Predigt im Gottesdienst an Stelle jener des geweihten Liturgen."

7 Vgl. X, V, 7 De haereticis, c. 14: Friedberg II, 785-786) – Hierzu Zerfaß, Laienpredigt (Anm. 1), 253-300, der die gekürzte Fassung des Liber X der des ursprünglichen Briefes gegenüberstellt.

8 Vgl. Konzil von Konstanz, Constitutio Inter Cunctas vom 22. Februar 1418, Art. 37 (in: DenzH 1277).

9 Zwar verpflichtete can. 1344 § 1 CIC/1917 die Pfarrer, an Sonntagen und gebotenen Festen eine Homilie zu halten, „praesertim intra Missam", zu der eine größere Zahl von Gläubigen kam, doch sah der Ritus servandus in celebratione Missae des Missale Romanum von 1570 eine solche nicht vor: „Dicto Evangelio [... sacerdos] incipit Credo" (VI. n. 3). Zeichenhaft legte der Priester das Messgewand ab, und die Altarkerzen wurden gelöscht.

10 Der CIC/1917 verwendet für das Predigen gewöhnlich den Begriff concionari (vgl. cc. 529, 1337-1344, 1346-1347, 2042 und 2382; Rudolf Köstler, Wörterbuch zum Codex Iuris Canonici, München 1927, 80; Klaus Mörsdorf, Die Rechtssprache des Codex Iuris Canonici, Paderborn 1937 [unveränderter Nachdruck 1967], 250), den Terminus praedicare zumeist in einem umfassenderen Sinn für die Verkündigung des Wortes Gottes einschließlich Katechese und Mission (vgl. cc. 239 § 1, 3°, 301 § 2, 336 § 3, 1327 und 1328), während in cc. 274 § 5 und 2299 § 2 der Begriff eher als Predigt zu verstehen ist. Der Ausdruck homilia fand nur einmal, und zwar als gottesdienstliche Predigt in c. 1344 § 1 Verwendung (vgl. Mörsdorf, Rechtssprache, 250).

11 Zur Rechtslage unter Geltung des CIC/1917 vgl. Heribert Jone, Gesetzbuch der lateinischen Kirche. Erklärung der Canones, Bd. 2, Paderborn [2]1952, 547-553; Klaus Mörsdorf: Lehrbuch des Kirchenrechts auf Grund des Codex Iuris Canonici, Bd. 2, Paderborn [12]1967, 407-411.

Wort und Tat zu verbreiten und zu verteidigen, wodurch sie an der Heilssendung der Kirche teilnehmen (LG Art. 11 Abs. 1, Art. 33 Abs. 1, Art. 35 Abs. 1 und 2).[12] Über dieses Apostolat als Getaufte hinaus können Laien zur unmittelbaren Mitarbeit an der Sendung der kirchlichen Hierarchie berufen werden (LG Art. 33 Abs. 3), auch in der Darlegung der christlichen Lehre, wobei sie der kirchlichen Leitung unterstehen (AA Art. 24 Abs. 5). Bei Mangel oder Verhinderung (wegen Verfolgung) geweihter Amtsträger können Laien zur Vornahme bestimmter heiliger Aufgaben bevollmächtigt werden (LG Art. 35 Abs. 4). Die Amtsträger sollen die Würde und Verantwortung der Laien anerkennen und ihnen Aufgaben im Dienst der Kirche anvertrauen (LG Art. 37 Abs. 3).

Die Liturgiekonstitution des Konzils bezeichnet die liturgischen Handlungen als Feiern des unter den Bischöfen geeinten und geordneten Gottesvolkes, an denen die einzelnen Glieder je nach ihrer Stellung mitwirken (SC Art. 26); jeder soll dabei nur das und all das tun, was ihm aus der Natur der Sache und gemäß den liturgischen Regeln zukommt (SC Art. 28). Wortgottesdienst und Eucharistiefeier seien in der Messfeier so eng miteinander verbunden, dass sie einen einzigen „Kultakt" ausmachen (SC Art. 56; vgl. PO Art. 4 Abs. 2). Die Homilie, in der *ex textu sacro* die Geheimnisse des Glaubens und Richtlinien für das christliche Leben dargelegt werden sollen, gilt als ein wesentlicher Teil der Liturgie, weshalb sie in der Eucharistiefeier an Sonn- und gebotenen Feiertagen nur aus schwerwiegendem Grunde ausfallen darf (SC Art. 52). Ob und unter welchen Umständen Laien in einer Eucharistiefeier eine Homilie (oder Ähnliches) halten dürfen, dazu äußert sich das Konzil nicht.[13]

Die Aussage des *Missale Romanum* von 1969, der zelebrierende Priester halte die Homilie *de more* selbst[14], führte zu der Frage, ob dies ausnahmsweise auch Laien tun könnten; dem widersprach jedoch die Kommission für

12 Vgl. hierzu auch Congar, Der Laie (Anm. 1), 210-211; 495.

13 So äußert Adolf Knauber (Synode auf festem Uferboden: Anzeiger für die katholische Geistlichkeit 82 (1973), 40-41, hier: 40): „Eine amtliche Beauftragung von Laien zur Predigt in der gewohnten gemeindlichen Eucharistiefeier ist in keinem Konzilstext nahegelegt oder gar ausdrücklich vorgesehen."

14 Vgl. Institutio generalis Missalis Romani vom 6. April 1969, Art. 42. Ausdrücklich wird auf einen Konzelebranten hingewiesen: „Homiliam habet de more celebrans principalis, vel unus e concelebrantibus." (Art. 165). Bereits die Instruktion Inter Oecumenici vom 26. September 1964 der Sacra Congregatio Rituum (AAS 56 (1964), 877-900) eröffnet die Möglichkeit, dass bei Fehlen eines Priesters nach dem Urteil des Ortsordinarius ein beauftragter Laie in einem Wortgottesdienst (heute Wort Gottes-Feier) am Sonntag eine vom Bischof oder Pfarrer bestimmte (also nicht eine eigene) Homilie verlesen konnte (n. 37; vgl. SC Art. 35 Abs. 4). Eine solche Homilie kann die Hl. Schrift oder einen liturgischen Text auslegen oder einen situativen Ansatz haben (n. 54).

die Interpretation der Konzilstexte sehr bald.[15] Da gemäß kurialer Praxis eine Begründung fehlte, blieb offen, ob nur im Blick stand, dass ein Priester sich seiner Pflicht entzieht[16] oder auch der besondere Fall, dass der Zelebrant die Homilie selbst nicht halten *kann*.[17] Die Homilie eines Diakons begegnete indes selbst bei Regelmäßigkeit keinen Bedenken. Das Direktorium für Kindermessen erlaubte 1973, dass ein Laie „im Einverständnis mit dem Pfarrer bzw. Kirchenrektor nach dem Evangelium eine Ansprache an die Kinder hält, vor allem, wenn es dem Priester schwerfällt, sich dem Verständnis der Kinder anzupassen."[18] Obgleich der Begriff *Homilie* keine Verwendung findet, handelt es sich der Sache nach um eine solche, was den Zusammenhang zwischen Verkündigung und Eucharistiefeier als Wirken des geweihten Amtsträgers durchbricht.

Doch gerade die Aussagen der Dogmatischen Konstitution *Lumen gentium* gaben im deutschen Sprachraum Anlass, vertieft über eine „Laienpredigt" nachzudenken und diese zu erlauben, um auf diese Weise die Vielfalt der Charismen und Dienste zur Geltung zu bringen.[19] Insbesondere solle in der sonntäglichen „Eucharistiefeier als die repräsentative Vollversammlung der

15 Vgl. Pontificia Commissio decretis Concilii Vaticano II interpretandis: Responsum vom 11. Januar 1971: AAS 63 (1971), 329. Die Sacra Congregatio pro Sacramentis et Culto Divinio schärfte in ihrer Instruktion Inaestimabile donum vom 17. April 1980: AAS 72 (1980), 331-343; dt. VApSt 16, Bonn 1980) erneut ein, die Homilie komme dem Priester oder Diakon zu (n. 3).

16 PO Art. 4 Abs. 1 verpflichtete die Priester ausdrücklich zur Predigt.

17 Vgl. zu diesem Entscheid Vincenzo Carbone (De Commissione decretis Concilii Vaticani Secundi interpretandis. Dubiorum solutionum explanatio III/1. De homilia in Missa celebratione: Monitor Ecclesisticus 97 (1972), 324-327), der sich für eine enge Interpretation ausspricht.

18 Vgl. Sacra Congregatio pro Culto Divino, Directorium de Missis cum Pueris vom 1. November 1973: AAS 66 (1974), 30-46, n. 24. Solches kann mit Erlaubnis des Bischofs auch in sonntäglichen Messfeiern für Erwachsene mit Teilnahme von Kindern geschehen (zu schließen aus ebd. n. 19).

19 Vgl. Domingo Castagna (Soll der Laie heute predigen?: Concilium 4 (1968), 194-196) resümiert: Der Laie muß predigen und der Laie darf predigen (ebd. 196). Ähnlich Bruno Dreher, „Alle predigten Gottes Wort". Apg 4,31: Lebendige Seelsorge 17 (1966), 165-171: „Die Kleruspredigt darf nicht als omnipotenter Mitteilungsmodus kirchenamtlich monopolisiert werden. Das wäre Mangel an Vielfalt der Sprache, Verlust an ‚Urkirche', Wirkungsschwund an Verkündigung" (ebd. 165). Auf dem Katholikentag 1970 äußerte Rolf Zerfaß (Predigt und Gemeinde: Gemeinde des Herrn. 83. Deutscher Katholikentag vom 9. September bis 13. September 1970 in Trier, Paderborn 1970, 400-423): „Die bisherige Kommunikationsstruktur [...] hindert die Predigt [...] daran, ihren eigentlichen Zweck zu erfüllen: die Impulse des Evangeliums freizusetzen und Gemeinde zu bilden" (ebd. 405). Eine Resolution des Katholikentages (ebd. 424-426) forderte die Beteiligung der Laien an der gottesdienstlichen Verkündigung einschließlich der Predigt.

Ortsgemeinde eine größere Vielfalt des Zeugnisses angestrebt werden."[20] Die *Deutsche Bischofskonferenz* verabschiedete am 18. November 1970 *Richtlinien zur Laienpredigt*: Der Priester sei kraft Weihesakrament zur Predigt bevollmächtigt und komme seiner Verpflichtung zur Verkündigung insbesondere in der Eucharistiefeier nach, die eine untrennbare Einheit darstelle.[21] In Einzelfällen aber könne ein Laie predigen, wenn „es dem Aufbau der Gemeinden dient." Da konkrete Gründe nicht genannt wurden, kamen Notsituationen und besondere Kenntnisse des Laien ebenso in Betracht wie mangelndes Talent des Priesters. Die Beauftragung für den Einzelfall konnte der verantwortliche Geistliche aussprechen, der Diözesanbischof Predigtvollmacht auf Zeit verleihen.[22] Damit war die Tür für die Laienpredigt in der Messfeier weit geöffnet, doch hatte man die Ordnung wohl ohne den Apostolischen Stuhl gemacht.[23]

Die *Gemeinsame Synode der Bistümer in der Bunderepublik Deutschland* befasste sich auf dieser Grundlage ausführlich mit dem Predigtdienst von Laien[24],

20 Zerfaß (Predigt und Gemeinde (Anm. 19), 403) erklärte auf dem Katholikentag 1970: „Es ist ja keineswegs so, daß nur der Pfarrer etwas zum Evangelium zu sagen hätte und die anderen, die ihm zuhören, deshalb schweigen, weil sie nichts zu sagen haben."

21 Deutsche Bischofskonferenz: Richtlinien für die Laienpredigt vom 18. November 1970: AfkKR 139 (1970), 578-579, Einführung, unter Bezugnahme auf SC Art. 56. – Die Österreichische Bischofskonferenz übernahm (wie sie ausdrücklich sagt) diese Regelung mit Wirkung vom 1. Juli 1971 (Wiener Diözesanblatt 109 (1971) Nr. 11 vom 1. November 1971, 159-160; Abl. ÖBK Nr. 1 vom 25. Januar 1984, 7 Nr. 10 mit 10-11 Anm. 2), behielt jedoch jede Genehmigung dem Bischof vor (Nr. 3) und erklärte abschließend: „Normalerweise ist die Laienpredigt in der Eucharistiefeier nicht gestattet" (Nr. 7). Im Hintergrund dieses Zusatzes dürfte der Entscheid der PCI (s. Anm. 15) zu sehen sein. Zudem hatte sich die Kleruskongregation in einem Brief vom 18. Februar 1971 (Prot. 133.096) an den Vorsitzenden der Österreichischen Bischofskonferenz gegen jedwede Predigt von Laien in der Eucharistiefeier gewandt (vgl. Heribert Schmitz, Die Beauftragung zum Predigtdienst. Anmerkungen zum „Schema canonum libri III de Ecclesiae munere docendi": AfkKR 149 (1980), 45-63, hier: 58).

22 Vgl. Deutsche Bischofskonferenz: Richtlinien Laienpredigt (Anm. 21) 1970, Nr. 3, 4 und 6. Beauftragungen durch den Geistlichen (mit Zustimmung der Dekanatskonferenz oder des Dechanten) waren dem Bischof anzuzeigen. Der Laie musste katholisch sein, sich aktiv am Gemeindeleben beteiligen, einen glaubwürdigen Lebenswandel führen und eine entsprechende theologische und homiletische Qualifikation besitzen (Nr. 1 und 2). Für die Predigt im Einzelfall genügte Kompetenz in der betreffenden Materie (Nr. 2). Somit geht es auch um eine Art „Qualitätssicherung".

23 So ausdrücklich der Apostolische Nuntius in der Bundesrepublik Deutschland in seinem Schreiben vom 22. Februar 1982 an den Vorsitzenden der Deutschen Bischofskonferenz (Prot. 13.095). Vgl. CD Art. 38 Abs. 4. So auch Schmitz, Beauftragung (Anm. 21), 57-58. Die Bischofskonferenz hatte jedoch 1972 erklärt, ihre Regelung sei unbeanstandet geblieben (vgl. Synode 2/1973, 10).

24 Vgl. hierzu Karl Lehmann, Einleitung zum Synodenbeschluß „Die Beteiligung der Laien an der Verkündigung": Gemeinsame Synode der Bistümer in der Bundesrepublik

doch bereits am 19. Dezember 1972 intervenierte die Kleruskongregation: Die Homilie eines Laien *intra missam* verstoße gegen den Entscheid der PCI. Sie signalisierte jedoch, „im Geist verständnisvoller Zusammenarbeit das Problem nochmals zu prüfen".[25] Die Bischofskonferenz sah hingegen keine Divergenzen, denn die vorgesehene Beschränkung auf besondere Fälle stünde im Einklang mit der gesamtkirchlichen Ordnung. Im Übrigen könne dem deutschen Synodenbeschluss Signalwirkung für die gesamtkirchliche Gesetzgebung zukommen.[26] Der Beschluss *Die Beteiligung der Laien an der Verkündigung* vom 4. Januar 1973[27] und die darauf aufbauenden *Richtlinien für die Beteiligung der Laien an der Verkündigung* vom 3. bis 7. März 1974[28] konnten erst nach Ermächtigung durch die Kleruskongregation als deutsches Sonderrecht (auf vier Jahre begrenzt) in Kraft treten. Das entsprechende Reskript vom 20. November 1973 unterstreicht die theologische Schwierigkeit der Predigt eines Laien in der Eucharistiefeier, weil diese eine unteilbare Einheit sei und der Priester in dieser sein Hirtenamt ausübe[29]. Der Bischof könne einen Laien mit der Predigt in der Messe nur beauftragen, wenn dem Priester dies physisch oder moralisch unmöglich sei oder der Laie in besonderen Situationen spezielle Fähigkeiten besitze.[30] Daher unterstreichen auch die *Richtlinien*, der Predigtdienst sei Aufgabe der geweihten Amtsträger; die Beauftragung eines

Deutschland. Offizielle Gesamtausgabe, Freiburg [4]1978 (Neuausgabe 2012), Bd.1, 153-169; Rüdiger Althaus, Die Rezeption des Codex Iuris Canonici von 1983 in der Bundesrepublik Deutschland unter besonderer Berücksichtigung der Voten der Gemeinsamen Synode der Bistümer in der Bundesrepublik Deutschland (Paderborner Theologische Studien 28), Paderborn 2000, 738-744.

25 Vgl. Sacra Congregatio pro Clericis: Schreiben vom 19. Dezember 1972 an den Vorsitzenden der Deutschen Bischofskonferenz: Synode 2/1973, 10-11. – Karl Lehmann (Einleitung zum Synodenbeschluß (Anm. 24), 164) erklärt, durch diesen Eingriff zu Beginn der Debatten sei der künftige Verlauf der Synode durch mögliche Konflikte mit römischen Kongregationen belastet gewesen. Man sei betroffen gewesen, „in welcher Form, zu welchem Zeitpunkt und mit welcher Methode hier in die synodalen Beratungen eingegriffen wurde."

26 Vgl. Synode 2/1973, 10.

27 Lehmann, Einleitung zum Synodenbeschluß (Anm. 24), 169-178.

28 Ebd., 179-182.

29 Vgl. Sacra Congregatio pro Clericis: Reskript über die Beauftragung von Laien zur Predigt an den Vorsitzenden der Deutschen Bischofskonferenz vom 20. November 1973: Ochoa, Xaverio: Leges Ecclesiae V 4240, von der Deutschen Bischofskonferenz gebilligte Übersetzung: Lehmann, Einleitung zum Synodenbeschluß (Anm. 24), 182-185. – Die Bischöfe erhielten „angesichts des Priestermangels und dringlicher Bedürfnisse der Seelsorge" ad experimentum für vier Jahre die Vollmacht, Laien mit der Predigt im Gottesdienst zu beauftragen (ebd. nn. 4 und 7 unter ausdrücklicher Außerkraftsetzung des can. 1342 § 2 CIC/1917).

30 Vgl. Sacra Congregatio pro Clericis: Reskript 1973 (Anm. 29), Nr. 2-3.

Laien stehe nicht in Konkurrenz dazu, sondern ergänze diesen (Nr. 1.1).[31] Die Kleruskongregation verlängerte ihre Billigung 1977[32] und 1982, dann jedoch nur bis zur Promulgation (!) des neuen CIC, höchstens für vier Jahre.[33] Der Nuntius beanstandete jedoch aufgrund des von der Bischofskonferenz vorzulegenden Erfahrungsberichtes[34], dass im Widerspruch zu den Richtlinien unbefristete Beauftragungen erfolgt seien , „als ob Laien ‚habitualiter' das Predigtamt ausüben könnten". Ferner deute die Aussage, die Priester betrachteten Laienprediger als Hilfe und Entlastung, darauf hin, diesen sei das Amt der Verkündigung abgenommen worden.[35] Tatsächlich geschah mancherorts die Predigt eines Laien (v. a. Pastoralreferenten) in der Eucharistiefeier regelmä-

31 So konnte der Bischof bei Fehlen geweihter Amtsträger Laien zur Predigt in einem Wortgottesdienst sowie in außergewöhnlichen Fällen in der Messfeier beauftragen: Wenn es dem Priester physisch oder moralisch unmöglich sei oder der Laie dem Anlass entsprechend spezifische Kenntnisse besitze (Richtlinien (Anm. 28), Nr. 1.2 und 1.4). Während das Reskript (Anm. 29, Nr. 2c) für eine Predigt aus besonderem Anlass ausdrücklich andere Feste nach Urteil des Bischofs nennt, beziehen sich die Richtlinien nur auf die sog. Zwecksonntage. – Bei der empfohlenen Einleitung der Predigt eines Laien durch den Priester unterbleibt bei den Richtlinien (Nr. 1.5) der Verweis auf die Opportunität (so Reskript, Nr. 3). Voraussetzung für eine Beauftragung sei eine theologische und homiletische Ausbildung sowie eine mehrjährige verantwortliche Beteiligung am Leben der Pfarrei (Richtlinien, Nr. 3); bei Predigten zu besonderen Anlässen kann von der Ausbildung abgesehen werden (Nr. 3.2). – Lehmann (Einleitung Synodenbeschluß (Anm. 24), 167) gelangt bei einem Vergleich des Synodenbeschlusses mit den Richtlinien zu dem Ergebnis: „Die Grundidee des Synodenbeschlusses, nämlich die stufenweise erfolgende Aktivierung und Dynamisierung des Verantwortungsbewußtseins von Priestern und Laien für die Verkündigung des Wortes Gottes bei Wahrung unterschiedlicher Funktionen, ist kaum mehr wiederzuerkennen. Durch die einseitige Konzentration der ‚Richtlinien' der Deutschen Bischofskonferenz auf die amtliche Beauftragung zur Predigt sind deren eigene Substrukturen, nämlich die Verantwortung der ganzen Gemeinde für die Verkündigung (2.1.) und das Glaubenszeugnis einzelner Gemeindemitglieder im Gottesdienst (2.2), ins Hintertreffen geraten. Wo aber die Grundidee verstellt und das innere Gefälle so unkenntlich wird, bleibt vom Synodenbeschluß in mancher Hinsicht nur ein Torso übrig."

32 Sacra Congregatio pro Clericis: Reskript vom 1. Juni 1977 zur Verlängerung der Fakultäten bzgl. der Richtlinien zur Predigt, Prot. N. 155.481/I: KA Limburg (1977), 523).

33 Sacra Congregatio pro Clericis: Reskript zur Verlängerung der Fakultäten bzgl. der Richtlinien zur Predigt vom 23. Januar 1982, Prot. N. 167323/I.

34 Vgl. Sacra Congregatio pro Clericis: Reskript 1973 (Anm. 29), Nr. 7.

35 Schreiben des Apostolischen Nuntius in der Bundesrepublik Deutschland vom 22. Februar 1982 an den Vorsitzenden der Deutschen Bischofskonferenz. Ähnlich erklärt Matthäus Kaiser (Der Predigtdienst von Laien in kirchenrechtlicher Sicht: Klerusblatt 68 (1988), 99-102, hier: 99), der vorangestellte Grundsatz der Richtlinien (1.1) „ließe erwarten, daß durch die Beauftragung von Laien das Predigtangebot durch zusätzliche Angebote erweitert werden solle. In Wirklichkeit aber wird sodann eine Beauftragung von Laien mit der Predigt nur als Ersatz vorgesehen."

ßig und völlig selbstverständlich.[36] – Die theologische Divergenz zwischen der Eucharistiefeier als einem einheitlichen Handeln *nomine Ecclesiae* einerseits und den grundlegenden Aussagen zum Apostolat der Laien durch Predigt bzw. Glaubenszeugnis, eingedenk der Dogmatischen Konstitution *Lumen gentium* andererseits, trug sich bis zum Inkrafttreten des Codex durch, doch bestand für Ausnahmesituationen Einvernehmen.

3. Die geltende Rechtslage

Ohne an dieser Stelle auf die kodikarischen Vorschriften im Detail eingehen zu können[37], seien diese kurz skizziert:

- Weil das Volk Gottes zuerst durch das Wort Gottes geeint wird, haben die geistlichen Amtsträger (*ministri sacri*) den Predigtdienst (*munus praedicationis*) hochzuschätzen; die Verkündigung des Evangeliums Gottes gehört zu deren hauptsächlichsten Pflichten (c. 762 CIC). Dabei ist die christliche Lehre in einer den Zuhörern und den Erfordernissen der Zeit angepassten Weise vorzutragen (c. 769 CIC).
- Die Bischöfe haben das Recht (*ius est*), überall das Wort Gottes zu predigen (c. 763 CIC)[38], Priester und Diakone mit der wenigstens vermuteten Zustimmung des Kirchenrektors die Befugnis (*facultas*) (c. 764 CIC).[39]
- Laien können gemäß den Vorschriften der Bischofskonferenz zur Predigt in einer Kirche oder Kapelle zugelassen werden (*admitti possunt*), sofern bestimmte Umstände dies erfordern oder es in Einzelfällen nützlich erscheint (c. 766 CIC).[40]

36 Heribert Schmitz (Erwägungen zur authentischen Interpretation von c. 767 § 1 CIC: Recht als Heilsdienst. FS Matthäus Kaiser, hg. v. W. Schulz, Paderborn 1989, 127-143, hier: 128) erklärt, „die Laienpredigt in der Messe [war] in einigen deutschen Diözesen zur Dienstaufgabe der Pastoralreferenten/innen erklärt worden." Dabei beruft er sich auf Ausführungsbestimmungen der Diözese München-Freising für die Richtlinien von 1974. So wechselte sich bei der Homilie manch ein Pfarrer (wie zuvor mit dem Kaplan) nun mit dem Pastoralreferenten ab.

37 Vgl. hierzu Heinrich Mussinghoff / Hermann Kahler: MKCIC cc. 762-772; Althaus, Rezeption (Anm. 24), 744-748.

38 Dies steht unter dem Vorbehalt, dass der Ortsbischof in Einzelfällen die Predigt ausdrücklich verwehren kann (c. 763 CIC).

39 Der zuständige Ordinarius kann diese Befugnis einschränken oder entziehen, das Partikularrecht eine ausdrückliche Erlaubnis vorsehen (c. 764 CIC). Für eine Predigt vor Ordensleuten wird die Erlaubnis des zuständigen Oberen verlangt (c. 765 CIC).

40 Die Vorschriften der Bischofskonferenz können Erfordernisse und Umstände regeln, aber auch die persönlichen und fachlichen Voraussetzungen eines Predigers festlegen. Indes fällt auf, dass c. 766 CIC keine missio oder ähnliche Beauftragung vorsieht, sondern ledig-

Das gesamtkirchliche Recht eröffnet somit grundsätzlich, obgleich immer noch als Ausnahme konzipiert, die Möglichkeit, Laien, angebunden an das kirchliche Lehramt, zum Predigtdienst zuzulassen. In Betracht kommen gottesdienstliche Feiern, denen ein Laie vorsteht. Ausgenommen hiervon bleibt die Homilie in der Eucharistiefeier als herausragende Form der Predigt: Als Teil der Liturgie selbst bleibt sie dem Priester oder Diakon vorbehalten (c. 767 § 1 CIC). An Sonn- und gebotenen Feiertagen darf sie in Messen unter Beteiligung des Volkes nur aus schwerwiegendem Grund ausfallen (c. 767 § 2 CIC).[41] Initiativen, auch Laien zur Homilie zuzulassen, erteilte der Apostolische Stuhl wiederholt eine entschiedene Absage. So erklärte das PCI am 20. Juni 1987, der Diözesanbischof könne von der Vorschrift des c. 767 § 1 CIC nicht dispensieren, sodass ein Laie die Homilie halten könnte.[42] Das interdikasterielle Schreiben *Ecclesiae de mysterio* vom 15. August 1997 zu einigen Fragen über die Mitarbeit der Laien am Dienst der Priester wiederholte, die Homilie sei dem geweihten Amtsträger vorbehalten.[43] Ausnahmen werden nicht genannt.

In Anbetracht der ausgelaufenen Billigung und des neuen CIC beschloss die Deutsche Bischofskonferenz am 24. Februar 1988 eine neue *Ordnung des Predigtdienstes von Laien*.[44] Nach deren Maßgabe können katholische Laien mit

lich von admitti possunt spricht, so dass dieser Dienst nicht so sehr als Teilhabe an der Sendung der Hierarchie, sondern als Ausfluss der Taufberufung aufscheint.

41 Darüber hinaus wird die Homilie auch in Werktagsmessen, besonders in der Adventszeit und Österlichen Bußzeit, wegen eines Festes oder traurigen Anlasses empfohlen (c. 767 § 3 CIC). Für die gewissenhafte Einhaltung der Vorschriften haben der Pfarrer bzw. der Kirchenrektor zu sorgen (c. 767 § 4 CIC).

42 AAS 79 (1987), 1249, dt.: ÖAKR 37 (1987/88), 128; lat.-dt.: Franz Kalde, Authentische Interpretationen zum Codex Iuris Canonici I (1984-1994), Metten ^{2}1996 (SICA 1), 20-21, 57-58.

43 AAS 89 (1997), 852-877, dt.: VApSt 129, Art. 3 § 1. Entsprechend wird auch Seminaristen das Predigen zu Übungszwecken untersagt. Die Kongregation für den Klerus wiederholt in ihrer vom Papst gebilligten Instruktion „Die pastorale Umkehr der Pfarrgemeinde im Dienst an der missionarischen Sendung der Kirche" vom 29. Juni 2000: AAS 112 (2020), 736-777, dt.: VApSt 226: Während der Feier der Eucharistie dürfen sie [die Laien] jedoch die Homilie auf keinen Fall halten (n. 99).

44 Zusammen mit Liturgischer Einführung sowie Pastoralem Wort der deutschen Bischöfe zum Beschluß der Laienpredigt, jeweils vom 24. Februar 1988, abgedruckt in AfkKR 157 (1988), 192-193 (nur Ordnung), KA Köln 128 (1988), 92-94. Es handelt sich hierbei nicht um eine Partikularnorm bzw. ein Generaldekret im Sinne des c. 455 § 1 CIC, sondern um eine Empfehlung zur Vereinheitlichung der Praxis, die der Inkraftsetzung durch den jeweiligen Diözesanbischof bedarf (Nachweise bei Heribert Schmitz / Franz Kalde, Partikularnormen der Deutschen Bischofskonferenz. Text und Kommentar, Metten 1996 (SICA 5) eine Ausnahme (der westdeutschen Diözesen) bildet nur Paderborn). – Die Österreichische Bischofskonferenz sah sich durch die genannte interdikasterielle Instruktion von 1997 (Anm. 43) zu einer Neuregelung veranlasst, die am 1. Juni 2002 in Kraft trat und sich an die deutsche Regelung anlehnt (Decretum Generale über die Ordnung des

dem *Predigt*dienst beauftragt werden (§ 1 Abs. 1). Der gewählte Begriff *beauftragen* bringt deutlicher als das *admitti possunt* des c. 766 CIC eine Mitwirkung an der Sendung der kirchlichen Autorität zum Ausdruck. Auf eine Beschränkung auf das Fehlen eines geweihten Amtsträgers wird verzichtet.[45] Die Beauftragung kann für jedweden Wortgottesdienst (auch eine Wort-Gottes-Feier am Sonntag) erfolgen, ferner im Rahmen der katechetischen Unterweisung der gesamten Gemeinde oder für bestimmte Personengruppen (§ 1 Abs. 1).[46] Mit dem Predigtdienst in der Eucharistiefeier kann ein Laie beauftragt werden[47], wenn dies nach dem Urteil des Diözesanbischofs notwendig und der Zelebrant dazu nicht in der Lage ist und kein anderer geweihter Amtsträger zur Verfügung steht, jedoch nur im Sinne einer *statio* zu Beginn des Gottesdienstes (§ 1 Abs. 2), nicht einer Homilie.[48] Zuständig für die Beauftragung im Einzelfall ist

Predigtdienstes von Laien (Canon 766), rekognosziert am 27. Mai 2002: Abl. ÖBK Nr. 33 vom 1. Juni 2002, 4-5 Nr. II. 1, AfkKR 171 (2002), 200-202). So können „unter bestimmten Umständen, besonders dann, wenn kein Priester oder Diakon zur Verfügung steht und die pastorale Notwendigkeit es dringend erfordert, [...] gemäß Canon 766 CIC auch Laien zum Predigtdienst außerhalb der Eucharistie-Feier (Canon 767 § 1) zugelassen werden" (Einleitung). Dies betrifft Wort Gottes-Feiern am Sonntag, sofern keine Eucharistie gefeiert werden kann, andere Wortgottesdienste, insbesondere Kommunionfeiern, Andachten, Vespern u.ä., soweit notwendig oder nützlich und keine geistlichen Amtsträger zur Verfügung stehen, sowie im Rahmen der katechetischen Unterweisung der Gemeinde oder bestimmter Personengruppen (§ 1). Die Beauftragung zum Predigtdienst erfolgt befristet auf Vorschlag des Pfarrers durch den Diözesanbischof bzw. den ihm im Recht Gleichgestellten (§§ 3 und 4). Der Predigtdienst kann nur im Auftrag des zuständigen Pfarrers wahrgenommen werden (§ 5). Eine statio zu Beginn der Eucharistiefeier findet keine Erwähnung.

45 So noch Deutsche Bischofskonferenz, Richtlinien Verkündigung 1974 (Anm. 28), Nr. 1. Auch c. 766 CIC spricht nur von Notwendigkeit und Nutzen. – Der Bischof von Augsburg (Ordnung des Predigtdienstes von Laien. Diözesane Ausführungsbestimmungen vom 15. März 1988: KA 98 (1988), 137-139) bestimmt indes allgemein, es müsse die Unmöglichkeit des Zelebranten oder eines Klerikers feststehen, selbst die Homilie zu halten (§ 1 Abs. 1 a).

46 Die „katechetische Unterweisung" dürfte insbesondere auf Kindermessen anspielen. Da aber Katechese nicht nur auf Kinder beschränkt ist, eröffnen sich weitreichende Möglichkeiten.

47 Als Voraussetzung für die Beauftragung zum Predigtdienst werden genannt: Praktizieren des Glaubens, gediegenes religiöses Wissen und rhetorische Fähigkeit im umfassenden Sinn. Für den häufigeren Predigtdienst sollen Laien mit der fachlichen Qualifikation einer theologischen Ausbildung bevorzugt werden (vgl. Deutsche Bischofskonferenz, Ordnung Predigtdienst 1988 (Anm. 44), § 2). Bei Gemeinde- und Pastoralreferenten werden die Voraussetzungen als gegeben erachtet (§ 6 Abs. 1), doch impliziert dies, dass der entsprechende Ausbildungsgang – wie für Presbyterat und Ständigen Diakonat – sowohl homiletische Vorlesungen als auch entsprechende Übungen einschließlich rhetorischer Schulung enthält.

48 Das procedere regelt die beigefügte Liturgische Einführung (Anm. 44): Der Zelebrant soll nach dem Kreuzzeichen und der Begrüßung der Gemeinde etwa mit folgenden Worten auf den Predigtdienst des Laien hinweisen: „Da in dieser Meßfeier im Anschluß an die biblischen Lesungen keine Homilie gehalten werden kann, wird Herr N./Frau N., der/die

der Pfarrer, sonst der Ortsordinarius auf Vorschlag des Pfarrers (§ 3 und § 4 Abs. 1). Diese geschieht auf bestimmte Zeit oder (insbesondere für im pastoralen Dienst Stehende) für die Dauer der Tätigkeit an einer bestimmten Stelle (§ 4 Abs. 2 und § 6 Abs. 1)[49]. Der Predigtdienst kann nur im Einvernehmen mit dem Pfarrer ausgeübt werden (§ 5), der sich wiederum gegenüber dem Bischof für die Gemeinde verantwortlich zeichnet (§ 7).[50]

Diese Ordnung sieht zwar grundsätzlich die Möglichkeit vor, hinreichend qualifizierte Laien mit dem Predigtdienst zu beauftragen, wegen der restriktiven gesamtkirchlichen Vorgabe bleibt die Homilie in der Eucharistiefeier hiervon jedoch ausgenommen. Die, zu deren Beginn mögliche, *statio* steht jedoch in Spannung zu liturgietheologischen und liturgierechtlichen Prinzipien: So wird diese vom Ambo, dem Ort der Verkündigung, aus gehalten.[51] Die von der *Institutio generalis* des Messbuches vorgesehene sehr kurze Einführung mutiert zu einem Zeitpunkt zu einer Predigt[52], da die Perikopen des Tages noch nicht verlesen sind.[53] Damit werden die Aussagen aus *Lumen gentium* nur zu einem Teil rezipiert; die vom Apostolischen Stuhl einst zugesagte Prüfung des Anliegens scheint (wenn überhaupt) lediglich intern vorgenommen worden zu sein, ohne dass eine neue oder vertiefte Argumentation bekannt geworden wäre.

Doch auch die kodikarischen Vorgaben führen bei strikter Interpretation zu dogmatischen, rechtlichen und pastoralen Anfragen:

zum Predigtdienst beauftragt ist, jetzt ein geistliches Wort an uns richten" (Nr. 1). – Die angesprochene „Notwendigkeit" dürfte unterschiedlich, aber nicht willkürlich interpretiert werden.

49 Finden häufiger Wortgottesdienste am Sonntag ohne Priester statt, so sollen den „Dienst am Wort" mehrere Laien wahrnehmen, die der Pfarrer als seine Mitarbeiter begleiten soll (Deutsche Bischofskonferenz, Ordnung Predigtdienst 1988 (Anm. 44), § 6 Abs. 3).

50 Vgl. auch c. 528 § 1 iVm. cc. 767 § 4, 770 CIC.

51 Der Prediger spricht das geistliche Wort vom Ambo aus, also gerade vom Ort der Verkündigung des Wortes Gottes (Deutsche Bischofskonferenz: Ordnung Predigtdienst 1988 (Anm. 44), Liturgische Einführung Nr. 2).

52 Die Institutio generalis (Anm. 14) hebt hervor: „Potest etiam, ipse vel alius minister idoneus, brevissimis verbis introducere fideles in Missam illius diei" (n. 86). – Kaiser (Predigtdienst (Anm. 35), 101) sieht damit eine „Rückkehr zu dem durch das Zweite Vatikanische Konzil überwundenen Brauch [...], nach dem die Predigt nicht während, sondern vor der Eucharistiefeier gehalten wurde, und zwar ebenfalls nicht in der Regel durch den Zelebranten selbst."

53 Peter Krämer (Die Ordnung des Predigtdienstes (Anm. 36), 115-126, hier: 123) merkt an: „Der Ausnahmecharakter einer Laienpredigt hätte [...] auch dann gewahrt bleiben können, wenn vorgesehen worden wäre, die Predigt an gewohnter Stelle, also nach dem Evangelium, zu halten. Jedenfalls wäre hierdurch dem liturgischen Aufbau der Eucharistiefeier eher entsprochen worden; denn Aufgabe einer Predigt ist es, die vorgetragenen Texte, vor allem die Schriftlesungen, auszulegen."

1. Versteht man die Homilie unbedingt als Ausfluss des priesterlichen *agere in persona Christi* in der Eucharistiefeier, dürfte kein Diakon die Predigt halten, denn sein Weiheamt reicht nicht in den konsekratorischen Bereich des *sacerdotiums* hinein (vgl. c. 1009 § 3 CIC). Die (auch regelmäßige) Homilie eines Diakons begegnet indes keinerlei Bedenken.[54] Doch was ist ein Diakon, zutiefst sakramententheologisch betrachtet (vgl. c. 1009 § 3 CIC)?
2. In Kindermessen können Laien Worte an die Kinder richten. *De facto* handelt es sich dabei um eine Homilie, wird doch auf die Auslegung der Hl. Schrift besonderer Wert gelegt.[55] Daher kann der Vorbehalt hinsichtlich der Homilie für geweihte Amtsträger nicht im *ius divinum*, sondern nur im *ius mere ecclesiasticum* begründet liegen, zumal auch der Apostolische Stuhl früher Ausnahmen zuerkannt hat.
3. Die Homilie ist an allen Sonn- und gebotenen Feiertagen zu halten und darf daher nur *gravi de causa* ausfallen (c. 767 § 2 CIC). Dies schließt eine zweite – wie auch immer geartete *Predigt* eines Laien nicht aus, sofern nur die Homilie – in welcher Länge auch immer – gehalten wird. Wenn die Homilie aus schwerwiegendem Grunde entfällt, könnte ein Laie einen geistlichen Vortrag v. a. aus besonderem Anlass halten. Darüber hinaus wäre die Predigt eines Laien an Werktagen nach dem Buchstaben des Gesetzes *statt* einer Homilie durchaus zulässig.[56]
4. Sollte ein Priester aus schwerwiegendem Grund zu einer Homilie nicht in der Lage sein (z. B. schwere Krankheit, ausländische Urlaubsvertretung), müsste der größere geistliche Nutzen darin liegen, dass auch kein qualifizierter Laie eine solche hält.[57]

54 Das II. Vaticanum äußert sich hierzu nicht näher (vgl. v. a. SC Art. 35, 52 und 56, LG Art. 29 Abs. 1). – Der Einheit der Eucharistiefeier widerspricht auch die arbeitsökonomische Praxis, dass ein Priester oder Diakon am Sonntag in allen Messen predigt, auch in denen, die er nicht selber (mit)feiert.

55 Directorium de Missis cum pueris (Anm. 18), nn. 42-48.

56 Eine Zulässigkeit wäre bereits dann gegeben, wenn die Bischofskonferenz einen Feiertag nicht mehr als geboten qualifiziert (c. 1246 § 2 CIC).

57 Schmitz (Erwägungen (Anm. 36), 139) führt konsequent aus: „Die Befolgung der Vorschrift des c. 767 § 1 kann zu Härten führen, die dem geistlichen Wohl der Gläubigen abträglich oder schädlich sind: wenn nämlich die Gläubigen der Homilie und damit der Auslegung des Wortes Gottes entbehren müssen, da zwar ein Priester vorhanden ist, der zelebriert oder zelebrieren kann, der aber nicht oder nicht mehr imstande ist, eine Homilie zu halten." Kaiser (Predigtdienst (Anm. 35), 102) sieht durch die Heilsnotwendigkeit des Wortes Gottes die Predigt eines Laien gefordert, wenn der Zelebrant dazu nicht in der Lage ist. Die genannte Sonderregelung für Kindermessen (Anm. 18) hebt auf den pastoralen Nutzen ab (n. 24), der kodikarische Gesetzgeber, dass die christliche Lehre in einer den Zuhörern und den Erfordernissen der Zeit angepassten Weise vorgetragen wird (c. 769 CIC).

5. Darf ein Laie an Sonn- und Feiertagen in besonderen Fällen eine von einem geweihten Amtsträger verfasste Homilie in Anwesenheit eines solchen vorlesen? Da eine Homilie nicht nur durch ihren Inhalt, sondern auch durch ihren Vortrag wirkt, wäre dies nicht zulässig. Und: Genügt ein Kleriker seiner Pflicht, wenn er die der Feder eines Laien oder künstlicher Intelligenz entflossene Homilie aus der Predigtliteratur vorliest?
6. Außerdem war die Praxis weit verbreitet, an die sich zumindest Ältere erinnern können: Da predigte an einem Samstag/Sonntag ein Priester in allen Messen. Wenn diese ein anderer Priester feierte, kam er zum Evangelium aus der Sakristei, in die er vor dem Credo auch wieder entschwand. Aus der Übung kam diese arbeitsökonomische Maßnahme nicht wegen schwerwiegender theologischer Bedenken, sondern wegen grundlegender Veränderung der Rahmenbedingungen: oft nur noch ein Priester und eine Messe vor Ort. Natürlich war der Prediger ein „geweihtes Haupt“, aber in der konkreten Messe ein „Fremdkörper“.

Aber da ist noch der Beschluss des *Synodalen Weges*, der sich auf der Argumentationslinie der *Gemeinsamen Synode* 50 Jahre zuvor deutlich für einen regelmäßigen Predigtdienst, einschließlich der Homilie, durch Laien ausspricht.[58] Es darf wohl konzediert werden, dass dieser eine, zumindest in *manchen* Regionen Deutschlands verbreitete Praxis widerspiegelt, wobei man sicher nicht übersehen darf, dass der Homilie in der Eucharistiefeier die Aufmerksamkeit gilt als Lackmustest der Rezeption von *Lumen gentium*, als zentrale Versammlung des Volkes Gottes und oft als einzig verbliebene gottesdienstliche Feier (außer „Sonntagsgottesdienste ohne Priester“, heute: Wort-Gottes-Feiern) im pfarrlichen Leben. Letztlich verbirgt sich dahinter auch hier die Frage der Interpretation und einer unterschiedlichen Rezeption der Konzilstexte; letztlich fehlt eine konsentierte Theologie des Volkes Gottes.

4. Resümee

Lange scheint die Predigt eines Laien in der Eucharistiefeier nicht üblich gewesen zu sein. Die ausdrücklichen Verbote der Laienpredigt ab dem 5. Jh. waren durch umherziehende Häretiker veranlasst, eine zunächst noch mögliche bischöfliche Erlaubnis entfiel im Hochmittelalter. Eine Predigt *in lingua*

58 Vgl. Handlungstext des Synodalen Weges „*Verkündigung des Evangeliums durch beauftragte Getaufte und Gefirmte in Wort und Sakrament*“, beschlossen am 10. März 2023: Der Synodale Weg: Beschlüsse des Synodalen Weges der katholischen Kirche in Deutschland, Bonn 2023 (SW 20), 271-281.

barbarorum während der Eucharistiefeier in der lateinischen Hochsprache war ohnehin nicht mehr vorstellbar, so dass die Belehrung des Volkes vorher oder nachher geschah. Erst das II. Vatikanische Konzil betonte wieder die Zusammengehörigkeit von Wortverkündigung und Eucharistie, weshalb der Apostolische Stuhl nachfolgend einschärfte, dass die Homilie dem geweihten Amtsträger vorbehalten sei. Zunächst mögliche bzw. geduldete Ausnahmen nahm man, wohl auch wegen einer extensiven Anwendung, wieder zurück. Das Argument, Laien könnten Häresien verbreiten, wird zwar heute nicht mehr bemüht, doch befinden wir uns in einem Dilemma: einerseits die strengen Vorgaben aufgrund der behaupteten Untrennbarkeit von Wortgottesdienst und Eucharistie, andererseits die Mitverantwortung der Laien für den Verkündigungsauftrag auch in der Eucharistiefeier, was als Bereicherung empfunden wird[59], einerseits die strikte Interpretation, die keine Ausnahme zuzulassen scheint, andererseits eine extensive Praxis, die die Homilie eines Laien nicht nur subsidiär in besonderen Fällen vorsieht (negativ ausgedrückt als Lückenbüßer), sondern (bei hinreichender Qualifikation) als dessen ordentliche Aufgabe, ja quasi als Bewährungsprobe für das Ernstnehmen des Charismas ihres prophetischen Dienstes angesichts der ekklesialen Bedeutung der sonntäglichen Eucharistiefeier. Der Fokus liegt dabei auf dieser, was auch damit zu tun hat, dass andere Gottesdienstformen (sieht man von Wort-Gottes-Feiern ab) im pfarrlichen Leben kaum noch eine Rolle spielen.

Die *statio* zu Beginn der Messe erscheint offenkundig als Notlösung.[60] Blickt man auf die (von Bischöfen nicht nur geduldete) Praxis in deutschen Diözesen, dass Laien (v.a. Mitarbeitende in der Pastoral) nach dem Evangelium eine „Predigt“ halten, kann man von einer Nichtrezeption der gesamtkirchlichen Vorgabe, möglicherweise inzwischen gar von einer Gewohnheit *contra legem* sprechen.[61] Mag der „deutsche Sonderweg“ Signalwirkung für

59 Vgl. Karl Schlemmer, Kein Verbot der Laienpredigt!: Anzeiger für die Seelsorge 97 (1988), 71-74, hier: 72.

60 Michael Seyboldt („Laienpredigt“ – Dogmatische Anmerkungen zur Neuregelung: Klerusblatt 68 (1988), 279-282, hier: 279) beurteilt die Regelung als einen von der Pragmatik diktierten Kompromiss.

61 Zwar legt c. 24 § 2 CIC fest, eine widergesetzliche Gewohnheit könne die Kraft eines Gesetzes nur erlangen, wenn sie vernünftig sei, doch kann in Anbetracht der aufgeführten Aspekte in Frage gestellt werden, dass die gesamtkirchliche Regelung in ihrer Verabsolutierung trotz wiederholter Bestätigung durch den Apostolischen Stuhl vernünftig ist. – Bereits 1988 äußerte Matthäus Kaiser (Predigtdienst (Anm. 35), 101), „daß die gewohnheitsmäßige Auslegung der neuen Ordnung sich von der bisherigen nicht auffällig unterscheiden wird.“ Diese Gewohnheit sei „nicht unbedingt eine solche contra legem, sondern eher secundum legem, die der beste Interpret kirchlicher Gesetze ist“ (ebd. 100). Im folgenden Jahr vertrat Winfried Schulz (Probleme der Rezeption des neuen Codex Iuris Canonici in der Bundesrepublik Deutschland: Ders.: Recht als Heilsdienst [Anm. 36], 144-159,

die Gesamtkirche haben …? Im *Instrumentum laboris* für die Bischofssynode von 2024 fällt jedenfalls die Feststellung auf: Es „wird gefordert, dass entsprechend ausgebildete Laiinnen und Laien auch während der Eucharistiefeier an der Verkündigung des Wortes Gottes mitwirken“, was wohl kaum den Lektorendienst meinen dürfte.[62] Sollte dieses Anliegen aufgegriffen werden, wären jedoch Richtlinien hinsichtlich der Voraussetzungen im Sinne einer Qualitätssicherung und einer Aufteilung der Homilien äußerst hilfreich, sodass die Gläubigen fundierte Ausführungen hören und verstehen können, und es nicht zwischen Klerikern und Laien zu einem „Kanzel-Kampf“ kommt, was dem Anliegen eines Einbringens der unterschiedlichen Dienste und Charismen widersprechen würde.

hier: 152) die Auffassung, die „Bestimmung der deutschen Bischöfe scheint heute dazu bestimmt zu sein, ein wirkungsloses Gesetz zu werden, sofern (was zu vermuten ist) die Rezeption seitens der passiv gesetzesfähigen Gemeinschaft der Gläubigen ausbleibt.“

62 XVI. Ordentliche Generalversammlung der Bischofssynode. Instrumentum laboris für die zweite Sitzung (Oktober 2024): www.dbk.de/fileadmin/redaktion/diverse_downloads/dossiers_2024/INSTRUMENTUM-LABORIS-2-A4-DE.pdf (Stand: 10. September 2024), Nr. 18. [Zugriff: 10.09.2024].

STÖRFAKTOR ODER „TEIL DER LITURGIE SELBST“ (SC 52)? DIE PREDIGT IM SPANNUNGSVERHÄLTNIS VON WORT UND SAKRAMENT

Andreas Bieringer

In seinem autofiktionalen Roman „Die Erfindung des Lebens“ erinnert sich der Schriftsteller Hanns-Josef Ortheil (*1951) an seine Kindheit, die über weite Strecken von der Ästhetik des katholischen Gottesdienstes bestimmt war.[1] Nach eigenem Bekunden wurde Ortheil im Kölner Dom in den uralten Dreiklang von Raum, Gesang und Sprache initiiert. Seine literarischen Gottesdienste spiegeln aber nicht nur emphatisch Momente der Verwandlung, vielmehr wird auch Kritik an der erlebten Liturgie geübt:[2]

> „Die einzige Störung des Gottesdienstes, die jedes Mal schwer zu ertragen war, war die Predigt. Von Anfang, vom Stürmen der Orgel und den leisen Gesängen des Chores, an, war der Gottesdienst etwas Feierliches, Festliches, wenn aber die Predigt kam, war es für eine Weile aus mit der Feierlichkeit. Die Predigt störte nicht deshalb, weil ich nicht alles verstand, sondern vor allem, weil überhaupt so lange geredet und alles erklärt wurde. Musste denn alles, aber auch alles, beredet und umständlich erklärt werden? [...] Nach der Predigt musste man erst wieder in den Gottesdienst hineinfinden.“[3]

Auf den ersten Blick passt die literarische Intervention nicht zur heutigen Bedeutung der Predigt im katholischen Gottesdienst. Ihre Wiederherstellung als Homilie in der Messliturgie gehört zu den sichtbarsten Früchten der liturgischen Erneuerung im Gefolge des Zweiten Vatikanischen Konzils.[4] In den letzten Jahrzehnten setzte sich die Liturgiewissenschaft vehement dafür ein, die

1 Vgl. Andreas Bieringer, Gottesdienst in der Literatur. Entwurf einer kultursensiblen Liturgiewissenschaft, Tübingen 2023 (Pietas Liturgica Studia 26), 71-102.

2 Vgl. darüber hinaus auch Hanns-Josef Ortheil, Die Moselreise. Roman eines Kindes. München 2010, 111.

3 Hanns-Josef Ortheil, Die Erfindung des Lebens, München 2009, 61.

4 In diesem Beitrag wird der Begriff „Homilie“ für die Messe und „Predigt“ für alle weiteren Liturgien verwendet. Da die Terminologie weder in kirchlichen Dokumenten noch in wissenschaftlichen Arbeiten einheitlich oder gar durchschaubar ist, bleibt der Begriff unscharf. Zur Terminologie vgl. Christoph Ohly, Der Dienst am Wort Gottes. Eine rechtssystematische Studie zur Gestalt von Predigt und Katechese im Kanonischen Recht, St. Ottilien 2008 (MThS.K 63), 451-505. Dazu aus liturgiewissenschaftlicher Perspekti-

Homilie nicht mehr als Störfaktor, sondern als integralen Bestandteil der Sonntagsliturgie zu etablieren. Auch wenn sie als unverzichtbarer Teil des Wortgottesdienstes aus der sonntäglichen Messe nicht mehr wegzudenken ist, wird die Homilie in der Praxis mitunter als sekundär eingestuft. Einigen gilt sie immer noch als typisch „protestantisch" und damit als vernachlässigbar, andere wiederum beklagen die schlechte Qualität ihrer Ausführung. Lässt sich vor diesem Hintergrund Ortheils Romanausschnitt als Beleg für eine Höherbewertung von Sakrament und Ritus gegenüber der Predigt deuten? Oder haben wir es hier vielmehr mit einem sensiblen liturgischen Beobachter zu tun, der nicht ohne Grund den die Messe sprengenden Charakter der Homilie ins Wort nimmt?[5] Erste Antworten auf diese und ähnliche Fragen zu finden, ist Ziel des vorliegenden Beitrags, der sich dafür primär auf das Verhältnis von Wort und Sakrament aus liturgiewissenschaftlicher Perspektive beschränkt. Darüber hinaus werden mögliche Themenfelder für weiterführende Debatten benannt, um die oft einseitige Beschäftigung mit dem Teilbereich „Laienpredigt" zu überwinden.[6] Ohne Zweifel ist die Frage, wer in der Liturgie und mit welchen Voraussetzungen predigen darf, wichtig. Sie sollte jedoch nicht zu Lasten anderer ebenso bedeutsamer Themenfelder gehen.

1. „… pars ipsius liturgiae" (SC 52) – Die Homilie als genuiner Bestandteil der Liturgie

Bereits ein kursorischer Blick in die einschlägige Literatur lässt erkennen, dass sich die katholische Liturgiewissenschaft (wenigstens im deutschsprachigen Raum) bislang nur eingeschränkt mit dem facettenreichen Verhältnis von Predigt und Liturgie beschäftigte.[7] Selbst in den beiden maßgeblichen Einleitungswerken von Albert Gerhards (Bonn) und Benedikt Kranemann (Erfurt) einer-

ve vgl. Martin Stuflesser, Eucharistie. Liturgische Feier und theologische Erschließung, Regensburg 2013, 156f.

5 Vgl. Alexander Deeg – David Plüss, Liturgik, Gütersloh 2021 (Lehrbuch Praktische Theologie 5), 376-380, hier bes. 377.

6 Vgl. zuletzt u. a. Christian Bauer – Wilhelm Rees (Hgg.), Laienpredigt – neue pastorale Chancen, Freiburg – Basel – Wien 2021.

7 Einen guten Überblick über den Forschungsstand gibt Benedikt Kranemann, Laienpredigt – eine liturgiewissenschaftliche Perspektive: Laienpredigt – neue pastorale Chancen, hg. v. C. Bauer – W. Rees, Freiburg – Basel – Wien 2021, 152-175, hier bes. 152-156. Vgl. zu SC 52 aus ökumenischer Perspektive Alexander Deeg, Heilige Schrift und Gottesdienst. Evangelische Überlegungen zur Bibel in der Liturgie – oder: SC 24 als ökumenisches Projekt: Wort des lebendigen Gottes. Liturgie und Bibel, hg. v. A. Zerfaß – A. Franz, Tübingen 2016 (Pietas Liturgica 16), 49-70.

seits bzw. Reinhard Meßner (Innsbruck) andererseits, wird die Predigt, wenn überhaupt, nur am Rande erwähnt.[8] Verantwortlich für diese Lücke dürfte zunächst die institutionelle Trennung von Homiletik und Liturgiewissenschaft sein.[9] Sowohl an den evangelischen, wie auch an den katholischen Fakultäten wird das Fach Homiletik –mit wenigen Ausnahmen– der Pastoraltheologie zugeordnet, was inhaltlich wiederum zur Folge hat, dass Liturgie und Predigt häufig nur für sich reflektiert werden, anstatt sie aufeinander zu beziehen.[10] Der evangelische Theologe Michael Meyer-Blanck spricht im Kontext beider Konfessionen daher von einer „mangelnden Unterscheidungsweise beider gottesdienstlicher Genera", die nicht selten zu einer einseitigen Auflösung des gegenseitigen Spannungsverhältnisses führt.[11]

Neben der institutionellen Trennung spielt ebenso die lang gehegte antiprotestantische Polemik für die Vernachlässigung des Themas eine nicht unwesentliche Rolle. Während sich im Sakrament das Wirken Gottes manifestiere, spiegle sich in der Homilie lediglich das menschliche Tun wider, so oder ähnlich lautete das weder lehramtlich noch theologisch belegbare Vorurteil auf katholischer Seite.[12] Die daraus resultierende Abwertung der Homilie zugunsten von Sakrament und Ritus wurde durch die umfassende Aufwertung des Wortgottesdienstes im Gefolge der Liturgiereform des Zweiten Vatikanums theologisch überwunden (SC 51.78.92).[13] Mit der theologischen Neubewertung ging die Überzeugung einher, die Homilie sei nicht mehr länger als störender

8 Vgl. Meßner, Einführung in die Liturgiewissenschaft, Paderborn ²2009; Albert Gerhards – Benedikt Kranemann, Grundlagen und Perspektiven der Liturgiewissenschaft, Freiburg ⁴2019. Aus evangelischer Perspektive dazu Michael Meyer-Blanck, Gottesdienstlehre, Tübingen ²2020, 308.

9 Vgl. dazu u. a. aus pastoraltheologisch-homiletischer Perspektive Andreas Wollbold, Predigen. Grundlagen und praktische Anleitung, Regensburg 2017; Philipp Müller, Predigt ist Zeugnis. Grundlegung der Homiletik, Freiburg 2007.

10 Als Ausnahme ist hier die Katholisch-Theologische Fakultät der Johannes Gutenberg-Universität Mainz zu nennen, an der das Fach Homiletik am Lehrstuhl für Liturgiewissenschaft angesiedelt ist. Vgl. dazu https://www.liturgie.kath.theologie.uni-mainz.de/ [Zugriff 16.09.2024]. Die theoretische Trennung von Homiletik und Liturgiewissenschaft (Liturgik) besteht auch innerhalb der evangelischen Theologie, wie Meyer-Blanck berichtet; vgl. Michael Meyer-Blanck, Ritus und Rede. Eine Verhältnisbestimmung auf dem Hintergrund ökumenischer Theologie: Gottesdienst und Predigt – evangelisch und katholisch, hg. v. A. Deeg – E. Garhammer – B. Kranemann – M. Meyer-Blanck, Würzburg 2014 (Evangelisch-katholische Studien zu Gottesdienst und Predigt 1), 11-39, 34f.

11 Meyer-Blanck, Ritus und Rede (Anm. 10), 39.

12 Vgl. dazu exemplarisch aus historischer Perspektive Johann Baptist Schneyer, Geschichte der katholischen Predigt, Freiburg 1969, hier bes. 231-302.

13 Vgl. Alexander Zerfaß, Auf dem Weg nach Emmaus. Die Hermeneutik der Schriftlesung im Wortgottesdienst der Messe, Tübingen 2016 (Pietas Liturgica Studia 24), hier bes. 81-150; Norbert Weigl, Liturgische Predigt seit dem Zweiten Vatikanischen Konzil. Eine

Einschub im Gesamtgefüge der Messe zu betrachten, sondern ihr integraler Bestandteil. SC 52 spricht von ihr als „Teil der Liturgie selbst" (*pars ipsius liturgiae*) und führt sie zugleich an Sonn- und Feiertagen verpflichtend ein.[14] Dementsprechend kritisch verweist die Liturgiewissenschaft in diesem Kontext auf die lang gepflegte Praxis der „rituellen Ausgliederung" der Homilie aus der Messliturgie. Durch deutliche Signale, wie z. B. das Ablegen von Kasel und Manipel, den Ortswechsel auf die Kanzel, das Löschen der Altarkerzen und den Wechsel von der lateinischen Kult- in die Volkssprache, wurde die Unterbrechung zwischen Liturgie und Predigt markiert.[15] Weniger bekannt ist in diesem Kontext vermutlich, dass auch im lutherischen Gottesdienst des 16. Jahrhunderts die Predigt mit einem signifikanten Kleidungswechsel einherging. „Während der Liturgie trug der Pfarrer über dem schwarzen Gewand ein weißes Messgewand, das dieser zur Predigt ablegte und so im üblichen und alltäglichen Gelehrtengewand predigte."[16] Damit begegnet uns erneut das ambivalente Verhältnis von Wort und Ritus, das bereits eingangs bei Ortheil zum Thema wurde. Vor dem Hintergrund der lang geübten Abwertung der Predigt insgesamt ist es nur allzu verständlich, dass die nachvatikanische Liturgiewissenschaft die Einheit von Homilie und Liturgie mit Nachdruck betonte, ohne freilich dem generellen Spannungsverhältnis von Liturgie und Predigt allzu viel Aufmerksamkeit zu schenken.

Inhaltlich liegt der Fokus der nachvatikanischen Homilie auf der Auslegung der Schrift im Kontext der Liturgie. Im Unterschied zur evangelischen Predigt bleibt sie allerdings nicht auf die zuvor verkündeten Schriftlesungen beschränkt, wie SC 35,2 ausführt: „Schöpfen soll sie vor allem aus dem Quell der Heiligen Schrift und der Liturgie […]." Spätere lehramtliche Texte werden den Stoffkreis der Homilie noch erweitern bzw. Präzisierungen vornehmen. So heißt es etwa in der Grundordnung des Römischen Messbuchs: Die Homilie „soll einen Gesichtspunkt aus den Lesungen der Heiligen Schrift oder aus einem anderen Text des Ordinariums oder des Propriums der Tagesmesse

Untersuchung zur Messfeier in der Sonntagspredigt anhand der Zeitschrift „Der Prediger und Katechet", Regensburg 2009 (Studien zur Pastoralliturgie 21), 131-171.

14 Vgl. Jürgen Bärsch, „… die Gemeinschaft der Gläubigen zur tätigen Mitfeier der Eucharistie hinführen" (PEM 24). Gedanken zur Homilie als liturgischem Vollzug der Messfeier: Gemeinschaft im Danken. Grundfragen der Eucharistiefeier im ökumenischen Gespräch, hg. v. S. Böntert, Regensburg 2015 (Studien zur Pastoraltheologie 40), 97-112; Jürgen Bärsch, „…pars ipsius liturgiae". Die Predigt als integrales Element des katholischen Gottesdienstes: Kontrapunkte. Katholische und protestantische Predigtkultur, hg. v. E. Garhammer, München 2006 (Ökumenische Studien zur Predigt 5), 191-211.

15 Vgl. zur historischen Entwicklung der Predigt Josef A. Jungmann, Missarum sollemnia. Eine genetische Erklärung der Römischen Messe. Erster Band: Messe im Wandel der Jahrhunderte, Messe und kirchliche Gemeinschaft. Vormesse, Wien [5]1962, 583-590.

16 Deeg – Plüss, Liturgik (Anm. 5), 378.

darlegen – unter Berücksichtigung des Mysteriums, das gefeiert wird, und der besonderen Erfordernisse der Hörer."[17] Dass die Homilie „nicht beziehungslos neben der gottesdienstlichen Feier stehen [soll]"[18], strich bereits Josef A. Jungmann im ersten bedeutsamen Kommentar zur Liturgiekonstitution heraus. Noch deutlicher wird Jürgen Bärsch, wenn er davon spricht, „dass die Homilie eine Schriftlesung nicht unabhängig von ihrem liturgischen Zusammenhang auslegt oder sie gar als biblischen Steinbruch für eine letztlich von ihr unabhängige, thematische Predigt nutzt, sondern sie mit dem Geschehen in Verbindung bringt, an dem die Versammelten selbst tätig teilnehmen [sollen]."[19] Trotz der unzähligen Appelle der Liturgiewissenschaft scheint die organische Integration von Homilie und Predigt in die Liturgie auf Ebene der gottesdienstlichen Praxis noch nicht zufriedenstellend angekommen zu sein. Aus diesem Grund wurde eingangs auch mit Meyer-Blanck von einer „mangelnden Unterscheidung beider gottesdienstlicher Genera" gesprochen.[20] Liturgie und Predigt müssen in der richtigen Balance zueinanderstehen. Über den Modus der Rede sind sie zwar eng miteinander verbunden, aber nicht identisch. Die Tendenz zu ständigen Kommentaren und Erklärungen des Ritus kann dazu führen, dass die Liturgie als Ganzes entweder „homiletisiert" wird, wobei die rituellen Handlungen durch zu viele Worte überlagert werden und ihre eigene Kraft verlieren, oder sie wird im Umkehrschluss „ritualisiert", indem Glaubenswahrheiten beziehungslos aneinandergereiht werden, ohne die Botschaft des Evangeliums mit der Lebenspraxis der Gläubigen zu verbinden.[21]

17 Missale Romanum – Editio typica tertia. Grundordnung des römischen Messbuchs. Vorabpublikation zum Deutschen Messbuch (3. Auflage) (Arbeitshilfen 215), hg. v. Sekretariat der DBK, Bonn 2007, Nr. 65; vgl. ebenso Römisches Messbuch. Allgemeine Einführung: Die Feier der heiligen Messe. Messbuch. Für die Bistümer des deutschen Sprachgebietes. Authentische Ausgabe für den liturgischen Gebrauch. Kleinausgabe. Das Meßbuch deutsch für alle Tage des Jahres, hg. im Auftrag der Bischofskonferenzen Deutschlands, Österreichs und der Schweiz sowie der Bischöfe von Luxemburg, Bozen-Brixen und Lüttich, Freiburg i. Br. u. a. 1976, 23*-86*, Nr. 41.

18 Josef A. Jungmann, Konstitution über die heilige Liturgie. Einleitung und Kommentar: LThK²-K Bd. 1, 10-109, 55.

19 Bärsch, „... die Gemeinschaft der Gläubigen [...]" (Anm. 14), 104. Ganz ähnlich dazu auch Albert Gerhards, Deuten und Bedeuten. Zum Wechselspiel von Predigt und Sonntäglicher Eucharistiefeier: Erneuerung kirchlichen Lebens aus dem Gottesdienst. Beiträge zur Reform der Liturgie, hg. v. A. Gerhards, Stuttgart 2012 (Praktische Theologie heute 120), 217-224, 222: „Die Messe ist nicht einfach der institutionelle Rahmen für die Predigt, sondern diese hat mehr oder weniger direkt auf die Dynamik der Feier Bezug zu nehmen."

20 Meyer-Blanck, Ritus und Rede (Anm. 10), 39.

21 Vgl. Deeg – Plüss, Liturgik (Anm. 5), 378; Meyer-Blanck, Ritus und Rede (Anm. 10), 38f.

2. Die katholische Homilie als „Verbindungsstück" in der Messliturgie

Wenn es um die theologische Neuorientierung der katholischen Homilie im Gefolge des Zweiten Vatikanums geht, könnte man mittlerweile von zwei unterschiedlichen Zugängen sprechen, die nicht ohne Weiteres miteinander in Einklang zu bringen sind. Die Liturgiewissenschaft tritt für ein Brücken- oder Scharniermodell ein, mit dem sie zum Ausdruck bringen will, dass die Homilie innerhalb der Messfeier als Bindeglied zwischen Wortgottesdienst und Eucharistiefeier steht.[22] Sie vermittelt daher zwischen der Gegenwart Christi in den Schriftlesungen und in der Eucharistie (SC 7). Dahinter steht ein dialogisches Gottesdienstverständnis, das neben der katabatischen und anabatischen Dimension auch ein diabatisches Moment kennt. Gott wendet sich in den Schriftlesungen seinem Volk zu (katabatisch), das wiederum im Gebet auf seine Heilszusage antwortet (anabatisch). Als dritte Dimension tritt eine „Aneignungsphase" hinzu, damit die Gläubigen das gehörte Wort tatsächlich verinnerlichen können (diabatisch). Genauer genommen muss man von einer doppelten Vermittlerrolle der Homilie in diesem Kontext sprechen. Einerseits steht sie in der *Liturgia verbi* als Bindeglied zwischen dem Akt der Verkündigung (Schriftlesungen mit ihren Gesängen) und dem Akt des Gebets (Allgemeines Gebet der Gläubigen – Fürbitten). Andererseits bildet sie darüber hinaus aber auch eine Brücke zwischen dem „Tisch des Wortes" und dem „Tisch [...] des Sakraments" (SC 48.51). „Der Homilie fällt demnach die Aufgabe zu, das Wortgeschehen transparent zu machen für die nachfolgende sakramentale Feier der Eucharistie und beide Weisen gottmenschlicher Begegnung, Wort und Sakrament, für die Gläubigen und deren aktuellen Vollzug zu erschließen."[23] Die liturgiewissenschaftlichen Abhandlungen werden in diesem Kontext nicht müde zu betonen, dass die Homilie nicht nur die Schrift mit dem Alltagsleben in Verbindung bringt, sondern die Liturgie selbst erschließt. Ihr Ziel ist es, das dialogische Gottesdienstgeschehen spirituell zu erschließen, um eine aktive, sowie innerliche Beteiligung aller an der Feier zu ermöglichen. In diesem Zusammenhang fällt auch immer wieder die Rede von der „mystagogischen Predigt". Nach Jungmann soll sie in die Liturgie „hineinführen, auf sie einstimmen und ihren innerlichen Mitvollzug erleichtern."[24] Darüber hinaus geht es auch um die affektive Aneignung der gehörten Botschaft. Die Homilie soll nicht nur den Intellekt, sondern auch die emotionale Dimension aller am

22 Vgl. dazu u. a. Gerhards, Deuten und Bedeuten (Anm. 18).

23 Bärsch, „...pars ipsius liturgiae" (Anm. 14), 197.

24 Jungmann, Kommentar (Anm. 17), 55.

Gottesdienst Beteiligten ansprechen. Zusammenfassend bleibt festzuhalten, dass die Homilie nach dem bisherigen katholischen Verständnis eine „intermediäre Stellung" zwischen Wort und Sakrament einnimmt und insgesamt einen erklärenden, darlegenden und hinführenden Charakter besitzt. Im Unterschied zum evangelischen Verständnis „spricht [in der Homilie] nicht Christus selbst zur Gemeinde (mittels des Predigers), sondern der Prediger spricht über Christus"[25] und legt vor dem Hintergrund von Schrift und Liturgie „die Glaubensgeheimnisse und die Normen für das christliche Leben"[26] dar.

3. In der Homilie Christus begegnen? Neue lehramtliche Impulse von Papst Franziskus

Das Brückenmodell dominiert zwar immer noch den liturgiewissenschaftlichen Diskurs auf katholischer Seite, die lehramtlichen Äußerungen von Franziskus lassen jedoch eine Weiterentwicklung erkennen, deren Folgen noch nicht abschätzbar sind. Als Ausgangspunkt für die Überlegungen des Papstes dient einmal mehr die Liturgiekonstitution. Über die mehrfache Gegenwart Christi legt SC 7 fest, dass Christus nicht nur in den eucharistischen Gestalten von Brot und Wein gegenwärtig ist, sondern auch in „seinem Wort, da er selbst spricht, wenn die heiligen Schriften in der Kirche gelesen werden." Die ursprüngliche Ergänzung im Schema, Christus sei im Wort „und bei der Erklärung" gegenwärtig („praesens est"), fand im Schlussdokument jedoch keine Berücksichtigung.[27] Begründet wurde der Schritt von Annibale Bugnini damit, dass „die Entwicklung dieser Lehre noch nicht ausgereift ist für ein Konzilsdokument."[28] In der Liturgiewissenschaft wurde dieser Ansatz nach dem Zweiten Vatikanum nicht weiter vertieft, sehr wohl aber in der Homiletik.[29] Unmittelbar nach dem Zweiten Vatikanum sind katholischerseits erste Versuche zu beobachten, die die Gegenwart Christi in der Liturgie nicht nur auf Schrift, sondern auch auf die Homilie beziehen. So betont Anfang der 1970er Jahre der Redemptorist und Pastoraltheologe Viktor Schurr (1898-1971), die

25 Meyer-Blanck, Gottesdienstlehre (Anm. 8), 304.

26 Ebd.

27 „Ipse est qui loquitur dum verba Sacrae Scripturae in Ecclesia leguntur et explicantur [...]." Acta Synodalia Sacrosancti Concilii Oecumenici Vaticani II, hg. v. Archivum Concilii Oecumenici Vaticani II Bd. 1,1, Città del Vaticano 1970, 265.

28 Annibale Bugnini, Die Liturgiereform 1948-1975. Zeugnis und Testament, hg. v. J. Wagner, Freiburg 1988, 55.

29 Vgl. dazu und zum gesamten Abschnitt die äußerst aufschlussreiche Auswertung von Meyer-Blanck, Gottesdienstlehre (Anm. 8), 305-310. Der Autor dieses Beitrags verdankt Meyer-Blanck wertvolle Einsichten und Hinweise auf weiterführende Literatur.

Homilie sei „nicht bloß Rede über Gott, sondern Wort Gottes: in ihr spricht der erhöhte Herr selbst".[30] In etwas jüngerer Zeit lassen sich ähnliche Überlegungen in der Homiletik von Klaus Müller finden, der ebenfalls von der Präsenz Christi in den Schriftlesungen und der Homilie ausgeht und ihr als Ganzes einen performativen Charakter zuspricht.[31] Solche und ähnliche Versuche, die katholische Homilie theologisch immer weiter aufzuwerten, könnte man als „protestantisierende Tendenzen" einzelner Theologen abtun, hätte nicht Franziskus in seinem Apostolischen Schreiben *Evangelii Gaudium* vom 24. November 2013 das Thema auf die ihm eigene Art ebenso aufgegriffen. Im ersten zentralen Lehrschreiben seines Pontifikats widmet Franziskus der Verkündigung des Evangeliums ein eigenes Kapitel (Kap. III, EG 110-175), wobei für die Homilie (EG 135-144) und deren Vorbereitung (EG 145-159) jeweils ein eigener Abschnitt reserviert ist. Gleich am Beginn seiner Ausführungen verweist der Pontifex auf die vielen Beschwerden der Gläubigen über die schlechte Qualität der Homilie und mahnt im pastoralen Jargon:

> „[...] wir dürfen unsere Ohren nicht verschließen. Die Homilie ist der Prüfstein, um die Nähe und die Kontaktfähigkeit eines Hirten zu seinem Volk zu beurteilen. In der Tat wissen wir, dass die Gläubigen ihr große Bedeutung beimessen; und sie, wie die geweihten Amtsträger selbst, leiden oft, die einen beim Zuhören, die anderen beim Predigen. Es ist traurig, dass das so ist."[32]

Neben streckenweise etwas basal anmutenden Ratschlägen über Dauer, Inhalt und Vorbereitung der Homilie lässt der Pontifex aber auch mit einigen Spitzenaussagen aufhorchen, die die Aufwertung der liturgischen Predigt insgesamt vorantreiben. Dazu gehört mit Blick auf SC 33 die Feststellung, dass die Homilie „den Höhepunkt des Gesprächs zwischen Gott und seinem Volk vor der sakramentalen Kommunion" (EG 137) darstellt. Damit unterstreicht er einerseits die typisch katholische Verortung der Predigt in der Liturgie und ihren bereits erläuterten Zusammenhang zur Eucharistie. Anderseits ist die Homilie für ihn echtes Gespräch bzw. ein Dialog, der eben nicht in der bloßen Weitergabe von Glaubenswahrheiten, exegetischen Erklärungen oder moralischen Unterweisungen besteht, wie dies bislang gängige Auffassung war. Der Dialog „kommt zustande aus der Freude am Reden und um des konkreten

30 Viktor Schurr, Pastoraltheologie im 20. Jahrhundert: Bilanz der Theologie im 20. Jahrhundert. Perspektiven, Strömungen, Motive in der christlichen und nichtchristlichen Welt Bd. 3, hg. v. H. Vorgrimler – R. van der Gucht, Freiburg – Basel – Wien 1970, 371-435, 387.

31 Vgl. Klaus Müller, Homiletik. Ein Handbuch für kritische Zeiten, Regensburg 1994, hier bes. 249.

32 Franziskus, Adhortatio Apostolica Evangelii Gaudium: AAS 105 (2013), 1019-1137; dt. Übersetzung hg. v. Sekretariat der DBK (VApSt 194), Bonn 2013, Nr. 135.

Gutes willen, das unter denen, die einander lieben, mit Hilfe von Worten mitgeteilt wird."[33] Während hier noch der Dialog zwischen Prediger und Gläubigen angenommen werden könnte, geht aus dem nächsten Abschnitt klar hervor, dass es dem Papst tatsächlich um die Vergegenwärtigung Christi in der Homilie selbst geht:

> „Der Prediger hat die sehr schöne und schwierige Aufgabe, die Herzen, die sich lieben, zu vereinen: das des Herrn und die seines Volkes. Das Gespräch zwischen Gott und seinem Volk stärkt weiter den Bund zwischen ihnen und festigt das Band der Liebe. Während der Zeit der Homilie schweigen die Herzen der Gläubigen und lassen ihn sprechen. Der Herr und sein Volk reden in tausendfacher Weise direkt miteinander, ohne Mittler. In der Homilie aber wollen sie, dass jemand sich zum Werkzeug macht und die Empfindungen zum Ausdruck bringt, so dass in der Folge jeder entscheiden kann, wie er das Gespräch fortsetzen will."[34]

Bei aller spirituellen Aufladung der gesamten Thematik durch die Ausführungen, die man durchaus kritisch sehen kann, bleibt hier dennoch die Tatsache zurück, dass Franziskus in der Homilie „keine bloße kirchlich lehrbezogene bzw. moraltheologische Verlautbarung" sieht, „sondern Zeugnis der eigenen Begegnung mit Christus in seinem Wort als Ermöglichung der Christusbegegnung für die versammelte Gemeinde."[35] Die päpstliche Weiterentwicklung des katholischen Predigtverständnisses beschränkt sich nicht bloß auf *Evangelii Gaudium*, sondern setzt sich im nur wenig später veröffentlichten *Homiletischen Direktorium* der damaligen Kongregation für den Gottesdienst und die Sakramentenordnung vom 29. Juni 2014 fort.[36] Auch in diesem Dokument wird der Homilie als Ganzes „eine sakramentale Bedeutung" zugeschrieben. Dazu heißt es: „Christus ist gegenwärtig in der Gemeinde, die sich versammelt hat, um sein Wort zu hören, und in der Predigt seines Dieners, durch den Christus der Herr, der vor langer Zeit in der Synagoge in Nazareth geredet hat, nun sein Volk unterweist."[37] Zur Bekräftigung des sakramentalen Charakters der Homilie verweist das Direktorium auf das Apostolische Schreiben *Verbum Domini* vom 30. September 2010:

33 Ebd., Nr. 142.

34 Ebd., Nr. 143.

35 Meyer-Blanck, Ritus und Rede (Anm. 10), 33f.

36 Das Homiletische Direktorium fand in der Liturgiewissenschaft kaum Beachtung. Vgl. Marco Benini, Hilfsmittel für Prediger. Zum neuen Homiletischen Direktorium: Gottesdienst 49 (2015), 53-55.

37 Kongregation für den Gottesdienst und die Sakramentenordnung, Homiletisches Direktorium: VApSt 201, hg. v. Sekretariat der DBK, Bonn 2015, Nr. 4.

> „Die Sakramentalität des Wortes lässt sich so in Analogie zur Realpräsenz Christi unter den Gestalten des konsekrierten Brotes und Weines verstehen. Wenn wir zum Altar gehen und am eucharistischen Mahl teilnehmen, empfangen wir wirklich den Leib und das Blut Christi. Die *Verkündigung des Wortes Gottes* [Hervorhebung, AB] in der liturgischen Feier geschieht in der Einsicht, dass Christus selbst in ihr gegenwärtig ist und sich uns zuwendet, um aufgenommen zu werden. [...] Christus, der unter den Gestalten von Brot und Wein wirklich gegenwärtig ist, ist in analoger Weise auch in dem Wort gegenwärtig, das in der Liturgie verkündigt wird.“[38]

Benedikt Kranemann wendet an dieser Stelle zu Recht ein, dass die Übertragung der Sakramentalität des Wortes auch auf die Homilie, wie sie im *Homiletischen Direktorium* vorgenommen wird, problematisch ist, weil sich VD 56 lediglich auf das Wort Gottes selbst bezieht, aber nicht auf die Homilie.[39] Da Franziskus in EG 135-138 die Homilie jedoch als integralen Bestandteil der Verkündigung des Wortes Gottes versteht, scheint die Verbindungslinie zu VD 56 ganz der Logik von *Evangelii Gaudium* zu entsprechen. In beiden Texten ist die Homilie nicht länger eine nur erläuternde Darlegung von Schrift und Glaubenswahrheiten, sondern ein Ereignis, in dem sich Christus selbst in seinem Wort gegenwärtig setzt.

4. Innovation oder Überhöhung? Die Homilie und ihr performativer Charakter

Bislang galt die katholische Homilie als „viva explanatio‘ der Schrift, nicht aber als schriftgemäße viva vox evangelii“.[40] Etwas nüchterner drückt es c. 768 § 1 aus, wenn er die Homileten auffordert, „darzulegen, was zur Ehre Gottes und zum Heil der Menschen zu glauben und zu tun nötig ist.“[41] Im Zentrum der Homilie steht gemäß c. 767 § 1 die Darlegung der „Glaubensgeheimnisse“

38 Benedikt XVI., Adhortatio Apostolica Postynodalis Verbum Domini: AAS 102 (2010), 681-787; dt. Übersetzung hg. v. Sekretariat der DBK (VApSt 187), Bonn 2010, Nr. 56.

39 Vgl. Kranemann, Laienpredigt (Anm. 7), 164.

40 Friedemann Merkel, Die römische Liturgie – 25 Jahre nach der Reform: Materialdienst des Konfessionskundlichen Instituts Bensheim 41 (1990), 3-7, 4. Den Hinweis auf die treffende Zusammenfassung des nachvatikanischen Predigtverständnisses im Vergleich zum evangelischen verdankt der Autor Meyer-Blanck, Gottesdienstlehre (Anm. 8), 304.311. Vgl. dazu ausführlicher Friedemann Merkel, Erneuerung der römisch-katholischen Liturgie. Bilanz einer Reform: Wissenschaft und Praxis in Kirche und Gesellschaft 69 (1980), 529-550.

41 Vgl. Heinrich Mussinghoff: MKCIC c. 768, Rn. 1.

und „Normen für das christliche Leben" aus den Texten der Schrift.[42] Später traten die Texte des Ordinariums und Propriums zur Schrift hinzu.[43] Wie schon in der Liturgiekonstitution (SC 35.52.53) grundgelegt, wird der Homilie auch im CIC/1983 eine katechetische Funktion mit moraltheologischem Aspekt zugesprochen.[44] Wenn Papst Franziskus die Homilie nicht mehr primär mitteilend versteht, sondern ihr einen sakramentalen, performativen und kerygmatischen Charakter zuschreibt, stellt er das bisherige Homilie- bzw. Predigtverständnis in Frage. Während die innerkirchlichen Reaktionen zurückhaltend ausfielen, wurde die theologische Aufwertung der Homilie von evangelischer Seite ausdrücklich begrüßt.[45] Für den evangelischen Theologen Meyer-Blanck nähert sich Franziskus nicht nur der evangelischen Position an, „man wird sogar sagen können, dass die klassische evangelische Predigtdefinition aus der Reformationszeit und aus der Zeit der Wort-Gottes-Theologie mit diesen Formulierungen von EG noch übertroffen werde."[46] Er spielt damit auf die von Franziskus hervorgehobene Vereinigung der Herzen der Gemeinde mit dem Herzen Christi im Rahmen der Homilie an, die als tiefe spirituelle Begegnung („*unio homiletica*") und nicht mehr nur als Vermittlung von Inhalten beschrieben wird.[47] Bemerkenswert aus katholischer Perspektive ist die päpstliche Betonung der Begegnung mit Christus im Wort. Sie macht die Homilie zu einem dialogischen Ereignis, in dem Gott durch den Homileten zu seinem Volk spricht und die Gemeinde in eine aktive Beziehung zu Christus eintritt (EG 143). Im Zentrum der Homilie steht, zusammenfassend gesagt, nicht mehr länger das bloße Verstehen von Glaubensinhalten, sondern die Verwandlung der Herzen der Gläubigen.

Im Unterschied zum evangelischen Predigtverständnis bleibt die katholische Homilie bei Franziskus eng an die Liturgie bzw. Eucharistiefeier gebun-

42 Vgl. Heinrich Mussinghoff: MKCIC c. 767, Rn. 1.

43 Auch die GORM 65 (AEM 41) (Anm. 17) geht von einer primär katechetischen Funktion der Homilie aus, wenn auch der Stoffkreis der Predigt über die Schrift hinaus erweitert wird: „Sie soll einen Gesichtspunkt aus den Lesungen der Heiligen Schrift oder aus einem anderen Text des Ordinariums oder des Propriums der Tagesmesse darlegen – unter Berücksichtigung des Mysteriums, das gefeiert wird, und der besonderen Erfordernisse der Hörer."

44 Der bislang kaum beachtete mystagogische Aspekt der nachvatikanischen Homilie ist an dieser Stelle zu ergänzen. Vgl. Zerfaß, Auf dem Weg nach Emmaus (Anm. 13), 75f.

45 Vgl. aus katholischer Perspektive u. a. Ottmar Fuchs, Von Herz zu Herz. Predigt als Gnade bei Papst Franziskus: Evangelii gaudium. Stimmen der Weltkirche, hg. v. K. Krämer – K. Vellguth, Freiburg 2015, 214-228. Aus evangelischer Perspektive vgl. Meyer-Blanck, Ritus und Rede (Anm. 10), 29-38; Deeg – Plüss, Liturgik (Anm. 5), 380.

46 Meyer-Blanck, Ritus und Rede (Anm. 10), 32.

47 Meyer-Blanck beschreibt die Vereinigung der Herzen der Gemeinde mit dem Herzen Christi in der Homilie sehr passend mit dem Terminus der „unio homiletica". Meyer-Blanck, Ritus und Rede (Anm. 10), 32.

den. EG 135 bezeichnet sie völlig selbstverständlich als Teil „der Verkündigung innerhalb der Liturgie". Im Gegensatz dazu ist die evangelische Predigt nicht zwingend an die Eucharistie gebunden, sondern konstituiert die Liturgie als Ganzes, indem sie das Sprechen mit dem, sich im Wort vergegenwärtigenden, Herrn erfahrbar macht.[48]

Auch wenn der Vorstoß von Franziskus aus ökumenischer Perspektive bedeutsam ist, bleiben im innerkirchlichen Diskurs dennoch wichtige Fragen offen. Wird mit Franziskus an die Homilie ein so hoher Anspruch gestellt, kann dies in der Praxis leicht zur Überforderung der Homileten führen. Die Spannung zwischen Anspruch und Wirklichkeit wird besonders dann deutlich, wenn die Homilie als zentrales Element der Liturgie misslingt und dadurch die Bedeutung des gesamten Gottesdienstes ins Wanken gerät. Bislang sorgt das lateinische Axiom des *ex opere operato* –die Wirksamkeit des Sakraments unabhängig von der Person des Spenders– dafür, dass die (Mess-)Liturgie auch dann ihre sakramentale Bedeutung behält, wenn sie einmal nicht optimal durchgeführt sein sollte.[49] Im Unterschied zum evangelischen Predigtverständnis, das viel stärker subjektiv orientiert ist, hat die katholische Betonung der Objektivität die Liturgie vor einem solchen einseitigen Scheitern bislang bewahrt.[50]

Die starke Betonung der performativ-sakramentalen Dimension kann darüber hinaus zu einer weiteren Überforderung führen. Wenn die Homilie tatsächlich als ein Ereignis verstanden wird, in dem Christus selbst durch den Homileten handelt, entsteht eine Überhöhung der Rolle des Predigers. Dies kann dazu führen, dass die Homilie zu einem sakralen Ereignis wird, das ausschließlich von einem geweihten Amtsträger vollzogen werden kann. Benedikt Kranemann kritisiert diese Entwicklung, da sie die *participatio actuosa* der Gemeinde einschränkt und die Vielfalt der Perspektiven und Lebenserfahrungen der Gläubigen in der Verkündigung ausblendet.[51] Wenn die Homilie als ein sakramentales Handeln von Bischöfen, Priestern und Diakonen verstanden wird, werden im Umkehrschluss Laien von der Verkündigung ausgeschlossen, obwohl sie ebenso über die nötigen theologischen, wie rhetorischen Fähigkeiten

48 Vgl. Meyer-Blanck, Gottesdienstlehre (Anm. 8), 300-312.

49 Vgl. zum grundlegenden Spannungsverhältnis von ex opere operato und ex opere operantis Andreas Bieringer, Eine (un)heilige Allianz. Klassisches zur Liturgie bei Goethe und Handke: LJ 73 (2023), 251-262; Andreas Bieringer, „Das Erzählen ist das Entscheidenden". Liturgie zwischen vorkonziliarer Ontologie und zeitgemäßer Humanisierung in Petra Morsbachs Roman „Gottesdiener": Liturgie und Ekklesiologie. Reform des Gottesdienstes als Reform der Kirche, hg. v. S. Steger – M. Stuflesser – M. Weis – S. Winter, Regensburg 2023, 87-97.

50 Vgl. Meyer-Blanck, Gottesdienstlehre (Anm. 8), 310-312.

51 Kranemann, Laienpredigt (Anm. 7), hier bes. 163f.

verfügen.[52] Zusammenfassend lässt sich sagen, dass die Kritik an einem performativen, sakramentalen und kerygmatischen Predigtverständnis vor allem die Überhöhung des Amtes, die Einschränkung der Laienmitwirkung und den Verlust der Vielfalt in der Verkündigung bemängelt. Vielmehr sollte ein inkludierendes und gemeinschaftliches Verständnis der Homilie gefördert werden, das die aktive Teilnahme aller Gläubigen am Gottesdienst respektiert.

5. Resümee und Ausblick: Impulse für die weitere Diskussion

Papst Franziskus hat eine Weiterentwicklung des katholischen Predigtverständnisses angestoßen, die bislang sowohl auf Anerkennung als auch auf Ablehnung stieß. Wenn der Eindruck nicht täuscht, resultiert die Kritik einerseits daraus, dass der Vorstoß –wenigstens auf katholischer Seite– noch kaum rezipiert wurde. Andererseits ist sein performativer Ansatz, die Homilie als Begegnung mit Christus zu verstehen, noch nicht hinreichend dargestellt, um eine tiefergehende Reflexion darüber in Gang zu setzen. Eine profunde Einordnung der jüngsten Entwicklungen ist zu diesem Zeitpunkt daher nur schwer möglich. Da die Predigt in der liturgiewissenschaftlichen Debatte insgesamt unterrepräsentiert ist, schließt der Beitrag mit der Nennung von drei Punkten, die das Gesagte nochmals pointiert zusammenfassen und dazu beitragen sollen, die Diskussion über die liturgietheologische Bedeutung der Predigt in der katholischen Liturgie fortzuführen.

1. Um die eben geschilderte Reflexionslücke zu schließen, könnte ein Blick auf die evangelische Theologie helfen, die eine differenzierte Betrachtung der Predigt aus drei Perspektiven kennt.[53] Die klassische Dreiteilung von Alexander Schweizer (1808-1888) in prinzipielle, materiale und formale Homiletik bietet dazu den möglichen Rahmen.[54] Bislang fokussierte sich die katholische Homiletik fast ausschließlich auf die formale Ebene, also auf die Frage, wie eine Predigt gestaltet werden soll.[55] Die prinzipiellen Frage-

52 Vgl. Thomas Hürten, Laientheolog_innenpredigt – Warum, wann, wo?: Wo heute predigen? Verkündigung an bekannten und ungewöhnlichen Orten, hg. v. M. E. Aigner – J. Pock – H. Wustmans, Würzburg 2018, 247-249; Stephan Knops, Die Debatte um die Laienpredigt – von theologischen Herausforderungen und hoffnungsvollen Neuansätzen auf dem Weg zur Gemeindeliturgie: Amt – Macht – Liturgie. Theologische Zwischenrufe für eine Kirche auf dem Synodalen Weg, hg. v. G. M. Hoff – J. Knop – B. Kranemann, Freiburg – Basel – Wien 2020 (QD 308), 107-122.

53 Vgl. Meyer-Blanck, Ritus und Rede (Anm. 10), 35.

54 Vgl. Alexander Schweizer, Homiletik der evangelisch-protestantischen Kirche. Systematisch dargestellt, Leipzig 1848.

55 Als bedeutendstes und einflussreichstes Beispiel gilt hier Rolf Zerfaß, Grundkurs Predigt, 2 Bde., Düsseldorf 1987-1997.

stellungen, die das Wesen und die theologische Bedeutung von Predigt und Homilie betreffen, sowie die materialen Fragen, die sich mit den theologischen Inhalten und der Auslegung der Schrift auseinandersetzen, werden demgegenüber immer noch vernachlässigt. Die einseitige Ausrichtung auf die formale Homiletik stellt eine Schwäche der katholischen Reflexion dar. Sie führt zu einer Predigtpraxis, die den eigentlichen Anliegen des Evangeliums und den Bedürfnissen der Gläubigen nicht immer gerecht wird. Eine Schlüsselrolle für zukünftige Überlegungen spielt die Überwindung der institutionell verankerten Trennung von Homiletik und Liturgiewissenschaft. Während sich die Liturgiewissenschaft oft einseitig mit grundlegenden gottesdienstlichen Fragen befasst, beschränkt sich die Homiletik auf praktische Erwägungen. Beide Disziplinen könnten jedoch näher zusammenrücken, wenn sie sich intensiver mit dem dialektischen Verhältnis von „Ritus und Rede“ befassten. Meyer-Blanck sieht in der mangelnden Unterscheidung beider Genera einen der entscheidenden Faktoren, warum Predigten in der Praxis so oft scheitern.[56] Eine bewusste Gestaltung der Predigt, die sowohl die rhetorische Dimension der Verkündigung als auch die rituellen Elemente der Liturgie integriert und aufeinander bezieht, ist unerlässlich, um eine Verständigung des Glaubens zu ermöglichen und die spirituelle Teilhabe zu fördern. Die Fokussierung auf das Verhältnis von Ritus und Rede erfordert darüber hinaus einen interdisziplinären Ansatz, der auch Perspektiven anderer Fachbereiche einbezieht, um eine zeitgemäße Gestaltung des Gottesdienstes zu gewährleisten.

2. Einen möglichen Ausweg aus der sakramentalen Überhöhung der Homilie und den damit verbunden Problemen könnte die mystagogische Predigt bieten.[57] In ihrem Fokus steht nicht die Vermittlung abstrakter Wahrheiten, sondern die konkrete Erfahrung der Heilgeschichte im Hier und Heute. Diese Erfahrung wird durch den anamnetischen Charakter der Liturgie ermöglicht, der eng mit der Schriftverkündigung verbunden ist. Zerfaß betont in diesem Kontext, dass die Homilie nicht nur biblische und liturgische Texte auslegt, sondern einen Akt der Vergegenwärtigung der Heilsgeschichte insgesamt darstellt.[58] Die Homilie bleibt damit nicht nur in der Vergangenheit verhaftet, sondern eröffnet den Gläubigen die Möglichkeit, die je eigene Gegenwart im Licht der Heilsgeschichte zu deuten. Zugleich

56 Vgl. Meyer-Blanck, Ritus und Rede (Anm. 10), 39.

57 Vgl. zur Bedeutung der mystagogischen Predigt im Kontext einer anamnetisch-epikletisch ausgerichteten Liturgietheologie Alexander Zerfaß, Auf dem Weg nach Emmaus (Anm. 13), 75-80.164-167. Karl-Heinrich Bieritz, Die Homilie: Bewahren und Erneuern. Studien zur Meßliturgie (FS Hans Bernhard Meyer SJ), hg. v. R. Meßner – E. Nagel – R. Pacik, Innsbruck – Wien 1995 (ITS 42), 77-91.

58 Vgl. Zerfaß, Auf dem Weg nach Emmaus (Anm. 13), 75f.

ist sie auf die Erwartung der zukünftigen Vollendung ausgerichtet. Sie lässt sich ebenfalls als performativ bezeichnen, weil die Erfahrung der Heilsgeschichte das Leben der Gläubigen verändern soll. Ziel der mystagogischen Predigt ist es folglich, die existentiellen Dimensionen der im Schrifttext verkündeten Wahrheit für die Gottesdienstteilnehmenden erfahrbar zu machen. Hier deckt sich ein mystagogisches Predigtverständnis mit den Überlegungen von Papst Franziskus, weil es beiden darum geht, nicht nur Glaubensinhalte zu vermitteln, sondern eine persönliche Begegnung mit Christus zu ermöglichen. Während beide also auf spirituelle Erfahrung und Dialog abzielen, unterscheidet sich ihr Fokus in Bezug auf die Rolle der Gemeinde innerhalb der Liturgie. Die mystagogische Predigt zielt auf die aktive Teilnahme der Gemeinde ab, indem sie die liturgischen Zeichen erschließt und eine Verbindung zwischen Glauben und Leben herstellt. Sie ermutigt die Gläubigen, sich als Mitgestalter der Liturgie zu verstehen und ihre eigenen Erfahrungen einzubringen. Papst Franziskus fokussiert hingegen stärker auf die individuelle Begegnung mit Christus durch die sakramentale Homilie, wobei er die Rolle des geweihten Homileten als Vermittler zwischen dem Wort Gottes und den Gläubigen hervorhebt. Die mystagogische Predigt zielt also stärker auf die Teilhabe und Mitgestaltung der Liturgie durch die Gemeinde ab, während Franziskus die Homilie primär als einen Dialog zwischen Gott und seinem Volk sieht, in dem der Homilet die zentrale Rolle einnimmt. Beide Ansätze sind jedoch nicht als gegensätzlich zu verstehen, sondern als unterschiedliche Schwerpunkte innerhalb einer gemeinsamen Theologie des Wortes.

3. Während die katholische Liturgiewissenschaft in den letzten Jahrzehnten vornehmlich damit beschäftigt war, die Reintegration der Predigt in die Liturgie (SC 52) theologisch zu begründen, wandte sich die evangelische Seite wieder dem rituellen Charakter der Predigt zu. „Gegenwärtig versucht unserer Wahrnehmung nach die evangelische Liturgiewissenschaft vermehrt, die kultische Dimension der Liturgie neu zu entdecken […].“[59] Ortheils eingangs zitierte Wahrnehmung, die Predigt störe den Lauf der Liturgie, ist nach den jüngsten Debatten in der evangelischen Diskussion

59 Deeg – Plüss, Liturgik (Anm. 5), 379f. Ob die dort ebenso geäußerte Beobachtung stimmt, dass sich die katholischen Theologen und Liturgiewissenschaftler der Predigt im gottesdienstlichen Vollzug vermehrt zuwenden, soll an dieser Stelle offenbleiben. Ohne Zweifel gibt es eine vermehrte Beschäftigung mit der liturgietheologischen Bedeutung der Schrift in der Liturgie, die Predigt wird dabei aber meist nur gestreift oder überhaupt nicht erwähnt. Vgl. dazu jüngst Marco Benini, Liturgische Bibelhermeneutik. Die Heilige Schrift im Horizont des Gottesdienstes, Münster 2020 (Liturgiewissenschaftliche Quellen und Forschungen 109).

nicht ganz von der Hand zu weisen.[60] Es gibt eine nicht zu unterschätzende Spannung zwischen Predigt und Liturgie, Rede und Ritus, die trotz der wichtigen Erkenntnisse des Zweiten Vatikanums nicht verdrängt werden darf.[61] Während der Vorsteher in der Liturgie mit der Gemeinde in der Regel vor Gott steht, tritt er ihr in der Predigt gegenüber. Dieser Rollenwechsel wurde früher sowohl im katholischen als auch im evangelischen Gottesdienst durch einen Kleidungswechsel markiert. Auch wenn heute diese Symbolik weggefallen ist, muss sich der Prediger des Wechsels dennoch bewusst sein, um nicht in die Falle zu tappen, entweder die Predigt zu ritualisieren oder umgekehrt die Liturgie zu homiletisieren.[62] Der Rollenwechsel schlägt sich darüber hinaus in der Sprache nieder. Liturgisches Sprechen lebt über weite Strecken von überlieferten Sprachformen, während die Predigt versucht, biblische Worte aktuell und zeitbedingt mit der Situation der Gläubigen zu verschränken. In der liturgischen Sprache tritt das individuelle „Ich" des Predigers weniger in den Vordergrund als in der Predigt selbst. Das heißt nicht, dass der Liturge seine Persönlichkeit im gottesdienstlichen Vollzug auslöschen müsste.[63] Es geht jedoch um die nötige Sensibilität des Liturgen für die sprachliche Spannung zwischen den beiden Sprechakten. Um eine vertiefte Teilnahme am Gottesdienst zu ermöglichen, darf der rituelle Charakter auch der Predigt nicht verdrängt werden, da er die Grundlage für die Begegnung mit dem Göttlichen bildet. Die rituelle Dimension ermöglicht es nämlich, dass der Inhalt nicht ausschließlich von der sprechenden Person garantiert werden muss, sondern vom gemeinsamen Glauben an den dreieinigen Gott konstituiert wird. Daher ist die kultische Dimension unverzichtbar, da sie einen Rahmen schafft, der über die bloße Vermittlung von Informationen hinausgeht und eine tiefere spirituelle Teilhabe ermöglicht. Die durch die Predigt in den Gottesdienst eingebrachte Spannung muss daher als Chance und als pointierter Ausdruck der notwendigen liturgischen Wechselwirkung von Rede und Ritus verstanden werden.

60 Vgl. Bieritz, Homilie (Anm. 56), 90f.

61 Vgl. Ludwig Mödl, Liturgie und Predigt. Die unterschiedliche Symbolgestalt: ThPQ 141 (1993), 339-346, hier bes. 343-346; Zerfaß, Auf dem Weg nach Emmaus (Anm. 13), 75.

62 Vgl. Deeg – Plüss, Liturgik (Anm. 5), 378; Meyer-Blanck, Ritus und Rede (Anm. 10), 39.

63 Vgl. Martin Mosebach, Als das Reisen noch geholfen hat. Von Büchern und Orten, München 2011, 364. Mosebach merkt hierzu an: „Der Theurge muß sich mit der Gewißheit beruhigen dürfen, daß er, der zur rituellen Vergegenwärtigung Gottes unbedingt Erforderliche, seine Person nicht in die Waagschale zu werfen hat, weil diese Person überhaupt nicht gefragt ist. Sowie er sich der Führung des Ritus unterwirft, ist er als Person der furchterregenden Verantwortung für den liturgischen Akt enthoben."

KIRCHLICHER GEHORSAM UND FREIHEIT DER WISSENSCHAFT – DIE KIRCHENRECHTLICHE PERSPEKTIVE

MARTIN REHAK

Das Thema „Kirchlicher Gehorsam und Freiheit der Wissenschaft" ist aus Sicht der Kirchenrechtswissenschaft engstens mit der Frage nach dem genauen Verständnis des c. 218[1] verknüpft. Denn dort sind in einer einzigen Norm die Stichworte „theologische Wissenschaften", „gerechte Freiheit" und „schuldiger Gehorsam gegenüber dem Lehramt der Kirche" vereint. Zugleich spannen diese Begriffe ein weites theologisches Panorama auf, das im Folgenden in einigen wichtigen Facetten ausgeleuchtet werden soll.

Ausgangspunkt der folgenden Betrachtungen sei der Begriff des Gehorsams, für den es in der kirchlichen Rechtssprache zwei Vokabeln gibt: nämlich zum einen die von „*audire* – hören" abgeleitete „*oboedientia*", zum anderen das von „*sequi* – folgen" herkommende „*obsequium.*"[2] Mit beiden Ausdrücken kann der Gehorsam in disziplinären Angelegenheiten bezeichnet werden, wie er etwa in c. 212 § 1 und c. 273 thematisiert ist und im Bereich der Orden mit dem Gehorsamsgelübde der Professen gemäß c. 601 eine besondere Dimension gewinnt.[3] Vorzugsweise mit der Vokabel „*obsequium*" begegnet

1 C. 218 hat folgenden Wortlaut: „*Qui disciplinis sacris incumbunt iusta libertate fruuntur inquirendi necnon mentem suam prudenter in iis aperiendi, in quibus peritia gaudent, servato debito erga Ecclesiae magisterium obsequio.* – Die sich theologischen Wissenschaften widmen, besitzen die gebührende Freiheit der Forschung und der klugen Meinungsäußerung in den Bereichen, in denen sie über Sachkenntnis verfügen, dabei ist der schuldige Gehorsam gegenüber dem Lehramt der Kirche zu wahren."
Zu can. 21 CCEO, der Parallelnorm zu c. 218 im orientalischen Rechtskreis der katholischen Kirche, vgl. Thomas Meckel, Die Wissenschaftsfreiheit der Theologie – Kirchenrechtliche Konturen und Grenzen: Kirchliche Hochschulen und konfessionelle akademische Institutionen im Lichte staatlicher und kirchlicher Wissenschaftsfreiheit, hg. v. A. Hense – M. Pulte, Würzburg 2018, 155-192, 165f.

2 Vgl. Ludger Müller, „Im Bewusstsein der eigenen Verantwortung …". Die Gehorsamspflicht im kanonischen Recht: AfkKR 165 (1996), 3-24, 4-7 m. w. N.

3 Zum Gehorsam der Ordensleute vgl. ebd., 6f.; außerdem Bernhard Häring, Gehorsam im Ordensleben: OK 8 (1967), 34-40; Rudolf Michael Schmitz, Der Begriff des Gehorsams im Ordensrecht nach dem CIC/1983. Eine Skizze: OK 36 (1995), 441-454; Astrid Kaptijn, Submission of the Will and Violation of the Vow of Obedience. Contributions to the Discussion of Canon 601: Jurist 56 (1996), 307-337; Mirjam Kovač, L'orizzonte dell'obbedienza religiosa: PerRCan 85 (1996), 625-659; mit Erwägungen zur kanonischen Ahndung von Ungehorsam Dominicus M. Meier, Im Bewusstsein der eigenen Verantwortung. Ordensobere im Spannungsfeld von Gehorsam und Ungehorsam: OK 52 (2011), 424-436; sehr ausführlich

im Terminus „*obsequium fidei*" sodann jener religiöse Gehorsam, mit dem zugleich der Glaubensakt, also die *fides qua* beschrieben ist.[4] Schon vom biblischen Zeugnis her – eigens hervorgehoben seien Röm 1,5 und Röm 16,26: „*oboeditio fidei*" – erscheint der Gehorsam des Glaubens als die Gott gegenüber einzig angemessene Reaktion, sobald der Mensch im Horchen, also im ganz genauen Hinhören auf das Wort Gottes, dessen Anspruch erfahren hat.[5] Lehramtlich begegnet der Terminus etwa in der Dogmatischen Konstitution *Dei Filius* des Ersten Vatikanischen Konzils.[6] In der Dogmatischen Konstitution *Dei Verbum* des Zweiten Vatikanischen Konzils wird die „*oboeditio fidei*" als ein „*intellectus et voluntatis obsequium*" beschrieben.[7] In den soeben genannten lehramtlichen Texten ist klar, dass der Gehorsam des Glaubens einzig und allein dem sich offenbarenden Gott geschuldet ist.

Allerdings begegnet die Redeweise vom „*intellectus et voluntatis obsequium*" erneut in der Dogmatischen Konstitution *Lumen Gentium*, dort allerdings als die angemessene Reaktion der Gläubigen auf das authentische, nicht unfehlbare Lehramt des Papstes,[8] und ist von hier aus in das Lehrrecht des Kodex über-

zuletzt Franziska Mitterer, Ordens-Gehorsam im Kontext von Menschenwürde und Menschenrechten. Ein kirchenrechtlicher Beitrag, Berlin 2021 (ReligionsRecht im Dialog 29).

4 Vgl. Müller, Gehorsamspflicht (Anm. 2), 7, 22.

5 Zu den semantischen Zusammenhängen vgl. Hubert Müller, Das Gesetz in der Kirche „zwischen" amtlichem Anspruch und konkretem Vollzug. Annahme und Ablehnung universalkirchlicher Gesetze als Anfrage an die Kirchenrechtswissenschaft, München 1978 (Eichstätter Hochschulreden 13), 9: „Gehorsam meint immer eine personale Beziehung, ein Horchen auf jemanden"; Werner Arens, Gehorsam oder Verantwortung: StdZ 209 (1991), 41-82, 42-44; Kurt Koch, Gehorsam als gereinigte Freiheit. Reflexionen über die christliche Spiritualität des Gehorsams: Geist – Kirche – Recht (FS Gerosa), hg. v. L. Müller – W. Rees, Berlin 2014 (KStT 62), 19-37, 25: „[...] im Wort ‚gehorchen' [ist] das Wort ‚horchen' als Intensivform des Hörens enthalten."

6 Vgl. Erstes Vatikanisches Konzil, Dogmatische Konstitution *Dei Filius* vom 24.04.1870: ASS 5 (1869/70), 481-493, 486, mit dt. Übersetzung auch in DH 3009: „*Ut nihilominus fidei nostrae obsequium rationi consentaneum esset, voluit Deus cum internis Spiritus Sancti auxiliis externa iungi revelationis suae argumenta, facta scilicet divina, atque imprimis miracula et prophetias, quae cum Dei omnipotentiam et infinitam scientiam luculenter commonstrent, divinae revelationis signa sunt certissima et omnium intelligentiae accommodata.*"
Zuvor heißt es ebd., mit dt. Übersetzung auch in: DH 3008: „*Cum homo a Deo tamquam Creatore et Domino suo totus dependeat, et ratio creata increatae Veritati penitus subiecta sit, plenum revelanti Deo intellectus et voluntatis obsequium fide praestare tenemur.*"

7 Vgl. Zweites Vatikanisches Konzil, Dogmatische Konstitution *Dei Verbum* über die göttliche Offenbarung vom 18.11.1965: AAS 58 (1966), 817-835, 819 (DV 5), mit dt. Übersetzung auch in DH 4205: „*Deo revelanti praestanda est* oboeditio fidei, *qua homo se totum libere Deo committit ‚plenum revelanti Deo intellectus et voluntatis obsequium' praestando et voluntarie revelationi ab Eo datae assentiendo.*"

8 Vgl. Zweites Vatikanisches Konzil, Dogmatische Konstitution *Lumen Gentium* über die Kirche vom 16.11.1964: AAS 57 (1965), 5-75, 29f., mit dt. Übersetzung auch in DH 4149:

nommen worden.[9] Man mag diese bemerkenswerte Verschiebung im Gegenüber des Glaubensgehorsams als eine der Redaktionsgeschichte des Textes geschuldete Unachtsamkeit der Konzilsväter abtun.[10] Sie reiht sich aber ein in eine seit dem 19. Jahrhundert zu beobachtende, kontinuierliche Ausweitung der Kompetenzen des Lehramts in Lehrfragen, die sich beispielsweise am Konzept eines ordentlichen und universalen Lehramts aufzeigen lässt.[11] Das

„*Episcopi in communione cum Romano Pontifice docentes ab omnibus tamquam divinae et catholicae veritatis testes venerandi sunt; fideles autem in sui Episcopi sententiam de fide et moribus nomine Christi prolatam concurrere, eique religioso animi obsequio adhaerere debent. Hoc vero religiosum voluntatis et intellectus obsequium sigulari ratione praestandum est Romani Pontificis authentico magisterio etiam cum non ex cathedra loquitur*".

9 Vgl. c. 752: „*Non quidem fidei assensus, religiosum tamen intellectus et voluntatis obsequium praestandum est doctrinae, quam sive Summus Pontifex sive Collegium Episcoporum de fide vel de moribus enuntiant, cum magisterium authenticum exercent, etsi definitivo actu eandem proclamare non intendant* [...]."

10 Bereits Heribert Schmitz, „Professio fidei" und „iusiurandum fidelitatis" – Glaubensbekenntnis und Treueid. Wiederbelebung des Antimodernisteneids?: AfkKR 157 (1988), 353-429, 399-401, 405f., hat auf diese (je nach Sichtweise) terminologischen bzw. theologischen Schwierigkeiten hingewiesen.

11 Zur Lehre vom ordentlichen und universalen Lehramt und dessen Lehrautorität vgl. Marc Caudron, Magistère ordinaire et infallibilité pontificale d'après la constitution *Dei Filius*: Ephemerides Theologicae Lovanienses 36 (1960), 393-431; Herlinde Pissarek-Hudelist, Das ordentliche Lehramt als kollegialer Akt des Bischofskollegiums: Gott in Welt (FG Rahner), hg. v. J. Baptist Metz – W. Kern – A. Darlapp – H. Vorgrimler, Bd. 2, Freiburg – Basel – Wien 1964, 166-185; Angel Antón, Episcopi per orbem dispersi: Estne collegiale eorum Magisterium ordinarium et infallibile?: PerRMCL 56 (1967), 212-246; Francis A. Sullivan, On the Infallibility of the Episcopal College in the Ordinary Exercise of its Teaching Office: Acta Congressus Internationalis de Theologia Concilii Vaticani II, hg. v. A. Schönmetzer, Vatikanstadt 1968, 189-195; ders., Magisterium. Teaching authority in the catholic church, Dublin 1983, 119-127; ders., The Ordinary Universal Magisterium: Jurist 56 (1996), 338-360; Elmar Klinger, Die Unfehlbarkeit des ordentlichen Lehramts: Zum Problem Unfehlbarkeit. Antworten auf die Anfrage von Hans Küng, hg. v. K. Rahner, Freiburg – Basel – Wien 1972 (QD 54), 274-288; John P. Boyle, The Ordinary Magisterium (1): Towards a History of the Concept: Heythrop Journal 20 (1979), 380-398; ders., The Ordinary Magisterium (2): ebd. 21 (1980), 14-29; ders., Church Teaching Authority: Historical and Theological Studies, Notre Dame – London 1994, 10-42; Giuseppe Ruggieri, "Magistere Ordinaire". La Lettre "Tuas Libenter" de Pie IX du 21 décembre 1863: Recherches de Science Religieuse 71 (1983), 259-267; Bernard Sesboüé, Magistère "ordinaire" e magistère "authentique". Note théologique: Recherches de Science Religieuse 84 (1996), 267-275; Richard R. Gaillardetz, The Ordinary Universal Magisterium. Unresolved Questions: Theological Studies 63 (2002), 447-471; Hubert Wolf, „Wahr ist, was gelehrt wird" statt „Gelehrt wird, was wahr ist"? Zur „Erfindung" des „ordentlichen" Lehramts: Neutestamentliche Ämtermodelle im Kontext, hg. v. T. Schmeller – M. Ebner – R. Hoppe, Freiburg – Basel – Wien 2010 (QD 239), 236-259; ders., Joseph Kleutgen, das Breve *Tuas libenter* (1863) und die Folgen für die katholische Theologie: Theologie, kirchliches Lehramt und öffentliche Meinung. Die Münchener Gelehrtenversammlung von 1863 und ihre

Konzept wurde erstmals 1861 in Reaktion auf die von Ignaz Döllinger initiierte Münchener Gelehrtenversammlung formuliert und besagte zunächst, dass auch die über die ganze Welt verstreuten Bischöfe eine von Gott geoffenbarte Lehre als solche verkünden können;[12] dass also – modern gesprochen – das Bischofskollegium in Bezug auf das *depositum fidei*, das heißt in Bezug auf die *veritates definitive credendas*, Träger des unfehlbaren Lehramts sei und dementsprechend Glaubensgehorsam einfordern könne. Diese Lehre wird in den Dokumenten beider Vatikanischen Konzile rezipiert,[13] allerdings dort – soweit ersichtlich – nicht als ihrerseits geoffenbarte (und formell dogmatisierte) Lehre hingestellt.[14] In der Kirchenkonstitution des Zweiten Vatikanischen Konzils wird dabei der zunächst auf das *depositum fidei* beschränkte Anwendungsbereich durch Verwendung der Formel „*tamquam definitive tenendam* [statt: *cre-*

Folgen, hg. v. F. X. Bischof – G. Essen, Stuttgart 2015 (Münchener Kirchenhistorische Studien N.F. 4), 49-69; John Joy, On the Ordinary and Extraordinary Magisterium from Joseph Kleutgen to the Second Vatican Council, Münster 2017 (Studia Oecumenica Friburgensia 84), passim.

12 Vgl. Pius IX., Schreiben vom 21.12.1861: Pii IX Pontificis Maximi Acta, Bd. 1/3, Rom 1864, 636-645, 642, auszugsweise mit dt. Übersetzung auch in DH 2879: „*Dum vero debitas illis deferimus laudes quod professi sint veritatem, quae ex catholicae fidei obligatione necessario oritur, persuadere Nobis volumus, noluisse obligationem, qua catholici Magistri, ac Scriptores omnino adstringuntur, coarctare in iis tantum, quae ab infallibili Ecclesiae iudicio, veluti fidei dogmata ab omnibus credenda proponuntur.* […] *Namque etiamsi ageretur de illa subiectione, quae fidei divinae actu est praestanda, limitanda tamen non esset ad ea, quae expressis oecumenicorum Conciliorum, aut Romanorum Pontificum huiusque Apostolicae Sedis decretis definita sunt, sed ad ea quoque extendenda quae ordinario totius Ecclesiae per orbem dispersae magisterio tamquam divinitus revelata traduntur, ideoque universali et constanti consensu a catholicis Theologis ad fidem pertinere retinentur.*“
Der spätere Abdruck des Schreibens in ASS 8 (1874/75), 436-442, 440, lässt sinnentstellend den Passus „*quae ex catholicae* […] *noluisse obligationem*“ aus.

13 Vgl. Erstes Vatikanisches Konzil, Konst. *Dei Filius* (Anm. 6), 487, mit dt. Übersetzung auch in DH 3011: „*Porro fide divina et catholica ea omnia credenda sunt, quae in verbo Dei scripto vel tradito continentur, et ab Ecclesia sive solemni iudicio sive ordinario et universali magisterio tamquam divinitus revelata credenda proponuntur*“; Zweites Vatikanisches Konzil, Konst. *Lumen Gentium* (Anm. 8), 30, mit dt. Übersetzung auch in DH 4149: „*Licet singuli praesules infallibilitatis praerogativa non polleant, quando tamen etiam per orbem dispersi, sed communionis nexum inter se et cum Successore Petri servantes, authentice res fidei et morum docentes in unam sententiam tamquam definitive tenendam conveniunt, doctrinam Christi infallibiliter enuntiant.*“

14 Vgl. Sullivan, Teaching authority (Anm. 11), 123; ders., Ordinary Universal Magisterium (Anm. 11), 343; Martin Rehak, Die Ablegung der Professio fidei (c. 833 CIC/1983): Zeit zur Profilierung? Das Verkündigungsrecht im Licht des Evangelisierungsauftrags, hg. v. C. Ohly – N. Jungblut – S. Marx, Berlin 2024 (KRB 22), 295-344, 315.

dendam]" beinahe beiläufig auch auf die sekundären Objekte der Unfehlbarkeit (katholische Wahrheiten, *propositiones definitive tenendas*) ausgeweitet.[15]

Nicht zuletzt vor dem Hintergrund, dass Thomas von Aquin einst ganz unbefangen von einem *magisterium cathedrae pastoralis* der Bischöfe und einem hiervon zwar unterschiedenen, aber doch anscheinend gleichberechtigten *magisterium cathedrae magistralis* der Theologen sprechen konnte,[16] ist die hier nur grob skizzierte Tendenz zumindest problematisch.[17] Zur Ehrenrettung des bischöflichen Lehramts sei allerdings darauf hingewiesen, dass bereits in der berühmten Sentenz des Irenäus von Lyon über das *charisma veritatis* der Bischöfe die Gläubigen zum Gehorsam aufgefordert werden.[18] Jener Text bündelt in wenigen Worten die zentrale theologische Leistung des Irenäus, nämlich im kirchlichen Amt das Sukzessions- und das Traditionsprinzip zusammenzu-

15 Vgl. dazu Karl Rahner, Kommentar zu Art. 18-27: LThK^2-K Bd. 1 (1966), 210-246, 237; Sullivan, Ordinary Universal Magisterium (Anm. 11), 343-345; Rehak, Professio fidei (Anm. 14), 325.

16 Vgl. Thomas Aquinas, Quodlibet III, q. 4 a. 1 ad 3: S. Thomae Aquinatis opera omnia, Bd. 3, hg. v. R. Busa, Stuttgart-Bad Cannstatt 1980, 450c: „*imminent autem pericula spiritualia, his qui habent magisterii locum. sed pericula magisterii cathedrae pastoralis devitat scientia cum caritate, quam homo nescit se per certitudinem habere; pericula autem magisterii cathedrae magistralis vitat homo per scientiam, quam potest homo scire se habere. unde non est similis ratio de utroque*"; ähnlich ders., In IV Sententiarum, d. 19 q. 2 a. 2 qc. 2 ad 4: ebd., Bd. 1, 551a: „*Ad quartum dicendum, quod docere sacram scripturam dupliciter contingit. uno modo ex officio praelationis, sicut qui praedicat, docet; non enim licet alicui praedicare, nisi officium praelationis habeat, vel ex auctoritate alicujus praelationem habentis* [...]; *quomodo praedicabunt, nisi mittantur? alio modo ex officio magisterii, sicut magistri theologiae docent.*"
Zu der Vorstellung eines doppelten Lehramts vgl. eingehend Roger Gryson, The Authority of the Teacher in the Ancient and Medieval Church: Authority in the Church and the Schillebeeckx Case, hg. v. L. Swidler – P. F. Fransen, New York 1982, 176-187, 182-187; Walter Kasper, Wissenschaftliche Freiheit und lehramtliche Bindung der Katholischen Theologie: Essener Gespräche zum Thema Staat und Kirche 16 (1982), 12-44, 20; ferner Klaus Unterburger, Vom Lehramt der Theologen zum Lehramt der Päpste? Pius XI., die Apostolische Konstitution „Deus scientiarum Dominus" und die Reform der Universitätstheologie, Freiburg – Basel – Wien 2010, 102-119; hierauf Bezug nehmend Wolf, Joseph Kleutgen (Anm. 11), 52; sowie die unlängst von Martin Rhonheimer, Synodale Illusionen. Doppeltes Lehramt von Bischöfen und Theologen?: HK 76 (2022), Heft 5, 48-51; Wolfgang Beinert, Wer hat das Sagen in der Kirche? Eine Replik auf Martin Rhonheimer: ebd., Heft 6, 45f., ausgetragene Kontroverse.

17 Vgl. Rehak, Professio fidei (Anm. 14), 324f., 339f.

18 Irenaeus Lyonensis, adv. haer. 4.26.2, mit dt. Übersetzung: Irenäus von Lyon. Adversus haereses – Gegen die Häresien, übers. v. N. Brox, Bd. 4, Freiburg – Basel – Wien – Barcelona – Rom – New York 1995 (FC 8), 206f.: „*Quapropter eis, qui in ecclesia sunt presbyteris obaudire oportet, his qui successionem habent ab apostolis, sicut ostendimus, qui cum episcopatus successione charisma veritatis certum secundum placitum patris acceperunt.*"

führen und so die Orthodoxie der Glaubenslehre strukturell zu sichern.[19] Als Grundfunktion des Lehramts ist dabei im Anschluss an 1 Kor 15,3 die Paradosis, die unverfälschte Weitergabe der Glaubensüberlieferung, anzusehen.

Die Grundfunktion der Theologie ist demgegenüber eine andere, nämlich – mit dem berühmten Satz des Anselm von Canterbury von der *„fides quaerens intellectum"*[20] – der Versuch, die Wahrheit des Glaubens mit dem Instrumentarium der Vernunft und den Methoden der Wissenschaft je besser zu verstehen.

Insoweit bestätigt c. 218, dass die tiefere Erforschung des Glaubens durch die theologischen Wissenschaften ein Grundrecht aller und jedes einzelnen Gläubigen ist. Es handelt sich um ein originäres Recht, das unmittelbar aus ihrer oder seiner Stellung als Christgläubige oder Christgläubiger erwächst; und damit insbesondere nicht um ein Privileg, das die kirchliche Autorität den Gläubigen huldvoll einräumt.[21] Dies wird vielleicht am evidentesten durch die

19 Vgl. dazu Joseph Ratzinger, Primat, Episkopat und successio apostolica: Episkopat und Primat, hg. v. K. Rahner – dems., Freiburg – Basel – Wien 1961 (QD 11), 37-59, 45-52, mit der pointierten These: „Die Nachfolge ist die Gestalt der Überlieferung, die Überlieferung ist der Gehalt der Nachfolge" (ebd., 49); Georg Günter Blum, Tradition und Sukzession. Studien zum Normbegriff des Apostolischen von Paulus bis Irenäus, Berlin – Hamburg 1963 (Arbeiten zur Geschichte und Theologie des Luthertums 9), 168-224; speziell zu adv. haer. 4.26.2 ebd., 203-207; Hans-Jochen Jaschke, Der Heilige Geist im Bekenntnis der Kirche. Eine Studie zur Pneumatologie des Irenäus von Lyon im Ausgang vom altchristlichen Glaubensbekenntnis, Münster 1976 (Münsterische Beiträge zur Theologie 40), 291-294.

20 Vgl. Anselmus Cantuariensis, Proslogion, prooemium, mit dt. Übersetzung: Anselm von Canterbury. Proslogion. Untersuchungen, hg. v. F. S. Schmitt, Stuttgart-Bad Cannstatt 1962, 68-71; auch in: Anselm von Canterbury. Proslogion – Anrede, übers. v. R. Theis, Stuttgart 2005 (Reclams Universal-Bibliothek 18336), 6-9: *„Aestimans igitur quod me gaudebam invenisse, si scriptum esset, alicui legenti placiturum, de hoc ipso et de quibusdam aliis sub persona conantis erigere mentem suam ad contemplandum Deum et quaerentis intelligere quod credit, subditum scripsi opusculum. Et quoniam nec istud nec illud, cuius supra memini, dignum libri nomine aut cui auctoris praeponeretur nomen iudicabam, nec tamen eadem sine aliquo titulo, quo aliquem, in cuius manus veniret, quodam modo ad se legendum invitarent, dimittenda putabam: unicuique suum dedi titulum, ut prius* Exemplum meditandi de ratione fidei, *et sequens* Fides quaerens intellectum *diceretur.*"
Zu den patristischen Anfängen dieses Konzepts, das bereits Augustinus, sermo 43,9: PL 38, 258, auf die Formel *„intellige, ut credas, crede, ut intelligas"* gebracht hat, vgl. Unterburger, Lehramt (Anm. 16), 94-97.

21 Anders als in cc. 211, 212 § 3, 213, 214, 216, 217, 219, 221 § 3 fehlt in c. 218 die Vokabel *„ius"*, während im Anschluss an den Text von GS 62,7, der von *„agnoscatur fidelibus"* spricht, vom ersten Entwurf zum jetzigen c. 218 aus dem Jahr 1966 bis hin zum Schema canonum libri II de populo Dei von 1977 von *„facultate gaudent"* die Rede war, vgl. Coetus Studiorum *De laicis* (Sessio I): Com 17 (1985), 164-196, 185; Codex Iuris Canonici fontium annotatione et indice analytico-alphabetico auctus, hg. v. Pontificia Commissio Codici Iuris Canonici Recognoscendo, Vatikanstadt 1997, 28 (can. 22 § 2). Zur Textgeschichte des c. 218 vgl. Rudolf Michael Schmitz, Die Bekenntnisfreiheit im Gemeinstatut der Gläubigen

Parallelnorm des c. 386 § 2 demonstriert.[22] Dieser Kanon widmet sich insgesamt dem *munus docendi* der Bischöfe. In § 2 wird zunächst die eben bereits mit Irenäus beschriebene Ur-Aufgabe der Bischöfe thematisiert, für die Unversehrtheit und Einheit der Glaubenslehre zu sorgen. Dies jedoch könne nur in Anerkennung der gerechten Freiheit der theologischen Forschung erfolgen.[23]

Für eine differenzierte Betrachtung und Würdigung der theologischen Forschungsfreiheit ist es wichtig, diese fundamentale Bejahung und Wertschätzung der Theologie nicht kleinzureden, auch wenn man nicht um die Feststellung herumkommt, dass diese Freiheit zugleich einer Vielzahl rechtlicher Reglementierungen unterworfen ist. Dabei ist zum einen an die Kautelen zu denken, die bereits in c. 218 selbst enthalten sind, und die nachfolgend noch genauer zu erörtern sind. Dabei sind zum anderen sonstige Normen des kanonischen Rechts zu beachten, wie beispielsweise die Kanones über das *mandatum* der Theologiedozierenden (cc. 812, 818);[24] über jenes Wächter-

(cc. 208-223). Ihre Möglichkeiten und Grenzen innerhalb der kanonischen Rechtsordnung, St. Ottilien 1993 (Dissertationen. Kanonistische Reihe 11), 88-93; Jesu Pudumai Doss, Freedom of Enquiry and Expression in the Catholic Church, Bangalore 2007, 36-43. Zu der hier angedeuteten Problematik vgl. sodann die Darlegungen von Helmuth Pree, Die Meinungsäußerungsfreiheit als Grundrecht des Christen: Recht als Heilsdienst (FS Kaiser), hg. v. W. Schulz, Paderborn 1989, 42-85, 46-53, zur Meinungsäußerungsfreiheit als Menschenrecht; ferner die Kritik von Helmut Schnizer, Überlegungen zum normativen Gehalt von c. 212 CIC: Iuri Canonico Promovendo (FS Schmitz), hg. v. W. Aymans – K.-T. Geringer, Regensburg 1994, 75-95, 84f. mit Anm. 29, an der Formel *„integrum est"*, die u. a. in c. 212 § 2 begegnet: „Man könnte diesen Sprachgebrauch verschieden werten. Sollte das deutliche Wort ‚Ius' vermieden werden oder wollte man den präpositiven Charakter kenntlich machen."

22 C. 386 § 2: *„Integritatem et unitatem fidei credendae mediis, quae aptiora videatur, firmiter tueatur, iustam tamen libertatem agnoscens in veritatibus ulterius perscrutandis.* – Die Unversehrtheit und Einheit der Glaubenslehre hat er mit Mitteln, die ihm geeignet scheinen, in fester Haltung zu schützen, in Anerkennung jedoch einer gerechten Freiheit für die weitere Erforschung der Wahrheiten."

23 Zur Exegese dieser Klausel des c. 386 § 2 vgl. Pree, Meinungsäußerungsfreiheit (Anm. 21), 81, der Theologie und Lehramt vor einem Abgleiten in Ideologie warnt und dazu ersterer die Aufgabe zuweist, „das Lehramt auch verantwortungsbewußt, kritisch zu begleiten und ihm argumentativ *voran*zugehen und wissenschaftlich den Weg dafür zu bereiten, daß neue Wege und tiefere Einsichten in die Wahrheit erschlossen werden"; zustimmend zitiert von Sabine Demel, Forschungsfreiheit in der Theologie: Handbuch Kirchenrecht. Grundbegriffe für Studium und Praxis, Freiburg u. a. ^{3}2022, 298-301, 298.

24 Vgl. dazu Paul Mikat, Staatskirchenrechtliche Bemerkungen zur Nihil-obstat-Problematik: AfkKR 148 (1979), 93-106; Heribert Schmitz, Mandat und Nihil obstat des Theologieprofessors: ThPQ 139 (1991), 265-283, 265-269; ders., Neue Studien zum kirchlichen Hochschulrecht, Würzburg 2005 (FzK 35), 50-73, 50-56; ders., Mandatum docendi professoris. Kirchliche Beauftragung: ebd., 384-391; Patrick De Pooter, La "mission canonique" et la "mandatum" au sein des universites ecclésiastiques et catholiques. Un jeu de mots

amt gemäß c. 823, das in der Tradition von Zensur, Imprimatur und Index steht;[25] der vor allem für Exegeten potenziell relevante c. 825;[26] die Regelungen betreffend die – anders als seinerzeit der Antimodernisteneid auch für Hochschullehrer der Theologie vorgeschriebene – *Professio fidei* (c. 833);[27] das kirchliche Hochschulrecht[28] im Allgemeinen und das Erfordernis des *Nihil*

ou une distinction plus fondamentale?: IusE 16 (2004), 595-618; Jorge Otaduy Guerín, El mandato de la autoridad eclesiástica para enseñar disciplinas teológicas: Folia theologica et canonica 3 (2014), 99-122; Andrea Stabellini, *Mandatum* e *Missio canonica* per la docenza accademica. Un utilizzo improprio dei termini: Apoll 89 (2016), 241-278.

25 Vgl. zu c. 823 zunächst James A. Coriden, c. 823: New Commentary on the Code of Canon Law, hg. v. J. P. Beal – dems. – T. J. Green, New York – Mahwah 2000, 978f.; Heinrich Mussinghoff – Herrmann Kahler: MKCIC c. 823; Carlos J. Errázuriz, c. 823: Commentario exegético al Código de Derecho Canonico, Bd. III/1, hg. v. Á. Marzio – J. Miras – R. Rodríguez-Ocaña, Pamplona ^{3}2002, 321-326; ferner Wilhelm Rees, Kirche, Kommunikation und (Neue) Medien. Kirchenrechtliche Grundlagen und Aspekte: Flexibilitas iuris canonici (FS Puza), hg. v. A. Weiß, Frankfurt a.M. 2003 (AIC 28), 261-287, 273, 277; mit Blick auf die Digitalisierung der sozialen Medien zuletzt Michael Nobel, Soziale Kommunikationsmittel: Möglichkeiten und Risiken bei der Verkündigungstätigkeit online (cc. 822-823 CIC/1983): Zeit zur Profilierung? (Anm. 14), 224-263.

26 Vgl. zu c. 825 statt anderer Heinrich Mussinghoff: MKCIC c. 825; New Commentary (Anm. 25), 980f.; Errázuriz M., c. 825: Commentario exegético (Anm. 25), 330-332.

27 Vgl. dazu einlässlich Rehak, Professio fidei (Anm. 14); ferner Schmitz, Glaubensbekenntnis und Treueid (Anm. 10); Giovanni B. Sala, Die Neufassung der „Professio fidei" und die Frage nach den von der Kirche „definitiv" vorgelegten Lehren: Forum Katholische Theologie 15 (1999), 203-227; Winfried Aymans, Glaubensbekenntnis und Treueid: Iudicare inter fideles (FS Geringer), hg. v. dems. – S. Haering – H. Schmitz, St. Ottilien 2002, 23-37.

28 Das kirchliche Hochschulrecht ist weitgehend außerhalb des CIC geregelt, vgl. grundlegend Franziskus, Apostolische Konstitution *Veritatis gaudium* über die kirchlichen Universitäten und Fakultäten vom 08.12.2017: AAS 110 (2018), 1-41; Congregatio de Institutione Catholica, Ordinationes ad Constitutionem apostolicam *Veritatis gaudium* fideliter exsequendam: ebd., 137-159; dazu ferner John M. Huels, Veritatis Gaudium and the Canon Law on Ecclesiastical Universities: StCan 52 (2018), 471-490; Bruno Esposito, La nuova costituzione apostolica circa le università e le facoltà ecclesiastiche e le annesse norme applicative: Folia theologica et canonica 7 (2018), 161-210; spanische Fassung: IusCan 58 (2018), 813-856; Matthias Pulte – Anna-Christina Schmees, Was ist neu in der Apostolischen Konstitution Veritatis Gaudium über das katholische Hochschulwesen?: Kirchliche Hochschulen (Anm. 1), hg. v. A. Hense – M. Pulte, 241-271; Matthias Pulte, Veritatis Gaudium – Zwischen Hochschulautonomie und kurialer Steuerung: Ecclesiae et scientiae fideliter inserviens (FS Henseler), hg. v. dems. – R. M. Rieger, Würzburg 2019 (Mainzer Beiträge zum Kirchen- und Religionsrecht 7), 227-252; Giuseppe Versaldi, Linee guida della Costituzione apostolica «Veritatis gaudium» per il rinnovamento delle Università e Facoltà ecclesiastiche: conseguenze nel campo del diritto canonico: Ephemerides iuris canonici 59 (2019), 5-24; spanische Fassung: Ius communionis 7 (2019), 9-26; Bernhard Sven Anuth, Die „wahre Freiheit" theologischer Forschung und Lehre. Kanonistische Beobachtungen zur Apostolischen Konstitution „Veritatis gaudium": Nur begrenzt frei? Katholische Theologie zwischen Wissenschaftsanspruch und Lehramt, hg. v. G. Es-

obstat[29] im Besonderen; sowie nicht zuletzt auch die Verfahrensnormen für

sen – M. Striet, Freiburg – Basel – Wien 2019 (Katholizismus im Umbruch 10), 66-108; Magnus Striet, Theologie und freie Wissenschaftskultur: Kritische Notizen zu „Veritatis gaudium": ebd., 54-65, der sich über eine unreflektierte Verwendung der Metapher vom „Licht der Offenbarung" mokiert (ebd., 58-60; 64f.) und die These aufstellt, der normative Teil von *Veritatis Gaudium* sei mit einer freiheitlichen Selbstkontrolle als Grundprinzip der Wissenschaftsfreiheit unvereinbar, weil er die Theologie dazu verpflichte, hinsichtlich der Vernünftigkeit von Wahrheit die Vorgaben des Lehramts nachzuvollziehen (ebd., 57); Annette Schavan (Hg.), Relevante Theologie. „Veritatis gaudium" – die kulturelle Revolution von Papst Franziskus, Ostfildern 2019 (mit Beiträgen von Andreas R. Batlogg, Rainer Bucher, Margit Eckholt, Ulrich Hemel, Gregor Maria Hoff, Felix Körner, Klaus Krämer, Jens-Martin Kruse, Oliver Lahl, Oliver Putz, Johanna Rahner, Annette Schavan, Thomas Söding, Aurelia Spendel, Bernd Trocholepczy und Johannes Wallacher); Heribert Hallermann, Die erneuerte Gesetzgebung über die kirchlichen Fakultäten und Universitäten: AfkKR 188 (2021), 125-157.
Für einen Überblick über den Gesamtkomplex des im Zuständigkeitsbereich der Deutschen Bischofskonferenz anwendbaren kirchlichen Hochschulrechts ist nach wie vor unentbehrlich Heribert Schmitz – Ulrich Rhode, Einführung: Katholische Theologie und Kirchliches Hochschulrecht. Einführung und Dokumentation der kirchlichen Rechtsnormen, hg. v. Sekretariat der Deutschen Bischofskonferenz, Bonn [2]2011 (Arbeitshilfen 100).

29 Vgl. Kongregation für das katholische Bildungswesen, Normen zur Erteilung des Nihil obstat bei der Berufung von Professoren der Katholischen Theologie an den staatlichen Universitäten im Bereich der Deutschen Bischofskonferenz vom 25.03.2010: AfkKR 179 (2010), 145-152 = Sekretariat der Deutschen Bischofskonferenz (Hg.), Kirchliches Hochschulrecht (Anm. 28), 388-399; ferner Reinhard Lettmann, Das bischöfliche „nihil obstat" für die Lehrtätigkeit an theologischen Fakultäten staatlicher Universitäten in Deutschland: Investigationes theologico-canonicae (FS Bertrams), Rom 1978, 273-289; Schmitz, Mandat und Nihil obstat (Anm. 24), 269-283 = ders., Neue Studien (Anm. 24), 56-73; ders., „Nihil obstat Sanctae Sedis". Wurzeln – Rechtsgrundlagen – Ausweitung eines Rechtsinstituts des kirchlichen Hochschulrechts: AfkKR 170 (2000), 382-407 = ders., Neue Studien (Anm. 24), 153-175; ders., Das Nihil obstat des Diözesanbischofs: Entstehung – Rechtsgrundlagen – Fortbildung eines Rechtsinstituts im hochschulrechtlichen Bereich: AfkKR 170 (2001), 51-73 = ders., Neue Studien (Anm. 24), 176-196; ders., Konfliktfelder und Lösungswege im kirchlichen Hochschulbereich. Bemerkungen zu notorischen aktuellen Problemen: Neue Studien (Anm. 24), 28-49, 30-32, 34-38; ders., Probleme und Konfliktfelder der kirchlichen Hochschullehre: Neue Studien (Anm. 24), 74-111, 90-95; Manfred Baldus, Zur Frage von Mandat und Nihil obstat für Dozenten an katholischen Fachhochschulen in Deutschland: AfkKR 162 (1993), 484-492; Ilona Riedel-Spangenberger, Kirchlicher Rechtsschutz im Zusammenhang mit der Erteilung des Nihil obstat. Bedingungen und Notwendigkeiten bei Berufungen auf einen Lehrstuhl für katholische Theologie in Deutschland: ET-Bulletin 5 (1994), 92-119; Winfried Löffler, Missio Canonica und Nihil Obstat. Wege des Rechtsschutzes im Konfliktfall: Tradition – Wegweisung in die Zukunft (FS Mühlsteiger), hg. v. K. Breitsching – W. Rees, Berlin 2001 (KStT 46), 429-462, 436-454; Thomas Schüller, Lehrerlaubnis für katholische Theologinnen und Theologen an Hochschulen und Schulen: Freiheit der Forschung und Lehre? Das wissenschaftsorganisatorische Verhältnis der Theo-

Lehrbeanstandungen.[30] Was nun die norminternen Relativierungen der theologischen Wissenschaftsfreiheit anbelangt – nämlich die Rede davon, dass die Wissenschaftsfreiheit in gerechter Weise auszuüben sei, Stichwort „*iusta libertas*", sowie die Mahnung zum Gehorsam gegenüber dem Lehramt –, sei vorab erwähnt, dass man c. 218 zutreffend als eine *lex specialis* zu c. 212 §§ 2-3 über die Meinungsäußerungsfreiheit im Allgemeinen ansehen kann. [31] Über das Recht aus c. 212 hat bereits Reinhild Ahlers geurteilt, dass es „mit erheb-

logie zu den Religionsgemeinschaften, hg. v. R. Ceylan – C. P. Sajak, Wiesbaden 2017, 93-124, 101-110; mit Blick auf die Verhältnisse in Österreich ferner Christoph Grabenwarter, Zur Frage der Erteilung der bischöflichen Zustimmung zur „Ernennung oder Zulassung der Professoren oder Dozenten": Rechtskultur und Rechtspflege in der Kirche (FS Rees), hg. v. C. Ohly – S. Haering – L. Müller, Berlin 2020 (KStT 71), 415-426; Bernhard Sven Anuth, Zum Umgang mit Konflikt und Dissens in der römisch-katholischen Kirche. Eine Bestandsaufnahme aus kirchenrechtlicher Sicht: Kanonist, Ordensmann und Gestalter (FS Lederhilger), hg. v. W. Rees – H. Kalb – C. Niemand, Berlin 2023 (KStT 79), 27-59, 52f.

30 Vgl. für das „römische" Lehrbeanstandungsverfahren zunächst Kongregation für die Glaubenslehre, Agendi ratio in doctrinarum examine vom 29.06.1997: AAS 89 (1997), 830-835; ferner Georges Cottier, Theological Observations on the new ‚Regulations' of the Congregation for the Doctrine of the Faith: Forum. A Review of Canon Law and Jurisprudence 8 (1997), 269-274; Velasio De Paolis, Canonical Observations on the ‚Regulations' of the Congregation for the Doctrine of the Faith: ebd., 275-285; José A. Fuentes, Nuevo reglamento de la Congregación para la Doctrina de la Fe sobre el examen de las doctrinas: IusCan 38 (1998), 301-341; Johann Hirnsperger, Das Lehrprüfungsverfahren bei der Kongregation für die Glaubenslehre. Kirchenrechtliche Überlegungen zur neuesten Rechtsentwicklung: Gnade und Recht. Beiträge aus Ethik, Moraltheologie und Kirchenrecht (FS Holotik), hg. v. S. Haering, – J. Kandler – R. Sagmeister, Frankfurt a.M. – Berlin – Bern – Brüssel – New York – Wien 1999, 329-343; Löffler, Wege des Rechtsschutzes (Anm. 29), 455-457; Ulrich Rhode, Die Lehrprüfungs- bzw. Lehrbeanstandungsverfahren: Rechtsschutz in der Kirche, hg. v. L. Müller, Wien – Berlin 2011 (KRB 15), 39-57; Schüller, Kirchenrechtliche Bestandsaufnahme (Anm. 29), 112f.; Anuth, Bestandsaufnahme (Anm. 29), 53-56.
Zu dem kaum bekannten „nationalen" Lehrbeanstandungsverfahren bei der Deutschen Bischofskonferenz vgl. Heribert Heinemann, Lehrbeanstandung in der katholischen Kirche. Analyse und Kritik der Verfahrensordnung, Trier 1981 (Canonistica. Beiträge zum Kirchenrecht 6), 44-70, nebst Abdruck der Verfahrensordnungen von 1972 und 1981 ebd., 88-101; Schmitz, Konfliktfelder und Lösungswege (Anm. 29), 39-42; ders., Probleme und Konfliktfelder (Anm. 29), 95-105; Rhode, Lehrbeanstandungsverfahren (Anm. 30), passim; Dominicus M. Meier, Schutz der Glaubens- und Sittenlehre: HdbKathKR^3, 974-988, 985-987; Schüller, Kirchenrechtliche Bestandsaufnahme (Anm. 29), 111f.; Tim Kortendieck, Der Raum des Denkbaren: Kirchenrechtliche und dogmatische Überlegungen zu den Voraussetzungen eines Lehrbeanstandungsverfahrens durch den Heiligen Stuhl: KuR 29 (2023), 43-59, 45f. mit Anm. 12; Anuth, Bestandsaufnahme (Anm. 29), 54.

31 Vgl. Schmitz, Bekenntnisfreiheit (Anm. 21), 88, 104; Reinhild Ahlers, Die rechtliche Grundstellung der Christgläubigen: HdbKathKR^3, 289-301, 298; Meckel, Wissenschaftsfreiheit (Anm. 1), 173-175; Rüdiger Althaus: MKCIC c. 218, Rz. 4.

lichen Einschränkungen und ängstlich anmutenden Vorbehaltsklauseln verbunden"[32] sei – eine Beobachtung, die man leicht auf c. 218 übertragen kann; und zwar unabhängig von der Frage, ob die in c. 212 § 3 formulierten Schranken der Meinungsäußerungsfreiheit wie „Beachtung des allgemeinen Nutzens" und „Beachtung der Würde der Person der übrigen Gläubigen" entweder unmittelbar oder wenigstens mittelbar über den unbestimmten Rechtsbegriff der „*iusta libertas*" auch bei der Ausübung der theologischen Wissenschaftsfreiheit gelten.[33]

Unzweifelhaft ist freilich, dass c. 218 im Gegensatz zu c. 212 § 3 nicht danach differenziert, ob die Äußerung – sei es die einer Meinung, sei es die einer theologischen Erkenntnis – gegenüber den Hirten oder gegenüber den übrigen Gläubigen erfolgt.[34]

32 Ahlers, Grundstellung (Anm. 31), 295; sehr kritisch zu den Grundrechtsschranken gemäß cc. 212 § 3, 223 §§ 1-2 zuvor bereits Pree, Meinungsäußerungsfreiheit (Anm. 21), 46. Pree kritisiert ebd., 60f., zudem die Binnensystematik des c. 212, aufgrund welcher die Meinungsäußerungsfreiheit gemäß c. 212 § 3 der Gehorsamspflicht der Gläubigen gegenüber dem Lehramt der Kirche gemäß c. 212 § 1 buchstäblich untergeordnet erscheint.

33 Vgl. zu dieser Frage Schmitz, Bekenntnisfreiheit (Anm. 21), 88, der sich für konträre Auslegungen offen zeigt: „Dabei gilt für diese [sc.: die Theologen] hinsichtlich der Meinungsfreiheit großenteils ebenso, was bereits hinsichtlich der Beschränkung dieser Freiheit zu sehen war. Allerdings ist zu fragen, ob sie aufgrund ihrer Sonderstellung im theologischen Feld nicht hier und da eine größere Freiheit hinsichtlich der Glaubensinhalte und ihres Bekenntnisses genießen. Darauf würde hindeuten, daß in c. 212 vier Bedingungen zur Erlaubtheit der Meinungsäußerung genannt sind, während sich c. 218 auf ein lapidares ‚servato debito erga Ecclesiae magisterium obsequio' beschränkt."
Althaus, MKCIC c. 218 (Anm. 31), Rz. 4, gelangt zwar nicht über die „*iusta libertas*", wohl aber über das „*prudenter*" zu ähnlichen Erwägungen, wie sie etwa bei Aymans – Mörsdorf, KanR II, 96, zur Folgenabschätzung bei Meinungsäußerungen in der Öffentlichkeit formuliert sind. Vgl. zur Klugheit, auf die c. 218 die Theologie verpflichtet, ferner Pree, Meinungsäußerungsfreiheit (Anm. 21), 79.

34 Der erste Entwurf für den heutigen c. 212 § 3 CIC, erstellt in der ersten Sitzung der Studiengruppe *De Laicis*, hatte lediglich davon gesprochen, dass sich die Laien in näher bezeichneter Weise an ihre Hirten wenden können, vgl. Coetus Studiorum *De laicis* (Sessio I): Com 17 (1985), 164-196, 180f., 194 (can. 7); zur Genese und den Quellen des gesamten c. 212 CIC ferner Schmitz, Bekenntnisfreiheit (Anm. 21), 55-87. Diese Beschränkung entfiel in der zweiten Sitzung der Studiengruppe, vgl. Coetus Studiorum *De laicis* (Sessio II): Com 17 (1985), 197-239, 204f. (ad can. 7); 236 (can. 12 § 2). Im Schema einer *Lex Ecclesiae Fundamentalis* aus dem Jahr 1971 werden wie im jetzigen c. 212 § 3 CIC sowohl die Hirten als auch die übrigen Gläubigen als Adressaten der Meinungsäußerung benannt, vgl. Schema Legis Ecclesiae Fundamentalis. Textus emendatus cum relatione […], hg. v. Pontificia Commissio Codici Iuris Canonici Recognoscendo, Vatikanstadt 1971, 16f. (can. 13 § 3).
Gemäß c. 212 § 3 Hs. 1 CIC hat die Meinungsäußerung gegenüber den Hirten gemäß dem eigenen Wissen, der eigenen Zuständigkeit und der eigenen Stellung zu erfolgen. Gemäß c. 212 § 3 Hs. 2 CIC muss die Meinungsäußerung gegenüber anderen Gläubigen

Damit stellt sich nun die Frage nach dem Verständnis der Schrankenklauseln von c. 218, die nachfolgend zusammen mit der Textgeschichte dieses Kanons betrachtet werden soll. Konsultiert man den offiziösen Quellenapparat zum Kodex, so wird dort vor allem auf die Konzilsdokumente GE 10,[35] sowie GS 62, verwiesen. Tatsächlich spricht bereits die Pastoralkonstitution im letzten Absatz von Nr. 62 bezüglich der „*disciplina sacra*", also der Theologie, von einer „*iusta libertas inquirendi et cogitandi* (einer gerechten Freiheit des Forschens und Denkens)"[36], wobei die Wendung von der „*iusta libertas*" bereits in LG 37[37] begegnet, dort allerdings bezogen auf die bürgerlichen Freiheiten der Laien. Insgesamt lässt sich festhalten, dass die Textsubstanz des c. 218 zu einem Gutteil ein wörtliches Zitat aus der Pastoralkonstitution bietet.[38]

Bereits der erste Entwurf des späteren c. 218 war von *Gaudium et spes* inspiriert gewesen, hatte indes davon gesprochen, dass die Laien ihre Konklusionen aus der Befassung mit der Theologie den geweihten Hirten mitteilen

vier zusätzlichen Kriterien genügen: (1) Wahrung der Unversehrtheit des Glaubens und der Sitten; (2) Respekt gegenüber den Hirten; (3) Achtung des allgemeinen Nutzens; (4) Achtung der Würde der Personen.

35 Zweites Vatikanisches Konzil, Erklärung *Gravissimum educationis* über die christliche Erziehung vom 28.10.1965: AAS 58 (1966), 728-739, 736f. (GE 10,1), äußert sich in allgemeiner Form über die Grundsätze, Methoden und Ziele der wissenschaftlichen Forschung und erklärt, dass die Sorge der Kirche um die katholischen bzw. kirchlichen Fakultäten und Universitäten auch umfasst, dass „*singulae disciplinae propriis principiis, propria methodo atque propria inquisitionis scientificae libertate ita excolantur, ut profundior in dies earum intelligentia obtineatur et, novis progredientis aetatis quaestionibus ac investigationibus accuratissime consideratis, altius perspiciatur quomodo fides et ratio in unum verum conspirent.*" Die Kirche erkennt also einerseits eine jeder wissenschaftlichen Forschung immanente Freiheit an, sieht diese andererseits rückgebunden an das Ziel, jene Wahrheit tiefer zu erfassen, in der Glaube und Vernunft einander begegnen.

36 Vgl. Zweites Vatikanisches Konzil, Pastorale Konstitution *Gaudium et Spes* über die Kirche in der Welt von heute vom 07.12.1965: AAS 58 (1966), 1025-1120, 1084 (GE 62,7): „*Ut vero munus suum exercere valeant, agnoscatur fidelibus, sive clericis sive laicis, iusta libertas inquirendi, cogitandi necnon mentem suam in humilitate et fortitudine aperiendi in iis in quibus peritia gaudent.*"

37 Vgl. Zweites Vatikanisches Konzil, Konst. *Lumen Gentium* (Anm. 8), 43 (LG 37,3), mit dt. Übersetzung auch in DH 4163: „*Sacri vero Pastores laicorum dignitatem et responsabilitatem in Ecclesia agnoscant et promoveant; libenter eorum prudenti consilio utantur, cum confidentia eis in servitium Ecclesiae officia committant et eis agendi libertatem et spatium relinquant, immo animum eis addant, ut etiam sua sponte opera aggrediantur. Paterno cum amore coepta, vota et desideria a laicis proposita attente in Christo considerent. Iustam autem libertatem, quae omnibus in civitate terrestri competit, Pastores observanter agnoscent.*"

38 Die Wendungen „*iusta libertas inquirendi*", „*necnon mentem suam*" und „*aperiendi in iis in quibus peritia gaudent*" sind aus der Pastoralkonstitution (teils in redaktioneller Anpassung) unmittelbar in die Formulierung des c. 218 eingegangen.

könnten.[39] Diese Beschränkung wurde schon in der zweiten Sitzung der Studiengruppe *De Laicis* fallengelassen, aber durch die neueingefügte Klausel kompensiert, dass bei der Äußerung gegenüber x-beliebigen Dritten der notwendige Gehorsam gegenüber dem kirchlichen Lehramt zu wahren sei.[40] Die Klausel vom *„debitum erga Ecclesiae magisterium obsequium"* tritt also an die Stelle einer zuvor viel weitreichender formulierten Grundrechtsbeschränkung, so dass man sie vielleicht weniger als Paternalismus, sondern doch eher als Ausdruck eines Grundvertrauens in die Selbständigkeit und das Verantwortungsbewusstsein der Theologinnen und Theologen deuten kann, auch im unmittelbaren, unbeaufsichtigten Kontakt mit Dritten ein *sentire cum Ecclesia* zu pflegen. In der weiteren Textgenese ist zu beobachten, dass der Terminus *„obsequium"* insbesondere im Schema der *Lex Ecclesiae fundamentalis* durch die Wendung *„reverentia et oboedientia"* ersetzt wurde,[41] was angesichts des eingangs skizzierten theologiegeschichtlichen Befunds, wonach das *obsequium fidei* traditionell allein dem sich offenbarenden Gott geschuldet ist, wohl theologisch und rechtssprachlich vorzugswürdig gewesen wäre.

Was nun die Interpretation des unbestimmten Rechtsbegriffs der *„iusta libertas"* anbelangt, so sind hier ganz unterschiedliche Facetten zu berücksichtigen: Der Ausdruck kann unterstreichen, dass c. 218 ein Grundrecht und kein Privileg darstellt.[42] Der Ausdruck lässt sich als allgemeine Warnung davor verstehen, dass Freiheit missbräuchlich verwendet werden kann - sei es etwa durch eine dem Forschungsgegenstand unangemessenen Methode, oder

39 Vgl. Coetus Studiorum *De laicis* (Sessio I): Com 17 (1985), 164-196, 185, 195 (can. 10): *„Laici, sicut omnes christifideles, qui sacris disciplinis studendis incumbunt, facultate gaudent, ut debita adhibita prudentia et propriis singularum disciplinarum principiis ac methodo servatis, de quaestionibus ad scientias sacras vel cum sacris connexas pertinentibus libere inquisitionem instituant, utque conclusiones ad quas deveniunt cum sacris Pastoribus communicent*"; dazu näherhin Schmitz, Bekenntnisfreiheit (Anm. 21), 88f.

40 Vgl. Coetus Studiorum *De laicis* (Sessio II): Com 17 (1985), 197-239, 206f. (ad can. 10), 235 (can. 6 § 2), mit folgendem neuen Text: *„Omnes christifideles, qui sacris disciplinis studendis incumbunt, facultate gaudent ut, propriis singularum disciplinarum principiis ac methodo servatis, de quaestionibus ad scientias sacras vel cum sacris connexas pertinentibus libere inquisitionem instituant, utque conclusiones ad quas deveniant, debita cum prudentia atque necessario erga Ecclesiae Magisterium obsequio, cum aliis communicent*"; zu alldem ferner Schmitz, Bekenntnisfreiheit (Anm. 21), 89f.

41 Vgl. Schema Legis Ecclesiae Fundamentalis. Textus emendatus cum relatione [...], hg. v. Pontificia Commissio Codici Iuris Canonici Recognoscendo, Vatikanstadt 1971, 18 (can. 18 [textus emendatus] = can. 19 [textus prior]): *„Ius est singulis christifidelibus, ut in disciplinis sacris institutionem, ad normam iuris, persequantur; iisdem disciplinis incumbentes, iusta libertate fruuntur inquirendi, necnon mentem suam prudenter aperiendi in iis in quibus peritia gaudent, servata quidem semper debita reverentia et oboedientia erga Ecclesiae magisterium.*"

42 Vgl. dazu oben Anm. 21.

eine Art und Weise der Präsentation von Forschungsergebnissen, die andere Menschen verletzt.[43] Positiv gewendet wird die „*iusta libertas*" somit als Erinnerung daran zu verstehen sein, dass Forschung im Allgemeinen und theologische Forschung im Besonderen auf letzte Werte hingeordnet ist, insbesondere auf die Erkenntnis des Wahren, Guten und Schönen. Dabei kommt der Hinordnung der Theologie auf die Wahrheit des Glaubens eine besondere Bedeutung zu, insofern damit zugleich auf das Materialobjekt der Theologie und so letztlich auf den Ermöglichungsgrund der theologischen Forschungsfreiheit verwiesen wird.[44]

43 Vgl. Doss, Freedom of Enquiry (Anm. 21), 85, 120 (dort: Anm. 127 u. Anm. 129); Meckel, Wissenschaftsfreiheit (Anm. 1), 169. Zugleich ist umgekehrt mit Kasper, Freiheit und Bindung (Anm. 16), 35; Pree, Meinungsäußerungsfreiheit (Anm. 21), 78, zu betonen, dass die Theologie in der Wahl ihrer Methoden frei ist.

44 Wie hier bereits Schmitz, Bekenntnisfreiheit (Anm. 21), 103; Schmitz, Konfliktfelder und Lösungswege (Anm. 29), 37f.; ders., Probleme und Konfliktfelder (Anm. 29), 99f.; vgl. ferner Kasper, Freiheit und Bindung (Anm. 16), 29-35, der als Spezifikum der Theologie als Glaubenswissenschaft herausarbeitet: „Theologie kann den Glauben nicht produzieren und konstruieren, sie setzt ihn als Gegenstand und als Akt voraus; sie kann und will ihn auch nicht ins Wissen aufheben. Sie will vielmehr den Glauben als Glauben wissenschaftlich reflektieren und als Glauben begreifen. [...] Theologie beansprucht, daß ihr Gegenstand die alle andere Wahrheit erst fundierende Wahrheit ist. Sie kann deshalb nicht nochmals in einer höheren bzw. tieferen Wahrheit begründet werden. [...] Mit diesem Verständnis der Theologie als Glaubenswissenschaft ist sowohl Bindung wie Freiheit der Theologie gegeben" (ebd., 31).
Im Anschluss an Wortmeldungen von Norbert Lüdecke und Georg Bier sehr skeptisch hierzu Kortendieck, Der Raum des Denkbaren (Anm. 30), 55-58: „Dort, wo der Schutzbereich der cc. 750, 752 CIC/1983 beginnt, enden die Freiheiten des c. 218 CIC/1983" (ebd., 55f.); „[eine] auch nur annähernd symmetrische Beziehung zur akademischen Theologie ist dem ‚magisterium' in seiner Doppelrolle als ‚Lehr- und Wächteramt damit fremd. Im Gegenteil: Durch die Feststellung von Abweichungen und dem Aussprechen von Sanktionen konstituiert das magistrale Lehramt quasi den unhintergehbaren Primat der eigenen Souveränität" (ebd., 57f.); „[wo] Vertreter*innen [der Theologie] zu Erkenntnissen gelangen, die sich nicht mit den Vorgaben des Lehramts vereinbaren lassen, haben sie zugunsten des ‚bonum ecclesiae' einem gehorsam-schweigenden ‚religiosum intellectus' zu folgen" (ebd. 58). Insgesamt sorge das (päpstliche) Lehramt aufgrund ständig neuer Lehräußerungen nebst einer „schleichenden Infallibilisierung" (Hermann Josef Pottmeyer) dafür, dass für die Theologie der „Raum des Denkbaren" kontinuierlich kleiner werde. Vgl. zu letzterem auch Wolfgang Beinert, Das Lehramt und die Krise der Kirche: HK 75 (2021), Heft 3, 38-40, 38.
Diese Erwägungen von Kortendieck provozieren meines Erachtens zwei kritische Rückfragen: Ist erstens (christliche) Theologie anders denn als Glaubenswissenschaft denkbar; oder anders gesagt, ist es nicht das Wesen der Theologie, in einer ihr eigenen Weise auf das Wort des sich offenbarenden Gottes zu antworten? Und trifft zweitens die (von Kortendieck zumindest angedeutete) These zu, dass für die Theologie ein originärer, ungefilterter

Eine letzte Facette, welche die Freiheit der theologischen Forschung „justiert", ist schließlich der bereits angesprochene Gehorsam gegenüber dem Lehramt. Wie sich dieser Gehorsam weiter konkretisiert, ist aus den Grundnormen des kanonischen Lehrrechts geläufig, bei denen bekanntlich zwischen erstens geoffenbarten und zum formellen Dogma erhobenen Glaubenslehren (c. 750 § 1);[45] zweitens kirchlichen Lehren, die in einer historischen oder logischen Beziehung zu geoffenbarten Lehren stehen und deshalb zur Bewahrung

eigener Zugriff auf ihre Forschungsobjekte nicht mehr möglich ist, sobald sich das Lehramt hierzu geäußert hat?
Dabei sei nicht verkannt, dass Pius XII., Enzyklika *Humani generis* vom 12.08.1950: AAS 42 (1950), 561-578, 568, in der Tat der Auffassung war, der Papst könne auch durch fehlbare Äußerungen seines ordentlichen Lehramts kontroverse Fragen der freien, ergebnisoffenen Diskussion entziehen: „*Neque putandum est, ea quae in Encyclicis Litteris proponuntur, assensum per se non postulare, cum in iis Pontifices supremam sui Magisterii potestatem non exerceant. Magisterio enim ordinario haec docentur, de quo illud etiam valet: ‚Qui vos audit, me audit‘* [...] *Quodsi Summi Pontifices in actis suis de re hactenus controversa data opera sententiam ferunt, omnibus patet rem illam, secundum mentem ac voluntatem eorumdem Pontificum, quaestionem liberae inter theologos disceptationis iam haberi non posse.*" Andererseits hat kein Geringerer als Joseph Ratzinger, Zur „Instruktion über die kirchliche Berufung des Theologen": IKaZ 19 (1990), 561-565, 563, darauf hingewiesen, dass „die Frage der kirchlichen Sendung des Theologen nicht in dem Dualismus Lehramt – Theologie, sondern in dem Dreiecksverhältnis: Volk Gottes als Träger des Glaubenssinnes und als gemeinsamer Ort allen Glaubens, Lehramt und Theologie" zu behandeln sei und diesem Verweis auf eine Pluralität der Erkenntnisorte der Theologie – mit Wolfgang Beinert, Theologische Erkenntnislehre: Glaubenszugänge. Lehrbuch der katholischen Dogmatik, hg. v. dems., Bd. 1, Paderborn – München – Wien – Zürich 1995, 45-197, 93-187, ließen sich neben Lehramt, Theologie und Glaubenssinn des Gottesvolkes auch noch Schrift und Tradition benennen – die bemerkenswerte Einlassung vorangestellt: „Die Theologie ist nicht einfach und ausschließlich eine Hilfsfunktion des Lehramtes; sie ist nicht darauf beschränkt, Argumente für das vom Lehramt Vorgegebene zu sammeln. Dann würden Lehramt und Theologie in die Nähe der Ideologie rücken, bei der es nur um Erwerb und Erhalt der Macht geht."

45 Vgl. dazu und zum Begriff des formellen Dogmas zunächst Ludwig Ott, Grundriss der katholischen Dogmatik, Freiburg i.Br. – Basel – Wien [8]1970, 7; Matthias Premm, Katholische Glaubenskunde. Ein Lehrbuch der Dogmatik, Bd. 1, Wien 1956, 14-16; Sullivan, Teaching authority (Anm. 11), 79-131; Norbert Lüdecke, Die Grundnormen des katholischen Lehrrechts in den päpstlichen Gesetzbüchern und neueren Äußerungen in päpstlicher Autorität, Würzburg 1997 (FzK 28), 294-299, 426-428; Gerhard Ludwig Müller, Katholische Dogmatik für Studium und Praxis der Theologie, Freiburg i.Br. [9]2012, 79-82; von kanonistischer Seite sodann Schmitz, Glaubensbekenntnis und Treueid (Anm. 10), 397-405; Rehak, Professio fidei (Anm. 14), 307-318.

und Auslegung des *depositum fidei* erforderlich sind (c. 750 § 2);[46] sowie drittens sonstiger authentischer Lehre (c. 752) unterschieden wird.[47]

Dabei zeichnet das kodikarische Recht – wie so oft – ein stark idealisiertes Bild von Kirche und Theologie und blendet dabei zur Gänze aus, dass insbesondere in Bezug auf Äußerungen des authentischen, fallibLen Lehramts der Gehorsam nicht die einzig denkbare und wohl auch nicht die einzig legitime Reaktion der Theologin oder des Theologen darstellt. Vielmehr war bereits der vorkonziliaren Theologie das Phänomen und Diskursinstrument des Dissenses bekannt.[48] Richtig ist nun zwar, dass sich die Kongregation für die Glaubenslehre insbesondere in der Instruktion über die kirchliche Berufung des Theologen aus dem Jahr 1990 scharf gegen das Konzept des Dissenses als Mittel des

46 Vgl. dazu Kongregation für die Glaubenslehre, Nota doctrinalis vom 29.06.1998: AAS 90 (1998), 544-551, 546-548 (Nrn. 6-9); dt. Übersetzung: VApSt 144 (Anm. 41), 17-25, 19-22 (Nrn. 6-9); außerdem Sullivan, Teaching authority (Anm. 11), 131-136; ders., The “Secondary Object” of Infallibility: Theological Studies 54 (1993), 536-550; ders., Developments in Teaching Authority since Vatican II: Theological Studies 73 (2012), 570-589, 579-584; Schmitz, Glaubensbekenntnis und Treueid (Anm. 10), 397-403, 406-413; Lüdecke, Grundnormen (Anm. 45), 430-432; Christoph Theobald, Le développement de la notion des ‘vérités historiquement et logiquement connexes avec la Révélation’ de Vatican I à Vatican II: Cristianesimo nella Storia 21 (2000), 37-70; Gaillardetz, Unresolved Questions (Anm. 11), 453f., 458-461; Martin Rehak, Wie weit reicht die Unfehlbarkeit des kirchlichen Lehramts? Can. 750 § 2 CIC und die Lehre von den „Katholischen Wahrheiten“: Münchener Gelehrtenversammlung (Anm. 11), hg. v. F. X. Bischof – G. Essen, 153-192; ders., Professio fidei (Anm. 14), 319-331.

47 Vgl. dazu Schmitz, Glaubensbekenntnis und Treueid (Anm. 10), 397-403, 405f.; Lüdecke, Grundnormen (Anm. 45), 304-350; Rehak, Professio fidei (Anm. 14), 331-337.

48 Vgl. Joseph Koury, Dissens äußern: „Alle Katholiken haben das Recht ...“. Freiheitsrechte in der Kirche, hg. v. L. Swidler – P. Connor, München 1990, 71-74, 71; Leonard Swidler, Akademische Freiheit: ebd., 118-120.
Zum Konzept des Dissenses ferner Pree, Meinungsäußerungsfreiheit (Anm. 21), 82-85; Elmar Klinger, Der Dissens – ein Prinzip der Evangelisierung: Fides quaerens intellectum. Beiträge zur Fundamentaltheologie, hg. v. M. Kessler – W. Pannenberg – H.-J. Pottmeyer, Tübingen 1992, 210-221; Karl Lehmann, Dissensus. Überlegungen zu einem neueren dogmenhermeneutischen Grundbegriff: Dogma und Glaube. Bausteine für eine theologische Erkenntnislehre, hg. v. E. Schockenhoff – P. Walter, Mainz 1993, 69-87; Anthony J. Figueiredo, The magisterium–theology relationship. Contemporary Theological Conceptions in the Light of Universal Church Teaching since 1835 and the Pronouncements of the Bishops of the United States, Rom 2001 (Tesi Gregoriana. Serie Teologia 75), passim; Doss, Freedom of Enquiry (Anm. 21), 247-249; Judith Gruber, Umwertungen: Dissens als ekklesiologisches Prinzip: Der Glaubenssinn der Gläubigen als Ort theologischer Erkenntnis, hg. v. A. Slunitschek – T. Bremer – C. Bauer, Freiburg – Basel – Wien 2020 (QD 304), 301-317; Sarah Krumbiegel, Theologischer Dissens. Untersuchungen zu einem diskursprägenden Begriff in der US-amerikanischen Moraltheologie, Münster 2022 (Studien der Moraltheologie. Neue Folge 15).

Theologietreibens gewandt hat.[49] Das besagte Dokument muss sich freilich die kritische Rückfrage gefallen lassen, ob mit der dortigen Kritik an ideologischen Auswüchsen, an einer Instrumentalisierung der Medien oder am Rückgriff auf politische oder soziologische Argumentationsfiguren nicht lediglich ein Zerrbild beziehungsweise verfehlte Formen des Dissenses verurteilt wurden.[50] Das Gleiche gilt für die Weise, wie eine Berufung auf den Glaubenssinn

49 Vgl. zunächst Kongregation für die Glaubenslehre, Instruktion *Donum veritatis* über die kirchliche Berufung des Theologen vom 24.05.1990: AAS 82 (1990), 1550-1570; dt. Übersetzung: Kongregation für die Glaubenslehre. Instruktion über die kirchliche Berufung des Theologen, hg. v. Sekretariat der Deutschen Bischofskonferenz, Bonn 1990 (VApSt 98); dazu aus der Fülle der Literatur Peter Hünermann, Das Lehramt und die endliche Gestalt der Glaubenswahrheit. Überlegungen zur römischen Instruktion über die kirchliche Berufung von Theologen: HK 44 (1990), 373-377; Ratzinger, Zur Instruktion (Anm. 44), 561-565; Reinhard Frieling, Instrumentalisierte Freiheit der Theologie? Bemerkungen eines evangelischen Theologen zur römischen „Instruktion über die kirchliche Berufung des Theologen" (Mai 1990): ZThK 88 (1991), 121-138; Francis A. Sullivan, The Theologian's Ecclesial Vocation and the 1990 CDF Instruction: Theological Studies 52 (1991), 51-68; Streitgespräch um Theologie und Lehramt. Die Instruktion über die kirchliche Berufung des Theologen in der Diskussion, hg. v. P. Hünermann – D. Mieth, Frankfurt a.M. 1991 (mit Beiträgen von Bernard Sesboüé, Otto B. Roegele, Elmar Klinger, Peter Hebblethwaite, Walter H. Principe, Karl-Heinz Weger, Dietmar Mieth, Peter Hünermann, Avery Dulles, Ladislas Örsy, Christian Duquoc, Erwin Fahlbusch, Peter Knauer und Max Seckler); Boyle, Church Teaching Authority (Anm. 11), 142-160; Angel Antón, I teologi davanti all'istruzione "Donum veritatis": il compito del teologo tra "ecclesialità" e "scientificità" e il suo rapporto col magistero ecclesiastico: Gregorianum 78 (1997), 223-265; Die Instruktion „Donum veritatis" über die kirchliche Berufung des Theologen. Dokumente und Studien der Kongregation für die Glaubenslehre, Würzburg 2011 (Römische Texte und Studien 5) (mit Beiträgen von Georges Cottier, Ignace de la Potterie, Réal Tremblay, Max Seckler, Rino Fisichella, Walter Kasper, Inos Biffi, Michel Schooyans, William E. May, Pierre Eyt und Marc Ouellet); Meckel, Wissenschaftsfreiheit (Anm. 31), 175-190.

50 Vgl. im Einzelnen Kongregation für die Glaubenslehre, Instruktion *Donum veritatis* (Anm. 49), 1562-1568 (Nrn. 32-38); dt. Übersetzung: VApSt 98, 17-22 (Nrn. 32-38). Hierzu hat bereits Max Seckler, „Lehrer des Christentums im Namen der Kirche" (J. S. Drey). Über das Wesen, die Aufgabe und die Stellung der Theologie in der Kirche sowie über einige Aspekte des Dissensproblems: ThQ 174 (1994), 1-16, 11-16, „darauf hingewiesen, daß die Instruktion einen *politologisch qualifizierten Dissensbegriff* verwende. Der von der Instruktion als unzulässig bezeichnete Dissens sei auf ein ganz bestimmtes Konfliktmodell mit entsprechenden Oppositions- und Proteststrategien zu beziehen" (ebd., 12 [Hervorhebung im Original]), deren Anwendung – so Seckler weiter – sowohl die Ekklesiologie in ihren Fundamenten also auch die Theologie in ihrer Wissenschaftlichkeit in Frage stelle. Tatsächlich hat sodann Joseph Ratzinger, Zur „Instruktion über die kirchliche Berufung des Theologen": ders., Wesen und Auftrag der Theologie, Versuche zu ihrer Ortsbestimmung im Disput der Gegenwart, Freiburg 1993, 89-107, 104, jenen „loyalen Dissens" (Ratzinger) für zulässig erklärt, der nicht durch politischen bzw. medialen Druck, sondern durch Argumente überzeugen möchte. Dem schließen sich die Erläuterungen der Deutschen Bischofskonferenz zur Schlussformel des Glaubensbekenntnisses, zum

der Gläubigen und der theologale Glaube gegeneinander ausgespielt wurden. Denn dies kann unter kirchlich gesinnten Theologinnen und Theologen doch wirklich unstreitig gestellt werden, dass nämlich im Bereich der geoffenbarten Glaubenslehre der Anwendungsbereich für einen Dissens mit dem Lehramt eher klein ist; zu denken wäre im Wesentlichen wohl nur an Fälle, in denen – auf der Basis der vom Konzil gelehrten „Hierarchie der Wahrheiten“[51] – das

Versprechen gemäß dem Zweiten Vatikanischen Konzil (LG 25) und zum „Iusiurandum fidelitatis“: AfkKR 169 (2000), 141-144, 142f., an: „Die geforderte Haltung [sc.: religiöser Gehorsam des Willens und des Verstandes] schließt nicht einen loyalen Dissens aus, der sich der Wahrheit verpflichtet weiß, sich begründeter Argumente bedient, dem Bemühen des Lehramtes den Respekt nicht versagt und sich am Wohl der Kirche orientiert.“ Dagegen gibt Helmuth Rolfes, Lehramt, Theologie und Öffentlichkeit. Überlegungen zum Öffentlichkeitsverständnis der „Instruktion über die kirchliche Berufung des Theologen“: Communicatio socialis 23 (1990), 207-216, 210-214 zu bedenken, dass jedenfalls für die Theologie an staatlichen Universitäten ein Mindestmaß an Öffentlichkeit unvermeidlich ist und zugleich die Anschlussfähigkeit der Kirche an die moderne Gesellschaft in Frage stehe: „Das eigentliche Problem dieser Äußerungen liegt [...] in der Schwierigkeit des kirchlichen Lehramtes, in demokratischen Gesellschaften, in denen öffentliche Meinungsbildungsprozesse zur selbstverständlichen politischen Kultur gehören, eine glaubwürdige Praxis in der Ausübung des eigenen Sendungsauftrages zu entwickeln“ (ebd., 212).

51 Vgl. dazu zunächst Zweites Vatikanisches Konzil, Dekret *Unitatis redintegratio* über den Ökumenismus vom 21.11.1964: AAS 57 (1986), 90-112, 99 (UR 11,2): „*Insuper in dialogo oecumenico theologi catholici, doctrinae Ecclesiae inhaerentes, una cum fratribus seiunctis investigationem peragentes de divinis mysteriis, cum veritatis amore, caritate et humilitate progredi debent. In comparandis doctrinis meminerint existere ordinem seu ‚hierarchiam‘ veritatum doctrinae catholicae, cum diversus sit earum nexus cum fundamento fidei christianae.*“
Zu den theologiegeschichtlichen Wurzeln, der konziliaren Erwähnung sowie zur weiteren (überkonfessionellen) Diskussion und Rezeption dieses Konzepts vgl. Heribert Mühlen, Die Lehre des Vatikanum II über die „hierarchia veritatum“ und ihre Bedeutung für den ökumenischen Dialog: ThGl 56 (1966), 303-335; Ulrich Valeske, Hierarchia veritatum. Theologiegeschichtliche Hintergründe und mögliche Konsequenzen eines Hinweises im Ökumenismusdekret des II. Vatikanischen Konzils zum zwischenkirchlichen Gespräch, München 1968; Dieter Froitzheim, Logische Vorüberlegungen zum Thema „Hierarchie der Wahrheiten“: StdZ 188 (1971), 422-425; George H. Tavard, „Hierarchia veritatum“. A preliminary Investigation: Theological Studies 32 (1971), 278-289; Edmund Schlinck, Die „Hierarchie der Wahrheiten“ und die Einigung der Kirchen: KuD 21 (1975), 1-12; Denis Carroll, Hierarchia Veritatum. A Theological and Pastoral Insight of the Second Vatican Council: Irish Theological Quarterly 44 (1977), 125-133; Gustave Thils, „Hierarchia veritatum“ (Décret sur l'oecuménisme, n°11): Revue Théologique de Louvain 10 (1979), 209-215; Karl Rahner, Hierarchie der Wahrheiten: Diak 13 (1982), 376-382; Oscar Cullmann, Einheit in der Vielfalt im Lichte der „Hierarchie der Wahrheiten“: Glaube im Prozeß. Christsein nach dem II. Vatikanum, hg. v. E. Klinger – K. Wittstadt, Freiburg – Basel – Wien 1984, 356-364; William Henn, The Hierarchy of Truths. Twenty Years Later: Theological Studies 48 (1987), 439-471; ders., The Hierarchy of Truths according to Yves Congar, O.P., Rom 1987 (Analecta Gregoriana 246, B 83); Pree, Meinungsäußerungsfreiheit (Anm. 21),

Verhältnis und die Gewichtung einzelner Lehren zueinander zu erörtern ist. Denn bis zum Erweis des Gegenteils sollte man bei jeder Theologin und jedem Theologen davon ausgehen, dass ein etwaiger Dissens nicht auf Willkür und privaten Interessen, sondern auf den Werten von Vernunft und Wahrheitsstreben aufruht.[52]

Von daher ist es zwar nicht so, dass eine abweichende theologische Ansicht einfachhin an die Stelle der lehramtlichen Position in der jeweiligen Sachfrage treten kann. Vielmehr wäre zusammen mit dem Dissens die Auffassung des Lehramts offenzulegen und so die Abweichung als solche kenntlich zu machen und die Gründe hierfür zu benennen.[53] Dennoch ist nach meiner bescheide-

54f.; Anton Bodem, Hierarchie der Wahrheiten: Salesianum 52 (1990), 857-869, 858-869 = ders., Hierarchie der Wahrheiten München 1991 (Benediktbeurer Hochschulschriften 1), 13-32; Avery Dulles, The Hierarchy of Truths in the Catechism: The Thomist 58 (1994), 369-388, 373-377; Charles Morerod, Le sens et la portée de la hiérarchie des vérités à Vatican II et chez saint Thomas: Nova & vetera 71 (1996), 15-47; Otto Hermann Pesch, „Hierarchie der Wahrheiten" – und die ökumenische Praxis: Conc 37 (2001), 298-311; Henk Witte, Vatikanum II revisited: Kontext und Entstehung der Aussage über die „Hierarchie" der Wahrheiten: Bijdragen. International Journal in Philosophy and Theology 68 (2007), 445-477; Dorothea Sattler, Salus animarum – suprema veritas. Anleihen bei einer Handlungswissenschaft bei der Deutung der „Hierarchia Veritatum": Rezeption des zweiten Vatikanischen Konzils in Theologie und Kirchenrecht heute (FS Lüdicke), hg. v. D. M. Meier – P. Platen – H. J. F. Reinhardt – F. Sanders, Essen 2008 (BzMK 55), 557-574; Adrian Suter, Vernetzung und Gewichtung christlicher Lehraussagen. Die Vorstellung einer Hierarchie der Wahrheiten und ihre Beziehung zum wissenschaftstheoretischen Selbstverständnis der Theologie, Wien – Berlin – Münster 2011 (Studien zur systematischen Theologie und Ethik 59); Édouard Divry, L'axiome de la hiérarchie des vérités: Angelicum 90 (2013), 711-729; Markus Enders, Hierarchie der Wahrheiten: Die großen Metaphern des Zweiten Vatikanischen Konzils. Ihre Bedeutung für heute, hg. v. M. Delgado – M. Sievernich, Freiburg – Basel – Wien 2013, 120-137; Eduardo J. Echeverria, Hierarchy of truths revisited: Acta theologica 35 (2015), Heft 2, 11-35.

52 Vgl. dazu auch die im Anschluss an Erwägungen von Dietmar Mieth zum Verhältnis von Autorität und Gewissen von Pree, Meinungsäußerungsfreiheit (Anm. 21), 59 getätigte Feststellung: „Der Gehorsam gegenüber der religiösen Wahrheit wird also Gott geschuldet, dem der einzelne nicht nur vermittelt über die Kirche, sondern *auch* direkt und unmittelbar in seinem Gewissen gegenübersteht!"

53 Wie hier Pree, Meinungsäußerungsfreiheit (Anm. 21), 83f.; vgl. ferner Demel, Forschungsfreiheit (Anm. 23), 299.
In diesem Sinne - auch im Hinblick auf Fragen der christlichen Orthopraxie - bereits Julius Döpfner, Schreiben der deutschen Bischöfe an alle, die von der Kirche mit der Glaubensverkündigung beauftragt sind: Theologie und Glaube. Dokumentation, hg. v. Sekretariat der Deutschen Bischofskonferenz, Bonn 1991 (Arbeitshilfen 86), 15-41, 23f. (Nr. 19) = Dokumente der Deutschen Bischofskonferenz, Bd. 1: 1965-1968, hg. v. dems., Köln 1998, 325-350, 333 (Nr. 19), mit der beachtlichen Erwägung: „Wer glaubt, der privaten Meinung sein zu dürfen, die bessere künftige Einsicht der Kirche schon jetzt zu haben, der muß sich vor Gott und seinem Gewissen in nüchtern selbstkritischer Einschätzung fragen, ob er die

nen Meinung der Spielraum der Theologie tatsächlich größer als c. 218 sowie die cc. 750, 752 vielleicht glauben machen.

Für den Bereich der Offenbarungslehren sei insoweit an eine Beobachtung erinnert, mit der Karl Rahner bereits 1971 sehr kritisch die überkommene Arbeitsteilung von Fundamentaltheologie und Dogmatik in etwa wie folgt kritisiert hat: Die Fundamentaltheologie habe „in einer merkwürdig formalen Weise das Bestehen einer göttlichen Offenbarung [...] [bewiesen], ohne sich selbst um den Inhalt dieser Offenbarung zu kümmern."[54] In der Folge habe die Dogmatik die Glaubwürdigkeit ihrer Lehrsätze nicht mehr hinterfragt, weil diese ja bereits in der Fundamentaltheologie als geoffenbart bewiesen worden seien.[55] Mit diesen Erwägungen Rahners ist letztlich das Problem der Traditionskritik aufgeworfen, der es aufgegeben ist, zwischen der apostolischen Tradition und den kirchlichen Traditionen zu unterscheiden.[56] Verfehlt erscheinen in diesem Zusammenhang eventuelle Versuche des Lehramts, sich gegen not-

nötige Weite und Tiefe theologischer Fachkenntnis habe, um in seiner privaten Theorie und Praxis von der augenblicklichen Lehre des kirchlichen Amtes abweichen zu dürfen. Ein solcher Fall ist grundsätzlich denkbar."

54 Karl Rahner, Freiheit der Theologie und kirchliche Orthodoxie: Conc 7 (1971), 427-434, 431.

55 Rahner, Freiheit der Theologie (Anm. 54), 431.

56 Vgl. zum Problem der Traditionskritik nebst der Unterscheidung zwischen (apostolischer) Tradition und (kirchlichen) Traditionen zunächst DV 8,2 (mit deutscher Übersetzung auch in: DH 4209). In der dortigen Wendung, wonach die Kirche „*omne quod ipsa est, omne quod credit*" überliefere, wurde ein ursprünglich noch vorgesehenes „*omne quod habet*" gestrichen, vgl. Schema constitutionis de divina revelatione: ActSynVat III/3, 69-123, 80: „*transmittit quod ipsa est, omne quod habet, omne quod credit*" mit Schema de constitutione dogmatica de divina revelatione: ActSynVat IV/1, 336-381, 349, nebst der ebd., 353, gegebenen Begründung: „*Supprimuntur verba ‚omne quod habet', ut clarius appareat a Traditione apostolica ea omnia, eaque sola, provenire quae substantialia sunt Ecclesiae*"; zusammenfassend Joseph Ratzinger, Kommentar: LThK²-K Bd. 2 (1967), 504-528, 519f. Damit wurde auch auf die Wortmeldungen der Konzilsväter Albert Gregor Meyer (Chicago) und Paul-Émile Léger (Montréal) reagiert; Meyer hatte darauf hingewiesen, dass es aufgrund der Begrenztheiten und Unzulänglichkeiten der pilgernden Kirche auch eine „*traditio obnoxa*" gebe und diese vom Maßstab der Heiligen Schrift her der Heilung bedürfen, vgl. ActSynVat III/3, 150f., während Léger für eine ausdrückliche Abgrenzung von apostolischer und kirchlicher Tradition plädiert hatte, vgl. ebd., 182-185, 183.
Grundlegend, bewusstseinsbildend und richtungsweisend war in dieser Frage der systematische Teil der Studie von Yves M.-J. Congar, La tradition et les traditions, Bd. 2: Essai théologique, Paris 1963; vgl. dazu auch Johannes Bunnenberg, Lebendige Treue zum Ursprung. Das Traditionsverständnis Yves Congars, Mainz 1989 (Walberberger Studien der Albertus-Magnus-Akademie. Theologische Reihe 14); Ward de Pril, History and Tradition in Yves Congar's *La Tradition et les traditions*: The Shaping of Tradition. Context and Normativity, hg. v. C. Dickinson, Leuven – Paris – Walpole MA 2013 (Annua nuntia Lovaniensia 70), 59-78; Andrew C. Chase, Tradition in the Theology of Yves Congar and Joseph

wendige Traditionskritik dadurch immunisieren zu wollen, dass ein je höherer Gewissheitsgrad der fraglichen Lehre postuliert wird.

Im Bereich der sekundären Objekte der Unfehlbarkeit, also jener Lehren, die wegen ihrer inneren Verknüpfung mit Glaubenslehren zu deren Bewahrung und Auslegung erforderlich sind,[57] muss meines Erachtens die kritische Rückfrage statthaft sein, ob und inwiefern sie dies tatsächlich sind, oder nur auf der Basis bestimmter Denkvoraussetzungen und Argumentationsfiguren als erforderlich erscheinen, während die in Rede stehende Glaubenslehre aufgrund neuer Einsichten und Paradigmen vielleicht auch ohne Rückgriff auf jene vermeintlich endgültig festzuhaltenden kirchlichen Lehren gedacht und geglaubt, unversehrt bewahrt und treu ausgelegt werden kann.[58]

Im Bereich der falliblen Lehren schließlich erscheint es letztlich als ein Gebot der intellektuellen Redlichkeit, sich dem Wettstreit der Argumente für und gegen eine bestimmte Auffassung zu stellen.

Mit c. 218 hat der Gesetzgeber sich sowohl zur Freiheit der Theologie als Wissenschaft bekannt als auch aufgezeigt, dass diese Freiheit nicht zuletzt aus inneren, der Theologie unausweichlich auf- und vorgegebenen Gründen nicht

Ratzinger. An Historical, Theological and Comparative Study, Rom 2019 (Tesi Gregoriana. Serie Teologia 243), 290-293, passim.

57 Vgl. zu dieser Hermeneutik näherhin Kongregation für die Glaubenslehre, Lehrmäßiger Kommentar zur Schlussformel der *Professio fidei*: Kongregation für die Glaubenslehre. Lehramtliche Stellungnahmen zur „Professio Fidei“: VApSt 144, 16-25, 20 (Nr. 7).

58 Die Theologiegeschichte kennt zahlreiche kirchliche Lehren, die einst womöglich mit dem Anspruch der Endgültigkeit gelehrt worden sind, ohne dass dieser Anspruch bis in die heutige Zeit aufrechterhalten wurde, vgl. dazu Hans Waldenfels, „Unfehlbar“. Überlegungen zur Verbindlichkeit christlicher Lehre: StdZ 214 (1996), 147-159, 152-154 (Heilsnotwendigkeit der Kirche in einem exklusiven Sinn; Unabänderlichkeit des Missale Romanum von 1570; Antworten der Bibelkommission zur Verfasserschaft bestimmter biblischer Schriften); Peter Hünermann, Schutz des Glaubens? Kritische Rückfragen eines Dogmatikers: HK 52 (1998), 455-460, 457 (überholte naturwissenschaftliche Theorie des Monogenismus der Menschheit als logische Voraussetzung der Erbsündenlehre); Christoph Bruns, Mehr Spielraum als gedacht? Eine kritische Auseinandersetzung mit Michael Seewalds Buch „Dogma im Wandel“: ThPh 95 (2020), 72-82, 81f. (Theorie der Substitution Israels als Gottes auserwähltes Volk durch die Kirche); Michael Seewald, Zur Kritik von Christoph Bruns an „Dogma im Wandel“: ThPh 95 (2020), 83-92, 89f. (Monogenismus); Christoph Bruns, Zur Kernproblematik des Reformdiskurses in der katholischen Kirche: ebd., 224-244, 239-242 (Substitutionstheologie).
Bedenkenswert erscheint in diesem Zusammenhang auch die von Eberhard Schockenhoff, Die Nicht-Rezeption einer Lehre durch die Gläubigen als Chance. „Humanae Vitae“ als ungewollter Anstoß zu einem theologischen Paradigmenwechsel: Liebe und tu, was du willst? Die „Pillenenzyklika“ Humanae vitae von 1968 und ihre Folgen, hg. v. B. Aschmann – W. Damberg, Paderborn 2021 (Veröffentlichungen der Kommission für Zeitgeschichte C 3), 349-375, 373-375 formulierte Mahnung, zwischen kirchlicher Lehre und persönlichen theologischen Überzeugungen einzelner Päpste zu unterscheiden.

schrankenlos sein kann. Dabei wurde zugleich der Versuch unternommen, das Verhältnis zweier zentraler Bezeugungs- und Erklärungsinstanzen des Glaubens auszubalancieren. Richtigerweise kann und muss unser Kanon dabei so verstanden werden, dass wissenschaftliche Theologie und Lehramt trotz und wegen ihrer unterschiedlichen „Gründungscharismen“ und Ur-Aufgaben nicht in einen Gegensatz geraten, sondern einander ergänzen.[59] Es wäre wunderbar, wenn sich beide dazu vielleicht c. 747 § 1, den ersten Kanon des kodikarischen Verkündigungsrechts, zum Vorbild nehmen könnten: Denn diese Norm weitet nicht nur eine Aussage und Aufgabe, die das Erste Vatikanische Konzil exklusiv dem Nachfolger des Petrus zugeschrieben hatte,[60] auf die gesamte Kirche aus, sondern platziert als Mittelglied zwischen Bewahren und Verkündigen – beides genuine Aufgaben des bischöflichen Lehramts – die tiefere Erforschung der Wahrheit. Indem so der Theologie gleichsam die Nach- und die Vorarbeit zum Auftrag des Lehramts zugewiesen wird, integriert dieser Kanon in unübersehbarer und unmissverständlicher Weise auch die (wissenschaftlichen) Theologinnen und Theologen in den Kreis der Mitarbeiter der Wahrheit (vgl. 3 Joh 8).

59 Ähnlich wie hier bereits Kasper, Freiheit und Bindung (Anm. 16), 36-41, mit der These: „Theologisch gesehen haben kirchliches Lehramt und Theologie in gemeinsamer, wenn auch in einer beiden je eigentümlichen Weise die Aufgabe, ‚das heilige Gut der Offenbarung zu bewahren, tiefer zu verstehen, auszulegen, zu lehren und zu verteidigen‘“ (ebd., 37); mit ausführlichen Betrachtungen zur wechselseitigen Ergänzung von Lehramt und Theologie ferner Angel Anton, Magisterio y teologia. Dos funciones complementarios en la Iglesia: Seminarium 29 (1989), 351-382.

60 Vgl. dazu einerseits Erstes Vatikanisches Konzil, Dogmatische Konstitution *Pastor Aeternus* über die Kirche vom 18.07.1870: ASS 6 (1870/71), 40-47, 46 = mit dt. Übersetzung auch in DH 3070: „*Neque enim Petri successoribus Spiritus Sanctus promissus est, ut eo revelante novam doctrinam patefacerent, sed ut eo assistente traditam per Apostolos revelationem seu fidei depositum sancte custodirent et fideliter exponerent*“; andererseits c. 747 § 1: „*Ecclesiae, cui Christus Dominus fidei depositum concredidit ut ipsa, Spiritu Sancto assistente, veritatem revelatam sancte custodiret, intimius perscrutaretur, fideliter annuntiaret atque exponeret,* […].“

KIRCHLICHER GEHORSAM UND FREIHEIT DER WISSENSCHAFT – DIE WELTLICH-RECHTLICHE PERSPEKTIVE

Ansgar Hense

1. Andeutende Problemumschreibung: Wissenschaft(en) und Wahrheit(en)

Die Besonderheit der Theologie wird regelmäßig in einer „direkten Proportionalität von Gehorsam und Freiheit, Glaube und Vernunft" verortet.[1] Theonomie und Autonomie des wissenschaftlichen Theologen, Offenbarung und Vernunft, Glauben und Verstehen treten – insbesondere aus weltlicher Perspektive – in ein Spannungsverhältnis. Wird Wissenschaftsfreiheit vor allem als Wahrheitssuche beschrieben, so stehen bei Theologie (und anderen religionsbezogenen Wissenschaften) eher Wahrheitsvorgaben im Vordergrund, die den Lehrenden und Forschenden dirigieren. Mitunter wird der Theologie deshalb die Wissenschaftlichkeit abgesprochen; so etwas wie eine glaubensbezogene Wissenschaft wird mehr für eine Unmöglichkeit denn eine reale Disziplin erachtet, sodass Wissenschaftsfreiheit in diesem Kontext als „hölzernes Eisen" erscheinen mag.[2] Das Themenfeld Wissenschaft ist dabei nicht nur im kirchlichen Kontext – hier stellen sich angesichts der Schließung von kircheneigenen Forschungseinrichtungen möglicherweise besonders intrikate Fragen: Kirche, wie hältst Du es mit der Wissenschaft?[3], die nachfolgend aber ausgeklammert

1 So die Kurzcharakterisierung einer Joseph Ratzinger/Papst Benedikt XVI. zugeschriebenen Grundauffassung bei Karl-Heinz Menke, Die theologische Ratzinger-Forschung. Versuch einer Bilanz: ThRv 120 (2024), Sp. 3 (5 f.) und passim. Siehe auch ders., Konfessionell gebundene Theologie an deutschen Universitäten. Ein kritischer Rück- und Ausblick: Die Neue Ordnung 77 (2023), 71-79.

2 Vgl. die Zuspitzung im Titel bei Gianluca De Candia, Gehorsame Wissenschaftsfreiheit der Theologie – ein hölzernes Eisen. Zur geltenden Interpretation des c. 750 § 2 CIC/1983: ZKR 2 (2023), 1-25 (https://www.uni-muenster.de/Ejournals/index.php/zkr/article/view/5229/6026 [Zugriff: 23.06.2025])

3 Zu einem konkreten Vorgang sehr instruktiv Jürgen Aretz, Episkopale Torheit. Die Abwicklung der Katholischen Sozialwissenschaftlichen Zentralstelle: Die Neue Ordnung 78 (2024), 176-186. Zu damit verbundenen Folgen exemplarisch Stefan Ort, Politikberatung bleibt gefragt: Herder-Korrespondenz 2/2025, 1. In Anbetracht des Umstands, dass Wissenschaft gesamtgesellschaftlich durchaus ein Thema ist, würde ein (weiterer) kirchlicher Rückzug aus diesem Bereich verwundern und wäre hinsichtlich der Konsequenzen, Auswirkungen auf das System Wissenschaft weiter zu bedenken; ist aber nicht Gegenstand dieses Beitrags.

bleiben – grundlegenden Anfragen und mitunter sogar Anfeindungen ausgesetzt. Diese Tendenzen haben sich durch die Rolle der wissenschaftlichen Politikberatung während der Corona-Krise ebenso wie durch inhaltliche Anfragen und Kritiken (unter den Labeln: „Wokeness", „Gendern" u. a.m.) verstärkt. Die Situation von Universitäten sowie Lehrenden und Forschenden in den USA im Jahr 2025 zeigt, dass selbst in profanen Kontexten Wissenschaften nicht nur unter (kritischer) Beobachtung stehen, sondern nicht unwesentlichen Angriffen und Anfeindungen ausgesetzt sind. Dabei ist das Nachdenken über Grund und Grenzen der Wissenschaftsfreiheit keineswegs neu.[4]

Die Frage nach dem kirchlichen Gehorsam und der Freiheit der Wissenschaft ist aus weltlicher Perspektive – dies verdeutlicht das kirchenrechtliche Referat von Martin Rehak[5] – auch die Frage nach der Koexistenz von Rechtsordnungen und die Konkurrenz von Rechtsdeutungen.[6] Werden das Kirchenrecht und die kirchenrechtlichen Wertungen einfach in die staatliche Rechtsordnung eingeschleust oder übt unter Umständen die staatliche Rechtsordnung so etwas wie eine formative Kraft aus, so dass am Ende keine 1:1-Umsetzung kirchenrechtlicher Vorgaben erfolgt – und vielleicht angesichts grundrechtlicher Wertungsvorgaben des Staates auch gar nicht erfolgen kann?[7] Der formative Aspekt staat-

4 Aus dem Sektor der Staatsrechtslehre siehe etwa Martin Schulte, Grund und Grenzen der Wissenschaftsfreiheit: VVDStRL 65 (2006), 111-145. Im Weiteren werden vor allem folgende Kommentierungen zu Art. 5 Abs. 3 GG herangezogen: Klaus Ferdinand Gärditz, Art. 5 Abs. 3: Grundgesetz-Kommentar, hg. v. G. Dürig – R. Herzog – R. Scholz, 88. Lfg./ August 2019, Rdn. 1-291; Andreas L. Paulus, Art. 5: Grundgesetz-Kommentar Bd. 1, hg. v. P. M. Huber – A. Voßkuhle, München [8]2024, Rdn. 412-552; Christian von Coelln, Art. 5 (3. Teil): Berliner Kommentar zum Grundgesetz, hg. v. W. Höfling – S. Augsberg – S. Rixen 44. Erg.-Lfg. XI/2014, Rdn. 1-159; Michael Fehling, Art. 5 Abs. 3 (Wissenschaftsfreiheit): Bonner Kommentar zum Grundgesetz, hg. v. W. Kahl – C. Waldhoff – C. Walter 110. Lfg. März 2004, Rdn. 1-294.

5 In diesem Band Martin Rehak, Kirchlicher Gehorsam und Freiheit der Wissenschaft – die kirchenrechtliche Perspektive. Vgl. weiterhin Thomas Meckel, Die Wissenschaftsfreiheit der Theologie – Kirchenrechtliche Konturen und Grenzen: Kirchliche Hochschulen und konfessionelle akademische Institutionen im Lichte staatlicher und kirchlicher Wissenschaftsfreiheit, hg v. A. Hense – M. Pulte, Würzburg 2018 (MBKR 4), 155-192. Sowie Dagmar Steuer-Flieser, ‚Grundrechte' im Codex Iuris Canonici von 1983 im Vergleich mit dem deutschen Grundgesetz. Eine exemplarische Untersuchung anhand der Wissenschaftsfreiheit, Baden-Baden 1999.

6 Grundlegendes vor rechtstheoretischem Hintergrund dazu bei Matthias Jestaedt, Konkurrenz von Rechtsdeutungen statt Koexistenz von Rechtsordnungen: Rechts-Staat. Staat, internationale Gemeinschaft und Völkerrecht bei Hans Kelsen, hg v. H. Brunkhorst – R. Vogt, Baden-Baden 2008, 233-243.

7 „Kirchliches Recht und kirchliche Entscheidungen sind für das staatliche Recht zunächst lediglich rechtexogene Fakten. Sie werden von der Rechtsordnung nur nach deren Bedingungen rezipiert und in rechtlichen Verfahren zur Geltung gebracht. Ein vorbehaltloser Transfer kirchlichen Rechts in hochschulrechtliche Entscheidungen ist hierbei für

lichen Religionsrechts gerät auch angesichts der Pluralisierung des religiösen Feldes immer wieder in den Fokus. Wenngleich allem Anschein die gegenwärtige wissenschaftliche Diskussion über den Entzug kirchlicher Lehrbefugnisse wohl keine Hochkonjunktur hat,[8] sich vielmehr die Frage aufdrängt: ist das überhaupt noch ein wirkliches Problem?, wird das Thema der Wissenschaftsfreiheit von Theolog:innen nach wie vor regelmäßig traktiert.[9] In Korrelation zur Rechtsprechungsentwicklung – aber auch anderen Entwicklungen im Realbereich – verändern sich teilweise ein wenig die Perspektiven auf die Wissenschaftsfreiheit.[10] Nicht zu unterschätzen – auch in ihrer Wissenschaftsadäquanz – sind organisatorische und organisationsrechtliche Aspekte.[11] Nicht nur hat das Bundesverfassungsgericht die organisationsrechtliche Seite des Art. 5 Abs. 3 GG in seiner Rechtsprechung zunehmend stärker akzentuiert,[12] sondern auch im

den säkularen Rechtsstaat von vornherein nicht diskutabel." So plastisch Klaus Ferdinand Gärditz, Anmerkung: JZ 64 (2009), 515-518; 518.

8 Der Peak wissenschaftlicher Behandlung dürfte wohl einerseits die Causa Küng und dann der Fall Lüdemann gewesen sein. Siehe etwa Ulrich Scheuner, Rechtsfolgen der konkordatsrechtlichen Beanstandung eines katholischen Theologen, Berlin 1980 (SKA 13); ferner Ernst-Wolfgang Böckenförde, Der Fall Küng und das Staatskirchenrecht: NJW 34 (1981), 2101-2103. Ernst Thomas Emde, Die theologischen Fakultäten zwischen wissenschaftlicher Freiheit und kirchlicher Bindung: Zu den Rechtsfolgen der kirchlichen Beanstandung eines katholischen Universitätstheologen: AöR 106 (1981), 356-401. Das Besondere der evangelischen Causa Lüdemann ist, dass sie zu dem Beschluss des Bundesverfassungsgerichts vom 28. Oktober 2008 – 1 BvR 462/06 – geführt hat (BVerfGE 122, 89). Vgl. angesichts dieses Falles: Rainer Mainusch, Lehrmäßige Beanstandung eines evangelischen Theologieprofessors: DÖV 52 (1999), 677-685; Martin Werneburg, Wissenschaftsfreiheit und kirchliche Lehrbefugnis, StudZR (2006), 471-493; Wolfgang Löwer, Häresie und akademische Theologie: Rechtlich relevante Bindungen des konfessionellen Staatsamts: WissR 40 (2007), 119-145.

9 Vgl. Friedhelm Hufen, Wissenschaftsfreiheit und kirchliches Selbstbestimmungsrecht an theologischen Fakultäten staatlicher Hochschulen: Die Macht des Geistes (FS Schiedermair), hg. v. D. Dörr u. a., Heidelberg 2001, 623-642; ders., Die Wissenschaftsfreiheit des Theologen: Staat-Religion-Recht (FS Robbers), hg. v. K. von der Decken – A. Günzel, Baden-Baden 2020, 711-727. Sehr eigen Ludwig Renck, Wissenschaftsfreiheit und theologische Fakultäten: Kirche und Religion im sozialen Rechtsstaat (FS Rüfner), hg. v. S. Muckel, Berlin 2003, 711-725.

10 Instruktiv Martin Schulte – Bert Herbrich, Wissenschaftsfreiheit in Lehre, Forschung und akademischer Selbstorganisation – staatliches Recht: Kirchliche Hochschulen und konfessionelle akademische Institutionen im Lichte staatlicher und kirchlicher Wissenschaftsfreiheit, hg. v. A. Hense – M. Pulte, Würzburg 2018 (MBKR 4), 135-153.

11 Vgl. etwa Eberhard Schmidt-Aßmann, Die Wissenschaftsfreiheit nach Art. 5 Abs. 3 GG als Organisationsgrundrecht: Festschrift für Werner Thieme zum 70. Geburtstag, hg. v. B. Becker u. a., Köln u. a. 1993, 697-711. Sehr grundlegend allgemein, über das Verfassungsrecht hinausreichend Klaus Ferdinand Gärditz, Hochschulorganisation und verwaltungsrechtliche Systembildung, Tübingen 2009 (Jus Publicum 182).

12 Etwa BVerfGE 111, 333; 127, 87; 136, 338. Vgl. zu diesen Entscheidungen den Bericht von Schulte – Herbrich, Wissenschaftsfreiheit (Anm. 10), 141ff.

theologischen Sektor stellen sich immer wieder Herausforderungen in diesem Bereich. Die Beispiele reichen von Notwendigkeit eines Akkommodationsdekrets zur Umsetzung der Apostolischen Konstitution *Veritatis gaudium*[13] über die Frage der Verortung universitärer Priesterausbildung[14] bis hin zum Szenario, ob – analog zum Projekt „CRU" in Niedersachsen[15] – konfessions- bzw. religionsübergreifende Fakultäten möglich sind.[16] Kurzum beim Thema Wissenschaftsfreiheit und Theologie an staatlichen – und nicht staatlichen – Universitäten/Hochschulen fokussieren sich grundlegende Rechtsfragen wie „in einer Art Brennspiegel",[17] die nicht selten in der Frage münden, mit welcher Legitimation sind Theologien (und andere religionsbezogenen Wissenschaften) überhaupt, insbesondere an den staatlichen Universitäten, präsent.[18] Der Wissenschaftsrat hat sich 2010 maßgeblich und richtungsweisend dazu positioniert.[19]

13 Zu diesem Rechtsvorgang konzise Ulrich Rhode, Art. Akkommodation – Katholisch, LKRR Bd. 1, 66f.; ders., Art. Akkommodationsdekret – Katholisch, ebd., 67f. Ferner etwa – wenn auch Österreich betreffend – Rafael M. Rieger, Die Quadratur des Kreises: das künftige Akkommodationsdekret für die katholisch-theologischen Fakultäten in Österreich: Iuris sacri pervestigatio (FS Hirnsperger), hg. v. W. Rees – S. Haering, Berlin 2020 (KStT 72), 431-442. Zum Vorgang der Akkommodation ebenfalls Heribert Schmitz, Kirchliches Recht für staatliche Katholisch-Theologische Fakultäten: ThQ 167 (1987), 25-40.

14 Zu einer konkreten Problematik siehe etwa Christian Hillgruber, Der Streit um den ‚richtigen' Ort der Priesterausbildung – juristische Anmerkungen zur aktuellen Diskussion um die Kölner Hochschule für Katholische Theologie (KHKT): NWVBl. 12 (2022), 489-493; Arnd Uhle, Konkordat und Verfassung: die Regelungen des Staatskirchenvertragsrechts und die (landes-) verfassungsrechtliche Garantie zur Errichtung kirchlicher Hochschulen für die Priesterausbildung: NVwZ 43 (2024), 1534-1539. Kritische Gegenposition bei Stefan Muckel/Markus Ogorek, Vertragstreue und Verfassungsbindung: Gedanken zu den staatskirchenrechtlichen Grenzen der Priesterausbildung an kirchlichen Hochschulen: DÖV 78 (2025), 821-831.

15 Dazu umfassend Hans Michael Heinig u. a. (Hgg.), Christlicher Religionsunterricht (CRU). Rechts-wissenschaftliche und theologisch-religionspädagogische Perspektiven auf ein Reformmodell in Niedersachsen, Tübingen 2024 (PThGG 44).

16 Knapp als unzulässig qualifiziert bei Gärditz (Anm. 4), Rdn. 185. Differenzierend Hans Michael Heinig, Eine Fakultät der Theologien – Rechtliche Gestaltungsmöglichkeiten und -grenzen: ZevKR 66 (2021), 225-252. Dazu, dass die Frage keineswegs neu ist, siehe etwa Axel Frhr. von Campenhausen, Rechtsprobleme bikonfessioneller theologischer Einrichtungen an staatlichen Universitäten (1973): Ders., Gesammelte Schriften, hg. v. J. E. Christoph u. a., Tübingen 1995, 221-232. Knapp auch Johannes Neumann, Kirchenrechtliche Stellungnahme zum geplanten interkonfessionellen und interdisziplinären Theologischen Institut der Universität Bielefeld: Die Theologie in der interdisziplinären Forschung, hg. v. J. B. Metz – T. Rendtorff, Düsseldorf 1971, 101-107.

17 So Böckenförde, Der Fall Küng (Anm. 8), 2101.

18 Kurze Thematisierung dieser Frage bei Claus Dieter Classen, Religionsrecht, Tübingen ³2021, Rdn. 527-532.

19 Vgl. Wissenschaftsrat, Empfehlungen zur Weiterentwicklung von Theologien und religionsbezogenen Wissenschaften an deutschen Hochschulen, 2010. Diese Empfehlung des

Der universitären Verankerung der (christlichen) Theologien und verwandter Wissenschaften anderer Religionen und religiösen Richtungen wird seit jeher disziplinierender Charakter zugemessen.[20] Die nachfolgenden Ausführungen betreffen aber nicht das Ganze, sondern fokussieren sich auf Aspekte, die um die Pole Kirchlichkeit und Wissenschaftlichkeit kreisen.

2. Konkrete Konstellationen: Konflikte, Konkurrenzen zwischen Wissenschaftsfreiheit und kirchlichem Gehorsam

Versucht man ein wenig zu systematisieren, weist die Themenstellung verschiedene Facetten auf, die sich bezogen auf das Grundrecht der Wissenschaftsfreiheit nach Mikro-, Meso- und Makroebene unterscheiden lassen.[21] Darüber hinaus sind Konstellationen denkbar, bei denen es um die Abgrenzung zu anderen grundrechtlichen Freiheitsrechten geht.[22]

Die Makroebene bezieht sich vor allem auf die Stellung der Theologie als Wissenschaft.[23] Vor dem Hintergrund der Eigengesetzlichkeit der Theologie – insbesondere ihre Rückbindung an ein außeruniversitäres Lehramt der Kirche, welches wesentliche Inhalte vorgibt und deren Auslegung dirigiert – umfasst dies Fragen, wie die Notwendigkeit bzw. die Zulässigkeit einer entsprechenden Fachrichtung an staatlichen Universitäten/Hochschulen, also Aspekte, die der Wissenschaftsrat 2010 grundlegend thematisiert hat. Juristisch steht dies häufig in einem engen Kontext mit dem religionsverfassungsrechtlichen Neutra-

Wissenschaftsrats war der Anstoß, die islambezogenen Wissenschaften an staatlichen Universitäten zu institutionalisieren, wenngleich die Qualifikation als Religionsgemeinschaft bzw. -gesellschaft umstritten war und bis zum heutigen Tage ist. Zu dem damit verbundenen Institutionalisierungsansatz Beiratsmodell gibt es unzählige Literatur. Statt vieler siehe nur Lukas Hentzschel, Das Verhältnis des Selbstbestimmungsrechts der Religionen und die Freiheit der Wissenschaft. Sind die Beiräte für islamische Theologie zukunftsfähig?: DÖV 72 (2019), 305-312.

20 Vgl. Scheuner, Rechtsfolgen (Anm. 8), 20ff. und passim. Sehr eigensinnig Clemens Steinhilber, Theologie an staatlichen Universitäten – Relikt oder Modell? Förderung des freiheitlichen Staatsethos durch integrative Feindpolitik, Berlin 2018. Dazu die sehr kritische Rezension – auch zum konzeptionellen Ansatz „Feindpolitik“ – von Klaus Ferdinand Gärditz: ZevKR 65 (2020), 336-342.

21 In einem solchen Sinne Lothar Zechlin, Wem gehört die Universität? Die Trägerschaft der Wissenschaftsfreiheit zwischen Person und Organisation: Berlin-Brandenburgische Akademie der Wissenschaften, Wissenschaftsfreiheit in Deutschland. Drei rechtwissenschaftliche Perspektive, Berlin 2021 (Wissenschaftspolitik im Dialog 14/2021), 24-34.

22 Zu diesen Grundrechtskonkurrenzen siehe etwas von Coelln (Anm. 4), Rdn. 138ff.; Julian Krüper, Art. 5 Abs. 3 (Freiheit der Wissenschaft): Dreier-Grundgesetz-Kommentar Bd. 1, hg. v. F. Brosius-Gersdorf, Tübingen [4]2023, Rdn. 172ff.

23 Vgl. Classen, Religionsrecht (Anm. 18), Rdn. 530f.

litätsprinzip und der Problematik, ob sich aus diesem Prinzip ggf. Einschränkungen hinsichtlich der Zulässigkeit theologischer Fakultäten an staatlichen Hochschulen ergeben.[24]

Die Mesoebene betrifft vor allem organisatorische Aspekte in und an der Hochschule. Das wissenschaftsfreiheitsrelevante Themenfeld reicht hierbei von der hochschulautonomen Selbstorganisation über die Organisation von Theologie an staatlichen Hochschulen überhaupt (z. B. als Fachbereiche, Fakultäten, Institute) bis hin zur technischen Fragestellung, das Lehrpersonal betreffend, wer dies zu stellen hat und welche Konsequenzen, etwa bei einem Entzug einer kirchlichen Lehrbefugnis, zu beachten sind, um ein adäquates Lehrangebot sicherzustellen. Die eingangs erwähnte Frage nach der Zulässigkeit bikonfessioneller Fakultäten ist auf dieser Ebene ebenso zu verorten wie andere organisatorische Fragen (z. B. Integration der Theologie in eine andere Fakultät oder die Reichweite staatskirchenvertragsrechtlicher – vermeintlich – vermittelter Bestandsgarantien).[25]

Die Mikroebene konzentriert sich endlich auf die Einzelperson und deren wissenschaftlichen Tätigkeitsbereich. Der Grundstatus als Wissenschaftler oder Wissenschaftlerin ist fundamental etwa im Fall der Erteilung oder des Entzugs eines *Nihil obstat* betroffen. Im Übrigen aber auch durch die Gehorsamsproblematik in der herkömmlichen Tätigkeit als Forscher/in oder Lehrperson, weil hierbei Übereinstimmung mit den kirchlichen Vorgaben vorausgesetzt und verlangt wird.

Im Übrigen kann man sich die Frage stellen, ob alles, was ein Theologe oder eine Theologin äußert und publiziert eine Thematik der Wissenschaftsfreiheit nach Art. 5 Abs. 3 GG ist: Predigt ein Hochschullehrer, ist dies Ausdruck der Religionsfreiheit (Art. 4 Abs. 1 und 2 GG) und gerade kein wissenschaftliches Handeln. Der engagierte Leserbrief des Theologieprofessors in einer überregionalen Zeitung zu einem kirchenpolitischen oder theologischen Thema dürfte eher ein Akt der Meinungsäußerungsfreiheit nach Art. 5 Abs. 1 GG sein, selbst wenn der Verfasser dies in seiner wissenschaftlichen Bibliographie in der Rubrik Sonstiges auflistet. Neben der Wissenschaftsfreiheit könnte idealkonkurrierend das Grundrecht der Berufsfreiheit betroffen sein, wenn es um die Zugangsmöglichkeiten zu beruflich wissenschaftlicher Tätigkeit geht.

Diese vorstehenden systematisierenden Andeutungen verdeutlichen die Komplexität des Themenfeldes und die institutionelle(n) Dimension(en), bei

24 Für eine bloß eingeschränkte Zulässigkeit dezidiert Carsten Bäcker, Staat, Kirche und Wissenschaft. Theologische Fakultäten und das Neutralitätsgebot: Der Staat 48 (2009), 327-353. Ausdrückliche Widerrede dazu von Hans Michael Heinig, Wie das Grundgesetz (vor) Theologie an staatlichen Hochschulen schützt. Eine Erwiderung auf Carsten Bäcker: Der Staat 48 (2009), 615-632. Vgl. auch Classen, Religionsrecht (Anm. 18), Rdn. 532.

25 Vgl. sehr instruktiv hierzu Classen, Religionsrecht (Anm. 18), Rdn. 538-542.

der verschiedene Akteure beteiligt sind. Der Staat, einzelner Wissenschaftler und die Kirche interagieren in diesem Lebensbereich des Systems Wissenschaft miteinander.[26]

3. Theologische Wissenschaft(en) als „gemeinsame Angelegenheit" von Staat und Kirche – was heißt das?

Religionsbezogene Wissenschaften werden jenseits der gegenständlich-inhaltlichen Vorgaben auch durch jeweils eigene religionsrechtliche Grundstrukturen und Regelungen der jeweiligen religiösen Akteure determiniert und reguliert. Das kircheneigene (auch universale) Hochschulrecht ist elaboriert, vielfältig und detailliert.[27] Insofern speist sich der rechtliche Ordnungsrahmen aus zwei Rechtskreisen. Dieses „Zusammenspiel von staatlichem und kirchlichem Hochschulrecht"[28] wird hier hinsichtlich des kircheneigenen Rechtskreises unter Verweis auf das Referat von Martin Rehak und anderer Publikation als Datum vorausgesetzt. Die durch zwei Rechtskreise regulierte „Kooperationsarena" (Gunnar F. Schuppert) Theologie und deren fachliche sowie organisatorische Einbindung in die staatliche Hochschule wird in der Regel als *res mixta* oder sog. gemeinsame Angelegenheit von Staat und Kirche bezeichnet. Dieser Bezeichnung wird aber nicht selten nicht einfach nur beschreibende Funktion zugemessen, sondern mitunter dient sie auch als Argument für rechtliche Konsequenzen. Ob dieses spezielle Zusammenwirken von Staat und Kirche zur Einforderung kirchlichen Gehorsams an einer staatlichen Hochschule aktiviert werden kann, hängt nicht zuletzt an dem verfassungsrechtlichen Verständnis von *res mixta* bzw. gemeinsamer Angelegenheit.

26 Soweit vereinzelt keine Dreieckskonstellation, sondern jeweils nur eine alternative Zweierkonstellation – entweder zwischen Staat und Theologen oder Staat und Kirche – angenommen wird (so Renck, Wissenschaftsfreiheit [Anm. 9], 718 und passim), verkennt dies die Lebenszusammenhänge des Grundrechts der Wissenschaftsfreiheit, die auch in nicht-kirchlichen Kontexten über bipolare Problemstellungen hinausgeht.

27 Vgl. knapp und konzise dazu Ulrich Rhode, Kirchenrecht, Stuttgart 2015 (Studienbücher Theologie 24), 171-177. Eingehend ders., § 70 Die Hochschulen: ³HbKathKR, 1049-1085. Schließlich die eingehende Darstellung der Normen durch Heribert Schmitz – Ulrich Rhode, Einführung: Katholische Theologie und Kirchliches Hochschulrecht. Einführung und Dokumentation der kirchlichen Rechtsnormen (Arbeitshilfe 100), Bonn ²2011, 19-186. Vgl. ferner Georg Bier, Die Stellung Katholisch-Theologischer Fakultäten nach kanonischem Recht und deutschem Staatskirchenrecht: Universität ohne Gott? Theologie im Haus der Wissenschaften, hg. v. H. Hoping, Freiburg u. a., 2007, 130-170.

28 Alexander Hollerbach, § 56 Theologische Fakultäten und staatliche Pädagogische Hochschulen: Joseph Listl/ Dietrich Pirson (Hgg.), Handbuch des Staatskirchenrechts der Bundesrepublik Deutschland Bd. 2, hg. v. J. Listl – D. Pirson, Berlin ²1995, 549-599; 561-565.

Da die Theologie an staatlichen Hochschulen rechtlich in zwei Rechtssystemen verankert ist, wird daraus die Schlussfolgerung gezogen, dass ihre universitäre Institutionalisierung zu einem Doppelstatus als staatliche und kirchliche Einrichtung führe.[29] Diese an und für sich plausible Qualifikation wird vom weltlichen Verfassungsrecht aber nicht einfach übernommen.[30] In der Causa Lüdemann hat das Bundesverfassungsgericht 2008 deutlich klargestellt, dass die Qualifikation als *res mixta* bzw. gemeinsame Angelegenheit lediglich die Beschreibung eines notwendigen Zusammenwirkens von Staat und Kirche ist, aber keine doppelte Rechtsnatur begründe.[31] Theologische Fakultäten wie Institute an staatlichen Hochschulen – nicht-staatliche Einrichtungen, d.h. kircheneigene Hochschuleinrichtungen sind in diesem Kontext (erst einmal) ausgeklammert – werden weder zu kirchlichen Trabanten in der Hochschule noch sind diese Ausbildungseinrichtungen integrale Organisationsbestandteile kirchlicher Organisation.[32] Theologische Fakultäten und Institute verbleiben prinzipiell in der staatlichen Organisationshoheit und unterfallen demnach auch den grundrechtlichen Bindungen des Staates.[33] Wie beim Religionsunterricht (Art. 7 Abs. 3 GG) ist der Staat der „Auftraggeber" dieser Studienrichtung und Organisationsträger.[34]

Die Kooperationsnotwendigkeit, weil dem Staat aufgrund seiner religiös-weltanschaulichen Neutralität Maß und Richtschnur zur Formulierung wie Festlegung religiöser Studieninhalte u.a.m. fehlt, führt nicht zu einer Mischung von Zuständigkeiten und Befugnissen unter einem Label gemeinsamer

29 Vgl. in diesem Sinn Hollerbach, Theologische Fakultäten (Anm. 28), 564, der einen solche (staatlich-kirchlichen) Doppelstatus (oder Doppelcharakter bzw. Doppelstellung) von einem Kondominium abgrenzt.

30 Vgl. am Beispiel der Theologischen Fakultäten näher Christian Waldhoff, § 46 Theologie an staatlichen Universitäten: Handbuch des Staatskirchenrechts der Bundesrepublik Deutschland Bd. 2, hg. v. D. Pirson – W. Rüfner – M. Germann – S. Muckel, Berlin ^{3}2020, Rn. 32-34.

31 Vgl. BVerfGE 122, 89 (112). Deutlich anders noch, also einen „geordneten Doppelstatus" hervorhebend Alexander Hollerbach, Aktuelle Fragen aus dem Recht der Theologischen Fakultäten: ThQ 171 (1991), 251-264; 256f.

32 Vgl. Gärditz, Hochschulorganisation (Anm. 11), 602. Emde, Fakultäten (Anm. 8), 371, hebt hervor, dass theologische Fakultäten den Kirchen „eben nicht exklusiv für ihre kirchlichen Zwecke zur Verfügung stehen."

33 Vgl. Waldhoff (Anm. 30), § 46, Rn. 34.

34 Dazu, dass der Staat der „Auftraggeber" des Religionsunterrichts ist und nicht die Religionsgemeinschaften siehe Christoph Link, § 54 Religionsunterricht: Handbuch des Staatskirchenrechts der Bundesrepublik Deutschland Bd. 2, hg. v. J. Listl – D. Pirson, Berlin ^{2}1995, 439; 460f. Zum Staat als „Auftraggeber" des Religionsunterrichts siehe bereits Anm. 3 zu Art. 149 bei Gerhard Anschütz, Die Verfassung des deutschen Reichs vom 11. August 1919. Ein Kommentar für Wissenschaft und Praxis, Bad Homburg v.d.h. u.a. ^{14}1933 (ND 1968), 691.

Gesamtverantwortung o. ä. Gebotene Differenzierungen mögen sich im Einzelfall als schwierig erweisen, weil inhaltliche und organisatorische Aspekte (eng) miteinander verknüpft sind. Aus der Schwierigkeit der Differenzierung lässt sich aber nicht deren Unmöglichkeit folgern. Das komplexe Zusammenspiel kirchlicher Vorgaben und staatlichem Ordnungsrahmen lässt sich zumindest nicht einfach unter Kategorien wie *res mixta* bzw. gemeinsame Angelegenheiten rubrizieren, sondern bedarf je nach Ordnungsgesichtspunkt näherer systematischer Verortung und Konkretisierung. Kategorisierungen wie *res mixta* oder gemeinsame Angelegenheit sind (allenfalls) heuristischer Funktion, die ansatzweise schlagwortartig einen Problemzusammenhang markieren, ihn aber letztlich nicht rechtsdogmatisch näher entfalten können.

In der Dreieckskonstellation Staat-Kirche-Wissenschaft ist darüber hinaus ein weiterer Aspekt im thematischen Feld kirchlicher Gehorsam und Wissenschaftsfreiheit nicht zu unterschätzen: Der Bereich wissenschaftlicher Autonomie von Hochschullehrern und derivativ staatlicher Fakultäten und Hochschulen ist staatlicher Steuerung nicht unerheblich entzogen, weil dieser Sektor sowohl weitgehend von staatlichen Vorgaben und Regulierungen als auch Zugriffen Dritter freigehalten werden soll. Selbst wenn man die Theologie nicht ausschließlich als akademische Angelegenheit der einzelnen Hochschullehrer oder Hochschullehrerin und deren hochschulrechtlicher Organisationseinheiten (Fakultäten, Institute) ansieht, so sind doch die z. B. Gehorsam einfordernden Ingerenzen kirchlicher Entscheidungsträger oder -strukturen weltlich-rechtlich in jedem Fall besonders rechtfertigungsbedürftig.

Theologische Studiengänge und Ausbildungs- bzw. Forschungseinrichtungen an staatlichen Hochschulen sind nicht einfach eine bloß organisatorische Hülle, die der Staat den Kirchen zur Ausfüllung und Ausgestaltung nach eigenem Belieben überlässt. Vielmehr handelt es sich um ein hochfiligranes, auch historisch vorgespurtes Organisationskonstrukt, dessen juristische Relationen zu den einzelnen beteiligten Akteuren fein austariert werden. Es geht dabei nicht um maximale Trennung zwischen der weltlichen und religiösen Sphäre, sondern letztlich immer um eine konkordante Zuordnung zweier zu unterscheidender Regelungskreise.

4. Effektive Gewährleistungsreichweite der verfassungsrechtlichen Wissenschaftsfreiheit

Die Frage des kirchlichen Gehorsams oder eines möglichen Vorrangs des kirchlichen Lehramts vor der individuellen (und korporativen) Wissenschaftsfreiheit ist kein exklusiv katholisches Thema. Die Problematik stellt sich für die evangelische Kirche genauso wie auch für andere Religionsgemeinschaften. Die Institutionalisierung islamischer Theologie an deutschen Universitäten hat bereits vergleichbare Konflikte gezeigt. Grundrechtsdogmatisch zu klären ist die Frage, ob ein solch religiöser Gehorsam sub specie Wissenschaftsfreiheit nach Art. 5 Abs. 3 GG juristisch überhaupt eingefordert werden kann und wenn ja, wie dies juristisch realisiert wird. Dabei wird es nicht nur um die Gehorsamsbeziehung zwischen Kirche und Dozenten/wissenschaftlichen Theologen gehen, sondern an der einen oder anderen Stelle auch um die organisationsrechtlichen Aspekte des Grundrechts der Wissenschaftsfreiheit, die nicht einfach nur kirchlich vorgegebenen Ordnungsvorstellungen gehorchen müssen.

4.1 Grundrechtsdimensionen des Art. 5 Abs. 3 GG

Als sog. vorbehaltlos gewährleistetes Grundrecht besitzt die grundgesetzliche Verbürgung der Wissenschaftsfreiheit einen ähnlich hohen Stellenwert wie das Grundrecht der Religionsfreiheit (Art. 4 Abs. 1 und 2 GG). Im Ordnungsrahmen des Wissenschaftsrechts ist die grundrechtliche Bezugsebene des Art. 5 Abs. 3 GG die *rocher de bronze* und das maßgebliche Gravitationszentrum sämtlicher verfassungsrechtlicher Aspekte.[35] Das Besondere des Grundrechts der Wissenschaftsfreiheit liegt darin, dass es nicht einfach nur ein klassisches individuelles Abwehrrecht ist, sondern sämtliche Facetten der Grundrechtsthematik durch eine spezifische Organisationsbezogenheit gekennzeichnet sind.[36] Wissenschaftsfreiheit realisiert sich nicht in individueller und solipsistischer Abgeschiedenheit, sondern rekurriert auf überindividuelle organisatorische Kontexte, wie es etwa Universitäten/Hochschulen, aber auch außeruniversitäre Forschungsinstitutionen bis hin zu Einrichtungen des Sonderbereichs Ressortforschung sind. Die Rechtsprechung des Bundesverfassungsgerichts und die Forschungen der letzten Jahrzehnte haben zu einer Perspektivenerweiterung geführt. Wissenschaftsfreiheit ist nicht nur als subjektives Abwehrrecht gegenüber dem Staat relevant, also nicht nur einfach eine Freiheit von staat-

35 Formulierungen in Anlehnung an Eberhard Schmidt-Aßmann, Wissenschaftsrecht im Ordnungsrahmen des öffentlichen Rechts, Juristenzeitung 44 (1989), 207. Umfassend ausgearbeitet dazu Hans-Heinrich Trute, Die Forschung zwischen grundrechtlicher Freiheit und staatlicher Institutionalisierung. Das Wissenschaftsrecht als Recht kooperativer Verwaltungsvorgänge, Tübingen 1994.

36 Vgl. Schmidt-Aßmann, Wissenschaftsfreiheit (Anm. 11), 697-711. Ders., Die Forschung zwischen grundrechtlicher Freiheit und staatlicher Institutionalisierung: Forschung als Handlungs- und Kommunikationszusammenhang. Beiträge zur Verarbeitung gesellschaftlichen Wandels im Recht (FS Trute), hg. v. R. Broemel – S. Kuhlmann – A. Pilniok, Tübingen 2023, 3-20. Ferner Thomas Groß, Das Rätsel des Organisationsgrundrechts: ebd. 41-55.

licher Bevormundung o. ä., sondern weist darüber hinaus erhebliche verfahrens- und organisationsrechtliche Aspekte auf, für die der Staat aufgrund seiner objektivrechtlichen Schutzverpflichtung Sorge zu tragen hat und die sich in wissenschaftsadäquaten Ordnungsstrukturen etwa in der Form akademischer Selbstverwaltung, wissenschaftskonformer Entscheidungsprozesse, Mitwirkungsrechte u. a.m. ausprägen.[37] Selbst wenn die katholische Theologie dabei seit jeher in besonderer Weise durch den konfessionellen Bezug vorgeprägt ist, d. h. die Übereinstimmung mit der Lehre der Kirche wie sie durch das kirchliche Lehramt vorgelegt und ausgestaltet wird, sind organisatorische Spezifika der Hochschulorganisation besonders zu berücksichtigen. Kirchliche Ingerenzen bezüglich der organisationsrechtlichen Verfassung theologischer Einheiten an staatlichen Universitäten (wie kirchenaufsichtliche Bestätigungsrechte für Organe akademischer Selbstverwaltung o. ä.) werden sich verfassungsrechtlich in besonderer Weise zu rechtfertigen haben und ggf. vor dem Forum des staatlichen Rechtes nicht halten lassen.

4.2 Wahrheitssuche oder Wahrheitsvorgabe? – Theologie als Referenz von Wissenschaftsfreiheit

4.2.1 Andeutungen zu Theologie als Gegenstand des sachlichen Schutzbereichs von Art. 5 Abs. 3 Satz 1 GG

Wenn das Grundgesetz in Art. 5 Abs. 3 Satz 1 GG lakonisch formuliert, „Wissenschaft, Forschung und Lehre sind frei“, so wird dies in der Rechtsprechung des Bundesverfassungsgerichts nicht als drei unterschiedliche Freiheitsrechte interpretiert, sondern – und damit nicht unähnlich der Interpretation von Art. 4 Abs. 1 und 2 GG[38] – als einheitliches Grundrecht der Wissenschaftsfreiheit aufgefasst, ohne dass dabei dem Wort Wissenschaft eine eigenständige, gesonderte Bedeutung zukäme. Wissenschaft ist vielmehr das Attribut zu Forschung und Lehre.[39] Grundrechtlich geschützt sind demnach nur die wissenschaftliche Forschung und die wissenschaftliche Lehre[40], wobei der Topos Wissenschaft einen grundsätzlich von Fremdbestimmung freien Sektor autonomer

37 Vgl. exemplarisch näher – neben den Vorgenannten – zu dieser organisationsrechtlichen Dimension des Art. 5 Abs. 3 GG Fehling (Anm. 4), Rdn. 186-238; Krüper (Anm. 22), Rdn. 121-133.

38 Vgl. BVerfGE 24, 236 (245). Siehe nur Peter Unruh, Religionsverfassungsrecht, Baden-Baden [5]2024, Rdn. 78f.

39 Vgl. zur Klammerfunktion des Begriffs Wissenschaft nur Gärditz (Anm. 4), Rdn. 52.

40 Nur „eine Lehre, die sich permanent aus der Forschung erneuert, ist eine universitäre Lehre“! So prägnant von Coelln, Art. 5 Abs. 3 GG (Anm. 4), Rdn. 36.

Verantwortung umschreibt.[41] Leitbild des Grundrechts Art. 5 Abs. 3 Satz 1 ist vor allem Gewährleistung von Offenheit des wissenschaftlichen Prozesses und von wissenschaftlicher Pluralität.[42]

Damit wird dann die schon eingangs erwähnte Spannungslage bei religionsbezogenen Wissenschaften deutlich: Theologie zu betreiben, heißt nicht, voraussetzungslos zu denken (und zu lehren). Der Inhalt der Theologie wird durch die kirchliche Lehre vorgegeben. Der Staat kann sich aufgrund seiner religiös-weltanschaulichen Neutralität keiner vergleichbaren Kompetenz zur Vorgabe oder Auslegung religiöser Inhalte berühmen.[43] Der liberale Verfassungsstaat verfügt über keine amtliche religiöse Lehre und kennt insofern auch keine Häresie (vgl. c. 751 CIC/1983). So wird die Eigengesetzlichkeit des Systems Wissenschaft und die Autonomie der Wissenschaft einerseits vom Staat gehegt und geschützt, während sie andererseits bei der Theologie durch das hierarchische, im Papst gipfelnde Lehramt gebunden ist.[44] Dieses „zwiefache Gesetz" (Josef Isensee) befeuert immer wieder die Diskussion, ob Theologie überhaupt eine Wissenschaft im Sinn des Art. 5 Abs. 3 GG sein kann. Glaubensbindung und kirchliche Abhängigkeit werden als Vehikel dafür genommen, Theologie aus dem Wissenschaftsbereich herauszunehmen.[45]

Den vagen Wortlaut des Art. 5 Abs. 3 GG interpretiert das Bundesverfassungsgericht folgendermaßen: „Wissenschaft ist all das, was nach Inhalt und Form als ernsthafter und planmäßiger Versuch zur Ermittlung der Wahrheit qualifiziert werden kann und in einem methodisch geordneten Verfahren mit einem Erkenntnisstand, der in der Regel auf einem wissenschaftlichen Studium beruht."[46] Wissenschaftssoziologisch wird davon ausgegangen, dass Wissenschaft mit den Codes wahr/unwahr operiert und dies programmatisch auf Theorie und Methode basiert.[47] Die Wissenschaft ist verfassungsrechtlich deshalb geschützt, weil sie eigengesetzlich verläuft. Ihr rechtlicher Schutz dient dazu, dass sie sich eben in dieser Eigengesetzlichkeit realisiert. Der Wahrheitsbegriff ist aber kein konstitutives Verfassungskriterium (mehr), sondern eine Chiffre für die eigengesetzliche Rationalität des jeweiligen Wis-

41 Vgl. BVerfGE 35, 79 (113); 111, 333 (354); 139, 148 (182).

42 Vgl. Krüper (Anm. 22), Rdn. 43.

43 Vgl. Classen, Religionsrecht (Anm. 18), Rdn. 532: Theologie ist keine „Staatswissenschaft".

44 Vgl. Josef Isensee, Hermeneutik, Studien über den Umgang der Jurisprudenz mit Normtexten im Vergleich zur biblischen Theologie und zur Literaturwissenschaft, Frankfurt am Main 2023, 197.

45 Dass dem nicht so sein muss, dazu der Philosoph Hans Michael Baumgartner, Von der Königin der Wissenschaften zu ihrem Narren? Bemerkungen zur Frage, warum Theologie zur Universität unserer Tage gehört: ThQ 171 (1991), 278-299.

46 BVerfGE 35, 79 (113) – ständige Rechtsprechung.

47 Vgl. auch Waldhoff, Theologie (Anm. 30), Rdn. 2.

senschaftsbereichs.[48] Dabei verbietet der offene, pluralistische Wissenschaftsbegriff des Grundgesetzes eine „autoritative agnostische Wissenschaftsdefinition"[49], durch die der Bereich theologische Wissenschaft aus dem Grundgesetz herausdefiniert würde. Der Religions- bzw. Konfessionsbezug schließt nach all dem den wissenschaftlichen Charakter von Theologie nicht aus.[50]

Wissenschaftsfreiheit basiert auf den zwei Säulen Forschung und Lehre und ist der Oberbegriff zu Forschungs- und Lehrfreiheit.[51] Dabei muss auch die Lehre auf wissenschaftlich gewonnene Erkenntnisse bezogen sein und diese vermitteln wollen. Die Kriterien der Ernsthaftigkeit und Planmäßigkeit unterscheiden den Wissenschaftssektor von anderen Bereichen der Erkenntnisgewinnung und Kommunikation und binden ihn an besondere Rationalitätserwartungen als innere Grenzen der Schutzbereichsbestimmung des Art. 5 Abs. 3 Satz 1 GG.[52] Reine Ergebnisorientierung auf gesellschaftliche oder ideologische Ziele führt zur Verneinung der Wissenschaftlichkeit.[53] Lediglich rein äußere Wissenschaftsförmlichkeit oder das Nichtverfolgen wissenschaftlicher Erkenntnis- bzw. Erkenntnisvermittlungsziele indiziert „Nichtwissenschaft" oder „Pseudowissenschaft". Valide Kriterien für Wissenschaftlichkeit richten sich aber nach den inhaltlichen und methodischen Standards der jeweiligen Wissenschaftsrichtung und dem fachinternen Diskussionstand; sie lassen sich nicht generell finden oder vorgeben. Lücken oder Einseitigkeiten, unzureichende Berücksichtigung des fachinternen Diskussionsstandes mögen so etwas wie „schlechte Wissenschaft" sein, führen aber nicht zwangsläufig zur Herausnahme aus dem Schutzbereich des Art. 5 Abs. 3 Satz 1 GG.[54]

Die ursprüngliche Wahrheitsreferenz der Wissenschafts(freiheits)definition ist durchaus ambivalent. Im Kontext der Causa Küng wurde vor mehr als dreißig Jahren bisweilen eine nicht unerhebliche Schutzbereichsreduktion vorgenommen, die keine Freiheit für den theologischen Irrtum zubilligte. Nur was dem kirchlichen Selbstverständnis entspricht, kann Gegenstand der Wissenschaftsfreiheit sein und nur insoweit der einzelne Hochschullehrer gehorsam zu den Glaubensvorgaben forscht und lehrt, ermöglicht dies eine Berufung

48 Näher mit Hinweisen zu den entsprechenden Akzentuierungen in der bundesverfassungsgerichtlichen Rechtsprechung Gärditz (Anm. 4), Rdn. 64ff.

49 Paulus (Anm. 4), Rdn. 476.

50 Classen, Religionsrecht (Anm. 18), Rdn. 530f.

51 Vgl. Fehling (Anm. 4), Rdn. 57.

52 Allgemein Klaus Ferdinand Gärditz, Die äußeren und inneren Grenzen der Wissenschaftsfreiheit – Zur politischen Struktur von Forschung und Lehre: WissR 51 (2018), 5-44. Speziell: ders. (Anm. 4), Rdn. 76-81.

53 Vgl. Gärditz (Anm. 4) Rdn. 72.

54 Vgl. statt vieler von Coelln (Anm. 4), Rdn. 26.

auf Art. 5 Abs. 3 GG.[55] Eine kirchliche Beanstandung sollte zum Ausschluss aus dem Schutzbereich des Art. 5 Abs. 3 GG führen.

Eine derartige „institutionell geprägte“[56] Interpretation würde die verfassungsrechtliche Gewährleistung der Wissenschaftsfreiheit apriorisch in ihr Gegenteil umkehren. Die Wahrheitsreferenz der Wissenschaftsdefinition darf nicht zu der Annahme verleiten, dass theologische Wissenschaftler und Wissenschaftlerinnen nur noch der Mund des Lehramts sind und eine Wissenschaft, die katechetisch zu lehrende und daraufhin zu repetierende Form der Vermittlung von Glaubenssätzen sei. Dabei schließen spezielle normative Grenzen bzw. Vorgaben die Wissenschaftlichkeit nicht aus: Rechtswissenschaft ist in den Grenzen des staatlichen Rechts zu betreiben und Theologie in den Grenzen religiöser Grundschriften und Vorgaben.[57] Die Eigengesetzlichkeit der Wissenschaft und auch der Theologie als Teil des Systems Wissenschaft manifestiert sich in der ständigen Reflektion und dem prinzipiell unabgeschlossenen Diskurs.[58] Wissenschaft ist dadurch gekennzeichnet, dass auch das, was als Wahrheit akzeptiert ist, ständig zu überprüfen ist.[59] Wie die Rechtswissenschaft z. B. Gesetzgebung und insbesondere Rechtsprechung kritisieren darf, ohne sich deshalb von ihren normativen Vorgaben zu entfernen, so darf auch die Theologie Grundlagen- und Detailkritik üben.[60] Zweifeln gehört zur Wissenschaft[61] – wie auch zum Glauben[62] – dazu. Ebenso geht es nicht an, Theologen und Theologinnen wegen der Abhängigkeit von lehramtlichen Festlegungen einfach deshalb aus dem Schutzbereich der Wissenschaftsfreiheit herauszunehmen, weil sie um die Gebundenheit(en) wissen und sich ihr (freiwillig) unterwerfen.[63]

55 Vgl. die Darstellung bei Emde, Fakultäten (Anm. 8), 382 ff.

56 Ebd., 383.

57 Vgl. Fehling (Anm. 4), Rdn. 65. Instruktiv zu juristischer und theologischer Wissenschaftstheorie Isensee, Hermeneutik (Anm. 44).

58 Zur Unabgeschlossenheit des wissenschaftlichen Erkenntnisprozesses siehe bereits BVerfGE 35, 79 (113). Eingehend Gärditz (Anm. 4), Rdn. 70.

59 Speziell zur Theologie siehe nur Gärditz, ebd., Rdn. 75: „Auch wenn die transzendentalen Prämissen einer Theologie keinem wissenschaftlich-methodischen Zugriff zugänglich sind, ist es doch der Umgang mit den irdischen Verlautbarungen. Gegenstand theologischer Forschung ist eine Verkündung, die methodisch reflektiert untersucht und nach den Regeln hermeneutischer Wissenschaft ausgelegt werden kann.“

60 Vgl. allgemein zur Zulässigkeit von Sachkritik (aber nicht Schmähkritik) von Coelln (Anm. 4), Rdn. 121.

61 Bemerkenswert Wolfgang Frühwald, Die Autorität des Zweifels. Verantwortung, Messzahlen und Qualitätsurteile in der Wissenschaft, Göttingen 2008.

62 Siehe etwa das Diktum aus Reinhold Schneiders Tagebuch „Winter in Wien“: „Der Zweifel ernährt den Glauben; der Glaube den Zweifel.“: Gesammelte Werke Bd. 10, hg. v. E. M. Landau, Frankfurt am Main ^{2}1978, 375.

63 So aber summa summarum die These von Renck, Wissenschaftsfreiheit (Anm. 9), 722ff.

Es besteht demnach eine gewisse Spannung zwischen dem Idealtypus voraussetzungsloser Wissenschaft und der Theologie als Fachdisziplin, die auf einer Glaubensgrundlage beruht.[64] Theologie ohne diese Glaubensgrundlage als Übereinstimmungsgebot mit den religiösen Lehrinhalten wäre säkulare Religionswissenschaft.[65] Gleichwohl beschränkt sich der Schutz der Theologie auf der Ebene des sachlichen Schutzbereichs von Art. 5 Abs. 3 GG nicht auf das kirchlich Gewollte und Gesollte.[66]

Die Kirche erwartet Übereinstimmung mit ihren lehramtlichen Vorgaben, sie muss aber um der Wissenschaftsfreiheit willen mit dem Risiko leben, dass diese Erwartung enttäuscht wird, weil dies zum Wesen der Theologie als Wissenschaft gehört.[67] Die Schelte von theologischen Fachvertretern als „Staatstheologen“ vor 30 Jahren,[68] stößt aus weltlich-rechtlicher Perspektive ins Leere; mitunter wird von Verfassungsrechtlern sogar moniert, dass das kirchliche Lehramt mehr wissenschaftliche Theologie bei der Erarbeitung eigener Positionen berücksichtigen sollte.[69]

Damit wird vom weltlichen Verfassungsrecht keineswegs Häresien oder anderen Abweichungen von kirchlichen Vorgaben, für die Gehorsam eingefordert wird, ein verfassungsrechtlicher Blankoscheck ausgestellt. Die subjektive Primärgewichtung[70] des einzelnen Wissenschaftlers oder der einzelnen Wissenschaftlerin als Grundrechtsträger hinsichtlich des Grundrechts der Wissenschaftsfreiheit ist kein Freifahrtschein oder eine absolut geschützte Grundrechtsposition. Die effektive Gewährleistungsreichweite der Wissenschaftsfreiheit entscheidet sich erst anhand der näheren Bestimmung und Bewertung der Grundrechtsschranken als objektiver Sekundärgewichtung.[71] Auf dieser Ebene kommen dann die verfassungsrechtlich umhegten Eigengesetzlichkeiten der Theologie zum Tragen (dazu näher unter 7.).

Grundsätzlich bleibt hinsichtlich des sachlichen Schutzbereiches von Art. 5 Abs. 3 Satz 1 GG festzuhalten, dass die Theologie nicht a priori als Schutzgegenstand ausscheidet, sondern unmittelbar geschützt wird. Die vor allem Anfang der 1980er Jahre postulierte Interpretation, dass der Schutz des theologischen

64 Der Schutz der Theologie als Wissenschaft ist aber höchstrichterlich anerkannt, vgl. BVerfGE 122, 89 (106f.).

65 Vgl. Löwer, Häresie (Anm. 8), 138.

66 Vgl. Hufen, Wissenschaftsfreiheit (Anm. 9), 717.

67 Prägnant in diesem Sinne Isensee, Hermeneutik (Anm. 44), 199.

68 Johannes Dyba, Staatstheologen: FAZ Nr. 81 (5. April 1995), 14; dazu die Replik von Peter Hünermann, In die katholische Kirche ist ein grober Keil getrieben worden: SZ Nr. 88 (15./16./17. April 1995), 8.

69 So Hufen, Wissenschaftsfreiheit (Anm. 9), 715. Dies ist eine – plausible – religionspolitische Erwartung, aber keine spezielle Frage der Grundrechtsdogmatik von Art. 5 Abs. 3 GG.

70 Vgl. Martin Morlok, Selbstverständnis als Rechtskriterium, Tübingen 1993, 428f.

71 Vgl. ebd.

Wissenschaftlers nur ein Derivat der institutionell-kirchlichen Lehre sei, ist spätestens mit der Lüdemann-Entscheidung des Bundesverfassungsgerichts nicht mehr haltbar.[72] Die prinzipielle Disposition über die kirchliche Lehre lässt sich nicht auf die Schutzbereichsbestimmung für das weltliche Recht prolongieren.

4.2.2 Doppelnatur der Wissenschaftsfreiheit als Abwehrrecht und objektivrechtliche Gewährleistung

Der „Doppelcharakter der Grundrechte“[73] führt dazu, dass sie zum einen im klassischen Sinn Abwehrrechte gegenüber staatlichen Übergriffen sind, zum anderen aber auch einen objektivrechtlichen Gehalt aufweisen, der den Staat in besonderer Weise verpflichtet, seine schützende Hand über den Sektor Wissenschaft als autonomen Sach- und Lebensbereich zu halten. Auch in der Theologie muss den einzelnen Hochschullehrern ein Freiraum „von hinreichender Substanz“ [74] verbleiben.

Für den Themenbereich kirchlicher Gehorsam und Wissenschaftsfreiheit ist die abwehrrechtliche Dimension der Grundrechte im klassischen Sinn vor allem dann ein Problem, wenn es um staatskirchenvertragsrechtlich abgesicherte, den Staat verpflichtende kirchliche Einwirkungs- und Mitwirkungsrechte und deren Folgen geht. „Die Sicherung der Wissenschaftsfreiheit der Theologen ist für den Staat im Rahmen staatlicher Wissenschaftsinstitutionen eine unaufgebbare Verpflichtung.“[75] Der Staat trägt Verantwortung für rechtliche – oder auch faktische – Eingriffe in das Grundrecht der Wissenschaftsfreiheit.[76] Die Eigengesetzlichkeit theologischer Wissenschaften schafft hier keine Exemtionsbereiche, die ein „Durchregieren“ religionsgesellschaftlicher Behörden oder Autoritäten ermöglicht.[77]

72 Sehr kritisch schon 1981 – zu Recht – Emde, Fakultäten (Anm. 8), 385-388.

73 Klassisch dazu die Darstellung bei Konrad Hesse, Grundzüge des Verfassungsrechts der Bundesrepublik Deutschland, Heidelberg ^{20}1999, Rdn. 279ff. und passim. Grundgelegt wurde diese Doppelqualifizierung der Grundrechte einerseits als staatsgerichtete Abwehrrechte und andererseits als objektive Grundsatznormen im Lüth-Urteil BVerfGE 7, 198 (205ff.). Zum gesamten Kontext und dem aktuellen Diskussionsstand sehr aufschlussreich Christian Bumke, Die Entwicklung der Grundrechtsdogmatik in der deutschen Staatsrechtslehre unter dem Grundgesetz: AöR 144 (2019), 1-80.

74 Gärditz, Anmerkung (Anm. 7), 518.

75 Gärditz, Hochschulorganisation (Anm. 11), 602.

76 Vgl. Löwer, Häresie (Anm. 8), 140.

77 Vgl. Hufen, Wissenschaftsfreiheit (Anm. 9), 629: „So wie es keine Ausnahmerechte gegen die Kirche gibt, schafft das Staatskirchenrecht auch keine pauschale Rechtsgrundlage für den Eingriff in die Wissenschaftsfreiheit.“

Darüber hinaus ist auch die objektivrechtliche Dimension des Art. 5 Abs. 3 Satz 1 GG, und hier vor allem in der staatlichen Schutzverpflichtung zugunsten einer umfassenden Wissenschaftsfreiheit an den staatlichen Hochschulen, als institutionelle Ausprägung der staatlichen Pflichtaufgabe Kultur, Bildung u. a. von erheblichem Belang. Die objektive Seite des Grundrechts der Wissenschaftsfreiheit erfährt in der neueren Rechtsprechung umfassende Beachtung, soweit es um den Schutz und Gewährleistung wissenschaftsadäquater Organisationsstrukturen innerhalb der Hochschulen geht; diese organisationsgrundrechtliche Dimensionalität des Art. 5 Abs. 3 Satz 1 GG setzt auf die Binnensicherung wissenschaftlicher Eigengesetzlichkeit sowie die Wahrung der Hochschulautonomie vor übermäßiger Fremdbestimmung von außen. Die Einforderung kirchlichen Gehorsams kann sich demnach vor dem Forum des staatlichen Rechtskreises in verschiedener Hinsicht als freiheitsverkürzend auswirken. Die Umsetzung kirchlicher Gehorsamsforderungen erfolgt staatlicherseits nicht vorbehaltlos, sondern muss sich formal und materiell in den Ordnungsrahmen des staatlichen Rechtskreises einfügen. Nur wenn diese Rechtfertigungsschwelle übersprungen wird, erweist sich die den kirchlichen Gehorsam umsetzende staatliche Maßnahme als verfassungskonform.

5. Träger bzw. Trägerinnen des Grundrechts der Wissenschaftsfreiheit

Für die Frage nach der möglichen Reichweite des kirchlichen Gehorsams ist es von Bedeutung, wie weit der Kreis derer zu ziehen ist, die sich auf das Grundrecht der Wissenschaftsfreiheit berufen können. Art. 5 Abs. 3 Satz 1 GG ist kein vorrangiges „Professorengrundrecht", sondern ein Jedermann-Grundrecht,[78] sodass der persönliche Schutzbereich dieses Grundrechts sich auf sämtliche Forschende und Lehrende (z. B. Promovierende oder Habilitierende, aber auch sonstiges mit selbständiger wissenschaftlicher Tätigkeit betrautes Personal) erstreckt.[79] Auch wissenschaftliche Beschäftigte an nicht-staatlichen Hochschulen können sich grundsätzlich auf diese grundrechtliche Gewährleistung berufen. Die Kirche selbst ist aber nicht Trägerin des Grundrechts der Wissenschaftsfreiheit.[80] An der grundrechtlichen Gewährleistung partizipieren aber die Hochschulen selbst und sogar die einzelne Fakultät als teilrechtsfähiges Gebilde oder unter Umständen sogar ein einzelnes Institut.[81] Das Bundesverfassungsgericht interpretiert in der

78 Vgl. statt vieler Fehling (Anm. 4), Rdn. 108.

79 Vgl. eingehend und detailliert Gräditz (Anm. 4), Rdn. 127-142; von Coelln (Anm. 4), Rdn. 96-108.

80 Vgl. Hufen, Wissenschaftsfreiheit (Anm. 9), 632.

81 Näher Gärditz (Anm. 4), Rdn. 132. Siehe auch von Coelln (Anm. 4), Rdn. 104.

Lüdemann-Entscheidung Art. 5 Abs. 3 Satz 1 GG dahingehend, dass dies etwa für die Fakultät ein Recht auf Wahrung konfessioneller Identität vermittle.[82] Dieser Aspekt in der Entscheidung des Bundesverfassungsgerichts bedürfte genauerer Überlegung hinsichtlich seiner rechtsdogmatischen Konsequenzen.

6. Wissenschaftsfreiheit – der Art. 5 Abs. 3 GG eine nur staatsgerichtete Verfassungsbestimmung?

Vorstehend ist bereits angedeutet worden, dass es nicht a priori ausgeschlossen ist, dass auch wissenschaftlich Tätige an nicht-staatlichen Hochschulen an dem Grundrecht der Wissenschaftsfreiheit partizipieren.[83] Ungeachtet der Diskussion innerkirchlicher Grundrechte wirkt Art. 5 Abs. 3 Satz 1 GG aber nicht einfach unmittelbar zwischen der Wissenschaftlerin/dem Wissenschaftler an einer kirchlichen Einrichtung und der Kirche selbst.[84] Grundrechte fungieren vor allem als Abwehrrechte gegenüber dem Staat und staatlichem Handeln, erschöpfen sich aber nicht in einer „staatsgerichteten Mechanik“, sondern verpflichten den Staat dazu, ein „wissenschaftsadäquates Strukturmodell“ nichtstaatlicher Hochschulen bereitzustellen.[85]

Soweit der grundgesetzlichen Wissenschaftsfreiheit keine unmittelbare Drittwirkung – etwa zwischen dem Einrichtungsträger der nichtstaatlichen Hochschule und dem dort tätigen Wissenschaftler – zukommt und insofern die verfassungsrechtliche Gewährleistungsdimension individueller Wissenschaftsfreiheit und akademischer Selbstverwaltung nicht unmittelbar aus Art. 5 Abs. 3 GG hergeleitet werden kann, so ergibt sich diese aber aus einer staatlichen Schutzverpflichtung. Rechtsdogmatischer Anknüpfungspunkt ist dann nicht die subjektiv-abwehrrechtliche Dimension der Verfassungsbestimmung, sondern ihre objektivrechtliche Dimension. Der bereits genannte „Doppelcharakter der Grundrechte“ (s.o. 4.2.2.) zwingt den Staat im Feld des Hochschulwesens zu einem „konsequenten Verhalten“[86], das Michael Fehling folgendermaßen umschreibt:

82 Vgl. BVerfGE 122, 89 (114f.).

83 Vgl. dazu etwa Dietrich Pirson, Wissenschaftsfreiheit in kirchlichen Universitäten: Wege und Verfahren des Verfassungslebens (FS Lerche), hg. v. P. Badura – R. Scholz, München 1993, 289-299. Ferner Klaus Joachim Grigoleit – Jens Kersten, Die Reichweite der Wissenschaftsfreiheit im Dienstrecht staatlich anerkannter kirchlicher Hochschulen: DöD 54 (2001), 1-8.

84 Zu der mangelnden unmittelbaren Drittwirkung siehe nur Fehling (Anm. 4), Rdn. 53.

85 Zitate bei: Hans-Heinrich Rupp, Diskussionsbeitrag: VVDStRL 27 (1969), 215.

86 Zu dem Konsequenzgebot grundlegend Trute, Forschung (Anm. 35), 289ff.

> „Damit der Staat eine Privathochschule als seinen Hochschulen wissenschaftlich gleichwertig anerkennen kann, setzt dies auch annähernd gleichwertige Mitwirkungsmöglichkeiten ihrer Angehörigen bzw. Mitglieder in den gemeinsamen Angelegenheiten von Forschung und Lehre voraus. Allerdings muss das Partizipationsniveau an privat getragenen Hochschulen nicht gänzlich identisch mit dem sein, was für staatliche Hochschulen verlangt wird."[87]

Das sog. Konsequenz-Gebot fordert demnach hochschulrechtliche Gleichwertigkeit aber eben nicht Gleichartigkeit. Gleichwertigkeit erfordert aber immer noch die „Wissenschaftsadäquanz" der Hochschulorganisation der nichtstaatlichen Einrichtung.[88] Ebenso würde ein übermäßiger Mangel an individueller wissenschaftlicher Freiheit der in Forschung und Lehre tätigen Personen ebenfalls die Hochschuleigenschaft der nichtstaatlichen Einrichtung in Frage stellen.[89] Wie weit dem bereits durch das kirchliche Recht Rechnung getragen wird, ist nicht Gegenstand dieses Aufsatzes.[90] Mitunter wird sich dies nicht pauschal auf der Schutzbereichsebene des Art. 5 Abs. 3 Satz 1 GG beantworten lassen, sondern wird zu einem nicht unerheblichen Teil durch die Schrankenebene mitumschrieben.

7. Schranken des Grundrechts der Wissenschaftsfreiheit als „Einfallstor" für kirchliche Besonderheiten

Die Frage nach der Reichweite des kirchlichen Gehorsams ist für den staatlichen Rechtskreis eine Frage der Einschränkungsmöglichkeiten des Grundrechts der Wissenschaftsfreiheit und damit vor allem ein Aspekt des kirchlichen Selbstbestimmungsrechts nach Art. 140 GG i. V. m. Art. 137 Abs. 3 WRV.[91]

87 Fehling (Anm. 4), Rdn. 244.

88 Vgl. Jörn Axel Kämmerer, Regulierung staatlicher und privater Hochschulen: Hochschulstandort Deutschland. Rechtlicher Rahmen – Politische Herausforderungen, hg. v. J. A. Kämmerer – P. Rawert, Köln 2003, 119;124ff. Siehe auch Paulus (Anm. 4), Rdn. 532f.

89 Mit der Konsequenz der Nichtanerkennungsfähigkeit bzw. der Notwendigkeit, den Status als Hochschule abzuerkennen. Siehe etwa Ulrich Karpen, Der verfassungsrechtliche Rahmen für den Hochschulbetrieb in Deutschland: Kämmerer – Rawert, Hochschulstandort (Anm. 88), 19; 28f. Vgl. auch Fehling (Anm. 4), Rdn. 240.

90 Siehe dazu In diesem Band Martin Rehak, Kirchlicher Gehorsam und Freiheit der Wissenschaft – die kirchenrechtliche Perspektive. Vgl. ferner Meckel, Wissenschaftsfreiheit (Anm. 5).

91 Vgl. sehr knapp insgesamt zur Thematik von Coelln (Anm. 4), Rdn. 136.

7.1 Grundansatz: praktische Konkordanz anstatt Einseitigkeiten

Die vorbehaltlose Gewährleistung des Grundrechts der Wissenschaftsfreiheit hat nicht dessen Schrankenlosigkeit zur Folge.[92] Abgesehen von der besonderen Treueklausel in Art. 5 Abs. 3 Satz 2 GG in der Lehre[93] findet das Grundrecht seine Schranken in den Grundrechten Dritter oder anderer mit Verfassungsrang ausgestatteter Rechtsgüter (sog. verfassungsimmanente Schranken).[94] In der Causa Lüdemann hat das Bundesverfassungsgericht für die verfassungsrechtliche Berücksichtigung kirchlicher (Rechts-) Positionen das kirchliche Selbstbestimmungsrecht nach Art. 140 GG i. V. m. Art. 137 Abs. 3 WRV als Schranke der Wissenschaftsfreiheit angenommen.[95] Mit dem Angebot des Staates, an seinen Universitäten Theologie als bekenntnisbezogene Glaubenswissenschaft zu lehren, werden Glaubenswahrheiten Gegenstand staatlich-universitärer Lehre.[96] Die große Reichweite des verfassungsrechtlich verbürgten kirchlichen Selbstbestimmungsrechts nach Art. 140 GG i. V. m. Art. 137 Abs. 3 WRV ermöglicht es, dass die Kirche (bzw. jede andere Religionsgesellschaft) selbst zu bestimmen hat, was zum Beispiel (noch) katholische oder (noch) evangelische Theologie ist und sich im Rahmen des Bekenntnisses hält. Diese Rechtsposition betrifft den Kern religiösen Selbstverständnisses hinsichtlich Forschung und Lehre an theologischen Fakultäten bzw. anderen universitären Organisationseinheiten (Institute etc.). Sie macht sich nicht nur in inhaltlichen Vorgaben bemerkbar, sondern verpflichtet den Staat auch zur Beachtung kirchlicher Mitwirkungsrechte, die sich in der personellen Zusammensetzung von Fakultäten (Berufung, *Nihil obstat*)[97] bis hin zu Studien-, Prüfungs- und Habilitationsordnungen zeigen.[98] Derartige Beteiligungen sind vom Staat gegenüber dem einzelnen Wissenschaftler bzw. der wissenschaftlichen Organi-

92 Vgl. ausführlich allgemein zur Schrankenbestimmung der Wissenschaftsfreiheit Gärditz (Anm. 4), Rdn. 150-193.

93 Vgl. eingehend dazu von Coelln (Anm. 4), Rdn. 119-123.

94 Vgl. hierzu näher im Überblick Fehling (Anm. 4), Rdn. 159-163; von Coelln (Anm. 4), Rdn. 124-128; Gärditz (Anm. 4), Rdn. 151-160.

95 Vgl. BVerfGE 122, 89 (107ff.).

96 Vgl. BVerfGE 122, 89 (112).

97 Exemplarisch auch einfachgesetzlich geregelt in § 80 Abs. 2 und 3 HG NRW. Vgl. dazu Jörg Ennuschat, § 80: Hochschulgesetz Nordrhein-Westfalen, hg. v. D. Leuze – V. Epping, 10. Erg.-Lfg. März 2011, Rdn. 29-82. Sowie Emanuel Ost, § 80: Hochschulrecht Nordrhein-Westfalen, hg. v. C. von Coelln – F. Schemmer, München 2020, Rdn. 15-30.

98 Vgl. etwa § 80 Abs. 4 HG NRW. Dazu Ennuschat (Anm. 97), Rdn. 83-114; Ost (Anm. 97), Rdn. 31-48.

sationseinheit zu verantworten und zu legitimieren, ohne dass die zuständigen staatlichen Stellen dadurch einfach zu kirchlichen Erfüllungsgehilfen würden.[99] Das kirchliche Selbstbestimmungsrecht ist demnach ein individueller und auch organisationsrelevanter „Gehorsamkeitsfaktor", der insbesondere durch kirchenrechtliche Vorgaben näher umschrieben und ausgeformt wird. Die Nichtbeachtung kirchlicher Vorbehalte bzw. die explizite Sanktionierung von Gehorsamkeitsverstößen erfolgt nicht einfach als staatliche Vollstreckung des kirchlichen Selbstverständnisses. Vielmehr erfolgt staatlicherseits eine Abwägungsentscheidung, bei der eine verhältnismäßige Zuordnung der widerstreitenden Rechtsgüter der Kirche auf der einen Seite und der Rechtspositionen des einzelnen Wissenschaftlers bzw. der Hochschule/Hochschuleinrichtung auf der anderen Seite vorgenommen wird.[100] Die juristische Prozedur der Abwägung mit der Zielsetzung sog. „praktischer Konkordanz" soll Einseitigkeiten vermeiden. Es geht um einen optimierenden Ausgleich widerstreitender Rechtspositionen. Der Grundrechtskonflikt Wissenschaftsfreiheit versus kirchliche Vorgaben ist verfassungsrechtlich nicht unlösbar. Die Konfliktlösungskompetenz liegt aber letztlich beim Staat (und insbesondere staatlichen Gerichten). Bei der Abwägungsprozedur als Konfliktlösungsmittel geht es um Gewichtigkeiten der Verfassungsrechtspositionen der Wissenschaftsfreiheit auf der einen und kirchlichen Selbstbestimmungsrechts auf der anderen Seite. Hierfür trägt die Kirche eine erhebliche Darlegungslast. Der Staat nimmt nicht gehorsamseinfordernde kirchliche Maßnahmen oder Positionen blind entgegen, sondern darf sie durchaus im Rahmen seiner religiös-weltanschaulichen Neutralität auf ihre (Rechts-) Missbräuchlichkeit, den Grundvorbehalt des *ordre public*[101] und weiterer Anforderungen hinsichtlich der Schlüssigkeit, Seriosität, Substantiierung – kurzum der Plausibilität kirchlichen Vorbringens – überprüfen. Unter europarechtlichen Vorzeichen lässt sich dabei eine Erhöhung der weltlichen Kontrollintensität feststellen. Ungeachtet des Umstands, dass bereits unter den Vorzeichen des bundesrepublikanischen Staatskirchenrechts die Grenzen derartiger staatlicher Tätigkeiten sub specie Neutralitätsgrundsatz schwierig festzustellen waren, wird die Spruchtätigkeit des EuGH – gerade in den diskriminierungsrechtlichen

99 Vgl. Löwer, Häresie (Anm. 8), 140. Nach Gärditz, Hochschulorganisation (Anm. 11), 607 ist es dem Staat „verwehrt, jedwede kirchliche Entscheidung vorbehaltlos zu exekutieren." Sehr deutlich auch Hufen, Wissenschaftsfreiheit (Anm. 9), 639: „Der Staat ist hier keinesfalls nur Notar oder gar nur Briefträger von in geschlossenen, nicht kontrollierbaren und dem Betroffenen gegenüber verborgenen Entscheidungsprozessen zustande gekommenen kirchlichen Entscheidungen."

100 Vgl. nur zum Folgenden Hufen, Wissenschaftsfreiheit (Anm. 9), 721; 723.

101 Vgl. zum staatlichen Kontrollintensität glaubensdefinierten Selbstverständnisses von Kirchen näher BVerfGE 70, 138 (168), 102, 370 (392ff.); 137, 273 (316 f.) Siehe auch Gärditz, Hochschulorganisation (Anm. 11), 607.

Streitigkeiten – als Tendenz dafür gesehen, kirchliche Angelegenheiten staatlicherseits stärker zu kontrollieren und restriktiver zu beurteilen. Ohne diese europarechtliche Tendenz hinsichtlich ihrer staatskirchenrechtlichen Folgen abschließend bewerten zu wollen, lässt sich erst einmal folgende Faustformel aufstellen: Je stärker nach dem plausibel erläuterten kirchlichen Selbstverständnis der Kern des kirchlichen Selbstbestimmungsrechts berührt ist, desto eher ist ein Eingriff in die Wissenschaftsfreiheit zu rechtfertigen. Pauschallösungen in die eine oder andere Richtung sind nicht das Ziel, sondern die verhältnismäßige Relationsbestimmung und Ausbalancierung widerstreitender Rechtspositionen. Die Tücke wird – wie so häufig – im konkreten Einzelfall und dessen juristischer Bewertung liegen. Von Bedeutung wird dabei auch sein, ob angesichts der strukturellen Veränderungen der Universitätslandschaft (z. B. infolge des sog. Bologna-Prozesses), aber auch von Veränderungen im Sektor kirchlicher Berufe und damit ggf. einhergehender Veränderungen in entsprechenden (kirchenbezogenen) Berufsbildern – nicht zuletzt angesichts veränderter, d. h. u. U. nachlassender Bedarfslagen – zukünftig noch stärker zwischen Ausbildungs- und Wissenschaftsaspekten unterschieden werden muss.[102] Der Typus eines auf spätere Tätigkeit in der Kirche ausgerichteten theologischen Vollstudiums, der das fachliche Profil einer Fakultät mit der Präsenz der traditionellen christlich-theologischen Fachdisziplinen prägt, kann (!) sich durch die Ausbildung neuer Studiengänge verändern. Je weniger deutlich oder nachweisbar ein Belang religiös-kirchlich bestimmt[103] und ggf. mit entsprechender normativer Gewichtigkeit ausgestattet ist, desto eher kann er gegenüber der Wissenschaftsfreiheit zurücktreten.

7.2 Konkordate als Medium der Schrankenziehung?

Beschränkungen der Wissenschaftsfreiheit von theologisch Forschenden und Lehrenden könnten sich vor allem aus kirchlichen Hochschulrechtsnormen und Konkordaten/katholischen Staatskirchenverträgen ergeben.[104] Grund-

102 Vgl. die grundlegende Problematisierung in diesem Sinn bei Waldhoff, Theologie (Anm. 30), Rdn. 36 und passim.

103 Dies umfasst auch den Aspekt, welche Funktion ein Studiengang bzw. eine Ausbildung für eine spätere Tätigkeit besitzt. Es macht einen Unterschied, ob ein Studium auf das Priesteramt, andere kirchliche Funktionen, für die ein theologisches (ggf. Voll-) Studium erforderlich ist oder die Tätigkeit als Religionslehrer oder Religionslehrerin, bei der der Konfessionsbezug von praktisch erheblicher Relevanz ist, abzielt oder nicht.

104 Hilfreiche Darstellung für die neueren Staatskirchenverträge bei Christian Hillgruber, Artikel 3 – Staatliche Theologenausbildung: Kommentar zu den Staatskirchenverträge der neuen Länder, hg. v. A. Vulpius – C. Hillgruber, Berlin 2023, 167-193.

sätzlich ist die verfassungsrechtliche Gewährleistung des kirchlichen Selbstbestimmungsrechts das Vehikel zum Transport kirchlichen Selbstverständnisses in Form von Umschreibung der Lehrinhalte und deren rechtsförmlicher Konkretisierung im kirchlichen Binnenrechtskreis. Im Rechtsverhältnisgefüge zwischen Staat und Kirche spielt das Vertragsinstrument eine erhebliche, wenngleich nicht zu überschätzende[105] Rolle. Durch Verträge soll Konkordanz zwischen den widerstreitenden rechtlichen Aspekten erzielt werden, die damit die Lösung konkreter Fragen vorspuren und ggf. abstrakte Grundsätze auf eine handhabbarere Anwendungsebene konkretisieren. Welcher rechtlicher Stellenwert grosso modo und im Einzelfall dem Vertragsrecht zukommen kann, ist sehr streitig.[106] Selbst, wenn man den Verträgen und ihren Inhalten keine verfassungsähnliche Bindungsqualität zubilligt, stellen sie doch eine (gewisse) „verfassungsrechtliche Armierung" des kirchlichen Selbstbestimmungsrechts dar,[107] die sich aus einem zumindest anfänglichen Konsens mit dem Staat ergibt. Hinsichtlich der Wissenschaftsfreiheit ist diese Wirkung aber nur eine relative und keineswegs ein absoluter Schutz.[108] Im Übrigen erwies und erweist es sich immer als fraglich, ob die staatskirchenvertragsrechtlichen Regelungen im Einzelnen wirklich bestimmte Auslegungen tragen oder letztlich doch einen zu unbestimmten Wortlaut haben.[109] Das Alter der (unveränderten) Verträge und veränderten hochschulrechtlichen Lagen können darüber hinaus gewisse Problemlagen provozieren; eine geltungssichernde Rechtsfortbildung unterhalb der Vertragsänderung[110] ist dabei eine nicht zu unterschätzende Schwierigkeit.[111] Kurzum, mangels eines kontraktuellen Ewigkeitscharakters müsste das

105 Vgl. nur Waldhoff, Theologie (Anm. 30), Rdn 26, mit dem sehr zutreffenden Hinweis, dass das Staatsvertragskirchenrecht keine Ewigkeitsgarantien vermittele.

106 Vgl. die knappe Thematisierung bei Stefan Muckel, Art. 140: Berliner Kommentar zum Grundgesetz, hg. v. W. Höfling – S. Augsberg – S. Rixen, 34. Erg.-Lfg. VII/2011, Rdn. 59-52.

107 Vgl. dazu und zum Folgenden Gärditz, Hochschulorganisation (Anm. 11), 603.

108 Näher thematisch Dirk Ehlers, Die Bindungswirkungen von Staatskirchenverträgen: Staat-Kirche-Verwaltung (FS Maurer), hg. v. M.-E. Geis – D. Lorenz, München 2001, 333-349. Als eine der neueren Positionierungen Emanuel V. Towfigh – Fabius Bonde, Einseitige Lösungen von religionsverfassungsrechtlichen Verträgen durch den Gesetzgeber: NJW 52 (2023), 3769-3774. Sowie Christian Hillgruber, Einleitung: Kommentar, hg. v. Vulpius – Hillgruber (Anm. 104), 15;32-41, mit dem ernüchternden Ergebnis, dass der mit dem sog. Treaty Override dem Staat nicht unerhebliche Abweichungsmöglichkeiten gegeben sind. Ob ein Staatskirchenvertrag wirklich ein funktionierendes living instrument ist, hängt von beiden Seiten des Vertrages ab.

109 Zu den Schwierigkeiten in der Causa Küng siehe etwa Emde, Fakultäten (Anm. 8), 361-371.

110 Diese lässt sich u. U. auch durch Notenwechsel herbeiführen.

111 Vgl. zur Ewigkeitsproblematik des Staatskirchenvertragsrechts exemplarisch Jan H. Wille, Das Reichskonkordat. Ein Staatskirchenvertrag zwischen Diktatur und Demokratie 1933-1957, Paderborn 2024 (Veröffentlichungen der Kommission für Zeitgeschichte Reihe B 145), 400-413.

Vertragsrecht eigentlich veränderten Situationen (beständig) angepasst werden. Die Pflege der vertragsrechtlichen Grundlagen bedarf ständiger Beobachtung und ggf. situativer Anpassung. Medium staatskirchenrechtlicher Ordnung kann das Vertragswesen nur sein, wenn es entsprechend vergegenwärtigend „gepflegt" wird. Es ist kein Transformationsriemen für religiöse Wunschvorstellungen z. B. von Gehorsamkeitsanforderungen und muss prinzipiell einwandfrei anwendbar sein.

7.3 Ausgewählte Problemkonstellationen in Andeutungen

Für die Thematik dieses Beitrags lassen sich die Grenzen der Wissenschaftsfreiheit und damit die effektive Gewährleistungsreichweite des Art. 5 Abs. 3 Satz 1 GG für die Theologie möglicherweise am besten in konkreten Fallkonstellationen andeuten und tendenzielle Richtungen markieren. Prinzipiell zu unterscheiden sind die individuelle Dimension der Lehrperson und organisationsrechtliche Themenstellungen, die ggf. auf kirchenrechtlichen Vorgaben basieren. Thematisch lässt sich dies noch hinsichtlich der Gewährleistungsdimension Forschung und Lehre differenzieren.[112] Ebenso zu respektieren wie zu akzeptieren ist – wie erwähnt – eine prinzipielle (Letzt-) Entscheidungszuständigkeit des Staates. Bei der Prozedur, praktische Konkordanz zwischen den widerstreitenden Verfassungsrechtsgütern Wissenschaftsfreiheit und kirchliches Selbstbestimmungsrecht herzustellen, erweist sich der Staat grundsätzlich als „Herr über die Verhältnismäßigkeit".[113]

7.3.1 Theologie in der Form eines sog. konfessionellen Staatsamts

Die Person des Theologieprofessors hat, sofern sie an einer staatlichen Universität beschäftigt ist, ein sog. konfessionsgebundenes Staatsamt inne.[114] Dies umfasst sowohl ihre Kirchenzugehörigkeit als auch die Verpflichtung nur mit kirchlicher Beauftragung eine bestimmte theologische Fachdisziplin in Forschung und Lehre zu vertreten. Leitvorstellung ist, dass nur eine Person, die auf der Grundlage eigenen Glaubens tätig wird, die Konfessionsgebundenheit der Theologie in Forschung und Lehre „glaubwürdig" vertreten kann. Während sich Formalia wie Kirchenzugehörigkeit äußerlich leicht feststellen las-

112 So etwa Hufen, Wissenschaftsfreiheit (Anm. 9), 723ff.

113 So deutlich ebd., 637.

114 Vgl. BVerfGE 122, 89 (113). Löwer, Häresie (Anm. 8), 134ff. Vgl. dazu allgemein wie im besonderen Christian Jasper, Religiös und politisch gebundene öffentliche Ämter. Anschauungsgebundene Vergabe von Staatsämtern im Spannungsfeld zwischen besonderen Gleichheitssätzen und gegenläufigem Verfassungsrecht, Berlin 2015, 256-270.

sen, dürfte die innere Glaubenshaltung weniger leicht zugänglich sein und erst dann staatskirchenrechtlich relevant werden, wenn eine Distanzierung äußerlich zu Tage tritt. Die Crux dieses Umstands und die Frage, ob sich Theologie auch ohne subjektiven Richtigkeitsanspruch wissenschaftlich erforschen und lehren lässt, sei hier als wahrscheinlich beständige Problematik aufgeworfen.[115] Dabei ist die Positionalität des Hochschulpersonals – genauso wie bei der Person des Religionslehrers (vgl. Art. 7 Abs. 3 GG) – eine grundlegende Voraussetzung für die Sicherstellung der Konfessionalität der Lehrinhalte.[116]

Während die Kirchenzugehörigkeit als persönliches Eignungsmerkmal für ein Fach der katholischen Theologie angesichts der Verkündigungsnähe selbst unter den strengeren Auspizien der EuGH-Rechtsprechung zum Antidiskriminierungsrecht im herkömmlichen kirchlichen Arbeitsrechts Bestand haben wird, ist die Vorgabe einer angemessenen Zahl von Priestern unter den Theologieprofessoren Gegenstand von Kontroversen[117] und ein Bereich, der durch schiedlich-friedliche Absprachen zwischen Staat und Kirche geklärt werden sollte.[118]

Die erforderliche Positionalität des wissenschaftlichen Hochschulpersonals verlangt, dass die Festlegungen des ordentlichen und außerordentlichen Lehramts in Forschung und Lehre beachtet werden. Der Fall Lüdemann ist angesichts der Leugnung der konstitutiven Glaubenswahrheit der Auferstehung nahezu ein Extremfall, der „eindeutig" ist.[119] Wie sieht es aber in den Fällen aus, in denen der theologische Wissenschaftler die vermeintlich eindeutig feststehende Lehre kritisch reflektiert und z. B. hinsichtlich des historischen Ent-

115 Vgl. Classen, Religionsrecht (Anm. 18), Rdn. 528; 530.

116 Wie dieses Konfessionalitätserfordernis beschaffen sein muss, wird damit noch nicht beantwortet. Infolge solcher Projekte wie eines „Christlichen Religionsunterrichts" (CRU) in Niedersachsen wird verstärkt über den Topos Konfessionalität neu nachgedacht (s.o. Anm. 15).

117 Vgl. Classen, Religionsrecht (Anm. 18), Rdn. 548, der strikt von der rechtlichen Unzulässigkeit solcher Priesterquoten und der Rechtswidrigkeit darauf beruhender Nichtberufungen ausgeht.

118 Vgl. die knappe Problematisierung vor dem Hintergrund veränderter universalkirchenrechtlichen Rahmenvorgaben bei Waldhoff, Theologie (Anm. 30), Rdn. 38. Grundlegend zum Themenkreis Rafael Rieger, Communiter sint sacerdotes: Standesanforderungen für Dozenten an den staatlichen Katholisch-Theologischen Fakultäten in Deutschland nach Kirchen- und Staatskirchenrecht, Essen 2005 (Münsterischer Kommentar zum CIC Beiheft 41). Aus Anlass konkreter Streitigkeiten siehe ders., Es braucht Verhandlungen (15. Februar 2024): https://www.herder.de/communio/theologie/auswege-aus-dem-streit-um-die-priesterquote-an-der-theologischen-fakultaet-in-regensburg-es-braucht-verhandlungen [Zugriff: 23.06.2025]. Vgl. allgemein auch mit kritischer Grundtendenz Bier, Stellung (Anm. 27), 150-153.

119 Ähnlich Hufen, Wissenschaftsfreiheit (Anm. 9), 724, der fortfährt: „Kritische, aber durchaus im Rahmen des christlichen Spektrums verbleibende Aussagen eines Hans Küng aber konnten und durften nicht Anlass für Sanktionen sein."

stehungskontextes und weiterer Diskussionen in Zweifel zieht? Wann wären derartige Zweifel beharrlich i.S. des c. 751 CIC/1983, aber möglicherweise noch wissenschaftskonform, weil Wissenschaft doch vom beständigen Bedenken und Überdenken überkommener Inhalte lebt und letztlich auch davon, dass wissenschaftliche Erkenntnisse überholt werden, sodass Neues, Innovatives an die Stelle tritt? Muss dieses Neue sich aber völlig von dem Überkommenen lösen? Interpretationswandel, Umdeutung heiliger Schriften – all dies scheint auch theologisch nicht a priori ausgeschlossen zu sein, weil es geschichtlich bedingt ist.[120] Wenn wissenschaftliches Altes immer wieder auch neu zu denken ist, schließt dies – wie Josef Isensee es so treffend formuliert – „Kompostierungseffekte" nicht aus.[121] Mitunter führen kirchenhistorische Forschungen auch deutlich vor Augen, wie historisch kontingent manche Lehrentscheidung oder -formulierung ihrem Ursprung nach ist.[122] Dies muss Glauben – etwa hinsichtlich seines Sitzes im Leben – nicht (zwangsläufig) relativieren. Relationiert wird die Glaubensaussage dadurch gleichwohl. Ungehorsam ist dies a priori nicht, möglicherweise aber unbequem für das kirchliche Lehramt.

7.3.2 Grund und Grenzen der Selbstrekrutierung des wissenschaftlichen (Hochschul-) Personals: Berufung, Erteilung – Entzug des *Nihil obstat* und dessen Folgen

Der Einzelperson kommt im religions- bzw. konfessionsbezogenen Hochschulkontext eine herausragende Bedeutung zu. Sie ist das wesentliche „Repräsentationsmedium" für (vorgegebene) religiöse, kirchliche Inhalte. Persönliche Anforderungen an die Forschenden und Lehrenden in einem theologischen Fach betreffen dabei unterschiedliche Aspekte und der Faktor Zeit spielt u. U. auch eine Rolle.[123] Zu unterscheiden ist prinzipiell die Situation vor bzw. bei Berufung/Begründung des wissenschaftlichen Dienstverhältnisses und während eines bereits laufenden Dienstverhältnisses.

Die Auswahl von akademischem Lehrpersonal ist ein sensibler Hochschulbereich, bei dem es um die Rekrutierung von Personen geht, die den fachwis-

120 Vgl. grundlegend dazu Michael Seewald, Dogma im Wandel. Wie Glaubenslehren sich entwickeln, Freiburg 2018.

121 Isensee, Hermeneutik (Anm. 44), 245f.

122 Instruktiv etwa Matthias Draufratshofer, Das päpstliche Lehramt auf dem Prüfstand der Geschichte. Franz Hürth SJ als „Holy Ghostwriter" von Pius XI. und Pius XII., Freiburg ²2021. Weitere Fallstudie von dems., Es gilt das gesprochene Wort? Maria kommt im Mariendogma von 1950 namentlich nicht vor: Herder-Korrespondenz, 78 (4/2024), 13-16.

123 Vgl. ausführlich zu den kirchlichen Ingerenzrechten bei der Auswahl und hinsichtlich der Tätigkeit von theologischen Wissenschaftlern an staatlichen Hochschulen Waldhoff, Theologie (Anm. 30), Rdn. 37-42.

senschaftlichen Standards genügen und dem Profil der wissenschaftlichen Organisationseinheit an der staatlichen Hochschule entsprechen müssen. Deshalb unterfällt gerade die Berufung von Professoren einem durch das Landeshochschulrecht vorgegebenen, wissenschaftsadäquaten (strengen) Berufungsverfahren,[124] bei dem insbesondere der fachlichen Organisationseinheit (Fakultät, Institut o. ä.) ein weitreichendes Mitwirkungsrecht bei der Auswahl des/der zu Berufenden zukommt.

Die Eigengesetzlichkeit der Theologie überantwortet die Eignung und damit die Ernennungsfähigkeit aber nicht allein der akademischen Selbstverwaltung, sondern sieht weitreichende, staatskirchenvertragsrechtlich abgesicherte kirchliche Mitwirkungsmöglichkeiten vor.[125] Sie bestehen aber auch ohne ausdrückliche vertragsrechtliche Grundlage kraft Verfassungsrecht.[126] Grundsätzlich bedarf jede Lehrperson nach Kirchenrecht einer ausdrücklichen Lehrvollmacht (*Missio canonica*); der staatskirchenvertragsrechtlich das Institut des *Nihil obstat* korrespondiert, dem insofern eine Doppelfunktion zukommt, dessen Erteilung oder Nichterteilung unmittelbare Auswirkung auf die Begründung des Beamtenverhältnisses als Hochschullehrer oder Hochschullehrerin hat. Innerkirchlich entspricht das *Nihil obstat* der Verleihung der *Missio canonica* und gegenüber dem Staat bringt der Diözesanbischof zum Ausdruck, dass er keine Bedenken gegen die Berufung der betreffenden Person hat.[127] Hierfür sehen die Konkordate/Staatskirchenverträge ein Prüfungsrecht auf Seiten des Diözesanbischofs vor. Während das staatskirchenrechtliche *Nihil obstat*-Verfahren sich ausschließlich zwischen Diözesanbischof und Bundesland abspielt (sog. bischöfliches *Nihil obstat*) und für die Aufnahme jedweder Lehrtätigkeit in der Regel erforderlich ist, wird die Lage dadurch kompliziert, dass das innerkirchliche Recht in bestimmten Situationen (z. B. Berufung auf Lebenszeit) ein römisches *Nihil obstat* erfordert, dem aber nur rein innerkirchliche Relevanz zukommt.[128] Dieser klassische Themenbereich des Staatskirchenrechts und kirchlichen Hochschulrechts soll hier aber nicht en detail entfaltet werden.[129]

Aus rechtsstaatlich-weltlicher Perspektive werden Erteilung und Entzug kirchlicher Lehrbefugnisse immer wieder als besonders fragwürdig angesehen, zumal häufig kritisiert wird, dass sie sich verfahrenstechnisch eher im

124 Vgl. aktuell die Darstellung zum Berufungsverfahren bei Hubert Detmer, Kap. 4 Das Recht der (Universitäts-) Professorinnen und Professoren: Hochschulrecht. Ein Handbuch für die Praxis, hg. v. M. Hartmer – H. Detmer, Heidelberg ⁴2022, Rdn. 70-128.

125 Siehe im Einzelnen näher Waldhoff, Theologie (Anm. 30), Rdn. 37-42.

126 Vgl. BVerfGE 122, 89 (114). Siehe auch Classen, Religionsrecht (Anm. 18), Rdn. 549.

127 Vgl. näher Rafael Rieger, Art. Nihil obstat – Katholisch, LKRR, Bd. 3, 337-339; siehe auch Bier, Stellung (Anm. 27), 145f.

128 Vgl. Waldhoff, Theologie (Anm. 30), Rdn. 38.

129 Konzise ebd., Rdn. 37-39.

kirchlichen Arkanbereich bewegen und weltlichen Transparenzerwartungen, Verfahrensmaßstäben und Begründungen nicht in hinreichendem Maße genügen.[130] Grundsätzlich ist das seit unvordenklicher Zeit praktizierte Konzept *Nihil obstat* durchaus ein probater Ansatz, um seitens der zuständigen kirchlichen Stelle festzustellen, dass eine Person den kirchlichen Anforderungen zur Ausübung eines Faches der katholischen Theologie genügt.[131] Das Intrikate der Problematik liegt nicht zuletzt an der eingangs erwähnten Abschichtung kirchlicher und staatlicher Ingerenzen. Die wissenschaftliche und pädagogische Eignungsprognose obliegt vorrangig dem Staat bzw. der Hochschule,[132] während der Prüfrahmen der Kirche sich auf den Sektor „Glaube und Sitte" (einschließlich Lebenswandel) bezieht.[133] Angesichts dieser Situation sind die speziell verfassungsrechtlich geschützten Rechte der Fakultät/der Hochschule zur Rekrutierung des Wissenschaftspersonals im Wege der Berufung ebenfalls zu respektieren. Staatskirchenvertragsrechtliche Regelungen suchen hier den beiderseitigen Rechten entsprechende Vorgehensweisen zu regeln, indem verfahrensmäßige Vorkehrungen der wechselseitigen (Vor-)Verständigung oder auch Begründungspflichtigkeiten („triftige Gründe […] nach pflichtgemäßem Ermessen") vereinbart werden.[134] Dabei ist der Ausgleich zwischen der Aufgabe, *in nomine ecclesiae* zu unterrichten und die Glaubenslehren in Bindung an das kirchliche Lehramt zu vermitteln, sowie wissenschaftlich die jeweilige theologische Disziplin in Forschung und Lehre zu vertreten, ein nicht unkompliziertes Unterfangen, welches sich pauschal kaum beantworten lässt. In der Regel wird es immer wieder auf die Einzelfallkonstellationen ankommen. In die Abwägung wird die organisationsrechtliche Dimension des Grundrechts der Wissenschaftsfreiheit im Berufungszusammenhang mit einfließen müssen. Da sämtliche staatskirchenvertragsrechtliche Regelungen auch auf die

130 Zu diesen seit jeher bestehenden Anforderungen an die bischöfliche Maßnahme siehe schon Werner Thieme, Hochschulrecht, Köln u. a. ²1986, Rdn. 165.

131 Classen, Religionsrecht (Anm. 18) Rdn. 548, hebt das alleinige Bestimmungs- und Beurteilungsrecht der Kirche (oder der jeweiligen Religionsgesellschaft) hervor, den konfessionellen bzw. religionsbezogenen Standpunkt in concreto festzustellen. Dazu, dass dies einer Veto-Position nahekommt, vgl. Thieme, Hochschulrecht (Anm. 130), Rdn. 164f.

132 Vgl. dazu sehr deutlich Gärditz, Hochschulorganisation (Anm. 11), 604 mit Fn. 136. Siehe auch Waldhoff, Theologie (Anm. 30), Rdn. 38.

133 Diese Übereinstimmungsfeststellung ist beamtenverfassungsrechtlich (i.S. des Art. 33 Abs. 2 GG) ein Eignungsmerkmal und eine Eignungsvoraussetzung, die mit dem Grundrecht der Wissenschaftsfreiheit vereinbar ist. Vgl. nur Classen, Religionsrecht (Anm. 18), Rdn. 548.

134 Siehe aktuell dazu den am 29. September 2025 unterzeichneten neuesten hochschulbezogenen Staatskirchenvertrag zwischen dem Heiligen Stuhl und dem Land Berlin über das Institut für Katholische Theologie an der Humboldt-Universität zu Berlin (Abgeordnetenhaus Drs. 19/2386 vom 10. April 2025), Art. 4 und Schlussprotokoll.

„Erfordernisse eines Lebenswandels nach der Ordnung der Katholischen Kirche" abstellen, stellt sich ferner die Frage, wie weit Aspekte der privat-persönlichen Lebensführung hier überhaupt noch zum Tragen kommen können, nachdem das kirchliche Arbeitsrecht hier weitreichende Liberalisierungen vorgenommen hat. Diese betreffen aber weniger den „verkündigungsnahen" Bereich, sodass hier selbst nach der „strengen" EuGH-Rechtsprechung durchaus Nichterteilungen des *Nihil obstat* – und vice versa dessen Entzugs – denkbar und ggf. begründbar sind.[135] Besonders deutlich dürfte dies in Fällen eines Kirchenaustritts sein.[136] Für Ahndungen von Lebenswandelverstößen ist bei einem bestehenden Dienstverhältnis an einer staatlichen Universität der Faktor Zeit zu beachten: Wartet der zuständige Bischof zu lange mit dem Entzug, dann könnte die Geltendmachung des Rechts verwirkt werden. Ein im wissenschaftlichen Schrifttum – soweit ersichtlich[137] – wenig behandeltes Problem ist auch, ob bspw. eine Blockade auf kirchlicher Seite bei Neuberufungen rechtliche Konsequenzen nach sich zieht, etwa derart, dass die Kirche ihr Mitwirkungsrecht verliert, wenn die Blockade rechtsmissbräuchlich ist. Auch dies wird kaum pauschal beantwortet werden können; Verzögerungen o. ä. werden aber das sensible Vertragsrechtsverhältnis nachhaltig stören, vor allem dann, wenn die Funktionsfähigkeit einer Fakultät oder eines theologischen Instituts gefährdet ist.

Wird einem theologischen Wissenschaftler oder Wissenschaftlerin nach Berufung bzw. Begründung des wissenschaftlichen Dienstverhältnisses das *Nihil obstat* entzogen, dann verliert er seine oder sie ihre Prüf- und Mitwirkungsrechte (und -pflichten) in der theologischen Ausbildung. Die beamtenrechtlichen Statusrechte gehen aber nicht verloren. Die Beanstandungsanforderungen gelten dabei als strenger als bei Erteilung des *Nihil obstat* und der Staat darf das Vorliegen der Tatsachengrundlagen prüfen.[138] Ob der Entzug der kirchlichen Lehrbefugnis auch zu einer Entfernung aus der theologischen Organisationseinheit (Fakultät oder Institut) mit der beamtenrechtlichen Umsetzung in eine andere universitäre Organisationseinheit verbunden sein muss, ist seit jeher umstritten und wird in Einzelfällen (siehe etwa im Fall Lüdemann) auch praktisch unterschiedlich gehandhabt. Prima facie erscheint eine beamtenrechtliche Umsetzung, d. h. eine Entfernung der Lehrperson aus der kon-

135 So im Ergebnis auch Hufen, Wissenschaftsfreiheit (Anm. 9), 724f., der dies etwa für Eheschließung eines Priesters, aber auch Scheidung und Wiederverheiratung eines katholischen Hochschullehrers, aber nicht bei Homosexualität annimmt.

136 Selbst wenn gerade die Kirchenaustrittsproblematik aktuell als herkömmliche Arbeitsrechtsfrage beim EuGH anhängig ist.

137 Siehe aber als Ausnahmen Hollerbach, Aktuelle Fragen (Anm. 31), 262; sowie Waldhoff, Theologie (Anm. 30), Rdn. 38.

138 Vgl. Waldhoff, Theologie (Anm. 30), Rdn. 40.

kreten Fakultät, plausibel und konsequent. Nicht wenige sehen dies sogar als rechtlich notwendig an.[139] Angesichts vager staatskirchenvertragsrechtlicher Bestimmungen erscheint dies aber nicht unbedingt und auch aus verfassungsrechtlichen Gründen nicht zwingend gefordert, selbst wenn es sinnvoll erscheint.[140] Erforderlich ist in jedem Fall eine Neuumschreibung der Lehrstuhldenomination, die die Wissenschaftsfreiheit nicht übermäßig tangiert und die kirchliche Rechtspositionen wahrt.

Besonders heikel ist bei einer erfolgreichen Lehrbeanstandung die Frage der Ersatzgestellung, wie sie herkömmlich staatskirchenvertragsrechtlich geregelt ist. Verfassungsrechtlich gefordert dürfte sie kaum sein.[141] Die Kirche wird nicht grenzenlos Neuausschreibungen von Professorenstellen fordern können und muss sich ggf. mit Kompensation durch Lehraufträge u.ä. begnügen. Eine offene Frage ist, ob die beanstandende Kirche sich möglicherweise an den dadurch entstehenden Kosten zumindest unter Billigkeitsgesichtspunkten beteiligen sollte oder muss.[142]

7.3.3 Lehrfreiheit und kirchlicher Gehorsam

Die Lehrfreiheit im Kontext der Wissenschaftsfreiheit steht – wie angedeutet – in einem engen Verhältnis zum Aspekt Forschung. Dies gilt grundsätzlich auch für die Lehre in theologischen Fächern.[143] Die herkömmliche Lehre unterfällt in allen Bereichen darüber hinaus der besonderen Verfassungstreueklausel in Art. 5 Abs. 3 Satz 2 GG.[144] Noch mehr als Fragen der Forschung – einschließlich der Publikation entsprechender Erkenntnisse – dürften Lehrinhalte in der Theologenausbildung von praktischer Bedeutung sein.[145] Die Vermittlung der kirchlichen Lehre an den Nachwuchs kirchlicher Ämter (Priesteramt oder z. B. anderer Berufsbilder, die auf einem volltheologischen Studium beruhen, z. B.

139 Vgl. grundlegend Scheuner, Rechtsfolgen (Anm. 8), 45f. Kritisch dazu Emde, Fakultäten (Anm. 8), insbes. 400f. Zum Streitstand siehe auch Werneburg, Wissenschaftsfreiheit (Anm. 8), 483-488.

140 Vgl. Löwer, Häresie (Anm. 8), 141f.

141 Vgl. Classen, Religionsrecht (Anm. 18), Rdn. 550.

142 Vgl. nur Hollerbach, Aktuelle Fragen (Anm. 31), 261, der angesichts einer solch „moralisch geforderten" Maßnahme deren ausdrückliche vertragsrechtliche Regelung empfiehlt. Ähnlich Waldhoff, Theologie (Anm. 30), Rdn. 341 a.E. Siehe aber auch Gärditz, Hochschulorganisation (Anm. 11), 606: „Die hieraus entstehenden Mehrkosten sind in der Regel vom Staat als Folgekosten einer Zurverfügungstellung staatlicher Fakultäten für kirchliche Zwecke zu tragen."

143 Vgl. umfassend dazu Eric W. Steinhauer, Die Lehrfreiheit katholischer Theologie an den staatlichen Hochschulen in Deutschland, Münster 2006.

144 Vgl. dazu eingehend von Coelln (Anm. 4), Rdn. 119-123.

145 Ähnlich in der Tendenz wohl auch Hufen, Wissenschaftsfreiheit (Anm. 9), 724.

Pastoralreferenten; Religionslehrer) zielt grundlegend eine Übereinstimmung mit der kirchlichen Lehre ab. Dies schließt zwar kritische Rückfragen oder sogar Widerspruch nicht aus, basiert aber darauf, dass die Theologiestudierenden nicht einseitig zu Lasten der kirchlichen Lehre indoktriniert werden oder beständig aufgefordert werden, vom kirchlichen Lehramt Abstand zu nehmen.[146] Der Ausbildungscharakter der Lehre darf nicht einfach hinter seinem Wissenschaftsbezug vollständig zurücktreten. In angedeuteten (zugegeben: extremen) Fällen würde aber eine deutliche Grenze überschritten. Es zeigt sich aber möglicherweise auch hier, dass ein Spannungsfeld zwischen der Freiheit im System Wissenschaft und dem Übereinstimmungserfordernis (und der entsprechenden Positionalitätserwartung) des Systems Religion besteht. Es ist für beide Seiten ein Gebot der Klugheit, ein allzu starkes Auseinanderdriften der Positionen zu vermeiden. Auch hier zeigt sich, es gibt wohl keine schematisch, schachbrettartig klar strukturierten Problemfelder, die einfach entschieden werden könnten.

7.3.4 Weitere Organisationsfragen und kirchliche Ingerenzen bei Studienveränderungen

Eine weitere Frage betrifft mögliche kirchliche Mitwirkungsrechte bei der Übernahme z. B. von Leitungsfunktionen in einer Hochschule (z. B. kirchliches Bestätigungsrecht bei der Übernahme eines Dekanats).[147] Besondere kirchliche Bestätigungsrechte o. ä. dürften angesichts der organisationsrechtlichen Bedeutung des Art. 5 Abs. 3 Satz 1 GG sehr fragwürdig sein und werden also ggf. zurücktreten müssen gegenüber den staatlichen Organisationsgrundlagen und Ordnungsvorstellungen.

Der Bologna-Prozess hat die Studienlandschaft durch die Umstellung auf Bachelor- und Masterstudiengänge erheblich umgepflügt. Die Veränderungen können ggf. Auswirkungen auf die Reichweite der kirchlichen Mitwirkungsrechte bei der Neu-Konzeption eines modifizierten – u. U. „theologiefernen" – Studienangebots bzw. der Beteiligung an anderen Studiengängen und -abschlüssen haben, was an dieser Stelle aber nur angedeutet werden soll.[148]

8. Ausblickendes

Das Vorstehende konnte vor dem Hintergrund älterer und neuerer Entwicklungen nur eine kursorische Momentaufnahme sein. Der Realbereich Religion

146 Vgl. ebd.
147 Vgl. ebd., 725f.
148 Vgl. eingehend dazu Waldhoff, Theologie (Anm. 30), Rdn. 45-53.

ist in einem solch gravierenden Wandel, dass die wissenschaftliche Beobachtung der Theologie im Hochschulsektor eine Daueraufgabe ist, die selbst immer unter wissenschaftlicher Vorbehaltlichkeit steht, sodass Prognosen über Zukünftiges schwerfallen und eher gemieden werden sollten. Das Thema kirchlicher Gehorsam und Wissenschaftsfreiheit ließe sich nach all dem vorstehend Ausgeführten noch nicht einmal durch eine extreme Exodus-Strategie – wie sie immer wieder mal propagiert wird – vermeiden,[149] da selbst eine Verlagerung an kircheneigene Einrichtungen,[150] wenn sie denn wirklich Hochschulen sein wollen, ohne valide wissenschaftliche Freiheit im beschriebenen Sinn nicht zu haben sind (siehe oben unter 6.). Peter Strohschneider, unter dessen Ägide der Wissenschaftsrat 2010 die wegweisende Positionierung zu den Theologien und anderen religionsbezogenen Wissenschaften formuliert hat,[151] konstatierte vor einigen Jahren, dass bekenntnisgebundene Theologien keineswegs Glaubensgewissheiten verbürgen, sondern wissenschaftliches Wissen:

> „Im Unterschied zur Religionswissenschaft sind Theologien also ein Modus der reflexiven Selbstdistanzierung religiöser Gewissheiten; dies ist die paradoxe Raison ihrer Bekenntnisgebundenheit. Als bekenntnisgebundene Wisilssenschaften erzeugen sie methodisch zwar verlässliches, aber ungewisses Wissen über vorbehaltlose Glaubensgewissheiten. Die Vorbehaltlichkeit dieses ihres Wissen ist sozusagen der Preis für den Status der Theologien als moderne Wissenschaften – und ihre kategoriale Differenz gegenüber den ehrwürdigen Traditionen gelehrter frommer Textpflege.“[152]

Das Verhältnis von kirchlichem Gehorsam und wissenschaftlicher Freiheit ist kein statisch Vorgegebenes, sondern ein beständig (neu) auszubalancierendes Verhältnis, bei dem beide Seiten herausgefordert sind, die Frage substantiiert zu beantworten: Wie haltet ihr es mit der Wissenschaft und mit der Gehorsamkeit?

149 Süffisant konstatiert Emde, Fakultäten (Anm. 8), 398, dass das „effektivste Mittel der Sicherung des Selbstbestimmungsrechts“ der Rückzug aus den staatlichen Universitäten sei.

150 Bemerkenswert zu einem französisch inspirierten Vorbild einer „Domschule“ Joachim Kardinal Meisner, Wer sich anpasst, kann gleich einpacken. Lebenserinnerungen, Freiburg 2020, 218-220. Zu den aktuellen Kölner Vorgängen (KHKT) siehe auch Menke, Theologie (Anm. 1), 76-79.

151 Zentral die Stellen Wissenschaftsrat, Empfehlungen (Anm. 19), 51-65, insbes. 51-54 zu den auch gesellschaftlichen Erwartungen an Theologien an staatlichen Universitäten.

152 Peter Strohschneider, Krisen von Vorbehaltlichkeit. Vortrag zum 200jährigen Bestehen der Katholisch-Theologischen Fakultät der Eberhard-Karls-Universität Tübingen: ThQ 198 (2018), 15f.

AKKREDITIERUNG KATHOLISCH-THEOLOGISCHER STUDIENGÄNGE IN DEUTSCHLAND

Ein exemplarisch-konkreter Blick auf Hochschulrecht und Hochschulwirklichkeit

Rafael M. Rieger OFM

1. Ein exemplarisch-konkreter Blick auf Hochschulrecht und Hochschulwirklichkeit

> „Kirche ist mehr als Kirchenrecht, Kirche ist gelebte Wirklichkeit in der Zeit und vor Ort, Kirche, das sind die Menschen, die im Glauben zusammenfinden, gemeinsam feiern, gemeinsam handeln. Das Kirchenrecht ist der schwerfälligste Teil der Kirche, gleichsam gefrorene römische Dogmatik. Es wird nur geändert, wenn die Mächtigen spüren, dass bei einem ‚Weiter so' ihr Teich austrocknet."[1]

So ist in einer Rezension von Ferdinand Kerstiens zum Buch „Die Täuschung" von Norbert Lüdecke zu lesen. An dieses Zitat musste ich denken, als mir von den Organisatoren der Tagung „Verkündigungsauftrag der Kirche in pluraler und säkularer Umwelt" ein Beitrag unter der Leitfrage „Hochschulrecht und Hochschulwirklichkeit – zwei Welten?" angetragen wurde. Wie gestaltet sich das Verhältnis von Recht und Wirklichkeit im Bereich der kirchlichen Hochschullandschaft, also bei den katholisch-theologischen Fakultäten, den Universitäten und Hochschulen in kirchlicher Trägerschaft und den übrigen kirchlich gebundenen Lehrstühlen und Instituten?

Im Folgenden soll diese Frage nicht allgemein-abstrakt, sondern exemplarisch-konkret erörtert werden, indem die Entwicklung bei der Akkreditierung katholisch-theologischer Studiengänge in Deutschland in den vergangenen 25 Jahren betrachtet und aufzeigt wird, wie sehr sich hier in diesem Zeitraum Hochschulrecht und Hochschulwirklichkeit verändert haben. Dazu schildere ich zunächst die Ausgangslage vor 25 Jahren als der sog. Bologna-Prozess begonnen wurde und die Schritte, die im Jahr 2008 zur Gründung von AKAST, der *Agentur für Qualitätssicherung und Akkreditierung kanonischer Studiengänge in Deutschland e. V.*, führten (Kap. 2). Sodann werde ich die gegenwärtige Rechts-

1 Ferdinand Kerstiens, „Die Täuschung" von Norbert Lüdecke. Eine biographisch grundierte, kritische Besprechung: https://www.feinschwarz.net/luedecke-taeuschung/ [Zugriff: 16.09.2023].

lage und Praxis bei der Akkreditierung katholisch-theologischer Studiengänge in Deutschland, wie sie insbesondere durch die Entscheidung des Bundesverfassungsgerichts vom 17. Februar 2016 angestoßen wurden, skizzieren (Kap. 3). Darauf aufbauend kann abschließend das Verhältnis von Hochschulrecht und Hochschulwirklichkeit im Kontext des Verkündigungsauftrags der Kirche in pluraler und säkularer Umwelt in den Blick genommen werden (Kap. 4).

2. Die Gründung von AKAST e. V. in Folge der Einführung der nationalen Akkreditierungspflicht im Rahmen des Bologna-Prozesses

2.1 Akkreditierung von Studiengängen

Das Wort „Akkreditierung" kommt vom lateinischen Verb *accredere* ‚Glauben schenken'. Unspezifisch lässt sich Akkreditierung zunächst definieren als ein Vorgang, bei dem eine allgemein anerkannte Instanz einer anderen das Erfüllen einer besonderen, in der Regel nützlichen Eigenschaft bescheinigt.[2] Für den Hochschulbereich definiert Michael Daxner: „Akkreditierung ist der begründete, widerrufbare und auf nachvollziehbaren Kriterien aufbauende Vertrauensvorschuss (Kredit), den die Gesellschaft beziehungsweise der Staat den Institutionen geben."[3]

Die *Akkreditierung* von Studiengängen ist ein *externes Instrument der Qualitätssicherung*. Ursprünglich stammt dieses Instrument aus den USA. Dort dient die Akkreditierung von Studiengängen einer Selbstregulierung im Wissenschaftsbereich auf privatrechtlicher Basis. Das Hochschulwesen in den USA ist bekanntlich überwiegend privatrechtlich organisiert.[4]

Im *Statut für ein länder- und hochschulübergreifendes Akkreditierungsverfahren*[5] der deutschen Kultusministerkonferenz (KMK) aus dem Jahr 2002 war zu lesen:

> „Mit der Akkreditierung wird in einem formalisierten und objektivierbaren Verfahren festgestellt, dass ein Studiengang in fachlich-inhaltlicher Hinsicht und hinsichtlich seiner Berufsrelevanz den Mindestanforderungen

2 Vgl. Kathrin Hagemeister, Akkreditierung katholisch-theologischer Studiengänge, Hamburg 2013, 40-42.

3 Zitiert nach: ebd., 41.

4 Vgl. Max-Emanuel Geis, Art. Akkreditierung – Staatlich: LKRR, Bd. 1, 68f.

5 KMK, Statut für ein länder- und hochschulübergreifendes Akkreditierungsverfahren [= AkkStatut]. Beschluss vom 24.05.2002, (i.d.F. v. 15.10.2004): https://archiv.akkreditierungsrat.de/fileadmin/Seiteninhalte/KMK/Sonstige/KMK_System_Statut_ausserKraft.pdf [Zugriff: 08.01.2025].

entspricht. Die Akkreditierung ersetzt nicht die primäre staatliche Verantwortung für die Einrichtung von Studiengängen."[6]

Begrifflich ist demnach eine doppelte Abgrenzung vorzunehmen: Einerseits ist die Akkreditierung von Studiengängen zu unterscheiden von der staatlichen bzw. kirchlichen Genehmigungsentscheidung durch die solche Studiengänge eingerichtet und ihre Prüfungsordnungen und Abschlüsse amtlich anerkannt werden. Andererseits ist die Akkreditierung von Studiengängen zu trennen von der Evaluierung von Institutionen oder auch Studienprogrammen. Mögen in der Praxis die Grenzen mitunter verschwimmen, so handelt es sich bei der Evaluierung im Vergleich zur Akkreditierung um ein weniger formalisiertes und objektivierbares Verfahren, das insbesondere der Qualitätsentwicklung dienen soll. Friedrich Bechina grenzt innerhalb von Qualitätssicherungsmaßnahmen Akkreditierungs- und Evaluierungs- bzw. Qualitätsentwicklungskonzepte ab:

> „Sehr vereinfacht ausgedrückt würde ein ‚Akkreditierungskonzept' die Erfüllung von Mindeststandards überprüfen und gegebenenfalls positiv zertifizieren. Das ‚Qualitätsentwicklungskonzept' dagegen gleicht nicht einer ‚bestanden' oder ‚nicht bestanden' Prüfung, sondern identifiziert Stärken und Schwächen, formuliert Empfehlungen zur Verbesserung und legt geeignete Maßnahmen dafür vor."[7]

2.2 Der Bologna-Prozess

Vor 25 Jahren, am 19. Juli 1999 haben sich die Bildungsminister aus 30 europäischen Staaten in Bologna auf einen gemeinsamen Rahmen zur Vereinheitlichung der Hochschullandschaft in Europa geeinigt.[8] Vorausgegangen waren 1997 das Lissabon-Abkommen zur Anerkennung von Hochschulabschlüssen innerhalb Europas und 1998 die Sorbonne-Erklärung der Bildungsminister von Deutschland, Frankreich, Großbritannien und Italien, in der die Einführung einer einheitlichen Bachelor-Master-Studienstruktur „zur Harmoni-

6 Nr. 1 Abs. 1 Satz 2-3 AkkStatut.

7 Friedrich Bechina, Qualitätskultur als Chance und Herausforderung kirchlicher Hochschulstudien: Seminarium 53 (2013/1-2), 53-104, 86.

8 Vgl. Themenschwerpunkt 25 Jahre Bologna-Prozess: Forschung & Lehre, 31 (6/24), 408-423; Max-Emanuel Geis, Art. Bologna-Prozess – Staatlich: LKRR, Bd. 1, 448f.; Heribert Hallermann, Art. Bologna-Prozess – Katholisch: LKRR, Bd. 1, 449-451; Text abgedr.: Heribert Hallermann, Katholische Theologie im Bologna-Prozess. Gesetze, Dokumente, Berichte, Paderborn u. a. 2011 (KStKR 13), 139-141.

sierung der europäischen Hochschulbildung“ angeregt wurde.[9] Ziel war die Schaffung eines „Europäischen Hochschulraums“ (EHR)[10], in dem aufgrund anerkannter und vergleichbarer Standards eine größere Mobilität für Studierende, Dozierende sowie Absolventinnen und Absolventen als bisher ermöglicht werden sollte. Aktuell gehören diesem „Europäischen Hochschulraum“ 48 Staaten[11] sowie der Heilige Stuhl und die Europäische Kommission als Mitglieder an. Daneben gibt es gegenwärtig acht beratende Mitglieder: Organisationen wie die UNESCO oder die *European Association for Quality Assurance in Higher Education* (ENQA).[12] Zusätzlich werden in den offiziellen Dokumentationen fünf Partnerorganisationen gelistet.[13] Der Bologna-Prozess ist also kein

9 Sorbonne-Erklärung (Sorbonne Joint Declaration). Gemeinsame Erklärung zur Harmonisierung der Architektur der europäischen Hochschulbildung vom 25.05.1998, abgedr. und hier zitiert nach: Hallermann, Theologie (Anm. 8), 136-138.

10 Englisch: European Higher Education Area (EHEA). Zum EHR bzw. zur EHEA vgl. Hallermann, Theologie (Anm. 8), 496f.

11 Seit der Folgekonferenz in Berlin 2003 liegt die Gesamtleitung des Bologna-Prozesses bei der Bologna Follow-up-Group (BFUG). Die BFUG ist insbesondere zuständig für die Umsetzung der Beschlüsse sowie der Vorbereitung der Bologna-Folgekonferenzen (Minister-Konferenzen), die in der Regel alle zwei Jahre stattfinden. Die BFUG besteht aus Vertretern aller Mitglieder des Bologna-Prozesses, wobei der Vorsitz bei der jeweiligen EU-Präsidentschaft liegt. Vgl. Hallermann, Theologie (Anm. 8), 490. Auf der 80. BFUG-Sitzung am 11. und 12. April 2022 in Straßburg haben die BFUG-Mitglieder beschlossen aufgrund des völkerrechtswidrigen Angriffskrieges gegen die Ukraine, die Vertretungsrechte von Belarus und der Russischen Föderation im EHR auszusetzen. Vgl. Bericht der Bundesregierung zur Umsetzung der Ziele des Bologna-Prozesses 2021 bis 2024. BT-Drucksache 20/109945: https://dserver.bundestag.de/btd/20/109/2010945.pdf [Zugriff: 03.01.2025], 2, Anm. 2.

12 Auf der offiziellen Homepage des Bologna-Prozesses (https://ehea.info/page-members [Zugriff: 03.01.2025]) werden folgende beratende Mitglieder genannt: Council of Europe (CoE), UNESCO, European University Association (EUA), European Association of Institutions of Higher Education (EURASHE), European Students' Union (ESU), European Association for Quality Assurance in Higher Education (ENQA), Education International (EI) und BUSINESS EUROPE.
ENQA wurde im Jahr 2000 als European Network for Quality Assurance in Higher Education gegründet. Seit 2004 nennt sich die Organisation European Association for Quality Assurance in Higher Education. Das ursprüngliche Akronym ENQA wurde jedoch beibehalten. Vgl. https://www.enqa.eu/about-enqa/ [Zugriff: 11.01.2025].
Das European Quality Assurance Register (ENQR) hat einen vergleichbaren Status wie die beratenden Mitglieder (nicht-stimmberechtigte Mitglieder der BFUG), wurde aber bislang nicht offiziell als beratendes Mitglied im Bologna-Prozess benannt. Vgl. https://ehea.info/page-members [Zugriff: 11.01.2025].

13 Die Association Européenne des Conservatoires, Académies de Musique et Musikhochschulen (AEC), die European Association for International Education (EAIE), das Council of European professional and managerial staff (Eurocadres), Eurodoc, und die European Association for Promotion of Science and Technology (Euroscience). Diese Partnerorganisationen können auf Nachfrage an den BFUG-Treffen teilnehmen und können von

rein staatliches Geschehen, sondern auch ein Prozess der Zivilgesellschaft mit verschiedenen außerstaatlichen Akteuren. Die Kommuniqués und Absichtserklärungen sind (im Unterschied etwa zum Lissabon-Abkommen) keine völkerrechtlich-verbindlichen Verträge im Sinne der Wiener Vertragskonvention.[14] Sie entfalten daher nicht von sich aus rechtliche Wirkung, sondern nur insoweit sie in nationales Recht überführt werden.

2.3 Das Europäische Register für Qualitätssicherungsagenturen (EQAR)

Weder in der Bologna-Erklärung noch in den Dokumenten, die in den beiden Vorjahren in Lissabon und Paris unterzeichnet wurden, war von Studiengangsakkreditierung die Rede. Der Begriff „Akkreditierung" begegnet erstmalig 2003 im Kommuniqué der Berliner Folge-Konferenz[15], bei der u. a. der Heilige Stuhl in den Bologna-Prozess aufgenommen wurde. In Berlin wurde ENQA beauftragt, ein „System von Normen, Verfahren und Richtlinien zur Qualitätssicherung zu entwickeln" sowie „Möglichkeiten zur Gewährleistung eines geeigneten Begutachtungsprozesses (peer review) für Agenturen und Einrichtungen zur Qualitätssicherung und/oder Akkreditierung zu prüfen"[16]. Für die Einführung eines europaweiten Qualitätssicherungs- und Akkreditierungswesens war die Konferenz der Bildungsminister in Bergen 2005 entscheidend. Dort haben die Vertreter der beteiligten Staaten und Mitgliedsorganisationen ihre Zustimmung geäußert zu den von ENQA in Kooperation mit drei weiteren Organisationen[17] („E4 Group") erarbeiteten Standards und Leitlinien für Qualitätssicherung im Europäischen Hochschulraum. Aus diesen damals erarbeiteten Standards und Leitlinien haben sich die bis heute maßgeblichen „*European Standards and Guidelines for Quality Assurance*" (ESG) entwickelt, die derzeit in einer Fassung aus dem Jahr 2015 Anwendung finden.[18] In Bergen

Arbeitsgruppen und Ausschüssen eingeladen werden, Experten zur Mitarbeit in diese Gremien zu entsenden. Darüber hinaus werden zu einzelnen Veranstaltungen Fachexperten etwa von Eurostat, Eurostudent oder Eurydice eingeladen, sodass auch diese Organisationen in gewisser Weise am Bologna-Prozess beteiligt sind (vgl. https://ehea.info/page-members [Zugriff: 11.01.2025]).

14 Wiener Übereinkommen über das Recht der Verträge (WÜRV) vom 23. Mai 1969: BGBl. II, 1986, 926-960.

15 Text abgedr.: Hallermann, Theologie (Anm. 8), 150-159.

16 Ebd., 152.

17 European Students' Union (ESU), European University Association (EUA), European Association of Institutions in Higher Education (EURASHE).

18 ESG 2015: https://www.enqa.eu/wp-content/uploads/2015/11/ESG_2015.pdf [Zugriff: 08.01.2025]; Dt. Übers.: HRK, Standards und Leitlinien für die Qualitätssicherung im

haben die Vertreter der Mitglieder des Europäischen Hochschulraums eine Selbstverpflichtung abgegeben, das von ENQA vorgeschlagene Modell zur Begutachtung von Qualitätssicherungsagenturen einzuführen.[19] Auf dieser Konferenz wurde auch mehrheitlich das „Prinzip eines europäischen Verzeichnisses der Qualitätssicherungsagenturen, das auf nationalen Zertifizierungen basiert", begrüßt. Aus dieser Absichtserklärung entstand 2008 das *European Quality Assurance Register* (EQAR).[20] EQAR ist eine Non-Profit-Organisation nach belgischem Recht mit Sitz in Brüssel, die von der „E4-Group" (*Founding Members*) und ihren beiden Kooperationspartnern[21] (*Social Partner Members*) sowie den am Bologna-Prozess beteiligten Staaten (*Govermental Members*) getragen wird.[22] Qualitätssicherungsagenturen können die Aufnahme in das Register beantragen. Dazu müssen sie nachweisen, dass sie im Wesentlichen in Übereinstimmung mit den ESG arbeiten.[23] Über die Aufnahme in das Register entscheidet der Registrierungsausschuss (*Register Committee*), in dem nur die Vertreter der *Founding Members* und der *Social Partner Members* von EQAR, nicht aber die Regierungsvertreter stimmberechtigt sind.[24] Sowohl für die Beantragung der Registrierung als auch für die fortgesetzte jährliche Listung werden Gebühren erhoben.[25] Die Registrierung bzw. Wiederzulassung muss alle fünf Jahre neu beantragt werden.[26]

2.4 Umsetzung in Deutschland

In Deutschland kam es bereits im Jahr 1998, also ein Jahr vor der Bologna-Erklärung, auf Initiative der Hochschulrektorenkonferenz (HRK) und mit Unterstützung der KMK zu einer probeweisen Akkreditierung von Bachelor- und Masterstudiengängen. 2002 verabschiedete die KMK das (bereits zitierte) „Statut für ein länder- und hochschulübergreifendes Akkreditierungsver-

Europäischen Hochschulraum. Beiträge zur Hochschulpolitik 3/2015: https://www.hrk.de/uploads/media/ESG_German_and_English_2015.pdf [Zugriff: 08.01.2025]. Hier werden die vier Organisationen („E4 Group") als Autoren sowie EI, Businesseurope und ENQR als Kooperationspartner genannt.

19 Text abgedr.: Hallermann, Theologie (Anm. 8), 160-166.

20 S. oben Anm. 12.

21 BUSINESSEUROPE und Education International (EI).

22 Vgl. Art. 3-6 EQAR Statutes: https://www.eqar.eu/assets/uploads/2023/11/2023_EQAR_Statutes_EN_13Oct_final.pdf [Zugriff: 03.01.2025].

23 Vgl. Art. 20 Abs. 2 EQAR Statutes.

24 Art. 20 Abs. 1 i. V. m. Art. 15f EQAR Statutes.

25 Art. 22 Abs. 2 EQAR Statutes.

26 Vgl. EQAR, Decision on Registration: https://www.eqar.eu/register/guide-for-agencies/decision-on-registration/ [Zugriff: 08.01.2025].

fahren". Seither sind in Deutschland Studiengänge, die zu den Abschlüssen Bachelor/Bakkalaureus und Master/Magister führen, zu akkreditieren.[27] Für die Akkreditierung war gemäß dem Akkreditierungsstatut von 2002 ein Netz dezentraler Agenturen zuständig, die untereinander im Wettbewerb stehen sollten.[28] Als zentrale Einrichtung und Koordinierungsstelle wurde der Akkreditierungsrat (AR) etabliert (vgl. Nr. 3-10 AkkStatut 2002). Der Akkreditierungsrat hatte sich 1999 auf der Grundlage verschiedener Beschlüsse der KMK und HRK zum Akkreditierungssystem konstituiert.[29] Anfangs war er der Geschäftsstelle der KMK zugeordnet, ohne eigene Rechtsnatur zu besitzen.[30] 2005 wurde durch Gesetz des Landes Nordrhein-Westfalen eine Stiftung zur Akkreditierung von Studiengängen in Deutschland errichtet.[31] Nunmehr ist der Akkreditierungsrat zentrales Organ dieser Akkreditierungsstiftung, die seit dem 1. Januar 2018 die Bezeichnung „Stiftung Akkreditierungsrat" trägt.[32]

2.5 Umsetzung beim Hl. Stuhl

Der Heilige Stuhl ist ein transnationales Völkerrechtssubjekt *sui generis*, ohne eigenes Territorium. Im Bologna-Prozess wird er gleichwohl in der Regel als einer von derzeit 49 Mitgliedsstaaten betrachtet. Über die ersten Jahre (2003-2007) der Beteiligung des Heiligen Stuhls am Bologna-Prozess berichtet u. a. Alfred E. Hierold (1941–2025) als Zeitzeuge aus erster Hand.[33]

Dem Studiensystem des Heiligen Stuhls gehören weltweit jene Universitäten und Fakultäten als „kirchliche Hochschuleinrichtungen" gemäß Art. 2 § 1

27 Nr. 2 Abs. 2 AkkStatut.

28 Nr. 1 Abs. 2 Satz 1 AkkStatut; Vgl. auch Hagemeister, Akkreditierung (Anm. 2), 86-89.

29 Vgl. ebd., 81.

30 Vgl. Nr. 3-10 AkkStatut.

31 Vgl. NRW, Gesetz zur Errichtung einer Stiftung „Stiftung zur Akkreditierung von Studiengängen in Deutschland" vom 15.02.2005: https://recht.nrw.de/lmi/owa/br_show_historie?p_id=2325 [Zugriff: 08.01.2025].

32 § 1 Akkreditierungsratsgesetz NRW vom 15.02.2005 (i. d. F. v. 17.10.2017, in Kraft getreten am 01.01.2018): https://recht.nrw.de/lmi/owa/br_show_historie?p_id=23198 [Zugriff: 08.01.2025]; Vgl. die offizielle Homepage der Stiftung: www.akkreditierungsrat.de [Zugriff: 08.01.2025].

33 Alfred E. Hierold, Von Bologna bis Bergen. Die Theologie im so genannten Bologna-Prozess: AfkKR 176 (2007), 46-61, 52-54. Hierold war in den Jahren 2003-2007 Mitglied der entsprechenden Kommission bei der Vatikanischen Kongregation, sowie der Arbeitsgruppe der Deutschen Bischofskonferenz (vgl. ebd. 59). Später wurde er der erste Vorsitzende von AKAST e. V. (2009-2013).
Auch Friedrich Bechina (s. oben Anm. 7) war an der Umsetzung der Beschlüsse des Bologna-Prozesses beim Heiligen Stuhl in der Kongregation für das Katholische Bildungswesen als Mitarbeiter (seit 2001) und späterer Untersekretär (2013-2022) von Anfang an beteiligt.

VG[34] an, „die nach kanonischer Errichtung oder Approbation durch den Heiligen Stuhl die Glaubenswissenschaft und hiermit verbundene Wissenschaften betreiben und lehren, mit dem Recht, akademische Grade in der Autorität des Heiligen Stuhls zu verleihen". Für die Zugehörigkeit einer Hochschulinstitution zum Studiensystem des Heiligen Stuhls ist demnach nicht entscheidend, wo die betreffende Einrichtung sich befindet, wie sie organisiert ist und in wessen Trägerschaft sie steht. Derartige „kirchliche Hochschuleinrichtungen" finden sich in zahlreichen Ländern auf allen fünf bewohnten Kontinenten.[35] Zum Teil sind diese Einrichtungen eigenständig, zum Teil aber auch in größere Hochschulinstitutionen wie Universitäten[36] integriert. Unbeschadet ihrer oftmals

34 Papst Franziskus, Apostolische Konstitution Veritatis gaudium (VG) vom 27.12.2017: AAS 110 (2018), 1-34. Dt. Übers.: VApS, H. 211.

35 Vgl. das – wie auf der Homepage (Beta Version) des Dikasteriums für Kultur und Bildung ausdrücklich betont wird – „verbindliche Verzeichnis" („elenco autorevole"): http://www.dce.va/it/educazione/database-istituzioni-facolta.html [Zugriff: 08.01.2025]. Dieses Verzeichnis gibt gewiss einen guten Überblick, in welchen Ländern der Erde „kirchliche Hochschuleinrichtungen" zu finden sind. Allerdings müssen die Angaben im Detail kritisch hinterfragt werden, obgleich das Dikasterium auf internationaler Ebene als Garant für Gültigkeit und Vollständigkeit der Daten fungiert („Tuttavia, il Dicastero funge come garante a livello internazionale per la validità e completezza dei dati").
Für „kirchliche Hochschuleinrichtungen" in Deutschland etwa sind die Angaben – Stand 10.02.2025 – größtenteils unvollständig, teilweise auch veraltet und fehlerhaft. Beispielsweise wird unter den „kirchlichen Hochschuleinrichtungen", wenngleich ohne weitere Angaben, das Institut für Katholische Theologie der RWTH Aachen genannt. Dieses Institut gehört aber ebenso wenig wie die nicht aufgeführten über 30 Institute für Katholische Theologie an anderen staatlichen Universitäten in Deutschland zu den „kirchlichen Hochschuleinrichtungen" gemäß Art. 2 § 1 VG. Zwar wird an diesen Instituten katholische Theologie gelehrt, jedoch können dort (bislang) keine akademischen Grade in der Autorität des Heiligen Stuhls verliehen werden. Warum die Angaben gerade für Deutschland derart fehlerhaft sind, kann und muss an dieser Stelle nicht erörtert werden. In jedem Fall liegt hier ein Beispiel vor, dass Hochschulrecht und Hochschulwirklichkeit mitunter tatsächlich „zwei Welten" sind. Nach Art. 16 Nr. 6 OrdVG haben die Leiter (Rektor, Präses, Dekan etc.) „kirchlicher Hochschuleinrichtungen" nämlich dafür Sorge zu tragen, dass jedes Jahr auf elektronischem Wege die aktualisierten Daten der Hochschuleinrichtung an das Dikasterium übermittelt werden. Vgl. Rafael M. Rieger, Die Datenbank des Heiligen Stuhls zu den kirchlichen Hochschulen als zeitgemäße Weiterführung des Berichtswesens: Ius canonicum in communione christifidelium. FS zum 65. Geburtstag von Heribert Hallermann, hg. v. M. Graulich – T. Meckel – M. Pulte, Paderborn u. a. 2016 (KStKR 23), 707-725.

36 Katholische Universitäten – wie die KU Eichstätt-Ingolstadt – gehören nicht per se zu den „kirchlichen Hochschuleinrichtungen" gemäß Art. 2 § 1 VG. Diese Universitäten in kirchlich-katholischer Trägerschaft unterstehen vielmehr dem jeweiligen nationalen Bildungssystem, obgleich sie vom Apostolischen Stuhl errichtet oder anerkannt wurden. Lediglich die theologischen (und ggf. anderen „kirchlichen") Fakultäten der Katholischen Universitäten, die akademische Grade im Namen des Apostolischen Stuhls verleihen, gehören zum Hochschulsystem des Heiligen Stuhls.

konkordatär geregelten Eigenart sind unter die „kirchlichen Hochschuleinrichtungen" auch die katholisch-theologischen Fakultäten an staatlichen Universitäten zu nennen. An „kirchlichen Hochschuleinrichtungen" wird nicht ausschließlich Theologie gelehrt. „Kirchliche" oder „kanonische" Hochschulstudien umfassen neben der akademischen Theologie auch andere kirchliche Wissenschaften wie Kirchenrecht und christliche Philosophie sowie „spezialisierte Studien" etwa in Kirchenmusik, christlicher Archäologie, bestimmten Literatur- und Kunstwissenschaften, Islamwissenschaften oder Psychologie, die in über 50 – oft weltweit renommierten – Einzelinstitutionen angeboten werden.[37] Andererseits wird katholische Theologie auch an zahlreichen (sofern man diesen Begriff verwenden möchte) „nicht-kirchlichen Hochschuleinrichtungen" gelehrt, etwa an Instituten für Katholische Theologie an staatlichen Universitäten oder an (Fach-)Hochschulen und Fakultäten für Religionspädagogik und kirchliche Bildungsarbeit.[38] Die Zugehörigkeit einer Hochschuleinrichtung zum Studiensystem des Hl. Stuhls bemisst sich also nicht primär nach inhaltlichen Kriterien. Vielmehr sind hierfür letztlich die beiden formalen Kriterien ausschlaggebend: (1.) kanonische Errichtung oder Approbation durch den Heiligen Stuhl und (2.) das Recht, akademische Grade in der Autorität des Heiligen Stuhls zu verleihen. Nur Hochschuleinrichtungen, die diese beiden Kriterien erfüllen, gehören als „kirchliche Hochschuleinrichtungen" dem Studiensystem des Heiligen Stuhls an.

Im Bereich der kirchlichen oder kanonischen Hochschulstudien ist das traditionelle Instrument der Qualitätssicherung die Zuerkennung der kanonischen Wirkung von Studienabschlüssen und akademischen Graden.[39] Allein die Universitäten und Fakultäten, die vom Heiligen Stuhl rechtmäßig errichtet oder anerkannt sind und nach den Vorgaben des kirchlichen Hochschulrechts geführt werden, können akademische Grade mit kanonischer Wirkung verleihen (Art. 5 VG; vgl. Art. 9 § 1 VG). Beim Heiligen Stuhl ist für die Errichtung oder Anerkennung von Universitäten und Fakultäten sowie für die Approbation ihrer Statuten und für die Aufsicht über deren Einhaltung nunmehr die Sektion für die Bildung des Dikasteriums für die Kultur und die Bildung zuständig (Art. 161 PE[40]). Die Sektion für die Bildung nimmt im Wesentlichen

37 Vgl. Bechina, Qualitätskultur (Anm. 7), 57f.

38 In Deutschland stehen beispielsweise alle Fachhochschulen und Fakultäten für Religionspädagogik und kirchliche Bildungsarbeit (die Bezeichnungen variieren) in kirchlicher Trägerschaft. Daher kann die Bezeichnung „nicht-kirchliche Hochschuleinrichtung" hier allenfalls mit Anführungszeichen verwendet werden. Vgl. Rafael M. Rieger, Art. Fachhochschule – Katholisch: LKRR, Bd. 2, 1-3.

39 Vgl. Heribert Hallermann, Art. Kanonische Wirkung – Katholisch: LKRR, Bd. 2, 729.

40 Papst Franziskus, Apostolische Konstitution Praedicate Evangelium (PE) vom 19.03.2022: AAS 114 (2022) 375-455. Dt. Übers.: VApS, H. 236.

die Aufgaben wahr, die bis zur Kurienreform des Jahres 2022 bei der Kongregation für das Katholische Bildungswesen lagen. Im Hochschulsystem des Heiligen Stuhls ist das Dikasterium damit nicht nur Genehmigungsbehörde, sondern faktisch auch Akkreditierungsinstanz, wenngleich dies weder in den Apostolischen Konstitutionen „über die kirchlichen Universitäten und Fakultäten" (VG) und „über die Römische Kurie und ihren Dienst für die Kirche in der Welt" (PE) noch in einem anderen kirchlichen Rechtstext ausdrücklich so normiert wird. Abgesehen von der veränderten Bezeichnung der Kurialbehörde gilt nach wie vor das, was Friedrich Bechina im Jahr 2013 schrieb:

> „Die ‚Akkreditierung', in der Sprache der kirchlichen Gesetzgebung ‚Errichtung' oder ‚Approbation', kommt weltweit ausschließlich der Kongregation für das Katholische Bildungswesen zu ([…]). Sie betrifft die Errichtung neuer Institutionen, die Genehmigung bestimmter Formen der akademischen Zusammenarbeit sowie die Bestätigung der Wahl oder Ernennung von Leitungsfunktionen bzw. die Unbedenklichkeitserklärung (‚Nihil obstat') vor der Festanstellung von Professoren. Das geschieht durch Reskripte und Dekrete nach Prüfung der Erfüllung der dafür vorausgesetzten Kriterien je nach Art der Genehmigung eventuell zunächst ad experimentum (für gewöhnlich 5 Jahre). Eine später erfolgende unbegrenzte Approbation (‚donec aliter provideatur') hebt allerdings die weitere ‚öffentliche Verantwortung' der Bildungskongregation für die Qualität (im Sinne der Erfüllung der Voraussetzungen) nicht auf. […] Im Blick auf die Gültigkeit und weltweite Anerkennbarkeit akademischer Grade unter der Autorität des Heiligen Stuhls muss sich die Kongregation stets Maßnahmen vorbehalten, um die Erfüllung der Mindestvoraussetzungen für die Verleihung der entsprechenden akademischen Grade sicherzustellen."[41]

Im Hochschulsystem des Heiligen Stuhls wird also institutionell nicht zwischen hoheitlicher Genehmigung und der Akkreditierung als externes Instrument der Qualitätssicherung unterschieden. Beides liegt in der Verantwortung des Dikasteriums für Kultur und Bildung. Sowohl für die hoheitliche Genehmigung als auch für notwendige Maßnahmen der Qualitätssicherung, beispielsweise um „[b]ei eklatanter und andauernder Unterschreitung der qualitativen wie quantitativen Voraussetzungen für den Lehrkörper […] das Recht der Fakultät auf Verleihung bestimmter akademischer Grade (insbesondere des Doktorats) ein[zu]schränken"[42], sind am Dikasterium faktisch die gleichen Personen zuständig. Förmliche Akkreditierungsverfahren, durch die

41 Bechina, Qualitätskultur (Anm. 7), 87.
42 Ebd., Anm. 39.

von externen Gutachtern in einer standardisierten und objektivierbaren Weise periodisch überprüft wird, ob die Studiengänge in fachlich-inhaltlicher Hinsicht und hinsichtlich ihrer Berufsrelevanz den gesetzlich normierten Mindestanforderungen[43] entsprechen, sind für kirchliche Fakultäten gemäß den geltenden universalkirchlichen Normen nicht vorgesehen.

Die Studien an nicht-fakultären Hochschuleinrichtungen, die durch Affiliation (Art. 63 VG)[44], Aggregation oder Inkorporation (Art. 64 VG)[45] an eine kirchliche Fakultät angebunden sind, um an deren Graduierungsrechten teilzuhaben, hingegen unterliegen nach kirchlichem Hochschulrecht inzwischen sehr wohl einer Akkreditierungspflicht. Eine Affiliation, Aggregation oder Inkorporation muss nämlich gemäß der Normen vom 8. Dezember 2020 alle fünf Jahre erneuert werden.[46] Dazu muss die kirchliche Fakultät durch einen Delegierten oder eine Kommission zunächst prüfen, „auch durch Besuche vor Ort", ob die ihr angebundene, nicht-fakultäre Hochschuleinrichtung die festgelegten akademischen Mindeststandards weiterhin erfüllt.[47] Die Entscheidung über die Verlängerung der Affiliation, Aggregation oder Inkorporation trifft dann das Dikasterium auf der Grundlage des Prüfberichts der Fakultät.[48]

Nach seinem Beitritt zum Bologna-Prozess hat der Heilige Stuhl eine eigene Agentur für die Evaluation und die Verbesserung der Qualität der kirchlichen Universitäten und Fakultäten geschaffen. Die *Agenzia della Santa Sede per la*

43 Zu diesen gesetzlich normierten Mindestanforderungen vgl. für theologische Fakultäten Art. 69-76 VG, für kirchenrechtliche Fakultäten Art. 77-80 VG, für philosophische Fakultäten Art. 81-84 VG. Für die übrigen „kirchlichen Fakultäten" ist es Aufgabe des Dikasteriums für Kultur und Bildung entsprechende Normen zu erlassen (Art. 86 VG).

44 Vgl. Rafael M. Rieger, Art. Affiliation – Katholisch: LKRR, Bd. 1, 52f.

45 Vgl. Rafael M. Rieger, Art. Aggregation – Katholisch: LKRR, Bd. 1, 55f.

46 Vgl. CEC, Istruzione sull'affiliazione di Istituti di studi superiori (8 dicembre 2020): https://www.vatican.va/roman_curia/congregations/ccatheduc/documents/rc_con_ccatheduc_doc_20201208_istruzione-affiliazione-studisup_it.html [Zugriff: 03.01.2025], Art. 20; CEC, Istruzione sull'aggregazione di Istituti di studi superiori (8 dicembre 2020): https://www.vatican.va/roman_curia/congregations/ccatheduc/documents/rc_con_ccatheduc_doc_20201208_istruzione-aggregazione-studisup_it.html [Zugriff: 03.01.2025], Art. 20; CEC, Istruzione sull'incorporazione di Istituti di studi superiori (8 dicembre 2020): https://www.vatican.va/roman_curia/congregations/ccatheduc/documents/rc_con_ccatheduc_doc_20201208_istruzione-incorporazione-studisup_it.html [Zugriff: 03.01.2025], Art. 21.

47 Art. 18 Istruzione affiliazione / aggregazione bzw. Art. 19 Istruzione incorporazione. Die Wendung „anche attraverso visite in loco" (ebd., wortgleich) ist wohl so zu verstehen, dass die Begutachtung in der Regel durch eine Vor-Ort-Begehung erfolgen soll, in Ausnahmefällen (beispielsweise während einer Pandemie) diese aber unterbleiben kann.

48 In Art. 22 Istruzione affiliazione / aggregazione bzw. Art. 23 Istruzione incorporazione wird ausdrücklich (wortgleich) festgehalten, dass für die Verlängerung ein Antrag des zuständigen Großkanzlers erforderlich ist, „dem ein ausführlicher Bericht über die bisherigen Ergebnisse der Affiliation/Aggregation/Inkorporation beizufügen ist".

Valutazione e la Promozione della Qualità delle Università e Facoltà Ecclesiastiche (AVEPRO) wurde auf Vorschlag des damaligen Präfekten der Kongregation für das Katholische Bildungswesen, Zenon Kardinal Grocholewski (1939-2020), durch ein Chirograph von Papst Benedikt XVI. am 19. September 2007 errichtet.[49] Am gleichen Tag wurden auch das Statut der Agentur erlassen, das jedoch erst 2009 in den *Acta Apostolicae Sedis* veröffentlicht wurde.[50]

AVEPRO ist eine Einrichtung, die mit dem Heiligen Stuhl verbunden ist (Art. 1 § 1). Die Agentur hat ihren rechtlichen Sitz in der Vatikanstadt und genießt sowohl kanonische als auch zivile Rechtspersönlichkeit (Art. 1 §§ 4-5). AVEPRO arbeitet unabhängig (Art. 2) im Bereich der Qualitätssicherung und -förderung von kirchlichen Hochschuleinrichtungen (Art. 3). Die Agentur untersteht nicht dem Dikasterium für die Bildung und Kultur. Sie ist international tätig und im Rahmen der internationalen Übereinkommen, Verträge und Initiativen, denen der Heilige Stuhl beigetreten ist, im Grunde für alle kirchlichen Hochschuleinrichtungen weltweit zuständig, die vom Heiligen Stuhl kanonisch errichtet oder approbiert wurden und die das Recht haben, akademische Grade im Namen des Apostolischen Stuhls zu verleihen (Art. 4).

Im Statut von 2007 war jedoch vorgesehen, dass es „für spezifische Bedürfnisse [...] verschiedene territoriale Artikulationen geben [könne], um auf besondere Bedürfnisse und auf die Anforderungen verschiedener Länder oder geografischer Gebiete zu reagieren"[51]. Gemäß diesem Statut war es Sache des Staatssekretariates solche „territorialen Artikulationen" zu errichten oder zu approbieren (Art. 4 § 2). Faktisch kam es bis heute nicht zur Errichtung oder Approbation „territorialer Artikulationen" von AVEPRO durch das Staatssekretariat.

Zu den Aufgaben von AVEPRO gehört insbesondere die externe Evaluierung kirchlicher Studieneinrichtungen (Art. 5). Die Evaluierungsverfahren orientieren sich an den ESG. Die Berichte werden veröffentlicht. Da aber

49 Vgl. Papst Benedikt XVI., Chirographum Institutio AVEPRO conditur vom 19.09.2007: AAS 101 (2009), 12. Das bei Matthias Ambros, Art. AVEPRO – Katholisch: LKRR, Bd. 1, 282f., in der Bibliografie angegebene Datum „19. November 2007" (ebd., 283) ist falsch. Zur Abkürzung AVEPRO vgl. die Erläuterungen bei Bechina, Qualitätskultur (Anm. 7), 104. Demnach stammt die Idee von einem der ersten Mitarbeiter der Agentur (V. Napoleoni). Der Anklang an den lateinischen Gruß „Ave" drücke einen Auftrag der Agentur aus. „‚Ave' ist der Imperativ von ‚aveo', d. h. ‚sich an etwas erfreuen' oder ‚es verlangen'." Auch der zweite Teil des Wortes „pro" könne, so Bechina, lateinisch interpretiert werden und meine dann „vor", „vorwärts", „für" bzw. „zum Schutz", „zum Vorteil", „zum Lohn".

50 Statuto dell'Agenzia della Santa Sede per la Valutazione e la Promozione della Qualità delle Università e Facoltà ecclesiastiche (AVEPRO): AAS 101 (2009), 13-20.

51 Art. 4 § 1 Satz 2 AVEPRO-Statut 2007 – eigene Übersetzung: „Per eventuali esigenze specifiche, può avere più articolazioni territoriali, per rispondere a particolari necessità e a quanto viene richiesto da diversi Paesi o aree geografiche."

AVEPRO (offenbar entgegen den ursprünglichen Überlegungen vor der offiziellen Errichtung der Agentur[52]) nicht für die Akkreditierung zuständig ist, ergeben sich aus dem Evaluierungsverfahren keine unmittelbaren Konsequenzen für die betreffenden kirchlichen Hochschuleinrichtungen.[53]

AVEPRO wird zwar aus dem Haushalt des Heiligen Stuhls finanziert, über die Verwendung der Mittel kann die Agentur jedoch selbst bestimmen. Obgleich dies im Statut vorgesehen ist (Art. 12 § 2), erhebt AVEPRO keine Gebühren von den kirchlichen Hochschuleinrichtungen.[54]

2.6 Gründung von AKAST e. V.

Die Gründung einer unabhängigen Akkreditierungsagentur in Deutschland für kanonische Studiengänge war zunächst nicht vorgesehen. Vor 2008 gab es erkennbar weder beim Katholisch-Theologischen Fakultätentag (KThF) noch in der Deutschen Bischofskonferenz (DBK) und ihrem Sekretariat entsprechende Überlegungen.[55] Im Frühjahr 2007 stellte Alfred E. Hierold fest: „Ein großes Problem stellt nun noch die geforderte Akkreditierung der Studiengänge dar, die nicht mit einer Genehmigung verwechselt werden darf."[56] Zu diesem Zeitpunkt ging man offenbar an der Bildungskongregation noch davon aus, dass die römische Agentur, die damals noch am Dikasterium angesiedelt war und lediglich aus dem Präsidenten und einem kleinen Sekretariat bestand, alle theologischen Studiengänge in Europa akkreditieren solle. Aber schon allein aufgrund der begrenzten Ressourcen und der nationalen Besonderheiten im Akkreditierungswesen erschien für Hierold und andere Experten

52 Hierold, Bologna (Anm. 33), 54, schreibt im Frühjahr 2007 als das Statut von AVEPRO noch nicht erlassen war (vgl. ebd., Anm. 16): „Auf den Sitzungen [der Vatikanischen Kommission, der Hierold angehörte, -R. R.] am 25. November 2006, 17. Februar 2007 und 28. April 2007 wurde über Qualitätssicherung debattiert und eine römische Akkreditierungsagentur etabliert. Diese Agentur, die nach den europäischen Vorgaben von der Kongregation unabhängig sein soll, hat die Studiengänge in den einzelnen Theologischen Hochschulen und Fakultäten in Europa zu evaluieren und bei hinreichender Qualität zu akkreditieren. Sollte eine Fakultät nicht den notwendigen Qualitätsstandard aufweisen, müssen Verbesserungen vorgenommen werden oder der Einrichtung kann von der Kongregation die Fähigkeit zur theologischen Ausbildung entzogen werden."

53 Vgl. Oliver Vettori, Ronny Heintze, Hannele Niemi, Mattew Kitching, Holy See's Agency for the Evaluation and Promotion of Quality in Ecclesiastical Universities and Faculties (AVEPRO). ENQA Agency Review (18.07.2020): https://www.enqa.eu/wp-content/uploads/AVEPRO-external-review-report.pdf [Zugriff: 03.01.2025], 3; 9.

54 Vgl. ebd., 3.

55 Vgl. Hierold, Bologna (Anm. 33), 55-58.

56 Ebd., 58.

in Deutschland dies durch die römische Agentur nicht leistbar. Die DBK wollte daher eine Akkreditierung auf nationaler Ebene erreichen und damit eine der bereits in Deutschland tätigen Agenturen beauftragen. Die Bildungskongregation bestand aber offensichtlich darauf, dass die Akkreditierung kanonischer Studiengänge durch eine kirchliche Agentur erfolgen müsse. Als Kompromiss war angedacht, dass der Heilige Stuhl eine von der Kongregation unabhängige Agentur zur Qualitätssicherung und Akkreditierung errichte und diese Agentur für die verschiedenen Länder „Regionalausschüsse" berufen solle. Für die Fakultäten und Hochschulen im Bereich der DBK sollte ein Regionalausschuss gebildet werden, um im Auftrag der römischen Agentur die Akkreditierungsverfahren durchzuführen. Der Regionalausschuss sollte eine Liste möglicher Gutachter führen und die Gutachtergruppe für die einzelnen Verfahren bestellen.[57]

Der angedachte Kompromiss konnte insbesondere aus zwei Gründen nicht verwirklicht werden: Zum einen wurde AVEPRO zwar im September 2007 als von der Bildungskongregation unabhängige Agentur zur Evaluierung und Qualitätsförderung der kirchlichen Hochschuleinrichtungen errichtet, eine Akkreditierung der kanonischen Studiengänge durch diese Agentur war aber (und ist bis heute) im Hochschulsystem des Heiligen Stuhls nicht vorgesehen. Zum anderen hätte zwar nach der Satzung von AVEPRO für den Bereich der DBK ein „Regionalausschuss" als „territoriale Artikulation" der Agentur durch das Staatssekretariat errichtet werden können, dieser Regionalausschuss hätte jedoch nach Auffassung der Kultusministerkonferenz der Zulassung durch den deutschen Akkreditierungsrat bedurft.

Nachdem ein Gespräch am 7. März 2007 in Berlin zwischen Vertretern der Kultusministerkonferenz und der Katholischen sowie der Evangelischen Kirche zu zentralen Fragen der weiteren Umsetzung des Bologna-Prozesses in den Studiengängen mit Katholischer oder Evangelischer Theologie in Deutschland noch ohne Ergebnis blieb,[58] konnten am Ende des Jahres 2007 in gemeinsamer Verantwortung von kirchlichen und staatlichen Akteuren „Eckpunkte für die Studienstruktur in Studiengängen mit Katholischer oder Evangelischer Theologie/Religion" festgehalten werden. Diese „KMK-Eckpunkte" wurden von der Kultusministerkonferenz am 13. Dezember 2007 beschlossen.[59] Zur Akkreditierung der Studiengänge heißt es in Nr. 8 dieses Dokumentes:

> „Die Studiengänge sind zu akkreditieren. Bei der Akkreditierung sind die einschlägigen staatlichen sowie die in der Anlage aufgeführten kirchlichen

57 Vgl. ebd., 58f.

58 Vgl. ebd., 60.

59 KMK-Eckpunkte/2007, abgedr. bei: Hallermann, Theologie (Anm. 7), 424-427.

Vorschriften in ihrer jeweils geltenden Fassung zu Grunde zu legen. An der Akkreditierung wirkt ein Vertreter der Kirche mit. Die Akkreditierung bedarf seiner Zustimmung. Die Studiengänge in Katholischer Theologie gemäß Nr. 3 [= „Theologisches Vollstudium" – R. R.] werden von der Akkreditierungsagentur des Heiligen Stuhls akkreditiert. Diese Akkreditierungsagentur bedarf in Deutschland ihrerseits der Akkreditierung durch den Akkreditierungsrat."

Die Formulierung legt nahe, dass man noch Ende des Jahres 2007 im Sinne des oben skizzierten Kompromisses zwischen Rom und der deutschen Ortskirche allgemein davon ausging, AVEPRO könne als „Akkreditierungsagentur des Heiligen Stuhls" nach Zulassung durch den Akkreditierungsrat die Akkreditierung kanonischer Studiengänge in Deutschland übernehmen. Offenbar wurde den kirchlichen und staatlichen Akteuren erst allmählich bewusst, dass AVEPRO im Studiensystem des Heiligen Stuhls überhaupt nicht für die Akkreditierung von Studiengängen, wie sie das deutsche System vorsieht, zuständig ist und daher hierfür keine Zulassung durch den Akkreditierungsrat erlangen konnte.

Gleichsam aus der Not geboren, kam es schließlich so zur Gründung von AKAST e. V. als unabhängiger Agentur für die Akkreditierung von kanonischen Studiengängen in Deutschland. Alfred E. Hierold war die treibende Kraft bei der Gründung der „Agentur für Qualitätssicherung und Akkreditierung kanonischer Studiengänge in Deutschland" (AKAST).[60] In Abstimmung mit dem Vorsitzenden des KThF, dem Sprecher der theologischen Arbeitsgemeinschaften, der DBK sowie der (damaligen) Kongregation für das Katholische Bildungswesen hat Hierold als Gründungsbeauftragter die erforderlichen Schritte eingeleitet und am 3. Juni 2008 beim Akkreditierungsrat den notwendigen Antrag auf Akkreditierung der Agentur gestellt. Anfang September 2008 wurden die Antragsbegründung und ergänzende Unterlagen beim Akkreditierungsrat eingereicht und der Internetauftritt (www.akast.info) eingerichtet. Die Gründungsversammlung zur Errichtung des Trägervereins fand am 16. September 2008 an der Philosophisch-Theologischen Hochschule Sankt Georgen in Frankfurt am Main statt. Eingeladen hatte Bischof Heinrich Mussinghoff, der damalige Vorsitzende der Kommission für Wissenschaft und Kultur der DBK, Vertreter der zehn damals bestehenden Fakultäten und Hochschulen in kirchlicher Trägerschaft[61], sechs Abgesandte des

60 Die folgenden Ausführungen stützen sich, sofern nicht anders angegeben, auf die Unterlagen zur Gründungsversammlung im Archiv von AKAST e. V. sowie auf persönliche Auskünfte von Barbara Reitmeier, der Geschäftsführerin von AKAST, die als Mitarbeiterin von ACQUIN bei der Gründungsversammlung anwesend war.

61 PTH Benediktbeuern, KU Eichstätt-Ingolstadt, ThF Fulda, Hochschule für Philosophie München, PTH Münster, ThF Paderborn, PTH SVD St. Augustin, PTH Frankfurt-

KThF[62], den Sprecher der theologischen Arbeitsgemeinschaften sowie Alfred E. Hierold als Einzelmitglied und designierten Vorsitzenden.[63] Die Tagesordnung sah (1.) die Gründung des Vereins[64], (2.) die Beratung und Feststellung der Vereinssatzung[65], (3.) die Wahl der Vorstandsmitglieder[66], (4.) die Wahl der Mitglieder der Akkreditierungskommission[67], (5.) die Errichtung einer Geschäftsstelle in Eichstätt[68] sowie (6.) die Diskussion und Beschlussfassung der Grundlagen einer Verfahrensordnung für die Programmakkreditierung[69] in Zusammenarbeit mit dem „Akkreditierungs-, Certifizierungs- und Qualitätssicherungs-Institut – ACQUIN“[70] vor.

St. Georgen, ThF Trier, PTH Vallendar. Vertreter der katholisch-theologischen Fakultäten an den staatlichen Universitäten konnten zur Gründungsversammlung nicht eingeladen werden, da diese Fakultäten an staatlichen Universitäten nicht rechtsfähig sind und daher die Vertretungsvollmacht durch die jeweiligen Universitätsleitungen nicht sichergestellt werden konnte; stattdessen wurden die sechs Abgesandten des KThF eingeladen.

62 Vorsitzender, stellvertretender Vorsitzender sowie vier Beiräte gemäß Satzung des KThF.

63 Aus heutiger Perspektive bemerkenswert: mit Ausnahme von Barbara Reitmeier waren bei der Gründungsversammlung von AKAST nur Männer anwesend.

64 Der Verein ist im Vereinsregister des Amtsgerichts Bonn unter der Nummer VR 8946 eingetragen und wurde durch Beschluss der Herbst-Vollversammlung der Deutschen Bischofskonferenz am 22. bis 25. September 2008 im Einvernehmen mit dem Heiligen Stuhl als öffentlicher rechtsfähiger Verein kirchlichen Rechts nach cc. 116, 301 § 3, 312 CIC errichtet.

65 Die Vereinssatzung in der Fassung vom 01.02.2010 ist abgedr.: Hallermann, Theologie (Anm. 7), 448-454. Die aktuelle Fassung vom 27.01.2022 ist abrufbar unter: https://www.akast.info/wp-content/uploads/2023/03/2022_AKAST-Satzung.pdf [Zugriff: 04.02.2025].

66 Es wurden gewählt: Prof. Dr. Alfred Hierold (Bamberg) als Vorsitzender, Prof. Dr. Michael Gabel (Erfurt) als 1. Stellvertretender Vorsitzender und Prof. Dr. Ulrich Rhode SJ (Frankfurt) als 2. Stellvertretender Vorsitzender.

67 Zu den beiden geborenen Mitgliedern, Prof. Hierold als Vereinsvorsitzender und Weihbischof Prof. Dr. Paul Wehrle (Freiburg) als Vertreter der DBK, wurden folgende Personen in die Akkreditierungskommission gewählt: Prof. Dr. Claus Arnold (Frankfurt), Prof. Dr. Ulrich Bartosch (Eichstätt), Prof. Dr. Erwin Dirscherl (Regensburg), Prof. Dr. Winfried Haunerland (München), StS. a. D. Prof. Dr. Joachim-Felix Leonhard (Marburg) und Stud. theol. Tom Münster (Münster).

68 Im Protokoll der Gründungsversammlung ist zu lesen: „Die Versammlung stimmt einstimmig ohne Enthaltungen dem Vorschlag zu, bei der Katholischen Universität Eichstätt-Ingolstadt und in Kooperation mit dieser eine Geschäftsstelle zu errichten, wobei die Eigenständigkeit der Agentur zu wahren ist.“ Die Kooperation mit der KU Eichstätt-Ingolstadt ist in einer Vereinbarung geregelt. Inzwischen wurde die Geschäftsstelle nach Ingolstadt verlegt.

69 Vgl. hierzu: AKAST – Leitfaden für die Programmakkreditierung (Stand: 25.03.2010), abgedr.: Hallermann, Theologie (Anm. 7), 465-478 [aufgrund geänderter Rechtslage inzwischen veraltet].

70 Auf der Grundlage einer periodisch fortgeschriebenen Kooperationsvereinbarung arbeitet AKAST e. V. bis heute mit ACQUIN zusammen, insbesondere um evtl. Personalengpässe in der Geschäftsstelle aufzufangen.

Bischof Mussinghoff wies in seinem Eröffnungsreferat auf die durch den Bologna-Prozess angestoßene veränderte Hochschulwirklichkeit hin, die das kirchliche Engagement im Hochschulbereich und die Katholische Theologie nicht unberührt ließen. Es habe „sich bewährt, dass der Fakultätentag, die theologischen Arbeitsgemeinschaften und die deutschen Bischöfe diese Herausforderungen *gemeinsam* angenommen haben".[71] „Nur durch *gemeinsames* Auftreten" sei „es in bisweilen schwierigen Gesprächen gelungen, für die theologischen Studiengänge in den ‚Eckpunkten' der Kultusministerkonferenz die zentralen Anliegen von Theologie und Kirche durchzusetzen".[72] Einer der kritischen Punkte sei die Akkreditierung gewesen. Bischof Mussinghoff sagte, dass die Vorgabe in den „Eckpunkten", wonach für die Akkreditierung des Theologischen Vollstudiums in der Katholischen Theologie eine Agentur des Heiligen Stuhls zuständig sei, „ursprünglich [...] sehr wörtlich interpretiert werden [konnte]".[73] Damit spielte er wohl auf einen anfangs bestehenden Dissens zwischen den Vertretern des Heiligen Stuhls und der deutschen Ortskirche an, der erst nach langwierigen Gesprächen durch die Gründung von AKAST gelöst werden konnte. Bischof Mussinghoff brachte seine Erwartung zum Ausdruck, dass die neue für Deutschland zuständige Agentur „als Teil eines europaweiten kirchlichen Systems der Qualitätssicherung [...] durchaus eine Pilotfunktion" haben werde.[74]

Die Gründung von AKAST stieß nicht nur in Rom auf Skepsis, auch in Deutschland gab es anfangs viele kritische Stimmen. Die Einwände und Anfragen waren dabei sehr unterschiedlich, teilweise konträr. So schrieb beispielsweise Michael Gabel, der damalige Vorsitzende des KThF, an die Beiratsmitglieder des Fakultätentages im Vorfeld der Gründungsversammlung:

> „Die Agentur dürfte unter unseren Kollegen nicht unumstritten sein. Ihr schlägt das Bedenken einer Vermengung von unbestrittener allgemeiner staatlicher und auch kirchlicher Administration und befürchteter Eingriffe in die Autonomie der Wissenschaften durch dieselben Verwaltungsinstanzen im Rahmen des Akkreditierungs- und Evaluationsverfahrens entgegen. Dem kann nur durch eine klare Unterscheidung von institutioneller Administration und akademischer Selbstverwaltung entgegengewirkt werden. ([...]). Gemeinsam mit der Bischofskonferenz ist es daher unser Wunsch, dass die nationale Agentur für Qualitätssicherung diese Differenzierung institutionell sichert und als ein Organ der akademischen Selbstverwaltung arbeitet."[75]

71 Redemanuskript (unveröffentlicht): AKAST-Archiv [kursiv im Original].

72 Ebd. [kursiv im Original].

73 Ebd.

74 Ebd.

75 KThF. Der Vorsitzende, Schreiben vom 22.08.2008 (unveröffentlicht): AKAST-Archiv.

Die Zulassung von AKAST für die Tätigkeit als Akkreditierungsagentur in Deutschland wurde durch den Akkreditierungsrat nur mit einer Reihe von Auflagen erteilt.[76] Größtenteils konnten diese Auflagen innerhalb der gesetzten Frist ohne Weiteres erfüllt werden. Kritische Punkte aus Sicht des Akkreditierungsrates, die zunächst bestehen blieben, waren aber die Unabhängigkeit und Unbefangenheit der für die Agentur tätigen Personen, der Einfluss der DBK auf die Agentur und ihre Organe sowie die zu Beginn vollständige Finanzierung durch die Katholische Universität Eichstätt-Ingolstadt bzw. die zugehörige Stiftung.[77] Diese zunächst nicht erfüllten Qualitätsanforderungen wurden jedoch nicht als wesentlich erachtet, sodass die Agentur wie geplant Anfang 2009 ihre Akkreditierungstätigkeit aufnehmen konnte.

3. Gegenwärtige Rechtslage und Praxis nach der „Bruchlandung" von 2016

Im Hinblick auf die Akkreditierung katholisch-theologischer Studiengänge in Deutschland gab es seit 2009, als AKAST die Akkreditierungstätigkeit aufgenommen hat, sowohl im kirchlichen als auch im staatlichen Rechtskreis eine Reihe von Änderungen.

3.1 Entwicklungen im kirchlichen Hochschulrecht

Für den kirchlichen Rechtsbereich sind in chronologischer Abfolge an erster Stelle die revidierten Statuten von AVEPRO vom 5. Mai 2015 zu nennen.[78] Wohl als Reaktion auf die Gründung von AKAST als unabhängige Akkreditierungsagentur in Deutschland wurde hier Art. 4 § 2 neu gefasst. Statt der Errichtung von abhängigen „territorialen Artikulationen" von AVEPRO, etwa in Form von „Regionalausschüssen", durch das Staatssekretariat, ist nunmehr vorgesehen, dass

76 Vgl. Stiftung zur Akkreditierung von Studiengängen in Deutschland – Akkreditierungsrat, Beschluss zum Antrag der Agentur für Qualitätssicherung und Akkreditierung kanonischer Studiengänge in Deutschland (AKAST) vom 3. Juni 2008 (beschlossen auf der 57. Sitzung des Akkreditierungsrates am 31.10.2008), abgedr.: Hallermann, Theologie (Anm. 7), 457-464.

77 Vgl. ebd., 463f. – Bis heute gilt: Die von der Stiftung Katholische Universität-Eichstätt-Ingolstadt für die Personal- und Sachausstattung der Geschäftsstelle von AKAST e. V. eingesetzten Finanzmittel werden der Stiftung vollumfänglich durch den Verband der Diözesen Deutschlands (VDD) ersetzt.

78 Abrufbar unter: http://www.avepro.va/statuto-dellagenzia-della-santa-sede-per-la-valutazione-e-la-promozione-della-qualita-delle-universita-e-facolta-ecclesiastiche-avepro/ [Zugriff: 08.02.2025].

AVEPRO, um auf besondere Begebenheiten in bestimmten Ländern reagieren zu können, mit anderen Institutionen im Bereich der Qualitätssicherung zusammenarbeiten kann, sofern diese Institutionen von der zuständigen Bischofskonferenz approbiert worden sind und die Bildungskongregation (bzw. nunmehr das Dikasterium für Kultur und Bildung) im Vorfeld eine Zustimmung für die Zusammenarbeit erteilt hat.[79] Aufgrund dieser Statutenänderung ist die Feststellung von Matthias Ambros aus dem Jahr 2019 unzutreffend, wonach „im Bereich der DBK die AKAST als seitens des Hl. Stuhls anerkannte Filiale der AVEPRO tätig wird“[80]. AKAST ist keine abhängige Filiale der AVEPRO, sondern eine eigenständige, mit Billigung des Heiligen Stuhls und der DBK in Deutschland tätige Akkreditierungsagentur, die mit AVEPRO im Bereich der Qualitätssicherung und entwicklung fallweise zusammenarbeitet.

Unter den relevanten Änderungen im kirchlichen Hochschulrecht seit 2009 ist in der Chronologie an zweiter Stelle die Apostolische Konstitution *Veritatis gaudium* mit den zugehörigen „Ordinationes“ zu nennen. Nach Art. 1 § 2 OrdVG unterliegen „kirchliche Hochschuleinrichtungen“ (im Sinne der oben erläuterten Definition) „in der Regel“ (*di regola*) einer „Evaluierung“ (*valutazione*) durch AVEPRO.[81] Aus der Formulierung dieser Bestimmung folgt, dass in begründeten Ausnahmefällen von einer Evaluierung bestimmter kirchlicher Hochschuleinrichtungen durch AVEPRO abgesehen werden kann. Die theologischen Fakultäten und sonstigen kirchlichen Hochschuleinrichtungen in Deutschland, deren (kanonische) Studiengänge von AKAST gemäß den kirchlichen und staatlichen Vorgaben akkreditiert werden, müssen daher nicht zusätzlich durch AVEPRO evaluiert werden. Das Ziel der Qualitätssicherung und entwicklung kann rechtskonform durch die Akkreditierung erreicht werden.

79 Vgl. Art. § 2 AVERPRO-Statuten/2015: „Per eventuali esigenze specifiche, l'Agenzia, con l'assenso della Congregazione per l'Educazione Cattolica, può attuare forme di cooperazione con altre Istituzioni per rispondere a quanto viene chiesto da diversi Paesi o aree geografiche. Nel qual caso sarà necessario che tali Istituzioni siano munite dell'approvazione della Conferenza Episcopale di appartenenza."

80 Ambros, AVEPRO (Anm. 49), 283.

81 Die als authentisch anzusehende italienische Fassung lautet: „[Art. 1 § 2 OrdVG] Le Università e Facoltà ecclesiastiche, nonché le altre istituzioni di educazione superiore, sono di regola sottoposte alla valutazione dell'Agenzia della Santa Sede per la Valutazione e la Promozione della Qualità delle Università e Facoltà ecclesiastiche (AVEPRO)." In der offiziösen dt. Übersetzung wird dies wie folgt übersetzt: „Die kirchlichen Universitäten und Fakultäten, sowie die anderen Hochschuleinrichtungen, unterliegen in der Regel der Bewertung durch die Agentur des Heiligen Stuhls zur Beurteilung und Förderung der Qualität kirchlicher Universitäten und Fakultäten (AVEPRO).“ Der Begriff „valutazione“ sollte statt unspezifisch mit „Bewertung“ besser als Fachbegriff mit „Evaluation“ übersetzt werden. Hier wird in der Regel eine Evaluationspflicht der betreffenden Hochschuleinrichtungen durch AVEPRO normiert.

Wie bereits erwähnt, wurde im Zuge der Kurienreform im Jahr 2022 die Kongregation für das Katholische Bildungswesen mit dem Päpstlichen Kulturrat zum neuen Dikasterium für Kultur und Bildung fusioniert. Die Neustrukturierung führte zu keiner (hier relevanten) Rechtsänderung, aufgrund der personellen Veränderungen aber zu Verzögerungen bei der Bearbeitung von Anträgen und Anfragen. So stehen noch immer die durch *Veritatis gaudium* notwendig gewordenen neuen „Akkommodationsdekrete“ für Deutschland, Österreich und die Schweiz aus.[82] Im von der DBK verabschiedeten und nach Rom gesandten Entwurf für das neue deutsche Akkommodationsdekret ist unter dem Stichwort „Qualitätssicherung“ Folgendes zu lesen:

> „Die Qualitätssicherung und -entwicklung akademischer Studien wird in Deutschland durch das staatlich organisierte Akkreditierungssystem gewährleistet. Sowohl die kanonischen als auch die übrigen Studiengänge der Katholisch-Theologischen Fakultäten unterliegen der vorgeschriebenen Akkreditierungspflicht. Für die kanonischen Studiengänge erfolgt die Begutachtung durch die Agentur für Qualitätssicherung und Akkreditierung kanonischer Studiengänge in Deutschland (AKAST).
> Unbeschadet staatlicher und universitärer Vorgaben zur Qualitätssicherung sind die Katholisch-Theologischen Fakultäten in regelmäßigen Zeitabständen zu evaluieren (vgl. Art. 1 § 2 OrdVG). Die im weltkirchlichen Rahmen AVEPRO übertragenen Aufgaben werden von AKAST wahrgenommen.“[83]

Dieser Entwurfstext spiegelt die gegenwärtige Praxis wider. Es wird sich zeigen, inwieweit das universalkirchliche Hochschulrecht durch das neue Akkommodationsdekret in Deutschland tatsächlich an die hiesigen „Umstände von Ort, Zeit u[nd] Personen“[84] angepasst wird.

3.2 Bundesverfassungsgericht, Beschluss vom 17.02.2016 (1 BvL 8/10)

Für das deutsche Akkreditierungswesen war die Entscheidung des Bundesverfassungsgerichts vom 17. Februar 2016 eine Zäsur.[85] Man könnte auch von

82 Vgl. Ulrich Rhode, Art. Akkommodation – Katholisch: LKRR, Bd. 1, 66f.; ders., Art. Akkommodationsdekret – Katholisch: LKRR, Bd. 1, 67f.; Rafael M. Rieger, Die Quadratur des Kreises. Das künftige Akkommodationsdekret für die katholisch-theologischen Fakultäten in Österreich: Iuris sacri pervestigatio. Festschrift für Johann Hirnsperger, hg. v. W. Rees – S. Haering, Berlin 2020 (KStT 72), 431-442.

83 Unveröffentlichter Entwurf.

84 Rhode, Art. Akkommodation (Anm. 82), 66.

85 Vgl. BVerfG, Beschluss des Ersten Senats vom 17. Februar 2016 – 1 BvL 8/10 – Rn. (1-88): http://www.bverfg.de/e/ls20160217_1bvl000810.html [Zugriff: 03.01.2025].

einer „Bruchlandung“ der bisherigen Akkreditierungspraxis in Deutschland sprechen. Das Verwaltungsgericht Arnsberg hatte zu prüfen, ob die Versagung der Akkreditierung zweier Studiengänge einer privaten Hochschule durch eine Akkreditierungsagentur rechtmäßig war. Da das Verwaltungsgericht die Verfassungsmäßigkeit der zugrundeliegenden landesrechtlichen Normen bezweifelte, wandte es sich im Rahmen eines Normenkontrollverfahrens an das Bundesverfassungsgericht. Dessen Erster Senat prüfte die Vorlage und kam zu dem Schluss, dass die damaligen Regelungen zur Akkreditierung von Studiengängen im nordrhein-westfälischen Hochschulgesetz nicht mit dem Grundgesetz vereinbar sind. Insbesondere, so die Richter, dürfe der Gesetzgeber wesentliche Entscheidungen zur Akkreditierung nicht weitgehend anderen Akteuren überlassen, sondern müsse sie selbst unter Beachtung der Eigenrationalität der Wissenschaft treffen.

Die im Zuge des Bologna-Prozesses eingeführte Akkreditierungspflicht sei ein schwerwiegender Eingriff in die grundgesetzlich geschützte Wissenschaftsfreiheit (Art. 5 Abs. 3 GG).[86] Im Zuge der Akkreditierung werden Studiengangskonzept und Studiengangsorganisation, die prozentuale Zusammensetzung der Curricula und die Benennung von Studienschwerpunkten und Modulen sowie die Studien- und Prüfungsordnungen überprüft. Im System der Akkreditierung können daher die Fakultäten und die dort Tätigen nicht mehr frei entscheiden, welche Inhalte, in welchem Umfang, in welchen Formen innerhalb ihres Faches vermittelt und geprüft werden.[87]

Ein solcher schwerwiegender Eingriff in die vorbehaltlos gewährte Wissenschaftsfreiheit sei nur dann gerechtfertigt, wenn dadurch ein Ziel mit Verfassungsrang verfolgt wird. Die Qualitätssicherung in der Lehre stelle ein solches Ziel mit Verfassungsrang da, denn durch Qualitätssicherungsmaßnahmen werde das Recht auf freie Berufswahl aus Art. 12 Abs. 1 GG berührt, da das Studium in der Regel die Vorstufe einer Berufsaufnahme sei.[88] Ausdrücklich hebt das Gericht hervor: „Maßnahmen zur Qualitätssicherung der wissenschaftlichen Lehre, die wissenschaftlichen Standards genügen, dienen dazu, dass die Hochschulen ihren Aufgaben gerecht werden.“[89] Damit kämen diese Maßnahmen auch der Freiheit von Forschung und Lehre zugute. Eine Akkreditierungspflicht von Studiengängen an Hochschulen durch externe Akteure hielt das Gericht also nicht grundsätzlich für verfassungswidrig.

Im Rahmen seines Ausgestaltungsspielraums könne der Gesetzgeber die Akkreditierung von Studiengängen regelmäßig und anlasslos fordern.[90] Der

86 Vgl. ebd., Rn. 50.
87 Vgl. ebd., Rn. 52-55.
88 Vgl. ebd., Rn. 58.
89 Ebd.
90 Vgl. ebd., Rn. 66.

Gesetzgeber dürfe aber wesentliche Entscheidungen zur Akkreditierung nicht weitgehend anderen Akteuren überlassen, sondern müsse sie selbst unter Beachtung der Eigenrationalität der Wissenschaft treffen. Konkret bemängelte das Gericht an den bis dahin geltenden Regelungen zur Akkreditierung, dass der Gesetzgeber damit, ohne hinreichende gesetzliche Vorgaben dem Akkreditierungsrat wesentliche Entscheidungen überlassen und dieser wiederum den Agenturen sehr weitreichende Spielräume eröffnet habe.[91] Die vom Verfassungsgericht beanstandeten Regelungen sahen vor, dass die Agenturen durch den Akkreditierungsrat akkreditiert wurden und damit insoweit die Berechtigung erhielten, eigenständig Studiengänge durch Verleihung des Siegels der Stiftung zu akkreditieren.

Aus Respekt vor der Wissenschaftsfreiheit müsse der Gesetzgeber zwar keine Detailregelungen zur Akkreditierung einzelner Studiengänge treffen, das Rechtsstaats- und Demokratieprinzip gebieten aber, so das Gericht, dass der Gesetzgeber die Ziele der Akkreditierung, die Anforderungen an das Verfahren, die wissenschaftsadäquate Zusammensetzung der Akteure sowie die Verfahren zur Aufstellung und Revision der Bewertungsmaßstäbe hinreichend gesetzlich normiert.[92]

Im Hinblick auf die Akkreditierung von Studiengängen erklärte das Bundesverfassungsgericht zentrale Bestimmungen der alten Fassung als auch der neuen, ab 2014 geltenden Fassung des nordrhein-westfälischen Hochschulgesetzes für verfassungswidrig. Das Gericht forderte den Gesetzgeber zu einer verfassungskonformen Neuordnung auf und ordnete die Fortgeltung der mit dem Grundgesetz unvereinbaren Normen längstens bis zum 31. Dezember 2017 an.[93]

3.3 Studienakkreditierungsstaatsvertrag (gültig ab 1. Januar 2018)

Unmittelbar betraf das Normenkontrollverfahren nur Akkreditierungsbestimmungen im nordrhein-westfälischen Hochschulrecht. In seinem Grundsatzurteil machte das Bundesverfassungsgericht jedoch deutlich, dass auch die Gesetzgeber in den übrigen Bundesländern tätig werden mussten. Wie oben bereits erwähnt, wurde die Stiftung zur Akkreditierung von Studiengängen in Deutschland im Jahr 2005 durch Gesetz des Landes Nordrhein-Westfalen errichtet. Hierzu merkte das Verfassungsgericht an: „Selbst wenn das [nordrhein-westfälische] Akkreditierungsstiftungsgesetz dem Wesentlichkeitsvorbehalt genügende Vorgaben für eine Akkreditierung enthielte", was es nach Über-

91 Vgl. ebd., Rn. 80.
92 Vgl. ebd., Rn. 82.
93 Vgl. ebd., Rn. 87.

zeugung des Gerichts nicht tat, „genügte für andere Länder die lediglich auf exekutiver Grundlage beruhende Verweisung hierauf den verfassungsrechtlichen Anforderungen nicht.“[94] Um diesen Mangel abzuhelfen und um die Arbeit des Akkreditierungsrates und damit das gesamte Akkreditierungswesen in Deutschland auf eine hinreichende, verfassungskonforme, dem föderalen Staatsaufbau Rechnung tragende gesetzliche Grundlage zu stellen, schlossen die sechzehn Bundesländer einen Studienakkreditierungsstaatsvertrag, der nach Ratifizierung durch die Länderparlamente[95] zum 1. Januar 2018 (also am letzten Tag der vom Bundesverfassungsgericht angeordneten Frist zur Neuordnung des Akkreditierungswesens) in Kraft trat.[96]

Dem Studienakkreditierungsstaatsvertrag liegen folgende Leitgedanken zugrunde:

- „primäre Verantwortung der Hochschulen für Qualitätssicherung und -entwicklung in Lehre und Studium“
- „Akkreditierung als externes, wissenschaftsgeleitetes Qualitätssicherungssystem für Studium und Lehre zur Gewährleistung fachlich inhaltlicher Standards und der Berufsrelevanz der Hochschulabschlüsse“
- „Wahrnehmung der staatlichen Verantwortung für die Gleichwertigkeit einander entsprechender Studien- und Prüfungsleistungen sowie Studienabschlüsse und die Möglichkeit des Hochschulwechsels nach § 9 Abs. HRG im Rahmen des Akkreditierungssystems“
- „Programm- und Systemakkreditierung als Akkreditierungsinstrumente sowie die Option zur Fortentwicklung der Qualitätssicherung durch Akkreditierung (Experimentierklausel)“
- „Kompatibilität mit den auf europäischer Ebene vereinbarten Standards und Leitlinien für die Qualitätssicherung im europäischen Hochschulraum (ESG).“[97]

94 Ebd., Rn. 77.

95 Vgl. Ratifizierung des Studienakkreditierungsstaatsvertrags in den Länderparlamenten (Vorgangsdoku-mentation): https://akkreditierungsrat.de/sites/default/files/downloads/2019/Ratifizierung_des_Studienakkreditierungsstaatsvertrags_in_den_16_Bundeslaendern__Vorgangsdokumentation_.pdf [Zugriff: 03.01.2025].

96 Vgl. Staatsvertrag über die Organisation eines gemeinsamen Akkreditierungssystems zur Qualitätssicherung in Studium und Lehre an deutschen Hochschulen (Studienakkreditierungsstaatsvertrag) vom 01.06.2017: https://www.akkreditierungsrat.de/sites/default/files/downloads/2019/Studienakkreditierungsstaatsvertrag.pdf [Zugriff: 03.01.2025].

97 KMK, Begründung zum Staatsvertrag über die Organisation eines gemeinsamen Akkreditierungssystems zur Qualitätssicherung in Studium und Lehre an deutschen Hochschulen (Studienakkreditierungsstaatsvertrag): https://www.akkreditierungsrat.de/sites/default/files/downloads/2019/Studienakkreditierungsstaatsvertrag.pdf [Zugriff: 03.01.2025], 3f.

Gemäß den Vorgaben des Bundesverfassungsgerichts wurden im Studienakkreditierungsstaatsvertrag Grundlagen und Maßstäbe der Akkreditierung, Verfahren sowie Rolle und Aufgaben des Akkreditierungsrates und der Agenturen definiert. Während ursprünglich in Deutschland nur die Programmakkreditierung von Bachelor- und Masterstudiengängen vorgesehen war, wurden nun entsprechend den zitierten Leitgedanken System- und Programmakkreditierung ohne Präferenz als zwei alternative Akkreditierungsinstrumente festgelegt sowie die Möglichkeit für andere gleichwertige Akkreditierungswege (Experimentierklausel) eröffnet (Art. 3 Abs. 1). Im Zuge der Systemakkreditierung wird mit externer Beteiligung überprüft, ob die Leistungsfähigkeit hochschulinterner Qualitätsmanagementsysteme den festgelegten Kriterien entspricht. Die Qualitätssicherung und -entwicklung einzelner Studiengänge ist bei systemakkreditierten Hochschulen durch interne Verfahren zu gewährleisten. Bei der Programmakkreditierung erfolgt die Qualitätssicherung und -entwicklung einzelner Studiengänge hingegen direkt mit externer Beteiligung einer Akkreditierungsagentur. Sowohl bei der System- als auch bei der Programmakkreditierung besteht Agenturpflicht. In beiden Verfahren ist eine bei EQAR gelistete und vom Akkreditierungsrat zugelassene Agentur zu beteiligen (Art. 3 Abs.).

Die Akkreditierungsentscheidung erfolgt aber nunmehr durch den Akkreditierungsrat und nicht mehr durch die von der Hochschule beauftragte Agentur. Die privatrechtlich organisierten Agenturen werden im Rahmen eines privatrechtlichen Vertrages als Dienstleister für die Hochschulen tätig. Ihnen obliegen die Organisation der Begutachtung und die Erstellung des Gutachtens mit Beschluss- und Bewertungsempfehlungen. Die Akkreditierungsentscheidung des Akkreditierungsrates hingegen ist ein hoheitlicher Verwaltungsakt (Art. 3 Abs. 5 Satz 4), gegen den der Verwaltungsrechtsweg eröffnet wird (Abs. 7). Weicht der Akkreditierungsrat von der Beschluss- und Bewertungsempfehlung der Agentur ab, muss er dies begründen (Abs. 5 Satz 3).

Detailregelungen u. a. zu den formalen und fachlich-inhaltlichen Kriterien, zum Verfahrensablauf, zu den Akkreditierungs- bzw. Reakkreditierungsfristen, den fachlichen Anforderungen an die Gutachterinnen und Gutachter, den Voraussetzungen, unter denen eine (Re-)Akkreditierung entzogen werden kann, sowie zur Sicherung der Mehrheit der Stimmen der Hochschullehrerinnen und Hochschullehrer bei den Agenturen, werden im Studienakkreditierungsstaatsvertrag auf entsprechende Studienakkreditierungsverordnungen der Länder ausgelagert (Art. 4). Als Grundlage für die gegenseitige Anerkennung von Studienabschlüssen und zur Gewährleistung der Mobilität verpflichten sich die Länder in ihren jeweiligen Verordnungen[98] im Wesentlichen einheitliche

98 Zu den Länderrechtsverordnungen vgl. die Übersicht: https://akkreditierungsrat.de/de/akkreditierungssystem-rechtliche-grundlagen/gesetze-und-verordnungen/gesetze-und-verordnungen [Zugriff: 03.01.2025].

Regelungen zu treffen (Art. 4 Abs. 6). Dazu wurde im Auftrag der KMK eine Musterrechtsverordnung (MRVO) erarbeitet.[99]

In Art. 17 Abs. Studienakkreditierungsstaatsvertrag wird festgehalten, dass durch den Staatsvertrag die staatskirchenrechtlichen Regelungen und Vereinbarungen unberührt bleiben. Hierzu wird in der offiziellen Begründung zum Staatsvertrag erläuternd ausgeführt: „Dies betrifft die theologischen Studiengänge und gewährleistet die Einhaltung der in Abstimmung mit den Kirchen gefassten ‚Eckpunkte für die Studienstruktur in den Studiengängen mit Katholischer oder Evangelischer Theologie/Religion' vom 13.12.2007 hinsichtlich der Akkreditierung."[100] Die Kultusministerkonferenz ist kein Gesetzgebungsorgan. Das KMK-Eckpunktepapier von 2007 war daher aus staatsrechtlicher Perspektive zunächst formal als bloße Absichtserklärung zu werten.[101] Durch den Verweis im Studienakkreditierungsstaatsvertrag auf den Vorrang der staatskirchenrechtlichen Regelungen und Vereinbarungen und durch den Hinweis auf das „Eckpunktepapier" in der offiziellen Begründung wurde aus der bloßen Absichtserklärung eine rechtsverbindliche Selbstverpflichtung, in den Studienakkreditierungsverordnungen der Länder die Vereinbarungen mit den Kirchen, wie sie im „Eckpunktepapier" festgehalten wurden, umzusetzen.

3.4 Ausnahmeregelungen für katholisch-theologische Studiengänge in der MRVO/2017

In der MRVO vom 7. Dezember 2017 und in den auf sie aufbauenden Rechtsverordnungen in den sechzehn Bundesländern erfolgte die Umsetzung der im „Eckpunktepapier" vereinbarten Ausnahmeregelungen zur Akkreditierung theologischer Studiengänge nahezu vollständig, jedoch durch eine Vielzahl verstreuter, nicht immer eindeutig formulierter Normen, sodass bei der Anwendung mitunter Interpretationsfragen auftauchten.

In § 3 Abs. 3 MRVO wurde festgehalten, dass „[t]heologische Studiengänge, die für das Pfarramt, das Priesteramt und den Beruf der Pastoralreferentin oder des Pastoralreferenten qualifizieren (‚Theologisches Vollstudium'), […] nicht gestuft sein [müssen] und […] eine Regelstudienzeit von zehn Semestern aufweisen [können]". Damit wurde dem Wunsch der Kirchen entspro-

99 KMK, Musterrechtsverordnung gemäß Artikel 4 Absätze 1-4 Studienakkreditierungsstaatsvertrag. Beschluss vom 07.12.2017: https://akkreditierungsrat.de/sites/default/files/downloads/2019/Musterrechtsverordnung.pdf [Zugriff: 03.01.2025].
Auf der Homepage des Akkreditierungsrates (Anm. 98) findet sich auch jeweils ein Vergleich der Landesrechtsverordnungen mit der MRVO.

100 KMK, Begründung (Anm. 97), 13.

101 Vgl. Matthias Ambros, Art. Eckpunktepapier der KMK – Katholisch: LKRR, Bd. 1, 692f.

chen, am grundständigen, nicht-konsekutiven, fünfjährigen Theologiestudium festzuhalten.

In § 6 Abs. MRVO werden für Bachelor- und konsekutive Mastergrade verpflichtende Bezeichnungen vorgegeben. Nach Satz 6 können jedoch für das „Theologische Vollstudium" hiervon abweichende Bezeichnungen verwendet werden. Durch diese Ausnahmeregelung konnte der von den Kirchen im „Eckpunktepapier" von 2007 gewünschte und inzwischen etablierte akademische Grad „Magister theologiae" für den Abschluss des „Theologischen Vollstudiums" beibehalten werden.

Mit § 18 Abs. MRVO wird klargestellt, dass eine systemakkreditierte Hochschule bei der internen Akkreditierung von „Lehramtsstudiengängen mit dem Kombinationsfach Evangelische oder Katholische Theologie/Religion, evangelisch-theologischen Studiengängen, die für das Pfarramt qualifizieren, und anderen Bachelor- und Masterstudiengängen mit dem Kombinationsfach Evangelische oder Katholische Theologie" die, mit den Kirchen vereinbarten, Mitwirkungs- und Zustimmungserfordernisse[102] beachten muss.

Das Vollstudium Katholische Theologie, das zum „Magister theologiae" führt, wird an dieser Stelle im Unterschied zum Vollstudium Evangelische Theologie, das zum gleichen akademischen Grad führt, und zu den übrigen theologischen (Kombinations-)Studiengängen nicht genannt, da das Vollstudium Katholische Theologie auf Wunsch der Katholischen Kirche grundsätzlich nicht im Rahmen einer Systemakkreditierung akkreditiert werden kann. In § 22 Abs. 5 MRVO heißt es vielmehr:

> „Die Akkreditierung von katholisch-theologischen Studiengängen, die für das Priesteramt und den Beruf der Pastoralreferentin oder des Pastoralreferenten qualifizieren (‚Theologisches Vollstudium'), erfolgt ausschließlich in Form der Programmakkreditierung. Die Entscheidung des Akkreditierungsrates bedarf in volltheologischen und teiltheologischen Studiengängen der Zustimmung der zuständigen kirchlichen Stellen."

Wer für die Programmakkreditierung des Vollstudiums Katholische Theologie verantwortlich ist, ergibt sich aus § 24 Abs. 1 Satz 2 MRVO:

> „Für katholisch-theologische Studiengänge, die für das Priesteramt und den Beruf der Pastoralreferentin oder des Pastoralreferenten qualifizieren (‚Theologisches Vollstudium'), erfolgt die Begutachtung durch die Agentur für Qualitätssicherung und Akkreditierung kanonischer Studiengänge in Deutschland, die durch den Akkreditierungsrat zugelassen ist."

102 Vgl. KMK-Eckpunkte/2007, Nr. 2; 8.

Die Magisterstudiengänge in Katholischer Theologie werden an allen Hochschulen in Deutschland daher ausschließlich von AKAST im Rahmen einer Programmakkreditierung begutachtet. Bemerkenswert sind hier zwei Punkte:

1. In der MRVO aus dem Jahr 2017 wurde die Vorgabe in den „Eckpunkten" von 2007, wonach das Vollstudium Katholische Theologie „von der Akkreditierungsagentur des Heiligen Stuhls" zu akkreditieren ist, ohne weitere Erläuterung dahingehend interpretiert, dass AKAST (und nicht etwa AVEPRO) hier als die vom Heiligen Stuhl beauftragte Akkreditierungsagentur anzusehen ist.[103] Dies spiegelt die unhinterfragte Praxis seit der Gründung von AKAST wider. In der revidierten Fassung der KMK-Eckpunkte vom 8. September 2022 wurde schließlich an dieser Stelle eine redaktionelle Anpassung vorgenommen. Dort heißt es nunmehr:

   > „Die Studiengänge in Katholischer Theologie gemäß Nr. 3 werden von der Agentur für Qualitätssicherung und Akkreditierung kanonischer Studiengänge in Deutschland begutachtet. Diese Akkreditierungsagentur bedarf in Deutschland ihrerseits der Akkreditierung durch den Akkreditierungsrat."[104]

   Die staatskirchenrechtlichen Vereinbarungen und Rechtsnormen wurden also in diesem Punkt schrittweise an die Praxis angepasst.
2. Wie oben dargestellt, ist nach geltendem Recht in Deutschland sowohl bei der System- als auch bei der Programmakkreditierung eine bei EQAR gelistete und vom Akkreditierungsrat zugelassene Agentur zu beteiligen (Art. 3 Abs. Studienakkreditierungsstaatsvertrag). Als die MRVO Ende 2017 von der KMK verabschiedet wurde, war AKAST jedoch noch nicht in EQAR gelistet. Gleichwohl hatte der Akkreditierungsrat aufgrund der Sonderrolle von AKAST die Agentur schon vor Vorliegen der Listung in EQAR am 20. Februar 2018 nach der neuen Ordnung für den deutschen Raum zugelassen.[105] Dieses Vorgehen wurde durch § 24 Abs. 1 Satz 2 MRVO ermög-

103 Vgl. die offizielle Begründung zur MRVO/2017: Musterrechtsverordnung (Anm. 99), 34: „Satz 2 regelt die Besonderheit, dass bei volltheologischen Studiengängen der Katholischen Theologie entsprechend der genannten ‚Eckpunkte' die Begutachtung ausschließlich durch die Agentur für Qualitätssicherung und Akkreditierung Kanonischer Studiengänge (AKAST) erfolgt."

104 KMK, Eckpunkte für die Studienstruktur in Studiengängen mit Katholischer oder Evangelischer Theologie/Religion. Beschluss der Kultusministerkonferenz vom 13.12.2007 i. d. F. vom 08.09.2022: https://www.kmk.org/fileadmin/veroeffentlichungen_beschluesse/2007/2007_12_13-Eckpunkte-Studienstruktur-Theologie.pdf [Zugriff: 03.01.2025], Nr. 8.

105 AR, Übergangsregelung für nach bisherigem Recht akkreditierte Agenturen. Beschluss vom 20.02.2018. Drs. AR 28/2018: https://akkreditierungsrat.de/sites/default/files/downloads/2019/AR_Beschluss_Uebergangsregelung_Agenturen_2018_02_20_Drs._AR_28-2018.pdf [Zugriff: 03.01.2025], Abs. 5: „Nach § 24 Abs. 1 Satz 2 der Musterrechtsverord-

licht, da dort die Zulassung von AKAST durch den Akkreditierungsrat als Tatsachenfeststellung verankert wurde. Im Februar 2018 war noch nicht abzusehen, ob AKAST eine EQAR-Listung erlangen kann. Daher wurde in den ebenfalls am 20. Februar 2018 vom Akkreditierungsrat beschlossenen Zulassungskriterien für Agenturen im neuen deutschen System eine Ausnahmeregelung vorgesehen, wonach „[d]ie Zulassung von nicht im EQAR gelisteten Agenturen […] im begründeten Einzelfall zulässig [ist], wenn die Einhaltung der Standards and Guidelines for Quality Assurance in the European Higher Education Area (ESG) periodisch durch eine externe Evaluation nachgewiesen wird".[106] Um weiterhin die Magisterstudiengänge in katholischer Theologie an den katholisch-theologischen Fakultäten in Deutschland gemäß den staatskirchenrechtlichen Vereinbarungen im Rahmen der Programmakkreditierung begutachten zu können, ist für AKAST also in jedem Fall, unabhängig von der Listung bei EQAR, der periodische Nachweis durch eine externe Evaluation notwendig, dass die ESG eingehalten werden.

Mit dem Studienakkreditierungsstaatsvertrag und der MRVO wurde 2017 das deutsche Akkreditierungssystem erstmals auf eine solide Rechtsgrundlage gestellt. Die Beteiligten wähnten sich mit der Umsetzung des Bologna-Prozesses gleichwohl noch nicht am Ziel. Im Studienakkreditierungsstaatsvertrag wurde daher eine periodische Evaluation des Akkreditierungssystems und seiner rechtlichen Grundlagen festgeschrieben (Art. 15). Das KMK-Eckpunktepapier wurde zuletzt 2022 einer Evaluation unterzogen und (wie bereits erwähnt) redaktionell angepasst. Die 1. Wissenschaftsministerkonferenz hat am 21. November 2024 eine geänderte Fassung der MRVO beschlossen.[107] Die novellierten Landesverordnungen sollen am 1. August 2025 in Kraft treten.[108] Für die Akkreditierung katholisch-theologischer Studiengänge in Deutschland ergeben sich dadurch jedoch keine gravierenden Änderungen.

nung lässt der Akkreditierungsrat die Agentur für Qualitätssicherung und Akkreditierung kanonischer Studiengänge in Deutschland (AKAST) bis zum Ende ihrer Akkreditierungsperiode zu. Damit ist die Agentur auch zur Durchführung von Akkreditierungsverfahren nach bisherigem Recht berechtigt."

106 AR, Zulassung von Agenturen im deutschen System Beschluss vom 20.02.2018. Drs. AR 16/2018: https://akkreditierungsrat.de/sites/default/files/downloads/2019/AR_Beschluss_Zulassung_von_Agenturen_2018_02_20_Drs._AR_16-2018.pdf [Zugriff: 03.01.2025], Abs. 7.

107 Mit Änderungsmarkierung abrufbar unter: https://www.akkreditierungsrat.de/sites/default/files/downloads/2024/20241121_%C3%84nderungsfassung_MRVO.pdf [Zugriff: 20.02.2025].

108 Vgl. AR, Gesetze und Verordnungen: https://www.akkreditierungsrat.de/de/akkreditierungssystem-rechtliche-grundlagen/gesetze-und-verordnungen/gesetze-und-verordnungen [Zugriff: 20.02.2025].

3.5 Hohe Hürden und Kosten für ENQR-Listung

Bis zur Systemumstellung in Deutschland im Jahr 2018 gab es für AKAST keine Notwendigkeit, eine ENQA-Mitgliedschaft sowie die EQAR-Listung zu erlangen, da die Agentur ausschließlich in Deutschland tätig ist und hierzu vom Akkreditierungsrat zugelassen wurde. Nach der Systemumstellung bemühte sich AKAST um eine EQAR-Listung, nicht jedoch um die ENQA-Mitgliedschaft. Seit 1. August 2021 ist AKAST im EQAR gelistet.[109]

Bis dahin war es ein langer Weg, der mit hohen Hürden und nicht unerheblichen Kosten verbunden war:[110] Am 17. Juni 2019 stellte AKAST auf Grundlage der im Jahr zuvor erfolgten Reakkreditierung durch den Akkreditierungsrat und unter Vorlage des hierzu erstellten Gutachtens den Antrag auf EQAR-Listung. Die Brüsseler Organisation wandte sich am 11. Oktober 2019 mit einigen Nachfragen an Sigrid Müller (Universität Wien), die das Gutachten im Auftrag des Akkreditierungsrates federführend erarbeitet hatte. Das Antwortschreiben der Wiener Professorin erfolgte postwendend. Es ist auf den 30. Oktober 2019 datiert. Der Registrierungsausschuss von EQAR beschloss auf seiner Sitzung am 12. November 2019, die Entscheidung zu vertagen und AKAST Möglichkeit zur Stellungnahme zu geben. Am 20. Januar 2020 legte AKAST einen überarbeiteten Antrag vor, der am 10. Februar 2020 nach der Jahresmitgliederversammlung von AKAST e. V. ergänzt wurde. Gleichwohl lehnte der Registrierungsausschuss von EQAR am 22. Juni 2020 es ab, AKAST in das europäische Verzeichnis der Qualitätssicherungsagenturen aufzunehmen, da bei der Agentur das ESG-Kriterium 3.3 (Unabhängigkeit) nicht erfüllt sei. Gemäß dem Reglement wurde AKAST die Möglichkeit eingeräumt, die kritisierten Schwachstellen zu beseitigen und mit einem fokussierten externen Gutachten zur Wiedervorlage bei EQAR die Erfüllung des Kriteriums prüfen zu lassen. Nach weitgehenden Satzungsänderungen, die auf der Mitgliederversammlung beschlossen und von der Frühjahrsvollversammlung der DBK bestätigt wurden, stellte AKAST am 3. März 2021 erneut einen Antrag auf EQAR-Listung, diesmal im verkürzten Verfahren. Der Registrierungsausschuss von EQAR genehmigte auf seiner Sitzung am 28. April 2021 die Durchführung des verkürzten Verfahrens. Das hierzu notwendige Gutachten wurde im Auftrag des Akkreditierungsrates wiederum federführend von Sigrid Müller erstellt und am 31. August 2021 vorgelegt. Mit Schreiben vom 25. November 2021 bat die Brüsseler Organisation die Geschäftsstelle von AKAST um einige Erläuterungen. Das Antwortschreiben wurde von der Geschäftsführerin von AKAST am 7. Dezember 2021 vorgelegt, sodass der Registrierungsausschuss von EQAR auf seiner Sitzung am

109 EQAR, Registered agencies. AKAST: https://data.deqar.eu/agency/65 [Zugriff: 20.02.2025].
110 Zum Folgenden vgl. ebd. (mit den dort angegebenen Dokumenten).

13. Dezember 2021 über die Angelegenheit befinden konnte. Nach dem Reglement ist für die Registrierung der Monat maßgeblich, in dem das Gutachten erstellt wurde. Daher wurde die Entscheidung rückwirkend vorgenommen und AKAST mit Stichtag 1. August 2021 in das europäische Verzeichnis der Qualtätssicherungsagenturen aufgenommen. Die erste Eintragung war befristet bis zum 30. November 2023. Diese Frist ergab sich, da nach dem Reglement eine Registrierung grundsätzlich für fünf Jahre erfolgt, gerechnet ab dem Ende des Monats, in dem das erste vollständige Gutachten („*full External Review Report*") vorgelegt wurde (hier also November 2018).[111]

Bei seiner ablehnenden Entscheidung im Juni 2020 stellte der Registrierungsausschuss fest, dass AKAST der Aufsicht der DBK unterliegt und dass dadurch die Bischofskonferenz einen zu großen Einfluss auf die Agentur habe. Nach der damals geltenden Satzung war die Zustimmung der DBK zur Aufnahme von Mitgliedern in den Verein und zur Ernennung der Mitglieder der Akkreditierungskommission erforderlich. Vor allem musste jede Akkreditierungsentscheidung durch ein Mitglied der Bischofskonferenz, das von dieser in die Akkreditierungskommission entsandt wurde, genehmigt werden. Der Registrierungsausschuss befand, dass diese Regelungen im Widerspruch zu der Vorgabe der ESG stünden, wonach die Agenturen „in vollem Umfang für ihre Arbeit und deren Ergebnisse verantwortlich [sind] und nicht durch Dritte beeinflusst [werden]" (Standard 3.3).

Durch die Satzungsänderung vom 27. Januar 2022 wurde die Rolle des von der DBK entsandten Vertreters in der Akkreditierungskommission verändert. Er hat seither nur noch eine beratende Stimme. Die erforderliche kirchliche Genehmigung wird nun in einem zur Beschlussempfehlung der Akkreditierungskommission separaten Schritt erteilt, wobei beide Entscheidungen getrennt dokumentiert und protokolliert werden. Für die Wahl der Mitglieder der Akkreditierungskommission ist keine Bestätigung durch die DBK mehr erforderlich. Der von der Kommission für Wissenschaft und Kultur (VIII) der DBK benannte Vertreter nimmt an den Vorstandssitzungen nur mit beratender Stimme teil. Aufgrund dieser Satzungsänderungen kam der Registrierungsausschuss von EQAR am 13. Dezember 2021 zu einem positiven Ergebnis. Zwar spiele die Bischofskonferenz weiterhin bei AKAST eine starke Rolle, da etwa die Wahl des Vorstandsvorsitzenden, der zugleich qua Amt Vorsitzender der Akkreditierungskommission und des Beirats ist, durch die DBK bestätigt werden müsse, gleichwohl sei nunmehr die Unabhängigkeit der Arbeitsweise und der formalen Entscheidungen der Agentur insoweit gewährleistet, dass der Ausschuss sich dem Urteil der Gutachter anschließen könne, wonach AKAST nun die ESG 3.3 einhalte.

111 Vgl. § 3.17 und § 3.21 EQAR Procedures for Applications.

Im Jahr 2023 wurde im Rahmen des Verfahrens zur Verlängerung der EQAR-Listung die Frage der Unabhängigkeit der Agentur erneut thematisiert. Ohne eine Mitgliedschaft anzustreben, hatte AKAST nach Prüfung verschiedener Optionen dieses Mal ENQA mit der Erstellung des erforderlichen Gutachtens beauftragt. Darin wies die Gutachtergruppe auf die mögliche Einflussnahme des bischöflichen Beauftragten der DBK auf die Entscheidungsfindung der Akkreditierungskommission hin.[112] Obwohl der bischöfliche Beauftragte in der Akkreditierungskommission nur noch in beratender Funktion vertreten ist, bestehe dennoch die Möglichkeit einer unzulässigen Einflussnahme, da der bischöfliche Beauftragte immer noch eine separate Zustimmung erteilt, die sich auf das Verfahren auswirke. Darüber hinaus scheint es, wie die Gutachtergruppe feststellte, auch möglich, dass der bischöfliche Beauftragte, sogar unabsichtlich, während der Sitzung der Akkreditierungskommission eine vorläufige Stellungnahme zu bestimmten Studiengängen abgebe, die nicht unbedingt auf den Erkenntnissen der Experten, die mit der Begutachtung des Studiengangs beauftragt wurden, fuße.[113] Der Registrierungsausschuss von EQAR schloss sich diesen Überlegungen der Gutachtergruppe an und betonte aufgrund des Einflusses der DBK das Risiko für die operative Unabhängigkeit der Agentur sowie die unabhängige Entscheidungsfindung in der Akkreditierungskommission. Durch Beschluss vom 12. Dezember 2023 wurde daher zwar die Registrierung von AKAST in EQAR bis zum 31. Oktober 2028 verlängert, allerdings festgestellt, dass AKAST u. a. die ESG 3.3 (Unabhängigkeit) nur teilweise einhält.[114]

Die fortdauernde und periodisch zu erneuernde Listung in EQAR ist mit nicht unerheblichen Kosten verbunden. So musste AKAST im Jahr 2023 (bei einem Jahresetat von ca. 190.000 €) für die Verlängerung der Registrierung insgesamt ca. 55.000 € aufwenden. Der Nutzen dieser Reakkreditierung ist – soweit erkennbar – vergleichsweise gering. Die Ergebnisse der periodischen Begutachtung sind nicht vorhersehbar und nicht in allen Punkten nachvollziehbar, da (wie soeben skizziert) mitunter unterschiedliche Gutachtergruppen bei gleicher Sach- und Rechtslage zu andersgearteten Beurteilungen gelangen. An dieser Stelle darf daran erinnert werden, dass ursprünglich bei der Konferenz der Bildungsminister in Bergen 2005 der Wunsch bestand, ein europäisches Verzeichnis der Qualitätssicherungsagenturen zu errichten, das auf *nationalen* Zertifizierungen basiert. Ein Verzeichnis aller anerkannten Quali-

112 Vgl. Mark Frederiks, Asnate Kazoka, Tomaž Deželan, Bogdan-Marius Negrea, Agency for Quality Assurance and Accreditation of canonical programmes of Studies in Germany (AKAST). ENQA Agency Review. 25 October 2023: https://backend.deqar.eu/reports/EQAR/04_AKAST_external_review_report.pdf [Zugriff: 20.02.2025], 24.

113 Vgl. ebd.

114 In Bezug auf ESG 3.4 (Thematische Analysen) und ESG 3.6 (Interne Qualitätssicherung und Professionalität) wurde ebenfalls nur „partial compliance" festgestellt.

tätssicherungsagenturen im Europäischen Hochschulraum ist gewiss sinnvoll. Für Deutschland würde jedoch die Prüfung und Zertifizierung durch den nationalen Akkreditierungsrat ausreichen. Das wäre in meinen Augen eine sinnvolle Dezentralisierung.

4. Recht und Wirklichkeit: „getrennte Welten" oder „kommunizierende Röhren"?

Am Anfang der Überlegungen stand die Frage nach dem Verhältnis von Hochschulrecht und Hochschulwirklichkeit. Sind dies tatsächlich faktisch „zwei Welten", die weitgehend unabhängig voneinander existieren?

Der exemplarisch-konkrete Blick auf die Entwicklung in den vergangenen 25 Jahren im Bereich der Akkreditierung katholisch-theologischer Studiengänge in Deutschland zeigt, dass eine derart plakative Gegenüberstellung von Recht und Wirklichkeit hier zu kurz greift. Zur Verhältnisbestimmung von Recht und Wirklichkeit erscheint mir das Bild der „kommunizierenden Röhren" zutreffender: Praxis wird durch Rechtsnormen gestaltet, Rechtsnormen durch Praxiserfahrungen verändert.

Der Wunsch von Bischof Mussinghoff, wonach AKAST als Teil eines europaweiten kirchlichen Systems der Qualitätssicherung eine Pilotfunktion haben solle, hat sich bislang noch nicht realisiert. Außerhalb Deutschlands sind bis dato keine kirchlichen Qualitätssicherungsagenturen gegründet worden. Hierzulande hat sich AKAST aber etabliert. Die Agentur erfreut sich allgemein einer hohen Anerkennung. Ihre Stellung ist im deutschen Staatskirchenrecht durch die explizite Erwähnung im revidierten „KMK-Eckpunktepapier" und der MRVO inzwischen gut abgesichert. Innerkirchlich hat sich die Agentur emanzipiert. Sie kann heute als Beispiel gelungener Subsidiarität und gelebter Synodalität gelten.

Ob Ferdinand Kerstiens mit seiner eingangs zitierten Aussage Recht hat, wonach das Kirchenrecht der schwerfälligste Teil der Kirche sei und es nur geändert werde, wenn die Mächtigen spüren, dass bei einem „Weiter so" ihr Teich austrocknet, kann mit guten Gründen bezweifelt werden. Nicht ernsthaft in Abrede zu stellen ist aber, dass es anfangs wohl nur durch Druck von außen zur Gründung von AKAST sowie später zu den Satzungsänderungen kam, die der Agentur heute eine verhältnismäßig große Autonomie gegenüber der DBK, AVEPRO und dem Dikasterium für Kultur und Bildung verschaffen. Hier zeigt sich, wenn Herausforderungen von allen Beteiligten in ihrer je eigenen Verantwortung gemeinsam angegangen werden, lassen sich tragfähige (kirchen-) rechtliche Regelungen finden, die eine kreative, an die Umstände von Ort, Zeit und Personen angepasste Praxis ermöglichen.

HOCHSCHULRECHT UND HOCHSCHULWIRKLICHKEIT – ZWEI WELTEN?

Antonius Hamers

Die Hochschulwirklichkeit in Nordrhein-Westfalen ist eine ausdifferenzierte katholisch-theologische Hochschullandschaft bestehend aus Fakultäten und Instituten an staatlichen Universitäten sowie aus kirchlichen Hochschulen. Neben den drei katholisch-theologischen Fakultäten an den Universitäten in Bonn, Münster und Bochum gibt es sieben Institute zur Lehrerausbildung für katholische Theologie an den Universitäten Aachen, Köln, Wuppertal, Siegen, Duisburg – Essen, Dortmund und Paderborn. Hinzukommen die staatlich anerkannten Hochschulen in kirchlicher Trägerschaft: die Theologische Fakultät Paderborn – die älteste Hochschule Westfalens[1] – und die Kölner Hochschule für Katholische Theologie, die aus der Philosophisch-Theologischen Hochschule der Steyler Missionare in St. Augustin hervorgegangen ist,[2] die Philosophisch-Theologische Hochschule Münster, die vom Kapuzinerorden getragen wird, sowie die Katholische Hochschule Nordrhein-Westfalen (katho), die aus der 1971 gegründeten Fachhochschule hervorgegangen ist und die mit über 5.000 Studierenden an den Standorten Köln, Paderborn, Münster und Aachen Deutschlands größte staatlich anerkannte Hochschule in kirchlicher Trägerschaft ist.[3] So erfreulich ein so großes und qualifiziertes Angebot für wissenschaftliche Theologie ist, so herausfordernd ist eine so breite theologische Hochschullandschaft angesichts stark sinkender Studentenzahlen. So gibt es allein an den staatlichen Universitäten rund 70 Lehrstühle für katholische Theologie für Studenten in einer mittleren vierstelligen Zahl.

Die rechtlichen Grundlagen dieser katholisch-theologischen Einrichtungen finden sich – als klassische *res mixtae* – in den Konkordaten und Kirchenverträgen, in der Landesverfassung und im Landeshochschulrecht (Gesetz über die Hochschulen des Landes Nordrhein-Westfalen [Hochschulgesetz – HG]). Um mit der ältesten Rechtsquelle zu beginnen, sei zunächst auf das Konkor-

1 Vgl. Theologische Fakultät Paderborn, Die Academia Theodoriana: https://www.thf-paderborn.de/fakultaet/geschichte/chronik/ [Zugriff: 10.02.2025].

2 Vgl. Kölner Hochschule für Katholische Theologie, Hochschulprofil: https://www.khkt.de/hochschule/hochschulprofil [Zugriff: 10.02.2025].

3 Vgl. Katholische Hochschule Nordrhein-Westfalen, Die Hochschule: https://katho-nrw.de/hochschule [Zugriff: 10.02.2025].

dat des Hl. Stuhls mit dem Freistaate Preußen von 1929[4] geschaut. Dort heißt es in Art. 12:

> „(1) Für die wissenschaftliche Vorbildung der Geistlichen bleiben die katholisch-theologischen Fakultäten an den Universitäten in Breslau, Bonn und Münster und an der Akademie in Braunsberg bestehen. Ihr Verhältnis zur kirchlichen Behörde regelt sich entsprechend den für die katholisch-theologischen Fakultäten in Bonn und Breslau geltenden Statuten.
> (2) Der Erzbischof von Paderborn und die Bischöfe von Trier, Fulda, Limburg, Hildesheim und Osnabrück sind berechtigt, in ihren Bistümern ein Seminar zur wissenschaftlichen Vorbildung der Geistlichen zu besitzen. Der Unterricht an diesen Seminaren wird ebenso wie den kirchlichen Vorschriften dem deutschen theologischen Hochschulunterricht entsprechen. Die genannten Diözesanbischöfe werden dem Preußischen Minister für Wissenschaft, Kunst und Volksbildung von den Statuten und dem Lehrplan der Seminare Kenntnis geben. Zu Lehrern an den Seminaren werden nur solche Geistliche berufen werden, die für die Lehrtätigkeit in dem zu vertretenden Fach eine den Anforderungen der deutschen wissenschaftlichen Hochschulen entsprechende Eignung haben."

Ergänzt wird dieser Artikel durch das Schlussprotokoll, in dem es zu Artikel 12 Absatz 1 S. 2 heißt:

> „Der Sinn des § 4 Ziffer 1 und 2 der Bonner und des § 48 Buchst. a und b der Breslauer Statuten ist folgender: Bevor an einer katholisch-theologischen Fakultät jemand zur Ausübung des Lehramts angestellt oder zugelassen werden soll, wird der zuständige Bischof gehört werden, ob er gegen die Lehre oder den Lebenswandel des Vorgeschlagenen begründete Einwendungen zu erheben habe. Die Anstellung oder Zulassung eines derart Beanstandeten wird nicht erfolgen.
> Die der Anstellung (Abs. 1) vorangehende Berufung, d.h. das Angebot des betreffenden Lehrstuhls durch den Minister für Wissenschaft, Kunst und Volksbildung, wird in vertraulicher Form und mit dem Vorbehalt der Anhörung des Diözesanbischofs geschehen. Gleichzeitig wird der Bischof benachrichtigt und um seine Äußerung ersucht werden, für die ihm eine ausreichende Frist gewährt werden wird. In der Äußerung sind die gegen die Lehre oder den Lebenswandel des Vorgeschlagenen bestehenden Bedenken darzulegen; wie weit der Bischof in dieser Darlegung zu gehen vermag,

4 Pius XI., Konkordat zwischen dem Heiligen Stuhle und dem Freistaate Preußen: AAS 21 (1929), 521-544.

> bleibt seinem pflichtmäßigen Ermessen überlassen. Die Berufung wird erst veröffentlicht werden, nachdem der Bischof dem Minister erklärt hat, dass er Einwendungen gegen die Lehre und den Lebenswandel des Berufenen nicht zu erheben habe.
> Sollte ein einer katholisch-theologischen Fakultät angehöriger Lehrer in seiner Lehrtätigkeit oder in Schriften der katholischen Lehre zu nahe treten oder einen schweren oder ärgerlichen Verstoß gegen die Erfordernisse des priesterlichen Lebenswandels begehen, so ist der zuständige Bischof berechtigt, dem Minister für Wissenschaft, Kunst und Volksbildung hiervon Anzeige zu machen. Der Minister wird in diesem Fall, unbeschadet der dem Staatsdienstverhältnis des Betreffenden entspringenden Rechte, Abhilfe leisten, insbesondere für einen dem Lehrbedürfnis entsprechenden Ersatz sorgen."

Inhaltlich stehen diese Vorgaben des Preußenkonkordates in der Tradition der Bulle *De salute animarum* von 1821.[5] So legte die preußische Obrigkeit bereits im 19. Jahrhundert Wert auf eine fundierte Ausbildung des katholischen Klerus, der – in Anlehnung an die juristische (Beamten-)Ausbildung – ein Studium an einer staatlichen oder staatlich anerkannten Hochschule absolvieren musste und eine zweite Dienstprüfung (das sogenannte Pfarrexamen) abzulegen hatte. Daher werden an erster Stelle – im Absatz 1 – die Fakultäten an staatlichen Universitäten und an zweiter Stelle – im Absatz 2 – die kirchlichen Seminare, sprich Hochschulen genannt, an denen der angehende Klerus sein Studium zu durchlaufen hatte. Der Einfluss der kirchlichen Autoritäten wird durch das Verfahren zum *Nihil obstat* gewahrt, das im Schlussprotokoll festgelegt ist. Ergänzt werden die Vorgaben des Preußenkonkordates durch die des Konkordates des Hl. Stuhls mit dem Deutschen Reich von 1933[6]. Auch dort wird an der staatskirchenrechtlichen Tradition des 19. Jahrhundert festgehalten, wenn in Art. 14 Anforderungen an die Ausbildung von Geistlichen normiert werden:

> „1.) Katholische Geistliche, die in Deutschland ein geistliches Amt bekleiden oder eine seelsorgerliche oder Lehrtätigkeit ausüben, müssen:
> a) deutsche Staatsangehörige sein,
> b) ein zum Studium an einer deutschen höheren Lehranstalt berechtigendes Reifezeugnis erworben haben,

5 Bulle Pius' VII, „De salute animarum" vom 16. Juli 1821: www.pacelli-edition.de/schlagwort-pdf.html ?idno=2089 [Zugriff: 10.02.2025].

6 Pius XI., Konkordat zwischen dem Heiligen Stuhl und dem Deutschen Reich: AAS 25 (1933), 394-414.

c) auf einer deutschen staatlichen Hochschule, einer deutschen kirchlichen akademischen Lehranstalt oder einer päpstlichen Hochschule in Rom ein wenigstens dreijähriges philosophisch-theologisches Studium abgelegt haben."

Daraus ergibt sich bis heute, dass den staatlichen Behörden vom Leitungsamt des Pfarrers aufwärts die Ämterübertragung angezeigt und ein Lebenslauf des Kandidaten beigefügt wird. Was die Ausbildungsstätten angeht, wiederholt das Reichskonkordat das im Preußenkonkordat Normierte:

„Art. 19
Die katholisch-theologischen Fakultäten an den staatlichen Hochschulen bleiben erhalten. Ihr Verhältnis zur kirchlichen Behörde richtet sich nach den in den einschlägigen Konkordaten und dazu gehörenden Schlussprotokollen festgelegten Bestimmungen unter Beachtung der einschlägigen kirchlichen Vorschriften. Die Reichsregierung wird sich angelegen sein lassen, für sämtliche in Frage kommenden katholischen Fakultäten Deutschlands eine der Gesamtheit der einschlägigen Bestimmungen entsprechende einheitliche Praxis zu sichern.
Art. 20
Die Kirche hat das Recht, soweit nicht andere Vereinbarungen vorliegen, zur Ausbildung des Klerus philosophische und theologische Lehranstalten zu errichten, die ausschließlich von der kirchlichen Behörde abhängen, falls keine staatlichen Zuschüsse verlangt werden.
Die Errichtung, Leitung und Verwaltung der Priesterseminare sowie der kirchlichen Konvikte steht, innerhalb der Grenzen des für alle geltenden Gesetzes, ausschließlich den kirchlichen Behörden zu."

Anders als bspw. das Land Hessen legt Nordrhein-Westfalen Wert darauf, dass die Konkordate der Zwischenkriegszeit geltendes Recht sind. Das postuliert ausdrücklich Art. 23 der Landesverfassung, und auch im Vertrag des Landes mit dem Hl. Stuhl von 1984[7] wurde dieses Recht fortgeschrieben. Dieser Vertrag regelt ausschließlich Fragen der Theologie an staatlichen Universitäten, mithin hochschulrechtliche Fragen.[8] Hintergrund waren Ände-

7 Vertrag zwischen dem Land Nordrhein-Westfalen und dem Heiligen Stuhl: AAS 77 (1985), 294-304.

8 Vgl. Michael Oberkötter, Staatskirchenrecht an den Hochschulen Nordrhein-Westfalens: Staat und Religion in Nordrhein-Westfalen, hg. v. B. Kämper - A. Schilberg, Münster 2020, 301f.

rungen der kirchlichen wie der staatlichen Rechtsgrundlagen. So war bereits 1979 die Apostolische Konstitution *Sapientia christiana*[9] in Kraft getreten, die das kirchliche Hochschulrecht grundlegend geändert und neu geordnet hatte. Staatlicherseits war 1976 das neue Hochschulrahmengesetz des Bundes in Kraft getreten, dass das Hochschulrecht grundsätzlich neu regelte. Zudem wurden in Nordrhein-Westfalen die vormaligen Pädagogischen Hochschulen in die Universitäten und Gesamthochschulen des Landes eingegliedert. Wurden Lehrkräfte für Grund- und Hauptschule (vormals Volksschule) bis dato an den Pädagogischen Hochschulen ausgebildet, wurden diese Studiengänge fortan in die Universitäten integriert. Infolgedessen bedurfte es weiterer theologischer Kapazitäten, um Religionslehrer an den staatlichen Hochschulen auszubilden.

Nach der grundsätzlichen Feststellung, dass Pflege und Entwicklung der katholischen Theologie durch Forschung, Lehre und Studium zum Auftrag wissenschaftlicher Hochschulen des Landes gehören (Art. I des Vertrages von 1984, bestätigen die Vertragsparteien die Fortgeltung der einschlägigen Vorgaben des Preußenkonkordates und garantieren die katholisch-theologischen Fachbereiche an den Universitäten in Bonn, Münster und Bochum (Art. II Abs. 1). Letzterer Fachbereich war 1965 an der neuen Ruhr-Universität gegründet worden und wurde – im Nachgang zur Gründung des Bistums Essen 1958 – die Ausbildungsstätte der zukünftigen Priester und Religionslehrer des neuen Bistums, wie der Essener Bischof Franz Hengsbach im Juli 1965 verkündete.[10] Nachdem bereits ab Frühjahr 1967 die Priesterkandidaten des Bistums Essen das Theologiestudium in Bochum aufgenommen hatten, wurden durch einen Notenwechsel vom 20./29. Dezember 1967 zwischen Hl. Stuhl und Land an der Ruhr-Universität von römischer Seite Fakultät und akademische Grade anerkannt und die Priesterausbildung in Bochum etabliert.[11]. Erwähnt sei an dieser Stelle, dass der Fortbestand der Katholisch-Theologischen Fakultät an der Ruhr-Universität Bochum, nachdem der Bischof von Essen 2012 seine Seminaristen an die Universität Münster geschickt hatte, unabhängig von der Ausbildung von Klerikern durch Notenwechsel zwischen Hl. Stuhl und Land Nordrhein-Westfalen vom 9. Oktober 2018 gesichert worden ist.[12]

9 Johannes Paul II., Apostolische Konstitution Sapientia christiana über die kirchliche Universitäten und Fakultäten: AAS 71 (1979), 469-521; dt.: VApSt 9.

10 Vgl. Ruhrwort 7 (1965) 28, S. 1).

11 Listl, Joseph (Hg.), Die Konkordate und Kirchenverträge in der Bundesrepublik Deutschland, 2. Bd., Berlin 1987, S. 256-258.

12 Vgl. Jens Wylkop, Katholische Theologie. Zukunft besiegelt und gesichert: https://news.rub.de/hochschul politik/2018-10-10-katholische-theologie-zukunft-besiegelt-und-gesichert [Zugriff: 10.02.2025].

Im Vertrag von 1984 garantiert das Land zudem

> „für die wissenschaftliche Ausbildung in Katholischer Theologie zum Erwerb der Befähigung zur Erteilung des katholischen Religionsunterrichts [...] den jeweiligen fachlichen Anforderungen entsprechend ein ausreichendes und regional ausgewogenes Lehrangebot durch entsprechende Studiengänge" (Art. II Abs. 2).

Auf dieser Grundlage beruhen die oben erwähnten sieben katholisch-theologischen Institute für die Lehrerausbildung, die – anders als die drei Fakultäten – nicht im Einzelnen einer rechtlichen Garantie unterliegen. Es muss lediglich gewährleistet sein, dass „ein ausreichendes und regional ausgewogenes Lehrangebot" vorgehalten wird.

Für alle Lehrstuhlbesetzungen – an den Fakultäten wie an den Instituten – vereinbaren die Vertragsparteien im Schlussprotokoll zu Artikel II die Bindung an das Lehramt der katholischen Kirche und die Geltung der Apostolischen Konstitution *Sapientia christiana* von 1984 nebst Ordnungen für das Verhältnis der Fachbereiche zu den kirchlichen Behörden. Folglich bedarf es für die Anwendung der Apostolischen Konstitution Veritatis gaudium von 2017[13] nebst Ordnungen in Nordrhein-Westfalen nicht nur eines Akkomodationsdekretes, sondern auch eines Notenwechsels zwischen Hl. Stuhl und der Landesregierung.

Die weiteren Vorschriften des Vertrages von 1984 betreffen die Berufung von Professoren (Art. III und IV), die Genehmigung von Studien-, Prüfungs- und Habilitationsordnungen in katholischer Theologie (Art. V), die Missio canonica (Art. VI und VII) sowie die Lehrerfortbildung (Art. VIII). Letztere wird in Nordrhein-Westfalen durch das Institut für Lehrerfortbildung gewährleistet, dessen Träger die fünf (Erz-)Bistümer Köln, Paderborn, Münster, Aachen und Essen sind und das zum Teil durch Landesmittel finanziert wird.[14]

Neben diesen konkordatären und staatskirchenrechtlichen Vorgaben prägen staatliche Regelungen das Hochschulrecht zwischen Rhein und Weser. Hier sei an erster Stelle die Landesverfassung von 1950 genannt. In Art. 16, der der universitären Selbstverwaltung gewidmet ist, heißt es in Abs. 2:

> „Zur Ausbildung ihrer Geistlichen haben die Kirchen und zur Ausbildung ihrer Religionsdiener die Religionsgemeinschaften das Recht, eigene Anstalten mit Hochschulcharakter zu errichten und zu unterhalten."

13 Franziskus, Apostolische Konstitution Veritatis gaudium über die kirchlichen Universitäten und Fakultäten: AAS 110 (2018), 1-15; dt.: VApSt 211.

14 Vgl. Institut für Lehrerfortbildung, Leitbild: https://www.ifl-fortbildung.de/institut/leitbild [Zugriff: 10.02.2025].

Komplementär dazu heißt es in Art. 23:

> „(1) Die Bestimmungen der Verträge mit der Katholischen Kirche und der Evangelischen Kirche der Altpreußischen Union, die im früheren Freistaat Preußen Geltung hatten, werden für die Gebiete des Landes Nordrhein-Westfalen, die zum ehemaligen Preußen gehörten, als geltendes Recht anerkannt.
> (2) Zur Änderung dieser Kirchenverträge und zum Abschluß neuer Verträge ist außer der Zustimmung der Vertragspartner ein Landesgesetz erforderlich."

Damit stehen sich die Vorgaben insbesondere des Preußenkonkordates zur Priesterausbildung (Art. 12) und Art. 16 der Landesverfassung gegenüber. In Frage steht, ob die Bischöfe von Köln und Münster, in deren Bistümern das Land die katholisch-theologischen Fakultäten in Bonn und Münster unterhält, zusätzlich eigene Hochschulen für die Ausbildung ihres Klerus unterhalten dürfen.[15] Diese Frage wird derzeit im Blick auf die Kölner Hochschule für Katholische Theologie in Köln zwischen Land und dem Hl. Stuhl diskutiert.

Ergänzt werden diese Vorgaben durch die Regelungen des Hochschulgesetzes. In § 74 HSchG NRW werden als kirchliche Hochschulen, die staatlich anerkannt sind, ausdrücklich genannt: die Theologische Fakultät Paderborn und die Kirchliche Hochschule Wuppertal/Bethel[16], eine Einrichtung, die von den evangelischen Landeskirchen finanziert wird. Andere kirchliche Bildungseinrichtungen können nach § 73 Abs. HSchG NRW als Hochschulen staatlich anerkannt werden. Neben der Akkreditierung (§ 73 Abs.), die für die katholisch-theologischen Studiengänge durch AKAST e. V. erfolgt,[17] müs-

15 Vgl. Arnd Uhle, Konkordat und Verfassung. Die Regelungen des Staatskirchenvertragsrechts und die (landes-)verfassungsrechtliche Garantie des Rechts zur Gründung kirchlicher Hochschulen für die Priesterausbildung, in: NVwZ 2024, 1534-1539; Christian Hillgruber, Der Streit um den „richtigen" Ort der Priesterausbildung – juristische Anmerkungen zur aktuellen Diskussion um die Kölner Hochschule für Katholische Theologie: NWVBl 2022, 489-493.

16 Vgl. Kirchliche Hochschule Wuppertal, Die Geschichte der KiHo: https://kiho-wuppertal.de/geschichte/ [Zugriff: 10.02.2025].

17 AKAST e.V.: https://www.akast.info/ [Zugriff: 22.01.2025]. Dort heißt es: „AKAST e. V. ist die Agentur für Qualitätssicherung und Akkreditierung kanonischer Studiengänge in Deutschland mit Sitz in Ingolstadt. AKAST widmet sich der Sicherung und Entwicklung der Qualität von Studium und Lehre kanonischer Studiengänge, insbesondere der Katholischen Theologie und trägt damit zur Förderung der Katholisch-Theologischen Fakultäten und Ausbildungsstätten und der Qualitätssicherung kanonischer Studiengänge im Sinne des universalkirchlichen Hochschulrechts in der jeweils gültigen Fassung und seiner nationalen Anwendung und der Entwicklung des Europäischen Hochschulraumes

sen grundsätzlich die Voraussetzungen des § 72 vorliegen. Das sind insbesondere die Sicherstellung der Freiheit von Wissenschaft, Forschung und Lehre (§ 72 Abs. Nr. 1), das Einhalten der Qualitätsstandards (§ 72 Abs. Nr. 5), die Hochschulzugangsvoraussetzung – in der Regel die Allgemeine Hochschulreife (§ 72 Abs. Nr. 6), die hinreichende Qualifikation der Lehrenden (§ 72 Abs. Nr. 7), die akademische Selbstverwaltung (§ 72 Abs. Nr. 8), die Achtung der freiheitlich demokratischen Grundordnung sowie die erforderliche Sachkunde und die Zuverlässigkeit der die Hochschule und deren Träger maßgeblich prägenden Personen (§ 72 Abs. Nr. 10). Staatlich anerkannt sind neben der erwähnten Theologischen Fakultät Paderborn die Kölner Hochschule für Katholische Theologie (KHKT), die Katholische Hochschulen (katho) in Köln, Aachen, Münster und Paderborn und die Philosophisch-Theologische Hochschule Münster (PTH), die von der Deutschen Kapuzinerprovinz getragen wird und die neben einem Promotionsstudiengang in katholischer Theologie einen Lizentiatsstudiengang in Theologie der Spiritualität anbietet.[18]

Der Vollständigkeit halber seien neben den genannten Regelungen auch die kirchenrechtlichen Vorgaben erwähnt. Für die kirchlichen Hochschulen (Theologische Fakultät Paderborn, KHKT, PTH und katho) gelten die cc. 807-814 und 815-821 CIC. Hinzukommt die Apostolische Konstitution *Sapientia Christiana* von 1979 mit ihren Normen, die *mutatis mutandis* durch die beiden Akkomodationsdekrete von 1983 auch an den staatlichen Hochschulen Anwendung findet. Die Apostolische Konstitution *Veritatis Gaudium* von 2017 mit ihren Normen findet erst dann Anwendung, wenn ein entsprechendes Akkomodationsdekret verabschiedet ist, das sich aktuell noch in der Abstimmung befindet, und wenn ein Notenwechsel zwischen Hl. Stuhl und Landesregierung erfolgt ist, der das Schlussprotokoll zu Artikel II im Vertrag von 1984 modifiziert, das sich ausdrücklich auf die Apostolische Konstitution *Sapientia Christiana* bezieht. Für die katho mit ihren nicht-theologischen Studiengängen gilt die Apostolische Konstitution *Ex corde ecclesiae* von 1990[19] nebst Normen, die sich an die katholischen Universitäten richtet.

Auf der Grundlage eines großzügigen und religionsfreundlichen Hochschulrechtes und der völkerrechtlichen Verträge, die zwischen Hl. Stuhl und

bei. AKAST ist ein öffentlicher rechtsfähiger Verein kirchlichen Rechts, der im Jahr 2008 von Vertretern des Katholisch-Theologischen Fakultätentages und der Vereinigung der Arbeitsgemeinschaften für Katholische Theologie und zehn Theologischen Fakultäten und Philosophisch-Theologischen Hochschulen gegründet und durch Beschluss der Herbst-Vollversammlung der Deutschen Bischofskonferenz errichtet wurde."

18 Vgl. PTH Münster, Graduiertenkurs für Theologie der Spiritualität (Lic. Theol.): https://pth-muenster.de/programm/theologie-der-spiritualitaet-lic-theol/ [Zugriff: 22.01.2025].

19 Johannes Paul II., Apostolische Konstitution Ex corde ecclesiae: AAS 82 (1990), 1475-1509; dt.: VApSt 99.

dem Land Nordrhein-Westfalen gelten, hat sich die bereits eingangs beschriebene breite und ausdifferenzierte katholisch-theologische Hochschullandschaft in Nordrhein-Westfalen entwickelt. Katholisch-theologische Hochschuleinrichtungen – in staatlicher wie in kirchlicher Trägerschaft – leisten so einen wichtigen Beitrag zu Wissenschaft und Lehre und sind eine Bereicherung für den Wissenschaftsstandort zwischen Rhein und Weser. An jedem genannten Standort findet ein wichtiger gegenseitiger Austausch zwischen Theologie und Gesellschaft sowie zwischen Theologie und anderen Wissenschaften statt. Wichtige Referenzgrößen dafür sind die Beteiligung der Katholisch-Theologischen Fakultät in Bonn an Exzellenzclustern im Rahmen der Exzellenzstrategie der dortigen Universität[20], der Exzellenzcluster Religion und Politik an der Universität Münster, der bundesweit größte Forschungsverbund dieser Art und unter den Exzellenzclustern in Deutschland einer der ältesten und der einzige zum Thema Religion – mit maßgeblicher Beteiligung der Katholisch-Theologischen Fakultät[21] oder sonstige interdisziplinäre, internationale und institutionelle Vernetzungen anderer genannter Einrichtungen.

All das kann nicht davon ablenken, dass sich die katholisch-theologische Landschaft in Nordrhein-Westfalen weiterentwickeln muss, wenn es auch zukünftig starke theologische Standorte an staatlichen und kirchlichen Hochschulen geben und die Theologie nicht in Religionswissenschaften untergehen soll. Das erfordert neben identifizierten und qualifizierten Lehrern und Forschern gute Nachwuchswissenschaftler und engagierte Studentinnen und Studenten. Bei stark sinkenden Studentenzahlen wird es in allen Bereichen zukünftig Mangel geben. Das wirft die Frage auf, wie in Zukunft starke Standorte mit qualifizierten Professoren, talentierten Nachwuchswissenschaftlern und engagierten Studenten gesichert werden können. Das kann nur gelingen, wenn das örtliche Angebot konzentriert wird, Synergien genutzt und Kooperationen begründet werden. Darüber muss frühzeitig nachgedacht und geplant werden – nicht erst wenn der politische und der gesellschaftliche Druck so groß werden, dass überstürzt – und im Zweifel falsch – entschieden wird. Derzeit gibt es von Seiten der Landespolitik noch keine dringende Erwartung, die theologische Hochschullandschaft zu reduzieren. Dagegen nehmen Anfragen aus der Gesellschaft und in den Hochschulen zu.

Bereits 2010 hat der Wissenschaftsrat, ein wissenschaftspolitisches Beratungsgremium, das die Bundesregierung und die Regierungen der Länder in allen Fragen der inhaltlichen und strukturellen Entwicklung der Wissen-

20 Vgl. Universität Bonn, Die erfolgreichste Exzellenzuniversität in Deutschland: https://www.uni-bonn.de/de/universitaet/ueber-die-uni/exzellenzuniversitaet/exzellenzuniversitaet [Zugriff: 10.02.2025].

21 Vgl. Universität Münster, Religion und Politik. Exzellenzcluster an der Universität Münster: https://www.uni-muenster.de/Religion-und-Politik/ [Zugriff: 22.01.2025].

schaft, der Forschung und des Hochschulbereichs berät,[22] Empfehlungen zur Weiterentwicklung von Theologien und religionsbezogenen Wissenschaften an deutschen Hochschulen[23] vorgelegt und eine Neustrukturierung des Feldes der Theologien gefordert – angesichts religiöser Pluralität, Säkularität und Strukturen, die teilweise aus dem 19. Jahrhundert kommen.[24] Vor allem zwischen Fakultäten und (benachbarten) Instituten für die Ausbildung von Religionslehrern böten sich Kooperationen inhaltlicher und personeller Art an, die über die bestehenden Kooperationen z. B. zwischen der Bonner Fakultät und dem Kölner Institut oder der Bochumer Fakultät und den Instituten in Duisburg – Essen und Dortmund an. Nur wenn es gelingt, innovative Lösungen im Blick auf Kooperation und Nutzen von Synergien zu finden und zu implementieren, wird man eine leistungsstarke Theologie an staatlichen, wie an kirchlichen Hochschulen sichern können.

22 Vgl. Wissenschaftsrat, Über uns: https://www.wissenschaftsrat.de/DE/Ueber-uns/Wissenschaftsrat [Zugriff: 22.01.2025].

23 Vgl. Wissenschaftsrat, Empfehlungen zur Weiterentwicklung von Theologien und religionsbezogenen Wissenschaften an deutschen Hochschulen: https://www.wissenschaftsrat.de/download/archiv/9678-10.pdf?__blob=publicationFile&v=2 [Zugriff: 10.02.2025].

24 Vgl. Wissenschaftsrat, Empfehlungen zur Weiterentwicklung von Theologien und religionsbezogenen Wissenschaften an deutschen Hochschulen, Berlin 2010, 92.

GLAUBENSVERKÜNDIGUNG IN DER FAMILIE IN PLURALER UND SÄKULARER UMWELT

Heribert Hallermann

„Was Hänschen nicht lernt, lernt Hans nimmermehr". Dieses Sprichwort, das dem Verfasser dieses Beitrags insbesondere zu Beginn seiner Schulzeit immer wieder nachdrücklich vorgehalten wurde, ist kein Grundaxiom des Kirchenrechts. Und ob es in der Absolutheit seiner Formulierung (religions-)pädagogisch Geltung beanspruchen kann, kann im vorliegenden Kontext dahingestellt bleiben. Schließlich will das Sprichwort nicht die Möglichkeit ausschließen, dass auch ältere Jugendliche, Erwachsene und sogar Seniorinnen und Senioren – wenn auch manchmal nur mit größeren Anstrengungen – noch bemerkenswerte Lernfortschritte erreichen können. Es geht in dieser seit dem 17. Jahrhundert belegten Volksweisheit, die offenkundig eine gewisse Lebenserfahrung spiegelt, vielmehr darum, zu betonen, dass bestimmte Lerninhalte, insbesondere grundlegende und prägende Haltungen und Verhaltensweisen, in jungen Jahren besser aufgenommen und eingeübt werden als in späteren; grundlegende Fähigkeiten oder Werte, die in der Kindheit nicht erlernt und vor allem nicht eingeübt wurden, können zu einem späteren Zeitpunkt im Leben nicht mehr oder nur noch mit viel Mühe erworben werden. Beispielsweise werden die Grundlagen für perfekte Instrumentalkenntnisse oder für hervorragende sportliche Leistungen in der Regel bereits in frühester Kindheit gelegt. Insofern wurde – und wird? – das Sprichwort gerne gegenüber Kindern verwendet, die keine Lust haben, zu lernen oder in die Schule zu gehen; es bekommt dann schnell einen drohenden und einschüchternden Ton. Eltern und Erziehungsberechtigten hingegen kann mit diesem Sprichwort die motivierend intendierte Botschaft vermittelt werden: Wer nicht möglichst früh seinen Nachwuchs fördert, nimmt das Risiko verpasster Chancen in Kauf. Oder positiv gewendet: Bereits in frühen Jahren erworbene und eingeübte Überzeugungen, Werte und Haltungen erweisen sich oft als existenziell besser verankert und insofern als tragfähiger und belastbarer als solche, die erst später hinzutreten.[1]

1 Vgl. in diesem Sinn auch Päpstlicher Rat zur Förderung der Neuevangelisierung, Direktorium für die Katechese vom 23. März 2020 (DirKat/2020), in: VApSt Nr. 224, Nr. 239: „Wenn das Kind von klein auf in der Familie oder anderen Entwicklungsräumen mit den verschiedenen Aspekten des christlichen Lebens in Berührung kommt, erfährt und verinnerlicht es eine erste Form der religiösen Sozialisation, die es auf die Folgephasen und die Ausbildung eines christlichen sittlichen Gewissens vorbereitet. Mehr noch als um

Dies gilt auch in Hinblick auf die Aufgabe der Verkündigung des christlichen Glaubens, die aus dem Empfang der Taufe in der katholischen Kirche erwächst und sich insbesondere in den einzelnen Stufen der christlichen Initiation katechetisch und sakramental entfaltet:[2] Der Verkündigungsauftrag der Kirche umfasst insofern nicht nur die maßgeblich von kirchlichen Amtsträgern zu verantwortenden und zu gestaltenden Tätigkeitsfelder des Religionsunterrichts, der Katechese, des Predigtdienstes und des Hochschulrechts,[3] sondern auch die christliche Erziehung im Kleinkind- und Vorschulalter, die vornehmlich von den jeweiligen Eltern zu leisten ist. Weil jede Vermittlung der christlichen Lehre in einer Art und Weise erfolgen soll, „die den Erfordernissen der Zeit angepasst ist, das heißt, die den Schwierigkeiten und Fragen, von denen die Menschen so sehr bedrängt und geängstigt werden, entspricht,“[4] werden bei der Erfüllung dieser Aufgabe ohne Weiteres auch grundlegende Themen wie die Religionsfreiheit, der ökumenische Auftrag der Kirche und die Evangelisation[5] ins Blickfeld treten.

Die wissenschaftliche Fachtagung „Verkündigungsauftrag der Kirche in pluraler und säkularer Umwelt“[6] setzt voraus, dass die Kirche heute in einer gesellschaftlichen Situation besteht und agieren muss, die mit den beiden Adjektiven „plural“ und „säkular“ charakterisiert wird. „Plural“ meint, dass es in der heutigen Gesellschaft eines religionsneutralen demokratischen Rechtsstaates Platz für verschiedene Individuen, Gruppen und Kräfte gibt, deren Werte sich voneinander unterscheiden und die mitunter auch konträr zueinander stehen können. Ursächlich hierfür können etwa unterschiedliche Glaubensüberzeugungen, Weltanschauungen oder politische Überzeugungen sein. „Säkular“ meint, dass sich die Bindungen von Individuen und Gesellschaften an Religion und deren Wertvorgaben gelockert oder sogar vollständig gelöst haben und, dass Fragen der Lebensführung und Lebensgestaltung vornehmlich dem Bereich der menschlichen Vernunft und des eigenen Gutdünkens zugeordnet werden.

Katechese im eigentlichen Sinne geht es in diesem Alter um eine erste Evangelisierung und Glaubensverkündigung in vorwiegend erzieherischer Form, die darauf achtet, ein Gefühl des Vertrauens, der Unentgeltlichkeit, der Selbsthingabe, der Anrufung und der Teilhabe als Conditio humana zu entwickeln, in welche die heilbringende Kraft des Glaubens einmündet.“

2 Vgl. ebd., Nr. 69: „Die Katechese ist als grundlegender Bestandteil der christlichen Initiation eng mit den Sakramenten der Initiation und insbesondere der Taufe verbunden.“; Vgl. auch cc. 217, 226 § 2, 774 § 2, 793 § 1, 1136 und 1367 CIC.

3 Vgl. Einladung zur wissenschaftlichen Fachtagung „Verkündigungsauftrag der Kirche in pluraler und säkularer Umwelt“ vom 23.-25.09.2024 in Schloss Hirschberg, 1.

4 Vat. II, CD 13, 1.

5 Vgl. Einladung (Anm. 2), 1.

6 Vgl. DirKat/2020 (Anm. 1).

Im Folgenden sollen insbesondere die einschlägigen Normen des kanonischen Rechts dargelegt werden, die sich auf die Aufgabe der Verkündigung des christlichen Glaubens und auf die christliche Erziehung im Kleinkind- und Vorschulalter beziehen. Ergänzend soll auf die entsprechenden Hinweise in dem vom Päpstlichen Rat zur Förderung der Neuevangelisierung herausgegebenen Direktorium für die Katechese vom 23. März 2020 verwiesen werden. Gemäß seiner Bezeichnung als „Direktorium" handelt es sich dabei um eine exekutive, gesetzeskonforme amtliche Handreichung oder ein allgemeines Ausführungsdekret im Sinn der cc. 32 und 33 CIC,[7] nicht aber um ein Gesetz, denn gemäß Art. 30 PE kann eine kuriale Einrichtung wie der Päpstliche Rat zur Förderung der Neuevangelisierung weder Gesetze noch allgemeine Dekrete mit Gesetzeskraft erlassen, noch kann sie Vorschriften des geltenden allgemeinen Rechts abändern, außer in einzelnen und besonderen Fällen, die vom Papst in spezifischer Form approbiert worden sind; ein solcher Fall liegt allerdings mit dem Direktorium für die Katechese nicht vor.

1. Die Glaubensverkündigung in der Familie in pluraler und säkularer Umwelt

Die Frage, ob und wie angesichts einer plural und säkular gewordenen Umwelt der Verkündigungsauftrag der Kirche verwirklicht werden kann, stellt sich bereits bei der Erziehung der eigenen Kinder und somit in der Familie.[8] Die Familie wird in der Pastoralkonstitution des II. Vatikanischen Konzils als „eine Art Schule reich entfalteter Humanität"[9] bezeichnet. In diesem Zusammenhang hebt das Konzil ab auf die „gemeinsame Beratung der Gatten und sorgfältige Zusammenarbeit der Eltern bei der Erziehung der Kinder",[10] und ebenso auf „die anteilnehmende Gegenwart des Vaters"[11] sowie auf „die häusliche Sorge der Mutter."[12] Für das Konzil scheint es selbstverständlich zu sein, dass bei der Kindererziehung beide Elternteile mitwirken und dass in einer Familie „verschiedene Generationen zusammenleben und sich gegenseitig helfen."[13] Das Dekret über das Apostolat der Laien hebt hervor, dass die Eltern

7 Vgl. Lothar Wächter, Art. Direktorium – Katholisch: LKRR Bd. 1, 649f.

8 Vgl. Thomas Meckel, Art. Familie – Katholisch: LKRR Bd. 2, 11-14, sowie ders., Art. Kindererziehung – Katholisch: LKRR Bd. 2, 776-778.

9 Vat. II, GS 52, 1.

10 Ebd.

11 Ebd.

12 Ebd.

13 Vat. II, GS 52, 2.

ihren Kindern die ersten Künder und Erzieher des Glaubens sind, und dass sie diese durch das Wort und insbesondere durch das eigene Beispiel bilden.[14]

Es wäre falsch, aufgrund dieser wertschätzenden Rede des Konzils über die Familien ein romantisch idealisierendes Familienbild zu zeichnen. Wie sehr sich auch in den Familien in den vergangenen Jahren die plural und säkular gewordene Umwelt spiegelt, erhellt bereits ein Blick in die von der DBK veröffentlichte kirchliche Statistik. Wenn man als Vergleichspunkte einerseits das Jahr 1965 als das Jahr des Abschlusses des II. Vatikanischen Konzils und andererseits das Jahr 2023 als das letzte statistisch erfasste Jahr nimmt, ergeben sich bereits in Hinblick auf die Eheschließungen folgende Werte:[15] Wurden im Jahr 1965 in der Bundesrepublik Deutschland insgesamt noch 492.128 Ehen geschlossen, so waren es im Jahr 2023 – nun einschließlich der neuen Bundesländer – noch 360.992 Ehen; das bedeutet einen Rückgang von 26,65 %. Im Jahr 1965 wurden noch 195.268 katholische Ehen geschlossen; damit waren 39,78 % der insgesamt geschlossenen Ehen katholisch. Für das Jahr 2023 werden noch 27.565 katholische Eheschließungen vermerkt; das sind nur 7,64 % der in diesem Jahr insgesamt geschlossenen Ehen. Während im Jahr 1965 noch in 143.194 oder 73,33 % der katholischen Ehen beide Ehepartner katholisch waren, ist diese Zahl im Jahr 2023 auf 17.842 oder 64,73 % gesunken. Für die nichtkatholischen Ehepartner in katholischen Ehen wird statistisch nicht erfasst, ob diese einer anderen christlichen Konfession oder einer anderen Religion angehören oder ob sie religionslos sind. Susanne Ganster verweist jedoch darauf, dass in den letzten Jahren im deutschsprachigen Raum vorwiegend religionsverschiedene Ehen zwischen Katholiken und Muslimen Beachtung finden,[16] und in der vierten Auflage des Standartwerks „Das kirchliche Eherecht in der seelsorglichen Praxis" finden sich angesichts der wachsenden Bedeutung des Themas erstmals „Pastorale Hinweise zu katholisch-islamischen Ehen".[17] Statistisch nicht erfasst wird, wie hoch heute der Prozentsatz der Kinder aus katholischen Ehen ist, die getauft werden. Allerdings gibt es auch hier signifikante

14 Vgl. Vat. II, AA 11, 2.

15 Vgl. Trauungen nach Partner-Konfession BRD, Tabelle: Katholische Trauungen insgesamt sowie nach Konfessions- bzw. Religionszugehörigkeit der Partner in Deutschland (katholisch/evangelisch/sonstige) 1920-2023: https://www.dbk.de/kirche-in-zahlen/kirchliche-statistik/ [Zugriff: 27.09.2024].

16 Vgl. Susanne Ganster, Religionsverschiedenheit als Ehehindernis. Eine rechtshistorische und kirchenrechtliche Untersuchung, Paderborn – München – Wien – Zürich 2013 (KStKR 16), 287-288.

17 Vgl. Joseph Prader – Heinrich J. F. Reinhardt, Das kirchliche Eherecht in der seelsorglichen Praxis. Orientierungshilfen für die Ehevorbereitung und Krisenberatung. Hinweise auf die Rechtsordnungen der Ostkirchen und auf das islamische Eherecht, 4. vollständig neu bearbeitete Auflage, Essen ^{4}2001, 229-233; Vgl. auch Reinhold Sebott, Das neue kirchliche Eherecht, Dritte, völlig neu bearbeitete Auflage, Frankfurt ^{3}2005, 91.

Hinweise: Wurden im Jahr 1965 noch 502.559 von insgesamt 589.823 in der katholischen Kirche geborenen Kindern getauft, das sind 85,2 %, sinkt die Rate der Taufen im Jahr 2012[18] auf 71,1 %, also auf 167.505 von insgesamt 235.580 in der katholischen Kirche geborenen Kindern.[19] Es ist nicht anzunehmen, dass seit 2012 die Rate der Taufen wieder angestiegen wäre, eher im Gegenteil.

Die Verkündigung und Weitergabe des Glaubens durch das Wort und insbesondere durch das eigene Beispiel,[20] also durch eine entsprechende christliche Lebenspraxis der Eltern, setzt voraus, dass diese etwa durch eine vorangegangene christliche Erziehung selbst den christlichen Glauben empfangen haben. Sie sollten sich in Fragen des Glaubens und der Praxis eines christlichen Lebens zudem so sicher sein, dass sie es wagen, den eigenen Glauben gegenüber den eigenen Kindern ins Gespräch zu bringen und ihn beispielhaft zu leben. Bei der Verwirklichung dieser Aufgabe sind Eltern und katholische Elternteile aber zunehmend auf sich allein gestellt, weil stützende Elemente, wie etwa die anerkannte Verbindlichkeit religiös begründeter Wertvorstellungen, die Einbindung in eine aktive christliche Familie oder in ein katholisches Milieu, ein selbstverständlich mitgelebtes christliches Brauchtum oder die Prägung des alltäglichen Lebens durch christliche Feste und durch das Kirchenjahr, immer mehr entfallen. Aufgrund dessen scheint auch bei katholischen Eltern und Elternteilen die Einstellung immer mehr ausgeprägt zu sein, „den Glauben an Fachleute für religiöse Erziehung zu delegieren, die sie dafür zuständig halten.“[21]

Hinzu kommt, dass die heutige Elterngeneration oft genug auch selbst aus den genannten oder aus anderen Gründen keine oder nur eine rudimentäre christliche Erziehung genossen hat. Dieses Defizit an christlich-katholischer Sozialisation wird insbesondere dann spürbar, wenn es darum geht, die eigenen Kinder christlich erziehen zu sollen: Was nicht empfangen wurde, kann auch nicht weitergegeben werden, und was im eigenen Leben nicht existenziell verwurzelt ist, kann – etwa in Hinblick auf die eigenen Kinder – auch keine Früchte tragen. Vor diesem Hintergrund scheint es zunehmend unangebracht zu sein, in Hinblick auf die Glaubensverkündigung in der Familie und die christliche Erziehung einfach von einer „Weitergabe des Glaubens“[22] zu sprechen.

18 Ab 2013 sind Angaben zur Religion aus gesetzlichen Gründen nicht mehr verfügbar.

19 Vgl. Taufen, Geburten, gestorbene Katholiken, Tabelle: Taufen, Geburten und Gestorbene innerhalb der katholischen Kirche 1960 – 2012: https://www.dbk.de/kirche-in-zahlen/kirchliche-statistik/ [Zugriff: 27.09.2024].

20 Vgl. Vat. II, GS 52, 1.

21 DirKat/2020, Nr. 124.

22 KKK, Überschrift vor Nr. 4.

Angesichts einer plural und säkular gewordenen Umwelt führt Konrad Baumgartner zutreffend zu dem erstmals in der dritten Auflage des Lexikons für Theologie und Kirche enthaltenen Lemma „Weitergabe des Glaubens“ aus:

> „Weltweit ist in der postmodernen Lebenswelt die Weitergabe des Glaubens und der aus dem Evangelium sich ergebenden Werte und Normen in die Krise geraten: durch mangelnde Kenntnis und Wertschätzung derselben sowie Infragestellung ihrer Inhalte und der gewohnten Tradierungsformen.“[23]

2. Die Glaubensverkündigung in der Familie als Grundrecht der Gläubigen

Die Glaubensverkündigung in der Familie oder die christliche Erziehung wird zwar durch die plurale und säkulare Umwelt beeinflusst, hängt aber substanziell nicht von ihr ab. Vielmehr erweist sich das Recht auf Erziehung als ein Grundrecht, im kirchlichen ebenso wie im säkularen Raum.

Das allgemeine Menschenrecht auf Bildung und somit das Recht auf Erziehung „gehört zu den elementarsten Grundrechten jedes Menschen“,[24] und wurde am 10. Dezember 1948 von der Generalversammlung der Vereinten Nationen in Art. 26 der Allgemeinen Erklärung der Menschenrechte (AEMR) formuliert. Dort heißt es in Absatz 1: „Jeder hat das Recht auf Bildung.“ In Hinblick auf die Verwirklichung dieses Rechtes wird von den Vereinten Nationen gefordert, dass zumindest der Grundschulunterricht und die grundlegende Bildung unentgeltlich sein müssen und dass der Grundschulunterricht obligatorisch ist. Weiterführende Bildungsangebote wie Fach- und Berufsschulunterricht bis hin zum Hochschulstudium müssten allgemein verfügbar gemacht werden. In Hinblick auf die grundlegenden Bildungsziele verlangt Art. 26, 2 AEMR, dass Bildung auf die volle Entfaltung der menschlichen Persönlichkeit und auf die Stärkung der Achtung vor den Menschenrechten und Grundfreiheiten gerichtet sein muss. Sie muss zudem zu Verständnis, Toleranz und Freundschaft zwischen allen Nationen beitragen und der Wahrung des Friedens förderlich sein. Zutreffend kommentiert hierzu Rüdiger Althaus: „Nimmt man das Grundrecht der Religionsfreiheit hinzu, schließt bereits dieses allgemeine Menschenrecht die religiöse Dimension mit ein.“[25]

23 Konrad Baumgartner, Art. Weitergabe des Glaubens: LThK^3 Bd. 10, 1055. – Die ursprünglich im Zitat enthaltenen Abkürzungen wurden aufgelöst.

24 Rüdiger Althaus: MKCIC c. 217, Rn. 2.

25 Ebd.

Ohne dass das II. Vatikanische Konzil intendiert, den Art. 26 AEMK in irgendeiner Weise zu kanonisieren, propagiert es gleich zu Beginn seiner Erklärung über die christliche Erziehung das menschliche Grundrecht auf Bildung und Erziehung:[26]

> „Alle Menschen, gleich welcher Herkunft, welchen Standes und Alters, haben kraft ihrer Personenwürde das unveräußerliche Recht auf eine Erziehung, die ihrem Lebensziel, ihrer Veranlagung, dem Unterschied der Geschlechter Rechnung trägt, der heimischen kulturellen Überlieferung angepasst und zugleich der brüderlichen Partnerschaft mit anderen Völkern geöffnet ist, um der wahren Einheit und dem Frieden auf Erden zu dienen. Die wahre Erziehung erstrebt die Bildung der menschlichen Person in Hinordnung auf ihr letztes Ziel, zugleich aber auch auf das Wohl der Gemeinschaften, deren Glied der Mensch ist und an deren Aufgaben er als Erwachsener einmal Anteil erhalten soll."[27]

Und in Hinblick auf die christliche Erziehung erklärt das Konzil grundlegend:

> „Die Kinder und Heranwachsenden haben ein Recht darauf, angeleitet zu werden, die sittlichen Werte mit richtigem Gewissen zu schätzen und sie in personaler Bindung zu erfassen und Gott immer vollkommener zu erkennen und zu lieben."[28]

Das Recht auf eine christliche Erziehung wird vom Konzil ebenfalls erklärt und aus dem Empfang der Taufe als ein christliches Grundrecht abgeleitet:

> „Alle Christen, die, durch die Wiedergeburt aus dem Wasser und dem Heiligen Geist zu einer neuen Schöpfung geworden, Söhne Gottes heißen und es auch sind, haben das Recht auf eine christliche Erziehung. Diese erstrebt nicht nur die eben umrissene Reifung der menschlichen Person, sondern zielt hauptsächlich darauf ab, dass die Getauften, indem sie stufenweise in die Erkenntnis des Heilsmysteriums eingeführt werden, der empfangenen Gabe des Glaubens immer mehr bewusst werden. Sie sollen lernen, Gott den Vater im Geist und in der Wahrheit (vgl. Joh 4, 23) [...] anzubeten und ihr eigenes Leben nach dem neuen Menschen in Gerechtigkeit und wahrer Heiligkeit (vgl. Eph 4, 22-24) zu gestalten. [...] Überdies sollen sie

26 Zu den Begriffen „Bildung" und „Erziehung" und ihrer unterschiedlichen Verwendung vgl. Norbert Lüdecke, § 68 Das Bildungswesen: HdbKathKR^3, 989-1017, hier: 989f.

27 Vat. II, GE 1, 1.

28 Vat. II, GE 1, 3.

> sich im Bewusstsein ihrer Berufung darin einüben, Zeugnis abzulegen für die Hoffnung, die in ihnen ist (1 Petr 3, 15), und an der christlichen Weltgestaltung mitzuhelfen; hierbei sollen ja die natürlichen Werte, die in die Gesamtschau des von Christus erlösten Menschen einbezogen sind, zum Wohl der ganzen Gesellschaft wirksam werden."[29]

Entsprechend der Lehre des II. Vatikanischen Konzils normiert c. 217 CIC[30] das Recht aller Gläubigen auf eine christliche Erziehung. Das Recht auf eine christliche Erziehung gehört zu den sogenannten Grundrechten der Gläubigen,[31] die unmittelbar aus der Taufe erwachsen[32] und ebenso wenig wie diese widerrufen oder entzogen werden können;[33] das in der Taufe verankerte Grundrecht auf eine christliche Erziehung ist infolgedessen unentziehbar. Es steht allen Gläubigen im Sinn des c. 204 § 1 CIC zu,[34] also allen, welche gültig die christliche Taufe empfangen haben, nicht nur Katholiken. Jedoch gilt auch hier, dass jeder Getaufte die ihm zukommenden Rechte vornehmlich „innerhalb seiner eigenen Kirche oder kirchlichen Gemeinschaft, der er durch die Taufe zugehört [...], nach den von den dort zuständigen Autoritäten erlassenen Bestimmungen in Anspruch zu nehmen"[35] hat. Eine Wahrnehmung dieses Grundrechts in der katholischen Kirche durch nichtkatholische Christen kommt nur subsidiär in Betracht.[36] Katholische Christen besitzen hingegen das Grundrecht nicht nur auf eine christliche, sondern auf eine katholische Erziehung, die in Titel III des Buches III des CIC konkretisierend normiert wird.

Der c. 217 CIC verweist nicht nur auf den Empfang der Taufe als die unwiderrufliche Rechtsgrundlage für das Grundrecht auf eine christliche Erziehung, sondern gibt darüber hinaus auch noch eine sachliche Begründung hierfür: Die Getauften sind nämlich zu einem Leben in Übereinstimmung mit der Lehre des Evangeliums berufen und müssen deshalb sowohl zur Erkenntnis des Heilsgeheimnisses als auch zu einem Leben angeleitet werden, das daran Maß nimmt. Der c. 794 § 1 CIC formuliert als das höchste Ziel der christlichen beziehungsweise der katholischen Erziehung, dass die Menschen zur Fülle des

29 Vat. II, GE 2; Vgl. auch die auffällige Parallele zu Art. 26, 2 AEMR: Dort wird ebenfalls auf die volle Entfaltung der menschlichen Persönlichkeit abgehoben.

30 Vgl. wortgleich c. 20 CCEO.

31 Vgl. Heribert Hallermann, Art. Grundrechte und Grundpflichten der Gläubigen – Katholisch: LKRR Bd. 2, 455f.

32 Vgl. Lüdecke, § 68 Das Bildungswesen (Anm. 26), 990.

33 Vgl. Noach Heckel, Anzeigepflichten in der geistlichen Begleitung? Der Schutz des Seelsorgegeheimnisses im kirchlichen und im weltlichen Recht: AfkKR 190 (2023), 45-101, hier: 91.

34 Vgl. Heribert Hallermann, Art. Gläubige – Katholisch: LKRR Bd. 2, 401f.

35 Rüdiger Althaus: MKCIC c. 217, Rn. 2.

36 Vgl. ebd.

christlichen Lebens gelangen.[37] Der c. 795 CIC schließlich greift den bereits in Vat. II, GE 1, 1 geprägten und umschriebenen Begriff der *„vera educatio“* auf und beschreibt so das umfassende und ganzheitliche Ziel der christlichen beziehungsweise der katholischen Bildung:

> „Wahre Erziehung muss die umfassende Bildung der menschlichen Person in Hinordnung auf ihr letztes Ziel und zugleich auf das Gemeinwohl der Gesellschaft anstreben; daher sind die Kinder und die Jugendlichen so zu bilden, dass sie ihre körperlichen, moralischen und geistigen Anlagen harmonisch zu entfalten vermögen, tieferes Verantwortungsbewusstsein und den rechten Gebrauch der Freiheit erwerben und befähigt werden, am sozialen Leben aktiv teilzunehmen.“[38]

Auch wenn es sich nicht um eine Legaldefinition handelt,[39] versucht c. 795 CIC den Begriff der *„vera educatio“* näher zu umschreiben und damit das generelle Ziel der katholischen Erziehung zu benennen. Zu diesem Zweck bezieht er sich auf den modernen Begriff der „Bildung“.[40] Demnach muss wahre Erziehung die umfassende Bildung der menschlichen Person anstreben. Eine so verstandene ganzheitliche Bildung überschreitet jede nur innerweltliche Bildungsvorstellung, denn sie umfasst auch die religiöse Prägung und Bestimmung des Menschen und seine Hinordnung auf sein letztes Ziel. Die mit dem Begriff der wahren Erziehung gemeinte ganzheitliche Bildung darf auch nicht individualistisch verkürzt verstanden werden, denn sie begreift den Menschen als ein soziales Wesen, das auf das Gemeinwohl der Gesellschaft hingeordnet ist. Im zweiten Satzteil zieht c. 795 CIC daraus die Konsequenzen und fordert, Kinder und Jugendliche so zu bilden, dass sie alle ihre Anlagen – die körperlichen ebenso wie die moralischen und geistigen – entfalten können; sie sollen den rechten, das heißt den mit einem tieferen Verantwortungsbewusstsein verbundenen Gebrauch der Freiheit erwerben und sie sollen dazu befähigt werden, am sozialen Leben aktiv teilzunehmen. Dem entsprechend resümiert Rainer Ilgner:

> „Das grundlegende Kennzeichen des katholischen Erziehungsverständnisses ist seine personale Orientierung. Ziel des gesamten Erziehungsgeschehens ist die Reife der menschlichen Person beziehungsweise die Entwick-

37 Vgl. Lüdecke, § 68 Das Bildungswesen (Anm. 26), 995.

38 Vgl. sinngemäß c. 629 CCEO.

39 Vgl. Franz Kalde, Art. Legaldefinition – Katholisch: LKRR Bd. 3, 53f.

40 Vgl. Lüdecke, § 68 Das Bildungswesen (Anm. 26), 989; Vgl. auch Ursula Frost, Art. Bildung. I. Begriff und Bedeutung: Staatslexikon8: https://www.staatslexikon-online.de/Lexikon/Bildung [Zugriff: 01.10.2024].

> lung zu einem mündigen Christen in der modernen Welt. Eine umfassende Förderung aller individuellen und sozialen Kräfte soll dazu beitragen."[41]

Vor diesem Hintergrund bezeichnet der Begriff „Bildung", auf den sich c. 795 CIC bezieht, „den formalisierten Lernprozess insgesamt oder in Teilbereichen."[42]

Beim Grundrecht auf eine christliche beziehungsweise auf eine katholische Erziehung handelt es sich, wie der begründende einleitende Halbsatz des c. 217 CIC „*Christifideles, quippe qui baptismo ad vitam doctrinae evangelicae congruentem ducendam vocentur, ius habent ad educationem christianam* [...]" unmissverständlich deutlich macht, nicht um eine folgenlose Deklaration, sondern um einen Rechtsanspruch der Getauften, der unbedingt erfüllt werden will. Dies wird auch von der Strafnorm des c. 1367 CIC unterstrichen. Insofern muss nun gefragt werden, an wen genau sich dieser Rechtsanspruch richtet und wer nach kirchlicher Lehre und Rechtsordnung Träger der Glaubensverkündigung in der Familie beziehungsweise der christlichen Erziehung ist.

3. Die Träger der Glaubensverkündigung in der Familie

Die Rechtspflicht der Eltern zur Erziehung, Pflege und Bildung ihrer Nachkommen ist sowohl im nichtkirchlichen als auch im kirchlichen Rechtsraum naturrechtlich als präpositives Recht in der Elternschaft verankert. So betont Art. 26, 3 AEMR: „In erster Linie haben die Eltern das Recht, die Art der ihren Kindern zuteilwerdenden Bildung zu bestimmen." Und Art. 6 Abs. 2 GG normiert entsprechend: „Pflege und Erziehung der Kinder sind das natürliche Recht der Eltern und die zuvörderst ihnen obliegende Pflicht." Grundlegend für die entsprechenden kanonischen Normen lehrt das II. Vatikanische Konzil in seiner Erklärung über die christliche Erziehung:

> „Da die Eltern ihren Kindern das Leben schenkten, haben sie die überaus schwere Verpflichtung zur Kindererziehung. Daher müssen sie als die ersten und bevorzugten Erzieher ihrer Kinder anerkannt werden. Ihr Erziehungswirken ist so entscheidend, dass es dort, wo es fehlt, kaum zu ersetzen ist. Den Eltern obliegt es, die Familie derart zu einer Heimstätte der Frömmigkeit und Liebe zu Gott und den Menschen zu gestalten, dass die gesamte Erziehung der Kinder nach der persönlichen wie der gesellschaft-

[41] Rainer Ilgner, Art. Erziehung. II. Katholisch: LKStKR Bd. 1, 627-629, hier: 628. – Die ursprünglich im Zitat enthaltenen Abkürzungen wurden aufgelöst.

[42] Ebd.

> lichen Seite hin davon getragen wird. So ist die Familie die erste Schule der sozialen Tugenden [...]. Was gesunde menschliche Gemeinschaft und was Kirche ist, erfahren die Kinder zum ersten Mal in einer solchen christlichen Familie; durch sie werden sie auch allmählich in die weltliche Gemeinschaft und in das Volk Gottes eingeführt."[43]

Staat und Gesellschaft, sowie die Kirche treten nach der Lehre des Konzils lediglich als subsidiäre Erziehungsträger zur Unterstützung der Eltern hinzu.[44] In der Pastoralkonstitution des II. Vatikanischen Konzils über die Kirche in der Welt von heute wird ebenfalls der unbedingte Zusammenhang zwischen der Zeugung von Nachkommenschaft und deren Erziehung thematisiert. So lehrt Vat. II, GS 48, 1 und 3:

> „Durch ihre natürliche Eigenart sind die Institution der Ehe und die eheliche Liebe auf die Zeugung und Erziehung von Nachkommenschaft hingeordnet und finden darin gleichsam ihre Krönung. [...] Die Gatten aber müssen in ihrer Würde und Aufgabe als Vater und Mutter die Pflicht der Erziehung, vornehmlich der religiösen, die ihnen in ganz besonderer Weise zukommt, sorgfältig erfüllen."

Die Formulierung aus Vat. II, GS 48, 1, nämlich die Hinordnung auf die Zeugung und Erziehung von Nachkommenschaft als eine natürliche Eigenart der Ehe und der ehelichen Liebe, wird in c. 1055 § 1 CIC[45] aufgegriffen. Klaus Lüdicke vertritt, diese „Hinordnung der Ehe auf die Erziehung von Nachkommen hat keinen selbständigen Stellenwert in der Beschreibung der Ehe. Bei der Formulierung dieser Beschreibung ist versucht worden, die biologistische Verengung der Ehe auf Fortpflanzung zu vermeiden [...]. Selbstständige rechtliche Konsequenzen hat diese Hinordnung der Ehe nicht, wenn auch in Doktrin und Judikatur dieser Frage hin und wieder Aufmerksamkeit geschenkt wird."[46] Dem gegenüber ist allerdings darauf hinzuweisen, dass der katholischen Kindererziehung durchaus ein konstitutiver Charakter für eine Eheschließung zukommt: Die leibliche, soziale und kulturelle wie auch die sittliche und religiöse Erziehung der eigenen Kinder wird in c. 1136 CIC als eine der Wirkungen der Ehe beschrieben und dort als „officium gravissimum" sowie als „ius primarium" bezeichnet; die christliche beziehungsweise die katholische Erziehung der eigenen Nachkommen wird insofern als Wirkung für katholische Ehen voraus-

43 Vat. II, GE 3, 1.
44 Vgl. Vat. II, GE 3, 2 und 3.
45 Vgl. im selben Sinn c. 776 § 1 CCEO.
46 Klaus Lüdicke: MKCIC c. 1055, Rn. 59.

gesetzt und ist wohl als eine wesentliche Rechtspflicht aus der Ehe im Sinne des c. 1095 n. 2 und 3 CIC zu begreifen. Bei sogenannten Mischehen jedenfalls muss sich der katholische Partner gemäß c. 1125 n. 2 CIC und c. 814 n. 1 CCEO ausdrücklich bereit erklären und verpflichten, nach Kräften alles dafür zu tun, dass alle Kinder aus der betreffenden Ehe in der katholischen Kirche getauft und erzogen werden; wird dieses ausdrückliche Versprechen nicht gegeben, ist die Eheschließung gemäß c. 1124 CIC und c. 813 CCEO verboten. Die Ziffern B.II., B.III. und B.V. des amtlichen Ehevorbereitungsprotokolls der DBK sowie die Ziffer 15 der amtlichen Anmerkungstafel zum Ehevorbereitungsprotokoll der DBK beziehen sich ebenfalls auf diese rechtliche Verpflichtung und die Möglichkeit ihrer Umsetzung.

Trotz der engen Verbindung von Eherecht und Elternrecht muss darauf hingewiesen werden, dass das Recht und die Pflicht zur christlichen Erziehung nicht in der Ehe, sondern „in der Elternschaft und damit in der gemeinsamen Zeugung eines Kindes“[47] gründen. Dem entsprechend begründet c. 226 § 2 CIC die sehr schwerwiegende Pflicht und das Recht auf christliche Erziehung: „Parentes, cum vitam filiis contulerint, gravissima obligatione tenentur et iure gaudent eos educandi.“ Die Glaubensverkündigung in der Familie und die christliche Erziehung der eigenen Nachkommen obliegt folglich nicht nur den katholischen Christen, die in einer gültigen kirchlichen Ehe leben, sondern allen katholischen Müttern und Vätern aufgrund ihrer Elternschaft: „Die Elternschaft ist Ursache für das naturrechtlich begründete primäre Erziehungsrecht und die entsprechende Pflicht, die nicht nur in c. 226 § 2, sondern ebenso in den cc. 793 und 1136 (vgl. auch c. 627 CCEO) eine Normierung erfährt.“[48]

Weil das Recht und die Pflicht zur Erziehung naturrechtlich in der Elternschaft begründet ist, sind vorrangig die jeweiligen Eltern als Berechtigte und Verpflichtete auszumachen. So weist Art. 26, 3 AEMR in erster Linie den Eltern das Recht zur Erziehung ihrer Kinder zu. Art. 6 Abs. 2 GG normiert die Pflege und die Erziehung der Kinder als die zuvörderst den Eltern obliegende Pflicht. Für den kirchlichen Rechtsbereich normieren c. 226 § 2 CIC und c. 627 § 1 CCEO die Aufgabe der christlichen Erziehung mit dem Adverb „imprimis“ als besondere, insbesondere den Eltern zukommende Aufgabe. Mit c. 774 § 2 CIC und c. 617 CCEO wird die Bildung der Kinder im Glauben und in der Praxis christlichen Lebens vor allen Übrigen den Eltern als Verpflichtung aufgetragen. Die Pflicht und das Recht zur katholischen Erziehung kommen gemäß c. 793 § 1 CIC den Eltern zu; c. 627 § 1 CCEO fügt dem noch das Adverb „imprimis“ hinzu. Mit c. 1136 CIC wird die umfassende Erziehung der Kinder

47 Thomas Meckel, Art. Elternrecht – Katholisch: LKKR Bd. 1, 829-832. – Die ursprünglich im Zitat enthaltenen Abkürzungen wurden aufgelöst.

48 Thomas Meckel, Art. Elternschaft – Katholisch: LKRR Bd. 1, 837f.

als sehr strenge Pflicht und als das erstrangige Recht der jeweiligen Eltern ausgewiesen. Auch in c. 1367 CIC werden in Hinblick auf die Straftat der nichtkatholischen Kindererziehung als mögliche Straftäter an erster Stelle die Eltern genannt. DirKath/2020 Nr. 124 nennt unter den sogenannten „Laienkatecheten" als erste die Eltern als aktive Träger der Katechese.

Der c. 627 § 2 CCEO, zu dem es im CIC keine direkte Entsprechung gibt, rechnet in Hinblick auf die katholische Erziehung dezidiert mit der Möglichkeit, dass die Kräfte der Eltern dafür nicht ausreichen, und weist entsprechende Auswege: „Wenn die eigenen Kräfte für die vollständige Erziehung der Kinder zu sorgen, überschritten werden, ist es auch Aufgabe der Eltern, anderen einen Teil der Erziehungsaufgabe anzuvertrauen und die notwendigen oder nützlichen Mittel der Erziehung auszuwählen." Ihrer eigenen Rechtspflicht zur christlichen beziehungsweise katholischen Erziehung der eigenen Kinder können Eltern demnach auch in der Form gerecht werden, dass sie diese Aufgabe teilweise anderen Personen anvertrauen und dass sie entsprechende subsidiäre Mittel wählen, die sie bei ihrer Aufgabe unterstützen; ein vollständiges Abgeben der Erziehungsaufgabe wird mit dieser Norm aber nicht gerechtfertigt. Darauf weist auch DirKath/2020, Nr. 124 hin, wenn es von der verbreiteten Einstellung spricht, dass „Mütter und Väter, die aktive Träger der Katechese sind [...] den Glauben an Fachleute für religiöse Erziehung [...] delegieren, die sie dafür zuständig halten."

Auch ohne, dass auf möglicherweise fehlende Kräfte der Eltern für die christliche Erziehung hingewiesen wird, schließt c. 226 § 2 CIC nicht aus, dass sich die Eltern bei der Aufgabe der christlichen Erziehung von anderen helfen lassen:[49] Die Kennzeichnung der Erziehungsaufgabe der Eltern mit dem Adverb „imprimis" begründet jedenfalls keine exklusive Zuständigkeit, die andere Personen oder Institutionen als Helfer oder Unterstützer bei der Erziehungsaufgabe ausschließen würde. Die cc. 793 § 1 CIC und 627 § 1 CCEO verpflichten neben den leiblichen Eltern auch diejenigen zur katholischen Erziehung der Kinder, welche die Stelle der Eltern einnehmen; damit sind Adoptiveltern im Sinne des c. 110 CIC oder durch andere Umstände befugte Erziehungsberechtigte gemeint.[50] Als Verantwortliche für die christliche Bildung werden in c. 774 § 2 CIC und c. 618 CCEO neben den erstverantwortlichen Eltern auch diejenigen verpflichtet, welche die Stelle der Eltern einnehmen, sowie die Patinnen und Paten. In c. 1367 CIC werden in Hinblick auf die Straftat der nichtkatholischen Kindererziehung als mögliche Straftäter nach den Eltern auch diejenigen genannt, die die Stelle der Eltern vertreten, also Adoptiveltern oder andere Erziehungsberechtigte. DirKath/2020, Nr. 125 richtet einen

49 Vgl. in diesem Sinn cc. 793 §§ 1 und 2 und 798 CIC.

50 Vgl. Meckel, Art. Elternrecht – Katholisch (Anm. 47), 830.

besonderen und wertschätzenden Blick auf die Taufpatinnen und Taufpaten als mögliche Unterstützer des erzieherischen Einsatzes der Eltern und erinnert insofern wenigstens indirekt an die mit c. 872 CIC und c. 684 § 2 CCEO normierte Verpflichtung der Taufpaten, „mitzuhelfen, dass der Getaufte ein der Taufe entsprechendes christliches Leben führt und die damit verbundenen Pflichten getreu erfüllt."

Mit DirKath/2020, Nr. 126 geht das Direktorium für die Katechese über die kanonischen Normen hinaus und hebt nach den Eltern und den Paten die besondere Rolle der Großeltern bei der Weitergabe des Glaubens an die Kinder hervor. Dabei erweist sich das Direktorium als besonders sensibel in Hinblick auf die verbreitete Situation vieler Familien:

> „Angesichts der Krise der Familien werden die Großeltern, die oft stärker im christlichen Glauben verwurzelt sind und eine erfahrungsreiche Vergangenheit haben, zu wichtigen Bezugspersonen. Tatsächlich verdanken viele Menschen ihre Einführung in das christliche Leben oft ihren Großeltern. Die Großeltern leisten einen wichtigen Beitrag in der Katechese, weil sie den Kindern mehr Zeit widmen und sie durch ihre tiefe Zuneigung ermutigen können."

Die für die christliche beziehungsweise katholische Bildung und Erziehung verantwortlichen Personen, die bislang aufgeführt wurden – an erster Stelle die leiblichen Eltern, dann deren Stellvertreter, die Patinnen und Paten sowie die Großeltern – sind alle als Gläubige oder „christifideles" zu identifizieren. Sie sind folglich im Sinne des c. 204 § 1 CIC und c. 7 § 1 CCEO Subjekte und aktive Glieder der Kirche, die dazu berufen sind, gemäß ihrer je eigenen Stellung zur Ausübung der Sendung beizutragen, die Gott der Kirche zur Erfüllung in der Welt anvertraut hat.[51] Den Eheleuten und Eltern sprechen c. 226 § 1 CIC und c. 407 CCEO im Sinn einer Verpflichtung eine Teilhabe am kirchlichen Leitungsdienst zu[52] – er kann als Dienst am Aufbau, an der Stärkung und an der Bewahrung der kirchlichen Communio umschrieben werden – indem sie auf ihren spezifischen Beitrag zum Aufbau des Volkes Gottes hinweisen, der eben nicht nur durch die Zeugung, sondern insbesondere durch die christliche beziehungsweise katholische Erziehung der Nachkommenschaft bewirkt wird. Die Glaubensverkündigung in der Familie beziehungsweise die christliche oder katholische Bildung und Erziehung der Nachkommen ist folglich ein wichtiger Beitrag insbesondere der Eltern, sowie der weiteren genannten Personen zur Verwirklichung des Verkündigungsauftrags der Kirche.

51 Vgl. Hallermann, Art. Gläubige – Katholisch (Anm. 34).

52 Vgl. Heribert Hallermann, Art. Leitungsdienst – Katholisch: LKRR Bd. 3, 90-92.

Nach Maßgabe des c. 794 § 1 CIC kommen der Gemeinschaft der Kirche in besonderer Weise („Singulari ratione") Pflicht und Recht zur katholischen Erziehung zu.[53] Diese Rechtspflicht wird begründet mit dem göttlichen Auftrag, „den Menschen zu helfen, dass sie zur Fülle des christlichen Lebens zu gelangen vermögen." Dieser Auftrag spiegelt sich in gewisser Weise in c. 211 CIC wider, der Rechtspflicht aller Gläubigen, dafür zu sorgen, dass die göttliche Heilsbotschaft alle Menschen erreicht; in c. 213 CIC, dem Grundrecht auf die Heilsgüter der Kirche; in c. 217 CIC, dem Grundrecht auf christliche Erziehung[54] und im allgemeinen Verkündigungsauftrag der Kirche im Sinn des c. 747 CIC. Aus c. 628 § 1 CCEO ist zu erschließen, dass die Rechtspflicht zur katholischen Erziehung der Kinder der Kirche nicht konkurrierend zu den Eltern zukommt, sondern nur gemeinsam mit ihnen; sie soll nämlich „zusammen mit den Eltern für ihre katholische Erziehung sorgen." Anders als c. 794 § 1 CIC begründet c. 628 § 1 CCEO die stets kooperativ auszuübende Rechtspflicht der Kirche zur katholischen Erziehung, die hier keine weitere Qualifizierung oder Hervorhebung erfährt, mit einer Art geistlicher Elternschaft der Kirche, die „durch die Taufe neue Geschöpfe hervorgebracht hat."

Aus der in c. 794 § 1 CIC dargelegten Rechtspflicht der Kirche wird in c. 794 § 2 CIC die Pflicht der Seelsorger abgeleitet, „alles zu tun, damit alle Gläubigen eine katholische Erziehung erhalten." Auch in dieser Hinsicht formuliert c. 628 § 2 CCEO weit kooperativer: Demnach müssen alle, „denen die Seelsorge anvertraut ist, [...] den Eltern bei der Erziehung der Kinder eine Hilfe sein, ihnen das eigene Recht und die eigene Verpflichtung bewusst machen und sich um die religiöse Erziehung, besonders der Jugend, kümmern." In diesem Zusammenhang wäre auch an die besondere Verpflichtung der Pfarrer im Sinne des c. 528 § 1 CIC zu erinnern, ihre besondere Sorge der katholischen Erziehung der Kinder und Jugendlichen zuzuwenden; ebenso verpflichtet c. 529 § 1 CIC den Pfarrer dazu, „die Ehegatten und Eltern bei der Erfüllung der ihnen obliegenden Pflichten zu stützen und die Vertiefung eines christlichen Lebens in der Familie zu fördern."

Daneben stellt die Kirche zur Unterstützung der Eltern bei ihrer Erziehungsaufgabe beispielsweise die Katechese, katholische Kindergärten, katholische Schulen, Religionsunterricht, katholische Universitäten und Hochschuleinrichtungen, soziale Kommunikationsmittel, Bücher und andere Hilfsmittel bereit.[55] In Hinblick auf die Realisierung solcher Unterstützungsangebote kommen nicht nur die jeweils zuständigen kirchlichen Autoritäten, sowie die Seel-

53 Vgl. auch Vat. II, GE 3, 3.

54 Vgl. Meckel, Art. Elternrecht – Katholisch (Anm. 47), 831.

55 Vgl. Vat. II, GE 4; cc. 776-780, 800-803, 804-805, 807-814, 815-821 und 822-832 CIC, sowie cc. 624, 630-635, 636, 640-645, 646-650, und 651-666 CCEO; Vgl. auch Meckel, Art. Elternrecht – Katholisch (Anm. 47), 831.

sorgerinnen und Seelsorger[56] in den Blick, sondern alle Gläubigen: So kommt etwa die Sorge um die Katechese gemäß c. 774 § 1 CIC und c. 619 CCEO allen Gliedern der Kirche zu und c. 1063 CIC verpflichtet die kirchlichen Gemeinden insgesamt dazu, den Gläubigen dabei zu helfen, ihre aus der Eheschließung resultierenden Verpflichtungen, wie etwa die katholische Kindererziehung, zu realisieren.

Das II. Vatikanische Konzil hat in seiner Erklärung über die christliche Erziehung dem Staat eine subsidiäre Aufgabe bei der Verwirklichung der elterlichen Erziehungsaufgabe zugewiesen: Er hat vor allem die Erziehung der Jugend zu fördern, sowie die Pflichten und Rechte der Eltern und der weiteren Erziehungsberechtigten zu schützen und mit entsprechenden Hilfsangeboten zu unterstützen.[57] Dem entsprechend fordern cc. 797 und 799 CIC sowie c. 627 § 3 CCEO die Gläubigen auf, darum besorgt zu sein, dass Gesellschaft und Staat das elterliche Erziehungsrecht schützen und dass der Staat kein Erziehungs- oder Bildungsmonopol entwickelt.

4. Die Aufgaben und Methoden der Glaubensverkündigung in der Familie

Es liegt auf der Hand, dass sich insbesondere in den Rechtsdokumenten der Kirche nur wenige Hinweise auf die Aufgaben und Methoden der Glaubensverkündigung in der Familie finden. Das II. Vatikanische Konzil gibt zu dieser Frage allerdings einige wichtige Hinweise.

Die Erklärung des Konzils über die christliche Erziehung geht von der Verpflichtung der Eltern aus, „die Familie derart zu einer Heimstätte der Frömmigkeit und Liebe zu Gott und den Menschen zu gestalten, dass die gesamte Erziehung der Kinder nach der persönlichen wie der gesellschaftlichen Seite hin davon getragen wird. So ist die Familie die erste Schule der sozialen Tugenden […]. Besonders aber sollen in der christlichen Familie […] die Kinder schon von den frühesten Jahren an angeleitet werden, gemäß dem in der Taufe empfangenen Glauben Gott zu erkennen und zu verehren und den Nächsten zu lieben. Was gesunde menschliche Gemeinschaft und was Kirche ist, erfahren die Kinder zum ersten Mal in einer solchen christlichen Familie; durch sie werden sie auch allmählich in die weltliche Gemeinschaft und in das Volk Gottes eingeführt."[58] Mit anderen Worten: Die Eltern sollen in ihrer Familie einen Erfahrungsraum schaffen, der es den Kindern ermöglicht, das

56 Vgl. Heribert Hallermann, Art. Seelsorger/-in – Katholisch: LKRR Bd. 4, 154.
57 Vgl. Vat. II, GE 3, 2.
58 Vat. II, GE 3, 1.

Doppelgebot der Gottes- und der Nächstenliebe allmählich zu erkennen und praktisch einzuüben; ebenso sollen die Kinder in ihrer Familie grundlegende Erfahrungen mit menschlicher und kirchlicher Gemeinschaft machen können. Die Pastoralkonstitution des Konzils hebt in diesem Zusammenhang auf das gelebte Beispiel der Eltern und auf das gemeinsame Gebet in der Familie ab: „Wenn […] die Eltern durch ihr Beispiel und ihr gemeinsames Gebet auf dem Weg vorausgehen, werden auch die Kinder und alle, die in der Familiengemeinschaft leben, leichter diesen Weg des echten Menschentums, des Heils und der Heiligkeit finden."[59] Das Dekret über das Apostolat der Laien unterstreicht ebenfalls die unersetzliche Bedeutung von Wort und Beispiel der Eltern bei der christlichen Erziehung der eigenen Kinder:

> „Die christlichen Eheleute sind füreinander, für ihre Kinder und die übrigen Familienangehörigen Mitarbeiter der Gnade und Zeugen des Glaubens. Ihren Kindern sind sie die ersten Künder und Erzieher des Glaubens. Durch Wort und Beispiel bilden sie diese zu einem christlichen und apostolischen Leben heran, helfen ihnen klug in der Wahl ihres Berufes und pflegen mit aller Sorgfalt eine vielleicht in ihnen sich zeigende Berufung zum Priester- und Ordensstand."[60]

Das orientierende Wort und das eigene Beispiel der Eltern werden auch in c. 774 § 2 CIC und c. 618 CCEO als die entscheidenden Methoden hervorgehoben, um die eigenen Kinder im Kontext der Familie im Glauben und in der Praxis des christlichen Lebens zu bilden. Nicht katechetische Belehrung ist diesbezüglich geboten, sondern eine vorbildhafte und beispielhafte christliche Lebenspraxis der Eltern,[61] die allerdings immer auch des deutenden, orientierenden und weiterführenden Wortes bedarf. Der c. 627 § 1 CCEO verweist wiederum auf die christliche Familie als prägenden Erfahrungsraum. So sei es die Aufgabe christlicher Eltern, „die Kinder im Umfeld der christlichen Familie, das durch den Glauben erleuchtet und von der gegenseitigen Liebe beseelt ist, besonders zur Frömmigkeit gegen Gott und zur Liebe zum Nächsten zu erziehen." Innerhalb einer solchen christlichen Familie werden im Sinn des c. 618 CCEO Wort und Beispiel der Eltern und somit die praktische und erfahrbare Verwirklichung des Doppelgebotes der Gottes- und der Nächstenliebe die wichtigsten Methoden der religiösen Bildung und Erziehung der Kinder sein.

59 Vat. II, GS 48, 3.
60 Vat. II, AA 11, 1.
61 Vgl. Heinrich Mussinghoff: MKCIC c. 774, Rn. 2.

Das Direktorium für die Katechese unterstreicht ebenfalls die Bedeutung des elterlichen Vorbilds: „Durch ihr tägliches Lebensbeispiel haben gläubige Eltern die besonders mitreißende Fähigkeit, ihren Kindern die Schönheit des christlichen Glaubens zu vermitteln. […] So werden die Eltern vor allem zu den ersten Katecheten für ihre Kinder."[62] Durch die Verwirklichung einer christlichen Lebenspraxis werden die Eltern selbst zu Fachleuten für religiöse Erziehung, sodass es als unangebracht erscheint, die Aufgabe der religiösen Erziehung an vermeintliche externe Fachleute, wie etwa Seelsorgerinnen und Seelsorger, auslagern zu wollen.[63] Auch bei den Taufpaten und bei den Großeltern, die an der Erziehungsaufgabe der Eltern mitwirken, wird insbesondere auf deren eigenes Lebenszeugnis abgehoben.[64]

Neben dem eigenen Wort und Beispiel, die im Familienleben prägend sein sollen, kommt den Eltern gemäß c. 798 CIC auch die Aufgabe zu, die Schule für ihre Kinder auszuwählen, in der am besten für deren katholische Erziehung gesorgt wird; mit den Lehrern der von ihnen gewählten Schule sollen sie zugunsten der Erziehung ihrer Kinder gemäß cc. 796 § 2 CIC und 639 CCEO zusammenarbeiten. Auch allgemein haben katholische Eltern gemäß cc. 793 §§ 1 und 2 CIC und 627 § 2 CCEO das Recht und die Pflicht, die Mittel und Einrichtungen auszuwählen, mit denen sie jeweils besser für die katholische Erziehung ihrer Kinder sorgen können; dabei dürfen sie auch Hilfen in Anspruch nehmen, die ihnen zu diesem Zweck von Staat und Gesellschaft zur Verfügung gestellt werden. Auch bei der sakramentalen Initiation kommt den christlichen Eltern eine wichtige religiöse Bildungs- und Erziehungsaufgabe zu: Gemäß cc. 867 und 868 CIC müssen die Eltern dafür sorgen, dass ihr Kind innerhalb der ersten Lebenswochen getauft wird; ebenso müssen sie sich rechtzeitig wegen ihrer eigenen Vorbereitung auf den Taufempfang ihres Kindes mit dem zuständigen Pfarrer in Verbindung setzen. Zudem müssen sie der Spendung der Taufe ihres Kindes ausdrücklich zustimmen und bereit sein, ihr Kind im katholischen Glauben zu erziehen. Gemäß c. 890 CIC müssen die Eltern in Zusammenarbeit mit den Seelsorgerinnen und Seelsorgern dafür sorgen, dass die eigenen Kinder das Sakrament der Firmung zur rechten Zeit empfangen und, dass sie für seinen Empfang gebührend unterrichtet werden. Und gemäß c. 914 CIC sind vor allem die Eltern und diejenigen, die an ihrer Stelle stehen, dazu verpflichtet, für die gehörige Vorbereitung der eigenen Kinder auf den ersten Empfang der Eucharistie zu sorgen.

62 DirKath/2020, Nr. 124.

63 Vgl. ebd.

64 Vgl. DirKath/2020, Nr. 125 und 126.

5. Ausblick

Was c. 627 § 2 CCEO ausdrücklich thematisiert, dürfte heute aufgrund der pluralen und säkularen Umwelt, in der sie leben, für viele Eltern und Familien kennzeichnend sein, dass nämlich in Hinblick auf die umfassende christliche Erziehung der Kinder die eigenen Kräfte der Eltern überschritten werden. So zeigen sich im Vergleich zu den hohen lehrmäßigen und gesetzlichen Anforderungen an die Erziehungsaufgabe der Eltern verbreitet mehr oder weniger deutliche Defizite. So kommt es beispielsweise häufig vor, dass Eltern zwar für ihre Kinder vehement die Spendung der Erstkommunion oder der Firmung verlangen, aber nicht einmal bereit sind, die dafür erforderliche katechetische Vorbereitung wenigstens teilweise zu übernehmen. Dabei wird seitens der Eltern häufig das Argument vorgebracht, sie seien – etwa im Unterschied zu den Seelsorgerinnen und Seelsorgern – keine Fachleute für religiöse Erziehung[65] und könnten daher das von ihnen Verlangte nicht leisten. Die Verpflichtung zur religiösen Kindererziehung, die sie gegebenenfalls mit der Eheschließung und mit der Bitte um die Taufe ihres Kindes eingegangen sind,[66] wird von ihnen als für sie nicht verbindlich oder jedenfalls als wirkungslos in Hinblick auf die erbetene Sakramentenspendung betrachtet.

Defizite, die sich bei der Glaubensverkündigung und christlichen Erziehung in der Familie aufgrund der pluralen und säkularen Umwelt zeigen, werden nicht dadurch behoben werden können, dass die gesetzlichen Anforderungen immer wieder nachdrücklich aufgezeigt werden. Auch die Anwendung des kirchlichen Strafrechts bietet diesbezüglich keinen Ausweg an, denn c. 1367 CIC bedroht nicht ein aus Schwäche oder Unvermögen resultierendes Defizit bei der katholischen Kindererziehung mit einer Beugestrafe oder mit einer gerechten Strafe, sondern nur das absichtliche oder vorsätzliche Handeln von katholischen Eltern oder Erziehungsberechtigten, die sich trotz anderer Möglichkeiten bewusst für eine nichtkatholische Erziehung ihrer Kinder entscheiden und diese aktiv betreiben.[67]

Einen Lösungsansatz bietet hier ebenfalls c. 627 § 2 CCEO: Er eröffnet – wenigstens im katholisch-ostkirchlichen Rechtsbereich – überforderten Eltern die Möglichkeit, anderen einen Teil der Erziehungsaufgabe anzuvertrauen und die notwendigen oder nützlichen Mittel der Erziehung auszuwählen. Die katholischen Eltern bleiben dabei die bestimmende Kraft, denn sie übertragen nur einen Teil der Erziehungsaufgabe anderen Personen oder Institutio-

65 Vgl. demgegenüber DirKath/2020, Nr. 124.

66 Vgl. cc. 1136 und 868 § 1 n. 2 CIC.

67 Vgl. Markus Graulich – Heribert Hallermann, Das neue kirchliche Strafrecht. Einführung und Kommentar, Münster 2021 (KRR 35), 184f.

nen, geben aber nicht vollständig ihre eigene Erziehungsaufgabe ab; sie sind es auch, die notwendige oder nützliche Bildungs- und Erziehungshilfen auswählen. Hier wäre etwa an Elterngruppen zu denken oder an katholische Kindergärten oder Ähnliches. Bei der im Sinn der cc. 1063 n. 4 CIC und 783 § 3 CCEO seitens der eigenen kirchlichen Gemeinde den Eheleuten zu gewährenden Hilfe könnte auch an erfahrene Gläubige gedacht werden, die nach Art einer Familienpatenschaft die christliche beziehungsweise katholische Erziehung der Kinder begleiten und den Eltern mit Rat und Tat zur Seite stehen.

Damit der kirchliche Verkündigungsauftrag auch in Familien in pluraler und säkularer Umwelt tatsächlich erfüllt und somit unter den gegebenen Umständen die spezifische Mitwirkung der Eheleute am Aufbau des Volkes Gottes geleistet werden kann,[68] bedarf es vor allem der praktischen Hilfe und der tätigen Unterstützung durch die Gläubigen allgemein und durch die Seelsorgerinnen und Seelsorger im Besonderen.

68 Vgl. c. 226 § 1 CIC.

VERZEICHNIS DER AUTORINNEN UND AUTOREN

Rüdiger Althaus, Prof. Dr. theol. habil., Lic. iur. can., Professor für Kirchenrecht an der Theologischen Fakultät Paderborn.

Stefan Altmeyer, Prof. Dr. theol. habil., Professor für Religionspädagogik, Katechetik und Fachdidaktik Religion an der Katholisch-Theologischen Fakultät der Johannes Gutenberg-Universität Mainz.

Andreas Bieringer, Prof. Dr. theol. habil., Professor für Liturgiewissenschaft, Hymnologie und christliche Kunst an der Philosophisch-Theologischen Hochschule Sankt Georgen, Frankfurt/Main.

Katja Boehme, Prof. Dr. theol., Professorin für Katholische Theologie/Religionspädagogik mit den Schwerpunkten Systematische und Historische Theologie/Religionspädagogik und - didaktik an der Pädagogischen Hochschule Heidelberg.

Heinrich de Wall, Prof. Dr. iur. habil., Professor für Kirchenrecht, Staats- und Verwaltungsrecht des Hans-Liermann-Instituts für Kirchenrecht der Friedrich-Alexander-Universität Erlangen-Nürnberg.

Markus Graulich, SDB, Prof. Dr. iur. can. habil., Prälat, Untersekretär des Dikasteriums für Gesetzestexte, Rom.

Heribert Hallermann, Prof. Dr. theol. habil., Professor em. für Kirchenrecht an der Katholisch-Theologischen Fakultät der Julius-Maximilians-Universität Würzburg.

Antonius Hamers, Dr. iur., Lic. iur. can., Dipl. theol., Leiter des Katholischen Büros Nordrhein-Westfalen, Diözesanadministrator des Bistums Münster.

Ansgar Hense, Prof. Dr. iur. habil., Direktor des Instituts für Staatskirchenrecht der Diözesen Deutschlands, Bonn.

Patrik C. Höring, Prof. Dr. theol. habil., Professor für Religionspädagogik mit Katechetik an der Theologischen Fakultät Trier.

Bernhard Knorn, SJ, Prof. Dr. theol. habil., Professor für Dogmatik und Ökumenik an der Philosophisch-Theologischen Hochschule Sankt Georgen, Frankfurt/Main.

Andreas Kowatsch, Prof. Mag. Mag. Dr. iur. Dr. theol. habil., LL.M., Lic. iur. can., Professor für Kirchenrecht und Religionsrecht an der Katholisch-Theologischen Fakultät der Universität Wien.

Thomas Meckel, Prof. Dr. theol. habil., Lic. iur. can., M.A., Professor für Kirchenrecht, Religionsrecht und kirchliche Rechtsgeschichte an der Philosophisch-Theologischen Hochschule Sankt Georgen, Frankfurt/Main.

Christoph Ohly, Prof. Dr. theol. habil., Lic. iur. can., Professor für Kirchenrecht, Religionsrecht und kirchliche Rechtsgeschichte an der Kölner Hochschule für Katholische Theologie.

Matthias Pulte, Prof. Dr. phil. habil., Lic. iur. can., Dipl. theol., Professor für Kirchenrecht, Kirchliche Rechtsgeschichte und Staatskirchenrecht an der Katholisch-Theologischen Fakultät der Johannes Gutenberg-Universität Mainz.

Martin Rehak, Prof. Dr. iur. can. habil., Lic. iur. can., Professor für Kirchenrecht, insbesondere Verwaltungsrecht, Verkündigungs- und Sakramentenrecht, Vermögensrecht sowie Kirchliche Rechtsgeschichte an der Katholisch-Theologischen Fakultät der Ludwig-Maximilians-Universität München.

Rafael M. Rieger, OFM, Prof. Dr. theol. habil., Lic. iur. can., Professor für Kirchenrecht und Kirchliche Rechtsgeschichte an der Theologischen Fakultät der Katholischen Universität Eichstätt-Ingolstadt.